研究阐释党的十九届四中全会精神国家社科基金重点项目“健全保证宪法全面实施的体制机制研究”（项目编号20AZD027）研究成果

辉煌四十年

现行宪法发展与实施报告

主　编　武　增
副主编　雷建斌　侯晓光

法律出版社 LAW PRESS · CHINA | 北京

图书在版编目(CIP)数据

辉煌四十年：现行宪法发展与实施报告／武增主编；雷建斌，侯晓光副主编．-- 北京：法律出版社，2022
ISBN 978-7-5197-7452-3

Ⅰ．①辉… Ⅱ．①武… ②雷… ③侯… Ⅲ．①宪法-研究-中国 Ⅳ．①D921.04

中国版本图书馆 CIP 数据核字(2022)第 251477 号

辉煌四十年
——现行宪法发展与实施报告
HUIHUANG SISHI NIAN
—XIANXING XIANFA FAZHAN YU SHISHI BAOGAO

武 增 主 编
雷建斌 侯晓光 副主编

策划编辑 沈小英 陈 妮
责任编辑 沈小英 陈 妮 黄 筝 王 鸿 张思婕
装帧设计 汪奇峰

出版发行 法律出版社
编辑统筹 法治与经济出版分社
责任校对 晁明慧
责任印制 吕亚莉
经　　销 新华书店

开本 710 毫米×1000 毫米 1/16
印张 44.75 **字数** 650 千
版本 2023 年 1 月第 1 版
印次 2023 年 1 月第 1 次印刷
印刷 北京盛通印刷股份有限公司

地址：北京市丰台区莲花池西里 7 号(100073)
网址：www.lawpress.com.cn
投稿邮箱：info@lawpress.com.cn
举报盗版邮箱：jbwq@lawpress.com.cn
销售电话：010-83938349
客服电话：010-83938350
咨询电话：010-63939796

书号：ISBN 978-7-5197-7452-3
定价：186.00 元
凡购买本社图书，如有印装错误，我社负责退换。电话：010-83938349

本书编委会

主　编

武　增（全国人大常委会法制工作委员会副主任）

副主编

雷建斌（全国人大常委会法制工作委员会宪法室主任）

侯晓光（全国人大常委会法制工作委员会宪法室副主任）

撰稿人（以姓氏笔画为序）

王媛媛　龙晓杰　曲　頔　任才峰　闫　然　杨　威　陈亦超

周秋生　侯晓光　高莉娜　唐　亚　陶　慧　黄宇菲　董立新

前　言

2022年是党和国家历史上极为重要、极不平凡的一年。我们胜利召开了党的二十大，也迎来了我国现行宪法公布施行40周年。40年来，现行宪法有效发挥了国家根本法和治国安邦总章程的重要作用，为国家和人民经受住各种困难和风险考验、始终沿着中国特色社会主义道路前进提供了根本法制保证，有力推动和加强了社会主义法治建设，有力推动和保障了党和国家事业发展。站在新的历史起点上，党的二十大胜利擘画了全面建设社会主义现代化国家、以中国式现代化全面推进中华民族伟大复兴的宏伟蓝图，吹响了奋进新征程的时代号角。在现行宪法公布施行40周年之际，习近平总书记于2022年12月19日发表重要署名文章《谱写新时代中国宪法实践新篇章——纪念现行宪法公布施行40周年》，为新时代新征程上推进我国宪法制度建设和宪法实施、更好发挥宪法在治国理政中的重要作用提供了根本遵循。我们要始终坚持我国宪法作为社会主义宪法、真正人民宪法的性质定位，始终牢记“要团结全国人民，要团结一切可以团结和应当团结的力量，为建设一个伟大的社会主义国家而奋斗”的制宪初心，贯彻习近平新时代中国特色社会主义思想特别是习近平法治思想，坚定不移走中国特色社会主义法治道路，强化宪法意识，弘扬宪法精神，全面贯彻实施宪法，不断推进法治中国建设，为全面建设社会主义现代化国家、全面推进中华民族伟大复兴提供坚实保障。

2022年12月4日也是我国第九个国家宪法日。中央宣传部、司法部、全国普法办印发了《2022年全国“宪法宣传周”宣传活动工作方案》。2022年全国“宪法宣传周”宣传活动的主题为“学习宣传贯彻党的二十大精神，推动全面贯彻实施宪法”。各有关方面采取多种形式开展宪法宣传教育活动，纪念现行宪法公布施行40周年。重点是突出学习宣传党的二十大精神，突出学习宣传习近平法治思想，突出学习宣传宪法，以及突出学习宣传现行宪法公布施行40年的深远历史意义。全国人大机关举办“纪念现行宪法公布施行40周年档案资料展”，将现行宪法起草、讨论、审议和通过有关的代表性文件、手稿、照片、实物档案等100余件珍贵展品和图书馆有关宪法单行本及读本等馆藏文献进行集中展示，展现出40年前在中国历史重大转折的时代背景下现行宪法诞生所经过的极不平凡的法治历程，生动再现了人民代表大会历史上经典难忘的红色记忆。宣传贯彻党的二十大精神，全国人大常委会法制工作委员会主要负责同志在人民日报发表署名文章《更好发挥宪法在治国理政中的重要作用》。法制工作委员会相关负责人接受光明日报专访，就宪法的制定和修改、历史经验、新时代宪法实施的重大成就等话题进行访谈。法制工作委员会发言人就新时代宪法全面贯彻实施取得的重大成就以及现行宪法公布施行40年来发挥的重要作用、取得的宝贵经验等问题答记者问，回应社会关切。

习近平总书记强调，要加强宪法理论研究和宣传教育，不断提升中国宪法理论和实践的说服力、影响力，提出“要结合当代中国宪法制度和宪法实践，加强中国宪法理论研究，提炼标志性概念、原创性观点，加强中国宪法学科体系、学术体系、话语体系建设，巩固中国宪法理论在我国法治教育中的指导地位”及“要讲好中国宪法故事，有自信、有志气宣传中国宪法制度、宪法理论的显著优势和强大生命力，有骨气、有底气同一切歪曲、抹黑、攻击中国宪法的错误言行作斗争”的任务要求。以纪念现行宪法公布施行40周年为契机，深入学习宣传贯彻党的二十大精神和习近平总书记重要署名文章精神，全国人大常委会法制工作委员会宪法室编写了《辉煌四十年——现行宪法发展与实施报告》一书。我们坚持以马克思主义法治理论中国化时代化的创新成果为指导，系统回顾现行宪法修改起草和发展实施的恢宏历程，全面总结现行宪法公布施行40年来特别是新时代我国宪法有关制度规定发展实施取得的重大成就，深化总结我国宪法制度建设的规律性认识和历史经验，为推进宪法理论和宪法实践创新提供基础素材和新鲜事例。本书从全面贯彻实施宪法角度，贯彻落实、研究宣传习近平法治思想特别是习近平总书记关于宪法的重要论述，紧紧围绕现行宪法以及历次修正案的出台背景、文本内容、制度实施、体制机制保障等方面进行总结阐释，重点突出党的十八大以来以习近平同志为核心的党中央坚持依宪执政、依宪治国取得的重大理论创新、制度创新、实践创新，重点突出新时代十年来我国宪法制度建设和宪法实施监督取得的重大成效，集中体现我国宪法发展实施所具有的坚实政治基础、收获的丰硕法治成果和积累的巨大制度优势，充分彰显中国特色社会主义制度自信、宪法自信。

本书的编写得到全国人大常委会法制工作委员会领导的亲切关心和大力支持。全国人大常委会法制工作委员会主任沈春耀同志多次对本书编写进行指导、提出要求；法制工作委员会副主任武增同志统筹主持本书编写工作，审阅全部书稿。法制工作委员会宪法室主任雷建斌同志审定全书文稿。编写组由法制工作委员会宪法室、国家法室和研究室有关同志组成。具体分工如下：第一编由侯晓光撰写，第二编由杨威（第四章）、黄宇菲（第五章）、任才峰（第六章、第七章）、王媛媛（第八章）撰写，第三编由杨威（第九章、第十一章第三节）、陶慧（第十章）、高莉娜（第十一章第一节、第二节）、龙晓杰（第十二章）、陈亦超（第十三章）、周秋生（第十四章）、曲頔（第十一章第四节、第十五章）、唐亚（第十六章）、黄宇菲（第十七章）、闫然（第十八章）、董立新（第十九章）撰写，第四编由闫然（第二十章至第二十四章）、曲頔（第二十五章）撰写。

本书得到司法部普法与依法治理局、法律出版社的大力支持，并入选中央宣传部2022年主题出版重点出版物，一并表示感谢。

因编著者水平所限，难免有不全面或不准确的地方，错漏之处敬请批评指正。

编　者

2023年1月

目 录

第一编 我国宪法是党领导人民长期奋斗重大成就和历史经验的最高法治体现

5 第一章 现行宪法修改起草的历史背景和主要内容

56 第二章 1982 年至 2012 年现行宪法发展实施的三个十年

109 第三章 中国特色社会主义新时代现行宪法的发展和实施

第二编 坚持党的领导、人民当家作主、依法治国有机统一

127 第四章 我国现行宪法的序言

138 第五章 我国宪法关于中国共产党全面领导制度的规定及其发展实施

158 第六章 我国宪法关于人民当家作主制度的规定及其发展实施

200 第七章 我国宪法关于依法治国的规定及其发展实施

229 第八章 我国宪法关于尊重和保障人权的规定及其发展实施

第三编 更好发挥宪法在治国理政中的重要作用

261 第九章 我国宪法关于社会主义基本经济制度的规定及其发展实施

291 第十章 我国宪法关于文化制度的规定及其发展实施

315 第十一章 我国宪法关于民生保障制度的规定及其发展实施

362 第十二章 我国宪法关于生态文明制度的规定及其发展实施

401 第十三章 我国宪法关于国家安全制度的规定及其发展实施

421 第十四章 我国宪法关于国防军事制度的规定及其发展实施

459 第十五章 我国宪法关于“一国两制”制度的规定及其发展实施

490 第十六章 我国宪法关于涉外制度的规定及其发展实施

516 第十七章 我国宪法关于国家勋章和国家荣誉称号制度的规定及其发展实施

526 第十八章 我国宪法关于特赦制度的规定及其发展实施

538 第十九章 我国宪法关于国家象征制度的规定及其发展实施

第四编　健全保证宪法全面实施的体制机制

562 第二十章　把全面贯彻实施宪法提高到一个新水平
574 第二十一章　“根据宪法，制定本法”的宪法实施方式
587 第二十二章　健全宪法监督机制程序
597 第二十三章　推进合宪性审查工作
609 第二十四章　落实宪法解释的程序机制
617 第二十五章　加强宪法宣传教育
636 坚定宪法自信　加强宪法工作　为谱写新时代中国宪法实践新篇章不懈努力

附　录

649 中华人民共和国宪法（2018年3月11日修正文本）
672 中华人民共和国宪法（1982年12月4日）
693 中华人民共和国宪法修正案（1988年4月12日）
694 中华人民共和国宪法修正案（1993年3月29日）
696 中华人民共和国宪法修正案（1999年3月15日）

698 | 中华人民共和国宪法修正案
(2004 年 3 月 14 日)

701 | 中华人民共和国宪法修正案
(2018 年 3 月 11 日)

第一编　我国宪法是党领导人民长期奋斗重大成就和历史经验的最高法治体现

历史实践反复证明，宪法与国家前途、人民命运息息相关。法治兴则国家兴，宪治昌明就国泰民安；法治衰则国家乱，宪治松弛就国乱民怨。中国共产党重视宪法和法制建设，从认识把握党的执政规律高度提出并实施依宪治国、依宪执政，注重发挥宪法在治国理政中的重要作用，把制定和实施宪法作为“立国安邦的大事”来部署，不断厚植江山就是人民、人民就是江山的法制根基，推动宪法正确发展和有效实施取得历史性成就。党领导人民制定宪法法律，党领导人民实施宪法法律，党必须在宪法法律范围内活动，是我们党深刻认识和把握革命、建设、改革实践规律总结出的一条基本法治经验，更好实现了党的领导、人民当家作主、依法治国有机统一，有效发挥出中国特色社会主义事业的独特政治优势。

宪法关系着政权这一革命的核心问题。早在 1931 年，我们党领导人民在中央苏区成立中华苏维埃共和国临时中央政府，毛泽东同志亲自主持制定了党历史上第一个宪法性文件——《中华苏维埃共和国宪法大纲》，为巩固发展根据地、在局部地区执政注入根本法制力量。1946 年，党领导人民在革命根据地颁布《陕甘宁边区宪法原则》，为将来制定施行于全国范围的宪法进一步积累经验。列宁深刻指出了无产阶级在夺取政权后运用宪法巩固政权的规律性：“工人阶级夺取政权之后，象任何阶级一样，要通过改变同所有制的关系和实行新宪法来掌握和保持政权，巩固政权。这是我的第一个无可争辩的基本论点！”[1] 1949 年 9 月，我们党发起召开中国人民政治协商会议第一届全体会议，通过的《中国人民政治协商会议共同纲领》（以下简称《共同纲领》）在当时具有临时宪法性质。1953 年，党中央决定制定宪法，毛泽东同志亲自主持起草宪法草案。1954 年召开第一届全国人民代表大会，制定了中华人民共和国第一部宪

---

〔1〕 列宁：《俄共（布）第九次代表大会文献（关于经济建设问题的发言）（1920 年 3—4 月）》，载中共中央马克思、恩格斯、列宁、斯大林著作编译局编译：《列宁全集》（第 38 卷），人民出版社 1986 年版，第 299 ~ 300 页。

法，即一九五四年宪法。这是第一部社会主义类型的宪法，“为巩固社会主义政权和进行社会主义建设发挥了重要保障和推动作用，也为改革开放新时期我国现行宪法的制定和完善奠定了基础”。[1] “文化大革命”期间，出台了受“左”的思想严重影响的一九七五年宪法；拨乱反正后，出台了一九七八年宪法，但因历史条件限制仍不能满足形势发展的需要。党的十一届三中全会开启改革开放历史新时期，1982 年 12 月 4 日，五届全国人大五次会议审议通过现行宪法。这是我国社会主义法治发展史上一个具有重大历史意义和法治意义的事件。一九八二年宪法，以其最高法律地位、法律权威、法律效力，为推进改革开放、建设社会主义法治国家、开启中国特色社会主义伟大事业提供了根本法依据和法治保障。

[1] 习近平：《关于我国宪法和推进全面依法治国（二〇一八年二月二十四日）》，载习近平：《论坚持全面依法治国》，中央文献出版社 2020 年版，第 211 页。

第一章 现行宪法修改起草的历史背景和主要内容

制宪修宪关系“国之大者”，是实现党的主张和人民意志高度统一的重大政治活动，是凝聚全党全国各族人民基本共识的重大法治实践。一九八二年宪法是继1954年、1975年、1978年三部宪法之后，中华人民共和国在改革开放历史新时期制定的一部新的宪法，是社会主义宪法发展新的里程碑。[1] 回顾我国宪法制度发展历程，我们愈加感到，我国宪法同党和人民进行的艰苦奋斗和创造的辉煌成就紧密相连，同党和人民开辟的前进道路和积累的宝贵经验紧密相连。[2] 我们站在胜利实现第一个百年奋斗目标、顺利开启实现第二个百年奋斗目标新征程的历史交汇点上，回望党领导的宪法建设历程，更加深刻认识到，一部现行宪法史就是一部改革开放奋斗史，是一部中国特色社会主义建设史，是一部中国特色社会主义制度更加成熟更加定型的发展史。辉煌确实来之不易，成就需要倍加珍惜。现行宪法的制定实施过程凝聚心血、饱含艰辛，集中反映出正反两方面经验尤其是血泪教训，寄托了亿万人民对美好生活的期望，进一步激励我们不断增强宪法自信，致力于推动宪法全面实施，

---

〔1〕 参见张晋藩：《中国宪法史》（修订本），中国法制出版社2016年版，第379页。

〔2〕 参见习近平：《在首都各界纪念现行宪法公布施行三十周年大会上的讲话（二〇一二年十二月四日）》，载习近平：《论坚持全面依法治国》，中央文献出版社2020年版，第7页。

使现行宪法始终成为党执政兴国的根本法、人民幸福安康的促进法、党和国家长治久安的保障法。

一、历史背景

“文化大革命”使社会主义民主和法制遭到破坏，使党、国家和人民遭到新中国成立以来的最严重的挫折和损失。党中央顺应时代潮流和人民愿望，果断抉择、拨乱反正，领导和支持关于真理标准问题大讨论，胜利召开党的十一届三中全会，实现党和国家工作中心战略转移，开创和发展中国特色社会主义，团结带领全国各族人民踏上社会主义现代化建设新的伟大征程。“观时而制法，因事而制礼。”〔1〕“根据党的十一届三中全会确立的路线方针政策，总结我国社会主义建设正反两方面经验，深刻吸取十年‘文化大革命’的沉痛教训，借鉴世界社会主义成败得失，适应我国改革开放和社会主义现代化建设、加强社会主义民主法制建设的新要求，我们制定了我国现行宪法。”〔2〕这部新宪法承载着国之厚望、民之厚望，担负着重大历史使命，集中体现了我们党从“以阶级斗争为纲”转向以经济建设为中心、从封闭僵化转向改革开放、开辟中国特色社会主义正确道路的战略抉择，充分反映了亿万人民群众对经济政治文化各方面美好生活的期待要求，展现出中国特色社会主义制度发展的光明前景、巨大优势，使政治建设局面为之一新、经济发展态势为之一新、人民精神面貌为之一新，为推进中华民族实现从站起来到富起来的伟大飞跃夯实了制度根基。

第一，党的十一届三中全会开启了改革开放和社会主义现代化建设的新时期，迫切需要有一部从指导思想、基本原则到制度规范全面反映

〔1〕《战国策·赵策二》。

〔2〕习近平：《在首都各界纪念现行宪法公布施行三十周年大会上的讲话（二〇一二年十二月四日）》，载习近平：《论坚持全面依法治国》，中央文献出版社2020年版，第8页。

新的历史形势、历史任务、历史要求的新宪法来提供根本法的支撑和保障。

1978年12月，我们党召开了十一届三中全会，果断结束“以阶级斗争为纲”，实现党和国家工作中心战略转移，开启了改革开放和社会主义现代化建设新时期，实现了新中国成立以来党的历史上具有深远意义的伟大转折。〔1〕全会冲破长期“左”的错误的严重束缚，彻底否定“两个凡是”的错误方针，高度评价关于真理标准问题的讨论，重新确立了马克思主义的思想路线、政治路线、组织路线，作出把全党的工作重点和全国人民的注意力转移到社会主义现代化建设上来、实行改革开放的历史性决策，强调保障人民民主、加强社会主义法制。这次全会确立的路线方针政策在其后40多年中一直为我们党始终不渝坚持下来。

1982年9月召开的党的十二大明确提出建设有中国特色的社会主义的重大命题和“小康”战略目标，改革开放全面展开，社会主义现代化建设呈现新的局面。邓小平同志在开幕词中明确提出了“建设有中国特色的社会主义”的重大命题，指出“把马克思主义的普遍真理同我国的具体实际结合起来，走自己的道路，建设有中国特色的社会主义，这就是我们总结长期历史经验得出的基本结论”。〔2〕“建设有中国特色的社会主义”重大命题的提出，回答了进入改革开放新时期后中国走什么样的道路这一人们最关心的重大问题，成为指引新时期改革开放和社会主义现代化建设的伟大旗帜。〔3〕大会提出，党在新时期的总任务是，团结全国各族人民，自力更生，艰苦奋斗，逐步实现工业、农业、国防和科学技术现代化，把我国建设成为高度文明、高度民主的社会主义国家。大

---

〔1〕参见《中共中央关于党的百年奋斗重大成就和历史经验的决议》（2021年11月11日中国共产党第十九届中央委员会第六次全体会议通过）。

〔2〕邓小平：《中国共产党第十二次全国代表大会开幕词（一九八二年九月一日）》，载《邓小平文选》（第3卷），人民出版社1993年版，第3页。

〔3〕中共中央党史研究室：《中国共产党的九十年（改革开放和社会主义现代化建设新时期）》，中共党史出版社、党建读物出版社2016年版，第714页。

会在提出经济建设目标的同时，提出要努力建设高度的社会主义精神文明和高度的社会主义民主，这是具有社会主义现代化显著特征的战略方针。“建设高度的社会主义民主，是我们的根本目标和根本任务之一。”“社会主义民主的建设必须同社会主义法制的建设紧密地结合起来，使社会主义民主制度化、法律化。”党的十二大报告对制定新宪法将产生的重大意义作了阐述：“特别是不久即将提交全国人民代表大会通过的新宪法草案，根据党的十一届三中全会以来我国民主建设所取得的成就和已经确定的方针，作出了许多具有重大意义的新规定。这部宪法的通过，将使我国社会主义民主的发展和法制建设进入一个新的阶段。”[1] 同时，党中央总结“文化大革命”教训，高度重视党组织和党员的尊法守法，适应改革开放和社会主义现代化建设的需要修改党章，对党的民主集中制和各项组织制度、党的纪律作了更充分、更具体的规定，特别是在“总纲”中规定“党必须在宪法和法律的范围内活动”。[2] 在20世纪80年代初这一重要历史节点上，制定一部面向改革开放、面向现代化、面向未来的人民宪法，以国家根本法的形式集中体现党和人民的统一意志和共同愿望，“国家布最大的公信于天下”，[3] 人心所向、大势所趋。

第二，拨乱反正和加强党的建设使我们党更加团结统一、坚强有力，为制定一部实现党的领导、人民当家作主和依法治国有机统一，确保党始终成为社会主义事业领导核心的新宪法提供了政治上思想上组织上的有利条件。

我们党先后召开十一届五中、六中全会加强和改善党的领导，进一步统一思想、达成共识、严肃纪律、促进团结；以邓小平同志为核心的

---

〔1〕《全面开创社会主义现代化建设的新局面（一九八二年九月一日）》，载中共中央文献研究室编：《十二大以来重要文献选编》（上），中央文献出版社2011年版，第11页、第29页。

〔2〕《中国共产党章程》（中国共产党第十二次全国代表大会一九八二年九月六日通过），载中共中央文献研究室编：《十二大以来重要文献选编》（上），中央文献出版社2011年版，第57页。

〔3〕习近平：《深刻认识宪法修改的重大意义（二〇一八年一月十九日）》，载习近平：《论坚持全面依法治国》，中央文献出版社2020年版，第198～199页。

党中央第二代领导集体开始形成，党中央集中统一领导更加有力，这些都是新宪法顺利出台的坚实政治、思想和组织基础。

1980 年 2 月召开的党的十一届五中全会通过了《关于党内政治生活的若干准则》。该准则总结历史上党内政治生活的经验教训，提出了坚持党的政治路线和思想路线等 12 条党内政治生活准则，把党章的有关规定和民主集中制的原则具体化，对于恢复和健全党内民主、维护党的集中统一、严肃党的纪律、促进党的团结，具有十分重要的意义。

1981 年 6 月召开的党的十一届六中全会通过了《关于建国以来党的若干历史问题的决议》，这个决议和党的十二大文件为宪法修改提供了重要依据。[1] 该决议总结新中国成立以来正反两方面经验，总结改革开放和社会主义现代化建设的新鲜经验，对党的十一届三中全会开创新道路的要点所作的初步概括，为党和国家事业发展指明了方向；正确解决了既科学评价毛泽东的历史地位和毛泽东思想的科学体系，又根据新的实际和发展要求实行改革开放、确立中国社会主义现代化建设正确道路这两个相互联系的重大历史课题，充分体现了党中央的远见卓识和政治成熟。该决议统一了全党全国人民的思想，为维护全党的团结和全国人民的团结，为社会主义建设事业的健康发展，提供了根本保证，标志着党的指导思想上的拨乱反正胜利完成。[2] 该决议强调，必须巩固人民民主专政，完善国家的宪法和法律并使之成为任何人都必须严格遵守的不可侵犯的力量，使社会主义法制成为维护人民权利，保障生产秩序、工作秩序、生活秩序，制裁犯罪行为，打击阶级敌人破坏活动的强大武器。[3]

---

〔1〕 参见彭真：《关于中华人民共和国宪法修改草案的报告（一九八二年十一月二十六日）》，载中共中央文献研究室编：《十二大以来重要文献选编》（上），中央文献出版社 2011 年版，第 114 页。

〔2〕 参见中共中央党史研究室：《中国共产党的九十年（改革开放和社会主义现代化建设新时期）》，中共党史出版社、党建读物出版社 2016 年版，第 667 ~ 668 页。

〔3〕 参见《中国共产党中央委员会关于建国以来党的若干历史问题的决议（一九八一年六月二十七日中国共产党第十一届中央委员会第六次全体会议一致通过）》，载中共中央文献研究室编：《三中全会以来重要文献选编》（下），中央文献出版社 2011 年版，第 169 ~ 170 页。

一位参加当时宪法起草工作的学者曾写道："修改宪法必须坚持四项基本原则，以五四年宪法作为主要参考或叫做基础，按十一届三中全会的精神和六中全会的决议来写。我们心里有底了，思想明确了。"[1]

以宪法来保证党的领导、确保社会主义事业核心地位，是建设中国特色社会主义的内在要求；党的坚强有力的领导，是带领人民制定宪法、实施宪法的基本政治前提。党的十一届三中全会召开，形成了实际上以邓小平同志为核心的党的第二代中央领导集体，[2] 对开启改革开放和社会主义现代化建设具有"定海神针"的作用，是我们党和人民事业无惧风浪、直面斗争的底气所在。

第三，党的十一届三中全会以来邓小平同志先后发表一系列重要讲话特别是关于政治体制改革等重要论述，为制定一部贯彻新时期党的创新理论、坚持和发展社会主义制度的新宪法提供了科学指引。

党的十一届三中全会后，邓小平同志就党和国家事业各方面工作先后发表一系列重要讲话，作出一系列重要论述，邓小平理论逐步开始形成发展，指引社会主义民主政治建设保持正确政治方向。我国宪法是有系统的理论作依据的，是有完整的体系的，前后一贯，体系严密。[3] 马克思列宁主义、毛泽东思想和我们党在新时期的理论创新是制定新宪法的根本遵循，特别是邓小平同志关于坚持四项基本原则、推进党和国家领导制度改革的重要讲话，为制定一九八二年宪法提供了直接依据。

1979 年 3 月 30 日，邓小平同志在党的理论工作务虚会上发表题为《坚持四项基本原则》的重要讲话，从关系党和国家前途命运全局的高度，重申并深刻阐述了在中国为什么必须坚持四项基本原则这个根本性

---

〔1〕 肖蔚云：《关于新宪法修改草案的辅导报告》（一），载肖蔚云：《论宪法》，北京大学出版社 2004 年版，第 41 页。

〔2〕 参见习近平同志在中央党校 2008 年秋季学期开学典礼上的讲话。习近平：《改革开放 30 年党的建设回顾与思考》，载《学习时报》2008 年 9 月 8 日。

〔3〕 参见彭真：《要努力学习马克思主义的基本理论（一九八五年六月七日）》，载中共中央文献编辑委员会：《彭真文选（一九四一——一九九〇年）》，人民出版社 1991 年版，第 529 页。

的思想政治问题，旗帜鲜明地指出：要在中国实现四个现代化，必须在思想政治上坚持四项基本原则。这是实现四个现代化的根本前提。这四项基本原则，一是必须坚持社会主义道路，二是必须坚持无产阶级专政，三是必须坚持共产党的领导，四是必须坚持马列主义、毛泽东思想。[1]邓小平关于坚持四项基本原则以及社会主义社会的基本矛盾与主要矛盾等问题的论述，构成了一九八二年宪法的基本思想。[2]

1980年8月18日，邓小平同志代表党中央在中央政治局扩大会议上作《党和国家领导制度的改革》重要讲话。他指出，领导制度、组织制度问题，更带有根本性、全局性、稳定性和长期性。这些方面的制度好，可以使坏人无法任意横行；制度不好，可以使好人无法充分做好事，甚至会走向反面。因此，我们只有对这种制度上的弊端进行有计划、有步骤而又坚决彻底的改革，才能有利于我国的长治久安，才能保证我国四个现代化的实现。[3] 这一讲话为党和国家领导制度的改革明确了基本指导思想，为我国政治体制改革指明了正确方向，也为一九八二年宪法关于国家制度的构建提供了遵循。

第四，人心思定、"人心思法"，[4] 社会主义民主法制逐渐深入人心，人民群众期盼一部充分保障人民权利利益的新宪法来实现团结安定的政治局面、维护人民安居乐业的社会秩序。

《关于建国以来党的若干历史问题的决议》指出，"历史已经判明，'文化大革命'是一场由领导者错误发动，被反革命集团利用，给党、国家和各族人民带来严重灾难的内乱"。"它根本不是'乱了敌人'而只是

---

〔1〕参见邓小平：《坚持四项基本原则（一九七九年三月三十日）》，载《邓小平文选》（第2卷），人民出版社1994年版，第164～165页。

〔2〕参见许崇德：《中华人民共和国宪法史》（下卷），福建人民出版社2005年版，第348页。

〔3〕参见邓小平：《党和国家领导制度的改革（一九八〇年八月十八日）》，载《邓小平文选》（第2卷），人民出版社1994年版，第320～343页。

〔4〕彭真：《关于七个法律草案的说明（一九七九年六月二十六日）》，载中共中央文献编辑委员会：《彭真文选（一九四一——一九九〇年）》，人民出版社1991年版，第368页。

乱了自己，因而始终没有也不可能由‘天下大乱’达到‘天下大治’。”[1] 痛定思痛，我们党深刻总结新中国成立32年的成功和失败、正确和错误并进行反复比较，提出了“逐步建设高度民主的社会主义政治制度，是社会主义革命的根本任务之一”的重大论断，得出了“建国以来没有重视这一任务，成了‘文化大革命’得以发生的一个重要条件”这一沉痛教训的结论，指出决不能让类似“文化大革命”的混乱局面在任何范围内重演。[2] 邓小平同志在回答“怎样才能避免或防止再发生诸如‘文化大革命’这样可怕的事情”问题时，指出：我们这个国家有几千年封建社会的历史，缺乏社会主义的民主和社会主义的法制。现在我们要认真建立社会主义的民主制度和社会主义法制。只有这样，才能解决问题。[3] 这充分表达出我们党对历史教训的深刻反思和对未来发展道路的深思熟虑，对发展社会主义民主、健全社会主义法制的坚定决心。顺应全党全国上下对安定团结政治局面和稳定有序社会局面的热切期盼，制定一部保障人民权利、促进人民福祉、有力推动社会主义现代化建设顺利开展的人民宪法，作为一件政治大事提上历史日程。

健全社会主义法制以保障人民民主，使民主制度化、法律化，使这种制度和法律不因领导人的改变而改变，不因领导人的看法和注意力的改变而改变，[4] 是党的十一届三中全会为加速国家的社会主义现代化建设而采取的一项重大举措。按照党的十一届三中全会的要求，从那时起

---

〔1〕《中国共产党中央委员会关于建国以来党的若干历史问题的决议》（一九八一年六月二十七日中国共产党第十一届中央委员会第六次全体会议一致通过），载中共中央文献研究室编：《三中全会以来重要文献选编》（下），中央文献出版社2011年版，第143～144页。

〔2〕参见《中国共产党中央委员会关于建国以来党的若干历史问题的决议》（一九八一年六月二十七日中国共产党第十一届中央委员会第六次全体会议一致通过），载中共中央文献研究室编：《三中全会以来重要文献选编》（下），中央文献出版社2011年版，第169～170页。

〔3〕参见邓小平：《答意大利记者奥琳埃娜·法拉奇问（一九八〇年八月二十一日、二十三日）》，载《邓小平文选》（第2卷），人民出版社1994年版，第348页。

〔4〕参见邓小平：《解放思想，实事求是，团结一致向前看（一九七八年十二月十三日）》，载中共中央文献研究室编：《三中全会以来重要文献选编》（上），中央文献出版社2011年版，第23页。

就应当把立法工作摆到全国人民代表大会及其常务委员会的重要议程上来，[1] 这也是实现现代化的要求。“在改革和完善社会主义经济制度的同时，改革和完善社会主义政治制度，发展高度的社会主义民主和完备的社会主义法制……建设高度的社会主义精神文明。这些都是我们社会主义现代化的重要目标，也是实现四个现代化的必要条件。”[2]

加强社会主义民主法制建设，必须强调保护宪法赋予人民的权利。为此，党的十一届三中全会指出，在人民内部的思想政治生活中，只能实行民主方法，不能采取压制、打击手段。宪法规定的公民权利，必须坚决保障，任何人不得侵犯。[3]

第五，一九七八年宪法已经不能适应改革开放新时期的形势发展，需要对受“左”的错误严重干扰的宪法制度、规范和条文进行全面修订，制定一部全面体现社会主义现代化建设要求、顺应中国特色社会主义发展潮流的新宪法。

1954 年，一届全国人大一次会议制定的宪法，体现了人民民主原则和社会主义原则，把中国人民行使当家作主权利的政治制度用根本法形式确定下来，指明了为建立社会主义社会继续奋斗的正确道路。1966 年“文化大革命”开始之后，民主法制建设和社会秩序受到严重破坏，一九五四年宪法的很多规定被束之高阁，没有得到实施。1975 年 1 月党的十届二中全会召开，通过了宪法修改草案和《关于修改宪法的报告》；四届全国人大一次会议通过修改后的宪法。一九七五年宪法是在“文化大革命”期间制定的，目的是适应当时“文化大革命”的形势，总的基调就是要进一步落实无产阶级专政下继续革命的理论，因此这部宪法带有很

---

〔1〕 参见《中国共产党第十一届中央委员会第三次全体会议公报》，载中共中央文献研究室编：《三中全会以来重要文献选编》（上），中央文献出版社 2011 年版，第 9 页。

〔2〕 叶剑英：《在庆祝中华人民共和国成立三十周年大会上的讲话（一九七九年九月二十九日）》，载中共中央文献研究室编：《三中全会以来重要文献选编》（上），中央文献出版社 2011 年版，第 204 页。

〔3〕 参见《中国共产党第十一届中央委员会第三次全体会议公报》，载中共中央文献研究室编：《三中全会以来重要文献选编》（上），中央文献出版社 2011 年版，第 9 页。

深的“左”的烙印，比一九五四年宪法大大倒退了。1978 年 2 月党的十一届二中全会召开，通过了宪法修改草案和《关于修改宪法的报告》，决定提请五届全国人大一次会议审议；1978 年 3 月，五届全国人大一次会议通过了修改后的宪法。一九七八年宪法因历史条件限制，虽然恢复了一九五四年宪法的部分条文，但仍然以一九七五年宪法为基础。1979 年 7 月和 1980 年 9 月又两次对宪法部分条文进行修改，但仍不能满足形势发展的需要。正如叶剑英同志指出，“由于当时历史条件的限制，来不及全面地总结建国三十年来社会主义革命和建设中的经验教训，也来不及彻底清理和清除十年动乱中某些‘左’的思想对宪法条文的影响，以至现行宪法中还有一些反映已经过时的政治理论观点和不符合现实客观情况的条文规定。更重要的是，自本届人大一次会议以来，特别是中国共产党十一届三中全会以来，我们国家的政治生活、经济生活和文化生活都发生了巨大的变化和发展，特别是党和国家工作重点的转移；中共中央对于国内阶级状况所作的新的科学分析；国家民主化的重大进展和进一步民主化的要求；国家领导体制和国民经济体制正在进行和将要进行的重大改革；各民族区域自治权的明确规定；等等，都没有也不可能在现行宪法中得到反映。而且，作为国家根本大法，现行宪法的许多条文规定也不够完备、严谨、具体和明确。总之，现行的宪法已经不能很好地适应我国社会主义现代化建设的客观需要，立即着手对它进行全面的修改，是完全必要的”。[1] 例如，在序言中仍然保留了“坚持无产阶级专政下的继续革命”的错误提法，对“文化大革命”仍然采取肯定态度；又如，“四大”，即大鸣、大放、大字报、大辩论，邓小平同志评价说，“作为一个整体来看，从来没有产生积极的作用”。[2] 党的十一届五中全会也指出，“四大”作为一

---

〔1〕 参见叶剑英：《在宪法修改委员会第一次全体会议上的讲话（一九八〇年九月十六日）》，载叶剑英：《叶剑英选集》，人民出版社 1996 年版，第 560 ~ 561 页。这段话中所称“现行宪法”指的是一九七八年宪法，所称的“本届人大一次会议”指的是五届全国人大一次会议。

〔2〕 邓小平：《目前的形势和任务（一九八〇年一月十六日）》，载中共中央文献研究室编：《三中全会以来重要文献选编》（上），中央文献出版社 2011 年版，第 281 ~ 282 页。

个整体，没有起过保障人民民主权利的积极作用，反而妨碍了人民正常行使自己的民主权利。[1] 在新时期党的思想路线、政治路线、组织路线的正确引领下，在宪法上彻底清除“左”的思想影响，为改革开放事业和社会主义现代化建设打开法治新局面，成为发展社会主义民主、健全社会主义法制的首要任务。

1979 年 7 月 1 日，五届全国人大二次会议通过《关于修正〈中华人民共和国宪法〉若干规定的决议》，明确县和县以上的地方各级人民代表大会设立常务委员会，将地方各级革命委员会改为地方各级人民政府，将县的人民代表大会改为由选民直接选举，将上级人民检察院同下级人民检察院的关系由监督改为领导等，进一步完善了国家机构的规定。这也为重新修订《中华人民共和国全国人民代表大会和地方各级人民代表大会选举法》《中华人民共和国地方各级人民代表大会和地方各级人民政府组织法》《中华人民共和国人民法院组织法》《中华人民共和国人民检察院组织法》等四部国家机构基本法律扫清了障碍，提供了宪法依据，可以说是制定一九八二年宪法的前奏。[2] 党的十一届五中全会提出，为了有利于消除不安定的因素，全会决定向全国人民代表大会建议，把一九七八年宪法第四十五条中关于公民“有运用大鸣、大放、大辩论、大字报的权利”的规定，予以取消。[3] 1980 年 9 月，五届全国人大三次会议修改了一九七八年宪法第四十五条的内容，删除公民“有运用‘大鸣、大放、大辩论、大字报’的权利”的规定，以维持安定团结的政治局面。

当时也有人提出，一九七八年宪法才制定了两年就进行修改，是否会影响法律的稳定性和权威，是否有利于加强社会主义法制。当时提出

---

〔1〕 参见《中国共产党第十一届中央委员会第五次全体会议公报》（一九八〇年二月二十九日通过），载中共中央文献研究室编：《三中全会以来重要文献选编》（上），中央文献出版社 2011 年版，第 383 页。

〔2〕 参见杨景宇：《回顾彭真与 1982 年宪法的诞生》，载《党的文献》2015 年第 5 期。

〔3〕 参见《中国共产党第十一届中央委员会第五次全体会议公报》（一九八〇年二月二十九日通过），载中共中央文献研究室编：《三中全会以来重要文献选编》（上），中央文献出版社 2011 年版，第 383 页。

这样的问题是可以理解的，人们经过了“文化大革命”，怕宪法不稳定，怕乱。但是，一九七八年宪法与我国的社会主义现代化建设的实际不完全符合了，如关于农村人民公社的规定，这与我国农村实行的联产承包生产责任制就不适应了。健全和加强社会主义法制，要做到“有法可依、有法必依、执法必严、违法必究”，就要有一个能适应四化建设需要的、比较长期稳定的宪法。因此，对一九七八年宪法作系统修改，适应社会主义现代化建设的客观需要，才能真正使宪法具有权威性，才能执法必严、违法必究。[1]

党的十一届三中全会后，社会主义法制迅速发展起来，制定修改了一大批法律法规，推动社会主义民主法制观念深入人心，为制定新宪法提供了良好法治基础和社会环境。到新宪法通过前，全国人大及其常委会制定40多件法律和有关法律问题的决定，包括一些涉及刑事、民事、国家机构和经济等方面的基本法律。[2] 特别是1979年6月，五届全国人大二次会议一次通过《中华人民共和国刑法》《中华人民共和国刑事诉讼法》等七部重要法律，成为社会主义法治建设史上的创举。邓小平同志深刻指出其重要意义：“在建国以来的二十九年中，我们连一个刑法都没有，过去反反复复搞了多少次，三十几稿，但是毕竟没有拿出来。现在刑法和刑事诉讼法都通过和公布了，开始实行了。全国人民都看到了严格实行社会主义法制的希望。这不是一件小事情啊！”[3] 社会主义法制持续健全，社会主义民主不断发展，不仅为人民群众安居乐业提供了有力保障，而且进一步激发了人民群众参与社会主义民主政治建设的积极性主动性，为宪法修改草案开展全民大讨论创造了有利条件。

---

〔1〕 参见顾昂然：《立法工作纪事》，中国民主法制出版社2021年版，第123页。

〔2〕 参见全国人民代表大会常务委员会办公厅编：《全国人民代表大会及其常务委员会大事记（1954—2014）》，中国民主法制出版社2014年版，附录一。

〔3〕 邓小平：《目前的形势和任务（一九八〇年一月十六日）》，载《邓小平文选》（第2卷），人民出版社1994年版，第243页。

二、起草出台过程

习近平总书记指出："立宪和修宪在任何一个国家都是最为重要的政治活动和立法活动，必须以极其严肃认真的科学态度来对待。"〔1〕我们党秉持这一科学态度对待宪法工作，是一以贯之的。1954 年，毛泽东同志主持起草宪法时曾说过："搞宪法是搞科学。"〔2〕"宪法的起草应该说是慎重的，每一条每一个字都是认真推敲了的。"〔3〕还专门制定了《宪法起草工作计划》。〔4〕开展一九八二年宪法的起草工作，党中央做好了充分的理论、实践、组织等各方面准备，是坚持以科学精神、民主方式、规范方法、严密组织进行的。

关于修宪的进程，按照通说，从 1980 年 9 月 10 日宪法修改委员会正式成立，到 1982 年 12 月 4 日五届全国人大五次会议通过一九八二年宪法，历时两年零三个月，大体上可分为三个阶段：第一阶段是提出宪法修改草案（1980 年 9 月至 1982 年 2 月）；第二阶段是全民讨论（1982 年 4 月至 10 月）；第三阶段是全国人民代表大会审议通过（1982 年 11 月 26 日至 12 月 4 日）。〔5〕从更宽广的历史视角看，还包括修宪这一重大政治决策的酝酿阶段和宪法通过后的宣传教育阶段。

第一，党中央领导宪法修改工作，保证宪法修改工作沿着正确政治方向顺利开展。

---

〔1〕参见习近平：《深刻认识宪法修改的重大意义（二〇一八年一月十九日）》，载习近平：《论坚持全面依法治国》，中央文献出版社 2020 年版，第 199 页。

〔2〕毛泽东：《关于中华人民共和国宪法草案（一九五四年六月十四日）》，载《毛泽东文集》（第 6 卷），人民出版社 1999 年版，第 330 页。

〔3〕毛泽东：《关于宪法草案的修改问题（一九五四年九月十四日）》，载《党的文献》1997 年第 1 期。

〔4〕毛泽东：《宪法起草工作计划（一九五四年一月十五日）》，载《毛泽东文集》（第 6 卷），人民出版社 1999 年版，第 320～321 页。

〔5〕参见《彭真传》编写组：《彭真传》（第 4 卷），中央文献出版社 2012 年版，第 1434～1435 页。

宪法是国家管根本、管长远的总章程、总依据，立宪修宪工作是党领导人民进行的重大政治活动，必须旗帜鲜明讲政治，必须在党中央集中统一领导下开展，保证宪法制定修改工作的全过程各环节都体现党的领导和人民意愿的高度统一，充分发挥出我们党的政治引领力、组织凝聚力。

党中央高度重视社会主义建设新时期的民主法制建设，高度重视发挥宪法在推动社会主义现代化建设中的重要作用。党的十一届三中全会结束后，根据新的形势发展，即开始酝酿谋划对宪法作出全面修改。1979 年 10 月下旬，邓小平同志就 1980 年部分重要工作的安排问题同有关同志谈话时指出，经中央常委研究，准备为第二年党的十一届五中全会、六中全会和第三年党的十二大做点准备工作：一是修改党章；二是修改宪法。第二年 2 月党的十一届五中全会讨论，年底党的十一届六中全会讨论，然后提交党的十二大。[1] 1980 年 8 月，邓小平同志在中央政治局扩大会议上所作的《党和国家领导制度的改革》重要讲话着重提出对党和国家领导制度实行六项重大改革措施，第一项就是“中央将向五届人大三次会议提出修改宪法的建议。要使我们的宪法更加完备、周密、准确，能够切实保证人民真正享有管理国家各级组织和各项企业事业的权力，享有充分的公民权利，要使各少数民族聚居的地方真正实行民族区域自治，要改善人民代表大会制度，等等。关于不允许权力过分集中的原则，也将在宪法上表现出来”。[2] 也就是这次会议作出决定，向即将召开的五届全国人大三次会议提出修改宪法的建议。[3]

在党中央集中统一领导和统筹推动下，全面修改宪法在党内党外、全国各族人民中达成重大政治共识，有利于统一思想、统一意志、统一

---

〔1〕 参见中共中央文献研究室编：《邓小平年谱（1975—1997）》，中央文献出版社 2004 年版，第 574 页。

〔2〕 邓小平：《党和国家领导制度的改革（一九八〇年八月十八日）》，载《邓小平文选》（第 2 卷），人民出版社 1994 年版，第 339 页。

〔3〕 参见《彭真传》编写组：《彭真传》（第 4 卷），中央文献出版社 2012 年版，第 1432 页。

行动，为社会主义现代化建设新时期奠定法治基础。彭真同志在《关于中华人民共和国宪法修改草案的报告》中高度概括指出："中国共产党对这次宪法修改工作十分重视，中共中央政治局和书记处都专门讨论过。中共中央政治局和书记处的成员大都是宪法修改委员会的委员，中共中央的意见已经充分地反映在宪法修改草案中。中国共产党领导中国人民制定了新宪法，中国共产党也将同全国各族人民一道，同各民主党派和各人民团体一道，共同维护宪法尊严和保证宪法实施。"〔1〕

第二，提出修宪建议，成立宪法修改委员会。

1980 年 8 月 30 日，中共中央正式向五届全国人大三次会议主席团提出了《关于修改宪法和成立宪法修改委员会的建议》。〔2〕该建议指出，1978 年五届全国人大一次会议通过的宪法，由于当时历史条件的限制和从那时以来情况的巨大变化，许多地方已经很不适应当前政治经济生活和现代化建设的需要，需要对宪法作比较系统的修改。同时建议，全国人民代表大会成立宪法修改委员会，主持宪法的修改工作，并于 1981 年上半年公布修改宪法草案，交付全民讨论，以求五届全国人大四次会议能够通过，第六届全国人民代表大会能够按照修改后的宪法产生和工作。中共中央一并提出了宪法修改委员会名单草案。

1980 年 9 月 10 日，根据中共中央的建议，五届全国人大三次会议作出《关于修改宪法和成立宪法修改委员会的决议》，同意中共中央提出的修宪建议和宪法修改委员会组成人员名单，决定由宪法修改委员会主持修改一九七八年宪法，提出宪法修改草案，由全国人大常委会公布，交付全国各族人民讨论，再由宪法修改委员会根据讨论意见修改后，提交

---

〔1〕 彭真：《关于中华人民共和国宪法修改草案的报告（一九八二年十一月二十六日）》，载中共中央文献研究室编：《十二大以来重要文献选编》（上），中央文献出版社 2011 年版，第 138 页。"这次制定宪法，中央政治局、书记处前后讨论过八次。"顾昂然：《立法工作纪事》，中国民主法制出版社 2021 年版，第 121 页。

〔2〕 参见全国人大常委会法制工作委员会宪法室编：《中华人民共和国制宪修宪重要文献资料选编》，中国民主法制出版社 2021 年版，第 52 页。

五届全国人大四次会议审议。

成立宪法起草（修改）委员会，为立宪修宪工作打好组织基础，是我们党领导制宪史上的宝贵经验。早在1931年，毛泽东同志在中央苏区领导制定《中华苏维埃共和国宪法大纲》时，就成立宪法起草委员会，来讨论、起草宪法大纲草案。《共同纲领》、一九五四年宪法直到一九七八年宪法都采取宪法起草（修改）委员会的组织模式。一九八二年宪法修改委员会由叶剑英任主任委员，宋庆龄、彭真任副主任委员，委员包括邓小平、习仲勋等老一辈无产阶级革命家，共103人。

1980年9月16日，叶剑英同志主持召开宪法修改委员会第一次全体会议并发表讲话，对宪法修改提出要求。一是关于基本原则。修改宪法应当在总结新中国成立以来我国社会主义革命和社会主义建设经验的基础上进行。经过修改的宪法，应当反映并且有利于我国社会主义的政治制度、经济制度和文化制度的改革和完善。在新的宪法和法律的保障下，全国各族人民应当能够更加充分地行使管理国家、管理经济、管理文化和其他社会事务的权力。经过修改的宪法，要努力做到能够充分体现我国历史发展新时期全国各族人民的利益和愿望。二是关于工作方法。要坚持领导与群众相结合的正确方法，采取多种形式发动人民群众积极参加这项工作，在1981年上半年公布修改宪法草案，交付全民讨论。他强调，要认真总结新中国成立以来制订和修改宪法的历史经验。要从我国的实际情况出发，以我们自己的经验为基础，同时也要参考当代外国宪法，尤其是一些社会主义国家的宪法，吸收其中好的先进的东西。仍然要充分重视毛泽东同志领导制定一九五四年我国第一部宪法时总结的两条立宪经验：一个是“领导与群众相结合”，一个是“本国经验与国际经验相结合”。[1] 这次会议还决定设立宪法修改委员会秘书处，并通过了秘书长和副秘书长的名单。胡乔木为秘书长，吴冷西、胡绳、甘祠森、

---

〔1〕 参见叶剑英：《在宪法修改委员会第一次全体会议上的讲话（一九八〇年九月十六日）》，载《叶剑英选集》，人民出版社1996年版，第561～562页。

张友渔、叶笃义、邢亦民、王汉斌为副秘书长。

第三，组织开展起草工作。

以1981年7月为界限，宪法修改的具体起草工作可以分为两个阶段：

第一阶段是从1980年9月宪法修改委员会召开第一次全体会议到1981年6月底。这一阶段宪法修改草案起草工作由胡乔木具体负责。秘书处成立后的8个月时间中，胡乔木主持秘书处着手开展调查研究，同时搭建宪法框架、起草条文。主要工作包括：一是把一九五四年宪法和一九七八年宪法分发中央各部门、各地方和各界人士，请他们提出修改意见。二是召开一系列座谈会，直接听取各方面意见。从1980年9月到1981年6月，先后邀请北京和外地一些专家、学者和有关部门负责人开了13次座谈会，就修改宪法问题进行座谈讨论；并委托中央党、政、军机关和省级人大常委会协助征求意见。三是收集、研究了35个国家的宪法。四是1981年2月，完成了宪法修改草案讨论稿（第一稿），经多次讨论修改，到5月先后共形成五个内部稿，但对外一直没有拿出一个正式草稿。[1]

第二阶段是从1981年7月到1982年12月提请全国人大会议审议。从1981年7月开始，彭真同志具体主持宪法修改工作。这期间宪法修改委员会共召开了四次会议，宪法修改草案从讨论稿到修改稿，交付全民讨论，最终形成正式草案文本。彭真同志分析了过去八个月还没有拿出一份各方面都能大体接受的修宪草案来的原因，感到修宪首先要有明确的基础和依据，因此，明确提出要以一九五四年宪法和《关于建国以来党的若干历史问题的决议》为修改宪法的基础和依据。一方面，要以一九五四年宪法为基础，总结经验，解决问题，使新的宪法适应发展变化了的形势。主要基于以下考虑：一是一九五四年宪法规定的基本原则比较适宜。当时对新中国三部宪法都作了研究，总体觉得一九五四年宪法

---

〔1〕 参见《彭真传》编写组：《彭真主持起草一九八二年宪法》，载《党的文献》2013年第1期。

比较好，一九七五年、一九七八年宪法都有较强的“文化大革命”烙印。二是以一九五四年宪法为基础修改，可以避免不必要的争论。当时围绕修改宪法的主要问题产生了很多争论，但是许多问题在1954年制定宪法时都考虑过，以此为基础，更容易达成共识。三是一九五四年宪法总体上比较成熟。经过全国有代表性的8000多人的广泛讨论以及全民讨论，这部宪法共识比较强，基础比较好，大家比较认可，有利于尽快完成修宪任务。[1] 另一方面，要以《关于建国以来党的若干历史问题的决议》为依据。因为该决议是中央长期考虑并经过广泛讨论修改的，对于一些争论很久的事情作出了明确定论，而宪法不是争论问题，是把可定的定下来。[2]

在确定宪法修改的基础和依据后，彭真同志进一步强调坚持以下修改原则：宪法修改，“在纲不在目”，“在要不在繁”，“只管战略，不管战役”；要解决最根本的问题，不写枝节的问题；只规定已成熟了的东西，不写不成熟的、还在实验中的东西；要从中国的实际出发，总结自己的经验教训，参考外国有益的经验，但不能照搬外国的做法；修改宪法的过程，要充分发扬民主。在工作方法上，主张分步进行，对某一问题有了较为成熟的方案，就向中央报告，取得中央的指示，再继续推进，如关于全国人大设立专门委员会的问题。[3]

根据彭真同志关于加强宪法起草组织工作的意见，在已成立的宪法修改委员会秘书处的基础上，组成一个由胡绳负责、人员精干的工作班子，研究修改宪法中实际存在的各种重大问题。经过两个月紧张且高效的工作，到1981年11月下旬，工作班子起草出了宪法修改草案（初

---

〔1〕 参见《彭真传》编写组：《彭真主持起草一九八二年宪法》，载《党的文献》2013年第1期。

〔2〕 参见《彭真传》编写组：《彭真主持起草一九八二年宪法》，载《党的文献》2013年第1期。

〔3〕 参见《彭真传》编写组：《彭真传》（第4卷），中央文献出版社2012年版，第1441～1442页。

稿)。先后经中央书记处、中央政治局多次讨论，1982 年 2 月下旬，形成了宪法修改草案讨论稿，供宪法修改委员会审议。

1982 年 2 月 27 日至 3 月 17 日，宪法修改委员会召开第二次全体会议，彭真同志主持，讨论审议宪法修改委员会秘书处拟订的宪法修改草案（讨论稿)。彭真同志指出，宪法修改委员会秘书处自成立以来，做了大量工作，广泛地征求了各地区和各方面人士对修改宪法的意见，拟出了宪法修改草案（讨论稿)，请委员们就该讨论稿进行充分讨论和审议。秘书长胡乔木作了宪法修改草案（讨论稿）的说明，对宪法修改工作的进度调整和具体工作的安排进行说明。宪法修改委员会在 3 月 9 日至 16 日进行了分组讨论，委员们逐条研究讨论，提出了修改意见。五届全国人大常委会二十二次会议结束后，委员们座谈讨论了宪法修改草案（讨论稿)，也提出了不少修改意见。这期间，还收到了政协全国委员会常务委员，中央和国家机关各部门负责人，各省、自治区、直辖市负责人提出的修改意见。在主持闭幕会议时，彭真同志指出，宪法修改委员会认为，许多修改意见提得很好，拟在今后的修改过程中充分考虑和吸收；秘书处拟出的宪法修改草案（讨论稿）可以作为修改的基础，由秘书处根据这次会议和各方面提出的意见进一步修改后，提交宪法修改委员会第三次会议讨论修改。[1] 宪法修改委员会第二次会议开了 9 天，经过对讨论稿逐章逐节逐条审议，作了较大修改：讨论稿共 140 条，有 83 条作了修改；序言共 11 段，修改了 10 段，增写了 1 段。[2]

1982 年 4 月 12 日至 21 日，宪法修改委员会举行第三次全体会议，彭真同志主持，讨论审议宪法修改草案（修改稿)。胡乔木就宪法修改草案（修改稿）作了扼要介绍和说明。宪法修改委员会第三次会议共举行了 9 次全体会议，对修改稿进行了逐章逐节的讨论审议。4 月 21 日，会

[1] 全国人大常委会法制工作委员会宪法室编：《中华人民共和国制宪修宪重要文献资料选编》，中国民主法制出版社 2021 年版，第 107～108 页。

[2] 参见杨景宇：《回顾彭真与 1982 年宪法的诞生》，载《党的文献》2015 年第 5 期。

议一致通过了宪法修改草案，通过了宪法修改委员会给全国人大常委会的《关于提请公布〈中华人民共和国宪法修改草案〉交付全国各族人民讨论的建议》。

1982 年 11 月 4 日，宪法修改委员会举行第四次全体会议，彭真同志主持，讨论宪法修改草案。这个修改草案是宪法修改委员会秘书处根据全民讨论的意见修改后提出的。彭真同志指出，宪法修改草案从广泛征求意见、起草、讨论、修改到全民讨论和进一步修改，总共经过了 25 个月。宪法修改草案吸收了全民讨论中各方面的许多意见。这次全体会议将对这个草案进行充分讨论，然后作进一步修改，最后提请五届全国人大五次会议审议。副秘书长胡绳对草案修改情况作了说明，介绍了全民讨论的总体情况。他说，大家普遍认为，草案科学地总结了新中国成立 30 多年来社会主义革命和社会主义建设的正反两方面的经验，顺乎民心，合乎国情；它体现了党的十一届三中全会以来的路线、方针、政策，代表了全国人民的根本利益，适合我国社会主义现代化建设的需要。根据全民讨论提出的意见，宪法修改委员会第四次会议开了五天，对修改草案又修改、补充了近百处。[1] 彭真同志在闭幕会议讲话中指出，“人民掌握了宪法，就会变成伟大的物质力量，保障十亿人民的团结和社会主义现代化建设的顺利进行”，并对宪法通过后有计划有步骤地进行系统的、大量的宣传教育工作提出要求、作出部署。[2]

1982 年 11 月 23 日，宪法修改委员会举行第五次全体会议，彭真同志主持。会议一致通过决定，将宪法修改草案和关于宪法修改草案的报告提请五届全国人大五次会议审议。彭真同志介绍了宪法修改委员会成立以来的工作特别是全民讨论后的修改工作，胡绳就宪法修改草案的最后修改情况作了说明。会议通过了向五届全国人大五次会议提出的《关

〔1〕 参见杨景宇：《回顾彭真与 1982 年宪法的诞生》，载《党的文献》2015 年第 5 期。

〔2〕 参见《宪法修改委员会将进一步修改宪法草案》，载《人民日报》1982 年 11 月 10 日，第 1 版。

于提请审议〈中华人民共和国宪法修改草案〉的议案》。

第四，实事求是推迟审议宪法修改草案。

推迟审议宪法修改草案，是一九八二年宪法起草过程中的一件大事。在党和国家事业工作重心发生根本性转变的历史转折时刻，制定一部新宪法并不是一帆风顺、一蹴而就的，必须坚持马克思主义国家学说、法治原理与中国具体实际相结合，认识规律、遵循规律、把握规律，把党的主张和人民意愿有机统一起来，制定出一部有利于党执政兴国、人民幸福安康、国家长治久安的根本法。由于各方面原因，对一些重大问题存在意见分歧，没有达成基本共识，第一阶段宪法修改草案起草进展并不顺利，一直未能拿出可供讨论的正式稿。党中央坚持实事求是的科学立法精神，经慎重研究，作出推迟审议宪法修改草案的重大决定，这样就给第二阶段起草工作提供了较为有利的条件。

1981 年 11 月 20 日至 26 日，五届全国人大常委会举行第二十一次会议，听取宪法修改委员会副主任委员彭真所作的关于建议推迟修改宪法完成期限的说明，通过提交五届人大四次会议审议的《关于推迟审议宪法修改草案的决议（草案)》。1981 年 12 月 13 日，五届全国人大四次会议通过《关于推迟审议宪法修改草案的决议》，决定将宪法修改草案的审议工作推迟到五届全国人大五次会议进行。大会印发《关于建议推迟修改宪法完成期限的说明》，请代表们审议。该说明提出，推迟完成期限主要基于以下考虑：一是由于宪法修改工作关系重大，牵涉各方面一系列复杂的问题，需要进行大量的调查研究，广泛征求各地区、各方面的意见。二是目前国家正在进行体制改革，有些重大问题正在实践研究解决过程中。因此，原来对这些情况考虑不足，规定期限过于紧迫，没有能按期完成。为了慎重地进行宪法修改工作，尽可能把宪法修改得完善些，需要把修改宪法完成期限适当推迟。该说明建议，在宪法修改委员会秘书处提出宪法修改草案（初稿）的基础上，经宪法修改委员会审议修改后，仍按原决定的步骤，由全国人大常委会公布，交付全国各族人民讨论，再由宪法修改委员会根据讨论意见修改后，提交五届全国人大五次会议审议。

第五，提交全国各族人民开展大讨论。

从1980年9月到1982年4月，在党中央的坚强领导下，宪法修改委员会及其秘书处辛勤工作，历经一年半时间，广泛征求各地方、各部门、各方面的意见，形成宪法修改草案，经宪法修改委员会第三次全体会议审议通过，提请1982年4月22日召开的五届全国人大常委会第二十三次会议审议。彭真同志代表宪法修改委员会向会议作《关于中华人民共和国宪法修改草案的说明》，介绍了宪法修改草案起草的背景和过程，就八个主要问题作出说明，主要包括：序言肯定了坚持四项基本原则；“总纲”第一条规定了我国的国体；社会主义制度是我国的根本制度；社会主义社会的发展是以高度发达的生产力为物质基础的；在建设高度物质文明的同时，建设高度的精神文明，是一项长期的任务；提高全体人民的文化、科学、技术水平，对于建设社会主义的物质文明和精神文明，是不可缺少的条件；关于公民的基本权利；国家机构实行民主集中制的原则。同时，宪法修改委员会向全国人大常委会提出《关于提请公布〈中华人民共和国宪法修改草案〉交付全国各族人民讨论的建议》。4月23日至24日，会议就宪法修改草案分四个半天进行了分组讨论，并提出意见，都转交宪法修改委员会，在全民讨论之后修改时一并研究。[1]

4月26日，五届全国人大常委会第二十三次会议通过《关于公布〈中华人民共和国宪法修改草案〉的决议》，同意宪法修改委员会的建议，决定公布宪法修改草案，交付全国各族人民讨论。该决议对全民讨论作出了具体安排、提出了明确要求：全国各级国家机关、军队、政党组织、人民团体以及学校、企业事业组织和街道、农村社队等基层单位，在1982年5月到8月，安排必要时间，组织讨论宪法修改草案，提出修改

---

〔1〕 参见许崇德：《中华人民共和国宪法史》（下卷），福建人民出版社2005年版，第448页。

意见，并逐级上报；全国各族人民在讨论宪法修改草案中提出的修改意见，由各省、自治区、直辖市人民代表大会常务委员会以及人民解放军总政治部、中央国家机关各部门、各政党组织、各人民团体分别于1982年8月底以前报送宪法修改委员会，由宪法修改委员会根据所提意见对宪法修改草案作进一步修改后，提请五届全国人大五次会议审议。

4月28日，宪法修改草案全文发表，全国上下迅速掀起全民学习讨论的热潮。中共中央宣传部专门编发《中华人民共和国宪法修改草案》的宣传提纲，强调这次宪法修改是我们国家政治生活中的一件大事，全国各族人民要在党的领导下，积极参加草案的全民讨论，共同把我们国家的根本大法修改、制定好。[1]《人民日报》《红旗》等主流媒体专门配发社论，以强大的宣传力在社会上把全民讨论工作引向高潮。

4月29日，《人民日报》发表了题为《全民动员讨论宪法草案》的社论，向人民群众阐述了全民讨论的重大意义，指出：动员全国各族人民开展宪法修改草案的讨论，也是对全体人民进行社会主义民主和法制教育的一次极好机会。这次交付全民讨论的宪法修改草案，记载了党的十一届三中全会以来各项改革的成果，肯定了继续改革的方向。在这种情况下，通过全民讨论宪法修改草案，必将进一步提高人民对社会主义民主重要性的认识，进一步增强人民的法制观念。讨论宪法修改草案就是人民行使管理国家事务、经济和文化事业、社会事业的权利的一种途径和方式。通过讨论，全体人民会更加懂得，我国的宪法和法律是工人阶级领导全体人民，通过自己的权力机关——全国人民代表大会制定的，它们是广大人民的意志和利益的集中表现。这次全民讨论宪法修改草案，既是人民行使当家作主的权利，又是人民学习社会主义民主和法制的一次很好的实践。它必将为今后进一步发扬社会主义民主，加强社会主义法制打下良好的基础。社论要求，各级党委和全党同志要高度重视宪法

---

〔1〕 参见韩大元主编：《新中国宪法发展70年》，广东人民出版社2020年版，第262～263页。

修改草案的讨论，切实加强领导，带头参加讨论。党委要同各有关方面密切配合，动员组织各宣传舆论部门，对宪法修改草案的基本精神和基本内容，它的指导思想以及关于公民的基本权利和义务、国家政治经济制度的重要规定等作通俗易懂的讲解介绍，务使家喻户晓，人人明白。讨论要充分发扬民主，使各族各界人民群众都能各抒己见，畅所欲言。[1]

1982年第9期《红旗》杂志发表了社论《国家政治生活中的一件大事》。社论指出，这个草案在经过全国人民广泛讨论，集中全国人民的意见，作出进一步修改，并经过全国人民代表大会审议通过以后，将成为新的历史时期中我国的一部根本大法。它将是一个在很长历史时期起作用的、稳定的庄严的根本法。它对于我们国家今后的长期安定，我国社会主义的政治、经济、文化制度的建设和完善，对于保证国家的巩固和人民的民主权利、实现社会主义民主的制度化，对于社会主义法制建设等，都将具有深远的和重大的作用。我们现在作的宪法修改工作越是进行得慎重和细致，我们就越有可能得到一部长期稳定的宪法。社论把全民讨论比喻为“各级干部和广大群众学习、领会宪法的基本精神与主要内容的学校”，指出：全民讨论工作的重要意义是为了把新的宪法制定得更为完备，是一次全国范围的关于国家根本大法的学习和自我教育，是全体人民正确行使民主权利、发展民主生活的一次学习和训练。[2]

向社会公布宪法草案文本广泛征求意见，既是贯彻党的群众路线、借鉴1954年“领导机关的意见和广大群众的意见相结合”制宪经验[3]

---

〔1〕 参见《全民动员讨论宪法草案》，载《人民日报》1982年4月29日，第1版。

〔2〕 参见《国家政治生活中的一件大事》，载《红旗》1982年第9期。

〔3〕 参见毛泽东：《关于中华人民共和国宪法草案（一九五四年六月十四日）》，载《毛泽东文集》（第6卷），人民出版社1999年版，第325页。毛泽东同志指出，“这个宪法草案（一九五四年宪法草案。——作者注）所以得人心，是什么理由呢？我看理由之一，就是起草宪法采取了领导机关的意见和广大群众的意见相结合的方法。这个宪法草案，结合了少数领导者的意见和八千多人的意见，公布以后，还要由全国人民讨论，使中央的意见和全国人民的意见相结合。这就是领导和群众相结合，领导和广大积极分子相结合的方法。过去我们采用了这个方法，今后也要如此。一切重要的立法都要采用这个方法。这次我们采用了这个方法，就得到了比较好的、比较完全的宪法草案”。

的有效科学举措，也是扩大人民有序政治参与，实现党的领导、人民当家作主、依法治国有机统一的重大政治举措，收到了很好的政治效果、法治效果和社会效果。彭真同志在向全国人民代表大会作宪法修改情况的报告中总结指出，“这次全民讨论的规模之大、参加人数之多、影响之广，足以表明全国工人、农民、知识分子和其他各界人士管理国家事务的政治热情的高涨。通过全民讨论，发扬民主，使宪法的修改更好地集中了群众的智慧。这次全民讨论，实际上也是一次全国范围的群众性的法制教育，增强了干部和群众遵守宪法和维护宪法尊严的自觉性。讨论中普遍认为，这个宪法修改草案科学地总结了我国社会主义发展的历史经验，反映了全国各族人民的共同意志和根本利益，是合乎国情，适应社会主义现代化建设的需要的”。[1] 向社会公布宪法修改草案文本征求意见，成为科学立法、民主立法的典范，为建立法律草案向社会公布征求意见制度发出先声。

宪法修改委员会秘书处对全民讨论中各方面提出的大量的各种类型的意见建议，作了认真研究，对宪法修改草案进行了修改完善。宪法修改委员会第四次会议开了五天，许多重要的合理的意见都得到采纳，除去纯属文字的改动，又对具体规定作了近百处的补充修改。彭真同志对没有吸收采纳的意见专门作了解释：还有一些意见，虽然是好的，但实施的条件不具备、经验不够成熟，或者宜于写在其他法律和文件中，不需要写进国家的根本大法，因而没有写上。[2]

第六，邓小平同志高度关心宪法修改工作。

宪法修改工作是邓小平同志亲自谋划、亲自推动、亲自参与的。他

〔1〕 彭真：《关于中华人民共和国宪法修改草案的报告（一九八二年十一月二十六日）》，载中共中央文献研究室编：《十二大以来重要文献选编》（上），中央文献出版社 2011 年版，第 115 页。

〔2〕 参见彭真：《关于中华人民共和国宪法修改草案的报告（一九八二年十一月二十六日）》，载中共中央文献研究室编：《十二大以来重要文献选编》（上），中央文献出版社 2011 年版，第 115 ~116 页。

统筹修宪工作的总体安排，审阅相关草案及报告，与相关同志一起研究重大问题，发表重要讲话、作出相关指示，保证了宪法修改工作正确的政治方向。

一是对宪法修改重大问题作出阐述和指示。1981 年 3 月 18 日上午，邓小平同志听取邓力群等汇报胡乔木对历史决议稿的修改意见，在谈到宪法修改问题时，指出：还是要恢复设立国家主席的职位；中国是个大国，设国家主席，对国家有利。〔1〕 9 月 9 日上午，邓小平同志会见竹入义胜为团长的日本公明党第十次访华代表团，介绍中国修改宪法等情况时指出：我们从 1978 年 12 月党的十一届三中全会以来，一系列的方针、政策已经确立下来，而且已经见效了。两年多的时间证明，我们的路线、方针、政策符合中国的国情，是行之有效的，当然可以反映到宪法中去。中国要搞社会主义，坚持社会主义，宪法中要肯定这一点。要建设一个高度民主、高度文明的现代化的社会主义国家。四个现代化，特别是高度民主、高度文明，过去没有反映到宪法里，这次要反映进去。〔2〕 12 月 26 日上午，邓小平同志在住地同胡乔木谈宪法修改问题，就设立国家主席、正确处理全国人民代表大会和全国人大常委会同最高人民法院的关系、国务院各部设立和部长任免移到全国人大常委会决定而不在人民代表大会通过、人民代表大会换届年限等问题发表意见，强调“宪法序言里要提马列主义、毛泽东思想，条文里不提”。〔3〕

1982 年 2 月 17 日上午，邓小平同志同彭真、胡乔木、邓力群等谈对《中华人民共和国宪法修改草案（讨论稿）》的意见时指出：从 1954 年到现在，原来宪法已有近 30 年了，新的宪法要给人面貌一新的感觉。同意

---

〔1〕 参见中共中央文献研究室编：《邓小平年谱（一九七五——一九九七）》（下），中央文献出版社 2004 年版，第 721 ~ 722 页。这段话中的“历史决议稿”指的是《关于建国以来党的若干历史问题的决议》。

〔2〕 参见中共中央文献研究室编：《邓小平年谱（一九七五——一九九七）》（下），中央文献出版社 2004 年版，第 768 ~ 769 页。

〔3〕 中共中央文献研究室编：《邓小平年谱（一九七五——一九九七）》（下），中央文献出版社 2004 年版，第 793 页。

把“权利与义务”放在“国家机构”前面的意见。政社分开问题要说，现在的宪法（修改）草案没说，只说人民公社是经济组织。保护国家名誉、保守国家机密，宪法里要专门有一条讲这个问题。[1] 4 月 3 日，邓小平同志同胡乔木、邓力群谈话，就实现社会主义现代化的政治保证问题发表意见，指出：政治体制的改革和宪法有密切的联系。就国体说，要解决民主和专政的问题，只讲民主不讲专政不行，要坚持人民民主专政。就政体说，要解决民主和集中的问题，只讲民主不讲集中不行。国家政治生活、党内政治生活，都要高度民主、高度集中。这些方面都有一个健全和加强社会主义法制的问题。[2] 7 月 3 日，邓小平同志阅乌兰夫、刘澜涛的来信，就他们拟同意陆定一提出的各级政协委员列席同级的人大会议、政协委员在政协会议上发表任何意见不受追究的建议，并要求将这两点补充列入宪法一事，作出批示：“我认为这两条不宜列入宪法，实际上这样做就行了。”[3]

二是统筹宪法修改总体安排。1981 年 7 月 16 日，彭真同志给邓小平同志写信，请示宪法修改草案稿完成的期限，即是否还要按原来预定的时间完成，以便安排工作。两天后邓小平同志答复说，仍按原计划完成，不要推迟。[4] 12 月 26 日，邓小平同志要求尽快把宪法（修改）草案拿出来，用最短的时间修改好。[5] 1982 年 2 月 17 日，邓小平同志要求抓紧修改，几天内就开政治局会议讨论通过，然后开人大常委会。3 月公布，

---

〔1〕参见中共中央文献研究室编：《邓小平年谱（一九七五——一九九七）》（下），中央文献出版社 2004 年版，第 799 页。

〔2〕参见中共中央文献研究室编：《邓小平年谱（一九七五——一九九七）》（下），中央文献出版社 2004 年版，第 809 ~ 810 页。

〔3〕中共中央文献研究室编：《邓小平年谱（一九七五——一九九七）》（下），中央文献出版社 2004 年版，第 829 页。

〔4〕参见中共中央文献研究室编：《邓小平年谱（一九七五——一九九七）》（下），中央文献出版社 2004 年版，第 757 页；《彭真传》编写组编：《彭真年谱（一九七九——一九九七）》（第 5 卷），中央文献出版社 2012 年版，第 106 ~ 107 页。关于全国人民代表大会审议修改宪法的议案的时间问题的报告，胡耀邦批送邓小平核批；邓小平批示：仍按原定计划，不要推迟。

〔5〕中共中央文献研究室编：《邓小平年谱（一九七五——一九九七）》（下），中央文献出版社 2004 年版，第 793 页。

讨论半年，再修改。[1]

三是审阅草案稿及相关文件。1981年12月中旬，邓小平同志审阅彭真《关于宪法修改草案的几个问题的报告》。该报告介绍了根据中央书记处同年11月底的审议意见，对宪法修改草案稿进行修改、补充的情况。下旬，邓小平同志再次审阅修改后的《关于宪法修改草案的几个问题的报告》。1982年4月5日上午，邓小平同志在住地同彭真、胡乔木谈《中华人民共和国宪法修改草案（修改稿）》。11月14日，邓小平同志审阅彭真13日送阅的《中华人民共和国宪法修改草案》，作出批示："赞成，无意见。"[2]

四是出席重要会议、参加审议讨论。1982年2月20日、23日，邓小平同志出席中共中央政治局会议，讨论《中华人民共和国宪法修改草案（讨论稿）》。20日，邓小平同志在会上主张设立国家主席，并表示：除了我，别人也可以担任。23日下午，邓小平同志再次就设立国家主席职位问题发表意见，说：如果国家需要就设立，不能从对某一个人的考虑来确立我们国家的体制。[3] 11月26日下午，邓小平同志出席五届全国人大五次会议开幕式，听取关于宪法修改草案的报告。

第七，宪法修改草案提请全国人民代表大会会议审议并顺利通过。

1982年11月26日至12月10日，五届全国人大五次会议在北京召开，大会的一项重要任务就是审议通过新宪法。

11月25日上午，彭真同志主持召开五届全国人大五次会议预备会议，通过大会议程，选举产生大会主席团。大会主席团第一次会议决定：由于宪法修改委员会向全国人大提出宪法修改草案的任务业已完成，特

---

〔1〕中共中央文献研究室编：《邓小平年谱（一九七五——一九九七）》（下），中央文献出版社2004年版，第793页、第799～800页。

〔2〕中共中央文献研究室编：《邓小平年谱（一九七五——一九九七）》（下），中央文献出版社2004年版，第792页、第811页、第867页。

〔3〕中共中央文献研究室编：《邓小平年谱（一九七五——一九九七）》（下），中央文献出版社2004年版，第801页。

决定在本次全国人大会议期间，在主席团领导下成立一个宪法工作小组，根据代表们在讨论中提出的意见，对宪法修改草案进行必要的修改，并向主席团提出报告。宪法工作小组由胡绳任组长，王汉斌任副组长。

11 月 25 日下午，五届全国人大五次会议在人民大会堂开幕。宪法修改委员会副主任委员彭真受叶剑英主任委员委托，代表宪法修改委员会向大会作《关于中华人民共和国宪法修改草案的报告》。该报告首先介绍了宪法修改的背景、过程，强调宪法修改草案总的指导思想是四项基本原则，从我国的人民民主专政制度、我国的社会主义经济制度、社会主义精神文明建设、国家机构、国家的统一和民族的团结、独立自主的对外政策等六个方面，重点作了说明。最后，对宪法的严格遵守和贯彻执行提出意见。

从 11 月 27 日开始，大会各代表团分别审议宪法修改草案及相关报告。胡绳对审议情况的概括是，全体代表“总的说是满意的。讨论中也提出了对宪法修改草案的补充和修改的各种意见”[1]。12 月 3 日上午，大会主席团举行第二次会议，胡绳报告了宪法工作小组详细研究代表意见后对宪法修改草案所作的修改情况，修改内容大小共 30 处。彭真同志就这次修宪的基本原则和实施宪法的保障问题作了补充说明。经过讨论，会议决定将宪法修改草案提请大会通过。主席团决定本次大会用代表无记名投票的办法通过宪法。根据各代表团推选的人选，通过了监票人、总监票人名单草案，建议以陈志彬、杜棣华两位代表为总监票人，提请大会通过。

1982 年 12 月 4 日，五届全国人大五次会议举行全体会议。会议通过《第五届全国人民代表大会第五次会议通过宪法和各项议案办法》《第五届全国人民代表大会第五次会议通过中华人民共和国宪法监票人名单

〔1〕 全国人大常委会法制工作委员会宪法室编：《中华人民共和国制宪修宪重要文献资料选编》，中国民主法制出版社 2021 年版，第 189 页。

(六十二人)》。[1] 按照本次会议制定的通过宪法的办法，采用无记名投票方式表决的方式，以全体代表的2/3以上的多数通过。大会执行主席习仲勋同志庄严宣布：应到代表3141人，实到代表3040人，表决结果，3037票同意通过新宪法，3票弃权。《人民日报》专题报道说：“这时，会场爆发出暴风雨般热烈的掌声。摄影机和电视摄像机拍摄下这一历史的镜头。”“中国人民经过长期艰难的奋斗，终于制定并通过了安邦治国的总章程。全国人民可以相信，可以放心，我们的国家必将沿着新宪法规定的航道，乘风破浪，胜利前进!”[2]

第八，新宪法公布施行，加强宪法宣传教育。

宪法的正式公布，是宪法生效的必要法律程序。1982年12月4日，五届全国人大五次会议主席团发布公告：“中华人民共和国宪法已由中华人民共和国第五届全国人民代表大会第五次会议于一九八二年十二月四日通过，现予公布施行。”

加强对人民群众的法制宣传和法治教育，是推动“纸面上的宪法”真正转化为“实践中的宪法”的基础性工作。受到“文化大革命”的严重影响，虽然政治上拨乱反正，但尊法守法学法用法的群众基础比较薄弱，法治建设的社会基础与社会主义现代化建设的需要仍有很大差距。党的十二大深刻分析指出了当时的现实状况：现在的问题是，不但有相当数量的群众，而且有相当数量的党员，包括一些负责干部，对法制建设的重要性还认识不足，有法不依、执法不严的现象在一些方面仍然存在，已经制定的法律还没有得到充分的遵守和执行。[3] 这就是一九八二年宪法公布施行时面临的社会法治环境。党中央强调必须坚决改变这种

---

〔1〕 全国人大常委会法制工作委员会宪法室编：《中华人民共和国制宪修宪重要文献资料选编》，中国民主法制出版社2021年版，第115~117页。

〔2〕 金凤：《一切权力属于人民——记五届人大五次会议庄严通过新宪法》，载《人民日报》1982年12月7日，第3版。

〔3〕 参见胡耀邦：《全面开创社会主义现代化建设的新局面（一九八二年九月一日）》，载中共中央党校教务部编：《十一届三中全会以来党和国家重要文献选编（一九七八年十二月—二〇一四年十月）》（修订本），中共中央党校出版社2015年版，第115页。

状况，加强全民法制宣传教育。因此，大力宣传普及宪法被摆到更加突出位置。叶剑英同志以我国"把法律铸在铜器上，以昭信守、以垂久远"这一中华优秀传统法律文化举例，希望继续深入宣传一九八二年宪法，"使它铭刻在每个人的心上，成为人民群众手中捍卫社会主义制度和人民民主的有力武器，使新宪法得到彻底实施"。〔1〕

为了保证贯彻实施，在一九八二年宪法正式通过前召开的党的十二大提出，特别要教育和监督广大党员带头遵守宪法和法律，并把"党必须在宪法和法律的范围内活动"作为一条重要原则要求写入党章。从中央到基层，一切党组织和党员的活动都不能同国家的宪法和法律相抵触。党是人民的一部分。党领导人民制定宪法和法律，一经国家权力机关通过，全党必须严格遵守。〔2〕在宪法修改过程中，各方面高度关注宪法实施，全民讨论中提出很多意见建议，要求设立宪法监督机构、加强宪法实施保障；在全国人民代表大会审议过程中，宪法实施和保障也是代表们关心的热点，彭真同志在修改宪法的报告中和主席团会议的补充说明中都重点作了阐释，他同意并支持人民解放军代表刘志坚的意见，在"总纲"中增加了"一切违反宪法和法律的行为，必须予以追究"的规定。〔3〕

"法立于上，教弘于下。"一九八二年宪法公布施行后，加强宪法宣传教育成为推动宪法实施和加强监督保障的重要途径。在刚刚开展完热烈的全民大讨论的有利条件下，一场以宣传宪法为主要内容的法制宣传教育全面铺开，推动宪法知识充实头脑、宪法意识深入人心、社会主义法治文化传播开来。1982年12月24日，《人民日报》发表题为《人人学

〔1〕叶剑英：《致第五届全国人民代表大会常务委员会的信（一九八三年二月二十五日）》，载《叶剑英选集》，人民出版社1996年版，第580~581页。

〔2〕参见胡耀邦：《全面开创社会主义现代化建设的新局面（一九八二年九月一日）》，载中共中央党校教务部编：《十一届三中全会以来党和国家重要文献选编（一九七八年十二月—二〇一四年十月）》（修订本），中共中央党校出版社2015年版，第115页。

〔3〕参见《彭真传》编写组：《彭真传》（第4卷），中央文献出版社2012年版，第1441~1442页。

习宪法　人人掌握宪法》的社论。社论指出，学习宪法是为了掌握宪法。掌握宪法包括两层意思：一是自己严格遵守宪法，一切按宪法办事，在充分行使自由和权利的同时，切实地、不折不扣地履行公民的各项义务；二是用宪法把自己武装起来，同一切违反宪法的行为作斗争。维护宪法尊严，保证宪法的实施，人人有责。在宪法面前，我国十亿人，没有一个不受监督；除了被剥夺政治权利的人以外，也没有一个不监督人。我们决不允许任何人违背宪法，决不允许有破坏宪法而不受惩罚的“特殊公民”。[1] 在宪法颁布一周年时，彭真同志向新华社记者发表谈话，总结说：“一年来，中央和地方的各部门、各方面，宣传宪法，实施宪法，做了大量工作，取得显著成绩，现行宪法已经日益显示出自己强大的威力”；就进一步实施宪法、严格按照宪法办事提出明确要求。[2] 1985 年 11 月，全国人大常委会通过了《关于在公民中基本普及法律常识的决议》，即第一个五年普法决议，拉开全民普法的序幕，一直延续到今天，为推动全民守法成为全面依法治国基本格局的重要方面做好开局起步工作。

三、一九八二年宪法的主要内容[3]

五届全国人大五次会议通过的《中华人民共和国宪法》共有 1 个序言 4 章 138 条。其结构为：序言，共 13 个自然段；第一章“总纲”，共 32 条；第二章“公民的基本权利和义务”，共 24 条；第三章“国家机构”，分为 7 节，共 79 条；第四章“国旗、国徽、首都”，共 3 条。

---

〔1〕 参见《人人学习宪法　人人掌握宪法》，载《人民日报》1982 年 12 月 24 日，第 1 版。

〔2〕 参见彭真：《进一步实施宪法，严格按照宪法办事（一九八三年十二月三日）》，载《彭真文选（一九四一——一九九〇年）》，人民出版社 1991 年版，第 482～489 页。

〔3〕 本文是对 1982 年通过时宪法文本内容的介绍。关于一九八二年宪法的 5 个修正案内容，在后文有关部分予以介绍。

（一）宪法序言的主要内容

宪法序言回顾了100多年来中国革命的历史，指出20世纪中国发生了翻天覆地的伟大历史变革。其中有四件最重大的历史事件，除了1911年辛亥革命是孙中山先生领导的以外，其他三件大事都是以毛泽东主席为领袖的中国共产党领导全国人民进行的。孙中山先生领导的辛亥革命推翻了统治中国几千年的君主专制制度，但未能改变中国半殖民地半封建的社会性质和中国人民的悲惨命运。

1921年7月，中国共产党成立，这是“开天辟地的大事变”，中国革命的面貌从此焕然一新。一九八二年宪法序言记叙的以毛泽东主席为领袖的中国共产党领导全国人民进行的第一件大事是“推翻了帝国主义、封建主义和官僚资本主义的统治，取得了新民主主义革命的伟大胜利，建立了中华人民共和国”，实现了民族独立、人民解放，彻底结束了旧中国半殖民地半封建社会的历史，彻底结束了极少数剥削者统治广大劳动人民的历史，彻底结束了旧中国一盘散沙的局面，彻底废除了列强强加给中国的不平等条约和帝国主义在中国的一切特权，实现了中国从几千年封建专制政治向人民民主的伟大飞跃，为实现中华民族伟大复兴创造了根本社会条件。第二件大事是消灭延续几千年的剥削制度，建立了社会主义制度。第三件大事是基本上形成独立的、比较完整的工业体系，发展了社会主义的经济、政治和文化。从新中国成立到改革开放前夕，中国共产党领导人民完成社会主义革命，消灭一切人剥削人的制度，实现了中华民族有史以来最为广泛而深刻的社会变革，实现了一穷二白、人口众多的东方大国大步迈进社会主义社会的伟大飞跃；推进社会主义建设，中国共产党在社会主义革命和建设中取得的独创性理论成果和巨大成就，为在新的历史时期开创中国特色社会主义提供了宝贵经验、理论准备、物质基础。[1] 从这些伟大的历史变革中，中国人民得出的最基本的结论是：没有中国共产党就没有新中国，只有社会主义才能救中国。

叙述这四件大事是坚持辩证唯物主义和历史唯物主义原理，坚持从中国实际出发，既从现实的实际出发又从历史的实际出发，反映不以人们意志为转移的历史发展规律和中国亿万人民在长期斗争中作出的决定性选择，总结概括为必须坚持四项基本原则，即坚持社会主义道路，坚持人民民主专政，坚持中国共产党的领导，坚持马克思列宁主义、毛泽东思想。四项基本原则是全国各族人民团结前进的共同政治基础，是实现国家长治久安、能够经得起各种风险和考验、顺利推进改革开放和社会主义现代化建设的根本政治保证。如果动摇了这四项基本原则中的任何一项，那就动摇了整个社会主义事业，整个现代化建设事业。[2] 因此，四项基本原则既是制定修改宪法的指导思想，也是贯彻实施宪法的指导思想，贯穿在整个宪法条文中间，一言以蔽之，就是立宪之根本。

以法律形式对四项基本原则加以规定，实现四项基本原则法制化，成为全党全国各族人民一体遵行的制度规范，是改革开放新时期发扬社会主义民主、健全社会主义法制的必然要求。拨乱反正后，邓小平同志就指出，社会主义道路，人民民主专政即无产阶级专政，党的领导，马列主义、毛泽东思想，对于这四项基本原则，必须坚持，绝不允许任何人加以动摇，并且要用适当的法律形式加以确定。[3] 在推进改革开放和法制建设进程中，逐渐达成一个重大政治共识，就是要在宪法中规定四项基本原则，把遵循四项基本原则上升为宪法原则和规范，以宪法的最

---

〔1〕 参见《中共中央关于党的百年奋斗重大成就和历史经验的决议》（2021 年 11 月 11 日中国共产党第十九届中央委员会第六次全体会议通过），载《〈中共中央关于党的百年奋斗重大成就和历史经验的决议〉辅导读本》，人民出版社 2021 年版，第 27 页。

〔2〕 参见邓小平：《坚持四项基本原则（一九七九年三月三十日）》，载《邓小平文选》（第 2 卷），人民出版社 1994 年版，第 173 页。

〔3〕 参见邓小平：《贯彻调整方针，保证安定团结（一九八〇年十二月二十五日）》，载中共中央文献研究室编：《三中全会以来重要文献选编》（上），中央文献出版社 2011 年版，第 552 页。

高法律地位、法律权威、法律效力为社会主义国家夯基固本。

《关于中华人民共和国宪法修改草案的报告》指出，我们党实行拨乱反正重大战略决策，采取的一项重大战略方针就是把国家的工作重点坚决转移到社会主义现代化经济建设上来，一切工作都要围绕这个重点，为这个重点服务。把这个方针记载在宪法中，是十分必要的。[1] 因此，一九八二年宪法序言从第七自然段开始都是围绕社会主义现代化经济建设这个国家的工作重点来展开。第七自然段、第八自然段和第九自然段都是宪法提出的任务。第七自然段规定的是国家的根本任务，简要说就是实现四个现代化建设，建设高度文明、高度民主的社会主义国家；第八自然段是关于阶级斗争的任务，坚决捍卫我国社会主义制度；第九自然段是关于完成祖国统一的任务，明确台湾是中华人民共和国神圣领土一部分的宪法定位和法律性质。宪法序言第十自然段、第十一自然段、第十二自然段的内容是实现我国根本任务和其他任务的三个保证条件，这就是国内的统一战线，国内平等、团结、互助的社会主义民族关系，以及国际上的统一战线和外交政策。[2]

总结新中国成立以来的宪法实践，特别是吸取“文化大革命”的教训，中国人民和中国共产党都已经深知，宪法的权威关系政治的安定和国家的命运，决不容许对宪法根基的任何损害。[3] 宪法序言总结正反两方面历史经验，在最后一个自然段明确了宪法的根本法地位和最高的法律效力，并规定全国各族人民、一切国家机关和武装力量、各政党和各

---

〔1〕 参见彭真：《关于中华人民共和国宪法修改草案的报告（一九八二年十一月二十六日）》，载中共中央文献研究室编：《十二大以来重要文献选编》（上），中央文献出版社 2011 年版，第 117 页。

〔2〕 参见许崇德：《中华人民共和国宪法史》（下卷），福建人民出版社 2005 年版，第 480 页；肖蔚云：《关于宪法修改草案的辅导报告》，载肖蔚云：《论宪法》，北京大学出版社 2004 年版，第 105 页。

〔3〕 参见彭真：《关于中华人民共和国宪法修改草案的报告（一九八二年十一月二十六日）》，载中共中央文献研究室编：《十二大以来重要文献选编》（上），中央文献出版社 2011 年版，第 138 页。

社会团体、各企业事业组织都必须以宪法为根本的活动准则，并且负有维护宪法尊严、保证宪法实施的职责。

（二）“总纲”的主要内容

“总纲”规定了我国的国体和国家的根本制度，规定了我国根本政治制度、基本政治制度、重要政治制度等，规定了社会主义经济制度、社会主义精神文明建设等。

第一，规定了我国的国体和国家根本制度。

一九八二年宪法第一条第一款规定我国是“工人阶级领导的、以工农联盟为基础的人民民主专政的社会主义国家”，这是我国的国体，确定了国家的性质和各阶级在国家中的地位。宪法序言指出，我国的人民民主专政实质上就是无产阶级专政。无产阶级专政在不同国家可以有不同形式，人民民主专政是中国共产党领导人民所创造的适合我国情况和革命传统的一种形式。我国能够在最广大的人民内部实行民主，专政的对象只是极少数人。人民民主专政的提法，确切地表明我国的这种阶级状况和政权的广泛基础，清晰地表示出我们国家政权的民主性质。按照宪法序言有关表述，工人、农民、知识分子是社会主义建设事业的三支基本的社会力量，社会主义制度下的“以工农联盟为基础”，就包括了广大的知识分子在内。

一九八二年宪法“总纲”规定，社会主义制度是我国的根本制度。这与同时期党的十二大修改的党章相互呼应。修改后的党章规定：“社会主义制度的发展和完善是一个长期的历史过程。从根本上说，社会主义制度消除了资本主义制度本身无法克服的固有矛盾，具有资本主义制度不可比拟的优越性。”我国的国家性质决定我国实行的根本制度是社会主义制度，这是坚定走中国特色社会主义道路的根本法制保障。新中国建立之初，毛泽东同志满怀信心地说：“一切事实都证明：我们的人民民主专政的制度，较之资本主义国家的政治制度具有极大的优越性。在这种制度的基础上，我国人民能够发挥其无穷无尽的力量。这种力量，是任何敌人所不能战胜的。”〔1〕 一九五四年宪法序言指出，我国的人民民主制度就是新民主主义制度。当时从新中国成立到社会主义三大改造完成、社会主义制度确立，是一个过渡时期。制定一九五四年宪法时正处于这个过渡时期，虽没有明确规定社会主义制度，但提出了逐步过渡到社会主义社会的总任务。改革开放初期，邓小平同志指出：“我们的党和人民浴血奋斗多年，建立了社会主义制度。尽管这个制度还不完善，又遭受了破坏，但是无论如何，社会主义制度总比弱肉强食、损人利己的资本主义制度好得多。我们的制度将一天天完善起来，它将吸收我们可以从世界各国吸收的进步因素，成为世界上最好的制度。这是资本主义所绝对不可能做到的。”〔2〕 故而，一九八二年宪法序言把“不断完善社会主义的各项制度”作为国家的根本任务之一。又经过 10 年的社会主义现代化建设，到 1992 年，邓小平同志又提出社会主义制度建设更长远宏大的目标，指出：“恐怕再有三十年的时间，我们才会在各方面形成一整套更加成熟、更加定型的制度。”〔3〕 宪法对国家各方面制度，都确定为社会主义性质，或者以社会主义为原则、为导向。例如，宪法第六条规定的社会主义经济制度、社会主义公有制等。改革开放以来，我国的社会主义制度就是指中国特色社会主义制度，包括党的领导和政治、经济、文化、社会、生态文明、军事、外事等各方面的一整套制度体系，并在宪法其他条文中和中国特色社会主义法律体系各组成部分中进行具体化规定。同时，宪法规定，禁止任何组织或者个人破坏社会主义制度。任何

〔1〕 毛泽东：《在全国政协一届三次会议上的讲话（一九五一年十月二十三日、十一月一日）》，载《毛泽东文集》（第 6 卷），人民出版社 1999 年版，第 184 页。

〔2〕 邓小平：《党和国家领导制度的改革（一九八〇年八月十八日）》，载《邓小平文选》（第 2 卷），人民出版社 1994 年版，第 337 页。

〔3〕 邓小平：《在武昌、深圳、珠海、上海等地的谈话要点（一九九二年一月十八日—二月二十一日）》，载《邓小平文选》（第 3 卷），人民出版社 1993 年版，第 372 页。

破坏社会主义制度的行为都必须承担相应的法律后果，这是宪法法律以对组织、个人设定禁止性义务的方式来维护和捍卫社会主义制度。

第二，规定了我国的政体即人民代表大会制度。

国体决定政体，政体与国体相适应、相统一。人民代表大会制度是我国的政权组织形式，通常称为政体。它是按照民主集中制的原则，通过民主选举产生全国人民代表大会和地方各级人民代表大会，以人民代表大会为基础组织整个国家机构系统，实现人民当家作主，在国家政治制度中具有根本性质，在国家政权组织体系中处于根本地位。对此，习近平总书记指出："人民代表大会制度是坚持党的领导、人民当家作主、依法治国有机统一的根本政治制度安排，必须长期坚持、不断完善。"[1]

按照宪法"总纲"有关规定，人民代表大会制度的基本内涵有四个方面：一是国家的一切权力属于人民，人民行使国家权力的机关是全国人民代表大会和地方各级人民代表大会。人民民主专政的国家性质决定，只有人民才是社会主义国家和社会的主人；国家的一切权力属于人民，是我国国家制度的核心内容和根本准则。亿万人民掌握国家权力，是维护人民的根本利益的可靠保证，也是我们的国家能够经得起各种风险的可靠保证。二是国家机构实行民主集中制原则。全国人民代表大会和地方各级人民代表大会都由民主选举产生，对人民负责、受人民监督；国家行政机关、审判机关、检察机关都由人民代表大会产生，对人大负责、受人大监督。三是中央和地方的国家机构职权的划分，遵循在中央的统一领导下、充分发挥地方的主动性积极性的原则。四是坚持各民族一律平等，各少数民族聚居的地方实行区域自治，确立并继续加强平等、团结、互助的社会主义民族关系。

---

〔1〕习近平：《决胜全面建成小康社会　夺取新时代中国特色社会主义伟大胜利——在中国共产党第十九次全国代表大会上的报告》（2017 年 10 月 18 日），载《党的十九大报告辅导读本》，人民出版社 2017 年版，第 36 页。

坚持宪法确定的国体和政体不动摇，决不能照搬别国模式和做法，决不能走西方“宪政”“三权鼎立”“司法独立”的路子。邓小平同志多次旗帜鲜明地强调，我们的制度是人民代表大会制度、共产党领导下的人民民主制度，资本主义社会讲的民主是资产阶级的民主，实际上是垄断资本的民主。我们不能搬用资产阶级的民主，不能搞“三权鼎立”那一套。[1]

在国家结构形式上，我国实行单一制。宪法第三条第四款确定了在中央的统一领导下充分发挥地方的主动性、积极性的原则，第三十条对我国的行政区划作了具体规定，第三十一条对特别行政区作了规定，第四条第三款规定了实行民族区域自治制度。此外，宪法还规定了国家机关实行精简原则，实行工作责任制，反对官僚主义；规定了国家机关和国家工作人员同人民保持密切关系、接受人民监督、努力为人民服务的责任。

第三，规定了我国的社会主义经济制度。

一九八二年宪法反映了社会主义经济制度在我国已经确立起来和正在发展壮大的事实，共有 13 个条款来加以规定。其中包括三个主要方面。一是关于社会主义公有制和分配制度的规定：（1）我国的社会主义经济制度的基础是生产资料的社会主义公有制，即全民所有制和劳动群众集体所有制。社会主义公有制消灭人剥削人的制度，实行各尽所能、按劳分配的原则。（2）规定国营经济是社会主义全民所有制经济，是国民经济中的主导力量。（3）规定各种形式的合作经济是社会主义劳动群众集体所有制经济。（4）对自然资源和土地的权属作了列举规定。（5）规定

---

〔1〕邓小平同志指出：“我们讲民主，不能搬用资产阶级的民主，不能搞三权鼎立那一套。”“资本主义社会讲的民主是资产阶级的民主，实际上是垄断资本的民主，无非是多党竞选、三权鼎立、两院制。我们的制度是人民代表大会制度，共产党领导下的人民民主制度，不能搞西方那一套。”参见邓小平：《旗帜鲜明地反对资产阶级自由化（一九八六年十二月三十日）》《改革的步子要加快（一九八七年六月十二日）》，载《邓小平文选》（第 3 卷），人民出版社 1993 年版，第 195 页、第 240 页。

了对公共财产、自然资源、土地等的保护和合理利用。(6) 规定了实行计划经济的经济发展手段，提出通过经济计划的综合平衡和市场调节的辅助作用，保证国民经济按比例地协调发展。(7) 规定了国营企业的经营管理自主权和实行民主管理。(8) 规定了集体经济组织有独立进行经济活动的自主权。二是关于非公有制的规定：(1) 规定城乡劳动者个体经济的性质定位，即社会主义公有制经济的补充。(2) 规定国家允许外国的企业和其他经济组织或者个人依照我国法律在中国投资，同中国企业或者其他经济组织进行各种形式的经济合作。根据这条规定设立起来的企业，被称为“三资”企业，即中外合资经营企业、中外合作经营企业、外商独资经营企业。三是关于公民合法财产权。宪法规定，保护公民的合法的收入、储蓄、房屋和其他合法财产的所有权，以及公民的私有财产的继承权。

第四，新增加关于社会主义精神文明建设的内容。

一九八二年宪法的一个突出特点就是强调社会主义精神文明。我国以前几部宪法都没有出现过“社会主义精神文明”的概念，世界范围内的宪法也不多见。[1] 社会主义精神文明建设包括两个方面：一是发展教育、科学、卫生、文化事业，包括宪法第十九条至第二十二条共 4 条，教育、科学、卫生体育、文化各 1 条。宪法第十九条规定国家发展社会主义教育事业；第二十条规定国家发展自然科学和社会科学事业；第二十一条规定国家发展医疗卫生事业、体育事业；第二十二条规定国家发展文学艺术事业、新闻广播电视事业、出版发行事业、图书馆博物馆文化馆和其他文化事业，保护历史文化遗产。二是重视思想道德教育，主要在宪法第二十四条中作了重要规定。明确国家通过普及理想教育、道德教育、文化教育、纪律和法制教育，通过在城乡不同范围的群众中制定和执行各种守则、公约，加强社会主义精神文明的建设；国家提倡爱

[1] 参见许崇德：《中华人民共和国宪法史》(下卷)，福建人民出版社 2005 年版，第 488 页。

祖国、爱人民、爱劳动、爱科学、爱社会主义的公德，在人民中进行爱国主义、集体主义和国际主义、共产主义的教育，进行辩证唯物主义和历史唯物主义的教育，反对资本主义的、封建主义的和其他的腐朽思想。

第五，规定了社会、生态环境、国防军事、“一国两制”和祖国统一、外交等各项制度。

在社会方面，一九八二年宪法规定了国家推行计划生育，使人口的增长同经济和社会发展计划相适应；在维护安全和秩序方面，宪法规定了国家维护国家安全和社会秩序、打击犯罪活动的责任。在生态环境方面，宪法规定了国家保护和改善生活环境和生态环境的责任。在国防军事方面，宪法明确我国的武装力量属于人民，并对武装力量的任务、国家加强武装力量建设的责任作出规定。

为了解决台湾、香港、澳门问题，实现祖国统一，一九八二年宪法按照党中央有关战略作出相应规定。1981 年 9 月 30 日，全国人大常委会委员长叶剑英发表谈话，明确提出台湾回归祖国、实现和平统一的九条方针。这九条方针全面系统地阐述了新时期我们党对台湾的政策，实际上形成了“一个国家，两种制度”的基本构想。〔1〕 1982 年 1 月，邓小平同志在会见美国华人协会主席李耀滋时指出，九条方针“实际上就是一个国家两种制度。两种制度是可以允许的”。〔2〕 这是邓小平同志首次提出“一个国家，两种制度”的概念。宪法第三十一条规定：“国家在必要时得设立特别行政区。在特别行政区内实行的制度按照具体情况由全国

〔1〕 参见叶剑英：《关于台湾回归祖国，实现和平统一的方针政策（一九八一年九月三十日）》，载《叶剑英选集》，人民出版社 1996 年版，第 563 ~ 564 页。

〔2〕 中共中央文献研究室编：《邓小平年谱（一九七五——一九九七）》（下），中央文献出版社 2004 年版，第 280 页。1984 年 6 月，邓小平同志分别会见香港工商界访京团和香港知名人士钟士元等时，明确提出，我们的政策是实行“一个国家，两种制度”，具体说，就是在中华人民共和国内，十亿人口的大陆实行社会主义制度，香港、台湾实行资本主义制度。参见邓小平：《一个国家，两种制度（一九八四年六月二十二日、二十三日）》，载《邓小平文选》（第 3 卷），人民出版社 1993 年版，第 58 页。

人民代表大会以法律规定。”彭真同志对此指出，在我国建立特别行政区，指的就是实行“一国两制”。我们在制定宪法的时候就是这样考虑的。这就表明，关于台湾作为中华人民共和国的一个特别行政区，享有高度自治权的问题，已载入我们国家的根本大法。宪法人人都要遵守，任何政党和公民不能违背。这是实行“一个国家，两种制度”的根本保证。〔1〕其后，全国人大依据宪法先后设立了香港、澳门两个特别行政区，制定了香港、澳门两个特别行政区基本法。

此外，一九八二年宪法还规定，我国保护在中国境内的外国人的合法权益，在中国境内的外国人必须遵守我国法律；对于因为政治原因要求避难的外国人，可给予受庇护的权利。

（三）“公民的基本权利和义务”的主要内容

列宁指出：“什么是宪法？宪法就是一张写着人民权利的纸。”〔2〕公民的基本权利和义务是宪法的核心内容。我国是人民民主专政的社会主义国家，人民是国家的主人，享有广泛的权利和自由。但是，在“文化大革命”期间，民主与法制遭到破坏，广大干部群众的权利受到严重侵犯。一九八二年宪法认真总结新中国成立以来的经验，特别是“文化大革命”期间的沉痛教训，对公民的权利和自由作了充分规定，将“公民的基本权利和义务”一章移到“总纲”后面、“国家机构”前面作为第二章，并且这章的条文，从一九五四年宪法的19条、一九七五年宪法的4条、一九七八年宪法的16条，增加到24条。章节顺序提前，在一定程度上反映出如何看待公民权利、国家权力及其相互关系问题，是一九八

〔1〕参见彭真：《在首都各界纪念孙中山先生诞辰一百二十周年大会上的讲话（一九八六年十一月十二日）》，载中共中央文献编辑委员会：《彭真文选（一九四一——一九九〇年）》，人民出版社1991年版，第587页。

〔2〕列宁：《两次会战之间》，载中共中央马克思恩格斯列宁斯大林著作编译局编译：《列宁全集》（第12卷），人民出版社1987年版，第50页。

二年宪法的亮点之一。

宪法规定的公民的基本权利，主要包括：公民在法律面前一律平等，选举权和被选举权，言论、出版、集会、结社、游行、示威的自由，宗教信仰自由，人身自由，人格尊严不受侵犯，住宅不受侵犯，通信自由和通信秘密，批评、建议、申诉、控告、检举及获得国家赔偿的权利，劳动权，劳动者休息权，获得物质帮助权，残疾军人生活保障，抚恤烈属，优待军属，帮助残疾人，科研、文艺等文化活动自由，受教育权，保护妇女权利，保护婚姻、家庭、母亲、儿童和老年人，保护华侨、归侨、侨眷合法权益等。除宪法第二章规定的内容外，宪法“总纲”中规定的国家保护公民的合法财产的所有权和私有财产的继承权，国家保护个体经济的合法的权利和利益，这实际上是确认了公民又一项重要权利，即私有财产权。

我国宪法坚持公民权利义务法定原则、权利义务相一致原则。公民的权利和自由不是绝对的，在法定范围内，受现实社会条件的约束和具体法律关系的调整。一是规定公民享有宪法和法律规定的权利，同时必须履行宪法和法律规定的义务。二是规定公民行使自由和权利，不得损害国家的、社会的、集体的利益和其他公民的合法的自由和权利。三是规定一些权利同时也是义务，如公民有劳动的权利和义务、有受教育的权利和义务。

（四）“国家机构”的有关规定

一九八二年宪法在总结前几部宪法及其实施的正反两方面经验基础上，对我国的国家机构作了一系列的改革和发展，主要有以下几个方面：

第一，加强全国人大常委会职权和组织。

一九八二年宪法将原来属于全国人大的一部分职权交由它的常委会行使，扩大全国人大常委会的职权并加强它的组织。主要是：（1）全国人大常委会享有宪法解释权，并与全国人大共同监督宪法的实施。（2）立法权。宪法规定，全国人大及其常委会行使国家立法权；除一些基本法律应当由全国人大制定以外，其他法律由全国人大常委会制定。（3）全国人大常委会在全国人大闭会期间，有权审查和批准国民经济和社会发展计划、国家预算在执行过程中所必须作的部分调整方案。（4）人事任免。在全国人大闭会期间，全国人大常委会根据有关方面提名，有权决定国务院部长、委员会主任、审计长秘书长的人选，决定中央军委除主席以外的其他组成人员的人选。

为了使全国人大及其常委会能够充分履行好宪法和相关法律赋予的职权，必须加强全国人大及其常委会的组织。一九八二年宪法对此作出了以下规定：（1）规定全国人大常委会委员长的职权职责，规定委员长会议的组成和处理全国人大常委会的重要日常工作的职权。（2）全国人大常委会组成人员不得担任国家行政机关、审判机关和检察机关的职务。（3）增设常设的专门委员会，在全国人大及其常委会领导下，负责研究、审议和拟订有关议案。过去，全国人大只有两个常设专门委员会，即法案委员会和民族委员会，预算委员会只在大会期间行使职权。[1] 一九八二年宪法规定，全国人大设立民族委员会、法律委员会、财政经济委员会、教育科学文化卫生委员会、外事委员会、华侨委员会和其他需要设立的专门委员会。在全国人大闭会期间，各专门委员会受全国人大常委会的领导。

第二，恢复设立国家主席。

新中国成立以后，一九五四年宪法规定设中华人民共和国国家主席，一九七五年宪法和一九七八年宪法取消了国家主席的设置。一九八二年宪法恢复设立国家主席，是健全国家体制所必要的，也符合我国各族人民的习惯和愿望。一九八二年宪法规定了国家主席的产生程序，被选为

〔1〕 参见顾昂然：《立法工作纪事》，中国民主法制出版社 2021 年版，第 166 页、第 191 页。

国家主席、副主席必须具备的基本条件，国家主席、副主席的职权等。一九八二年宪法关于国家主席职权的规定，与一九五四年宪法不完全一样：(1) 一九五四年宪法规定，国家主席可以召开最高国务会议，会后还可以向全国人大及其常委会等提出建议；一九八二年宪法没有这个职权。(2) 一九五四年宪法规定，国家主席统率全国武装力量，担任国防委员会主席；一九八二年宪法规定设立中华人民共和国中央军事委员会，领导全国武装力量。

第三，国务院实行行政首长负责制。

国务院即中央人民政府，是最高国家权力机关的执行机关，是最高国家行政机关。一九八二年宪法规定，国务院实行总理负责制，各部、各委员会实行部长、主任负责制，这是宪法第一次明确规定行政首长负责制，是加强行政机关建设和提高行政工作效率所采取的一项重要措施。为了贯彻民主集中制原则，同时规定，国务院会议有常务会议和全体会议，国务院工作中的重大问题，经国务院常务会议或者国务院全体会议讨论决定；各部设部务会议，各委员会设委员会会议或委务会议，由部长、主任召集和主持，讨论决定本部门工作中的重大问题。此外，为了加强对财政、财务活动的监督，宪法还规定，国务院设立审计机关，依照法律规定独立行使审计监督权。

第四，国家设立中央军事委员会。

中国共产党缔造和领导的人民解放军，在中华人民共和国成立以后，就是国家的军队。一九五四年宪法规定国家主席统率武装力量，担任国防委员会主席。一九七五年宪法和一九七八年宪法取消了国家主席的设置，规定中国共产党中央委员会主席统率全国武装力量，但没有规定军队在国家体制中的地位。一九八二年宪法总结了新中国成立以来的历史经验，根据我国当时的实际情况和需要，恰当地规定了军队在国家体制中的地位，规定中华人民共和国中央军事委员会领导全国武装力量；规定了中央军事委员会实行主席负责制，中央军事委员会主席对全国人大和全国人大常委会负责；规定了中央军事委员会的组成和任期。宪法的这些规定是在坚持党对军队绝对领导的原则下作出的，党的十二大报告专门强调了这个问题，“中国人民解放军是中国共产党缔造和领导的人民军队。在新宪法草案提交全国人民代表大会讨论通过之后，党中央将经过国家的中央军事委员会继续对我国武装力量实行领导。党领导军队的长期行之有效的各项制度必须继续坚持”。[1]

第五，加强地方政权和基层群众自治组织建设。

一九八二年宪法确认了1979年以来把直接选举扩大到县一级的民主实践，规定：“省、直辖市、设区的市的人民代表大会代表由下一级的人民代表大会选举；县、不设区的市、市辖区、乡、民族乡、镇的人民代表大会代表由选民直接选举。”与一九七八年宪法第二次修改和1979年修改《中华人民共和国地方各级人民代表大会和地方各级人民政府组织法》一脉相承，规定县级以上的地方各级人大设立常委会。为适应社会主义法制建设的需要，规定省、直辖市的人大和它们的常委会有权制定地方性法规，自治区人大及其常委会也享有同样职权，这是我国立法体制的重要发展。

地方各级人民政府分别实行省长、市长、县长、区长、乡长、镇长负责制。改变农村人民公社的政社合一的体制，设立乡政权。另外，将我国长期行之有效的居民委员会、村民委员会等基层群众性自治组织写入宪法。

第六，增加民族自治地方的自治机关的规定。

一九八二年宪法对民族自治地方的自治机关、实行区域自治的民族在自治机关组成中的地位、民族自治地方的自治权等作出了规定，恢复了一九五四年宪法中关于民族区域自治的一些重要原则，增加了新的内

---

〔1〕 参见胡耀邦：《全面开创社会主义现代化建设的新局面（一九八二年九月一日）》，载中共中央党校教务部编：《十一届三中全会以来党和国家重要文献选编（一九七八年十二月—二〇一四年十月）》（修订本），中共中央党校出版社2015年版，第117页。

容，主要是：(1) 增加关于自治机关组织的规定，如民族自治地方人大常委会中应当有实行区域自治的民族的公民担任主任或者副主任，自治区主席、自治州州长、自治县县长由实行区域自治的民族的公民担任。(2) 扩大了民族自治地方自治机关的自治权。自治权由一九五四年宪法的3条增加到7条，关于自治权的规定是“一总六分”的格局：第一百一十五条是对自治权总的概括规定，从第一百一十六条到第一百二十一条分别规定了自治机关行使六个方面自治权：制定自治条例和单行条例的立法权，地方财政管理权，经济管理权，文化管理权，组织地方公安部队权，使用当地通用的语言文字执行职务的权利。

第七，对人民法院和人民检察院作出更加完备的规定。

一九八二年宪法关于人民法院和人民检察院主要有以下几方面的规定：(1) 明确规定人民法院和人民检察院的性质。(2) 规定人民法院和人民检察院的组织体系。(3) 规定人民法院和人民检察院依法独立行使职权原则，规定人民法院公开审判、辩护等司法审判原则。(4) 规定人民法院和人民检察院上下级之间的关系。人民法院上下级之间的关系为审判监督关系，人民检察院上下级之间的关系是领导关系，二者有所区别。(5) 规定人民法院和人民检察院对谁负责。最高人民法院对全国人大和全国人大常委会负责，地方各级人民法院对产生它的国家权力机关负责；最高人民检察院对全国人大和全国人大常委会负责，地方各级人民检察院对产生它的国家权力机关和上级人民检察院负责。(6) 规定人民法院、人民检察院和公安机关办理刑事案件的基本原则。

（五）关于国家标志

一九八二年宪法规定了我国国旗、国徽、首都等国家标志：规定中华人民共和国国旗是五星红旗；国徽中间是五星照耀下的天安门，周围是谷穗和齿轮；首都是北京。国歌是通过单独作出决议的形式来加以规定的。

（六）关于社会主义法制建设

一九八二年宪法根据党的十一届三中全会关于发展社会主义民主、健全社会主义法制的精神，把“健全社会主义法制”作为我国今后的一项根本任务。根据这一要求，宪法从立法、执法、司法、守法、宪法法律监督等多方面作出规定。

第一，在宪法实施监督方面，规定了具体保障措施。

一九八二年宪法规定，全国人大及其常委会有监督宪法实施的职权，全国人大常委会有解释宪法的职权。同时，宪法第九十九条规定，地方各级人民代表大会在本行政区域内，保证宪法、法律、行政法规的遵守和执行。这样从中央到地方都明确了保证宪法实施的监督机关，更有利于宪法实施和监督工作常态化，使各级人大及其常委会真正成为全面担负宪法法律赋予的各项职责的工作机关。

第二，在立法方面，为进一步加强立法工作，宪法对立法体制进行了改革。

一是全国人大常委会有权制定法律。过去，立法权集中在全国人大，它的常委会只能制定法令，不能制定法律。这不能适应加快立法、健全法制的需要。一九八二年宪法扩大了全国人大常委会的职权，规定全国人大及其常委会行使国家立法权：刑事、民事、国家机构的和其他的基本法律由全国人民代表大会制定修改，除此以外的其他法律由全国人大常委会制定修改。二是国务院可以制定行政法规。过去，国务院只能规定行政措施，一九八二年宪法规定，国务院有权制定行政法规。三是省级人大及其常委会在不同宪法、法律、行政法规相抵触的前提下，可以制定地方性法规。四是民族自治地方的人大有权依照当地民族的政治、经济和文化的特点，制定自治条例和单行条例。在这个立法体制的基础上，推动形成以宪法为核心，以法律为主干，由法律、行政法规、地方性法规等多层次的法律规范构成的中国特色社会主义法律体系，使国家和社会生活的各个方面总体上实现有法可依。维护国家法制的统一是社会主义法制建设所必须恪守的一条基本原则。宪法第五条规定，国家维护社会主义法制的统一和尊严，一切法律、行政法规和地方性法规都不得同宪法相抵触。

第三，在执法方面，执法必严要求各级行政机关依法行政、严格执法。

一九八二年宪法规定，国务院是最高国家权力机关的执行机关，地方各级人民政府是地方各级国家权力机关的执行机关。我国大多数法律与行政机关管理活动相关，直接关系广大人民群众切身权益，有必要对执行法律的行政机关及其工作人员提出要求：必须以宪法为根本活动准则，必须遵守宪法和法律。执法中一切违反宪法和法律的行为必须予以追究。

第四，在司法方面，要求法院、检察院依法独立行使职权、公正司法。

法院是国家的审判机关，检察院是国家的法律监督机关，在社会主义法制建设中发挥着维护社会公平正义的重要作用。一九八二年宪法规定，人民法院、人民检察院依照法律规定独立行使职权，不受行政机关、社会团体和个人的干涉。人民法院、人民检察院和公安机关办理刑事案件，应当分工负责，互相配合，互相制约，以保证准确有效地执行法律。

第五，在守法方面，规定任何公民享有宪法和法律规定的权利，同时必须履行宪法和法律规定的义务。

一九八二年宪法第五十三条把“必须遵守宪法和法律”规定为公民基本义务之一。为了使广大公民了解法律，增强法律意识，宪法第二十四条把“法制教育”作为加强社会主义精神文明建设的重要方面。

一九八二年宪法即现行宪法的公布施行，是我国社会主义法治建设史的一个具有深远历史意义和重大现实意义的里程碑。新中国成立后，我们先后制定了四部宪法，一九五四年宪法是在社会主义制度尚未完全确立的情况下制定的一部具有过渡性质的社会主义类型的宪法,[1] 一九七五年宪法和一九七八年宪法都受到“左”的思想严重影响。到了拨乱反正、改革开放新的历史时期,我们党领导人民制定出一部从指导思想到基本原则、从使命任务到战略举措、从主要制度到具体规范都正确贯彻党的基本理论、基本路线方针,保证中国特色社会主义沿着正确方向前进的社会主义宪法、真正意义上的人民宪法。彭真同志高度评价这部宪法“是高度民主基础上高度集中的产物”,“它是我国一百多年来的基本历史经验,特别是建国以来三十多年社会主义革命和建设的经验的结晶,同时也吸收了国际的经验。它是中国共产党的正确主张和十亿人民的共同意志的统一,集中反映了最大多数人民的最大利益,完全适应我国社会主义现代化建设的需要,受到全国各族人民的热烈拥护”[2]。

中国特色社会主义不断发展前进,社会主义现代化建设不断取得新成就,现行宪法作为上层建筑,也不断适应经济基础的发展变化而及时调整,先后经过五次修正,实现了与时俱进、完善发展,在治国理政中的重要作用、显著优势和强大生命力在公布施行 40 年中得到充分展现。正如习近平总书记指出的,“改革开放四十年来的历程充分证明,我国现行宪法有力坚持了中国共产党领导,有力保障了人民当家作主,有力促进了改革开放和社会主义现代化建设,有力推动了社会主义法治国家进程,有力促进了人权事业发展,有力维护了国家统一、民族团结、社会和谐稳定,是符合国情、符合实际、符合时代发展要求的好宪法,是充分体现人民共同意志、充分保障人民民主权利、充分维护人民根本利益的好宪法,是推动国家发展进步、保证人民创造幸福生活、保障中华民

〔1〕 毛泽东:《关于中华人民共和国宪法草案(一九五四年六月十四日)》,载《毛泽东文集》(第6卷),人民出版社1999年版,第329页;刘少奇:《关于中华人民共和国宪法草案的报告(一九五四年九月十五日)》,载中共中央文献研究室编:《建国以来重要文献选编》(第5册),中央文献出版社1993年版,第402页。

〔2〕 彭真:《进一步实施宪法,严格按照宪法办事(一九八三年十二月三日)》,载中共中央文献编辑委员会:《彭真文选(一九四一——一九九〇年)》,人民出版社1991年版,第482页。

族实现伟大复兴的好宪法，是我们国家和人民经受住各种困难和风险考验、始终沿着中国特色社会主义道路前进的根本法制保证”。[1] 回顾我们党领导的宪法制度建设历史，我们深刻认识到一部好宪法的艰辛探索、来之不易，必须要倍加珍惜、长期坚持、坚决贯彻、不断发展，以坚定的制度自信、宪法自信推动实现中华民族伟大复兴的中国梦。

〔1〕 参见习近平：《关于我国宪法和推进全面依法治国（二〇一八年二月二十四日）》，载习近平：《论坚持全面依法治国》，中央文献出版社 2020 年版，第 215 页。

第二章　1982年至2012年现行宪法发展实施的三个十年

时间越久远，事业越发展，我们就越感受到宪法的力量。2012年12月4日，习近平总书记在首都各界纪念现行宪法公布施行30周年大会上发表重要讲话，指出："30年来，我国宪法以其至上的法制地位和强大的法制力量，有力保障了人民当家作主，有力促进了改革开放和社会主义现代化建设，有力推动了社会主义法治国家进程，有力促进了人权事业发展，有力维护了国家统一、民族团结、社会稳定，对我国政治、经济、文化、社会生活产生了极为深刻的影响。"[1] 积30年之功，我国宪法在保持稳定性、权威性基础上紧跟时代前进步伐，修正完善、有效实施，为推进中国特色社会主义进入新时代提供了根本法制保障。只有把我国宪法制度同改革开放以来我国发生的历史巨变紧密联系起来，同我们正在做的事情、同我们将要做的事情紧密联系起来，同人民对美好生活的向往紧密联系起来，才能深刻认识当代中国宪法制度是我们党领导人民长期奋斗历史逻辑、理论逻辑、实践逻辑的必然结果，才能深入领会党领导人民制定宪法法律、实施宪法法律的重大意义，才能进一步坚定宪

〔1〕 习近平：《在首都各界纪念现行宪法公布施行三十周年大会上的讲话（二〇一二年十二月四日）》，载习近平：《论坚持全面依法治国》，中央文献出版社2020年版，第9页。

法自信、增强宪法自觉，积极主动投身我国宪法全面实施的伟大法治实践中来。

“法与时转则治，治与世宜则有功。”[1] 一九八二年宪法公布施行30年期间，根据我国改革开放和社会主义现代化建设的实践发展需求，在党中央领导下，全国人民代表大会于1988年、1993年、1999年、2004年先后4次对宪法的个别条款和部分内容作出必要的也是十分重要的修正，共通过了31条宪法修正案。其中，1988年宪法修正案2条，即第一条和第二条；1993年宪法修正案9条，即第三条至第十一条；1999年宪法修正案6条，即第十二条至第十七条；2004年宪法修正案14条，即第十八条至第三十一条。结合宪法修正历程和实施实际，以每十年为一个时间阶段，现行宪法这30年发展实施可分为三个时间阶段来考察：第一个阶段是从1982年12月宪法公布施行到1992年12月；第二个阶段是从1992年12月到2002年12月；第三个阶段是从2002年12月到2012年12月。

一、现行宪法发展实施的第一个十年——1982年12月至1992年12月

现行宪法发展实施的第一个十年，正是我国实行对外开放、集中力量进行社会主义现代化建设的起步发展阶段，是检验现行宪法确定的各项社会主义制度成效的探索实施阶段，也是及时总结经验、进行制度调整以不断适应经济社会发展新需要的变革前进阶段。总的看，现行宪法适应这一时期改革开放和社会主义现代化建设的基本需求，宪法有效发挥出引领、推动、规范和保障作用。正如时任中央政治局常委的乔石同志在首都纪念宪法颁布10周年大会上的讲话中指出的，现行宪法继承了

[1] 《韩非子·心度》。

1954年第一部宪法的优良传统，根据党的十一届三中全会以来所确定的路线方针政策，适应我国新的历史时期政治、经济等各方面发展的要求，经过全民讨论而制定的，它集中反映了全国各族人民的共同意志和根本利益，明确地把经济建设作为国家的中心任务，坚持了四项基本原则，体现了改革开放，是一部建设有中国特色社会主义的好宪法。[1] 同时，这一时期，宪法自身也随着改革实践的发展而不断完善。

（一）首次采用修正案形式修改宪法

1988年2月28日，中共中央向全国人大常委会提出了《关于修改中华人民共和国宪法个别条款的建议》。1988年3月5日至12日，六届全国人大常委会第二十五次会议召开，讨论中共中央关于修改宪法个别条款的建议，依照宪法第六十四条规定，正式提出宪法个别条款的修正案草案，提请七届全国人大一次会议审议。1988年4月12日，七届全国人大一次会议通过现行宪法的第一个修正案。该宪法修正案共有两个条文：（1）宪法第十一条增加规定："国家允许私营经济在法律规定的范围内存在和发展。私营经济是社会主义公有制经济的补充。国家保护私营经济的合法的权利和利益，对私营经济实行引导、监督和管理。"（2）宪法第十条第四款"任何组织或者个人不得侵占、买卖、出租或者以其他形式非法转让土地。"修改为："任何组织或者个人不得侵占、买卖或者以其他形式非法转让土地。土地的使用权可以依照法律的规定转让。"

第一，在宪法上确立了私营经济的地位。

一九八二年宪法根据当时经济社会发展的实际情况，对个体经济和外资企业作出了规定。这些规定为非公有制经济中的个体经济和外资企业的发展提供了根本法上的保障。一九八二年宪法第十一条规定，在法

---

[1] 参见乔石：《在首都纪念宪法颁布十周年大会上的讲话（1992年12月4日）》，载乔石：《乔石谈民主与法制》（下），人民出版社、中国长安出版社2012年版，第318～320页。

律规定范围内的城乡劳动者个体经济，是社会主义公有制经济的补充。国家保护个体经济的合法的权利和利益。国家通过行政管理，指导、帮助和监督个体经济。第十八条规定，我国允许外国的企业和其他经济组织或者个人依照我国法律的规定在中国投资，同中国的企业或者其他经济组织进行各种形式的经济合作。在中国境内的外国企业和其他外国经济组织以及中外合资经营的企业，都必须遵守我国的法律。它们的合法的权利和利益受我国法律的保护。

随着改革开放的深化和经济发展，实践中非公有制经济出现了一些新情况。允许鼓励非公有制经济中的个体经济和外资企业的存在和发展，必然带来生产要素的流动和分工的深化，促进生产组织形式的规模化发展。一些个体工商户的规模不断扩大，受自身家庭劳动力不足的影响，逐步出现了雇佣工人的现象，随着雇工规模的扩大，从而产生了私营经济。1982年以后，雇工超过国家规定7个人的个体工商户日渐增多，规模逐渐超过个体经济，当时争议主要集中在雇工人数及其是否存在剥削问题上，这其中较为著名的是安徽年广久的“傻子瓜子”。[1] 实践的发展提出了对于有一定雇工关系的私营经济，是否以及如何在宪法和法律上予以承认并给予法律保护的问题。从一九八二年宪法公布施行到1988年第一个宪法修正案出台，其间正是私营经济逐步成长壮大的经济建设过程，也是一个理念转变、实践发展、制度完善的经济体制改革过程。

1983年1月，中共中央印发《当前农村经济政策的若干问题》，指出：“我国是社会主义国家，不能允许剥削制度存在。但是我们又是一个发展中的国家，尤其在农村，生产力水平还比较低，商品生产不发达，允许资金、技术、劳力一定程度的流动和多种方式的结合，对发展社会主义经济是有利的。因此，对农村中新出现的某些经济现象，应当区别

---

〔1〕《邓小平文选》（第3卷）注释中这样解释“傻子瓜子”：“指安徽省芜湖市的一家个体户，他雇工经营，制作和销售瓜子，称为‘傻子瓜子’，得以致富。”20世纪80年代初，安徽省芜湖市年广久创办“傻子瓜子”，短短几年时间内迅速发展起来，1981年年广久雇工为10人以上，到1983年雇工人数发展到100多人。

对待……农村个体工商户和种养业的能手，请帮手、带徒弟，可参照《国务院关于城镇非农业个体经济若干政策性规定》执行。"[1] 对于超过上述规定，雇请较多帮工的，不宜提倡，不要公开宣传，也不要急于取缔，应因势利导，使之向不同形式的合作经济发展。这就是当时对雇工劳动的私营经济的"三不"原则，[2] 体现了从我国具体实际出发、实事求是，尊重人民群众首创的求真务实精神，为经济体制改革留下探索空间。1984 年年初，中共中央发布的《关于 1984 年农村工作的通知》中指出，对当前雇请工人超过法定人数的企业，可以不按照资本主义的雇工经营看待。[3] 1984 年 10 月，邓小平同志在中顾委第三次全体会议上指出："前些时候那个雇工问题，相当震动呀，大家担心得不得了。我的意见是放两年再看。那个能影响到我们的大局吗？如果你一动，群众就说政策变了，人心就不安了。你解决了一个'傻子瓜子'，会牵动人心不安，没有益处。让'傻子瓜子'经营一段，怕什么？伤害了社会主义吗？"[4] 1992 年年初，邓小平同志在南方谈话中回顾改革开放之初时，再次谈到"傻子瓜子"问题时说："农村改革初期，安徽出了个'傻子瓜子'问题。当时许多人不舒服，说他赚了一百万，主张动他。我说不能动，一动人们就会说政策变了，得不偿失。像这一类的问题还有不少，

---

[1] 《中共中央关于印发〈当前农村经济政策的若干问题〉的通知》（一九八三年一月二日），载中共中央文献研究室编：《十二大以来重要文献选编》（上），中央文献出版社 2011 年版，第 222 页。

[2] 这"三不"原则也是中共中央印发的《当前农村经济政策的若干问题》文件内容，当时向社会公布时未体现。

[3] 1983 年 12 月 29 日，邓小平同志阅陈云同志关于雇工问题的来信和在《中共中央关于一九八四年农村工作的通知》送审稿上的批示为，"中央书记处再议"。陈云同志来信说，在明年一号文件的清样上提了一点意见，"一、雇工政策还可以再看几年，即使出一点问题也不可怕。二、对党员雇工要慎重"。参见中共中央文献研究室编：《邓小平年谱（一九七五—一九九七）》（下），中央文献出版社 2004 年版，第 952 页。

[4] 邓小平：《在中央顾问委员会第三次全体会议上的讲话（一九八四年十月二十二日）》，载《邓小平文选》（第 3 卷），人民出版社 1993 年版，第 91 页。

如果处理不当，就很容易动摇我们的方针，影响改革的全局。”[1] 1987年年初，中共中央政治局通过《把农村改革引向深入》的政策文件，界定了个体经营者和私人企业（私营企业），取消了对雇工数量的限制，明确提出了对待私营企业的方针，即“允许存在，加强管理，兴利抑弊，逐步引导”的十六字方针，进一步明确指出：它（农村私人企业）作为社会主义经济结构的一种补充形式，对于实现资金、技术、劳力的结合，尽快形成社会生产力，对于多方面提供就业机会，对于促进经营人才的成长，都是有利的。该文件还提出具体措施，要求各个有关部门应尽快对私人企业的经营范围作出规定，明确企业登记制度，制定调节分配、鼓励扩大生产的税则税法，提出劳动保护和保证各方合法权益的办法，按法定程序批准后公布实施；各省、自治区、直辖市也可根据当地实际情况，先拟定暂行办法。[2] 这就为发展私人企业和私营经济的探索实践提供了政策上、法制上的有利条件。

1987年10月，党的十三大对我国生产力发展所处的阶段和多种所有制经济成分发展作出科学分析，指出：“我们已经进行的改革，包括以公有制为主体发展多种所有制经济，以至允许私营经济的存在和发展，都是由社会主义初级阶段生产力的实际状况所决定的。”党的十三大报告明确要求，“在公有制为主体的前提下继续发展多种所有制经济”，提出：“目前全民所有制以外的其他经济成份，不是发展得太多了，而是还很不够。对于城乡合作经济、个体经济和私营经济，都要继续鼓励它们发展。私营经济是存在雇佣劳动关系的经济成份。但在社会主义条件下，它必然同占优势的公有制经济相联系，并受公有制经济的巨大影响。实践证明，私营经济一定程度的发展，有利于促进生产，活跃市场，扩大就业，

---

〔1〕 邓小平：《在武昌、深圳、珠海、上海等地的谈话要点（一九九二年一月十八日—二月二十一日）》，载《邓小平文选》（第3卷），人民出版社1993年版，第371页。

〔2〕 参见《把农村改革引向深入》（中共中央政治局一九八七年一月二十二日通过），载中共中央文献研究室编：《十二大以来重要文献选编》（下），中央文献出版社2011年版，第178～179页。

更好地满足人民多方面的生活需求，是公有制经济必要的和有益的补充。”[1] 这一重大论断为宪法修正案提供了充分政策依据。

1988 年 4 月，七届全国人大一次会议通过的宪法修正案增加关于私营经济的相关规定，为私营经济发展提供了广阔法治天地，为深化经济体制改革、大力发展社会主义生产力增添了一支生力军。按照党的十三大提出的“必须尽快制订有关私营经济的政策和法律，保护它们的合法利益，加强对它们的引导、监督和管理”的要求，1988 年 6 月，国务院颁布《中华人民共和国私营企业暂行条例》，规定：“私营企业是指企业资产属于私人所有、雇工八人以上的营利性的经济组织。”“私营经济是社会主义公有制经济的补充。国家保护私营企业的合法权益。私营企业必须在国家法律、法规和政策规定的范围内从事经营活动。”通过宪法修正案和行政立法，确定了私营经济的宪法地位，明确法律保障，给民营企业家们吃了一颗“定心丸”，进一步促进了私营经济乃至其他多种非公有制经济的繁荣发展，更好发挥出社会主义公有制经济有益补充的重要作用。

第二，规定土地使用权可依法转让。

土地是最宝贵的资源，利用好土地事关社会主义经济发展全局。一九八二年宪法对土地国家所有和集体所有作了规定，并对土地非法转让予以严格禁止，规定：“任何组织或者个人不得侵占、买卖、出租或者以其他形式非法转让土地。”随着改革开放的深化，经济和城镇建设的快速发展，各方面对于作为重要生产要素的土地的使用需求越来越大。与之相适应，建立健全土地使用权依法转让制度，对土地制度作出调整，成为亟须解决的重大改革问题。1987 年 4 月，国务院提出国有土地使用权可以有偿转让。同年 9 月，深圳率先试行土地使用有偿出让，出让了一块 5000 多平方米的土地使用权，限期 50 年，揭开了国有土地使用制度从

[1] 《沿着有中国特色的社会主义道路前进（一九八七年十月二十五日）》，载中共中央文献研究室编：《十三大以来重要文献选编》（上），中央文献出版社 2011 年版，第 22 页、第 27 页。

无偿、无期限、无流动变为有偿、有期限、有流动改革的序幕；11 月，国务院批准在深圳、上海等地进行土地使用制度改革试点；12 月，深圳公开拍卖了一块国有土地的使用权，这是新中国成立后首次进行的土地拍卖。[1] 同年 12 月 29 日，广东省人大常委会根据全国人大常委会授权决议，按照经济特区的具体情况和实际需要，通过《深圳经济特区土地管理条例》，首次规定“特区国有土地实行有偿使用和有偿转让制度”。1988 年 3 月在七届全国人大一次会议上，国务院所作的政府工作报告从住房制度改革、发展房地产市场方面提出，实行土地使用权的有偿转让。[2] 这些都有力推动了宪法相关条款修改的进程。

1988 年 4 月，七届全国人大一次会议通过了宪法修正案，删除了土地不得出租的规定，规定“土地的使用权可以依照法律的规定转让”。同年 12 月，七届全国人大常委会第五次会议通过《关于修改〈中华人民共和国土地管理法〉的决定》，规定：“国有土地和集体所有的土地的使用权可以依法转让。土地使用权转让的具体办法，由国务院另行规定。国家依法实行国有土地有偿使用制度。国有土地有偿使用的具体办法，由国务院另行规定。”1990 年 5 月，国务院颁布《中华人民共和国城镇国有土地使用权出让和转让暂行条例》，对土地使用权出让、转让、出租、抵押等作出具体规定。宪法关于土地使用权依法转让的规定，通过法律法规进一步细化，适应经济社会发展需要的土地使用权制度有效实施开来。

需要说明的是，1988 年以宪法修正案的方式对现行宪法作出第一次修改，从立法技术上看，也是宪法部分修改在立法方式上值得关注的重要变化。一九五四年宪法、一九七五年宪法没有进行部分修改，一九七八年宪法进行部分修改时使用的是修改（修正）宪法的决议方式。从 1988 年修宪，我国开始使用了宪法修正案的方式，体现出我国立法技术

[1] 参见中共中央党史研究室：《中国共产党的九十年（改革开放和社会主义现代化建设新时期）》，中共党史出版社、党建读物出版社 2016 年版，第 747～748 页。

[2] 参见《政府工作报告（一九八八年三月二十五日）》，载中共中央文献研究室编：《十三大以来重要文献选编》（上），中央文献出版社 2011 年版，第 136 页。

科学化、规范化水平随着社会主义民主法制建设的发展而不断提升。

（二）现行宪法有力推动了我国改革开放和经济社会发展的历史进程，逐步释放和不断展现出社会主义制度的优越性

1992 年，党的十四大对十一届三中全会以来的 14 年伟大实践作出基本总结，指出："十一届三中全会以来，在邓小平同志建设有中国特色社会主义理论的指导下，我们党和人民锐意改革，努力奋斗，整个国家焕发出了勃勃生机，中华大地发生了历史性的伟大变化。社会生产力获得新的解放。安定团结的政治局面不断巩固。十一亿人民的温饱问题基本解决，正在向小康迈进。我国经济建设上了一个大台阶，人民生活上了一个大台阶，综合国力上了一个大台阶。在世界风云急剧变幻的情况下，中国的社会主义制度经受住严峻的考验，显示了强大的生命力。"[1] 这 14 年之中，就包括了现行宪法发展实施的第一个十年。有了国家根本法的促进和保障，我们党和国家在拨乱反正后迅速以团结统一的姿态走出"文化大革命"的阴影，迅速走上中国特色社会主义道路，不断健全完善各项社会主义制度，推动我国改革开放和现代化建设事业进入了一个新的阶段。从 14 年的伟大成就中我们可以看到，现行宪法确立的四项基本原则得到有效贯彻，现行宪法确立的"一个中心、两个基本点"的基本路线得到有力执行，现行宪法规定的政治、经济、思想文化、国防外交等各项制度全面施行，我们党依宪执政、依宪治国的能力和水平显著提升，我国社会主义制度展现出更多优越性和强大生命力，现行宪法在国家治理中的重要作用日益凸显。对此，在现行宪法公布施行 10 周年之际，乔石同志指出，我国宪法保障了我国社会主义现代化建设和改革开

---

〔1〕《加快改革开放和现代化建设步伐，夺取有中国特色社会主义事业的更大胜利（一九九二年十月十二日）》，载中共中央文献研究室编：《十四大以来重要文献选编》（上），中央文献出版社 2011 年版，第 1 ~ 8 页。

放的顺利进行，推动了社会主义民主政治建设，有力地促进了社会主义的法制建设，促进了社会主义精神文明建设。过去的 10 年，我们在实施宪法方面取得了很大成绩，这些成绩的取得是来之不易的。[1]

邓小平同志指出，我们进行社会主义现代化建设，是要在经济上赶上发达的资本主义国家，在政治上创造比资本主义国家的民主更高更切实的民主，并且造就比这些国家更多更优秀的人才。[2] 宪法的有效实施，为发挥社会主义的制度优势、充分展现社会主义制度的优越性源源不断地提供法治动力，主要集中体现在经济上、政治上、组织上三个方面。

第一，作为上层建筑的现行宪法及其确立的社会主义制度积极适应经济基础的发展要求，推动社会生产力迅速发展、人民物质文化生活逐步改善。

我们党在 20 世纪 90 年代初对党的十一届三中全会以后 80 年代经济社会发展情况作了总的盘点，指出：这 10 年，我们坚持以经济建设为中心，坚持四项基本原则和改革开放，全面开创了现代化建设的新局面，先后胜利完成了第六个五年计划和第七个五年计划，提前实现了第一步战略目标，为 90 年代的国民经济和社会发展奠定了比较坚实的基础。在农村经济、工业生产、基础建设、对外贸易、教科文卫等社会事业等多方面都取得重大成就。我国社会经济生活中最引人注目的是经济体制改革和对外开放，是过去 10 年所发生的最深刻的变化，也是取得巨大成就的最基本的推动力。[3] 其中包括所有制结构和分配制度的改革、对外开放政策、农村农业的改革等，涉及宪法规定的基本经济制度各项规定。1992 年年初，邓小平同志在南方谈话中高度评价改革开放以来取得的经

---

〔1〕 参见乔石：《在首都纪念宪法颁布十周年大会上的讲话（1992 年 12 月 4 日）》，载乔石：《乔石谈民主与法制》（下），人民出版社、中国长安出版社 2012 年版，第 318 ~ 320 页。

〔2〕 参见邓小平：《党和国家领导制度的改革（一九八〇年八月十八日）》，载《邓小平文选》（第 2 卷），人民出版社 1994 年版，第 322 页。

〔3〕 参见李鹏：《关于国民经济和社会发展十年规划和第八个五年计划纲要的报告（一九九一年三月二十五日）》，载中共中央文献研究室编：《十三大以来重要文献选编》（下），中央文献出版社 2011 年版，第 38 ~ 42 页。

济社会发展成绩。他指出："在这短短的十几年内，我们国家发展得这么快，使人民高兴，世界瞩目，这就足以证明三中全会以来路线、方针、政策的正确性，谁想变也变不了。"他进一步指出，改革开放以来，我们立的章程并不少，而且是全方位的。经济、政治、科技、教育、文化、军事、外交等各个方面都有明确的方针和政策，而且有准确的表述语言。[1] 这其中绝大多数通过宪法法律实现了各项事业和重大工作的制度化，使党的路线方针政策成为全国上下一体遵行的法律规范，以法治力量推动党的重大决策部署的贯彻执行。

在宪法框架原则内，主动调整宪法相关体制机制，以适应加快改革开放和现代化建设步伐的需要，是这个时期处理改革与法治关系的重要特点。为进一步推动经济体制改革和对外开放的顺利进行，1985 年 4 月，六届全国人大三次会议通过《关于授权国务院在经济体制改革和对外开放方面可以制定暂行的规定或者条例的决定》，授权国务院在经济体制改革和对外开放方面可以制定暂行的规定或者条例。在推进改革进程中，时常遇到处理法律的稳定性和对于改革变动的适应性之间的问题，具体说就是经验不成熟的尚没有条件立法，如果没有法律又不好开展工作，怎么办？这个问题如果不很好地解决，就会妨碍经济体制改革和对外开放的顺利进行。这需要在维护社会主义法制的尊严、严格依法办事的前提下，从宪法相关体制机制上加以解决。彭真同志回忆说："采取什么方式？最初，有过三个方案。有的同志主张不作决定，可以在会上说一下，以后这么办就行了。这种方式比较省事。有的同志主张由全国人大常委会作决定。常委会有权决定，这在法律上是没有问题的，宪法已有关于经济体制改革和对外开放的原则规定。还有一种意见，认为这是一件大事，最好由全国人大常委会通过一个决定草案，提请全国人大审议决定。经过反复商议，最后大家一致认为，还是最后这个方案好，比较完备，

---

[1] 参见邓小平：《在武昌、深圳、珠海、上海等地的谈话要点（一九九二年一月十八日—二月二十一日）》，载《邓小平文选》（第 3 卷），人民出版社 1993 年版，第 371 页。

它是严格遵守宪法和法定程序的，又能够解决经济体制改革和对外开放工作的实际需要。这个授权决定也是回顾总结长期实践经验的结果，体现了健全社会主义法制的根本精神。"[1] 这为以后正确处理改革与法治的关系、实现重大改革于法有据作出表率、提供先例。

第二，现行宪法关于发展社会主义民主、健全社会主义法制的精神原则规定，有效保证全体人民享有各项法定权利、通过各种途径和形式管理国家和社会事务，不断巩固和发展安定团结、生动活泼的政治局面。

现行宪法发展实施的这 10 年间，我国根本政治制度、基本政治制度、重要政治制度不断发展完善，社会主义民主政治制度化、规范化、程序化不断增强。各级人大及其常委会认真履行宪法赋予的各项职权，在立法、监督、重大问题决定、人事任免、对外交往等方面发挥出重要作用。人民通过人民代表大会制度，通过各种途径和方式，依法管理国家事务、经济和文化事业、社会事务，以高度负责的主人翁姿态投身社会主义现代化建设。1983 年，六届全国人大一次会议按照一九八二年宪法的规定，选举和组织国家领导机构。国家领导机构按照宪法赋予的职权职责开展工作，国家行政体制、司法体制不断健全，国家机关之间分工明确、协调一致地工作运行，有力巩固了我国人民民主专政的国家政权和社会主义制度。制定《中华人民共和国民族区域自治法》，坚持和完善民族区域自治制度，维护和发展各民族的平等、团结、互助关系，促进各民族共同繁荣。制定基层群众自治有关法律，发展基层直接民主。"八亿农民实行自治，自我管理，自我教育，自我服务，真正当家作主，是一件很了不起的事情，历史上从来没有过。"[2] 我国社会主义民主逐步展现出比西式民主更广泛、更真实、更高级的制度优势。

实施宪法必须加强社会主义法制。现行宪法发展实施的 10 年间，社

[1] 彭真：《关于立法工作（一九八五年一月二十三日）》，载中共中央文献编辑委员会：《彭真文选（一九四一——一九九〇年）》，人民出版社 1991 年版，第 504 页。

[2] 彭真：《通过群众自治实行基层直接民主（一九八七年十一月二十三日）》，载中共中央文献编辑委员会：《彭真文选（一九四一——一九九〇年）》，人民出版社 1991 年版，第 608 页。

会主义法制建设取得重大进展。据统计，党的十一届三中全会至1992年年底，制定了204个法律和有关法律问题的决定或补充规定，还制定了617个行政法规，2360个地方性法规，[1] 初步改变了我国相当长时期内法制建设薄弱的状况，以宪法为基础的社会主义法律体系初步形成，国家政治生活、经济生活、文化生活的最主要和最基本的方面已经有法可依了。[2] 这其中很多法律具体落实宪法关于公民基本权利的规定，作出具体化、可操作性的规定，使公民权利的享有和行使依据更充分、保障更有力。

实施宪法的核心问题，是要维护和发展社会主义制度，一刻也不能忘记或者背离社会主义的方向。[3] 安定团结、生动活泼的政治局面不是天上掉下来的，是必须依靠斗争赢得的。宪法序言指出："在我国，剥削阶级作为阶级已经消灭，但是阶级斗争还将在一定范围内长期存在。中国人民对敌视和破坏我国社会主义制度的国内外的敌对势力和敌对分子，必须进行斗争。"从外部看，一些西方国家的政治势力积极推行"和平演变"战略，有计划地通过多种渠道对社会主义国家进行思想、政治渗透，支持和扶持各种反共反社会主义活动。[4] "以宪法为准则，一切大是大非就会一清二楚。"[5] 彭真同志要求用宪法统一思想和行动，维护宪法的尊严和稳定，并为此进行坚决的斗争。我们党领导人民始终坚持宪法确定的四项基本原则不动摇，坚决捍卫宪法确立的社会主义制度，从政

---

〔1〕 参见乔石：《在首都纪念宪法颁布十周年大会上的讲话（1992年12月4日）》，载乔石：《乔石谈民主与法制》（下），人民出版社、中国长安出版社2012年版，第319页。

〔2〕 参见万里：《关于七届全国人大常委会主要工作的意见（一九八八年四月十三日）》，载万里：《万里文选》，人民出版社1995年版，第583页。

〔3〕 参见彭真：《进一步实施宪法，严格按照宪法办事（一九八三年十二月三日）》，载中共中央文献编辑委员会：《彭真文选（一九四一——一九九〇年）》，人民出版社1991年版，第482页。

〔4〕 参见中共中央党史研究室：《中国共产党的九十年（改革开放和社会主义现代化建设新时期）》，中共党史出版社、党建读物出版社2016年版，第768页。

〔5〕 参见彭真：《在中央政治局扩大会议上的发言（一九八九年六月二十一日）》，载中共中央文献编辑委员会：《彭真文选（一九四一——一九九〇年）》，人民出版社1991年版，第664页。

治上、法治上、思想上与违反宪法的行为和活动开展坚决斗争，以宪法制度的刚性维护国家政权安全和社会大局稳定，始终保障国家政权绝不改变颜色，始终保证社会主义绝不改变方向。

第三，现行宪法关于社会主义建设事业依靠的力量、爱国统一战线、社会主义精神文明建设等制度规定，为国家培养造就大批现代化建设人才、形成共同致力于社会主义事业的人才队伍创造了有利法制条件。

现行宪法把知识分子明确为社会主义建设事业必须依靠的力量，提出巩固和发展广泛的爱国统一战线，团结一切可以团结的力量，极大激发了知识分子积极投身社会主义现代化建设的国家主人翁责任感，社会主义人才事业发展之路更加宽广。根据现行宪法关于社会主义精神文明建设和教育科学事业相关制度规定，国家大力发展教育、科学、文化和卫生体育事业，在全体人民中间进行了四项基本原则教育、理想教育、道德教育、公民意识教育等，培养有理想、有道德、有文化、有纪律的“四有”新人，提倡爱祖国、爱人民、爱劳动、爱科学、爱社会主义的公德，在人民中进行爱国主义、集体主义和国际主义、共产主义的教育，进行辩证唯物主义和历史唯物主义的教育，反对资本主义的、封建主义的和其他的腐朽思想，培养造就了大批坚持四项基本原则、比较年轻、有专业知识的社会主义现代化建设人才，持续为后来几十年社会主义现代化建设奠定下“人口红利”“知识红利”的良好发展基础。

（三）加强宪法实施保障，维护宪法权威和尊严

“徒法不足以自行”。保证宪法的实施，维护宪法的尊严，是社会主义法制建设的一项长期任务。这一点在现行宪法公布施行的第一个十年，怎样做好这个开篇文章，任务更显得紧迫和艰巨。1985 年 5 月，彭真同志与全国人大常委会多位副委员长及有关同志研究进一步加强社会主义法制等问题时指出：“宪法通过已经两年多了，对违宪的事情到了需要处

置的时候了。该处理而不处理，我们就有愧职守。”[1]

第一，纠正违宪违法行为，加强宪法法律实施监督工作。

全国人大常委会高度重视宪法实施成效问题，坚持把对法律实施的检查监督放到同制定法律同等重要的地位，特别注重加强对宪法实施的检查监督，切实做到用宪法和法律统一全国人民的行动，维护改革发展稳定大局。

1983年2月，彭真同志出席中央政法委扩大会议，就当前工作中的紧迫问题发表讲话，提出要检查和纠正有没有违宪行为的问题。他强调，全国各级政法部门，特别是公安、检察、法院等执法、司法机关，必须严格维护宪法的尊严，成为执行宪法的模范。政法各部门要尽先主动地、系统地检查一次工作中有没有和宪法不符合的问题。凡是与宪法不符合的，要抓紧认真纠正。1954年通过第一部宪法，那个时候，中央决定重大问题时，毛主席、周总理常问：是不是符合宪法?[2]3月27日，中共中央转发了这个讲话的要点。党中央的批语中指出：“彭真同志在充分调查研究的基础上，提出了当前政法工作中亟需解决的几个问题，是很重要、很及时的。解决好这些问题，对全国政法工作必将是一个重大的推动……应当指出，工作中的违宪问题，政法部门有，其他一些部门也有，相当一部分党委亦经常发生，诸如未经法定程序任免手续就正式宣布干部的调动，以及对司法工作的干预等，已经造成了不好的影响。党章明确规定：‘党必须在宪法和法律的范围内活动。’党必须保证国家的立法、司法、行政机关，经济、文化组织和人民团体积极主动地、独立负责地、协调一致地工作。因此，中央认为，政法部门有必要系统地检查和纠正工作中有没有违宪的问题，其他部门，各地、各级党委也应该这样做。”[3] 党中央对宪法实施的高度重视，直接推动了全国人大常委会处

[1] 《彭真传》编写组编：《彭真年谱》（第5卷），中央文献出版社2012年版，第315页。
[2] 参见《彭真传》编写组编：《彭真年谱》（第5卷），中央文献出版社2012年版，第178页。
[3] 《彭真传》编写组编：《彭真年谱》（第5卷），中央文献出版社2012年版，第179页。

理违宪事件。其中较多的是涉及选举和人事任免的事件，既损害了宪法的尊严和权威，也损害了我们党的威信。一个典型案例就是内蒙古自治区人民政府提名的经贸厅厅长人选，自治区人大常委会还没有通过，自治区党委书记却坚持公布了。自治区人大常委会负责人提出意见，还受到这位书记的批评。这件事反映到全国人大常委会后，彭真同志和其他几位副委员长进行了研究，向中央书记处反映。习仲勋同志批评了这位书记。多位副委员长在谈人大工作时都以此为例。如廖汉生副委员长说，人大的性质、作用，宪法已经作了明确规定，党内是不是认识一致了？内蒙古自治区党委发生的那件事是违反宪法的，但类似这样的情况就只此一家吗？宪法已经作了规定的，全党要统一认识。耿飚副委员长说，对内蒙古任命干部的事情，有的委员批评说，人选由党委决定后，就等着人大盖“橡皮图章”了，连这都等不了，那把人大摆到什么位置上了？人大代表、委员不愿做“橡皮图章”，但上级逼着你做。要从各级人大选几个例子，用中央的名义通知下去。否则，“橡皮图章”一百年也去不掉，法治、人治还在两可之间。[1]

针对宪法法律实施中存在的这些问题，1986 年 7 月，中共中央印发《关于全党必须坚决维护社会主义法制的通知》，专门提出相关举措：国家权力机关、行政机关和司法机关的领导干部的任免、调动，必须坚持党的政策和原则，严格按照干部管理权限进行审批，按照宪法和法律规定的程序办事。需要由各级人民代表大会选举或者需由它的常务委员会决定的人选，一定要严格依照有关该法律的规定，该选举产生的依法进行选举，该提请通过决定的按法定程序通过，该以行政领导名义任免的要办理行政手续。对于多数代表或委员不同意的人选，不应匆忙提出，勉强要求通过。在依法任免以前，一律不得对外公布，不得正式到职或

---

〔1〕 参见《彭真传》编写组编：《彭真传》（第 4 卷），中央文献出版社 2012 年版，第 1588 页、第 1606 ~ 1607 页。

离职。[1]

地方各级人大及其常委会负有保证宪法法律在本行政区域内遵守执行的宪法职责。彭真同志指出，“全国人大常委会要监督宪法的实施。违宪行为有各种各样，有大违、中违，也有小违。所有违宪都提到全国人大常委会来管，怎么管得了？……有些违宪行为，县、省可以处理，只是重大的违宪行为，由全国人大处理。”“任何机关、任何地方如果作出同宪法相抵触的决议、决定，全国人大和它的常委会有权力、有责任予以撤销。”“全国人大和它的常委会要认真监督宪法的实施，主要是对那些关系国家安危、国计民生的重大违宪事件进行监督。”[2] 地方各级人大及其常委会有计划、有组织地开展了执法检查，在全国人大常委会支持和督促下纠正了一些违宪违法行为，推动了我国的法制建设。

第二，加强以宪法为重点的社会主义法制宣传教育工作。

改革开放初期，由于长期受封建思想、“左”的思想和习惯势力影响等，我国社会主义法制实施中存在很多问题，主要有：有的党组织和党员、干部，特别是有的党政军领导机关和领导干部，仍然自恃特殊，以言代法，以权压法，甚至徇私枉法，把自己置于法律之上或法律之外。他们当中有的习惯于“个人说了算”，损害法律的尊严，不尊重国家权力机关的决定和决议；有的对司法机关的正常工作横加干涉，强制司法机关按照他们的意图办事，强行更改或者拒不执行法院的裁判，任意调离秉公办事的司法干部；有的无视宪法和刑事诉讼法，任意决定拘留和搜查公民，或者强令公安、司法机关去干一些非法侵害公民人身权利和民主权利的事，甚至把政法干警作为他们搞强迫命令和以权谋私的工具；等等。这些现象虽然发生在个别单位和少数人身上，但是影响很坏，严

---

〔1〕 参见《中共中央关于全党必须坚决维护社会主义法制的通知（一九八六年七月十日）》，载中共中央文献研究室编：《十二大以来重要文献选编》（下），中央文献出版社 2011 年版，第 25 页。

〔2〕 参见《彭真传》编写组编：《彭真年谱》（第 5 卷），中央文献出版社 2012 年版，第 191 页、第 193 页、第 304 页。

重损害了党的威信和社会主义法制的严肃性。[1]

宪法制定是实事求是地制定的，宪法实施也必须实事求是地实施。针对党内和社会上存在的这些问题，必须坚持走群众路线，用宪法法律把人民群众武装起来，“我们的宪法和法律为群众所掌握，即成为维护社会主义民主法制的伟大物质力量”。[2] 1983年4月，彭真同志同胡绳、王汉斌等谈贯彻执行宪法问题时指出，保证宪法的实施要靠人民。使十亿人民掌握宪法，养成人人遵守宪法、维护宪法的观念和习惯，并同违反和破坏宪法的行为进行斗争。这是贯彻执行宪法的最伟大的力量和最根本的保证。对于违宪行为怎么办？重要的是，不要等到违宪了再来纠正。人民群众、人民代表、社会团体、国家机关，随时发现违宪的问题和苗头，就要随时提出，认真解决，坚持真理，随时修正错误。[3]

10年间，中共中央、全国人大常委会先后印发了一系列加强法制宣传教育、维护社会主义法制的文件。中共中央印发的《关于全党必须坚决维护社会主义法制的通知》要求，全党必须高度重视社会主义法制建设，各级干部和全体党员要自觉接受群众的监督和法制的约束，养成依法办事的习惯。要求从中央到基层，所有党组织和党员的活动都不能同国家的宪法、法律相抵触，都只有模范地遵守宪法和法律的义务，而没有任何超越宪法和法律的特权。越是领导机关，越是领导干部，越要带头学法、懂法，严格依法办事，不做违宪违法的事。各级党政军机关所发出的文件和领导人的讲话，都要既体现党的路线和方针、政策，又符合宪法和法律的规定，不符合的要坚决改正。要求各级公安、司法机关的党组织和广大党员，要带头学法懂法，模范遵守宪法和法律，把各项

---

〔1〕 参见《中共中央关于全党必须坚决维护社会主义法制的通知（一九八六年七月十日）》，载中共中央文献研究室编：《十二大以来重要文献选编》（下），中央文献出版社2011年版，第22～23页。

〔2〕 《彭真传》编写组编：《彭真年谱》（第5卷），中央文献出版社2012年版，第373页。这是1986年8月23日彭真同志为《法律常识要览》一书的题词。

〔3〕 《彭真传》编写组编：《彭真年谱》（第5卷），中央文献出版社2012年版，第193页。

工作纳入法制的轨道。既要自觉地把自己的工作置于党的领导之下，又要敢于抵制各种违宪违法行为，敢于抵制各种不正之风，保证宪法和法律的正确实施，决不能执法犯法、徇私枉法。[1] 1987 年 1 月，六届全国人大常委会第十九次会议通过《关于加强法制教育维护安定团结的决定》。该决定依据宪法规定，从坚持四项基本原则、根本指导思想、社会主义制度、宪法确立的国体和政体、民主集中制等九个方面就加强法制教育、维护安定团结的问题作了进一步阐述。该决定指出，发展社会主义民主，健全社会主义法制，是我们国家面临的一项根本任务。我们一定要进一步加强法制教育，使各级国家机关和国家工作人员、广大人民群众熟悉和掌握宪法和法律，做到人人知法、守法，并且运用法律武器同一切违反宪法和法律的行为作斗争，维护人民的合法的自由、民主和其他权利，维护社会秩序，维护安定团结的政治局面。这样，我们就一定能够比较顺利地建设一个具有高度的社会主义民主和健全的社会主义法制的有中国特色的繁荣富强的社会主义国家。[2] 1 月 28 日，中共中央发出《关于宣传贯彻全国人大常委会关于加强法制教育维护安定团结的决定的通知》，指出："这个《决定》是在全体人民中进行以宪法为核心的法制教育的重要教材，是当前坚持四项基本原则、反对资产阶级自由化、维护安定团结的强有力的法律武器和思想武器，必须认真组织学习、宣传和贯彻执行。"[3]

全国人大常委会先后两次作出在公民中普及法律常识的决议，即

---

〔1〕 参见《中共中央关于全党必须坚决维护社会主义法制的通知（一九八六年七月十日）》，载中共中央文献研究室编：《十二大以来重要文献选编》（下），中央文献出版社 2011 年版，第 22～26 页。

〔2〕 参见《全国人民代表大会常务委员会关于加强法制教育维护安定团结的决定》，载中共中央文献研究室编：《十二大以来重要文献选编》（下），中央文献出版社 2011 年版，第 184～190 页。

〔3〕 参见关于《全国人民代表大会常务委员会关于加强法制教育维护安定团结的决定》的注释，载中共中央文献研究室编：《十二大以来重要文献选编》（下），中央文献出版社 2011 年版，第 184 页。

1985 年 11 月六届全国人大常委会第十三次会议通过的《关于在公民中基本普及法律常识的决议》和 1991 年 3 月七届全国人大常委会第十八次会议通过的《关于深入开展法制宣传教育的决议》，先后开展了第一个、第二个五年普法规划，在全国范围内开展了以宪法为重点的普法教育，进一步提高广大干部群众的宪法意识和法制观念，保障宪法法律的实施。

二、现行宪法发展实施的第二个十年——1992 年 12 月至 2002 年 12 月

以 1992 年邓小平同志南方谈话和党的十四大为标志，我国改革开放和社会主义现代化建设进入了新的发展阶段，现行宪法也进入新的发展阶段，体现出中国特色社会主义跨世纪发展的鲜明时代特征、实践特点，为进一步扩大改革开放、建立社会主义市场经济体制提供坚实法治支撑。这 20 年来的实践证明，我国宪法是一部符合国情的好宪法，保障了我国的改革开放和社会主义现代化建设，促进了我国的社会主义民主建设，推动了我国的社会主义法制建设，促进了我国人权事业和各项社会事业的发展，在国家经济、政治、文化和社会生活中发挥了极其重要的作用。[1] 同时，这 10 年间，现行宪法自身经历两次较大修正完善，紧跟实践发展，反映时代要求，把党中央的大政方针和人民群众根本利益统一到宪法制度完善和实施过程中。

（一）1993 年、1999 年先后通过两个宪法修正案

这一时期内，现行宪法迎来两次修正。第一次是 1993 年 3 月 29 日八

---

〔1〕 参见胡锦涛：《在首都各界纪念中华人民共和国宪法公布施行二十周年大会上的讲话（二〇〇二年十二月四日）》，载中共中央文献研究室编：《十六大以来重要文献选编》（上），中央文献出版社 2011 年版，第 68～74 页。

届全国人大一次会议通过的宪法修正案，共 9 条；第二次是 1999 年 3 月 15 日九届全国人大二次会议通过的宪法修正案，共 6 条。

第一，关于 1993 年宪法修正案。

1993 年 2 月 14 日，中共中央向七届全国人大常委会提出了《关于修改宪法部分内容的建议》，共 8 条修改建议。1993 年 2 月 15 日至 22 日，七届全国人大常委会第三十次会议召开，会议对中共中央的修宪建议进行了认真讨论，于 2 月 22 日作出决定，依照宪法第六十四条规定，提出宪法修正案（草案），提请八届全国人大一次会议审议。全国人大常委会在讨论时，有的委员提出应将中国共产党领导的多党合作和政治协商制度写入宪法。万里同志认为这个意见很重要，建议宪法修改小组研究。3 月 1 日，中国民主建国会中央委员会向中共中央建议，将这一内容载入宪法；在中共中央召开的党外人士座谈会上，也有一些同志提出了这个建议。3 月 9 日，中共中央宪法修改小组开会，决定采纳这个意见，并向中央提出关于修改宪法部分内容的补充建议的报告。中央政治局常委会讨论同意后，中共中央于 3 月 14 日又向八届全国人大一次会议主席团提出了《关于修改宪法部分内容的补充建议》，共 3 条修改建议，并附上《根据中共中央建议修改后的宪法部分内容全文》《关于修改宪法部分内容的建议的说明》。从 3 月 22 日起，八届全国人大一次会议各代表团讨论了七届全国人大常委会关于宪法修正案草案和中共中央关于修改宪法部分内容的补充建议。经过讨论，按照宪法第六十四条规定的程序，北京代表团等 32 个代表团 2383 名代表根据中共中央的补充建议，于 3 月 23 日联名，向八届全国人大一次会议提出《对中华人民共和国宪法修正案草案的补充修正案》。大会主席团建议将全国人大常委会关于宪法修正案（草案）和代表们联名提出的对宪法修正案草案的补充修正案合并为宪法修正案草案，请各代表团审议，提请大会通过。这次代表们联名提出的对宪法修正案草案的补充修正案，是宪法规定的修宪程序的一次重大实践，解决了在代表大会上通过法定程序把中共中央的补充建议转化为提请大会审议的宪法修正案草案的问题，把党的领导、人民当家作主和严格依法办事有机统一在宪法修改过程中。“按照宪法的规定，大会主席团无权提出宪法修正案草案，只有五分之一以上的全国人大代表才能提出。由于缺乏经验，开始时曾考虑多数代表在讨论时表示同意就等于五分之一以上代表提议了。各代表团在讨论时，也确实是绝大多数代表都同意中共中央的补充建议。但有的代表提出这么做在法律手续上不完善，建议采取由代表联合签名正式提出。王汉斌副委员长召集法律专家研究，也认为采取代表联合签名的方式提出，法律手续完备。经大会党的领导小组会议和主席团常务主席会议讨论，都认为宪法的修改要严格遵循法定程序，做到手续完备，不留任何漏洞。于是，采取了代表联合签名的办法。”[1]

1993 年宪法修正案以党的十四大精神为指导，对涉及国家经济、政治、社会生活重大问题的有关规定，必须进行修改的加以修改。修改中突出了建设有中国特色社会主义的理论和党的基本路线，并根据 10 多年来社会主义现代化建设和改革开放的新经验，着重对社会主义经济制度的有关规定作了修改和补充，使其更加符合现实情况和发展的需要。这次修改宪法不是全面修改，可改可不改的不改，有些问题今后可以采取宪法解释的方式予以解决。宪法修改方式，继续沿用 1988 年的修正案方式，同时在出版的文本中按修正案把原文改过来。[2]

1993 年宪法修正案主要内容包括：（1）明确把“我国正处于社会主义初级阶段”“建设有中国特色社会主义的理论”“坚持改革开放”的内容写入宪法序言第七自然段，明确了建设有中国特色社会主义理论的指导地位，比较集中、完整地表述了党“一个中心、两个基本点”的基本

[1] 刘政：《我国现行宪法修改的原则、方式和程序——1988 年、1993 年和 1999 年三次修宪回顾》，载《中国人大》2002 年第 21 期。

[2] 参见中共中央在提出修改宪法的建议及补充建议的同时一并提出的《关于修改宪法部分内容的建议的说明》，载许崇德：《中华人民共和国宪法史》（下卷），福建人民出版社 2005 年版，第 532 ~ 533 页。

路线。(2) 明确提出国家实行社会主义市场经济，以实现党的十四大提出的建立社会主义市场经济体制的经济体制改革目标，着力推动我国经济取得新发展；为保障社会主义市场经济的顺利发展，同时规定“国家加强经济立法，完善宏观调控”，“国家依法禁止任何组织或者个人扰乱社会经济秩序”；还对有关体现计划经济的内容作了相应修改。(3) 将“国营经济”改为“国有经济”、将“国营企业”改为“国有企业”，准确体现全民所有制经济的所有权和经营权的区别，更加突出国有企业的经营自主权，为我国国有企业改革的深化发展提供宪法依据。(4) 删去“人民公社、农业生产合作社”，增加“家庭联产承包为主的责任制”的内容。(5) 增加“中国共产党领导的多党合作和政治协商制度将长期存在和发展”的内容。(6) 将县级人民代表大会的任期由 3 年改为 5 年。

第二，关于 1999 年宪法修正案。

1999 年 1 月 22 日，中共中央向九届全国人大常委会提出了《关于修改宪法部分内容的建议》，共 6 条修改建议，请全国人大常委会依照法定程序提出宪法修正案议案，提请九届全国人大二次会议审议。1999 年 1 月 29 日至 30 日，九届全国人大常委会第七次会议召开，听取了中共中央关于修改宪法部分内容的建议的说明，分组讨论了关于修改宪法部分内容的建议，依照宪法第六十四条规定，提出宪法修正案草案，提请九届全国人大二次会议审议。3 月 9 日，全国人大常委会向九届全国人大二次会议提出了宪法修正案草案，田纪云副委员长向大会作了关于宪法修正案草案的说明。

这次修宪总的指导思想，是根据党的十五大精神和实践发展，只对需要修改并已成熟的问题作出修改，可改可不改的问题不作修改。[1] 1999 年宪法修正案的主要内容包括：(1) 在宪法序言第七自然段增加“邓小平理论”的内容，确立了邓小平理论在我国社会主义现代化建设事

〔1〕 参见田纪云：《这次修宪的意义重大》，载《人民日报》1999 年 3 月 14 日，第 4 版。

业中的指导地位，反映了全国人民的共识和心愿；同时，将“我国正处于社会主义初级阶段”修改为“我国将长期处于社会主义初级阶段”，增加“发展社会主义市场经济”的内容。（2）在宪法第五条增加“实行依法治国，建设社会主义法治国家”的规定。（3）在宪法第六条，增加“国家在社会主义初级阶段，坚持公有制为主体、多种所有制经济共同发展的基本经济制度，坚持按劳分配为主体、多种分配方式并存的分配制度”的规定。（4）在宪法第八条第一款，增加规定：“农村集体经济组织实行家庭承包经营为基础、统分结合的双层经营体制。”相应地删去“家庭联产承包为主的责任制”的提法。（5）在宪法第十一条，增加规定：“在法律规定范围内的个体经济、私营经济等非公有制经济，是社会主义市场经济的重要组成部分。”相应地删去个体经济、私营经济“是社会主义公有制经济的补充”的提法，同时将本条的其他文字修改为：“国家保护个体经济、私营经济的合法的权利和利益。国家对个体经济、私营经济实行引导、监督和管理。”（6）在宪法第二十八条，将国家镇压“反革命的活动”修改为国家镇压“危害国家安全的犯罪活动”等。

两次宪法修正案分别贯彻了党的十四大、十五大精神，在涉及党和国家事业发展的重大问题上作出根本法上的规定，意义重大、影响深远。

一是确立邓小平理论党的指导思想地位。党的十一届三中全会以来，以邓小平同志为代表的中国共产党人，带领全国各族人民，总结历史的经验教训，解放思想，实事求是，实现全党全国工作中心向经济建设转移，实行改革开放，开辟了社会主义事业发展的新时期，逐步形成了建设有中国特色社会主义的路线、方针、政策，阐明了在中国建设社会主义、巩固和发展社会主义的一系列基本问题，创立了邓小平理论。20 年来，我国改革开放和社会主义现代化建设之所以取得了举世公认的巨大成就，最根本的就是有邓小平理论的科学指导。1987 年，党的十三大比较系统地论述了我国社会主义初级阶段的理论，明确概括和全面阐发了党“一个中心、两个基本点”的基本路线；1992 年，党的十四大系统阐述了建设有中国特色社会主义的理论。这些都在1993年宪法修正案中得到充分体现。党的十五大把邓小平理论确立为党的指导思想，指出在当代中国，只有把马克思主义同当代中国实践和时代特征结合起来的邓小平理论，而没有别的理论能够解决社会主义的前途和命运问题。邓小平理论是当代中国的马克思主义，是马克思主义在中国发展的新阶段。党的十五大修改《中国共产党章程》，把邓小平理论确立为党的指导思想；1999年宪法修正案进一步把邓小平理论确立为国家的指导思想，全国各族人民在党的领导下，思想武器更加强大，理论武装更加充实，更有信心有能力推动社会主义现代化建设实现世纪跨越发展。

二是明确了社会主义基本经济制度的主要组成部分。2019年10月，党的十九届四中全会作出的《中共中央关于坚持和完善中国特色社会主义制度 推进国家治理体系和治理能力现代化若干重大问题的决定》提出，公有制为主体、多种所有制经济共同发展，按劳分配为主体、多种分配方式并存，社会主义市场经济体制等社会主义基本经济制度，既体现了社会主义制度优越性，又同我国社会主义初级阶段社会生产力发展水平相适应，是党和人民的伟大创造。党的十一届三中全会以来，我们通过改革，努力消除过去由于所有制结构和分配制度上的不合理而造成的对生产力的不利影响，成功地探索出适应我国社会主义初级阶段生产力发展要求的经济制度和分配制度，成功地在社会主义条件下发展市场经济，建立并不断完善社会主义市场经济体制。改革实践成为法制变革的先导，迫切需要在宪法法律上作出规定、提供根据、加强保障。万里同志秉持“市场经济是法制经济”的观点，高度重视市场经济与宪法法律的关系，提出完善宪法以适应新发展新要求的建议：第一，“搞市场经济，实践已经走到前面去了。党的十一届三中全会以来，广东、深圳等许多地方搞市场经济，发展很快很好。党的十四大决定，以建立社会主义市场经济体制为我国经济体制改革的目标，并从理论上作了阐述。但现行宪法规定国家实行计划经济，这就必须加以修改，不改不行了。宪法应明确规定，国家实行社会主义市场经济。如果不这样修改，大家搞市场经济，岂不是违宪了?”[1] 第二，“按照建立社会主义市场经济体制的要求，深化农村改革，全面发展农村经济，保护农民利益，必须有法律的保障。家庭联产承包责任制，在普遍实行以后的 10 多年时间里，一直没有在法律上作出规定。八届全国人大一次会议已把家庭联产承包责任制列入宪法，农村改革的这一主要成果有了法律保障。这对于稳定农民思想、发展农村经济有重大意义。”[2] 通过 1993 年、1999 年两个宪法修正案，我国社会主义基本经济制度的三个主要组成部分已确立起来。这既是对改革和发展成果的肯定，又为今后的改革和发展提供了宪法依据。实践证明，这一宪法制度进一步解放和发展社会生产力，推动我国创造了世所罕见的经济快速发展奇迹。

三是把依法治国、建设社会主义法治国家的基本方略写入宪法。党的十一届三中全会以来，我们党高度重视发扬社会主义民主、加强社会主义法制，强调维护社会主义法制的统一和尊严。党的十五大明确把依法治国确定为党领导人民治理国家的基本方略，并把依法治国、建设社会主义法治国家作为政治体制改革的一项重要内容。依法治国就是要摒弃“人治”，实现“法治”，是一场广泛而深刻的社会革命，也是摆在全国人民面前的一项长期而艰巨的任务，对保证国家经济生活、政治生活和社会生活的有序进行，对维护社会稳定和保障国家长治久安，对把建设有中国特色社会主义事业全面推向二十一世纪，具有重要而深远的意义。[3] 依法治国基本方略入宪，深刻改变了国家治理模式、社会运行规则、人民素养习惯，为推进国家治理体系和治理能力现代化奠定法治基

---

〔1〕 参见万里：《关于修改宪法的意见（一九九二年十月二十八日）》，载万里：《万里文选》，人民出版社 1995 年版，第 619 ~ 620 页。

〔2〕 参见万里：《认真解决当前农村中存在的问题（一九九三年九月十七日）》，载万里：《万里文选》，人民出版社 1995 年版，第 633 ~ 634 页。

〔3〕 参见江泽民：《在全国政法工作会议上的讲话（一九九七年十二月二十五日）》，载中共中央文献研究室编：《十五大以来重要文献选编》（上），中央文献出版社 2011 年版，第 141 ~ 142 页。

础。今天，我们党把全面依法治国列为“四个全面”战略布局加以推进，法治中国建设迈出坚实步伐，我们更加真切地感受到、领会到当年这条宪法修正案的历史意义、战略意义。

（二）现行宪法的有效实施推动我国社会主义经济、政治、文化事业大发展，胜利实现现代化建设“三步走”战略的前两步目标，为开启全面建设小康社会新征程奠定了坚实基础

改革开放以来，我国经济建设和各项事业的发展，都离不开宪法的保证和推动；我国社会主义民主法制建设取得的重大进展和成就，也无不闪耀着宪法精神的光辉。[1] 在现行宪法发展实施的第二个十年期间，我们党高举邓小平理论伟大旗帜，团结带领全国各族人民紧紧围绕现行宪法确定的国家的根本任务和建设富强民主文明的社会主义现代化国家的伟大目标，毫不动摇坚持现行宪法确定的基本路线，下大气力推进建设有中国特色社会主义的经济、政治、文化，实现了由计划经济体制向社会主义市场经济体制转变的历史性突破，胜利实现现代化建设“三步走”战略的前两步目标，我国政府恢复对香港、澳门行使主权，祖国和平统一大业迈出历史性的一大步，从政治、经济、文化各方面为中国人民迈上全面建设小康社会新征程奠定了坚实基础，成功地把中国特色社会主义事业全面推向二十一世纪。

第一，现行宪法立足我国将长期处于社会主义初级阶段的科学论断和基本国情而不断调整完善，以更好适应党对于“什么是社会主义、怎样建设社会主义”的科学认识，全面促进和保障中国特色社会主义事业的发展。

党的十五大指出，党的十一届三中全会前我们在建设社会主义中出

---

〔1〕 参见《中共中央召开党外人士座谈会》，载《人民日报》1999年2月1日，第1版。

现失误的根本原因之一，就在于提出的一些任务和政策超越了社会主义初级阶段。近 20 年改革开放和现代化建设取得成功的根本原因之一，就是克服了那些超越阶段的错误观念和政策，又抵制了抛弃社会主义基本制度的错误主张。[1] 现行宪法公布施行的第二个十年，是我国社会主义制度发展特别是社会主义经济体制改革力度最大的历史时期之一，是党领导人民探索形成中国特色社会主义道路、使社会主义在中国真正兴旺起来的关键时期。党的创新理论发展到哪里，党的基本路线、基本纲领发展到哪里，现行宪法提供的制度保障力量就跟进到哪里。现行宪法在这个时期确立的社会主义基本经济制度，集中体现了抓住经济建设这个中心、深化经济体制改革、扩大对外开放的战略部署，集中体现了社会主义初级阶段解放和发展社会生产力的根本要求，集中体现了党为人民服务的根本宗旨和实现人民最大福祉的重大责任，开创全面改革开放新局面，顺利促进和保障我国实现现代化建设“三步走”战略的第一步、第二步目标，实现了人民生活总体上由温饱到小康的历史性跨越，使中国人民意气风发、满怀信心地迈入新世纪。

第二，现行宪法的实施坚持党的领导、人民当家作主和依法治国有机统一，通过建立中国特色社会主义法律体系来保持社会主义各项制度与时俱进，以法治力量推动实现深化改革、促进发展、保持稳定的目标。

依法治国是社会主义民主政治方面具有宪制意义的重大变革，是我国国家治理领域的重大进步。党的十五大报告指出，依法治国就是广大人民群众在党的领导下，依照宪法和法律规定，通过各种途径和形式管理国家事务，管理经济文化事业，管理社会事务，保证国家各项工作都依法进行，逐步实现社会主义民主的制度化、法律化，使这种制度和法律不因领导人的改变而改变，不因领导人看法和注意力的改变而改变。

---

〔1〕 参见江泽民：《高举邓小平理论伟大旗帜，把建设有中国特色社会主义事业全面推向二十一世纪（一九九七年九月十二日）》，载中共中央文献研究室编：《十五大以来重要文献选编》（上），中央文献出版社 2011 年版，第 12 页。

依法治国，是党领导人民治理国家的基本方略，是发展社会主义市场经济的客观需要，是社会文明进步的重要标志，是国家长治久安的重要保障。依法治国把坚持党的领导、发扬人民民主和严格依法办事统一起来，从制度和法律上保证党的基本路线和基本方针的贯彻实施，保证党始终发挥总揽全局、协调各方的领导核心作用。[1] 依法治国，归根结底就是依照宪法治国。[2] 依法治国方略的提出，建设社会主义法治国家的目标的确定，中国特色社会主义法律体系的形成，成为宪法完善发展和全面实施的重大成就。从1982年到2002年20年间，我国制定了一大批法律、行政法规和地方性法规，以宪法为核心的中国特色社会主义法律体系初步形成，国家生活主要方面基本做到有法可依，社会主义经济、政治、文化等各项制度不断健全完善，以法治方式推动实现在社会稳定中推进改革发展，通过改革发展促进社会稳定。

第三，现行宪法的实施始终把实现人民群众根本利益作为出发点和归宿，不断提升人权保障的水平和力度，使人民群众政治、经济、文化和社会等各方面权利不断得到更好实现。

宪法是每位公民享有权利、履行义务的根本遵循和保证。我国宪法对人民权利作了专章规定，并根据宪法有关制度和规定，制定了一大批保护公民基本权利、实现人民宪法权利的法律法规，签署了一批保障人权的国际公约，宪法关于公民权利保护的制度、原则、规则不断有效实施开来。同时，教育、科技、文化、卫生、体育等各项事业长足发展，思想道德建设深入开展，公民思想道德素质和科学文化素质不断提高，人民群众精神文化生活不断丰富，社会保障体系建立健全，宪法有关社

[1] 参见江泽民：《高举邓小平理论伟大旗帜，把建设有中国特色社会主义事业全面推向二十一世纪（一九九七年九月十二日）》，载中共中央文献研究室编：《十五大以来重要文献选编》（上），中央文献出版社2011年版，第26～27页。

[2] 参见李鹏：《在第九届全国人民代表大会第二次会议闭幕式上的讲话（一九九九年三月十五日）》，载中共中央文献研究室编：《十五大以来重要文献选编》（上），中央文献出版社2011年版，第714～715页。

会主义精神文明、社会制度等内容不断转化为权利享有和实现的具体实践，推动我国人权事业取得了显著进展。党的十五大提出“保证人民依法享有广泛的权利和自由，尊重和保障人权”，党的十六大重申“尊重和保障人权”，指引了依法治国、加强宪法实施的正确方向，为在二十一世纪初修改宪法、人权条款入宪准备了有利条件。

第四，现行宪法的有效实施把“一国两制”伟大构想付诸实践，我国政府先后恢复对香港、澳门行使主权，成立两个特别行政区，推动祖国统一大业取得重大进展。

“一国两制”构想是邓小平理论的重要组成部分，其基本内容是在祖国统一的前提下，国家的主体坚持社会主义制度，同时在台湾、香港、澳门保持原有的资本主义制度和生活方式长期不变。这一构想，既体现了实现祖国统一、维护国家主权的原则性，又充分考虑台湾、香港、澳门的历史和现实，体现了高度的灵活性，是推进祖国和平统一大业的基本方针。[1]“一国两制”构想在宪法上得到充分体现，不仅体现在宪法序言关于完成祖国统一大业的历史任务相关论述中，而且体现在宪法“总纲”第三十一条关于特别行政区的制度设计、国家机构中关于全国人民代表大会职权的规定等规范之中。根据宪法的规定，全国人大通过《关于设立香港特别行政区的决定》《关于设立中华人民共和国澳门特别行政区的决定》，制定《中华人民共和国香港特别行政区基本法》和《中华人民共和国澳门特别行政区基本法》，规定香港、澳门两个特别行政区实行的制度，保障国家对香港、澳门的基本方针政策得到贯彻落实。1997 年 7 月 1 日，我国政府对香港恢复行使主权；1999 年 12 月 20 日，我国政府对澳门恢复行使主权。这是“一国两制”伟大构想的成功实践，是宪法关于特别行政区制度的成功实施，极大增强了中国人民的制度自

---

〔1〕 参见江泽民：《高举邓小平理论伟大旗帜，把建设有中国特色社会主义事业全面推向二十一世纪（一九九七年九月十二日）》，载中共中央文献研究室编：《十五大以来重要文献选编》（上），中央文献出版社 2011 年版，第 34 页。

信、宪法自信。

（三）加强宪法实施监督和保障，维护宪法权威和尊严

“天下之事，不难于立法，而难于法之必行。”[1] 现行宪法公布施行20年来，我国社会主义民主法制建设不断发展，立法、执法、司法工作取得显著成绩和长足进步，民主法制观念深入人心，依法治国成为全党全民共识。“文化大革命”时期发生的那种公然践踏宪法的事情已经一去不复返了。但在现实生活中，宪法的权威还没有得到完全体现，宪法的实现还存在这样那样的问题。有的地方和部门有法不依、执法不严、违法不究的现象比较严重，极少数干部公然置宪法和法律于不顾，以言代法、以权压法、徇私枉法、执法犯法，一些地方和部门的保护主义也时有抬头，还存在其他严重的腐败现象和行为。这些现象和行为，损害宪法和法律的尊严，也给改革开放和现代化建设带来干扰。[2] 因此，党中央反复强调加强宪法实施的监督和保障，把依宪治国、依法治国落到实处，夯实改革开放和社会主义现代化建设的法治基础。

第一，高度重视发挥党和国家机关在宪法实施中的重要作用。

维护宪法尊严和保证宪法实施，维护国家政令和法制统一，是一个重大政治原则问题。[3] 这是党中央对全党同志提出的明确要求，其贯彻执行关键取决于我们党不断提高依宪执政、依法办事的能力和水平，取决于我们党对宪法实施工作的坚强领导，取决于广大党员特别是领导干部模范带头遵守宪法法律、依法办事。依法治国是新的历史条件党领导人民建设和治理国家的基本方略，我们党领导人民制定和执行宪法，自身也在宪法的范围内活动，把党执政兴国、推进中国特色社会主义事业、

---

〔1〕（明）张居正：《请稽查章奏随事考成以修实政疏》。

〔2〕参见《中共中央召开党外人士座谈会》，载《人民日报》1999年2月1日，第1版。

〔3〕参见江泽民：《加强社会主义民主法制建设（一九九七年二月二十七日）》，载《江泽民文选》（第1卷），人民出版社2006年版，第644页。

实现人民群众福祉与有效实施宪法、建设社会主义法治国家有机统一起来，在保持社会主义制度稳固和社会大局长期稳定的基础上、在法治轨道上不断加大改革开放力度，领导全党全国各族人民稳步迈向全面小康社会。

维护宪法尊严和保证宪法实施，需要各级人大及其常委会有效行使宪法法律赋予的职权职责、发挥重要作用。全国人大及其常委会以“成为有权威的国家权力机关，成为能够担负起宪法赋予的各项职责的工作机关，成为联系群众、反映民意、解决矛盾的为人民所充分信赖的代表机关”为重要目标，[1] 带头执行宪法和法律，依照宪法的规定履行最高国家权力机关的职责，保障宪法和法律的贯彻实施，保证党中央部署的各项任务的完成，保障和促进改革开放和现代化建设的顺利进行。

维护宪法尊严和保证宪法实施，需要深入推进依法行政。推进依法行政是贯彻依法治国基本方略的重要组成部分。行政机关是国家权力机关的执行机关，宪法和其他法律、法规的许多规定主要是要靠行政机关来执行的，各级政府和各部门在贯彻依法治国基本方略中负有重大责任；对政府机关和政府工作人员来说，依法治国最基本的要求就是要依法行政、依法办事。一切政府机关、政府工作人员都要以宪法和法律为活动准则，把行政行为纳入法制化的轨道。[2] 1999 年国务院印发了《关于全面推进依法行政的决定》，对贯彻依法治国基本方略，全面推进依法行政，从严治政，建设廉洁、勤政、务实、高效政府提出了要求、作出了部署，对推动宪法有效实施发挥了不可替代的作用。

第二，建立健全保障宪法实施的法律体系。

党中央强调，维护宪法的尊严、保证宪法的实施，首先需要建立健

---

〔1〕 参见乔石：《在首都各界纪念人民代表大会成立四十周年大会上的讲话（1994 年 9 月 15 日）》，载乔石：《乔石谈民主与法制》（下），人民出版社 2012 年版，第 410 页。

〔2〕 参见朱镕基：《认真贯彻依法治国方略，切实全面推进依法行政（一九九九年七月六日）》，载中共中央文献研究室编：《十五大以来重要文献选编》（中），中央文献出版社 2011 年版，第 74 ~75 页。

全保障宪法实施的法律体系，把宪法的一系列原则性规定通过立法落到实处；要进一步加强立法工作，提高立法质量，为到2010年形成有中国特色社会主义法律体系而不懈努力。[1] 宪法是国家法律法规和各种制度的总依据；建立健全保障宪法实施的法律体系，形成中国特色社会主义法律体系，成为我国宪法实施的主要途径。党的十五大提出，加强立法工作，提高立法质量，到2010年形成有中国特色社会主义法律体系。[2] 这既是全面依法治国、建设社会主义法治国家的必然要求，也是宪法有效实施的必然要求。中国特色社会主义法律体系，伴随着中国经济社会发展和改革开放的进程，先后历经了“初步建立适应社会主义市场经济的法律体系”[3] “形成社会主义市场经济法律体系”[4] “中国特色社会主义法律体系初步形成”[5] “中国特色社会主义法律体系基本形

---

〔1〕 参见《中共中央召开党外人士座谈会》，载《人民日报》1999年2月1日，第1版。

〔2〕 江泽民：《高举邓小平理论伟大旗帜，把建设有中国特色社会主义事业全面推向二十一世纪（一九九七年九月十二日）》，载中共中央文献研究室编：《十五大以来重要文献选编》（上），中央文献出版社2011年版，第28页。

〔3〕 1993年11月，《中共中央关于建立社会主义市场经济体制若干问题的决定》提出，“法制建设的目标是：遵循宪法规定的原则，加快经济立法，进一步完善民商法律、刑事法律、有关国家机构和行政管理方面的法律，本世纪末初步建立适应社会主义市场经济的法律体系”。参见《中共中央关于建立社会主义市场经济体制若干问题的决定》（中国共产党第十四届中央委员会第三次全体会议一九九三年十一月十四日通过），载中共中央文献研究室编：《十四大以来重要文献选编》（上），中央文献出版社2011年版，第473页。

〔4〕 《关于〈八届全国人大常委会立法规划（草案）〉的说明》中提出，以邓小平同志建设有中国特色社会主义的理论和党的基本路线为指导，以宪法为依据，全面贯彻党的十四大和十四届三中全会精神，加快立法步伐，争取在第八届全国人大任期内，大体形成社会主义市场经济法律体系的框架。参见曹志：《关于〈八届全国人大常委会立法规划〉（草稿）》的说明》，载《人大工作通讯》1994年第3期。

〔5〕 1998年4月29日，李鹏在九届全国人大常委会第二次会议上提出：全国人大已经确定要在本届任期内，初步形成有中国特色社会主义法律体系。参见李鹏：《进一步做好立法和监督工作》，载中共中央文献研究室编：《十五大以来重要文献选编》（上），人民出版社2011年版，第279页。2003年3月10日，李鹏指出：“在前几届工作的基础上，经过不懈努力，构成中国特色社会主义法律体系的各个法律部门已经齐全，每个法律部门中主要的法律已经基本制定出来，加上国务院制定的行政法规和地方人大制定的地方性法规，以宪法为核心的中国特色社会主义法律体系已经初步形成。”参见李鹏：《全国人民代表大会常务委员会工作报告（二〇〇三年三月十日）》，载中共中央文献研究室编：《十六大以来重要文献选编》（上），中央文献出版社2011年版，第195页。

成”“中国特色社会主义法律体系形成”几个发展阶段，是中国特色社会主义制度的主要载体，发挥了直接推动宪法有效实施的主渠道作用。这一时期，提出了构成有中国特色社会主义法律体系的基本标志是：第一，涵盖各个方面的法律部门（或法律门类）应当齐全。初步划分为七个法律部门，即宪法及宪法相关法、民法商法、行政法、经济法、社会法、刑法、诉讼与非诉讼程序法。第二，各个法律部门中基本的、主要的法律应当制定出来。第三，以法律为主干，相应的行政法规、地方性法规、自治条例和单行条例，应当制定出来与之配套。[1] 有了这个评判体系的基本标志提纲挈领，全国人大常委会通过五年立法规划分步骤有计划地逐步推进中国特色社会主义法律体系的形成。

这 10 年，紧紧围绕党和国家中心工作，紧紧围绕建立健全社会主义市场经济体制，贯彻 1993 年宪法修正案“国家加强经济立法”的要求，全国人大及其常委会坚持改革决策、发展决策与立法决策紧密结合，把经济立法放在重要位置，制定了一大批有关社会主义市场经济方面的法律，有力推进和保障社会主义市场经济的健康发展。同时，注重同步推进民主政治建设和保障公民权利方面的法律，惩治各种犯罪活动、维护社会治安和加强廉政建设方面的法律，促进教育、科学、文化的发展和国防建设等方面的法律，为社会主义市场经济繁荣发展提供了有力支撑。全国人大常委会坚持宪法是制定法律法规的基础和准则，坚持一切法律、行政法规和地方性法规都不得同宪法相抵触的根本原则，注重在起草和审议法律草案时把握合宪性问题，较好地解决了某些法律草案中与宪法规定不一致的问题。[2]

第三，建立健全保障宪法实施的监督机制。

---

〔1〕 参见李鹏：《全国人民代表大会常务委员会工作报告（二〇〇一年三月九日）》，载中共中央文献研究室编：《十五大以来重要文献选编》（中），中央文献出版社 2011 年版，第 785 ~ 786 页。

〔2〕 参见乔石：《在立法工作座谈会上的讲话（一九九五年十二月十九日）》，载中共中央文献研究室编：《十四大以来重要文献选编》（中），中央文献出版社 2011 年版，第 574 页。

党中央高度重视树立宪法的权威，对宪法实施和监督工作提出完善制度机制、加强工作力度等多方面要求。江泽民同志指出，要建立健全保障宪法实施的强有力的监督机制，采取更加有力的措施加强宪法实施的有效保障，包括健全宪法实施的具体制度，开展对宪法实施的经常性检查监督，及时地纠正违反宪法的现象，切实把宪法的各项规定落到实处。[1] 全国人大常委会贯彻党中央决策部署，作出一些具体工作安排：进一步制定和完善监督宪法实施的具体制度和程序，健全监督宪法实施的机构；加强对宪法实施的监督，坚决纠正任何违反宪法的行为，对某些同宪法和法律相抵触的行政法规、地方性法规以及行政规章等进行审查、提出纠正意见，报常委会决定；对违宪违法的典型案件，可以组织调查，有的可以通过舆论工具公之于众。[2]

一是推进执法检查的制度化、规范化、程序化。随着中国特色社会主义法律体系逐步形成，宪法通过立法实施的作用和效果日益显著，执法检查在保障宪法有效实施中的作用越来越重要。八届、九届全国人大常委会都提出明确要求，把加强对法律实施的检查监督放在重要位置，维护宪法的尊严和法制的统一。全国人大常委会坚持围绕改革开放和社会主义现代化建设的重大问题，以及人民群众反映强烈的问题，特别是加强对有关社会主义市场经济方面法律实施情况的检查监督，有计划、有重点地开展执法检查，切实改进和完善执法检查工作；[3] 加强对行政、审判、检察机关的工作监督，下大力量纠正有法不依、执法不严、违法

[1] 参见《中共中央召开党外人士座谈会》，载《人民日报》1999年2月1日，第1版。

[2] 参见乔石：《在八届全国人大常委会第一次会议上的讲话（一九九三年四月一日）》，载中共中央文献研究室编：《十四大以来重要文献选编》（上），中央文献出版社2011年版，第222页；李鹏：《加强立法工作，建立有中国特色社会主义法律体系（二〇〇〇年十一月二日）》，载中共中央文献研究室编：《十五大以来重要文献选编》（中），中央文献出版社2011年版，第546页。

[3] 参见乔石：《要在全社会树立宪法和法律的权威（1993年12月29日）》，载乔石：《乔石谈民主与法制》（下），人民出版社2012年版，第383页。李鹏：《为加强社会主义民主法制，推进依法治国而努力工作（一九九八年三月二十一日）》，载中共中央文献研究室编：《十五大以来重要文献选编》（上），中央文献出版社2011年版，第229页。

不究，以至执法犯法、以言代法、以权压法的现象；总结监督工作的经验，促进监督工作制度化、程序化。[1]

为了维护法律的尊严、促进法律的贯彻执行，使执法检查更富实效，1993年9月，八届全国人大常委会在总结实践经验的基础上，依照宪法第六十七条和有关法律的规定制定了《关于加强对法律实施情况检查监督的若干规定》。该规定对执法检查工作作出明确界定，即全国人大常委会和全国人大专门委员会的执法检查，主要是检查监督法律实施主管机关的执法工作，督促国务院及其部门、最高人民法院和最高人民检察院及时解决法律实施中存在的问题。执法检查组不直接处理问题。并对执法检查的主体、重点、制订计划、程序、执法检查报告以及典型违法案件的处理等方面作出具体规定。在当时执法检查工作实践时间不长、实践经验尚不丰富的情况下，全国人大常委会通过制定这个有关法律问题的规定，促进了这项工作的制度化、规范化、程序化，为以后制定《中华人民共和国各级人民代表大会常务委员会监督法》，为执法检查成为监督法确定的法定形式积累了制度经验，切实推动我国宪法监督制度不断完善发展。

二是依法开展法规备案审查工作。法规备案审查是坚持和维护社会主义法制统一这一宪法原则的重要抓手。2000年颁布施行的《中华人民共和国立法法》规定了对行政法规、地方性法规、自治条例和单行条例、规章的备案制度；同时规定，国务院、中央军事委员会、最高人民法院、最高人民检察院和各省、自治区、直辖市的人民代表大会常务委员会认为行政法规、地方性法规、自治条例和单行条例同宪法或者法律相抵触的，可以向全国人民代表大会常务委员会书面提出进行审查的要求；其他国家机关和社会团体、企业事业组织以及公民认为行政法规、地方性法规、自治条例和单行条例同宪法或者法律相抵触的，可以向全国人民代表大会常务委员会书面提出进行审查的建议。立法法实施后，全国人

[1] 参见乔石：《全面履行宪法和法律赋予的职责 推进社会主义民主政治建设（1993年3月31日）》，载乔石：《乔石谈民主与法制》（下），人民出版社2012年版，第334～335页。

大常委会通过了法规备案工作程序，全国人大常委会机关陆续接到人民群众关于要求审查某些法规是否合法的建议。[1] 同时也注意到解决工作存在的问题和不足，不断加强和改进这项工作，如对行政法规、地方性法规等规范性文件进行备案审查的工作，需要进一步研究完善备案审查启动程序，把被动审查和主动审查有机结合起来，[2] 逐步形成程序更完备、规则更科学、运行更高效的一整套体制机制。

第四，加强法制宣传教育，引导全社会增强宪法意识。

这 10 年期间，全国人大常委会作出了两个普法决议，持续加强以宪法法律为主要内容的法制宣传教育，推动依法治国基本方略深入人心，不断在全社会营造尊崇宪法的良好环境。

一是，1996 年 5 月，八届全国人大常委会第十九次会议作出《关于继续开展法制宣传教育的决议》，这也是全国人大常委会通过的第三个五年普法决议。决议提出要通过继续深入进行以宪法、基本法律和社会主义市场经济法律知识为主要内容的法制宣传教育，进一步增强全体公民的法制观念和法律意识，不断提高各级干部依法办事、依法管理的水平和能力，坚持有法必依、执法必严、违法必究，推进依法治国、建设社会主义法制国家的进程。在实施前两个五年普法规划的基础上，“三五”普法继续向广度推进、向深度拓展，初步实现了从法律知识的启蒙教育向提高以领导干部为重点的全民法律意识的转变，从单一普法向全面推进依法治理实践的转变，普法与依法治理工作逐步走上制度化、法制化的轨道，在实施依法治国基本方略进程中发挥了基础性作用。[3]

---

〔1〕 参见李鹏：《加强立法工作，建立有中国特色社会主义法律体系（二〇〇〇年十一月二日）》，载中共中央文献研究室编：《十五大以来重要文献选编》（中），中央文献出版社 2011 年版，第 544 页。

〔2〕 参见李鹏：《全国人民代表大会常务委员会工作报告（二〇〇二年三月九日）》，载中共中央文献研究室编：《十五大以来重要文献选编》（下），中央文献出版社 2011 年版，第 494 页。

〔3〕 参见《关于“三五”法制宣传教育基本情况的报告和对〈关于进一步开展法制宣传教育的决议（草案）〉的说明》（2001 年 4 月 24 日在第九届全国人民代表大会常务委员会第二十一次会议上），载《全国人大常委会公报》2001 年第 4 期。

二是，2001 年 4 月 28 日，九届全国人大常委会第二十一次会议发布《关于进一步开展法制宣传教育的决议》，这是全国人大常委会通过的第四个五年普法决议。该决议提出要通过深入开展法制宣传教育，宣传学习邓小平民主法制建设理论、依法治国基本方略和宪法、法律，扎实推进依法治理工作，进一步提高全体公民的法律素质和全社会的依法管理水平，努力做到有法必依、执法必严、违法必究。“四五”普法工作在深度和广度上都取得了新的进展，以宪法为核心的法律知识得到较为广泛的普及，广大公民的法律意识逐步增强，依法治理工作深入开展，各项事业的法制化管理水平逐步提高。[1]

三、现行宪法发展实施的第三个十年——2002 年 12 月至 2012 年 12 月

实践经验充分证明，只要认真贯彻实施宪法，坚持和完善宪法确立的各方面的制度和体制，就能保证改革开放和社会主义现代化建设不断向前发展，保证最广大人民的根本利益不断得到实现，保证国家安全和社会稳定、实现长治久安。[2] 这第三个十年，是我国进入全面建设小康社会、加快推进社会主义现代化进入新发展阶段的重要时期，宪法发展实施面临新的历史任务和使命。党的十六大确立“三个代表”重要思想的指导地位，作出全面建设小康社会的战略决策；党的十七大提出深入贯彻落实科学发展观，对推进改革开放和社会主义现代化建设、实现全面建设小康社会宏伟目标作出全面部署。继往开来、与时俱进，必须以

---

〔1〕 参见《“四五”法制宣传教育基本情况的报告和对〈关于加强法制宣传教育的决议（草案）〉的说明》（2006 年 4 月 25 日在第十届全国人民代表大会常务委员会第二十一次会议上），载《全国人大常委会公报》2006 年第 5 期。

〔2〕 参见胡锦涛：《在首都各界纪念中华人民共和国宪法公布施行二十周年大会上的讲话（二○○二年十二月四日）》，载中共中央文献研究室编：《十六大以来重要文献选编》（上），中央文献出版社 2011 年版，第 71 页。

党的创新理论为科学指导，紧紧围绕党确立的中心任务和奋斗目标，坚持依法治国基本方略，不断加大全面贯彻实施宪法的力度，保障开创中国特色社会主义事业新局面。

（一）通过第四个宪法修正案

现行宪法第四个修正案是进入二十一世纪后，根据新形势下党和国家事业发展的要求提出的。2003 年 3 月 27 日，中央政治局常委会会议研究和部署了修改宪法工作，确定了修改宪法总的原则；强调在整个修改宪法过程中，要切实加强党的领导，充分发扬民主，广泛听取各方面的意见，严格依法办事；成立了以吴邦国同志为组长的中央宪法修改小组，在中央政治局常委会领导下工作。2003 年 10 月召开的党的十六届三中全会审议通过了《中共中央关于修改宪法部分内容的建议》，并决定提交十届全国人大常委会审议。2003 年 12 月下旬召开的十届全国人大常委会第六次会议听取了关于上述建议的说明，认真讨论了修宪建议，由全国人大常委会依照法定程序提出宪法修正案议案，提请十届全国人大二次会议审议。2004 年 3 月，十届全国人大二次会议召开，王兆国副委员长作了《关于〈中华人民共和国宪法修正案（草案）〉的说明》。2004 年 3 月 14 日，十届全国人大二次会议审议通过这个宪法修正案，同日全国人民代表大会公告公布施行。

党中央确定的这次修改宪法总的原则是，坚持以马克思列宁主义、毛泽东思想、邓小平理论和“三个代表”重要思想为指导，贯彻党的十六大精神，体现党的十三届四中全会以来的基本经验，把党的十六大确定的重大理论观点和重大方针政策写入宪法。根据这个原则，这次修改宪法不是大改，而是部分修改，对实践证明是成熟的、需要用宪法规范的、非改不可的进行修改，可改可不改的、可以通过宪法解释予以明确的不改。为了在修改宪法的过程中坚持正确的政治方向，统一思想，协调好各方面的意见，党中央提出了修改宪法必须做到“五个有利于”：有利于加强和改善党的领导，有利于发挥社会主义制度的优越性，有利于调动广大人民群众的积极性，有利于维护国家统一、民族团结和社会稳定，有利于促进经济发展和社会全面进步。[1] 这些总体原则和基本要求都贯彻到了宪法修改的全过程各方面，保证了正确的政治方向。党中央这次形成关于修改宪法部分内容的建议的过程，与前三次修宪有两方面不同：一是以往三次修改宪法，是先形成修改方案，再征求意见；这次是先广泛征求意见，再形成修改方案。二是以往的修改方案，是经中央政治局讨论后，向全国人大常委会提出建议的；这次的修改方案，是中央政治局讨论后，又经中央全会审议通过，然后向全国人大常委会提出建议的。[2]

2004年宪法修正案的主要修改内容包括：(1) 确立“三个代表”重要思想在国家政治和社会生活中的指导地位。(2) 增加推动物质文明、政治文明和精神文明协调发展的内容。(3) 在统一战线的表述中增加社会主义事业的建设者。(4) 完善土地征用制度，规定国家为了公共利益的需要，可以依照法律规定对土地实行征收或者征用并给予补偿。(5) 进一步明确国家对发展非公有制经济的方针，规定“国家保护个体经济、私营经济等非公有制经济的合法的权利和利益。国家鼓励、支持和引导非公有制经济的发展，并对非公有制经济依法实行监督和管理”。(6) 完善对私有财产保护的规定，规定：“公民的合法的私有财产不受侵犯。”“国家依照法律规定保护公民的私有财产权和继承权。”“国家为了公共利益的需要，可以依照法律规定对公民的私有财产实行征收或者征用并给予补偿。”(7) 增加“国家建立健全同经济发展水平相适应的社会保障制度”的规定。(8) 增加“国家尊重和保障人权”的规定。(9) 完善

---

〔1〕 参见吴邦国：《关于修改宪法问题（二〇〇三年十二月二十二日）》，载吴邦国：《吴邦国论人大工作》（上），人民出版社2017年版，第138～139页。

〔2〕 参见吴邦国：《关于修改宪法问题（二〇〇三年十二月二十二日）》，载吴邦国：《吴邦国论人大工作》（上），人民出版社2017年版，第135页。

全国人民代表大会组成的规定，规定“全国人民代表大会由省、自治区、直辖市、特别行政区和军队选出的代表组成。各少数民族都应当有适当名额的代表”。(10) 将全国人民代表大会常务委员会职权、国务院职权中的戒严修改为进入紧急状态，增加中华人民共和国主席“宣布进入紧急状态”的规定。(11) 在有关国家主席职权的规定中增加“进行国事活动”的内容。(12) 将乡镇人民代表大会每届的任期由三年改为五年。(13) 增加对国歌的规定，规定“中华人民共和国国歌是《义勇军进行曲》”。

这次宪法修正案贯彻了党的十六大精神，对涉及国家的指导思想、发展目标、主要制度、公民基本权利等方面作出重要修改，对全面建设小康社会产生重大积极作用，成为党依宪治国、依宪执政的亮点。

一是把“三个代表”重要思想确立为国家的指导思想。党的十三届四中全会之后，以江泽民同志为主要代表的中国共产党人，在建设中国特色社会主义的实践中，加深了对什么是社会主义、怎样建设社会主义和建设什么样的党、怎样建设党的认识，积累了治党治国新的宝贵经验。2000 年 2 月，江泽民同志在广东考察期间提出“三个代表”要求，在党内外、国内外引起强烈反响。2001 年 7 月，江泽民同志代表党中央在庆祝建党 80 周年大会上发表重要讲话，系统阐述“三个代表”重要思想的科学内涵和基本内容，指出：总结 80 年的奋斗历程和基本经验，展望新世纪的艰巨任务和光明前途，我们党要继续站在时代前列，带领人民胜利前进，归结起来，就是必须始终代表中国先进生产力的发展要求，代表中国先进文化的前进方向，代表中国最广大人民的根本利益。[1] 2002 年 11 月，党的十六大把“三个代表”重要思想同马克思列宁主义、毛泽东思想、邓小平理论一道确立为党必须长期坚持的指导思想；通过这次

---

〔1〕 参见江泽民：《在庆祝中国共产党成立八十周年大会上的讲话（二〇〇一年七月一日）》，载中共中央文献研究室编：《十五大以来重要文献选编》（下），中央文献出版社 2011 年版，第 150 页。

宪法修正案，又把这一重要思想确立为国家必须长期坚持的指导思想，进一步筑牢全党全国各族人民团结奋斗的共同思想基础。

二是完善公民私有财产权利相关制度，加强对私有财产的保护。改革开放以来，特别是实行社会主义市场经济以来，我国经济快速发展，人民生活不断提高，私有财产日益增加，人民群众迫切要求切实保护他们通过辛勤劳动积累的合法财产、保护依法享有的土地承包经营权等合法权益。保护人民群众的私有财产，是发展社会主义市场经济的基本要求，是社会主义基本经济制度的应有之义。党的十六大提出，要"完善保护私人财产的法律制度"。党中央从坚持和发展社会主义制度、保障公民基本权利等多方面统筹考虑适应全面建设小康社会的宪法制度，提出相关修宪建议，通过全国人民代表大会将党的主张和人民意愿转化为宪法规范，用"财产权"代替原条文中的"所有权"，进一步明确国家对全体公民的包括生活资料、生产资料在内的合法私有财产都给予保护，规定对私有财产的征收、征用制度以正确处理私有财产保护和公共利益需要的关系，切实发挥宪法固根本、稳预期、利长远的作用。这些规定为以后制定民事基本法律，如《中华人民共和国物权法》《中华人民共和国民法总则》乃至《中华人民共和国民法典》提供了直接的宪法依据。

三是确立国家尊重和保障人权的宪法原则。宪法是公民权利的保障书，中国共产党践行全心全意为人民服务的根本宗旨，重要的一条经验就是在党的领导下，建立以宪法为核心的中国特色社会主义法律体系和一整套制度体系，为保障人权夯实法治基础。一九五四年宪法宣告"中华人民共和国的一切权力属于人民"，规定公民在政治、经济、社会、文化、人身等方面享有的广泛权利与自由；一九八二年宪法将"公民的基本权利和义务"提前到第二章，置于第一章"总纲"之后，更彰显了公民权利的重要地位，同时也扩大了权利保护的范围。1997 年，党的十五大首次将"保证人民依法享有广泛的权利和自由，尊重和保障人权"写入大会报告之中；2002 年，党的十六大重申"尊重和保障人权"，并将

“人民的政治、经济和文化权益得到切实尊重和保障”“促进人的全面发展”等内容纳入全面建设小康社会的目标之中。这次宪法修正案正式将“国家尊重和保障人权”写入宪法，由此，“尊重和保障人权”就成为整个中国特色社会主义法治体系的基本原则，也成为所有国家机关、武装力量、政党、社会团体、企业事业组织必须遵守的行为准则和法律义务，体现了社会主义制度的本质要求，有利于推进我国社会主义人权事业的发展，有利于开展国际人权交流合作和人权斗争。在此之后，2007 年，党的十七大将“尊重和保障人权”正式载入党章，进一步推动尊重和保障人权原则深入人心，更加鲜明体现我们党全心全意为人民服务的根本宗旨和以人为本的执政理念。

四是增加建立健全社会保障制度的规定。社会保障直接关系广大人民群众的切身利益。建立健全同经济发展水平相适应的社会保障制度，是深化经济体制改革、完善社会主义市场经济体制的重要内容，是发展社会主义市场经济的客观要求。党的十六大指出，建立健全同经济发展水平相适应的社会保障体系，是社会稳定和国家长治久安的重要保证。[1] 宪法修正案在宪法第十四条中增加一款关于社会保障制度的规定，充分彰显了社会主义国家的性质，体现了尊重和保障人权的原则要求，为构建和谐社会、全面建设小康社会准备了积极有利的条件。

（二）现行宪法的有效实施全面推动社会主义物质文明、政治文明、精神文明建设，为构建和谐社会、全面建设小康社会不断积累坚实物质基础、有力制度保障和强大精神动力

党的十六大提出，全面建设小康社会的目标是中国特色社会主义经

〔1〕参见江泽民：《全面建设小康社会，开创中国特色社会主义事业新局面（二〇〇二年十一月八日）》，载中共中央文献研究室编：《十六大以来重要文献选编》（上），中央文献出版社 2011 年版，第 22 页。

济、政治、文化全面发展的目标，是与加快推进现代化相统一的目标，符合我国国情和现代化建设的实际，符合人民的愿望。中国特色社会主义经济、政治、文化全面发展，体现在宪法修正案文本上，就是在序言中增加“推动物质文明、政治文明和精神文明协调发展”。这反映了我们党对共产党执政规律、社会主义建设规律和人类社会发展规律认识的深化，既是对社会主义文明内涵的极大丰富，又是对社会主义现代化建设理论的重大发展。把“三个文明”及其相互关系写入宪法，并同这一自然段中确定的“把我国建设成为富强、民主、文明的社会主义国家”的社会主义现代化建设总目标紧密相连，同时也为“三个文明”协调发展提供了宪法保障。〔1〕

第一，形成并不断完善发展以宪法为核心的中国特色社会主义法律体系，为“三个文明”建设提供有力法制支撑。

完备的中国特色社会主义法律体系是我国宪法各项制度的具体化展开，是宪法实施的主要制度载体。以宪法为核心的中国特色社会主义法律体系形成就是在现行宪法公布施行的第三个十年实现的。党的十一届三中全会从发展社会主义民主、健全社会主义法制的迫切需要出发，明确提出全国人大及其常委会应当把立法工作摆到重要议程上来，我国立法活动从此全面恢复并迅速展开。党的十五大站在实行依法治国、建设社会主义法治国家的战略高度，明确提出到 2010 年形成有中国特色社会主义法律体系的立法工作目标；党的十六大重申这一立法工作目标；党的十七大强调要坚持科学立法、民主立法，完善中国特色社会主义法律体系。新中国成立以来特别是改革开放以来，在党的正确领导下，经过各方面坚持不懈的共同努力，我国立法工作取得了举世瞩目的巨大成就。到 2010 年，涵盖社会关系各个方面的法律部门已经齐全，各法律部门中

---

〔1〕 参见王兆国：《关于〈中华人民共和国宪法修正案（草案）〉的说明》（2004 年 3 月 8 日在第十届全国人民代表大会第二次会议上），载全国人大常委会法制工作委员会宪法室编：《中华人民共和国制宪修宪重要文献资料选编》，中国民主法制出版社 2021 年版，第 199 页。

基本的、主要的法律已经制定，相应的行政法规和地方性法规比较完备，法律体系内部总体做到科学和谐统一。一个立足中国国情和实际、适应改革开放和社会主义现代化建设需要、集中体现党和人民意志的，以宪法为统帅，以宪法相关法、民法商法等多个法律部门的法律为主干，由法律、行政法规、地方性法规等多个层次的法律规范构成的中国特色社会主义法律体系已经形成，国家经济建设、政治建设、文化建设、社会建设以及生态文明建设的各个方面实现有法可依。党的十五大提出的立法工作目标如期完成，这是我国社会主义民主法制建设史上的重要里程碑，是中国特色社会主义制度逐步走向成熟的重要标志。[1]

形成中国特色社会主义法律体系是发展社会主义政治文明、全面建设小康社会的应有之义。它夯实了立国兴邦、长治久安的法制根基，从制度上、法律上确保中国共产党始终成为中国特色社会主义事业的领导核心，确保国家一切权力牢牢掌握在人民手中，确保民族独立、国家主权和领土完整，确保国家统一、社会安定和各民族大团结，确保坚持独立自主的和平外交政策、走和平发展道路，确保国家永远沿着中国特色社会主义的正确方向奋勇前进；它从制度上、法律上保障国家始终坚持改革开放的正确方向，着力构建充满活力、富有效率、更加开放、有利于科学发展的体制机制，推动我国社会主义制度不断自我完善和发展；它把国家各项事业发展纳入法制化轨道，从制度上、法律上解决了国家发展中带有根本性、全局性、稳定性和长期性的问题，为社会主义市场经济体制的不断完善、社会主义民主政治的深入发展、社会主义先进文化的日益繁荣、社会主义和谐社会的积极构建，确定了明确的价值取向、发展方向和根本路径，为建设富强民主文明和谐的社会主义现代化国家、

---

〔1〕 参见吴邦国：《全国人民代表大会常务委员会工作报告（二〇一一年三月十日）》，载中共中央文献研究室编：《十七大以来重要文献选编》（下），中央文献出版社 2013 年版，第 262 ~ 264 页。

实现中华民族伟大复兴奠定了坚实的法制基础。[1]

第二，贯彻宪法原则精神，以制度力量保障社会公平正义、推动构建和谐社会。

社会和谐是中国特色社会主义的本质属性，是国家富强、民族振兴、人民幸福的重要保证。2006 年 10 月，党的十六届六中全会从中国特色社会主义事业总体布局和全面建设小康社会全局出发，对构建社会主义和谐社会作出战略部署，提出民主法治、公平正义、诚信友爱、充满活力、安定有序、人与自然和谐相处的总要求，推动社会建设与经济建设、政治建设、文化建设协调发展。现行宪法从民主政治、市场经济、依法治国、精神文化、社会事业、社会保障、环境保护、安全保障等社会主义各项制度方面为构建社会主义和谐社会提供了坚实基础，从国家机构设置方面为构建社会主义和谐社会提供了高效组织保障，从公民基本权利方面为构建社会主义和谐社会提供了人权保障依据，可以说，构建社会主义和谐社会需要的各项内容都有宪法依据，都得到宪法保障。2004 年修宪，把“国家建立健全同经济发展水平相适应的社会保障制度”“国家尊重和保障人权”写入宪法，更体现出以人为本的治国理念，为促进经济与社会协调发展、保障中国人权事业全面发展、推动社会和谐有序发展提供了充分的宪法依据。

维护和实现社会公平正义是我们党为人民谋幸福、为民族谋复兴的初心使命的集中体现。我们党领导人民制定实施宪法法律，推进社会主义法治建设，始终牢牢把握社会公平正义这一法治价值追求，努力让人民群众在每一项法律制度、每一个执法决定、每一宗司法案件中都感受到公平正义，充分体现“社会主义和谐社会是法治社会”的特征和要求。在新世纪新阶段上，不断加大社会领域立法力度，以宪法为核心的中国

---

〔1〕 参见吴邦国：《形成中国特色社会主义法律体系的重大意义和基本经验（二〇一一年一月二十四日）》，载中共中央文献研究室编：《十七大以来重要文献选编》（下），中央文献出版社 2013 年版，第 120 ~ 121 页。

特色社会主义法律体系形成并完善发展，为实现社会公平正义、构建社会主义和谐社会提供了根本制度保证，有力推动了经济建设、政治建设、文化建设、社会建设中国特色社会主义事业四位一体总体布局形成发展，保障人民在政治、经济、文化、社会等方面的权利和利益，努力实现发展为了人民、发展依靠人民、发展成果由人民共享，促进人的全面发展。

第三，依宪立法坚决反“独”促统，以法治威严维护国家主权、安全、发展利益。

宪法是国家主权的最高法律体现，是维护国家主权、安全、发展利益的根本法治保障。我国宪法明确规定，台湾是中华人民共和国的神圣领土的一部分。解决台湾问题、完成祖国统一大业，是海内外中华儿女的共同心愿，是我们党和国家的三大历史任务之一，是我国宪法赋予包括台湾同胞在内的全中国人民的神圣职责。

那一段历史时期，台湾当局加紧推行“台独”分裂活动，尤其是图谋通过所谓“宪政改造”等方式进行分裂国家的活动。“渐进式台独”活动日益猖獗，而一些政客搞“台独”的重要手段之一，就是试图通过“公投”“宪改”为“台独”提供法律支撑，实现“法理台独”。美国也一直干涉中国内政，阻碍两岸统一。一些台湾政客不顾岛内外的反对，加快推进“台独”，确定新的“宪改”时间表。“台独”分裂势力分裂国家的活动，日益成为两岸关系发展和祖国和平统一的最大障碍，成为台湾海峡和平稳定的最大威胁。“宪改”过程中不排除发生重大“台独”事变的可能。同时我们看到，长期以来我对台工作，包括反对“台独”主要是靠方针和政策，现行的涉台法律也主要是调整两岸民事关系。解决台湾问题、实现国家统一，一直没有专门的立法，一旦发生“台独”分裂势力分裂国家的突发事变，难以运用法律手段及时有效应对。因此，面对严峻的台湾形势，为打击“台独”分裂势力及其分裂活动，广大人民群众、社会各界人士和海外侨胞要求以法律手段反对和遏制“台独”的呼声越来越高，迫切需要尽快把对台特别立法提上议程，使党的方针政策通过法定程序成为国家意志。[1]

2005 年 3 月 14 日，十届全国人大三次会议通过《反分裂国家法》。这部法律共 10 条，言简意赅、字字千钧。第一条开宗明义，明确了“反对和遏制‘台独’分裂势力分裂国家，促进祖国和平统一，维护台湾海峡地区和平稳定，维护国家主权和领土完整，维护中华民族的根本利益”的立法目的，明确了“根据宪法，制定本法”的根本法依据。《反分裂国家法》坚持以邓小平理论和“三个代表”重要思想为指导，以宪法为依据，贯彻“和平统一、一国两制”等中央对台工作的大政方针，紧紧围绕反对和遏制“台独”分裂势力分裂国家、促进祖国和平统一这个主题，充分体现我以最大的诚意、尽最大的努力争取和平统一的一贯主张，同时表明全中国人民为维护国家主权和领土完整，绝不允许“台独”分裂势力以任何名义、任何方式把台湾从中国分裂出去的共同意志和坚定决心。《反分裂国家法》的颁布和实施，对促进两岸关系发展、增进两岸同胞福祉、稳定台海局势、推进两岸和平统一，反对和遏制“台独”分裂势力及其活动、维护国家主权和领土完整，发挥了重大作用，产生了深远影响。

（三）加强宪法实施监督力度，深入推进宪法宣传教育

第一，正确处理法律草案起草审议过程中的涉宪性问题。

法律草案起草审议中，会遇到法律草案拟规定事项、制度等法律规范是否符合宪法原则精神、制度规定的问题，通常以有关方面的意见建议形式提出来，需要全国人大常委会研究处理。通常处理方法是在有关法律文件中作出合宪性确认，明确有关法律或其制度、规定等符合宪法，直接提供合宪性依据；也有的是通过相关法律文件阐明其合宪性，回应

---

〔1〕 参见吴邦国：《关于对台特别立法（二〇〇六年十二月二十四日）》，载吴邦国：《吴邦国论人大工作》（上），人民出版社 2017 年版，第 237～238 页。

社会重大宪法关切。

在《中华人民共和国物权法》制定过程中，曾遇到社会上提出的物权平等保护原则“违宪”的意见。物权法草案明确规定：“国家、集体、私人的物权和其他权利人的物权受法律保护，任何单位和个人不得侵犯。”有些人不同意这一原则，甚至把它提到“违宪”的程度。[1] 对此，《关于〈中华人民共和国物权法（草案）〉的说明》专门作了阐释回应，主要有三个层次。一是从宪法关于社会主义市场经济条款出发，阐述物权平等保护原则是符合社会主义市场经济规律和要求的。公平竞争、平等保护、优胜劣汰是市场经济的基本法则。在社会主义市场经济条件下，各种所有制经济形成的市场主体都在统一的市场上运作并发生相互关系，各种市场主体都处于平等地位，享有相同权利，遵守相同规则，承担相同责任。如果对各种市场主体不给予平等保护，解决纠纷的办法、承担的法律责任不一样，就不可能发展社会主义市场经济，也不可能坚持和完善社会主义基本经济制度。二是从宪法关于公民私有财产权利保护条款出发，阐述物权平等保护原则是符合宪法规定的。在财产归属依法确定的前提下，作为物权主体，不论是国家、集体，还是私人，对他们的物权也都应当给予平等保护。吴邦国指出，对不进入市场的物权是否要进行保护，对这个问题的回答应该是肯定的，因为这是宪法精神。物权法草案向社会全文公布后，为什么会受到社会广泛关注，就是因为它涉及群众的切身利益。因为现在许多群众已经开始有房、有车、有股票、有债券、有存款，甚至还有字画、古董、生产资料。而且随着社会主义市场经济的发展，老百姓的私有财产还会增加。我们共产党执政，就是要使老百姓过上好日子，在发展经济的基础上，不断增加群众收入，改善群众生活。而广大群众都希望他们通过辛勤劳动积累的合法财产受到法律保护。有的同志提出“物权主体”与“市场主体”的概念，意思是

---

〔1〕 参见吴邦国：《正确认识物权法制定中的几个分歧问题（二〇〇六年十二月二十三日）》，载吴邦国：《吴邦国论人大工作》（下），人民出版社 2017 年版，第 350 页。

进入市场的物权可平等保护，不进入市场的物权就不要平等保护。应该指出的是，公民的财产大部分是不进入市场的，难道他们的私有财产就不应受到法律保护。如果公民的私有财产得不到保护，谁还会通过辛勤劳动去创造和积累财富，又怎么谈得上和谐社会呢？[1]三是从宪法关于所有制结构规定出发，阐释物权平等保护原则与不同所有制经济在国民经济中的地位和作用是不矛盾。“依据宪法规定，公有制经济是主体，国有经济是主导力量，非公有制经济是社会主义市场经济的重要组成部分，他们在国民经济中的地位和作用是不同的。这主要体现在国家宏观调控、公共资源配置、市场准入等方面，在关系国家安全和国民经济命脉的重要行业和关键领域，必须确保国有经济的控制力，而这些是由经济法、行政法予以规定的。”[2]

第二，推进宪法实施监督的法制化，不断推动宪法监督工作常态化发展。

在我国宪法体系中，监督宪法实施是全国人大及其常委会的宪定职责。但在实践中，如何推进宪法实施监督的法制化、程序化、规范化，实现宪法监督工作常态化，一直是努力方向和工作重点。在 2004 年讨论修宪过程中，有意见提出要增加宪法实施监督机构，比如有的主张设立同全国人大常委会并列的宪法委员会，有的主张设立宪法法院，有的主张设立全国人大专门委员会性质的宪法监督委员会。经研究认为，人民代表大会制度是我国的根本政治制度，全国人大是最高国家权力机关，不论设立同全国人大常委会并列的宪法委员会，还是设立宪法法院等，都不符合我国的根本政治制度。现行宪法已明确赋予全国人大及其常委会监督宪法实施的职权，现在的问题是全国人大及其常委会如何进一步

〔1〕 参见吴邦国：《正确认识物权法制定中的几个分歧问题（二〇〇六年十二月二十三日）》，载吴邦国：《吴邦国论人大工作》（下），人民出版社 2017 年版，第 350～352 页。

〔2〕 王兆国：《关于〈中华人民共和国物权法（草案）〉的说明》（2007 年 3 月 8 日在第十届全国人民代表大会第五次会议上），载《全国人民代表大会常务委员会公报》2007 年第 3 期。

完善宪法赋予的职权，不涉及修改宪法的问题。[1] 这就进一步明确了推进宪法监督的工作方向和重点。宪法对全国人大常委会监督什么、怎样监督这个问题有明确规定，主要是法律监督和工作监督两种。法律监督，就是对宪法和法律的实施进行监督。国家行政机关、审判机关、检察机关如果作出了同宪法和法律相抵触的决议、决定，全国人大及其常委会有权力、有责任予以撤销。国家权力机关对同级国家行政机关的监督，主要是监督它是否违宪、违法，是否全面、准确执行了国家的方针政策。[2] 当时的工作监督是指人大常委会对“一府两院”在工作中是否正确实施法律和依法行使职权，是否正确贯彻国家的方针政策，是否正确执行人大及其常委会作出的决议、决定的情况所进行的监督，包括专项工作监督、计划和预算执行情况监督、法律法规实施情况的监督等。

依据宪法制定人大监督工作相关法律和规定，最重要的成果是2006年8月制定的《中华人民共和国各级人民代表大会常务委员会监督法》。该法全面系统地对全国人大常委会和地方各级人大常委会监督工作的基本原则、主要内容、监督形式和具体程序等问题作了明确规定，充分体现了坚持党的领导、人民当家作主和依法治国的有机统一，正确处理了加强人大监督工作和坚持党的领导的关系，正确处理了加强人大监督工作和支持“一府两院”依法开展工作的关系，坚持了民主集中制、集体行使职权、集体决定问题、依法按程序办事的原则，符合我国国情和人大工作实际，有利于各级人大常委会依法行使监督职权，健全监督机制，加强和改进监督工作，增强监督实效，更好地发挥人民代表大会制度的特点和优势。

按照宪法和监督法的规定，全国人大常委会通过听取和审议“一府

---

〔1〕 参见吴邦国：《关于修改宪法问题（二〇〇三年十二月二十二日）》，载吴邦国：《吴邦国论人大工作》（上），人民出版社2017年版，第136页。

〔2〕 参见吴邦国：《以“三个代表”重要思想为指导，努力开创人大工作新局面》，载中共中央文献研究室编：《十六大以来重要文献选编》（上），中央文献出版社2011年版，第236～238页。

两院”专项工作报告，审查和批准决算，听取审议计划、预算的执行情况报告，听取审议审计工作报告，对法律法规实施情况进行检查，经常性地开展监督工作，大力度推进宪法有关制度的实施。为了进一步推进备案审查工作常态化，在法制工作委员会增设了专门机构，充实了力量，加强了对行政法规、地方性法规、自治条例和单行条例，以及最高人民法院和最高人民检察院的司法解释等规范性文件备案审查力度，同时认真研究处理公民、组织提出的审查建议，有重点地开展主动审查，有效维护了社会主义法制统一。

第三，把以宪法为主要内容的法制宣传教育放在重要位置，不断提高公民宪法意识和宪法知识水平。

2002 年 12 月 4 日，胡锦涛同志在首都各界纪念中华人民共和国宪法公布施行 20 周年大会上，对学习宪法提出了明确要求，掀起了学习宣传宪法的热潮。中宣部、司法部下发了认真学习宣传宪法的通知。各地区、各部门通过举办培训班、集中开展“12・4”全国法制宣传日活动等形式，普遍加强了宪法的学习宣传。2004 年宪法修正案通过后，党中央决定以这次修改宪法为契机，在全国集中开展学习和贯彻实施宪法的活动。根据中央的统一部署，各地区、各部门把学习和贯彻落实宪法作为“四五普法”的重要内容，采取多种形式宣传普及宪法知识和学习贯彻宪法。通过一系列活动，有力地推动了宪法的宣传教育，使各级国家机关公职人员忠于宪法、遵守宪法、维护宪法的自觉性进一步提高，全民的宪法意识和法治观念进一步增强。

全国人大常委会始终把法制宣传教育放在重要位置，突出对宪法的宣传教育力度，取得了积极实效。2006 年 4 月，全国人大常委会作出了《关于加强法制宣传教育的决议》（“五五普法决议”）。决议提出：“要进一步宣传普及宪法，使全体公民进一步掌握宪法的基本知识，忠于宪法、遵守宪法，维护宪法的权威。”“五五普法”期间，通过深入学习宣传以宪法为核心的各项法律法规，全体公民对宪法的重要地位、作用和基本内容、基本精神有了更加深入系统的把握，全社会学习宪法、崇尚宪法、遵守宪法、维护宪法权威的氛围更加浓厚，社会主义法治理念更加深入人心，学法守法用法的自觉性进一步增强，建设社会主义法治国家的基础进一步夯实。2011 年 4 月，全国人大常委会通过《关于进一步加强法制宣传教育的决议》（“六五普法决议”）。中国特色社会主义法律体系形成后，加强法制宣传教育、确保法律有效实施就显得更为紧迫、更加重要。党中央批转的关于形成中国特色社会主义法律体系的报告中明确要求，进一步加强法律实施和普法教育，大力弘扬社会主义法治精神。全国人大常委会把党中央的决策要求和“六五普法”结合起来，深入学习宣传宪法确立的我国的国体政体、根本制度、根本任务、公民的权利和义务等主要内容和精神，进一步增强公民的宪法意识和社会主义民主法治观念，形成崇尚宪法、遵守宪法、维护宪法权威的良好氛围，深入学习宣传形成中国特色社会主义法律体系的重大意义、基本经验、基本特征，深入学习宣传中国特色社会主义法律体系的基本法律和促进经济发展、保障和改善民生、加强社会管理、反腐倡廉相关法律法规，为增强全社会法律意识和法治观念、推动宪法法律有效实施起到了积极作用。

第三章　中国特色社会主义新时代现行宪法的发展和实施

2012年11月党的十八大胜利召开，中国特色社会主义进入新时代。在公布施行的第四个十年，现行宪法迎来崭新的发展时期，在全面建设社会主义现代化国家中发挥更重要、更显著的作用。党的十八大以来，以习近平同志为主要代表的中国共产党人，坚持把马克思主义基本原理同中国具体实际相结合、同中华优秀传统文化相结合，坚持毛泽东思想、邓小平理论、“三个代表”重要思想、科学发展观，深刻总结并充分运用党成立以来的历史经验，从新的实际出发，创立了习近平新时代中国特色社会主义思想。以习近平同志为核心的党中央团结带领全国各族人民毫不动摇坚持和发展中国特色社会主义，贯彻党的基本理论、基本路线、基本方略，统筹推进“五位一体”总体布局、协调推进“四个全面”战略布局，出台一系列重大方针政策，推出一系列重大举措，推进一系列重大工作，战胜一系列重大风险挑战，解决了许多长期想解决而没有解决的难题，办成了许多过去想办而没有办成的大事，推动党和国家事业取得历史性成就、发生历史性变革。经过新时代十年的艰辛努力，宪法确立的国家根本制度、基本制度、重要制度不断巩固发展、有效贯彻实施，推动中国特色社会主义制度更加成熟更加定型，国家治理体系和治理能力现代化水平不断提高，彰显出中国特色社会主义的强大生机活力。

一、坚持以习近平新时代中国特色社会主义思想特别是习近平法治思想为科学指导，推动宪法发展和实施

党的十八大以来，以习近平同志为核心的党中央对加强和完善社会主义法治的理论认识和实践探索达到了新的历史高度，在法治建设理论上集中体现为形成了我们党的历史上第一个完整系统的法治思想，即习近平法治思想。2020 年 11 月，党中央召开中央全面依法治国工作会议，明确了习近平法治思想在全面依法治国中的指导地位，从历史和现实相贯通、国际和国内相关联、理论和实际相结合上深刻回答了新时代为什么实行全面依法治国、怎样实行全面依法治国等一系列重大问题。习近平法治思想是顺应实现中华民族伟大复兴时代要求应运而生的重大理论创新成果，是马克思主义法治理论中国化的最新成果，是习近平新时代中国特色社会主义思想的重要组成部分，是全面依法治国的根本遵循和行动指南。在推动宪法发展实施、全面推进依法治国过程中，必须认真学习领会习近平法治思想，吃透基本精神、把握核心要义、明确工作要求，切实把习近平法治思想贯彻落实到全面依法治国全过程。

习近平法治思想的核心要义集中体现为“十一个坚持”，其中第四项就是坚持依宪治国、依宪执政，为新时代全面贯彻实施宪法、加强宪法实施和监督工作，指明了前进方向、提供了科学指引。习近平总书记关于宪法的重要论述，在党的十八大以来习近平总书记就法治工作发表的一系列重要讲话中都有体现。有的是专门论述，如 2012 年 12 月 4 日在首都各界纪念现行宪法公布施行 30 周年大会上的重要讲话、2018 年 1 月 19 日在党的十九届二中全会上的重要讲话、2018 年 2 月 24 日在十九届中共中央政治局第四次集体学习时的重要讲话等；有的融合在其他讲话之中，如 2014 年 9 月在庆祝全国人民代表大会成立六十周年大会上的重要讲话、

2021 年 10 月在中央人大工作会议上的重要讲话等。[1] 此外，习近平总书记还就宪法相关问题和工作作出了一些重要指示批示。这些重要论述涵盖了宪法的发展历程、性质特点、地位作用等各方面和宪法的修改、实施、监督、宣传等各环节，有许多重大理论创新和重大战略部署，构成了一整套科学完备的宪法理论体系，丰富和发展了中国特色社会主义宪法理论和实践，标志着我们党对宪法的认识和实践达到了一个新的高度。[2]

习近平总书记关于宪法的重要论述主要包括以下方面：

一是关于我国宪法的性质、地位和独特优势。宪法是治国安邦的总章程，是党和人民意志的集中体现，是国家意志的最高表现形式，具有最高的法律地位、法律权威、法律效力。我国宪法以国家根本法的形式，确立了中国特色社会主义道路、中国特色社会主义理论体系、中国特色社会主义制度的发展成果，反映了我国各族人民的共同意志和根本利益，成为历史新时期党和国家的中心工作、基本原则、重大方针、重要政策在国家法制上的最高体现。强调坚持依法治国首先要坚持依宪治国，坚持依法执政首先要坚持依宪执政；强调维护宪法权威就是维护党和人民共同意志的权威，捍卫宪法尊严就是捍卫党和人民共同意志的尊严，保证宪法实施就是保证人民根本利益的实现。现行宪法颁布以来，在改革开放和社会主义现代化建设的历史进程中、在我们党治国理政实践中发挥了十分重要的作用，有力坚持了中国共产党领导，有力保障了人民当家作主，有力促进了改革开放和社会主义现代化建设，有力推动了社会主义法治国家建设进程，有力维护了国家统一、民族团结、社会稳定。

二是关于我国宪法和党的领导关系。党领导人民制定宪法法律，领导人民实施宪法法律，党自身要在宪法法律范围内活动。我国宪法确认

---

〔1〕 参见习近平：《论坚持全面依法治国》，中央文献出版社 2020 年版；习近平：《论坚持人民当家作主》，中央文献出版社 2021 年版。

〔2〕 参见栗战书：《学习宣传贯彻习近平法治思想　推动依法治国、依宪治国提高到一个新水平——在第七个国家宪法日座谈会上的讲话》，载《中国人大》2020 年第 23 期。

了中国共产党的执政地位，确认了党在国家政权结构中的总揽全局、协调各方的核心地位，这是中国特色社会主义最本质的特征，是中国特色社会主义制度的最大优势，是社会主义法治最根本的保证。这充分表明，宪法是我们党长期执政的根本法律依据，确认中国共产党的领导是我国宪法最显著的特征。我们讲依宪治国、依宪执政，就包括坚持宪法确定的中国共产党领导地位不动摇，坚持宪法确定的人民民主专政的国体和人民代表大会制度的政体不动摇。任何人以任何借口否定中国共产党领导和我国社会主义制度，都是错误的、有害的，都是绝对不能接受的，也是从根本上违反宪法的。

三是关于我国宪法的人民属性。我们党领导人民制定的宪法，是中国历史上第一部真正意义上的人民宪法。我国宪法坚持党的领导、人民当家作主、依法治国有机统一，发扬人民民主，集中人民智慧，体现了全体人民共同意志，得到最广大人民拥护和遵行。实践证明，我国现行宪法是符合国情、符合实际、符合时代发展要求的好宪法，是充分体现人民共同意志、充分保障人民民主权利、充分维护人民根本利益的好宪法，是推动国家发展进步、保证人民创造幸福生活、保障中华民族实现伟大复兴的好宪法，是我们国家和人民经受住各种困难和风险考验、始终沿着中国特色社会主义道路前进的根本法治保障。要健全人民当家作主的制度体系，把以人民为中心的发展思想贯穿立法、执法、司法、守法各个环节，加快完善体现权利公平、机会公平、规则公平的法律制度，保障公民人身权、财产权、人格权和基本政治权利不受侵犯，保障公民经济、文化、社会等各方面权利得到落实，确保法律面前人人平等。

四是关于我国宪法在国家制度和国家治理体系中的重要作用。宪法是国家各种制度和法律法规的总依据。宪法以国家根本法的形式，确立了人民民主专政的国体和人民代表大会制度的政体，规定了中国共产党领导的多党合作和政治协商制度、民族区域自治制度以及基层群众自治制度，规定了社会主义法治原则、民主集中制原则、尊重和保障人权原则等一系列制度和重要原则。实践证明，通过宪法法律确认和巩固国家根本制度、基本制度、重要制度，并运用国家强制力保证实施，保障了国家治理体系的系统性、规范性、协调性、稳定性。强调要加快形成完备的法律规范体系、高效的法治实施体系、严密的法治监督体系、有力的法治保障体系，形成完善的党内法规体系，用科学有效、系统完备的制度体系保证宪法实施。要坚持科学立法、民主立法、依法立法，加快完善以宪法为核心的中国特色社会主义法律体系。

五是关于宪法的发展。我国宪法必须随着党领导人民建设中国特色社会主义实践的发展而不断完善发展，这是我国宪法发展的一个显著特点，也是一条基本规律。由宪法及时确认党和人民创造的伟大成就和宝贵经验，以更好地发挥宪法的规范、引领、推动、保障作用，是实践发展的必然要求。宪法只有不断适应新形势、吸纳新经验、确认新成果、作出新规范，才具有持久生命力；要在总体保持我国宪法连续性、稳定性、权威性的基础上推动宪法与时俱进、完善发展。

六是关于宪法的遵守实施。宪法的生命在于实施，宪法的权威也在于实施。全面贯彻实施宪法是建设社会主义法治国家的首要任务和基础性工作。全国各族人民、一切国家机关和武装力量、各政党和各社会团体、各企业事业组织，都必须以宪法为根本活动准则，并且负有维护宪法尊严、保证宪法实施的职责。任何组织和个人都不得有超越宪法法律的特权，一切违反宪法法律的行为都必须予以追究和纠正。全国人大及其常委会要完善宪法相关法律制度，保证宪法确立的制度、原则、规则得到全面实施；地方各级人大及其常委会要依法行使职权，保证宪法法律在本行政区域内得到遵守和执行，自觉维护国家法治统一。强调宪法实施同每一个国家工作人员的工作都密切相关。实行宪法宣誓制度有利于彰显宪法权威，增强公职人员宪法观念，激励公职人员忠于和维护宪法。各级党组织和党员领导干部必须不断提高依宪治国、依宪执政能力和水平，提高运用法治思维和法治方式深化改革、推动发展、化解矛盾、维护稳定、应对风险的能力和水平。

七是关于宪法的监督保障。强调必须把宣传和树立宪法权威作为全面推进依法治国的重大事项抓紧抓好，切实在宪法实施和监督上下功夫。强调监督宪法的实施是宪法赋予全国人大及其常委会的重要职责，全国人大及其常委会要担负起宪法监督职责，完善宪法监督制度，加强对宪法法律实施情况的监督检查，提高合宪性审查、备案审查工作质量，坚决纠正违宪违法行为；落实宪法解释程序机制，积极回应涉及宪法有关问题的关切。

八是关于宪法的宣传教育。宪法的根基在于人民发自内心的拥护，宪法的伟力在于人民出自真诚的信仰。加强宪法学习宣传教育是实施宪法的重要基础。强调要在全党全社会深入开展尊崇宪法、学习宪法、遵守宪法、维护宪法、运用宪法的宣传教育，弘扬宪法精神，树立宪法权威，使全体人民都成为社会主义法治的忠实崇尚者、自觉遵守者、坚定捍卫者。

九是关于坚定宪法自信。坚定中国特色社会主义道路自信、理论自信、制度自信、文化自信，要对我国宪法确立的国家指导思想、发展道路、奋斗目标充满自信，对我国宪法确认的中国共产党领导和我国社会主义制度充满自信，对我国宪法确认的我们党领导人民创造的社会主义先进文化和中华民族光辉灿烂的优秀传统文化充满自信。我国依宪治国、依宪执政同西方所谓“宪政”有着本质区别，决不能照搬别国模式和做法，决不能走西方“宪政”“三权鼎立”“司法独立”的路子。

十是关于党领导宪法建设史的重要结论。主要有以下几点：第一，制定和实施宪法，推进依法治国，建设法治国家，是实现国家富强、民族振兴、社会进步、人民幸福的必然要求。第二，我国现行宪法是在深刻总结我国社会主义革命、建设、改革的成功经验基础上制定和不断完善的，是我们党领导人民长期奋斗历史逻辑、理论逻辑、实践逻辑的必然结果。第三，只有中国共产党才能坚持立党为公、执政为民，充分发扬民主，领导人民制定出体现人民意志的宪法，领导人民实施宪法。第四，我们党高度重视发挥宪法在治国理政中的重要作用，坚定维护宪法尊严和权威，推动宪法完善和发展，这是我国宪法保持生机活力的根本原因所在。

为纪念现行宪法公布施行40周年，2022年12月19日，习近平总书记发表《谱写新时代中国宪法实践新篇章——纪念现行宪法公布施行40周年》重要署名文章，阐述党领导人民制定和实施宪法的伟大意义，回顾总结新时代十年我国宪法制度建设和宪法实施监督取得的重大成效，科学总结我国宪法制度建设的规律性认识，提出一些新的重大论断、重要论述和有效举措，对新征程上增强宪法自觉、履行宪法使命、全面贯彻实施宪法提出明确要求、作出部署。这篇重要文章与习近平总书记关于宪法的重要论述一脉相承、内在统一，是对习近平法治思想的丰富和发展，为推进新时代宪法制度建设和加强宪法实施工作提供了根本遵循。

二、坚持以党的最新理论创新成果指导宪法修改

坚持以党的科学理论特别是马克思主义中国化时代化最新成果指导宪法起草和修改，同时又注重通过宪法修改来确立党的最新理论创新成果的指导地位，是我国宪法发展的重要特点和独特优势。到党的十八大召开前，一九八二年宪法经过四次修改，都体现了中国共产党领导人民进行改革开放和社会主义现代化建设的成功经验，体现了中国特色社会主义道路、理论、制度、文化的发展成果。通过四次宪法修改，我国宪法在中国特色社会主义伟大实践中紧跟时代步伐，不断与时俱进，有力推动和保障了党和国家事业发展，有力推动和加强了我国社会主义法治建设。[1]

---

〔1〕参见王晨：《关于〈中华人民共和国宪法修正案（草案）〉的说明——2018年3月5日在第十三届全国人民代表大会第一次会议上》，载全国人大常委会法制工作委员会宪法室编：《中华人民共和国制宪修宪重要文献资料选编》，中国民主法制出版社2021年版，第234页。

中国特色社会主义进入了新时代，这是我国发展新的历史方位。根据新时代坚持和发展中国特色社会主义的新形势新任务，有必要对我国宪法作出适当的修改。自2004年修改宪法以来，党和国家事业又有了许多重要发展变化。特别是党的十八大以来，以习近平同志为核心的党中央团结带领全党全国各族人民毫不动摇坚持和发展中国特色社会主义，创立了习近平新时代中国特色社会主义思想，统筹推进“五位一体”总体布局、协调推进“四个全面”战略布局，推进党的建设新的伟大工程，推动党和国家事业取得历史性成就、发生历史性变革。党的十九大在新的历史起点上对新时代坚持和发展中国特色社会主义作出重大战略部署，提出了一系列重大政治论断，确立了习近平新时代中国特色社会主义思想在全党的指导地位，确定了国家发展新的奋斗目标，对党和国家事业发展具有重大的指导和引领意义。因此，十分有必要根据党的十九大精神对我国现行宪法作出必要的修改完善，把党和人民在实践中取得的重大理论创新、实践创新、制度创新成果通过国家根本法确认下来，使之成为全国各族人民的共同遵循，成为国家各项事业、各方面工作的活动准则，使我国宪法更好地体现人民意志，更好地体现中国特色社会主义制度的优势，更好地适应推进国家治理体系和治理能力现代化的要求。

（一）宪法修正案的提出、起草和审议过程

在党的十九大文件起草和形成过程中，在全党全国上下学习贯彻党的十九大精神过程中，都有许多意见提出，应该根据党的十九大精神对我国现行宪法作出必要的修改完善，把党和人民在实践中取得的重大理论创新、实践创新、制度创新成果通过国家根本法确认下来，使之成为全国各族人民的共同遵循，成为国家各项事业、各方面工作的活动准则。

2017年9月29日，习近平总书记主持召开中央政治局会议，决定启动宪法修改工作，对宪法适时作出必要修改，成立宪法修改小组。宪法

修改小组由张德江同志任组长，在中共中央政治局常委会领导下开展工作。根据有关部署，2017 年 11 月 13 日，党中央发出征求对修改宪法部分内容意见的通知，在充分发扬民主、广泛征求意见的基础上，经反复修改形成了中央修宪建议草案稿。12 月 12 日，根据党中央决定，中央办公厅发出通知，就中央修宪建议草案稿下发党内一定范围征求意见。12 月 15 日，习近平总书记主持召开党外人士座谈会，当面听取各民主党派中央、全国工商联负责人和无党派人士代表的意见和建议。2018 年 1 月 2 日至 3 日，根据党中央安排，还召开 4 场座谈会，分别听取中央和国家机关有关部门党委（党组）负责同志、智库和专家学者、各省区市人大常委会党组负责同志对中央修宪建议草案稿的意见和建议。从征求意见的情况看，各地区各部门各方面坚决拥护党中央关于宪法修改的决策部署，一致认同这次修改宪法的总体要求和原则，完全赞成中央修宪建议草案稿，认为中央修宪建议草案稿总体上已经成熟。

2018 年 1 月，党的十九届二中全会审议并通过了《中共中央关于修改宪法部分内容的建议》。1 月 26 日，中共中央向全国人大常委会提出《中国共产党中央委员会关于修改宪法部分内容的建议》，并确定了这次宪法修改的总体要求和原则。

这次宪法修改的总体要求是，高举中国特色社会主义伟大旗帜，全面贯彻党的十九大精神，坚持以马克思列宁主义、毛泽东思想、邓小平理论、“三个代表”重要思想、科学发展观、习近平新时代中国特色社会主义思想为指导，坚持党的领导、人民当家作主、依法治国有机统一，把党的十九大确定的重大理论观点和重大方针政策特别是习近平新时代中国特色社会主义思想载入国家根本法，体现党和国家事业发展的新成就新经验新要求，在总体保持我国宪法连续性、稳定性、权威性的基础上推动宪法与时俱进、完善发展，为新时代坚持和发展中国特色社会主义、实现“两个一百年”奋斗目标和中华民族伟大复兴的中国梦提供有力宪法保障。

这次宪法修改要遵循的原则是，一是坚持党对宪法修改的领导。坚持党中央集中统一领导，增强政治意识、大局意识、核心意识、看齐意识，坚定中国特色社会主义道路自信、理论自信、制度自信、文化自信，坚定不移走中国特色社会主义政治发展道路和中国特色社会主义法治道路，把坚持党中央集中统一领导贯穿于宪法修改全过程，确保宪法修改的正确政治方向。二是严格依法按程序推进宪法修改。宪法第六十四条对宪法修改作出了明确规定。在党中央领导下，通过历次宪法修改实践，已经形成了符合宪法精神、行之有效的修宪工作程序和机制。先形成《中共中央关于修改宪法部分内容的建议（草案）》，经党中央全会审议和通过；再依法形成《中华人民共和国宪法修正案（草案）》，由全国人大常委会提请全国人民代表大会审议和通过。三是充分发扬民主、广泛凝聚共识。宪法修改关系全局，影响广泛而深远，既要适应党和人民事业发展要求，又要遵循宪法法律发展规律。做好宪法修改工作，必须贯彻科学立法、民主立法、依法立法的要求，充分发扬民主，广泛凝聚共识，注重从政治上、大局上、战略上分析问题，注重从宪法发展的客观规律和内在要求上思考问题。四是坚持对宪法作部分修改、不作大改。我国现行宪法是一部好宪法。对各方面普遍要求修改、实践证明成熟、具有广泛共识、需要在宪法上予以体现和规范、非改不可的，进行必要的、适当的修改；对不成熟、有争议、有待进一步研究的，不作修改；对可改可不改、可以通过有关法律或者宪法解释予以明确的，原则上不作修改，保持宪法的连续性、稳定性、权威性。形成中央修宪建议草案稿和宪法修正案草案的过程，很好贯彻和遵循了党中央确定的上述总体要求和原则。

1 月 29 日至 30 日，十二届全国人大常委会召开第三十二次会议，中共中央政治局常委、宪法修改小组副组长栗战书同志受中共中央委托，就中央修宪建议向常委会作了说明。会议讨论了中央修宪建议，一致表示坚决拥护党中央关于宪法修改工作的决策部署，一致赞同党中央确定的这次宪法修改的总体要求和原则，一致认为中央修宪建议是成熟的。受委员长会议委托，全国人大常委会法制工作委员会以中央修宪建议为基础，拟订了《中华人民共和国宪法修正案（草案）》和《全国人民代表大会常务委员会关于提请审议〈中华人民共和国宪法修正案（草案）〉的议案》；经这次全国人大常委会会议审议和表决，决定将宪法修正案（草案）提请十三届全国人大一次会议审议。

2018 年 3 月 5 日上午，十三届全国人大一次会议开幕。受十二届全国人大常委会委托，十二届全国人大常委会副委员长兼秘书长王晨向会议作《关于〈中华人民共和国宪法修正案（草案）〉的说明》。3 月 11 日下午，十三届全国人大一次会议高票表决通过《中华人民共和国宪法修正案》。3 月 17 日上午，十三届全国人大一次会议选举习近平为中华人民共和国主席、中华人民共和国中央军事委员会主席。在现场近 3000 名全国人大代表共同见证下，习近平主席进行庄严的宪法宣誓。这是中华人民共和国历史上首次国家领导人宪法宣誓，意义重大、影响深远。

（二）宪法修正案的主要内容

2018 年宪法修正案共 21 条，对我国现行宪法作出重要修改，主要是：

一是确立科学发展观、习近平新时代中国特色社会主义思想在国家政治和社会生活中的指导地位。宪法序言第七自然段中“在马克思列宁主义、毛泽东思想、邓小平理论和‘三个代表’重要思想指引下”修改为“在马克思列宁主义、毛泽东思想、邓小平理论、‘三个代表’重要思想、科学发展观、习近平新时代中国特色社会主义思想指引下”。同时，在“自力更生，艰苦奋斗”前增写“贯彻新发展理念”。

二是调整充实中国特色社会主义事业总体布局和第二个百年奋斗目标的内容。宪法序言第七自然段中“推动物质文明、政治文明和精神文明协调发展，把我国建设成为富强、民主、文明的社会主义国家”修改为“推动物质文明、政治文明、精神文明、社会文明、生态文明协调发展，把我国建设成为富强民主文明和谐美丽的社会主义现代化强国，实现中华民族伟大复兴”。

三是完善依法治国和宪法实施举措。宪法序言第七自然段中“健全社会主义法制”修改为“健全社会主义法治”。同时，在宪法第一章“总纲”第二十七条增加一款：“国家工作人员就职时应当依照法律规定公开进行宪法宣誓。”

四是充实完善我国革命和建设发展历程的内容。宪法序言第十自然段中“在长期的革命和建设过程中”修改为“在长期的革命、建设、改革过程中”；宪法序言第十二自然段中“中国革命和建设的成就是同世界人民的支持分不开的”修改为“中国革命、建设、改革的成就是同世界人民的支持分不开的”。

五是充实完善爱国统一战线和民族关系的内容。宪法序言第十自然段中“包括全体社会主义劳动者、社会主义事业的建设者、拥护社会主义的爱国者和拥护祖国统一的爱国者的广泛的爱国统一战线”修改为“包括全体社会主义劳动者、社会主义事业的建设者、拥护社会主义的爱国者、拥护祖国统一和致力于中华民族伟大复兴的爱国者的广泛的爱国统一战线”。宪法序言第十一自然段中“平等、团结、互助的社会主义民族关系已经确立，并将继续加强”修改为“平等团结互助和谐的社会主义民族关系已经确立，并将继续加强”。与此相适应，宪法第一章“总纲”第四条第一款中“维护和发展各民族的平等、团结、互助关系”修改为“维护和发展各民族的平等团结互助和谐关系”。

六是充实和平外交政策方面的内容。在宪法序言第十二自然段中“中国坚持独立自主的对外政策，坚持互相尊重主权和领土完整、互不侵犯、互不干涉内政、平等互利、和平共处的五项原则”后增加“坚持和平发展道路，坚持互利共赢开放战略”；“发展同各国的外交关系和经济、文化的交流”修改为“发展同各国的外交关系和经济、文化交流，推动构建人类命运共同体”。

七是充实坚持和加强中国共产党全面领导的内容。在宪法第一章“总纲”第一条第二款“社会主义制度是中华人民共和国的根本制度。”后增写一句，内容为：“中国共产党领导是中国特色社会主义最本质的特征。”

八是增加倡导社会主义核心价值观的内容。宪法第一章“总纲”第二十四条第二款中“国家提倡爱祖国、爱人民、爱劳动、爱科学、爱社会主义的公德”修改为“国家倡导社会主义核心价值观，提倡爱祖国、爱人民、爱劳动、爱科学、爱社会主义的公德”。

九是修改国家主席任职方面的有关规定。宪法第三章“国家机构”第七十九条第三款修改为“中华人民共和国主席、副主席每届任期同全国人民代表大会每届任期相同”。

十是增加设区的市制定地方性法规的规定。在宪法第三章“国家机构”第一百条中增加一款，作为第二款：“设区的市的人民代表大会和它们的常务委员会，在不同宪法、法律、行政法规和本省、自治区的地方性法规相抵触的前提下，可以依照法律规定制定地方性法规，报本省、自治区人民代表大会常务委员会批准后施行。”

十一是增加有关监察委员会的各项规定。为了贯彻和体现深化国家监察体制改革的精神，为成立监察委员会提供宪法依据，在宪法第三章“国家机构”第六节后增加一节，作为第七节“监察委员会”，就国家监察委员会和地方各级监察委员会的性质、地位、名称、人员组成、任期任届、领导体制、工作机制等作出规定。与此相适应，还对宪法的其他地方作了修改。

十二是完善全国人民代表大会专门委员会规定。宪法第三章“国家机构”第七十条第一款中的“全国人民代表大会设立民族委员会、法律委员会、财政经济委员会、教育科学文化卫生委员会、外事委员会、华侨委员会和其他需要设立的专门委员会”修改为“全国人民代表大会设立民族委员会、宪法和法律委员会、财政经济委员会、教育科学文化卫生委员会、外事委员会、华侨委员会和其他需要设立的专门委员会”。需要说明的是，2018 年 2 月，党的十九届三中全会审议通过的《深化党和国家机构改革方案》提出，将“全国人大法律委员会”更名为“全国人大宪法和法律委员会”。上述调整涉及宪法第七十条中法律委员会名称的规定。根据党中央精神，将这个问题在审议宪法修正案（草案）时一并加以考虑，并作出修改。

三、新时代全面贯彻实施宪法迈出新步伐、实现新突破、取得新成就

党的十八大以来，以习近平同志为核心的党中央从坚持和发展中国特色社会主义、关系党和国家长治久安的战略高度，定位法治、布局法治、厉行法治，把全面依法治国纳入“四个全面”战略布局，创造性地提出了全面依法治国的一系列新理念新思想新战略，对全面依法治国和法治中国建设作出顶层设计和重大部署，推动法治中国建设迈出坚实步伐。以习近平同志为核心的党中央强调把全面实施宪法作为建设社会主义法治国家的首要任务和基础性工作，摆在全面依法治国十分突出的位置，围绕宪法阐明重大论断，作出重要部署，推进系列工作，引领新时代依宪治国新实践，开创新时代依宪治国新局面。在发展实施的第四个十年，我国宪法实现了新时代的与时俱进、完善发展，实现了高质量的全面贯彻实施，在党执政兴国、治国理政中的作用进一步展现，在全面建设社会主义现代化国家中的地位进一步突出，在以中国式现代化全面推进中华民族伟大复兴新征程上的意义进一步彰显。

全面贯彻实施宪法是习近平法治思想的基本要求。我国宪法全面贯彻实施是多渠道、多方式、多主体、多层次的，表现为一个持续发展的

历史进程、一以贯之推进的实践过程，体现出新时代社会主义法治理论的更高要求，贯穿于全面建设社会主义现代化国家伟大事业的各领域，贯穿于全面推进中华民族伟大复兴的全过程。

第一，新时代我国宪法全面贯彻实施的重大成就，首要体现为不断健全的中国特色社会主义法治体系和日益完善的中国特色社会主义法律体系，用科学有效、系统完备的制度体系保证宪法实施。截至 2022 年 12 月底，我国现行有效的法律 295 部、行政法规约 600 件、监察法规 1 件、地方性法规 1.2 万余件，还有大量的党内法规、军事法规、司法解释、规章和各类规范性文件，使宪法有关规定通过这一整套法律法规和制度体系得到贯彻实施。

第二，在宪法法律的规范、引领、推动、保障作用下，我们党坚持依宪执政、依宪治国，领导全国各族人民发展国家各项事业、推进国家各方面工作，把宪法确立的社会主义制度优势转化为国家治理效能，提供了实现中华民族伟大复兴所必需的更为完善的制度保证、更加坚实的物质基础、更为主动的精神力量，保证宪法关于国家的根本任务、发展道路、奋斗目标和大政方针，关于国家经济建设、政治建设、文化建设、社会建设、生态文明建设以及其他各项事业的规定得到充分的、有效的实施和落实。

第三，在推进改革开放过程中，坚持以习近平新时代中国特色社会主义思想为指导，以经济社会发展实际为基础，必要时对宪法的有关规定作兼容性、调适性和情势变迁的政治考量、法治考虑，作出合宪性判断和安排，对宪法法律没有明确规定的事项采取创制性办法，及时妥善处理实践中遇到的没有规定、没有先例的新情况新问题，确保党中央重大决策部署于法有据，有力推动全面深化改革在法治轨道上进行。

第四，健全保证宪法全面实施的体制机制，加强宪法实施的监督，保证宪法确立的制度、原则和规则得到切实遵守和执行，维护宪法的权威和尊严。加强对宪法法律实施情况的监督检查，提高合宪性审查、备案审查工作质量，加强对法律草案的合宪性审查和研究，坚决纠正违宪违法行为，维护社会主义法制统一；落实宪法解释程序机制，加强宪法解释工作，积极回应涉及宪法有关问题的关切，努力实现宪法的稳定性与适应性的统一。

第五，加强宪法学习宣传教育，弘扬社会主义法治精神。深入学习宣传贯彻习近平法治思想，在全社会广泛开展尊崇宪法、学习宪法、遵守宪法、维护宪法、运用宪法的宣传教育，弘扬宪法精神。贯彻落实关于实行宪法宣誓制度的决定，激励国家工作人员树牢宪法观念、增强宪法意识，身体力行实施宪法。

本书回顾总结现行宪法发展实施40年来的历程，重点是党的十八大以来以习近平同志为核心的党中央领导全国各族人民推动宪法与时俱进完善发展和全面贯彻实施取得的重大成就，接下来的各编章将分领域、分专题全面系统展开论述。

第二编　坚持党的领导、人民当家作主、依法治国有机统一

第四章　我国现行宪法的序言

序言是我国现行宪法的重要组成部分，共有13个自然段1740字。现行宪法序言以极其庄重凝练的语言回顾了1840年以来的中国革命历史，明确了党的领导、国家的根本任务、指导思想和有关重大政策，确定了宪法的根本法地位和最高法律效力，具有绵延的历史纵深、鲜明的中国气派、强大的精神力量，集中体现出“强国宪法”品格。

一、序言是宪法的重要形式特征

宪法的一个重要形式特征就是具有序言。据统计，目前世界上约有160个国家的宪法设有序言。宪法的主要内容是配置国家权力、维护基本权利和确立重大政策，具有根本性、广泛性的特点。因此，宪法需首先经由序言载明制宪主体和制宪目的，揭示宪法产生的历史文化背景和思想实践基础。

我国自近代立宪以来至新中国成立前，总共有10部主要宪法性文件，其中4部无序言，6部有简短序言。1908年和1911年，清政府迫于各方压力先后颁布《钦定宪法大纲》《宪法重大信条十九条》，这两部宪法性文件没有序言。1911年，孙中山先生领导的辛亥革命推翻帝制，创立中华民国，并于1912年制定了资产阶级民主革命性质的《中华民国临时约法》，这部临时约法依然没有序言。北洋政府时期先后有四个主要的宪法性文件，分别为“天坛宪草”（1913 年）、袁世凯的“袁记约法”（1914 年）、曹锟的“贿选宪法”（1923 年）、段祺瑞的“民国宪草”（1925 年）。其中，“天坛宪草”首次出现序言，“贿选宪法”“民国宪草”序言内容与之基本相同，而“袁记约法”没有序言。南京国民政府时期先后有蒋介石的“训政时期约法”（1931 年）、“五五宪草”（1936 年）、“中华民国宪法”（1946 年）3 个主要宪法性文件。这 3 个宪法性文件都有一段简短的序言，其整体风格与北洋政府时期的相似，但在制宪主体上转变为国民大会，同时也增加了“遵孙中山先生遗教”等元素。以上这些宪法性文件的序言，究其实质，都不过是想用宪法、立宪等名义，装点门面、笼络人心，维护旧势力的反动统治，因此最终逃脱不了为人民所唾弃的下场。

中国共产党成立后，在新民主主义革命时期就开始对人民民主政权的总章程进行探索和实践，制定了《中华苏维埃共和国宪法大纲》（1931 年）、《陕甘宁边区施政纲领》（1941 年）、《陕甘宁边区宪法原则》（1946 年）等具有代表意义的宪法性文件，其中前两部有序言。1949 年 9 月，中国人民政治协商会议第一届全体会议通过了具有临时宪法作用的《共同纲领》，其开篇有一段近 400 字的序言，并第一次加上“序言”二字，作为标题。1954 年 9 月，第一届全国人民代表大会第一次会议通过了宪法，其序言分 6 个自然段，共计约 900 字，宣告了中国人民经过 100 多年的英勇斗争，终于在中国共产党的领导下取得了人民革命的伟大胜利；明确了国家在过渡时期的总任务是逐步实现国家的社会主义工业化，逐步完成对农业、手工业和资本主义工商业的社会主义改造；阐述了这部宪法的基础和重大作用。同时，还对人民民主统一战线、民族团结、外交政策等作了规定。一九五四年宪法序言，奠定了我国宪法序言在叙事格调、价值功能、结构逻辑等方面的基础，具有重要历史价值和意义。此后，我国修改制定了一九七五年宪法和一九七八年宪法，这两部宪法的序言在内容上都有变动。

我国现行宪法是五届全国人大五次会议于 1982 年 12 月 4 日通过的。现行宪法的序言是我国老一辈无产阶级革命家倾注最多时间和心血，反复推敲、修改而成的。整部序言读来朗朗上口、很有气魄，显现出深刻的内涵与意蕴，“无论是从其构思还是从其内容、文辞来评价，都称得上是高水平佳作”。[1] 序言第一自然段庄严提出：“中国是世界上历史最悠久的国家之一。中国各族人民共同创造了光辉灿烂的文化，具有光荣的革命传统”，在开篇就将“中国”这个古老而又现代的东方大国凸显出来，并从文化和革命传统两个方面高度概括了 5000 年绵延不断的中华文明和民族精神，展现出中华民族坚定的自信心和强烈的自豪感。第二到第六自然段简述近代以来到新中国成立、社会主义制度确立的历史剧变和新中国在各方面取得的重大成就。第七自然段内涵最丰富，主要明确我国所处阶段、国家的根本任务、指导思想，确认中国共产党总揽全局、协调各方的领导地位。第八到第十二自然段阐述了坚持斗争、台湾问题、统一战线、民族团结、对外政策等重大事项。第十三自然段明确了宪法的根本法地位和最高的法律效力。整篇序言在历史、现实和未来的铺陈、描绘之间，展现出一种强烈的生存发展自觉和使命担当精神，比较集中地塑造出“强国宪法”的鲜明品格。

现行宪法公布施行后，根据我国改革开放和社会主义现代化建设的实践和发展，在党中央领导下，全国人大先后于 1988 年、1993 年、1999 年、2004 年和 2018 年，对一九八二年宪法的个别条款和部分内容作出 5 次必要且十分重要的修正，共通过 52 条修正案。除了 1988 年第一次修改未涉及序言外，其他四次修改都对序言作出了补充完善。这些重要修改，主要是体现和反映中国共产党领导全国各族人民进行改革开放和社会主义现代化建设的成功经验，体现和反映中国特色社会主义道路、理论、

[1] 许崇德：《中华人民共和国宪法史》（下卷），福建人民出版社 2005 年版，第 48 页。

制度、文化的发展成果，从而保证宪法在中国特色社会主义伟大实践中紧跟时代步伐、不断完善发展。

二、序言是我国宪法十分必要的构成

我们党领导人民制定的宪法，既不同于西方宪法，也不同于近代以来我国曾经出现的旧宪法，跳出了一切旧宪法的窠臼，实现了党的主张和人民意志高度一致，是一部真正意义上的人民宪法、社会主义宪法，具有显著优势、坚实基础、强大生命力。我国宪法同党和人民进行的艰苦奋斗和创造的辉煌成就紧密相连，同党和人民开辟的前进道路和积累的宝贵经验紧密相连，这从根本上决定了我国宪法需要以序言的形式阐明整部宪法的历史前提和现实基础。

1840 年鸦片战争以后，中华民族经历了刻骨铭心的磨难，救亡图存的民族使命迫在眉睫。其间，各种政治势力相继登场，制定了多部宪法，尝试了君主立宪制、议会制、多党制、总统制等各种西方政治制度和政治模式，但都以失败而告终。中国共产党诞生于民族危难之际，以实现中国人民当家作主和中华民族伟大复兴为己任，带领人民进行艰苦卓绝的革命斗争，彻底推翻了帝国主义、封建主义、官僚资本主义三座大山，成立了人民当家作主的新中国，亿万中国人民从此成为国家主人。

制定宪法是我们党领导人民所作的重大政治决断。我国宪法为什么确定社会主义制度为国家的根本制度？为什么确定这样的国体政体而不是其他的国体政体？为什么规定了这样的重要制度而不是其他样式的制度？对于这些制宪的前提性、基础性问题，宪法需要以某种方式进行阐释宣示，而序言正是一种最好的形式。我国宪法序言第二到第六自然段分别以“一八四〇年以后”“二十世纪”“一九一一年”“一九四九年”“中华人民共和国成立以后”为起点展开叙事，意在表明我国宪法所确立的一切原则、纲领和制度，都是深刻总结近代以后中国政治生活经验教训得出的基本结论，是中国社会100多年激越变革、激荡发展的历史结果，是中国人民翻身作主、掌握自己命运的必然选择；意在表明我国宪法确立的一整套政治经济制度，不是臆想出来的，也不是突然从他处搬来的一座制度上的“飞来峰”，而是历史和人民的选择，是历史和现实、理论和实践、形式和内容的有机统一。

我国现行宪法是在一九五四年宪法的基础上，根据党的十一届三中全会以来所确定的路线、方针、政策，适应我国新的历史时期政治、经济等各方面发展的要求制定的，这也需要以序言的形式将以经济建设为中心，坚持四项基本原则、坚持改革开放的基本路线集中反映出来并贯穿到具体条文之中。需要特别说明的是，我国现行宪法是一部体现改革精神的宪法，1993年宪法修正案进一步把“坚持改革开放”写入宪法序言第七自然段，确认了改革开放取得的巨大成果，表明改革开放是合乎时代潮流、顺应人民意愿的正确历史选择，必须长期坚持。在序言中明确改革开放，体现了我国宪法的前瞻性、包容性、适应性，为我国持续推进各项事业的改革发展提供了总的宪法依据。由此可见，我国宪法序言具有承载特定事项的重要功能，具有实质性、纲领性、规范性，属于立国之本、固邦之基。

三、2018年修宪赋予宪法序言新的时代精神

宪法修改是实现宪法与时俱进的重要途径。2018年3月，十三届全国人大一次会议通过宪法修正案，其中一项内容就是对宪法序言作出重要修改，确立习近平新时代中国特色社会主义思想在国家政治生活和社会生活中的指导地位，明确写入“贯彻新发展理念”，并调整充实国家事业发展的总体布局、发展目标和指导原则，提出“把我国建设成为富强民主文明和谐美丽的社会主义现代化强国，实现中华民族伟大复兴”等。

这些重要修改赋予了宪法序言新的时代精神，需要我们在全面推进宪法实施过程中予以准确把握。

改革开放以来，我们党治国理政的一条成功经验就是通过修改宪法把党的指导思想确立为国家的指导思想，实现党的主张、人民意志、依法治国的高度统一，这对于党和国家事业发展至关重要。党的十九大将习近平新时代中国特色社会主义思想确立为我们党必须长期坚持的指导思想。习近平新时代中国特色社会主义思想内涵丰富、博大精深，是党和人民实践经验和集体智慧的结晶，是党的十八大以来取得历史性成就、发生历史性变革的根本理论指引，是实现中华民族伟大复兴的行动指南。2018 年宪法修正案将习近平新时代中国特色社会主义思想载入宪法序言，对我们党通过宪法实施领导，更好推进依法治国、依法执政，至关重要、影响深远。新时代学习宣传和贯彻实施宪法，必须确保习近平新时代中国特色社会主义思想贯彻落实到国家政治和社会生活之中。要把这一思想作为全国各族人民团结奋斗的共同思想基础，用以引领新时代坚持和发展中国特色社会主义的伟大实践；要坚持以这一思想为指导，深入学习领会“十个明确”“十四个坚持”“十三个方面成就”，谋划和推进国家各项事业、各方面工作；要用这一思想蕴含的世界观和方法论，坚持好、运用好贯穿其中的立场观点方法，破解改革发展稳定中的突出矛盾和问题，确保党和国家事业始终沿着正确的方向前进。

党的十八大以来，以习近平同志为核心的党中央推进对外开放理论和实践创新，确立开放发展新理念，实施共建“一带一路”倡议，加快构建开放型经济新体制，倡导发展开放型世界经济，积极参与全球经济治理，形成更高水平的开放格局。基于此，2018 年宪法修正案将“贯彻新发展理念”“坚持互利共赢开放战略”“推动构建人类命运共同体”等写入序言。在改革开放 40 周年之际，将开放发展新理念、互利共赢开放战略、人类命运共同体等新理念新思想新战略载入宪法序言，宣示了我国秉持以开放促改革、以开放谋发展的初心，坚持对外开放不动摇的决心，充分体现了中国致力于走出一条与传统大国不同的发展道路的决心、致力于同世界各国共同发展繁荣的真诚愿望、致力于为世界和平与发展作出更大贡献的崇高目标，为参与和推动经济全球化进程、发展更高层次的开放型经济、推动形成全面开放新格局注入强大动力。

我国宪法序言明确规定了国家的根本任务、发展道路、奋斗目标。2018 年宪法修正案在宪法序言中增加了“实现中华民族伟大复兴”，将“健全社会主义法制”修改为“健全社会主义法治”、将“把我国建设成为富强、民主、文明的社会主义国家”修改为“把我国建设成为富强民主文明和谐美丽的社会主义现代化强国”等。宪法序言的这些重要修改，集中体现了中国特色社会主义事业经济建设、政治建设、文化建设、社会建设、生态文明建设“五位一体”总体布局和全面建设社会主义现代化国家、全面深化改革、全面依法治国、全面从严治党“四个全面”战略布局的内涵，对国家发展作出新的权威性描述，用根本法的形式确认了国家未来发展的蓝图，凝聚了全国人民在国家发展上的统一意志。这就要求我们在贯彻实施宪法中，必须坚持道路自信、理论自信、制度自信、文化自信，统揽伟大斗争、伟大工程、伟大事业、伟大梦想，按照宪法确定的国家发展目标持续奋斗、长期奋斗，不断把党和国家事业推向前进。

四、现行宪法序言的鲜明特色

概括而言，我国现行宪法序言具有以下鲜明特色：

一是总结历史经验。现行宪法序言用近半数的自然段回顾了 100 多年来的历史。从序言可以看出，20 世纪中国发生了翻天覆地的伟大历史变革，其中有四件最重大的历史事件。除了 1911 年的辛亥革命是孙中山先生领导的以外，其他三件都是中国共产党领导全国人民进行的。这三件大事是：推翻帝国主义、封建主义和官僚资本主义的统治，建立了中华人民共和国；消灭延续几千年的剥削制度，建立了社会主义制度；基本上形成独立的、比较完整的工业体系，发展了社会主义的经济、政治和文化。辛亥革命有重大的历史意义，但并没有完成中国的民族民主革命任务。以后的三件大事，使中国人民的命运、中国社会和国家的状况发生了根本变化。从这些伟大的历史变革中，中国人民得出的最基本的结论是，没有中国共产党就没有新中国，只有社会主义才能救中国。

二是确认党的领导。中国特色社会主义最本质的特征是中国共产党领导，中国特色社会主义制度的最大优势是中国共产党领导，中国共产党是最高政治领导力量。现行宪法序言的一个重要功能就是确认中国共产党的领导地位，规定马克思列宁主义及其中国化的思想理论体系在国家政治生活和社会生活中的指导地位，明确马克思列宁主义、毛泽东思想、邓小平理论、“三个代表”重要思想、科学发展观、习近平新时代中国特色社会主义思想，是党和人民团结奋斗的行动指南和共同思想基础。这些宪法序言中的规定都属于我国宪法制度的核心内容。其意义在于表明：历史和人民选择了中国共产党，党领导人民制定宪法，宪法体现了党的主张和人民意志的高度统一，宪法确认了党的领导核心地位，党自身必须在宪法法律范围内活动。这就是坚持党的领导的历史逻辑、政治逻辑和法理逻辑。

三是规定根本任务。现行宪法序言第七自然段除了有关党的领导和国家指导思想的内容外，还规定了国家的根本任务是沿着中国特色社会主义道路，集中力量进行社会主义现代化建设。而且，这里也对指导思想、人民民主专政、社会主义道路、改革开放、社会主义制度、社会主义市场经济、社会主义民主和法治、新发展理念等作了规定。现行宪法序言的这一特点集中反映了我国宪法与一些外国宪法相比的一大特色，即明确规定国家的根本任务、发展道路和奋斗目标，无论是经济建设、政治建设、文化建设、社会建设、生态文明建设，还是国家其他方面事业，在宪法中都有体现、都有要求。这正是我国宪法能够引领国家社会发展进步、促进人民生活更加幸福、保障国家始终沿着正确道路前进的原因所在。

四是宣告宪法效力。现行宪法第十三自然段明确宣告了我国宪法的根本法地位和最高法律效力。这一自然段规定："本宪法以法律的形式确认了中国各族人民奋斗的成果，规定了国家的根本制度和根本任务，是国家的根本法，具有最高的法律效力。全国各族人民、一切国家机关和武装力量、各政党和各社会团体、各企业事业组织，都必须以宪法为根本的活动准则，并且负有维护宪法尊严、保证宪法实施的职责。"这是在总结新中国宪法实施正反两方面经验基础上，于 1982 年新增加的内容。宪法的根本法地位和最高法律效力，同坚持党的领导、人民当家作主是有机统一的。维护宪法权威，就是维护党和人民共同意志的权威；捍卫宪法尊严，就是捍卫党和人民共同意志的尊严；保证宪法实施，就是保证人民根本利益的实现。只要切实尊重和全面有效实施宪法，人民当家作主就有保证，党和国家事业就能顺利发展。

五是展现使命担当。现行宪法序言在叙述近代中国历经磨难后指出：1949 年，以毛泽东主席为领袖的中国共产党领导中国各族人民，在经历了长期的艰难曲折的武装斗争和其他形式的斗争以后，终于推翻了帝国主义、封建主义和官僚资本主义的统治，取得了新民主主义革命的伟大胜利，建立了中华人民共和国。从此，中国人民掌握了国家的权力，成为国家的主人。现行宪法序言还提出"把我国建设成为富强民主文明和谐美丽的社会主义现代化强国，实现中华民族伟大复兴"，提出"完成统一祖国的大业是包括台湾同胞在内的全中国人民的神圣职责"，提出"国家尽一切努力，促进全国各民族的共同繁荣"，提出"推动构建人类命运共同体"。上述现行宪法序言内容，直观具体地展现出强烈的历史使命担当、民族使命担当、世界使命担当。

五、我国宪法序言具有最高的法律效力

对于我国宪法序言的法律效力问题，以往曾有不同认识。有的观点认为，我国宪法序言基本是叙述性、确认性、宣示性内容，不具有法律上行为规范的意义，因而没有法律效力或者法律效力不足。有的观点认为，我国宪法序言有关历史叙述的内容不具有法律效力，其他内容具有法律效力。实际上，这两种观点都是错误的。

一方面，我国宪法是一个整体，不论是序言部分还是条文部分，不论是纲领性规范还是行为性规范，都是不可分割的。宪法序言是立宪的指导思想，与宪法条文同样具有最高的法律效力。[1] 我国宪法序言第十三自然段庄严宣示："本宪法以法律的形式确认了中国各族人民奋斗的成果，规定了国家的根本制度和根本任务，是国家的根本法，具有最高的法律效力。全国各族人民、一切国家机关和武装力量、各政党和各社会团体、各企业事业组织，都必须以宪法为根本的活动准则，并且负有维护宪法尊严、保证宪法实施的职责。"其中的"本宪法"当然包括宪法序言在内，这是我国宪法序言具有法律效力的最直接、最明确的依据。

另一方面，我国宪法序言对于宪法条文发挥统领作用。宪法条文是宪法序言确定的基本价值和原则的具体化，特别是有关国家重要政策的条文，是对宪法序言规定的国家根本任务、发展道路、奋斗目标等的推进和展开。宪法序言对宪法解释、合宪性审查、合宪性安排等具有约束力和指导作用，宪法序言对我国历史和基本国情的判断是宪法实施和宪法监督等最基本的立足点。立法、执法、司法等各项国家活动都不得违反宪法序言的基本原则。

---

〔1〕 参见李鹏：《加强立法工作，建立有中国特色社会主义法律体系（二〇〇〇年十一月二日）》，载中共中央文献研究室编：《十五大以来重要文献选编》（中），中央文献出版社2011年版，第540页。

实际上，对宪法序言法律效力的讨论离不开对于我国宪法实施特点和经验的正确认识。我国宪法是如何实施的、实施的状况怎样，应当立足于当代中国宪法制度的实施实践，作出基本的分析和判断。我国宪法实施的特点是多渠道、多方式、多主体、多层次，是一个持续的发展进程。其主导和主流的态势是，不断提高宪法实施水平，不断提高合宪性水平，不断实现更充分、更完善的宪法实施。我国宪法实施的重要方式和途径之一，是将宪法的具体规定通过建立健全法律法规和制度体系加以贯彻。作为宪法重要组成部分的宪法序言，通过这一有效方式和途径在党和国家政治、经济、文化、社会生活的方方面面得到落实，这也正是其具有法律效力的重要体现。[1]

习近平总书记在首都各界纪念现行宪法公布施行30周年大会上的讲话中指出："宪法的生命在于实施，宪法的权威也在于实施。"全面贯彻实施宪法的基础和前提是正确理解宪法，正确理解宪法首先要学深悟透宪法序言所蕴含的核心要义、准确把握宪法序言所具有的价值功能。因此，我们要把宪法序言作为全面贯彻实施宪法的重要内容，积极发挥宪法序言对于坚定宪法信仰、弘扬宪法精神、笃行宪法忠诚、维护宪法权威的重要作用，坚定不移走中国特色社会主义政治发展道路和中国特色社会主义法治道路，在法治轨道上推动实现新时代新征程各项目标任务，为全面建成社会主义现代化强国贡献宪法力量。

---

〔1〕 参见沈春耀：《深入学习贯彻习近平总书记宪法重要论述精神 全面加强宪法实施和监督》，载《中国人大》2018年第11期。

第五章　我国宪法关于中国共产党全面领导制度的规定及其发展实施

我国宪法明确规定，中国共产党领导是中国特色社会主义最本质的特征。党政军民学，东西南北中，党是领导一切的。习近平总书记在谈到宪法制定和实施问题时，多次强调指出："党领导人民制定宪法和法律，领导人民实施宪法和法律。"[1] 这阐明了我国宪法发展的一个基本特点。现行宪法施行以来，中国共产党在领导人民进行建设和改革的过程中，始终重视发挥宪法的作用；作为人民意志集中体现的宪法也确立了中国共产党在国家的全面领导地位，党的这一领导地位在40年的宪法实施中得以全面展现和发展。

一、宪法确立中国共产党全面领导地位的历史逻辑

习近平总书记指出："回顾我国宪法制度发展历程，我们愈加感到，我国宪法同党和人民进行的艰苦奋斗和创造的辉煌成就紧密相连，同党

〔1〕 习近平：《坚定不移走中国特色社会主义法治道路　为全面建设社会主义现代化国家提供有力法治保障》，载《求是》2021年第5期。

和人民开辟的前进道路和积累的宝贵经验紧密相连。”[1] “两个紧密相连”的重要论断，是认识当代中国宪法制度的关键。不了解、不联系中国近现代100多年来艰难曲折、激越变革、激荡发展的历史进程，就不可能正确认识、理解和把握当代中国宪法制度。宪法的本质问题，是建设一个怎样的政权，建设一个怎样的国家。中国革命、建设和改革开放以来的历史，始终有一根主线贯穿其中，即中国共产党的领导。

（一）新中国成立前的探索

1840年鸦片战争以后，中国逐步成为半殖民地半封建社会。为了实现民族复兴，有人寄希望于模仿西方宪政制度模式立宪救亡、变法图存，但最终都没有取得成功。其中，最重要的原因就是没有先进的坚强的政党作为凝聚力量的领导核心。中国共产党的诞生，从根本上改变了这种局面。以毛泽东同志为主要代表的中国共产党人深刻认识到，要实现民族独立、人民解放和国家富强、人民幸福，就必须彻底推翻剥削阶级统治广大人民群众的政治制度，建立全新的人民民主的政治制度和国家政权，真正实现由人民当家作主，切实保障人民权利。

1927年“四·一二”反革命政变后，大革命走向失败。1928年2月，井冈山革命根据地建立，为中国革命探索出了农村包围城市、武装夺取政权的正确道路，中国共产党开始独立领导中国革命。1931年11月，中华苏维埃第一次全国代表大会在江西瑞金叶坪村召开，宣布成立中华苏维埃共和国临时中央政府，通过中国共产党领导人民制定的第一部宪法性文件《中华苏维埃共和国宪法大纲》。

抗日战争时期，中国共产党在总结抗日民族统一战线政权建设经验的基础上，进一步提出了建设一个新国家的构想。在抗日战争胜利的时

[1] 习近平：《在首都各界纪念现行宪法公布施行30周年大会上的讲话》，载《人民日报》2012年12月5日，第2版。

候，“中国早已产生了一个觉悟了的，在中国政治舞台上表现了强大能力的，领导了广大农民阶级、城市小资产阶级、知识分子以及其他民主分子的中国无产阶级及其领袖——中国共产党这样的新条件。”[1] 可以说，经过大革命和抗日战争的磨炼，中国共产党已经在力量上和人心上获得了对中国革命的领导地位。

在解放战争进入战略反攻阶段后，毛泽东同志指出：“这个人民大众组成自己的国家（中华人民共和国）并建立代表国家的政府（中华人民共和国的中央政府），工人阶级经过自己的先锋队中国共产党实现对于人民的国家及其政府的领导。”[2] 1949 年 6 月 30 日，在中国共产党成立 28 周年之际，新政权建立在即，毛泽东同志发表《论人民民主专政》，旗帜鲜明地提出，“人民是什么？在中国，现阶段，是工人阶级，农民阶级，城市小资产阶级和民族资产阶级。这些阶级在工人阶级和共产党的领导之下，团结起来，组成自己的国家，选举自己的政府”。[3] 1949 年 10 月，中华人民共和国成立，中国共产党通过 28 年的伟大革命，取得了全国革命战争的基本胜利。中国共产党在革命斗争的经验教训和洗礼中，也已经寻找到一条确定的、符合中国国情和实际的国家政权模式和建设道路。宪法中确立中国共产党的领导地位具备了充分的历史逻辑、理论逻辑，也即将上升为法律逻辑。

（二）新中国成立后党领导人民制定和修改宪法

1949 年 9 月 29 日，中国人民政治协商会议第一届全体会议通过了《共同纲领》。《共同纲领》以宪章性的方式确立了中国共产党在新生政

---

〔1〕 毛泽东：《论联合政府》，载《毛泽东选集》（第 3 卷），人民出版社 1991 年版，第 1055 页。

〔2〕 毛泽东：《关于目前党的政策中的几个重要问题》，载《毛泽东选集》（第 4 卷），人民出版社 1991 年版，第 1272 页。

〔3〕 毛泽东：《论人民人民专政》，载《毛泽东选集》（第 4 卷），人民出版社 1991 年版，第 1475 页。

权中的宪制性领导地位。其在序言和第一章“总纲”第一条，就特别指出了新生政权，即新中国是“以工人阶级为领导”“实行工人阶级领导的”，第一次以法律（实质是临时宪法）的方式正式确立了中国共产党在全中国的执政地位和领导地位。带有制宪性质的中国人民政治协商会议的召开及《共同纲领》的通过，标志着无论是在思想意识、心理认同上，还是在法理与法律事实的承认上，各民主党派及各界人士最终超越了自身狭隘的阶级利益，将对独立、民主、和平、统一和富强的追求与中国共产党的新民主主义革命思想成功交汇，自觉地凝聚到中国共产党的旗帜下，确立了中国共产党的领导地位。

1953年12月底至1954年3月14日，毛泽东带领宪法起草小组在杭州着手起草宪法草案。当时新民主主义革命已经取得完全胜利，人民民主专政的国家已经巩固地建立起来，社会主义经济已经取得强有力的领导地位，中国已经开始有系统地进行社会主义改造。1954年9月20日，一届全国人大一次会议全票通过了《中华人民共和国宪法》。毛泽东同志在1954年9月15日向第一届全国人民代表大会第一次会议所作的开幕词中即指出：“领导我们事业的核心力量是中国共产党。指导我们思想的理论基础是马克思列宁主义。”[1] 一九五四年宪法序言规定了党的领导地位：“我国人民在建立中华人民共和国的伟大斗争中已经结成以中国共产党为领导的各民主阶级、各民主党派、各人民团体的广泛的人民民主统一战线。今后……将继续发挥它的作用。”由此确立了中国共产党在中国人民革命斗争历程中的领导作用，以及中国共产党在中国社会各民主阶级、各民主党派、各人民团体的广泛的人民民主统一战线中的领导地位。

一九七五年宪法和一九七八年宪法产生于特殊的历史年代，两部宪法也均明确规定了中国的社会主义性质，规定了中国共产党在国家中的

---

〔1〕《第一届全国人民代表大会第一次会议开幕　中央人民政府主席毛泽东主持会议的开幕式并致开幕词　宪法起草委员会委员刘少奇作关于中华人民共和国宪法草案的报告》，载《人民日报》1954年9月16日，第1版。

领导地位。

1978 年 12 月 18 日至 22 日，党的十一届三中全会召开，实现了拨乱反正，将全党工作重点转移到社会主义现代化建设上来，打开了党和国家历史的新篇章，是新中国成立以来党的历史上具有深远意义的伟大转折。邓小平同志于 1979 年 3 月 30 日在党的理论工作务虚会上的讲话中明确提出了坚持四项基本原则，即坚持社会主义道路，坚持无产阶级专政，坚持共产党的领导，坚持马列主义、毛泽东思想。关于坚持党的领导，邓小平同志提出："在中国，在五四运动以来的六十年中，除了中国共产党，根本不存在另外一个像列宁所说的联系广大劳动群众的党。没有中国共产党，就没有社会主义的新中国。""事实上，离开了中国共产党的领导，谁来组织社会主义的经济、政治、军事和文化？谁来组织中国的四个现代化？在今天的中国，决不应该离开党的领导而歌颂群众的自发性。党的领导当然不会没有错误，而党如何才能密切联系群众，实施正确的和有效的领导，也还是一个必须认真考虑和努力解决的问题，但是这决不能成为要求削弱和取消党的领导的理由。""今天的党中央坚持发扬党的民主和人民民主，并且坚决纠正过去所犯的错误。在这样的情况下，竟然要求削弱甚至取消党的领导，更是广大群众所不能容许的。这事实上只能导致无政府主义，导致社会主义事业的瓦解和覆灭。"〔1〕邓小平同志关于必须坚持党的领导以及党的领导写入宪法的决断，对一九八二年宪法起到了主导和决定作用。

二、现行宪法中党的领导的内涵和发展

现行宪法以法律的形式确认了中国各族人民奋斗的成果，规定了国家的根本制度和根本任务，是国家的根本法，具有最高的法律效力。我

---

〔1〕邓小平：《坚持四项基本原则（一九七九年三月三十日）》，载《邓小平文选》（第 2 卷），人民出版社 1994 年版，第 170 页。

国宪法的一个鲜明特征是具有使命性。这种使命性体现为对历史的总结和对未来的规范两个方面。对历史而言，宪法记载了中国人民在中国共产党领导下寻求民族独立、国家富强的艰难而光辉的历程，是对已经完成的历史使命的总结。对未来而言，宪法确定了国家的根本任务、领导核心、指导思想、发展道路和奋斗目标，是对已经设立但尚未完成的历史任务的宣示，是党的初心、人民理想和国家使命的有机结合和集中体现。

现行宪法在序言中规定，“国家的根本任务是，沿着中国特色社会主义道路，集中力量进行社会主义现代化建设。中国各族人民将继续在中国共产党领导下，在马克思列宁主义、毛泽东思想、邓小平理论、‘三个代表’重要思想、科学发展观、习近平新时代中国特色社会主义思想指引下，坚持人民民主专政，坚持社会主义道路，坚持改革开放，不断完善社会主义的各项制度，发展社会主义市场经济，发展社会主义民主，健全社会主义法治，贯彻新发展理念，自力更生，艰苦奋斗，逐步实现工业、农业、国防和科学技术的现代化，推动物质文明、政治文明、精神文明、社会文明、生态文明协调发展，把我国建设成为富强民主文明和谐美丽的社会主义现代化强国，实现中华民族伟大复兴”。国家的现代化是国家根本任务的核心，中华民族的伟大复兴是国家根本任务的目标所在。完成这一任务和使命，需要一个强有力的领导力量，通过高效有序的国家体系将人民有效组织起来，同心同德、齐心协力、踔厉奋发、勇毅前行，而中国共产党就是这样一个强有力的领导力量。

从中国的近现代史看，中国共产党的领导地位，是新民主主义革命、社会主义革命和建设、改革开放和社会主义现代化建设、中国特色社会主义新时代的伟大征程中形成的，是历史逻辑的体现，是历史发展的必然。事实表明，中国共产党在民族独立、国家富强，以及社会主义制度产生、发展与实施的历史过程中，都居于总揽全局的领导地位。党的领导是中国特色社会主义最本质的特征，是中国特色社会主义制度的最大优势。同时，中国共产党始终把马克思主义宪法观和国家学说基本原理与中国具体实际紧密结合，领导人民制定、实施和完善宪法，构建起具有中国特色的、符合中国实际的、社会主义性质的宪法制度体系。从1949年起临时宪法作用的《共同纲领》到一九五四年宪法，再到一九八二年宪法，中国共产党的领导地位在新中国的几部宪法及宪法纲领性文件中都得到了确认，这说明其领导地位是始终被全国人民和社会各界认可的。一九八二年宪法确认并在制度上继承和发展了党对国家的全面领导。

1982年12月4日，五届全国人大五次会议通过了一九八二年宪法，即现行宪法，其序言形成了四处关于中国共产党领导的表述。一是序言第五自然段中规定："一九四九年，以毛泽东主席为领袖的中国共产党领导中国各族人民，在经历了长期的艰难曲折的武装斗争和其他形式的斗争以后，终于推翻了帝国主义、封建主义和官僚资本主义的统治，取得了新民主主义革命的伟大胜利，建立了中华人民共和国。"二是序言第七自然段中的两处规定："中国新民主主义革命的胜利和社会主义事业的成就，都是中国共产党领导中国各族人民，在马克思列宁主义、毛泽东思想的指引下……取得的。""今后……中国各族人民将继续在中国共产党领导下，在马克思列宁主义、毛泽东思想指引下，坚持人民民主专政，坚持社会主义道路，不断完善社会主义的各项制度……把我国建设成为高度文明、高度民主的社会主义国家。"三是序言第十自然段中规定："在长期的革命和建设过程中，已经结成由中国共产党领导的……广泛的爱国统一战线……"2018年3月11日，十三届全国人大一次会议通过宪法修正案，在宪法第一条第二款中增写一句："中国共产党领导是中国特色社会主义最本质的特征。"作出这一修改，是在序言已有规定基础上的加强、深化和拓展，充分体现了党的领导的根本性、全面性、时代性。

在党的十一届三中全会精神和《关于建国以来党的若干历史问题的决议》的指导下，一九八二年宪法是我国改革开放和社会主义现代化建设新时期的宪法起点，有力保障了“一个中心、两个基本点”这一党的基本路线的贯彻实施。一九八二年宪法鲜明坚持了党的领导，将党的指导思想同时确立为国家的指导思想，确定了国家的根本任务、领导核心、指导思想、发展道路、奋斗目标，确立了国家的政治制度、经济制度、文化制度等各项制度，保障中国特色社会主义制度在法制框架下不断完善。

三、宪法中党的领导在改革开放和社会主义现代化建设新时期的展开

现行宪法在指导思想上，把党的创新理论确立为国家指导思想，统一全党全国的意志。历史证明，理论兴则党兴国兴，思想强则党强国强。一个国家，一个民族，要同心同德迈向前进，必须要有一个具备强大凝聚力、感召力、引领力的指导思想。宪法承担着对国家根本制度和根本任务、领导核心和指导思想、发展道路和奋斗目标等事关全国人民根本利益的重大全局性问题作出规定的主要任务。改革开放以来我国各方面事业发展取得的巨大成就，都离不开宪法的保证和推动；我国社会主义民主法治建设的巨大成就，也无不闪耀着宪法精神的光辉。通过修改宪法，宪法修正案及时把党的指导思想确立为国家的指导思想，与时俱进修改国家的基本路线和根本任务，实现党的主张、国家意志、人民意愿的高度统一，对于党和国家事业发展至关重要。

（一）国家指导思想的发展

一九八二年宪法规定，“马克思列宁主义、毛泽东思想”是国家的指导思想。1999 年宪法修正案根据党的十五大精神，将邓小平理论确立为国家的指导思想。2004 年宪法修正案根据党的十六大精神，将“三个代

表”重要思想确立为国家的指导思想。2018 年宪法修正案根据党的十八大和十九大精神，将科学发展观和习近平新时代中国特色社会主义思想确立为国家的指导思想。现行宪法关于国家指导思想的修改，是把执政党在指导思想上不断完善和发展的理论成果，以及执政党提出的执政新理念新思想新战略和采取的新的重大方针政策，及时地转化到国家根本法中，从而使宪法能够及时有效地反映执政党的执政理念变化和人民当家作主意愿与需求的变化，确保宪法对不断变化的社会现实具有较强的适应性，对改革开放和社会主义现代化建设起到重要的保驾护航的作用。

中国共产党对国家的领导，始终是在党的指导思想下实现的，这决定了党的指导思想与国家指导思想之间必须保持内在的一致性。这种先有党章对党的指导思想的修改，然后通过宪法对国家指导思想的修改加以确认的形式，不仅能表示时间上的先后衔接，更重要的是体现了党章之中党的指导思想的变化必然会通过宪法的变化体现出来，从而确保党的指导思想与国家指导思想之间的一致性，使党的指导思想不仅在党内具有指引作用，同时也对宪法规定的全国各族人民、一切国家机关和武装力量、各政党和各社会团体、各企业事业组织具有指引作用。无论是党章还是宪法，其对指导思想的规定都必须符合变化的社会关系的实际，以及党和国家在不同的历史阶段面临的不同任务。通过党章修改来促进宪法指导思想的修改，客观上成为我国的宪法惯例。这一方面强化了党的领导制度，另一方面又在党的领导和国家治理之间架起了桥梁，形成党和国家发展前进的合力。

（二）国家基本路线的发展

党的基本路线与宪法中的中国特色社会主义道路，在发展路径和目标方面具有高度一致性。党的基本路线在新的历史时期主要承担着凝聚党的组织及其全体党员共识和意志的功能；而中国特色社会主义道路主要承担着完成党的中心任务的功能，这是由它是党推进其所领导的事业的基本路径这一属性决定的。党的政治路线就其内容而言，实质上就是党推进其领导的国家事业的基本路径。党和国家所面临的时代特点和基本国情、党和国家的奋斗目标及其实现路径都是完全一致的。这是执政的中国共产党着眼于实现党的历史使命，基于对中国国情所作出的社会主义初级阶段的科学判断，围绕实现中国现代化的奋斗目标所制定的行动方略。

党在社会主义初级阶段的基本路线，即“领导和团结全国各族人民，以经济建设为中心，坚持四项基本原则，坚持改革开放，自力更生，艰苦创业，为把我国建设成为富强、民主、文明的社会主义现代化国家而奋斗”，是1987年党的十三大报告提出并概括的。从党推进事业的基本路径角度看，它反映了我们党当时对坚持中国特色社会主义道路的认识。随着时代的发展，我国提出了构建社会主义和谐社会的要求。2007年，党的十七大在党的基本路线“富强民主文明”的表述后增加了“和谐”两个字，指的是社会要和谐。2017年，党的十九大在党的基本路线“富强民主文明和谐”的表述后增加了“美丽”两个字，指的是生态美丽，从而对应“五位一体”总体布局；同时将建设“社会主义现代化国家”修改成建设“社会主义现代化强国”，更加明确了奋斗的方向目标，极大增强了中国人民的自信心。

党的基本路线的上述发展变化，是随着时代的发展而不断发展的。党的基本路线的发展变化，是马克思主义中国化的体现，是“解放思想、实事求是、与时俱进、求真务实”的要求。习近平总书记在庆祝中国共产党成立95周年大会上指出：“党的基本路线是国家的生命线、人民的幸福线，我们要坚持把以经济建设为中心作为兴国之要、把四项基本原则作为立国之本、把改革开放作为强国之路，不能有丝毫动摇。”[1]习近平总书记这一重要讲话深刻论述了党的基本路线与国家根本任务和

---

〔1〕 习近平：《在庆祝中国共产党成立95周年大会上的讲话》，载《人民日报》2016年7月2日，第2版。

发展目标之间的紧密联系。作为一个以马克思主义为指导思想的国家，国家的根本任务和基本路线也要与时俱进。1993 年、2004 年和 2018 年，根据党的全国代表大会的精神，在宪法中对国家的根本任务和目标作了相应修改。

党在社会主义初级阶段的基本路线，是中国共产党人历经长时间探索，在总结社会主义建设历史经验的基础上确定的。强调坚持党的基本路线，是因为实践充分证明了其正确性，它带来了国家富强和人民幸福。改革开放以来的 40 多年间，经济快速发展，社会长期稳定，人民生活不断改善，综合国力大幅度跃升。究其原因，就是我们党坚持了这一基本路线。党的基本路线关乎党的命脉，关乎国家前途、民族命运、人民幸福，凝聚着我们党对基本国情、战略目标、发展动力、领导力量和依靠力量的认识。党的十一届三中全会以来确立的社会主义初级阶段的基本路线，符合中国的国情和最广大人民的根本利益，从根本上改变了中国人民和中华民族的前途命运。正是在这条路线的指引下，当代中国的面貌发生了翻天覆地的崭新变化，前所未有地接近实现中华民族伟大复兴的目标。人们在总结社会主义建设历史经验的基础上，从我国改革开放和现代化建设的实践中，切身感受到它是国家的生命线和人民的幸福线。我国宪法载入党的基本路线的现实意义在于，使我们党和全国人民把握基本国情、明确发展目标，更加自觉地增强道路自信、理论自信、制度自信、文化自信，防止来自各方面的干扰，既不走封闭僵化的老路，也不走改旗易帜的邪路，始终沿着中国特色社会主义道路继续前进。党的基本路线与国家根本任务和目标的结合，使国家和人民对于如何坚持社会主义本质，如何把握社会主义建设规律，如何坚持和拓展中国特色社会主义道路，如何排除前进道路上各种错误思潮的干扰，有了更加明确的根本遵循。对中国共产党和中国人民来说，在经历了各种艰难曲折之后，最懂得什么最值得珍惜。因此，党的基本路线被视为国家的生命线和人民的幸福线。改革开放以来，我国社会主义现代化建设之所以能够取得辉煌的成就，我们党和国家事业之所以能够经受住国际国内各种风浪的考验，闯过一个又一个难关，其中一个很重要的原因，就是我们党和人民对党的基本路线坚定不移、一以贯之，进而使党、国家和人民的方向坚定、目标明确，能够在各种风浪中处变不惊、稳住阵脚。

（三）新时期党的领导的制度实施

党的二十大修改《中国共产党章程》，明确规定："中国共产党的领导是中国特色社会主义最本质的特征，是中国特色社会主义制度的最大优势，党是最高政治领导力量。"我国宪法从社会主义制度的本质属性角度对坚持和加强党的全面领导进行规定，在全体人民中强化党的领导意识，有效把党的领导落实到国家工作全过程和各方面，确保党和国家事业始终沿着正确方向前进。坚持和加强党的领导不是空洞抽象的，它需要通过一整套制度安排来实现。现行宪法公布施行以来，国家制度和法律制度在坚持和加强党对政治、经济、意识形态等方面领导上不断得以强化和巩固，实现宪法关于中国共产党的领导的具体实施。

党的领导方式不是一成不变的，它经历了一个创新发展、逐步完善的过程。改革开放之后，党不断总结经验教训，逐步调整、完善领导体制，创新领导方式，实现领导水平大提升。在改革发展的过程中，我们党也逐渐摸索出党领导一切必须通过适当的正确的领导方式来实现的规律，而正确领导方式的形成必须与时俱进，适应实践发展要求。正如习近平总书记在党的十九大报告中指出的："领导十三亿多人的社会主义大国，我们既要政治过硬，也要本领高强。"[1] 加强政治领导关键在于党把方向、谋大局、定政策、促改革，强化战略思维、创新思维、辩证思维、法治思维、底线思维，不断增强党的政治领导力、思想引领力、

〔1〕 习近平：《决胜全面建成小康社会　夺取新时代中国特色社会主义伟大胜利——在中国共产党第十九次全国代表大会上的报告》，载《人民日报》2017 年 10 月 28 日，第 5 版。

群众组织力、社会号召力。

宪法规定了党总揽全局、协调各方的领导地位。要进一步推进党的领导入法入规，善于使党的主张通过法定程序成为国家意志、转化为法律法规，推进党的领导制度化、法治化、规范化。党的领导入法入规，不是简单地将“坚持中国共产党的领导”这句话写入法条，而是在立法制度设计、执法司法过程中，坚持体现党的主张、路线、方针、政策。以立法工作为例，立法中的重要制度设计应坚决贯彻党中央的重大决策部署，保证党中央的各项重大改革决策通过法定程序成为国家意志；在立法过程中遇有重大事项，全国人大常委会和地方有关各级人大常委会党组应及时向党中央或者同级地方党委报告或者请示，并将中央和本级党委的指示要求认真贯彻落实到立法工作中。党的十八大以来，凡涉及重大立法事项，全国人大常委会都以党组名义向中央报送请示，形成了立法工作重大立法项目和重大问题向党中央请示报告的常态化、制度化机制。这都是坚持和完善党的领导制度体系的重要实践。

经济建设是党的中心工作，国家发展也以经济建设为中心。1982 年，党的十二大提出“建设有中国特色的社会主义”，给中国经济社会和人民生活带来空前深刻的变化。从农村家庭联产承包责任制开始，逐步向城市经济体制综合改革推进，一系列经济体制改革、对外开放和加快经济发展的重要举措先后出台。按照党的十三大系统阐述的社会主义初级阶段理论和制定的“三步走”现代化发展战略，以及党的十四大确定建立社会主义市场经济体制的目标，经济建设发展规划如期完成。建设经济特区、开放东南沿海城市、加入世界贸易组织等一系列举措的相继实施，标志着多层次、多渠道、全方位开放的格局逐步形成，由此带来的是国民经济的快速增长和国际地位的巨大提升。经过改革开放 40 多年来的不懈努力，我国的国内生产总值已超过 100 万亿元，经济总量稳居世界第 2 位。中国人民从温饱迈向全面小康，中国也成为拥有联合国产业分类中全部工业门类的国家，制造业增加值多年来稳居世界首位。中国用短短几十年时间走完发达国家几百年走过的工业化历程，实现了近代以来国人的夙愿。随着经济建设的推进和改革开放进程的深化，家庭承包经营、非公有制经济、市场经济、土地制度、公民私有财产保护、外资制度等也适时写入了宪法。现行宪法公布施行的四十年来国家取得的经济建设成就，既是党中央对经济工作坚强领导的结果，也是我国宪法关于党的领导制度有效实施的具体体现。

国家机构组织制度是宪法的主要内容之一，也是国家有效运行的基础性制度。我国宪法设立“国家机构”一章，规范国家政权机关的性质、种类、产生、运行等。坚持和加强党的领导，体现在国家机关组织建设上，就是要善于使党组织推荐的人选通过法定程序成为国家政权机关的领导人员，通过国家政权机关实施党对国家和社会的领导，即在国家机关的产生和运行中贯彻落实党的全面领导。做到这一点，贯彻执行好“党管干部”原则是核心要求。我国制定了选举法、全国人大组织法、国务院组织法、地方组织法、监察法、人民法院组织法、人民检察院组织法、公务员法、监察官法、法官法、检察官法等，这些法律在工作的基本原则和具体的组织实施方面，都明确规定或者保障落实党的全面领导这一宪法规范，坚决贯彻党管干部原则。在党管干部原则的要求下，如何处理好其与发扬全过程人民民主的关系，是宪法实施和社会主义中国治理的一个重大课题。现行宪法公布施行四十年来，在坚持党管干部原则的前提下，各级党组织坚定践行党领导人民遵守和执行法律的要求，在各级国家机关领导人员、人大代表的选举、任命、免职、罢免中，严格遵循法律规定的程序，风清气正、依法有序进行选举和人事任免。在宪法和法律实施中，各级党组织要找到“党管干部”与“发扬全过程人民民主”的最佳契合点，力求在坚持党管干部原则的前提下，充分发扬民主。既不能为了确保党组织推荐的人选高票当选而不按照法定程序进行，也不能为了强调民主而放弃对选举活动的主导，甚至对选举中的不良苗头和异常动态放任不管。

以中央层面为例，在新一届全国人大第一次会议召开前，中共中央都将召开一次全会，其中一个重要议题就是讨论国家机构领导人建议人选。党中央在这一工作过程中，是经过广泛发扬民主、充分听取意见的，在充分酝酿、反复比选、统筹考虑、兼顾各方的基础上，经中央政治局常委会会议、中央政治局会议审议讨论，才最终形成新一届国家机构领导人员人选建议名单。新一届国家机构领导人员产生过程始终以坚持和加强党的全面领导为统领，始终把政治标准放在首位，始终坚持事业为上、公道正派。在新一届全国人大第一次会议上，代表们在讨论中增进信任，在审议中凝聚共识，把党的主张、人民意愿凝聚为国家意志，选出新一届国家机构领导人员，各项选举和决定任命事项，严格依照法定程序顺利进行。实践证明，党中央提出的建议人选素质高、能力强，得到了全国人大代表和全国人民的衷心认可。

四、新时代党的领导制度体系更加健全完善

新时代是全体中华儿女勠力同心、奋力实现中华民族伟大复兴中国梦的时代。党的二十大提出："从现在起，中国共产党的中心任务就是团结带领全国各族人民全面建成社会主义现代化强国、实现第二个百年奋斗目标，以中国式现代化全面推进中华民族伟大复兴。"强调牢牢把握"坚持和加强党的全面领导"这一重大原则，"坚决维护党中央权威和集中统一领导，把党的领导落实到党和国家事业各领域各方面各环节，使党始终成为风雨来袭时全体人民最可靠的主心骨，确保我国社会主义现代化建设正确方向，确保拥有团结奋斗的强大政治凝聚力、发展自信心，集聚起万众一心、共克时艰的磅礴力量"。党的二十大还进一步指出，"坚持依法治国首先要坚持依宪治国，坚持依法执政首先要坚持依宪执政，坚持宪法确定的中国共产党领导地位不动摇，坚持宪法确定的人民民主专政的国体和人民代表大会制度的政体不动摇。加强宪法实施和监

督，健全保证宪法全面实施的制度体系，更好发挥宪法在治国理政中的重要作用，维护宪法权威。”中国共产党的领导是全体中国人民的共同选择，是历史的选择，是中国特色社会主义宪法之魂，也将是新时代党和国家事业不断发展的“定海神针”。

（一）党的领导制度体系更加健全

党的领导制度体系在中国特色社会主义制度体系中居于核心地位。坚持党的领导，坚持全面实施宪法，就必须坚持和完善党的领导制度体系。党的十八大以来，党中央权威和集中统一领导得到有力保证，党的领导制度体系不断完善，党的领导方式更加科学，全党思想上更加统一、政治上更加团结、行动上更加一致，党的政治领导力、思想引领力、群众组织力、社会号召力显著增强。

党的领导制度是我国的根本领导制度。在新时代，以习近平同志为核心的党中央将健全党的领导制度体系置于突出位置，作出了一系列重要决策部署，取得了显著成效；围绕“党的领导制度是我国的根本领导制度”加强顶层设计，采取一系列举措健全党的领导制度体系。这些立柱架梁的重要思想、重要举措，有力强化了我国的根本领导制度和党的领导各方面的重要制度、具体制度建设。

为保证全党在思想上政治上行动上同党中央保持高度一致，以习近平同志为核心的党中央把完善坚定维护党中央权威和集中统一领导的各项制度作为健全党的领导制度体系的重要内容。一是制定或修订了一系列党内法规。《中国共产党中央委员会工作条例》《中共中央政治局关于加强和维护党中央集中统一领导的若干规定》《中国共产党地方委员会工作条例》《中国共产党党组工作条例》《中国共产党重大事项请示报告条例》《中国共产党党内监督条例》等党内法规，为确保全党团结统一和行动一致、确保党中央决策部署迅速有效贯彻执行提供了有力保障。二是健全党中央对重大工作的领导体制。强化党中央决策议事协调机构职能作用，完善推动党中央重大决策落实机制，严格执行请示报告制度，推动坚定维护党中央权威和集中统一领导具体化、制度化、规范化。同时，贯彻民主集中制这个根本组织制度和领导制度，健全和认真落实民主集中制的各项具体制度，促使全党同志按照民主集中制办事，促使各级领导干部特别是主要领导干部带头执行民主集中制，真正把民主集中制的优势变成我们党的政治优势、组织优势、制度优势、工作优势。三是把党的政治建设摆在首位。制定了《中共中央关于加强党的政治建设的意见》，把保证全党服从中央、坚持党中央权威和集中统一领导作为党的政治建设的首要任务，规范党内政治生活，严明政治纪律和政治规矩，发展积极健康的党内政治文化，全面净化党内政治生态。四是紧紧围绕“两个维护”强化政治监督，推动政治监督具体化常态化。围绕增强“四个意识”、坚定“四个自信”、做到“两个维护”，贯彻党的理论和路线方针政策，抓深抓实政治监督，保证全党步调一致，维护党的团结统一。

以习近平同志为核心的党中央着眼于推动党的领导制度体系更加成熟、更加定型，坚持固根基、扬优势、补短板、强弱项，为实现党的领导全覆盖、落实到党和国家事业各方面提供了制度保障。比如，完善党领导人大、政府、政协、监察机关、审判机关、检察机关、武装力量、人民团体、企事业单位、基层群众性自治组织、社会组织等制度，确保党在各种组织中发挥领导作用，健全各级党委（党组）工作制度，完善党领导各项事业的具体制度，确保党的领导真正落实到统筹推进“五位一体”总体布局、协调推进“四个全面”战略布局各方面。又如，规定中央政治局全体同志每年向党中央和总书记书面述职，中央书记处和中央纪律检查委员会、全国人大常委会党组、国务院党组、全国政协党组、最高人民法院党组、最高人民检察院党组每年向中央政治局常委会、中央政治局报告工作，各地区各部门党委（党组）加强向党中央报告工作。再如，通过修订《中国共产党地方委员会工作条例》《中国共产党党组工作条例》等，完善地方党委、党组的领导制度和工作制度；通过修订国有企业、农村、高校等领域基层党组织的工作法规，完善各类基层党组织的领导制度和工作制度。这一系列重大制度性安排，建立健全了从中央到基层的党的领导制度体系，有力保证了党在各级各类组织中领导作用的发挥。

（二）党的领导与国家治理体系和治理能力现代化

党的二十大报告在回顾总结新时代十年党和国家事业取得的历史性成就、发生的历史性变革时，其中重要的一项是“中国特色社会主义制度更加成熟更加定型，国家治理体系和治理能力现代化水平明显提高”；而且，党的二十大报告把“基本实现国家治理体系和治理能力现代化”作为到2035年我国发展的总体目标之一，把“国家治理体系和治理能力现代化深入推进”作为未来五年的主要目标任务之一。坚持和完善中国特色社会主义制度、推进国家治理体系和治理能力现代化，必须在党中央统一领导下进行，因而，健全提高党的执政能力和领导水平制度，是实现国家治理体系和治理能力现代化的重要保障。国家治理体系和治理能力是一个国家制度及其执行能力的集中体现，国家治理体系是管理国家的制度体系，国家治理能力是运用国家制度管理社会各方面事务的能力。国家治理体系是由众多复杂的子系统构成的复杂的巨系统，这个系统的核心是中国共产党，国家治理体系现代化必须在党的领导下推进。党的执政能力和领导水平直接决定和影响国家治理能力，国家治理能力现代化必然集中体现在党的执政能力和领导水平上。

推进国家治理体系和治理能力现代化是执政党的基本职责，也是执政党发展的必然要求。从政党自身角度来讲，国家治理体系和治理能力实际上是执政党对社会治理的整合能力的体现，中国共产党作为执政党，需要发挥总揽全局、协调各方，调动一切积极因素为社会发展、国家进步服务的整合作用。推进国家治理体系和治理能力现代化，必须牢牢把握中国共产党领导这一中国特色社会主义最本质的特征、中国特色社会主义制度的最大优势。党中央制定的理论和路线方针政策，是全党全国各族人民统一思想、统一意志、统一行动的依据和指引。必须在党中央统一领导下，推进全面深化改革，使各方面制度更加完善，实现党、国家、社会各项事务治理制度化、规范化、程序化，构建系统完备、科学规范、运行有效的制度体系，使中国特色社会主义制度更加巩固、优越性充分展现。

党的十九届四中全会就提出，要坚持和加强党对坚持和完善中国特色社会主义制度、推进国家治理体系和治理能力现代化的领导。宪法作为由国家制定的对全体公民有约束力的根本法，其本身也是一种组织共同体的规则。这种共同体规则有时需要更进一步的程序落实。党中央在提出“中国共产党领导是中国特色社会主义最本质的特征”〔1〕这一重要论断的同时，还提出了其他辅助性论断，其中就包含了“四个善于”，即“善于使党的主张通过法定程序成为国家意志，善于使党组织推荐的人选通过法定程序成为国家政权机关的领导人员，善于通过国家政权机关实施党对国家和社会的领导，善于运用民主集中制原则维护中央权威、维护全党全国团结统一”。〔2〕这一论断后来又加入了党的领导与宪法法律关系的论断，即“既要求党依据宪法法律治国理政，也要求党依据党内法规管党治党”；“必须坚持党领导立法、保证执法、支持司法、带头守法，把依法治国基本方略同依法执政基本方式统一起来”；“把党领导人民制定和实施宪法法律同党坚持在宪法法律范围内活动统一起来”，〔3〕

---

〔1〕习近平：《决胜全面建成小康社会　夺取新时代中国特色社会主义伟大胜利——在中国共产党第十九次全国代表大会上的报告》，载《人民日报》2017年10月28日，第2版。

〔2〕《中共中央关于全面推进依法治国若干重大问题的决定》，载《人民日报》2014年10月29日，第1版。

〔3〕《中共中央关于全面推进依法治国若干重大问题的决定》，载《人民日报》2014年10月29日，第1版。

也就是后来总结出的“坚持党的领导、人民当家作主、依法治国有机统一”的部分内容。

我国宪法是中国共产党领导中国人民长期奋斗重大成就和历史经验在国家法治上的最高体现，也是国家治理体系和治理能力现代化的制度基础，这是历史逻辑、政治逻辑、法理逻辑和现实逻辑综合作用的结果。2018 年宪法修正案在宪法第一条中增写“中国共产党领导是中国特色社会主义最本质的特征”，对宪法中党的领导制度作出新的强化、深化和拓展，充分地体现了中国共产党领导的根本性、全面性。宪法第一条具有统领总括的含义，跟国体和政体紧密联系在一起。因此，党的领导涵盖国家生活的各个方面，表明了宪法维护和坚持党的全面领导的深刻内涵。

全面贯彻实施宪法是全面依法治国、建设社会主义法治国家的基础性工作，尊崇宪法、奉行宪法、维护宪法成为全党同志和全国人民的共识。新时代新征程上，深入推进国家治理体系和治理能力现代化、提高党长期执政能力，必须更好发挥宪法在治国理政中的重要作用，始终坚持党的领导、人民当家作主、依法治国有机统一，加强宪法实施和监督，把国家各项事业和各项工作全面纳入依法治国、依宪治国的轨道，把实施宪法提高到新的水平。

第六章　我国宪法关于人民当家作主制度的规定及其发展实施

“坚持人民至上”是我们党百年奋斗历史经验的重要内容。习近平总书记指出，“江山就是人民，人民就是江山”，“坚持一切为了人民、一切依靠人民，始终把人民放在心中最高位置、把人民对美好生活的向往作为奋斗目标”。[1] 人民对美好生活的向往反映在经济、政治、文化、社会、生态等各个方面，具体到民主政治领域，就是发展社会主义民主政治，保障人民当家作主。

我国宪法规定，我国是工人阶级领导的、以工农联盟为基础的人民民主专政的社会主义国家，实行人民代表大会制度的政体，实行中国共产党领导的多党合作和政治协商制度、民族区域自治制度、基层群众自治制度等基本政治制度，巩固和发展最广泛的爱国统一战线。这样一套制度安排，形成了全面、广泛、有机衔接的人民当家作主制度体系。现行宪法实施40年来，依照宪法确立的这些制度和原则，我们坚持党的领导、人民当家作主、依法治国有机统一，坚定不移走中国特色社会主义政治发展道路，发展社会主义民主政治，不断推进社会主义民主政治制度化、规范化、程序化，有力支持和保证了人民当家作主。

---

〔1〕 习近平：《论坚持人民当家作主》，中央文献出版社2021年版，第318～319页。

一、人民民主是中国共产党始终高举的旗帜

（一）实行人民民主、实现和保障人民当家作主是中国共产党把马克思主义基本原理和国家学说与中国实际相结合提出的基本主张

争取和实行民主，是无产阶级革命的基本主张。马克思、恩格斯在《共产党宣言》中指出："工人革命的第一步就是使无产阶级上升为统治阶级，争得民主。"[1] "过去的一切运动都是少数人的，或者为少数人谋利益的运动。无产阶级的运动是绝大多数人的，为绝大多数人谋利益的独立的运动。"[2] "工人阶级一旦取得统治权，就不能继续运用旧的国家机器来进行管理"，[3] 必须"以新的真正民主的国家政权来代替"。[4] 列宁对国家和民主有过大量精辟的论述，他认为，"民主是多数人的统治"，[5] "民主是国家形式，是国家形态的一种。……民主意味着形式上承认公民一律平等，承认大家都有决定国家制度和管理国家的平等权利"，[6] "没有民主，就不可能有社会主义"，[7] 等等。马克思、恩格斯从无产阶级革命运动的一般规律上阐明了建立新型民主国家是实现人类

---

[1] 马克思、恩格斯：《共产党宣言》，中共中央马克思恩格斯列宁斯大林著作编译局编译，人民出版社2018年版，第49页。

[2] 马克思、恩格斯：《共产党宣言》，中共中央马克思恩格斯列宁斯大林著作编译局编译，人民出版社2018年版，第39页。

[3] 《马克思恩格斯文集》（第3卷），中共中央马克思恩格斯列宁斯大林著作编译局编译，人民出版社2009年版，第110页。

[4] 《马克思恩格斯文集》（第3卷），中共中央马克思恩格斯列宁斯大林著作编译局编译，人民出版社2009年版，第111页。

[5] 《列宁全集》（第22卷），中共中央马克思恩格斯列宁斯大林著作编译局编译，人民出版社1990年版，第53页。

[6] 《列宁全集》（第31卷），中共中央马克思恩格斯列宁斯大林著作编译局编译，人民出版社1985年版，第96页。

[7] 《列宁全集》（第28卷），中共中央马克思恩格斯列宁斯大林著作编译局编译，人民出版社1990年版，第168页。

进步事业的直接目的和重要途径。列宁创造性地发展了马克思主义国家学说，并将其与俄国工人运动相结合，创建了世界上第一个社会主义国家。这些理论构想和实践探索，对以毛泽东为代表的中国共产党人提出新民主主义理论、人民民主专政等政治构想，建立人民当家作主的中华人民共和国，发挥了先导作用，提供了重要启示。

以毛泽东同志为代表的中国共产党人在领导中国人民实现民族独立、人民解放的革命进程中，将马克思主义国家学说与中国实际相结合，创造性地提出实行人民民主的主张，对实现人民当家作主的发展道路和制度模式进行了积极探索，[1] 对新型国家制度进行了系统擘画，[2] 并在新

〔1〕 党的一大明确宣布把建立苏维埃制度作为自己的政治纲领。党的二大正确分析了中国的社会性质，中国革命的性质、对象、动力和前途，第一次明确提出了彻底的反帝反封建的民主革命纲领。土地革命战争时期，党领导人民制定《中华苏维埃共和国宪法大纲》（1931年），规定中华苏维埃共和国的国体是“工人和农民的民主专政的国家”，政体即组织形式是民主集中的工农兵代表会议，实行工农兵代表大会制度。在陕甘宁边区局部执政期间，党领导人民制定《陕甘宁边区施政纲领》（1941年），实行以“三三制”为原则的参议会制度。解放战争时期，党领导人民制定《陕甘宁边区宪法原则》（1946年），确定边区、县、乡人民代表会议为人民管理政权机关；在石家庄召开华北临时人民代表大会，为建立新中国、开展国家政权建设积累经验。

〔2〕 毛泽东在《新民主主义论》（1940年）中第一次正式提出新中国的国体和政体的构想和理论。所谓国体，就是“社会各阶级在国家中的地位”，就是“各革命阶级联合专政”；所谓政体，就是“政权构成的形式”，“没有适当形式的政权机关，就不能代表国家。中国现在可以采取全国人民代表大会、省人民代表大会、县人民代表大会、区人民代表大会直到乡人民代表大会的系统，并由各级代表大会选举政府”，“这种制度即是民主集中制”。参见《毛泽东选集》（第2卷），人民出版社1991年版，第676～677页。毛泽东在《论联合政府》（1945年）中进一步指出，“新民主主义的政权组织，应该采取民主集中制，由各级人民代表大会决定大政方针，选举政府”，“只有这个制度，才既能表现广泛的民主，使各级人民代表大会有高度的权力；又能集中处理国事，使各级政府能集中地处理被各级人民代表大会所委托的一切事务，并保障人民的一切必要的民主活动”。参见《毛泽东选集》（第3卷），人民出版社1991年版，第1057页。1945年7月，毛泽东在同民主人士黄炎培谈到如何跳出中国历史上“人亡政息”周期率时明确指出：“我们已经找到新路，我们能跳出这周期率。这条新路，就是民主。只有让人民来监督政府，政府才不敢松懈。只有人人起来负责，才不会人亡政息。”参见中共中央文献研究室编：《毛泽东年谱修订本（一八九三——一九四九）》（中卷），中央文献出版社2013年版，第611页。毛泽东在《论人民民主专政》（1949年）中进一步概括指出，“对人民内部的民主方面和对反动派的专政方面，互相结合起来，就是人民民主专政”，“总结我们的经验，集中到一点，就是工人阶级（经过共产党）领导的以工农联盟为基础的人民民主专政”。参见《毛泽东选集》（第4卷），人民出版社1991年版，第1475页、第1480页。

中国国家政权制度建设中积极付诸实践。改革开放以来，我们党强调“把马克思主义的普遍真理同我国的具体实际结合起来，走自己的道路，建设有中国特色的社会主义”，成功开辟和坚持了中国特色社会主义政治发展道路，为实现最广泛的人民民主确立了正确方向。

党的十八大以来，以习近平同志为核心的党中央坚持把马克思主义基本原理同中国具体实际相结合、同中华优秀传统文化相结合，团结带领人民发展全过程人民民主，提炼概括形成我们党坚持和发展人民民主的“五个基本观点”，[1] 为丰富和发展马克思主义民主理论作出了重大原创性贡献。习近平总书记在纪念马克思诞辰 200 周年大会上的讲话中指出，“学习马克思，就要学习和实践马克思主义关于人民民主的思想”，“我们要坚定不移走中国特色社会主义政治发展道路，在坚持党的领导、人民当家作主、依法治国有机统一中推进社会主义民主政治建设，不断加强人民当家作主的制度保障，加快推进国家治理体系和治理能力现代化，充分调动人民的积极性、主动性、创造性，更加切实、更有成效地实施人民民主”[2]。

---

〔1〕 一是人民民主是社会主义的生命，没有民主就没有社会主义，就没有社会主义的现代化，就没有中华民族伟大复兴。二是人民当家作主是社会主义民主政治的本质和核心，发展社会主义民主政治就是要体现人民意志、保障人民权益、激发人民创造活力，用制度体系保证人民当家作主。三是中国特色社会主义政治发展道路是符合中国国情、保证人民当家作主的正确道路，是近代以来中国人民长期奋斗历史逻辑、理论逻辑、实践逻辑的必然结果，是坚持党的本质属性、践行党的根本宗旨的必然要求。四是人民通过选举、投票行使权利和人民内部各方面在重大决策之前进行充分协商，尽可能就共同性问题取得一致意见，是中国社会主义民主的两种重要形式，共同构成了中国社会主义民主政治的制度特点和优势。五是发展社会主义民主政治关键是要把我国社会主义民主政治的特点和优势充分发挥出来，不断推进社会主义民主政治制度化、规范化、程序化，为党和国家兴旺发达、长治久安提供更加完善的制度保障。

〔2〕 习近平：《在纪念马克思诞辰 200 周年大会上的讲话》，载《人民日报》2018 年 5 月 5 日，第 2 版。

（二）实行人民民主、实现和保障人民当家作主是中国共产党领导全国各族人民努力实现的政治理想和奋斗目标

社会主义革命和建设时期，党领导人民建立和巩固国家政权，对生产资料进行社会主义改造，制定颁布新中国第一部宪法，确立人民代表大会制度、中国共产党领导的多党合作和政治协商制度、民族区域自治制度，人民当家作主的政治架构、经济基础、法律原则、制度框架基本确立并不断发展。改革开放和社会主义现代化建设新时期，党领导人民坚定不移推进社会主义民主法治建设，坚持中国特色社会主义政治发展道路，坚持党的领导、人民当家作主、依法治国有机统一，积极稳妥推进政治体制改革，巩固和发展人民代表大会制度，进一步完善中国共产党领导的多党合作和政治协商制度、民族区域自治制度、基层群众自治制度等基本政治制度，民主发展的政治制度保障和社会物质基础更加坚实。

党的十八大以来，以习近平同志为核心的党中央，立足新的历史方位，深刻把握中国社会主要矛盾发生的新变化，积极回应人民对民主的新要求新期盼，积极发展全过程人民民主，健全全面、广泛、有机衔接的人民当家作主制度体系，构建多样、畅通、有序的民主渠道，丰富民主形式，从各层次各领域扩大人民有序政治参与，使各方面制度和国家治理更好体现人民意志、保障人民权益、激发人民创造，人民当家作主的制度保障日趋成熟完备。

（三）实行人民民主、实现和保障人民当家作主是我国宪法制度的价值追求和核心内容

宪法是国家的根本法，是国家法律法规和制度政策的总依据。新中

国的制宪者在起草一九五四年宪法时，就对在宪法中确立人民民主原则及其地位作用进行了深入思考。1954年6月，毛泽东同志在《关于中华人民共和国宪法草案》中指出：“原则基本上是两个：民主原则和社会主义原则。我们的民主不是资产阶级的民主，而是人民民主，这就是无产阶级领导的、以工农联盟为基础的人民民主专政。人民民主的原则贯串在我们整个宪法中。”〔1〕“一个团体要有一个章程，一个国家也要有一个章程，宪法就是一个总章程，是根本大法。用宪法这样一个根本大法的形式，把人民民主和社会主义原则固定下来，使全国人民有一条清楚的轨道，使全国人民感到有一条清楚的明确的和正确的道路可走，就可以提高全国人民的积极性。”〔2〕

在宪法中确立人民民主原则，意义重大。一是举旗定向，人民民主是无产阶级领导的、以工农联盟为基础的人民民主专政的社会主义民主，有别于资本主义民主；二是统领贯穿，人民民主贯穿宪法始终，无论是宪法序言还是宪法正文各章节，无论是宪法实施、宪法解释还是宪法监督等宪法实践活动，都是以实行人民民主、实现和保障人民当家作主为价值取向；三是凝心聚力，在宪法中确立人民民主原则，有助于巩固全体人民共同奋斗的思想政治基础，激发全体人民的主人翁意识，激励全国各族人民沿着社会主义道路砥砺奋斗。

现行宪法是以一九五四年宪法为基础系统修改而来，继承和发展了一九五四年宪法关于国体、政体、基本政治制度等制度和原则。宪法序言第五自然段确认了党领导人民建立新中国、人民当家作主从梦想变为现实这一伟大历程。〔3〕总结社会主义民主建设正反两方面经验，在宪法

---

〔1〕《毛泽东文集》（第6卷），人民出版社1999年版，第326页。

〔2〕《毛泽东文集》（第6卷），人民出版社1999年版，第328页。

〔3〕宪法序言第五自然段规定：“一九四九年，以毛泽东主席为领袖的中国共产党领导中国各族人民，在经历了长期的艰难曲折的武装斗争和其他形式的斗争以后，终于推翻了帝国主义、封建主义和官僚资本主义的统治，取得了新民主主义革命的伟大胜利，建立了中华人民共和国。从此，中国人民掌握了国家的权力，成为国家的主人。”

序言第七自然段规定了“发展社会主义民主，健全社会主义法治”的内容。宪法序言和正文中的很多制度和规定都体现和反映了人民当家作主的核心要义。比如，根据现行宪法第一条、第二条的规定，国家一切权力属于人民，体现在国家性质（国体）上，就是工人阶级领导的、以工农联盟为基础的人民民主专政的社会主义国家；体现在国家政权组织形式（政体）上，就是人民通过各级人民代表大会行使国家权力。又如，宪法序言中关于中国共产党领导的多党合作和政治协商制度、第三条“国家机构实行民主集中制”、第五条“实行依法治国，建设社会主义法治国家”、第三章第六节“民族自治地方的自治机关”、第一百一十一条基层群众自治等制度和规定，要求国家建立健全法律法规和体制机制，保证人民依照法律规定，通过各种途径和形式参与国家和社会事务的管理。另外，宪法和立法法、监督法等宪法相关法规定了国家制定法律法规、制度政策的一系列制度、原则和规则，确保国家法律法规和制度政策体现和维护最广大人民的根本利益。比如，现行宪法第二十七条规定，一切国家机关和国家工作人员必须依靠人民的支持，经常保持同人民的密切联系，倾听人民的意见和建议，接受人民的监督，努力为人民服务。又如，为了保证宪法第二章“公民的基本权利和义务”中各项权利的实现，宪法规定国家发展教育、医疗卫生、自然科学和社会科学、文学艺术等事业，国家尊重和保障人权，国家保护和改善生活环境和生态环境等，保证人民依法享有广泛的权利和自由，等等。

二、我们党关于社会主义民主政治的最新创新成果为宪法规定的人民当家作主制度注入新的时代内涵和历史使命

党的十八大以来，以习近平同志为核心的党中央总结我国民主法治实践经验，深化对民主政治发展规律的认识，提出一系列新理念新思想新要求，创造性提出并深刻阐释了全过程人民民主重大理念，先后提出

"八个能否"、[1] "六个切实防止"、[2] "四个要看、四个更要看"、[3] 关于人民民主的"五个基本观点"等具有原创性的重要论断；强调要坚持党的领导、人民当家作主、依法治国有机统一，坚定不移走中国特色社会主义政治发展道路；要求用制度体系保障人民当家作主，全面发展协商民主，积极发展基层民主，巩固和发展最广泛的爱国统一战线。这些重要论述，深刻阐明了新时代我们党关于民主的理念、立场、观点、方法，清楚表明了中国共产党的民主观和中国政治制度运行的内在逻辑，丰富和发展了马克思主义国家学说和社会主义民主政治理论，标志着我们党对民主政治发展规律的认识达到了新的高度。这些理论创新成果，

---

〔1〕"八个能否"的标准，是习近平总书记2014 年9 月在庆祝全国人民代表大会成立六十周年大会上的讲话中首次提出，2021 年 10 月在中央人大工作会议上的讲话中重申了这一标准："评价一个国家政治制度是不是民主的、有效的，主要看国家领导层能否依法有序更替，全体人民能否依法管理国家事务和社会事务、管理经济和文化事业，人民群众能否畅通表达利益要求，社会各方面能否有效参与国家政治生活，国家决策能否实现科学化、民主化，各方面人才能否通过公平竞争进入国家领导和管理体系，执政党能否依照宪法法律规定实现对国家事务的领导，权力运用能否得到有效制约和监督。"

〔2〕习近平总书记在庆祝全国人民代表大会成立六十周年大会上的讲话中指出："发展社会主义民主政治，关键是要增加和扩大我们的优势和特点，而不是要削弱和缩小我们的优势和特点。我们要坚持发挥党总揽全局、协调各方的领导核心作用，提高党科学执政、民主执政、依法执政水平，保证党领导人民有效治理国家，切实防止出现群龙无首、一盘散沙的现象。我们要坚持国家一切权力属于人民，既保证人民依法实行民主选举，也保证人民依法实行民主决策、民主管理、民主监督，切实防止出现选举时漫天许诺、选举后无人过问的现象。我们要坚持和完善中国共产党领导的多党合作和政治协商制度，加强社会各种力量的合作协调，切实防止出现党争纷沓、相互倾轧的现象。我们要坚持和完善民族区域自治制度，巩固平等团结互助和谐的社会主义民族关系，促进各民族和睦相处、和衷共济、和谐发展，切实防止出现民族隔阂、民族冲突的现象。我们要坚持和完善基层群众自治制度，发展基层民主，保障人民依法直接行使民主权利，切实防止出现人民形式上有权、实际上无权的现象。我们要坚持和完善民主集中制的制度和原则，促使各类国家机关提高能力和效率、增进协调和配合，形成治国理政的强大合力，切实防止出现相互掣肘、内耗严重的现象。"

〔3〕习近平总书记在中央人大工作会议上的讲话中指出："民主不是装饰品，不是用来做摆设的，而是要用来解决人民需要解决的问题的。一个国家民主不民主，关键在于是不是真正做到了人民当家作主，要看人民有没有投票权，更要看人民有没有广泛参与权；要看人民在选举过程中得到了什么口头许诺，更要看选举后这些承诺实现了多少；要看制度和法律规定了什么样的政治程序和政治规则，更要看这些制度和法律是不是真正得到了执行；要看权力运行规则和程序是否民主，更要看权力是否真正受到人民监督和制约。如果人民只有在投票时被唤醒、投票后就进入休眠期，只有竞选时聆听天花乱坠的口号、竞选后就毫无发言权，只有拉票时受宠、选举后就被冷落，这样的民主不是真正的民主。"

赋予宪法规定的人民当家作主制度体系以新的时代内涵和历史使命，为正确把握、准确实施宪法确立的国家根本政治制度、基本政治制度、重要政治制度，指明了前进方向，提供了科学指导。

（一）创造性提出并深刻阐释全过程人民民主重大理念

2019年11月，习近平总书记在上海虹桥街道考察全国人大常委会法工委基层立法联系点，同正在参加法律草案意见建议征询会的中外居民交谈时深刻指出："我们走的是一条中国特色社会主义政治发展道路，人民民主是一种全过程的民主，所有的重大立法决策都是依照程序、经过民主酝酿，通过科学决策、民主决策产生的。"这是习近平总书记首次提出全过程人民民主的重大理念。2021年7月，在庆祝中国共产党成立100周年大会上，习近平总书记强调要"践行以人民为中心的发展思想，发展全过程人民民主"。2021年10月，在中央人大工作会议上，习近平总书记对发展全过程人民民主作出全面系统阐述，指出：我国全过程人民民主不仅有完整的制度程序，〔1〕而且有完整的参与实践；〔2〕实现了过程民主和成果民主、程序民主和实质民主、直接民主和间接民主、人民民主和国家意志相统一，是全链条、全方位、全覆盖的民主，是最广泛、

〔1〕全过程人民民主完整的制度程序体现在：国家各项制度都是围绕人民当家作主构建的，国家治理体系都是围绕实现人民当家作主运转的，人民民主专政的国体、人民代表大会制度的政体、中国共产党领导的多党合作和政治协商制度、最广泛的爱国统一战线、民族区域自治制度、基层群众自治制度，形成了全面、广泛、有机衔接的人民当家作主制度体系，构建了多样、畅通、有序的民主渠道，有效保证了党的主张、国家意志、人民意愿相统一，有效保证了人民当家作主。

〔2〕全过程人民民主完整的参与实践体现在：把选举民主与协商民主结合起来，把民主选举、民主协商、民主决策、民主管理、民主监督贯通起来，涵盖经济、政治、文化、社会、生态文明等各个方面，关注国家发展大事、社会治理难事、百姓日常琐事，具有时间上的连续性、内容上的整体性、运行上的协同性、人民参与上的广泛性和持续性，使国家政治生活和社会生活各环节、各方面都体现人民意愿、听到人民声音。

最真实、最管用的社会主义民主。[1] 习近平总书记强调，要继续推进全过程人民民主建设，把人民当家作主具体地、现实地体现到党治国理政的政策措施上来，具体地、现实地体现到党和国家机关各个方面各个层级工作上来，具体地、现实地体现到实现人民对美好生活向往的工作上来。党的十九届六中全会将“发展全过程人民民主”作为习近平新时代中国特色社会主义思想的重要内容，纳入党的十八大以来党和国家事业取得的历史性成就并进行总结，从以史为鉴、开创未来的战略高度作出部署要求。党的二十大将发展全过程人民民主纳入中国式现代化的本质要求，作出新的战略部署。习近平总书记在党的二十大报告中指出：“全过程人民民主是社会主义民主政治的本质属性，是最广泛、最真实、最管用的民主。必须坚定不移走中国特色社会主义政治发展道路，坚持党的领导、人民当家作主、依法治国有机统一，坚持人民主体地位，充分体现人民意志、保障人民权益、激发人民创造活力。”

全过程人民民主是我们党团结带领人民追求民主、发展民主、实现民主的伟大创造，是党不断推进中国民主理论创新、制度创新、实践创新的经验结晶。它充分彰显社会主义国家性质，充分彰显人民主体地位；扎根中华大地，符合中国国情，具有深厚现实基础和广阔发展前景；既有鲜明的中国特色，也体现全人类共同价值，为丰富和发展人类政治文明贡献了中国智慧、中国方案。

---

〔1〕 人民享有广泛权利和自由，具体体现在：宪法规定，国家的一切权力属于人民；人民依照法律规定，通过各种途径和形式，管理国家事务，管理经济和文化事业，管理社会事务。人民依法享有选举权和被选举权，享有对国家和社会事务的知情权、参与权、表达权、监督权，享有对任何国家机关和国家工作人员提出批评和建议的权利，享有言论、出版、集会、结社、游行、示威、宗教信仰等自由。人权得到充分尊重和有效保障。人民民主参与不断扩大，具体体现在：既参与国家和社会事务管理，又参与经济和文化事业管理；既参与国家发展顶层设计的意见建议征询，又参与地方公共事务治理；既参与民主选举、民主协商，又参与民主决策、民主管理、民主监督；既通过人大、政协等渠道表达意愿，又通过社会组织、网络等平台表达诉求。

（二）坚持党的领导、人民当家作主、依法治国有机统一

习近平总书记指出，“在中国，发展社会主义民主政治，保证人民当家作主，保证国家政治生活既充满活力又安定有序，关键是要坚持党的领导、人民当家作主、依法治国有机统一。”[1] 党的十九大报告指出，党的领导是人民当家作主和依法治国的根本保证，人民当家作主是社会主义民主政治的本质特征，依法治国是党领导人民治理国家的基本方式，三者统一于我国社会主义民主政治伟大实践。

现行宪法规定，中国共产党领导是中国特色社会主义最本质的特征。在我国，法是党的主张和人民意愿的统一体现，党的领导和依法治国是高度统一的。只有坚持党的领导，人民当家作主才能充分实现，国家和社会生活制度化、法治化才能有序推进。不能把坚持党的领导同人民当家作主、依法治国对立起来，更不能用人民当家作主、依法治国来动摇和否定党的领导。

要发挥党总揽全局、协调各方的领导核心作用，不断提高党科学执政、民主执政、依法执政水平，切实保证国家的一切权力属于人民，保证人民民主的理念、方针、政策贯彻到国家政治生活和社会生活的方方面面。坚持全面依法治国，通过法治保障党的政策有效实施、保障人民当家作主。

（三）坚持用制度体系保障人民当家作主

古语有云：“经国序民，正其制度。”早在改革开放之初，邓小平同志就高度关注和重视制度问题，深刻指出：“为了保障人民民主，必须加

---

〔1〕 习近平：《论坚持全面依法治国》，中央文献出版社2020年版，第70页。

强法制。必须使民主制度化、法律化，使这种制度和法律不因领导人的改变而改变，不因领导人的看法和注意力的改变而改变。”[1] 他在1992年进一步指出：“恐怕再有三十年的时间，我们才会在各方面形成一整套更加成熟、更加定型的制度。”[2]

党的十八大以来，以习近平同志为核心的党中央把制度建设摆到更加突出的位置，高度重视制度在治国理政中的重要作用。习近平总书记在庆祝改革开放40周年大会上的讲话中指出，“改革开放40年的实践启示我们：制度是关系党和国家事业发展的根本性、全局性、稳定性、长期性问题”。他进而提出，“我国社会主义法治凝聚着我们党治国理政的理论成果和实践经验，是制度之治最基本最稳定最可靠的保障”，“要坚持和完善人民当家作主制度体系，健全社会公平正义法治保障制度……使法律及其实施有效体现人民意志、保障人民权益、激发人民创造力”。[3] 党的十九届四中全会着眼于党长期执政和国家长治久安，对坚持和完善中国特色社会主义制度、推进国家治理体系和治理能力现代化作出总体擘画，就坚持和完善人民当家作主制度体系，发展社会主义民主政治进行专门部署。[4] 党的二十大报告就健全人民当家作主制度体系，加强人民当家作主制度保障作出进一步部署，要求坚持和完善我国根本政治制度、基本政治制度、重要政治制度，拓展民主渠道，丰富民主形式，确保人民依法通过各种途径和形式管理国家事务，管理经济和文化事业，管理社会事务。

---

〔1〕《邓小平文选》（第2卷），人民出版社1994年版，第146页。

〔2〕《邓小平文选》（第3卷），人民出版社1993年版，第372页。

〔3〕习近平：《论坚持全面依法治国》，中央文献出版社2020年版，第272～273页。

〔4〕会议提出，必须坚持人民主体地位，坚定不移走中国特色社会主义政治发展道路，确保人民依法通过各种途径和形式管理国家事务，管理经济文化事业，管理社会事务。要坚持和完善人民代表大会制度这一根本政治制度，坚持和完善中国共产党领导的多党合作和政治协商制度，巩固和发展最广泛的爱国统一战线，坚持和完善民族区域自治制度，健全充满活力的基层群众自治制度。

（四）坚定不移走中国特色社会主义政治发展道路

一个国家实行什么样的政治制度，走什么样的政治发展道路，必须与这个国家的国情和性质相适应。既要把握长期形成的历史传承，又要把握走过的发展道路、积累的政治经验、形成的政治原则，还要把握现实要求、着眼解决现实问题，不能割断历史，不能凭想象突然就搬来一座政治制度上的“飞来峰”。改革开放以来，我们党团结带领人民在发展社会主义民主政治方面取得了重大进展，成功开辟和坚持了中国特色社会主义政治发展道路，为实现最广泛的人民民主确立了正确方向。

中国特色社会主义政治发展道路是符合中国国情、保证人民当家作主的正确道路，是近代以来中国人民长期奋斗历史逻辑、理论逻辑、实践逻辑的必然结果，是坚持党的本质属性、践行党的根本宗旨的必然要求。我们需要借鉴国外政治文明有益成果，但绝不能放弃中国政治制度的根本，决不走西方所谓“宪政”“三权鼎立”“司法独立”的路子。古今中外，由于政治发展道路选择错误而导致社会动荡、国家分裂、人亡政息的例子比比皆是。照抄照搬他国的政治制度行不通，会水土不服，会画虎不成反类犬，甚至会把国家前途命运葬送掉。

筚路蓝缕，以启山林；栉风沐雨，玉汝于成。作为中国革命的领导者、新中国的缔造者、中国特色社会主义事业的领导核心，中国共产党在领导人民进行革命、建设和改革的伟大斗争中，创造性地把马克思主义国家学说同中国具体实际相结合、同中华优秀传统文化相结合，寓实现人民当家作主的政治理想于国家制度和法律制度建构中，在一个有着几千年封建专制传统的国家，建立起人民民主专政的新型国家政权，积极发展全过程人民民主，成功走出了一条符合我国国情和实际的中国特色社会主义政治发展道路，为谱写新中国70多年来经济快速发展和社会长期稳定两大奇迹，提供了重要政治制度保障。习近平总书记指出：“保证和支持人民当家作主不是一句口号、不是一句空话，必须落实到国家政治生活和社会生活之中。”[1] 下面分国家根本政治制度、基本政治制度分别予以介绍。

三、坚持和完善人民代表大会制度

人民代表大会制度是我国的根本政治制度，是我们党领导人民在人类政治制度史上的伟大创造，是在我国政治发展史乃至世界政治发展史上具有重大意义的全新政治制度，必须长期坚持、不断完善。

（一）人民代表大会制度的发展历程

新民主主义革命时期，以毛泽东同志为主要代表的中国共产党人，创造性地提出实行人民代表大会制度的构想。党领导人民召开全国人民代表大会，通过一九五四年宪法，确立了人民代表大会制度。“文化大革命”期间，人民代表大会制度陷入停滞。党的十一届三中全会后，我国各级人大恢复行使职权，人民代表大会制度开始正常运转。[2] 改革开放以来，我们党坚定不移推进社会主义民主法治建设，与时俱进修改宪法和宪法相关法，不断健全我国选举制度、国家机构制度体系、基层民主制度、人大组织制度和议事规则，人民代表大会制度焕发出新的生机活力，优越性不断得到彰显。邓小平同志对此予以充分肯定：“我们实行的就是全国人民代表大会一院制，这最符合中国实际。如果政策正确，方

---

〔1〕 习近平：《论坚持人民当家作主》，中央文献出版社2021年版，第96页。

〔2〕 1979年7月，五届全国人大二次会议通过了《关于修正〈中华人民共和国宪法〉若干规定的决议》《中华人民共和国地方各级人民代表大会和地方各级人民政府组织法》《中华人民共和国全国人民代表大会和地方各级人民代表大会选举法》等7部法律，听取和审议了“一府两院”的工作报告，审查和批准了经济社会发展计划、财政预算，选举任命了国家机关领导人等，并使之成为人大工作的常态。这些工作，标志着全国人大全面恢复正常运转，我国民主政治制度步入正常秩序，社会主义法制建设迈出新步伐。

向正确，这种体制益处很大，很有助于国家的兴旺发达，避免很多牵扯。”[1]

党的十八大以来，以习近平同志为核心的党中央统筹中华民族伟大复兴战略全局和世界百年未有之大变局，从坚持和完善党的领导、巩固中国特色社会主义制度的战略高度出发，继续推进人民代表大会制度理论和实践创新。2014 年 9 月，党中央、全国人大常委会隆重举行庆祝全国人民代表大会成立六十周年大会，强调要毫不动摇坚持和与时俱进完善人民代表大会制度，坚持走中国特色社会主义政治发展道路。2015 年 6 月，中共中央转发《中共全国人大常委会党组关于加强县乡人大工作和建设的若干意见》，明确提出加强县乡人大工作和建设，充分发挥基层国家权力机关和人大代表作用，巩固党的执政基础，是坚持和完善人民代表大会制度的重要任务。2021 年 10 月，在党的历史上首次召开的中央人大工作会议，全面总结、系统阐释我国人民代表大会制度的发展历程，明确提出新时代加强和改进人大工作的指导思想、重大原则和主要任务，丰富和拓展了人民代表大会制度的政治内涵、理论内涵和实践内涵。同年，党中央印发《关于新时代坚持和完善人民代表大会制度、加强和改进人大工作的意见》，对新时代坚持和完善人民代表大会制度、加强和改进人大工作作出全面部署。

（二）新时代党关于人民代表大会制度的理论创新

党的十八大以来，以习近平同志为核心的党中央继续推进人民代表大会制度理论和实践创新，形成了习近平总书记关于坚持和完善人民代表大会制度的重要思想。这一重要思想，在道路和方向、人民代表大会

---

[1] 《邓小平文选》（第 3 卷），人民出版社 1993 年版，第 220 页。

制度、人大工作三个层面对坚持和完善人民代表大会制度作出深刻阐述;[1] 用“三个有效保证”精辟概括人民代表大会制度的重要作用和独特优势[2];强调人民代表大会制度是坚持党的领导、人民当家作主、依法治国有机统一的根本政治制度安排,是支撑中国国家治理体系和治理能力的根本政治制度,是党领导国家政权机关的重要制度载体,是实现我国全过程人民民主的重要制度载体,[3] 是保障实现中华民族伟大复兴

〔1〕中共中央宣传部于2022年6月29日举办“中国这十年”新闻发布会,本次发布会聚焦新时代坚持和完善人民代表大会制度进展和成就,对习近平总书记关于坚持和完善人民代表大会制度的重要思想的核心内容作了概括介绍:关于道路和方向层面,习近平总书记论述了发展社会主义民主政治的一系列重大原则问题,提出了全过程人民民主理念和发展要求,特别强调坚持和完善人民代表大会制度,一定要坚持正确的政治方向,坚定不移走中国特色社会主义政治发展道路。关于人民代表大会制度层面,习近平总书记深刻阐述了人民代表大会制度的历史必然和特点优势,拓展了人民代表大会制度的性质内涵和实践要求,鲜明提出了坚持和完善人民代表大会制度,必须坚持中国共产党领导,坚持用制度体系保障人民当家作主,坚持全面依法治国,坚持民主集中制,坚持中国特色社会主义政治发展道路,坚持推进国家治理体系和治理能力现代化。关于人大工作层面,习近平总书记对人大工作有很多明确具体的指示要求,如全面贯彻实施宪法,维护宪法权威和尊严;加快完善中国特色社会主义法律体系,以良法促进发展、保障善治;用好宪法赋予人大的监督权,实行正确监督、有效监督、依法监督;充分发挥人大代表作用,做到民有所呼、我有所应;强化政治机关意识,加强人大自身建设;加强党对人大工作的全面领导。参见《中共中央宣传部举行新时代坚持和完善人民代表大会制度的进展和成就新闻发布会(图文实录)》,载国务院新闻办公室网2022年6月29日,http://www.scio.gov.cn/xwfbh/xwbfbh/wqfbh/47673/48433/wz98435/Document/1726231/1726231.htm。

〔2〕习近平总书记在中央人大工作会议上指出:“人民代表大会制度,坚持中国共产党领导,坚持马克思主义国家学说的基本原则,适应人民民主专政的国体,有效保证国家沿着社会主义道路前进;坚持国家一切权力属于人民,最大限度保障人民当家作主,把党的领导、人民当家作主、依法治国有机统一起来,有效保证国家治理跳出治乱兴衰的历史周期率;正确处理事关国家前途命运的一系列重大政治关系,实现国家统一高效组织各项事业,维护国家统一和民族团结,有效保证国家政治生活既充满活力又安定有序。”这一重要论断,标志着我们党对人民代表大会制度功效作用的认识达到了历史新高度。

〔3〕习近平总书记在中央人大工作会议上指出:“人民代表大会制度是实现我国全过程人民民主的重要制度载体。要在党的领导下,不断扩大人民有序政治参与,加强人权法治保障,保证人民依法享有广泛权利和自由。要保证人民依法行使选举权利,民主选举产生人大代表,保证人民的知情权、参与权、表达权、监督权落实到人大工作各方面各环节全过程,确保党和国家在决策、执行、监督落实各个环节都能听到来自人民的声音。要完善人大的民主民意表达平台和载体,健全吸纳民意、汇集民智的工作机制,推进人大协商、立法协商,把各方面社情民意统一于最广大人民根本利益之中。要加强对中国特色社会主义民主、对人民代表大会制度的研究宣传工作,讲清楚我国政治制度的特点和优势,讲好中国民主故事。”

的好制度，要求各级人大及其常委会按照“四个机关”要求，全面加强自身建设。[1] 这些重要内容和要求，赋予人民代表大会制度新时代新征程新的使命任务。

习近平总书记关于坚持和完善人民代表大会制度的重要思想，是习近平新时代中国特色社会主义思想的重要组成部分，丰富和发展了马克思主义国家学说和社会主义民主政治理论，为新时代坚持和完善人民代表大会制度、加强和改进人大工作提供了科学指引。

（三）我国宪法关于人民代表大会制度的规定与发展

根据宪法“总纲”第二条、第三条，以及第三章“国家机构”有关条款，人民代表大会制度主要包括以下方面：一是，国家一切权力属于人民，人民通过人民代表大会统一行使国家权力。二是，国家机构实行民主集中制原则。各级人民代表大会由民主选举产生，对人民负责，受人民监督。国家行政机关、监察机关、审判机关、检察机关都由人民代表大会产生，对人大负责，受人大监督；实行决策权、执行权、监督权既合理分工又相互协调，保证国家机关依照法定权限和程序行使职权、履行职责。三是，中央和地方的国家机构职权的划分，坚持在党中央统一领导下，充分发挥地方主动性和积极性，保证国家统一高效组织推进各项事业。四是，坚持各民族一律平等，各少数民族聚居的地方实行区域自治，确立并继续加强平等、团结、互助、和谐的社会主义民族关系。

现行宪法在总结社会主义建设经验教训的基础上，适应不同历史时

---

〔1〕 习近平总书记在中央人大工作会议上指出：“各级人大及其常委会要增强‘四个意识’、坚定‘四个自信’、做到‘两个维护’，不断提高政治判断力、政治领悟力、政治执行力，全面加强自身建设，成为自觉坚持中国共产党领导的政治机关、保证人民当家作主的国家权力机关、全面担负宪法法律赋予的各项职责的工作机关、始终同人民群众保持密切联系的代表机关。要优化人大常委会、专门委员会组成人员结构，打造政治坚定、服务人民、尊崇法治、发扬民主、勤勉尽责的人大工作队伍。”

期的民主政治发展需要，全面加强和完善了国家政权组织和机构建设，不断丰富和发展人民代表大会制度。

一是，加强全国人大及其常委会的组织建设。一九八二年宪法规定，全国人大常委会组成人员不得担任国家行政机关、审判机关和检察机关的职务；在原有的民族委员会基础上，增设了法律委员会、财政经济委员会、教育科学文化卫生委员会、外事委员会等专门委员会，在全国人大及其常委会领导下，研究、审议和拟定有关议案；全国人大常委会委员长、副委员长、秘书长组成委员长会议，处理全国人大常委会的重要日常工作。2018 年宪法修正案将全国人大“法律委员会”更名为“宪法和法律委员会”。根据全国人大常委会有关决定，宪法和法律委员会在继续承担统一审议法律草案工作的基础上，增加推动宪法实施、开展宪法解释、推进合宪性审查、加强宪法监督、配合宪法宣传等职责。

二是，适当扩大全国人大常委会的职权。考虑到全国人大常委会是全国人大的常设机关，可以开展经常性工作，一九八二年宪法将原来属于全国人大的一部分职权赋予它的常委会行使，明确全国人大及其常委会共同行使国家立法权。全国人大常委会有权制定和修改除应当由全国人大制定的法律以外的其他法律。在全国人大闭会期间，全国人大常委会有权对全国人大制定的法律进行部分补充和修改，但不得同该法律的基本原则相抵触；审查和批准国民经济和社会发展计划、国家预算在执行过程中所必须作的部分调整方案；根据国务院总理提名，决定部长、委员会主任、审计长、秘书长的人选等。

三是，完善人民代表大会任期、组成等制度。关于地方人大任期，宪法原规定省市两级为五年，县乡两级为三年。1993 年宪法修正案将县级人大的任期由三年改为五年。2004 年宪法修正案将地方各级人大任期统一修改为五年。1997 年、1999 年香港、澳门先后回归祖国，2004 年宪法修正案在关于全国人民代表大会组成的规定中增加“特别行政区”的内容。

四是，完善其他中央国家机关制度建设。一九八二年宪法恢复设立国家主席和副主席；设立国家中央军事委员会，领导全国武装力量；国务院实行总理负责制，各部、各委员会实行部长、主任负责制；国家主席、国务院、中央军委、最高人民法院和最高人民检察院，都由全国人大产生并对它负责，受它监督。2018 年宪法修正案对国家主席任职方面的有关规定作了修改，使党的总书记、党的中央军委主席、国家中央军委主席、国家主席的任职规定保持一致，对于坚决维护习近平总书记党中央的核心、全党的核心地位，坚决维护党中央权威和集中统一领导，加强和完善国家领导体制，具有重要意义。

五是，加强地方政权建设。现行宪法第三条规定，中央和地方的国家机构职权的划分，遵循在中央的统一领导下，充分发挥地方的主动性、积极性的原则。现行宪法就加强地方政权建设作了规定：在县级以上地方人大设立常委会，这是健全人民代表大会制度的一项重要举措；确认了地方组织法关于省级人大及其常委会制定地方性法规的规定，同时保留了一九五四年宪法关于自治区、自治州、自治县的人民代表大会有权制定自治条例和单行条例的规定，并相应改变批准机关为全国人大常委会和省、自治区人大常委会；2018 年宪法修正案，确认了 2015 年修改后的立法法关于赋予设区的市地方立法权的规定，明确设区的市的人大及其常委会制定地方性法规，报本省、自治区人民代表大会常务委员会批准后施行。

六是，增加有关监察委员会的各项规定。为了贯彻和体现党的十八大以来深化国家监察体制改革的精神，为成立监察委员会提供宪法依据，2018 年宪法修正案在宪法第三章“国家机构”第六节后增加一节，作为第七节“监察委员会”，就国家监察委员会和地方各级监察委员会的性质、地位、名称、人员组成、任期任届、领导体制、工作机制等作出规定。与此相适应，对宪法第三条第三款、第六十五条第四款、第一百零三条第三款等相关条款作出修改，以反映设立国家监察委员会和地方各级监察委员会后，全国人民代表大会及其常务委员会、地方各级人民代表大会及其常务委员会、国务院和地方各级人民政府职权的新变化以及工作的新要求。

（四）通过立法实施宪法关于人民代表大会制度的基本情况

一是，不断完善全国人大及其常委会、地方人大和地方政府的组织制度、工作制度。全国人大组织法和全国人大议事规则是关于人大制度的基础性法律，分别于1982年和1989年制定。全国人大常委会议事规则是关于全国人大常委会会议制度和工作程序的基本法律，是全国人大常委会依法行使职权的重要制度保障，于1987年制定、2009年修改。地方组织法是关于我国地方政权制度的基本法律，对地方人大、地方政府的组织和工作制度作出规定，于1979年制定，历经1982年、1986年、1995年、2004年4次修改。

进入新时代以来，为贯彻党中央对人大制度、人大工作的新部署新要求，坚持和发展全过程人民民主，铸牢国家根本政治制度法制根基，全国人大及其常委会对上述四部基本法律作出修改，增加坚持和发展全过程人民民主的内容和要求。2021年对全国人大组织法、全国人大议事规则首次作出修改，体现深化党和国家机构改革新形势新任务新要求，总结人民代表大会制度实践的新经验新成果，完善了全国人大组织制度和工作制度、会议制度和工作程序。2022年对全国人大常委会议事规则作出修改，对适当增加会议频次、创新会议形式、优化会议组织安排、改进会风会纪、完善议案审议程序等内容作出规定，进一步提高常委会议事质量和效率，增加专题询问这一创新做法。2015年、2022年两次对地方组织法作出修改，进一步完善地方人大和地方政府的组织和工作制度，加强地方政权建设，更好坚持和完善人民代表大会制度。

二是，不断完善选举、代表制度。彭真同志曾指出：“人民通过民主选举产生的代表行使权力，组织政府，管理国家，并且监督和有权罢免各级政权的组成人员，这是人民最大的、最根本的权利。”[1] 宪法规定，我国年满18周岁的公民，除依照法律被剥夺政治权利的人以外，都有选举权和被选举权。1953年2月，中央人民政府委员会会议通过了选举法，为在全国范围内实行普选、逐级召开地方各级人民代表大会和全国人民代表大会提供了法制保障。1979年制定了新的选举法，改革和完善了选举制度。选举法历经1982年、1986年、1995年、2004年、2010年5次修改，在代表名额分配、选民登记、候选人介绍、预选程序等方面作出重要修改，逐步实现了城乡按相同人口比例选举各级人大代表。[2] 代表法于1992年制定，对人民代表大会期间代表参与审议、表决、选举等一系列的权利以及闭会期间的代表职责等作了规定。代表法历经2009年、2010年两次修改，2010年修改进一步明确了代表的权利和义务，细化了闭会期间代表活动的方式，强化了代表履职的保障措施。

进入新时代以来，党中央高度重视人大自身建设。贯彻落实中央关于加强县乡人大工作和建设的文件精神，全国人大常委会于2015年对选举法和代表法作了修改，对代表选举、代表工作等进行充实完善，把好人大代表“入口关”，推进代表工作制度化、规范化和程序化；2020年再次修改选举法，把坚持党对选举工作的领导写入法律，同时针对各地基层行政区划撤乡并镇、改设街道，基层人大代表数量逐届减少的实际情况，适当增加基层人大代表数量，有利于更好反映人民意愿、代表人民意志，加强与人民群众联系，充分保障人民当家作主权利。

三是，完善立法体制机制。1979年7月制定的地方组织法就省、自治区、直辖市的人大及其常委会制定和颁布地方性法规作了规定。2000

---

〔1〕 彭真：《关于中华人民共和国宪法修改草案的说明》，载《中华人民共和国国务院公报》1982年第9期。

〔2〕 2013年2月27日，十一届全国人大常委会第三十一次会议通过全国人大常委会代表资格审查委员会关于十二届全国人大代表的代表资格的审查报告。第十二届全国人大代表选举是2010年修改选举法后，首次实行城乡按相同人口比例进行的选举。

年3月，制定立法法，对我国的立法体制、立法权限、立法程序、立法监督等作出全面规定，是一部“管法的法”；2015年3月，修改立法法，赋予设区的市立法权[1]，还从实现改革与立法决策相衔接、落实税收法定原则、规章权限、发挥人大在立法工作中的主导作用等方面作了修改完善。贯彻落实党中央决策部署，贯彻全过程人民民主重大理念，总结新时代以来立法工作实践经验，2022年再次启动了立法法修改工作。

四是，完善人大监督制度。预算法于1994年3月制定，2014年8月作出修改，完善政府预算体系，改进预算控制方式，规范地方政府债务管理，完善转移支付制度，坚持厉行节约等；2018年12月再次修改预算法，按照党中央关于加强对政府全口径预算决算的审查和监督、实施全面规范公开透明的预算制度的要求，着重增强预算的科学性、完整性和透明度，强化地方政府债务管理，规范预算执行，加强预算监督。监督法从1986年开始酝酿，到七届、八届、九届全国人大常委会组织起草，2002年8月提交九届全国人大常委会第二十九次会议初审，此后十届全国人大常委会又经过三次审议，于2006年8月由十届全国人大常委会第二十三次会议表决通过，前后历时20年。人大作为国家权力机关，代表国家和人民对“一府两院”进行监督，是人民当家作主的重要体现。监督法规定了各级人大听取和审议“一府两院”的专项工作报告；审查和批准决算，听取和审议国民经济和社会发展计划、预算的执行情况报告，听取和审议审计工作报告；执法检查；规范性文件的备案审查；询问和质询；特定问题调查；审议和决定撤职案等七种监督方式，提升了人大监督的制度化、规范化水平。2020年12月，全国人大常委会作出关于加强国有资产管理情况监督的决定，为全国人大常委会履行国有资产监督职能提供制度保障。

五是，完善其他国家政权组织、机构制度。人民法院组织法、人民

---

〔1〕 目前，我国有地方立法主体353个，包括31个省（自治区、直辖市）、289个设区的市、30个自治州和3个不设区的地级市（东莞市、中山市、嘉峪关市）。

检察院组织法是关于法院、检察院组织、行使职权的专门法律。人民法院组织法于1979年制定，历经1983年、1986年、2006年3次修改，人民检察院组织法于1979年制定，历经1983年、1986年两次修改；进入新时代以来，2018年10月对两部法律作出修改，完善法院、检察院的组织和职权，建立符合司法机关特点和司法运行规律的内设机构体系和司法权运行机制，确认和巩固司法体制改革成果。法官法、检察官法于1995年制定，2001年均作出修改；进入新时代以来，分别于2017年、2019年对两部法律作出修改，全面推进高素质法官队伍、检察官队伍建设。

2018年制定监察法，坚持和加强党对反腐败工作的领导，构建集中统一、权威高效的国家监察体系，实现了对所有行使公权力的公职人员监察全覆盖。监察法将行使国家监察职能的专责机关纳入国家机构体系，明确监察委员会由同级人大产生，对它负责，受它监督，拓宽了人民监督权力的途径，提高了社会主义民主政治制度化、规范化、法治化水平，丰富和发展了人民代表大会制度的内涵，推动了人民代表大会制度与时俱进，对推进国家治理体系和治理能力现代化具有深远意义。2020年6月制定公职人员政务处分法，将坚持党的领导的宪法要求具体化、制度化，细化监察法的原则规定，强化对公职人员的管理和监督，推进政务处分法治化。2021年8月制定监察官法，促进规范和正确行使国家监察权，建设忠诚干净担当的监察队伍。

此外，党的十八大以来，为适应党和国家事业发展要求，不断深化党和国家机构改革。2013年2月，党的十八届二中全会通过《国务院机构改革和职能转变方案》。同年3月，十二届全国人大一次会议批准了这个方案。2018年2月，党的十九届三中全会通过《中共中央关于深化党和国家机构改革的决定》和《深化党和国家机构改革方案》；同年3月，十三届全国人大一次会议批准了《深化党和国家机构改革方案》。为适应党和国家机构改革、放管服改革和转变政府职能等需要，全国人大常委会24次打包修改152件次法律，确保机构改革等在法治轨道上有序推进。

（五）人民代表大会制度、人大工作取得历史性成就

党的十八大以来，全国人大及其常委会、地方各级人大及其常委会深入学习贯彻习近平法治思想、习近平总书记关于坚持和完善人民代表大会制度的重要思想，依宪依法健全人民当家作主制度体系，加强人大组织和工作制度建设，加强基层政权建设，改进人大代表工作，人民代表大会制度和人大工作取得历史性成就，主要体现在以下几个方面：一是，贯彻习近平法治思想，推进全面依法治国，加强宪法实施和监督，加快完善中国特色社会主义法律体系，推动法治中国建设取得历史性成就；二是，深入推进科学立法、民主立法、依法立法，加快建设基层立法联系点，[1] 推动形成全过程人民民主重要理念，并在人大各项工作中抓好贯彻落实；三是，实行正确监督、有效监督、依法监督，更好发挥人大监督在党和国家监督体系中的重要作用；四是，人大代表在国家政治生活和社会生活中的地位日益彰显，作用日益发挥；五是，牢牢把握“四个机关”定位要求，全面加强自身建设；六是，人大及其常委会依法正确行使立法权、监督权、决定权、任免权，人民代表大会制度整体功效日益凸显，人民代表大会制度更加成熟、更加定型。

党的二十大从加强人民当家作主制度保障方面对人大制度、人大工作作出新的部署要求：“支持和保证人民通过人民代表大会行使国家权力，保证各级人大都由民主选举产生、对人民负责、受人民监督。支持和保证人大及其常委会依法行使立法权、监督权、决定权、任免权，健全人大对行政机关、监察机关、审判机关、检察机关监督制度，维护国

---

〔1〕 截至2022年7月，全国人大常委会法工委设立了31个基层立法联系点和1个立法联系点，实现所有省（自治区、直辖市）全覆盖。国家立法通过基层立法联系点察民情、听民意、聚民智，是人民当家作主的生动体现，彰显了全过程人民民主的制度优势。

家法治统一、尊严、权威。加强人大代表工作能力建设，密切人大代表同人民群众的联系。健全吸纳民意、汇集民智工作机制，建设好基层立法联系点。”在全面建设社会主义现代化国家新征程上，要按照党的二十大部署要求，毫不动摇坚持、与时俱进完善人民代表大会制度，加强和改进人大工作，为坚持和完善中国特色社会主义制度、实现中华民族伟大复兴提供根本政治制度保障。

四、坚持和完善中国共产党领导的多党合作和政治协商制度

中国共产党领导的多党合作和政治协商制度，是我国宪法确立的一项基本政治制度，是国家政治制度的重要组成部分。这一基本政治制度是中国共产党、中国人民和各民主党派、无党派人士的伟大政治创造，是从中国土壤中生长出来的新型政党制度。

（一）中国共产党领导的多党合作和政治协商制度的发展历程

1949 年 9 月，中国人民政治协商会议第一届全体会议召开，标志着中国共产党领导的多党合作和政治协商制度正式确立。新中国成立后，中国共产党加强与各民主党派、无党派人士的团结合作，提出“长期共存、互相监督”的方针。[1] 党的十一届三中全会后，中国共产党领导的多党合作和政治协商制度在拨乱反正中得以重建。1982 年 9 月，党的十二大正式确立了新时期中国共产党对民主党派的“长期共存、互相监督、肝胆相照、荣辱与共”的十六字方针，进一步加强和发展中国共产党同民主党派的合作，更好地发挥民主党派的积极作用。1987 年，党的十三

---

〔1〕 毛泽东同志在《论十大关系》中明确提出：“究竟是一个党好，还是几个党好？现在看来，恐怕是几个党好。不但过去如此，而且将来也可以如此，就是长期共存，互相监督。”参见《毛泽东文集》（第 7 卷），人民出版社 1999 年版，第 34 页。

大正式提出"中国共产党领导的多党合作和政治协商制度"的表述，明确其为我国政治制度的重要组成部分；还提出：人民政协是包括各民主党派、各人民团体和社会各方面代表的爱国统一战线组织。要加强政协自身的组织建设，逐步使国家大政方针和群众生活重大问题的政治协商和民主监督经常化；要坚持"长期共存、互相监督，肝胆相照、荣辱与共"的方针，完善共产党领导下的多党合作和协商制度，进一步发挥民主党派和无党派爱国人士在国家政治生活中的作用。1989 年 12 月，中共中央下发了《关于坚持和完善中国共产党领导的多党合作和政治协商制度的意见》，明确提出了中国共产党领导的多党合作和政治协商制度是我国一项基本政治制度，根本不同于西方资本主义国家的多党制或两党制，也有别于一些社会主义国家实行的一党制，是符合中国国情的社会主义政党制度。正式确立了我国各民主党派参政党的政治地位。[1] 该意见总结新中国成立以来行之有效的经验，对我们党同民主党派进行政治协商的方式进行了归纳[2]，有利于加强党领导的多党合作和政治协商制度建设。

党的十八大以来，以习近平同志为核心的党中央在治国理政实践中，

---

[1] 该意见指出："我国是人民民主专政的社会主义国家。中国共产党是社会主义事业的领导核心，是执政党。各民主党派是各自所联系的一部分社会主义劳动者和一部分拥护社会主义的爱国者的政治联盟，是接受中国共产党领导的，同中共通力合作、共同致力于社会主义事业的亲密友党，是参政党。"

[2] 明确主要采取以下几种形式：一是中共中央主要领导人邀请各民主党派主要领导人和无党派的代表人士举行民主协商会，就中共中央将要提出的大政方针问题进行协商。这种会议一般每年举行一次。二是中共中央主要领导人根据形势需要，不定期地邀请民主党派主要领导人和无党派的代表人士举行高层次、小范围的谈心活动，就共同关心的问题自由交谈、沟通思想、征求意见。三是由中共召开民主党派、无党派人士座谈会，通报或交流重要情况，传达重要文件，听取民主党派、无党派人士提出的政策性建议或讨论某些专题。这种会议大体每两月举行一次。四是除会议协商以外，各民主党派和无党派人士可就国家大政方针和现代化建设中的重大问题向中共中央提出书面的政策性建议，也可约请中共中央负责人交谈。上述各种协商形式，原则上也适用于中国共产党地方党委和民主党派地方组织之间的协商活动。该意见还对进一步发挥民主党派成员、无党派人士在人民代表大会中的作用，举荐民主党派成员、无党派人士担任各级政府及司法机关的领导职务，进一步发挥民主党派在人民政协中的作用，支持民主党派加强自身建设等方面作了具体规定。

把坚持和完善中国共产党领导的多党合作和政治协商制度纳入党的基本方略，把统一战线作为新时代坚持和发展中国特色社会主义的基本方略，召开中央统战工作会议、中央政协工作会议、中央西藏工作座谈会、中央新疆工作座谈会、中央民族工作会议、全国宗教工作会议等重要会议，制定《中国共产党统一战线工作条例》《中国共产党政治协商工作条例》《社会主义学院工作条例》和关于多党合作、民族、宗教、涉疆、涉藏、党外知识分子、民营经济、新的社会阶层人士、侨务工作等方面的重要法规文件，修改《宗教事务条例》，印发中共中央《关于加强社会主义协商民主建设的意见》《关于加强人民政协协商民主建设的实施意见》《关于新时代加强和改进人民政协工作的意见》等重要文件，发布《中国新型政党制度》白皮书等，初步形成以国家宪法为基础、以中共中央文件和法规为主体、以相关配套政策为辅助的制度体系，推动我国新型政党制度日益巩固和发展。

（二）新时代党关于中国共产党领导的多党合作和政治协商制度的理论创新

党的十八大以来，我们党继续推进中国共产党领导的多党合作和政治协商制度、爱国统一战线理论和实践创新，形成了习近平总书记关于做好新时代党的统一战线工作的重要思想、[1] 关于加强和改进人民政协

[1] 习近平总书记在2022年7月的中央统战工作会议上将这一重要思想概括为“十二个必须”：必须充分发挥统一战线的重要法宝作用，必须解决好人心和力量问题，必须正确处理一致性和多样性关系，必须坚持好发展好完善好中国新型政党制度，必须以铸牢中华民族共同体意识为党的民族工作主线，必须坚持我国宗教中国化方向，必须做好党外知识分子和新的社会阶层人士统战工作，必须促进非公有制经济健康发展和非公有制经济人士健康成长，必须发挥港澳台和海外统战工作争取人心的作用，必须加强党外代表人士队伍建设，必须把握做好统战工作的规律，必须加强党对统战工作的全面领导。关于做好新时代党的统一战线工作的重要思想，是党的统一战线百年发展史的智慧结晶，是新时代统战工作的根本指针，全党必须完整、准确、全面贯彻落实。

工作的重要思想。[1] 习近平总书记就做好新时代人民政协工作、统一战线工作提出一系列新理念新思想新战略，明确提出“新型政党制度”重大政治论断，[2] 深刻阐述人民政协的政治原则、性质定位、目标任务、职能作用、特色优势、创新路径，要求发挥我国社会主义新型政党制度优势，发挥人民政协作为专门协商机构作用；明确协商民主是我国社会主义民主政治的特有形式和独特优势，是实践全过程人民民主的重要形式，要求坚持党的领导、统一战线、协商民主有机结合，全面发展协商民主；[3] 明确新时代爱国统一战线的基本任务，[4] 强调统一战线是凝聚人心、汇聚力量的强大法宝，要求完善大统战工作格局，从政党制度、

---

〔1〕习近平总书记在中央政协工作会议暨庆祝中国人民政治协商会议成立70周年大会上的讲话中对做好新时代人民政协工作提出了八个方面的要求：一是加强党对人民政协工作的领导；二是准确把握人民政协性质定位；三是发挥好人民政协专门协商机构作用；四是坚持和完善我国新型政党制度；五是广泛凝聚人心和力量；六是聚焦党和国家中心任务履职尽责；七是坚持人民政协为人民；八是以改革创新精神推进履职能力建设。

〔2〕2018年3月，习近平总书记在全国政协联组会上发表重要讲话，明确提出“新型政党制度”的重大政治论断并作出深刻阐释。2021年国务院新闻办公室发布《中国新型政党制度》白皮书，对我国新型政党制度作了全面系统阐释。这一新型政党制度是马克思主义政党理论与中国实际相结合的产物，它植根于中华优秀传统文化，孕育于近代以来中国民主革命的历史进程，形成于协商筹建新中国的伟大实践，发展于社会主义革命、建设、改革的伟大进程，完善于中国特色社会主义新时代；既植根中国土壤、彰显中国智慧，又积极借鉴和吸收人类政治文明优秀成果，具有鲜明特色和显著优势。

〔3〕党的二十大报告指出：完善协商民主体系，统筹推进政党协商、人大协商、政府协商、政协协商、人民团体协商、基层协商以及社会组织协商，健全各种制度化协商平台，推进协商民主广泛多层制度化发展。坚持和完善中国共产党领导的多党合作和政治协商制度，坚持党的领导、统一战线、协商民主有机结合，坚持发扬民主和增进团结相互贯通、建言资政和凝聚共识双向发力，发挥人民政协作为专门协商机构作用，加强制度化、规范化、程序化等功能建设，提高深度协商互动、意见充分表达、广泛凝聚共识水平，完善人民政协民主监督和委员联系界别群众制度机制。

〔4〕新时代爱国统一战线的基本任务是，坚持以习近平新时代中国特色社会主义思想为指导，坚持中国共产党领导，坚持中国特色社会主义道路，高举爱国主义、社会主义伟大旗帜，坚持一致性和多样性统一，坚持围绕中心、服务大局，坚持与时俱进、守正创新，加强思想政治引领，发挥凝聚人心、汇聚力量的政治作用，促进政党关系、民族关系、宗教关系、阶层关系、海内外同胞关系和谐，促进海内外中华儿女团结奋斗，为全面建成社会主义现代化强国、实现中华民族伟大复兴汇聚磅礴伟力。

民族、宗教、政商关系、侨务等方面作出具体部署。[1]

（三）我国宪法关于中国共产党领导的多党合作和政治协商制度的规定及其发展

一是，以根本法的形式肯定了爱国统一战线和人民政协的性质、地位和作用。一九八二年宪法序言中明确指出："中国人民政治协商会议是有广泛代表性的统一战线组织，过去发挥了重要的历史作用，今后在国家政治生活、社会生活和对外友好活动中，在进行社会主义现代化建设、维护国家的统一和团结的斗争中，将进一步发挥它的重要作用。"

二是，明确中国共产党领导的多党合作和政治协商制度将长期存在和发展。1993 年 3 月 1 日，民建中央向中共中央正式提出《关于在宪法中明确规定中国共产党领导的多党合作和政治协商制度的建议》，建议得到中共中央的采纳。1993 年 3 月 14 日，中共中央向八届全国人大一次会议主席团提出了《关于修改宪法部分内容的补充建议》，建议在宪法的序言第十自然段增加"中国共产党领导的多党合作和政治协商制度将长期存在和发展"的内容。该建议在附件二"关于修改宪法部分内容的建议的说明"指出：中国共产党领导的多党合作和政治协商制度，是由我国具体历史条件和现实条件所决定的，在建设有中国特色社会主义中发挥着重要的作用。1993 年宪法修正案在宪法序言第十自然段末尾增加了"中国共产党领导的多党合作和政治协商制度将长期存在和发展"的内

〔1〕具体包括：发挥我国社会主义新型政党制度优势，坚持长期共存、互相监督、肝胆相照、荣辱与共，加强同民主党派和无党派人士的团结合作，支持民主党派加强自身建设、更好履行职能。以铸牢中华民族共同体意识为主线，坚定不移走中国特色解决民族问题的正确道路，坚持和完善民族区域自治制度，加强和改进党的民族工作，全面推进民族团结进步事业。坚持我国宗教中国化方向，积极引导宗教与社会主义社会相适应。加强党外知识分子思想政治工作，做好新的社会阶层人士工作，强化共同奋斗的政治引领。全面构建亲清政商关系，促进非公有制经济健康发展和非公有制经济人士健康成长。加强和改进侨务工作，形成共同致力民族复兴的强大力量。

容。把它写进宪法，肯定了这一制度将长期存在，不断完善和发展。[1]

（四）完善党内法规关于中国共产党领导的多党合作和政治协商制度的规定

坚持依法治国和依规治党有机统一，是习近平法治思想的核心要义之一。党的十八大以来，中国共产党加快完善党领导政治建设方面的法规，制定《中国共产党统一战线工作条例》《社会主义学院工作条例》《中国共产党政治协商工作条例》等，加强党对政治协商、统一战线等工作的领导。比如，2022年中共中央印发《中国共产党政治协商工作条例》，进一步明确政治协商的含义，即在中国共产党领导下，中国共产党同各民主党派和各界代表人士围绕党和国家大政方针、经济社会发展重要问题以及其他重要事项开展的协商；明确政治协商是中国共产党领导的多党合作和政治协商制度的重要组成部分，是社会主义协商民主的重要形式，是凝聚智慧、增进共识、促进科学民主决策的重要途径；明确政党协商和人民政协政治协商，是政治协商的基本方式等。该条例对于坚持和完善中国共产党领导的多党合作和政治协商制度，巩固和发展爱国统一战线，具有重要意义。

新时代新征程上，要按照党的二十大决策部署，更好坚持和完善中国共产党领导的多党合作和政治协商制度，发挥我国新型政党制度优势，发挥统一战线凝聚人心、汇聚力量的政治作用，把各方面智慧和力量凝聚起来，促进海内外中华儿女团结奋斗，为全面建成社会主义现代化强国、实现中华民族伟大复兴汇聚磅礴伟力。

---

〔1〕参见全国人大常委会法制工作委员会宪法室编：《中华人民共和国制宪修宪重要文献资料选编》，中国民主法制出版社2021年版，第145页。

五、坚持和完善民族区域自治制度

世界上的多民族国家在处理各自的民族问题时，从各国的历史传统、现实国情、民族特性、文化背景等具体实际出发，选择了不同的制度模式。实行民族区域自治制度，是我们党把马克思主义民族理论同我国民族问题实际相结合的一个创举，是解决我国民族问题的正确途径和有效形式。[1] 习近平总书记指出，“民族区域自治是党的民族政策的源头，我们的民族政策都是由此而来、依此而存”；[2] 我们党采取民族区域自治这个新办法，既保证了国家团结统一，又实现了各民族共同当家作主；[3] “民族区域自治制度是我国的一项基本政治制度，是中国特色解决民族问题的重要内容和制度保障”。[4]

（一）民族区域自治制度的发展历程

我们党历来高度重视民族工作，处理好民族关系始终是党和国家政治生活中极为重要的内容。早在抗日战争和解放战争时期，在创建新中国的革命和实践中，以毛泽东同志为代表的中国共产党人就创造性地提出实行民族区域自治的主张。新中国成立，我们党领导制定《共同纲领》

---

〔1〕 在起草《共同纲领》的过程中，毛泽东同志曾就国家结构形式问题专门征求时任中央统战部部长李维汉的意见，李维汉认为，中国同苏联国情不同，中国各民族在中国共产党领导下，由平等联合进行革命，到平等联合建立统一的人民共和国，并没有经过民族分离，不宜实行联邦制。因此，单一制的国家结构形式，更加符合中国的实际，在统一的国家内实行民族区域自治，更有利于民族平等原则的实现。党中央采纳了这个意见。参见《人民当家作主　人民代表大会制度的运行和发展》，人民出版社 2020 年版，第 52 页。

〔2〕 中共中央宣传部：《习近平总书记系列重要讲话读本》，学习出版社、人民出版社 2016 年版，第 168 页。

〔3〕 中共中央文献研究室编：《习近平关于社会主义政治建设论述摘编》，中央文献出版社 2017 年版，第 151 页。

〔4〕 中共中央文献研究室编：《习近平关于社会主义政治建设论述摘编》，中央文献出版社 2017 年版，第 150 ~ 151 页。

和一九五四年宪法，正式确立民族区域自治制度，各族人民在历史上第一次真正获得了平等的政治权利、共同当家作了主人。“文化大革命”期间，民族区域自治制度虽受到冲击但仍得到坚持。改革开放以来，民族工作回到了正确的发展轨道，进入新的历史时期，民族区域自治制度实现恢复、创新和发展。党中央分别于 1992 年、1999 年、2005 年召开中央民族工作会议，坚持和完善党的民族工作大政方针，推动民族地区经济社会发展。

党的十八大以来，以习近平同志为核心的党中央站在坚持和发展中国特色社会主义、实现中华民族伟大复兴的战略高度，谋划部署和推进新时代民族工作，2014 年、2021 年两次召开中央民族工作会议，提出一系列关于民族工作的新思想新论断新要求，坚定不移走中国特色解决民族问题的正确道路，[1] 既一脉相承又与时俱进贯彻党的民族理论和民族政策，积累了把握民族问题、做好民族工作的宝贵经验，推动党的民族工作取得新的历史性成就。[2]

（二）新时代民族区域自治制度的理论创新

2021 年 8 月召开的中央民族工作会议，全面回顾了党的民族工作百年历程和历史成就，总结提出了习近平总书记关于加强和改进民族工作的重要思想，这一重要思想提炼概括为“十二个必须”：必须从中华民族

〔1〕 2014 年 9 月的中央民族工作会议上，习近平总书记总结概括了中国特色解决民族问题正确道路的科学内涵。这条正确道路，就是坚持在中国共产党领导下，坚持中国特色社会主义道路，坚持维护祖国统一，坚持各民族一律平等，坚持和完善民族区域自治制度，坚持各民族共同团结奋斗、共同繁荣发展，坚持打牢中华民族共同体的思想基础，坚持依法治国，加强各民族交往交流交融，促进各民族和睦相处、和衷共济、和谐发展，巩固和发展平等团结互助和谐的社会主义民族关系，共同实现中华民族伟大复兴。

〔2〕 党的十八大以来，民族地区经济社会持续发展，56 个民族携手实现全面小康，各民族交往交流交融更加广泛深入，民族事务治理能力和治理水平不断提升，平等团结互助和谐的社会主义民族关系更加巩固。

伟大复兴战略高度把握新时代党的民族工作的历史方位，必须把推动各民族为全面建设社会主义现代化国家共同奋斗作为新时代党的民族工作的重要任务，必须以铸牢中华民族共同体意识为新时代党的民族工作的主线，[1] 必须坚持正确的中华民族历史观，必须坚持各民族一律平等，必须高举中华民族大团结旗帜，必须坚持和完善民族区域自治制度，[2] 必须构筑中华民族共有精神家园，必须促进各民族广泛交往交流交融，必须坚持依法治理民族事务，[3] 必须坚决维护国家主权、安全、发展利益，必须坚持党对民族工作的领导。

习近平总书记关于加强和改进民族工作的重要思想，系统阐明了新

---

〔1〕 习近平总书记指出，中华民族共同体意识是民族团结之本。铸牢中华民族共同体意识，就是要引导各族人民牢固树立休戚与共、荣辱与共、生死与共、命运与共的共同体理念，推动各民族坚定对伟大祖国、中华民族、中华文化、中国共产党、中国特色社会主义的高度认同，不断推进中华民族共同体建设。他进一步指出，文化认同是最深层次的认同，是民族团结之根、民族和睦之魂。加强中华民族大团结，长远和根本的是增强文化认同，建设各民族共有精神家园，积极培养中华民族共同体意识。

〔2〕 在2014年9月的中央民族工作会议上，习近平总书记指出，坚持和完善民族区域自治制度，要做到“两个结合”。一是坚持统一和自治相结合。团结统一是国家最高利益，是各族人民共同利益，是实行民族区域自治的前提和基础。没有国家团结统一，就谈不上民族区域自治。同时，要在确保国家法律和政令实施的基础上，依法保障自治地方行使自治权，给予自治地方特殊支持，解决好自治地方特殊问题。二是坚持民族因素和区域因素相结合。民族区域自治，既包含了民族因素，又包含了区域因素。民族区域自治不是某个民族独享的自治，民族自治地方更不是某个民族独有的地方。这一点必须搞清楚，否则就会走到错误的方向上去。习近平总书记还深刻指出，落实民族区域自治制度，关键是帮助自治地方发展经济、改善民生。

〔3〕 党的十八大以来，中央先后印发《关于依法治理民族事务促进民族团结的意见》《关于全面深入持久开展民族团结进步创建工作铸牢中华民族共同体意识的意见》，要求在民族工作领域更好地运用法治思维、法治理念和法治方式调处民族事务，依法维护和保障各民族公民的权利、权益，依法妥善处理影响民族团结的矛盾纠纷，依法严厉打击破坏民族团结的一切行为，促进各民族像石榴籽一样紧紧拥抱在一起，推动中华民族走向包容性更强、凝聚力更大的命运共同体。要全面贯彻党的宗教信仰自由政策，依法管理宗教事务，坚持独立自主自办原则，积极引导宗教与社会主义社会相适应。要提高宗教工作法治化水平，用法律规范政府管理宗教事务的行为，用法律调节涉及宗教的各种社会关系。要保护广大信教群众合法权益，深入开展法治宣传教育，教育引导广大信教群众正确认识和处理国法和教规的关系，提高法治观念。针对西方打着民族、宗教、人权的幌子对我们大肆遏制打压的严峻形势，坚持从维护国家主权、安全和核心利益出发，强化法治思维，运用法治方式，丰富法律斗争工具箱，为维护国家主权统一、反对民族分裂、防范化解重大风险提供有力法律武器。

时代党的民族工作的历史方位、重要任务、工作主线、制度保障、实现方式等，深刻回答了民族工作举什么旗、走什么路的根本性问题，是党的治国方略在民族工作领域的集中体现，是马克思主义民族理论中国化的最新成果，是做好新时代党的民族工作的根本遵循，必须完整、准确、全面把握和贯彻。

（三）我国宪法关于民族区域自治制度的规定及其发展

民族区域自治制度是我国宪法确立的一项基本政治制度。宪法序言载明了我国统一多民族国家的国情，中国共产党领导中国各族人民进行革命、建设和改革的奋斗历程，社会主义民族关系等诸多关于民族的内容，共出现“民族”一词 12 次，涉及民族概念的有关表述 20 次。宪法正文 143 条，涉及民族问题的规定 23 条，其中第三章“国家机构”第六节规定了“民族自治地方的自治机关”。

1. 宪法序言关于民族问题的规定

宪法序言载明了中国共产党领导中国各族人民进行革命、建设和改革的光辉历程，明确了“实现中华民族伟大复兴”的奋斗目标。[1] 宪法序言规定了社会主义民族关系，明确了维护、发展民族关系的准则。实现各民族平等、团结和共同繁荣，是党和国家奉行的基本原则。宪法序言第十一自然段载明，中华人民共和国是全国各族人民共同缔造的统一的多民族国家；平等团结互助和谐的社会主义民族关系已经确立，将续

---

〔1〕 序言第一自然段开宗明义阐明：“中国是世界上历史最悠久的国家之一。中国各民族人民共同创造了光辉灿烂的文化，具有光荣的革命传统。”第二自然段载明，一八四〇年以后，封建的中国逐渐变成半殖民地、半封建的国家；中国人民为国家独立、民族解放和民主自由进行了前仆后继的英勇奋斗。序言第七自然段强调，中国新民主主义革命的胜利和社会主义事业的成就，是中国共产党领导中国各族人民取得的。本段同时明确，国家的根本任务是，沿着中国特色社会主义道路，集中力量进行社会主义现代化建设。这是全国各族人民的共同任务。中国各族人民将继续在中国共产党领导下，把我国建设成为富强民主文明和谐美丽的社会主义现代化强国，实现中华民族伟大复兴。

续加强。党的十八大以来，以习近平同志为核心的党中央反复强调巩固和发展平等团结互助和谐的社会主义民族关系，2018 年修改宪法时在“平等”“团结”“互助”基础上增加了“和谐”。为了保证这种民族关系继续加强和发展，宪法序言规定：“在维护民族团结的斗争中，要反对大民族主义，主要是大汉族主义，也要反对地方民族主义。国家尽一切努力，促进全国各民族的共同繁荣。”

2. 宪法正文关于民族区域自治的规定

一是，宪法确立了民族区域自治制度，规定了民族自治地方及其自治机关、民族自治地方的自治权。宪法“总纲”第四条规定，各少数民族聚居的地方实行区域自治，设立自治机关，行使自治权。宪法第三十条规定，我国行政区划中包含自治区、自治州、自治县、民族乡；其中，自治区、自治州、自治县都是民族自治地方。宪法第九十九条规定，民族乡的人民代表大会可以依照法律规定的权限采取适合民族特点的具体措施。

宪法第三章“国家机构”第六节对民族自治地方的自治机关、实行区域自治的民族在自治机关组成中的地位、民族自治地方的自治权等进行了规定。第一百一十二条明确民族自治地方的自治机关是自治区、自治州、自治县的人民代表大会和人民政府。第一百一十三条中关于民族自治地方的人民代表大会组成的规定，既体现了实行区域自治民族的自治地位，也保障了在民族自治地方的其他民族的民主权利。该章中还规定，民族自治地方的人民代表大会常务委员会中应当有实行区域自治的民族的公民担任主任或者副主任；自治区主席、自治州州长、自治县县长由实行区域自治的民族的公民担任。这些规定从组织上保证了少数民族在民族自治地方当家作主的权利。宪法从第一百一十六条到第一百二十一条分别规定了自治机关行使六个方面自治权：制定自治条例和单行条例的立法权；财政管理权；经济管理权；文化管理权；组织公安部队权；使用当地通用的语言文字执行职务的权利。

二是，宪法明确了国家统一领导和民族自治地方依法行使自治权的关系。我国宪法明确规定了民族自治地方的自治与国家统一领导之间的关系。宪法第四条规定各民族自治地方都是中华人民共和国不可分离的部分；第三十条关于行政区划的规定中明确自治区、自治州、自治县都是民族自治地方；第三条中关于中央和地方的国家机构职权划分规定，遵循在中央的统一领导下，充分发挥地方的主动性、积极性的原则；第九十五条中明确，自治机关的组织和工作根据宪法第三章第五节、第六节，即有关地方政权机关规定的基本原则由法律规定；第一百一十五条既规定民族自治地方的自治机关行使宪法规定的地方国家机关的职权，同时依照宪法、民族区域自治法和其他法律规定的权限行使自治权，根据本地方实际情况贯彻执行国家的法律、政策。宪法第五十二条还规定了中华人民共和国公民有维护国家统一和全国各民族团结的义务。宪法第四条中规定，禁止破坏民族团结和制造民族分裂的行为。此外，宪法第四条中规定各民族都有使用和发展自己的语言文字的自由，第十九条第五款规定国家推广全国通用的普通话，也体现了维护国家统一领导与依法保障权利和自由的精神。

三是，宪法规定了各民族一律平等，国家保障各少数民族合法权利利益和帮助少数民族地区发展责任。宪法第四条规定，中华人民共和国各民族一律平等。国家保障各少数民族的合法的权利和利益，维护和发展各民族的平等团结互助和谐关系。禁止对任何民族的歧视和压迫，禁止破坏民族团结和制造民族分裂的行为。国家根据各少数民族的特点和需要，帮助各少数民族地区加速经济和文化的发展。宪法第八十九条中规定，国务院领导和管理民族事务，保障少数民族的平等权利和民族自治地方的自治权利。宪法第一百二十二条进一步规定，国家从财政、物资、技术等方面帮助各少数民族加速发展经济建设和文化建设事业；国家帮助民族自治地方从当地民族中大量培养各级干部、各种专业人才和技术工人。

（四）通过立法实施宪法关于民族区域自治制度的基本情况

除宪法外，还有90余部法律对民族问题作了规定，国务院制定民族工作方面的行政法规，有立法权的地方人大及其常委会制定地方性法规，民族区域自治地方制定自治条例和单行条例等，我国民族工作法律法规制度日益完善。

一是，民族区域自治法关于民族区域自治有关问题的规定。民族区域自治法以宪法为依据，规定了我国民族区域自治制度的性质、内容和基本原则，规定了民族自治地方的建立和自治机关的组成、自治机关的自治权、民族自治地方内的民族关系、上级国家机关的帮助职责等内容。民族区域自治法注重处理民族自治地方和国家的关系，既维护国家的统一，又保证民族自治地方自治机关充分行使自治权；既保障民族自治地方各少数民族管理本民族内部事务的权利，又保障各民族的平等、团结、互助关系的发展，实现各民族的共同繁荣。2001年2月，全国人大常委会对民族区域自治法作出修改，在序言里增写了邓小平理论的指导地位，坚持改革开放，走有中国特色社会主义道路，发展社会主义市场经济等；正文中主要是进一步明确了上级国家机关对民族自治地方经济社会发展给予扶持、帮助的有关职责。

二是，相关法律关于民族和民族区域自治有关问题的规定。选举法、全国人大组织法、地方组织法、城市居民委员会组织法、村民委员会组织法、人民调解法等法律就民族事务管理和少数民族参与管理国家和社会公共事务作出规定；选举法、就业促进法、教育法、义务教育法、未成年人保护法、科学技术进步法、红十字会法、商标法、电影产业促进法、广告法、邮政法、治安管理处罚法和刑法等法律就保障民族平等、反对民族歧视和促进民族团结进步作出规定；民法典、乡村振兴促进法、旅游法、消费者权益保护法、农民专业合作社法、人口与计划生育法、电影产业促进法、教育法就帮助民族地区发展、尊重民族地区风俗习惯、保护少数民族文化传统、保护民族语言和加强民族教育作出规定；等等。2022 年 3 月，修改地方组织法，在地方各级人大、各级政府的职权中，补充完善了铸牢中华民族共同体意识，促进各民族广泛交往交流交融，保障少数民族的合法权利和利益，保障少数民族保持或者改革自己的风俗习惯的自由等方面的内容。

三是，行政法规中关于民族区域自治有关问题的规定。2005 年 5 月，国务院颁布施行了《实施〈中华人民共和国民族区域自治法〉若干规定》，对各级人民政府帮助民族自治地方加快经济社会发展作了比较具体的规定，是第一部贯彻民族区域自治法的综合性行政法规，对建立完善民族区域自治法配套法规体系，推动民族工作法治化进程具有重要意义。

四是，关于民族自治地方立法。根据宪法、立法法、地方组织法和民族区域自治法，自治区人大及其常委会可以制定自治条例、单行条例，也可以制定省级的地方性法规。自治州、自治县的人民代表大会可以制定自治条例、单行条例。2015 年修改立法法，赋予设区的市地方立法权，同时规定自治州人大及其常委会可以行使设区的市地方性法规的立法权。这样，全国 30 个自治州除了可以制定自治条例、单行条例外，也可以制定设区的市地方性法规。

党的二十大报告对党的民族工作作出新的决策部署，要求以铸牢中华民族共同体意识为主线，坚定不移走中国特色解决民族问题的正确道路，坚持和完善民族区域自治制度，加强和改进党的民族工作，全面推进民族团结进步事业，为新时代新征程更好坚持和完善民族区域自治制度，指明了前进方向。

六、坚持和完善基层群众自治制度

基层群众自治制度是我国的一项基本政治制度，是中国特色社会主义政治制度体系的重要组成部分。完善基层群众自治制度，发展基层民主，是社会主义民主政治建设的基础，是保证人民当家作主的重要举措。

（一）基层群众自治制度的发展历程

新中国成立后，党领导人民积极探索基层民主的实践形式，建立了居民自治制度。改革开放后，我国基层群众自治制度获得长足进步和发展。1987 年 11 月，彭真同志在六届全国人大常委会第二十三次会议审议《村民委员会组织法（试行）草案》时指出："十亿人民如何行使民主权利，当家作主，这是一个很大的根本的问题。我看最基本的是两个方面：一方面，十亿人民通过他们选出的代表组成全国人大和地方各级人大，行使管理国家的权力。……另一方面，在基层实行群众自治，群众的事情由群众自己依法去办，由群众自己直接行使民主权利。"[1] 全国人大常委会制定村民委员会组织法、城市居民委员会组织法，推动基层群众自治向规范化、法治化方向发展。

党的十八大以来，我们党围绕推进社会主义民主政治建设，坚持和完善基层群众自治制度，加强基层治理体系和治理能力建设，健全党组织领导的自治、法治、德治相结合的城乡基层治理体系，推动社会治理重心向基层下移，基层治理能力和水平不断提升。党的十九届四中全会就健全充满活力的基层群众自治制度作出明确部署，要求健全基层党组织领导的基层群众自治机制，在城乡社区治理、基层公共事务和公益事业中广泛实行群众自我管理、自我服务、自我教育、自我监督，拓宽人民群众反映意见和建议的渠道，着力推进基层直接民主制度化、规范化、程序化。党的二十大把积极发展基层民主摆在突出位置，强调基层民主是全过程人民民主的重要体现，要求健全基层党组织领导的基层群众自

---

〔1〕《彭真文选》（一九四一——一九九〇年），人民出版社 1991 年版，第 607 ~ 608 页。

治机制，加强基层组织建设，完善基层直接民主制度体系和工作体系，增强城乡社区群众自我管理、自我服务、自我教育、自我监督的实效；完善办事公开制度，拓宽基层各类群体有序参与基层治理渠道，保障人民依法管理基层公共事务和公益事业；全心全意依靠工人阶级，健全以职工代表大会为基本形式的企事业单位民主管理制度，维护职工合法权益。这些部署要求，为新时代新征程推进基层民主建设特别是基层群众自治制度建设，指明了前进方向。

（二）我国宪法法律关于基层群众自治制度的规定与发展

根据宪法和有关法律规定，基层群众自治制度的基本内涵包括：党领导广大人民群众在基层政治、经济、文化和社会生活领域直接行使民主选举、民主决策、民主管理和民主监督等权利，实行自我管理、自我服务、自我教育、自我监督，主要表现形式为居民自治和村民自治。

一是，城市居民自治制度的确立与发展。1954 年 12 月，制定了《城市居民委员会组织条例》，以法律形式规定了居民委员会的性质、职能、地位和作用。1980 年 1 月，重新公布《城市居民委员会组织条例》。一九八二年宪法在总结我国居民委员会实行群众自治经验的基础上，以根本法的形式明确规定居民委员会的性质、任务和作用。全国各地对城市居民委员会的组织进行了整顿，健全了组织机构和各项规章制度。1989 年 12 月，全国人大常委会将《城市居民委员会组织条例》修改为城市居民委员会组织法，调整增加了新的内容，〔1〕推动我国城市居民委员会建设迈入法制化轨道。

二是，农村村民自治制度的确立与发展。农村普遍实行家庭联产承

〔1〕 主要内容有：要求居民委员会宣传宪法、法律、法规和国家的政策，维护居民的合法权益；协助人民政府或者它的派出机关做好与居民利益有关的公共卫生、计划生育、优抚救济、青少年教育等项工作。对居民委员会的规模和机构设置、居民委员会的组成人员及其产生方法、居民委员会的任期等作出具体规定。

包责任制后，一些地区的农村自发组织起来，管理农村公益事业。为规范和推进农村基层群众自治的发展，一九八二年宪法把村民委员会与居民委员会一起写入宪法，正式确立了村民委员会作为农村基层群众性自治组织的法律地位。1987 年 11 月，制定村民委员会组织法（试行），明确村民委员会是村民自我管理、自我教育、自我服务的基层群众性自治组织，负责办理本村的公共事务和公益事业，调解民间纠纷，协助人民政府做好与村民利益直接有关的社会治安、民政、统计、文化、教育、卫生、计划生育等行政工作；规定了村民委员会成员的选举产生和任期制度等。1998 年 11 月，制定村民委员会组织法；2010 年 10 月，对村民委员会组织法作了修改，进一步完善了村民委员会成员的选举和罢免程序、民主议事制度、民主管理和民主监督制度。各省区市根据本行政区域的实际情况制定了相关的村民委员会组织法实施办法、村民委员会选举办法，进一步推进法律规定落实落地。

三是，完善基层自治法律法规制度。进入新时代以来，全国人大及其常委会适应基层群众自治实践发展需要，加快立法修法步伐。民法典明确赋予村民委员会、居民委员会基层群众性自治组织特别法人资格，可以从事为履行职能所需要的民事活动；2018 年 12 月，通过关于修改村民委员会组织法、城市居民委员会组织法的决定，将村民委员会、居民委员会的任期由三年改为五年，与村和社区党的委员会、总支部委员会、支部委员会的任期保持一致。

（三）新时代基层群众自治制度的新发展

一是，完善城乡社会治理体系。2017 年 6 月，中共中央、国务院印发《关于加强和完善城乡社区治理的意见》，明确提出加强和完善城乡社区治理的总体要求、目标任务和重要举措。2019 年 1 月，习近平总书记在中央政法工作会议上强调：“要完善基层群众自治机制，调动城乡群众、企事业单位、社会组织自主自治的积极性，打造人人有责、人人尽责的社会治理共同体。”[1] 党的十九届六中全会进一步提出，完善社会治理体系，健全党组织领导的自治、法治、德治相结合的城乡基层治理体系，推动社会治理重心向基层下移，建设共建共治共享的社会治理制度，建设人人有责、人人尽责、人人享有的社会治理共同体。

二是，加强基层治理体系和治理能力建设。2021 年 7 月，中共中央、国务院印发《关于加强基层治理体系和治理能力现代化建设的意见》，这是党中央、国务院针对基层治理工作印发的首个系统性、纲领性政策文件。加强基层治理体系和治理能力现代化建设的主要目标是，力争用 5 年左右时间，建立起党组织统一领导、政府依法履责、各类组织积极协同、群众广泛参与，自治、法治、德治相结合的基层治理体系。在此基础上力争再用 10 年时间，基本实现基层治理体系和治理能力现代化，中国特色基层治理制度优势充分展现。该意见“健全基层群众自治制度”部分提出，要加强村（居）民委员会规范化建设，健全村（居）民自治机制，增强村（社区）组织动员能力，优化村（社区）服务格局；“推进基层法治和德治建设”部分提出，要推进基层治理法治建设，加强思想道德建设，发展公益慈善事业。

各地方贯彻中央决策部署和有关文件精神，结合本地实际，制定了多元纠纷化解、文明行为促进、乡村振兴促进、法治乡村建设、物业管理等方面的地方性法规，推进基层治理体系建设。此外，我们党制定了专门的党内法规农村工作条例，加强党对农村工作的全面领导，把农村基层党组织建设成为宣传党的主张、贯彻党的决定、领导基层治理、团结动员服务群众、推动改革发展的坚强战斗堡垒，加快推进乡村治理体系和治理能力现代化。

---

[1] 习近平：《论坚持全面依法治国》，中央文献出版社 2020 年版，第 247 页。

第七章　我国宪法关于依法治国的规定及其发展实施

宪法是全面依法治国的根本依据。1982 年 12 月 4 日，五届全国人大五次会议通过新宪法即现行宪法。现行宪法公布施行 40 年来，从党的十一届三中全会提出的“有法可依、有法必依、执法必严、违法必究”到党的十八大提出的“科学立法、严格执法、公正司法、全民守法”，从“科学执政、民主执政”到“科学执政、民主执政、依法执政”，从形成“中国特色社会主义法律体系”到建设“中国特色社会主义法治体系”，从一九八二年宪法序言规定“健全社会主义法制”到 1999 年宪法修正案规定“中华人民共和国实行依法治国，建设社会主义法治国家”，再到 2018 年宪法修正案在宪法序言中规定“健全社会主义法治”，我们党领导人民矢志不渝、砥砺奋进，开创出法治中国建设崭新局面。特别是党的十八大以来全面依法治国取得的历史性成就、发生的历史性变革，与伟大时代同频共振，与改革实践相伴同行，是宪法实施 40 年伟大征程的重要组成部分，为书写经济快速发展和社会长期稳定两大奇迹、推进中国特色社会主义伟大事业提供了有力法治保障。

一、全面贯彻实施宪法是全面依法治国、建设社会主义法治国家的首要任务和基础性工作

（一）宪法是全面依法治国的根本依据

宪法以国家根本法形式确立依法治国的国家根本任务、基本方略、重大原则和重要制度，是制定和实施法律法规的根本依据。中国特色社会主义法治体系各领域的发展和推进，都必须以宪法为根本活动准则。一九八二年宪法贯彻党的十一届三中全会精神，把“发展社会主义民主，健全社会主义法制”作为我国新时期法制建设的基本方针，对立法、执法、司法、守法、宪法法律监督等各项活动作出规定；1999 年宪法修正案将“中华人民共和国实行依法治国，建设社会主义法治国家”写入宪法，明确了依法治国基本方略的宪法地位；2018 年宪法修正案总结我国法治建设的成功经验，将“健全社会主义法制”修改为“健全社会主义法治”，充分体现出“法治是治国理政的基本方式”这一新时代重大法治理念。这些制度和规范，为各个历史时期推进法治建设提供了根本依据和指引，为建设社会主义法治国家提供了根本法制支撑。

（二）坚持依法治国首先要坚持依宪治国

宪法实施和监督是推进全面依法治国的重要工作内容和题中应有之义。我国宪法规定，全国各族人民、一切国家机关和武装力量、各政党和各社会团体、各企业事业组织，都必须以宪法为根本的活动准则，并且负有维护宪法尊严、保证宪法实施的职责。任何组织或者个人都不得有超越宪法和法律的特权。一切违反宪法和法律的行为，必须予以追究。我国宪法实施具有多渠道、多方式、多主体的特点，是一个动态、持续、

全面的发展进程。完善以宪法为核心的中国特色社会主义法律体系，加快形成完备的法律规范体系，是宪法实施的内在要求，也是保证宪法全面实施的基本途径。[1] 宪法和地方组织法、立法法、监督法等赋予人大及其常委会对“一府一委两院”行使监督权。人大及其常委会实行正确监督、有效监督、依法监督，维护国家法治统一、尊严、权威，确保法律法规得到有效实施，确保行政权、监察权、审判权、检察权依法正确行使。比如，合宪性审查、规范性文件备案审查就是保障宪法法律实施、维护国家法治统一的重要举措。

（三）全面依法治国为全面实施宪法确立的各项制度、原则、规则提供有力法治保障

宪法是治国理政的总章程。宪法以国家根本法的形式，确认了中国共产党领导中国人民进行革命、建设、改革的伟大斗争和根本成就，确认了中国共产党的领导地位，确立了国体和中国特色社会主义制度的根本制度、基本制度、重要制度，确定了国家的根本任务、指导思想、发展道路、奋斗目标和一系列大政方针，是党和人民意志的集中体现，是党和国家各方面工作的根本准则。2018 年宪法修正案明确了“把我国建设成为富强民主文明和谐美丽的社会主义现代化强国，实现中华民族伟大复兴”的目标任务。全面依法治国既是全面建设社会主义现代化国家的重要内容，也是全面建成社会主义现代化强国的重要保证。宪法规定的各项制度的实施，中国式现代化各项目标任务的实现，涉及改革发展稳定、内政外交国防、治党治国治军等方方面面，涉及国家政治、经济、文化、社会、生态等各个领域、各项事业的发展，都需要更好发挥法治

〔1〕 参见沈春耀：《健全保证宪法全面实施的体制机制》，载本书编写组编著：《〈中共中央关于坚持和完善中国特色社会主义制度、推进国家治理体系和治理能力现代化若干重大问题的决定〉辅导读本》，人民出版社 2019 年版，第 252 页。

的引领、推动、规范与保障作用，在法治轨道上全面建设社会主义现代化国家，全面推进国家各方面工作的法治化。

二、改革开放和社会主义现代化建设新时期法治建设及其重大成就

改革开放以来，我们党总结历史经验教训，加强社会主义法制建设，实施依法治国基本方略，形成并不断完善以宪法为核心的中国特色社会主义法律体系，全面实施依法行政，深化司法体制改革，完善权力制约和监督机制，尊重和保障人权，维护人民群众合法权益，维护社会和谐稳定，不断推进各项工作法治化，法治建设取得重大成就。

（一）党中央关于依法治国的决策部署

1978 年 12 月，党的十一届三中全会总结我国民主法制建设正反两方面经验，特别是吸取“文化大革命”中法制遭到严重破坏的沉痛教训，提出了“发展社会主义民主、健全社会主义法制”的重大方针。邓小平同志明确提出：“为了保障人民民主，必须加强法制。必须使民主制度化、法律化，使这种制度和法律不因领导人的改变而改变，不因领导人的看法和注意力的改变而改变。”[1] 党的十一届三中全会指出：“从现在起，应当把立法工作摆到全国人民代表大会及其常务委员会的重要议程上来。检察机关和司法机关要保持应有的独立性；要忠实于法律和制度，忠实于人民利益，忠实于事实真相；要保证人民在自己的法律面前人人平等，不允许任何人有超于法律之上的特权。”[2] 这就为改革开放和社

---

[1] 《邓小平文选》（第 2 卷），人民出版社 1994 年版，第 146 页。

[2] 中共中央文献研究室编：《三中全会以来重要文献选编（上）》，中央文献出版社 2011 年版，第 9 页。

会主义现代化建设新时期大力推进社会主义法制建设指明了正确政治方向。

党的十四大确立了建立社会主义市场经济体制的目标，党的十四届三中全会通过的《中共中央关于建立社会主义市场经济体制若干问题的决定》提出，“社会主义市场经济体制的建立和完善，必须有完备的法制来规范和保障”，“本世纪末初步建立适应社会主义市场经济的法律体系”。党的十五大确立了“依法治国，建设社会主义法治国家”的基本方略，提出了“到二零一零年形成有中国特色社会主义法律体系”的目标和任务。党的十六大提出，“发展社会主义民主政治，最根本的是要把坚持党的领导、人民当家作主和依法治国有机统一起来”，并把“社会主义民主更加完善，社会主义法制更加完备，依法治国基本方略得到全面落实”作为全面建设小康社会的目标之一，要求“到二〇一〇年形成中国特色社会主义法律体系”。党的十七大提出，依法治国是社会主义民主政治的基本要求，强调要“全面落实依法治国基本方略，加快建设社会主义法治国家”，并对加强社会主义法治建设作出了全面部署。这一时期党中央关于依法治国的系列重大论断、重要部署，充分体现了我们党对国家治理和法治建设规律性认识的不断深化，充分彰显了我们党一以贯之持续推进法治中国建设的坚定信心和坚强决心，为新时代全面依法治国奠定了坚实基础。

（二）我国现行宪法的与时俱进、完善发展

我国现行宪法是根据党的十一届三中全会确立的路线方针政策，适应改革开放和社会主义现代化建设历史新时期的需要修改制定的。宪法确立的许多重要制度和原则，都源于一九五四年宪法和 1949 年《共同纲领》，是在新的历史条件下对它们的继承、完善和发展。现行宪法集中体现了党的十一届三中全会以来的路线方针政策，规定了坚持以经济建设

为中心，坚持四项基本原则，坚持改革开放“一个中心、两个基本点”的基本路线，明确了国家的根本任务、基本纲领、发展方向、奋斗目标，充实了公民的基本权利和义务，恢复和完善了国家机构和各项制度，为改革开放和社会主义现代化建设各项事业的发展奠定了坚实的根本法基础。

这一时期，根据我国改革开放和社会主义现代化建设的实践和发展，在党中央领导下，全国人民代表大会于 1988 年、1993 年、1999 年、2004 年先后四次对一九八二年宪法的个别条款和部分内容作出必要的也是十分重要的修正，共通过了 31 条宪法修正案。四次宪法修改的主要内容包括：一是将邓小平理论，“三个代表”重要思想，社会主义初级阶段，中国特色社会主义道路，发展社会主义市场经济，推动物质文明、政治文明和精神文明协调发展等重要内容，分别载入宪法序言。二是分别增加关于中国共产党领导的多党合作和政治协商制度，包括劳动者、建设者和爱国者在内的广泛爱国统一战线的表述。三是增加规定实行依法治国，建设社会主义法治国家。四是完善社会主义基本经济制度的内容，规定国家实行社会主义市场经济。五是规定实行家庭承包经营为基础、统分结合的双层经营体制。六是明确非公有制经济的地位和国家对非公有制经济的方针政策，规定公民合法的私有财产不受侵犯。七是规定国家建立健全同经济发展水平相适应的社会保障制度。八是规定国家尊重和保障人权。九是规定国家主席进行国事活动。十是规定土地使用权转让制度。此外，宪法还对县乡人大任期、我国国歌等作了补充和完善。这四次宪法修正案坚持党的领导、人民当家作主、依法治国有机统一，及时以国家根本法的形式确认党和人民创造的伟大成就和得出的宝贵经验，为不断深入推进改革开放和社会主义现代化建设，顺利实现我们党提出的各阶段任务目标提供了充足的宪法根据和有力的宪法保障。

（三）社会主义法治建设取得重大成就

党的十一届三中全会实现伟大历史转折，按照会上确定的“有法可依、有法必依、执法必严、违法必究”基本方针，我国社会主义法制建设持续推进和加强，立法立规、依法行政、公正司法、法律服务、法制宣传、法学教育、法学研究、依法治理和依法执政等各领域各方面工作不断取得新成就新进展。[1]

第一，形成了中国特色社会主义法律体系。改革开放之初，邓小平同志指出：“现在的问题是法律很不完备，很多法律还没有制定出来……应该集中力量制定刑法、民法、诉讼法和其他各种必要的法律”，“法律条文开始可以粗一点，逐步完善。有的法规地方可以先试搞，然后经过总结提高，制定全国通行的法律。修改补充法律，成熟一条就修改补充一条，不要等待‘成套设备’。总之，有比没有好，快搞比慢搞好”。[2] 时任全国人大常委会委员长的叶剑英同志也强调指出：“人大常委会如果不能尽快地担负起制定法律、完善社会主义法制的责任，那人大常委会就是有名无实，有职无权，尸位素餐，那我这个人大常委委员长就没有当好，我就愧对全党和全国人民。”[3] 在党中央的正确领导下，1979 年 7 月，五届全国人大二次会议通过地方组织法等七部法律，标志着我国立法工作在中断 20 多年后迈出坚实步伐。

全国人大及其常委会制定修改了中外合资经营企业法、外资企业法、中外合作经营企业法、全民所有制工业企业法、专利法、著作权法、涉外经济合同法、技术合同法、海商法、土地管理法等一大批经济领域的法律，授权国务院改革工商税制，发布有关税收条例草案（试行），在经济体制改革和对外开放方面可以制定暂行的规定或者条例。还制定修改了民法通则、民事诉讼法、继承法等一批民事方面的法律，以及关于健全国家机构、保障公民权利、保护环境资源、发展教育事业、推进军队

〔1〕参见王晨：《坚持全面依法治国　法治中国建设迈出坚实步伐》，载本书编写组编著：《〈中共中央关于党的百年奋斗重大成就和历史经验的决议〉辅导读本》，人民出版社 2021 年版，第 25 页。

〔2〕《邓小平文选》（第 2 卷），人民出版社 1994 年版，第 146 ~ 147 页。

〔3〕《叶剑英选集》，人民出版社 1996 年版，第 500 页。

建设、加强社会管理、惩治违法犯罪等方面的法律。完善立法体制，制定并修改地方组织法，赋予省级地方和较大的市人大及其常委会地方立法权；一九八二年宪法对赋予省级人大地方立法权作出确认，还赋予自治区、自治州、自治县的人大制定自治条例和单行条例的权力。国务院加强行政立法和经济立法，制定了一批行政法规。[1] 在现行宪法公布施行十周年之际，乔石同志发表讲话指出："宪法有力地促进了社会主义的法制建设……党的十一届三中全会以来，制定了204部法律和有关法律问题的决定或补充决定，还制定了617个行政法规，2360个地方性法规，初步改变了我国相当长时期内法制建设薄弱的状况，使国家政治、经济、社会生活的主要方面有法可依。"[2]

20世纪90年代开始，为适应经济体制转轨需要，全国人大及其常委会加快立法步伐，制定修改了公司法、合伙企业法、商业银行法、乡镇企业法、反不正当竞争法等一大批规范市场主体、确立市场规则、维护市场秩序、完善宏观调控等方面的法律。为适应不断扩大对外开放特别是加入世界贸易组织的需要，及时修改了一批法律法规。在民主政治、教育科技、卫生体育、社会保障、环境保护、国防军事、诉讼制度等方面，制定和修改了一批重要法律。制定立法法，进一步完善立法体制机制。2003年3月，李鹏同志在十届全国人大一次会议上指出，经过不懈努力，构成中国特色社会主义法律体系的各个法律部门已经齐全，每个法律部门中主要的法律已经基本制定出来，加上国务院制定的行政法规

[1] 比如，1986年国务院政府工作报告提出："七五"期间，要逐步完善各种经济手段和法律手段，辅之以必要的行政手段，来控制和调节经济的运行。前几年，全国人大及其常委会已经制定了一批重要法律，国务院也制定了一批必要的行政法规，今后还将抓紧各项立法工作特别是经济立法工作，力争在"七五"期间建立起比较完备的经济法规体系，逐步使各项经济活动都有法可依。又如，1988年国务院政府工作报告总结了过去五年行政立法工作主要成就：各级政府和有关部门为加强法制建设作了很大努力。五年内国务院提请全国人大常委会审议通过的法律有30项，国务院制定和颁布的行政法规有255项。各个领域的法律体系正在逐步完善。

[2] 乔石：《在首都纪念宪法颁布十周年大会上的讲话》，载《乔石谈民主与法制》（下），人民出版社、中国长安出版社2012年版，第319页。

和地方人大制定的地方性法规，以宪法为核心的中国特色社会主义法律体系已经初步形成。[1]

在这之后，朝着“到2010年形成中国特色社会主义法律体系”的目标任务，全国人大及其常委会制定反分裂国家法、监督法等有关维护国家统一、发展民主政治的法律，制定修改了物权法、企业破产法、反垄断法、劳动合同法、行政许可法等市场经济、社会保障、依法行政等方面的一大批法律，集中开展法律法规清理工作，推动形成中国特色社会主义法律体系。2011年1月，吴邦国同志在形成中国特色社会主义法律体系座谈会上的讲话指出：到2010年年底，我国已制定现行有效法律236件、行政法规690多件、地方性法规8600多件，并全面完成了对现行法律和行政法规、地方性法规的集中清理工作。目前，涵盖社会关系各个方面的法律部门已经齐全，各法律部门中基本的、主要的法律已经制定，相应的行政法规和地方性法规比较完备，法律体系内部总体做到科学和谐统一。一个立足中国国情和实际、适应改革开放和社会主义现代化建设需要、集中体现党和人民意志的，以宪法为统帅，以宪法相关法、民法商法等多个法律部门的法律为主干，由法律、行政法规、地方性法规等多个层次的法律规范构成的中国特色社会主义法律体系已经形成，国家经济建设、政治建设、文化建设、社会建设以及生态文明建设的各个方面实现有法可依。这是我国社会主义民主法制建设史上的重要里程碑，具有重大的现实意义和深远的历史意义。[2]

第二，法治政府建设扎实推进。“天下之事，不难于立法，而难于法之必行。”在我国，行政机关是国家法律法规的主要执行者。依法行政、严格执法是我国改革开放和社会主义现代化建设各项事业发展的客观需要，也是规范政府权力行使、推进法治政府建设的内在要求。改革开放

---

〔1〕 李鹏：《全国人民代表大会常务委员会工作报告——2003年3月10日在第十届全国人民代表大会第一次会议上》，载《全国人民代表大会常务委员会公报》2003年第2期。

〔2〕 全国人大常委会法制工作委员会组织编写：《中国特色社会主义法律体系学习读本》，新华出版社2011年版，第1~2页。

初期，法治建设的主要任务是立法，解决无法可依的问题。随着大量法律法规的颁布实施，行政执法问题日益凸显，有法不依、执法不严成为社会普遍反映出来的问题。此外，随着我国社会主义法治事业的不断发展，人民群众的法治意识不断提高，对政府依法行政的愿望越来越强烈，客观上要求加强法治政府建设，做到依法治官、依法治权。

一是完善规范行政权力行使的法律制度，为依法行政提供法制依据。1989 年，七届全国人大二次会议通过行政诉讼法，对于规范行政执法行为具有里程碑意义。1990 年，国务院颁布《行政复议条例》，正式确立统一的行政复议制度。1999 年将《行政复议条例》上升为行政复议法，通过行政机关内部自我纠错机制，为公民、法人和其他组织合法权益提供救济途径。1996 年颁布的行政处罚法确定了行政执法行为共性的基本原则；2003 年颁布的行政许可法确定了政府职能转变的基本方向，明确了行政审批管理的法律框架；2007 年颁布实施的《中华人民共和国政府信息公开条例》，极大促进了行政执法的公开透明；2011 年颁布的行政强制法对于防止行政权力滥用发挥了重要作用。总体上，行政处罚法、行政许可法、行政强制法和政府信息公开条例的颁布和实施，基本上扭转了过去乱处罚、乱集资、乱摊派的“三乱”问题。最高人民法院、最高人民检察院出台了很多司法解释，发挥了规范执法、司法行为，促进文明执法的作用。

二是加强依法行政工作，推进行政执法规范化、制度化发展。党中央、国务院把严格规范执法作为行政机关依法行政、建设法治政府的重中之重，出台了一系列制度举措。1987 年 4 月，第一次全国政府法制工作会议首次提出“政府法制”的概念。政府法制工作，是各级政府在管理国家政治、经济、文化和社会事务，推进社会法治发展进程中，依照法定权限所进行的立法、执法和层级法制监督以及对政府依法管理活动实施宏观规划并组织监督实施的重要工作。1993 年 3 月，时任国务院总理的李鹏同志在八届全国人大一次会议上代表国务院所作的政府工作报告中首次提出“依法行政”，要求“各级政府都要依法行政，严格依法办事”。此后，“依法行政”作为一种制度逐渐广为人知，并成为衡量政府工作的重要标尺。2004 年 3 月，国务院印发的《全面推进依法行政实施纲要》第一次明确提出法治政府建设目标：政企分开、政事分开，政府与市场、政府与社会的关系基本理顺，政府的经济调节、市场监管、社会管理和公共服务职能基本到位。中央政府和地方政府之间、政府各部门之间的职能和权限比较明确。行为规范、运转协调、公正透明、廉洁高效的行政管理体制基本形成。权责明确、行为规范、监督有效、保障有力的行政执法体制基本建立。2008 年 6 月，国务院发布《关于加强市县政府依法行政的决定》，明确市县法治政府建设的具体任务、路线及制度保障。2010 年，国务院出台《关于加强法治政府建设的意见》，明确法治政府建设和推进依法行政工作的重要任务，制定了新的时间表和路线图。各级行政机关建立健全执法机构，严格依法行政，行使权力的方式和程序进一步规范化、法制化。

第三，促进公正司法的体制机制不断发展完善。改革开放以来，我国不断完善促进司法公正的法律制度，司法改革与时俱进、渐次展开、不断深入，司法体制机制不断发展完善，形成了符合建设社会主义法治国家要求的现代司法制度。

一是完善法律制度，保证公正司法。1979 年，五届全国人大二次会议通过刑法、刑事诉讼法、人民法院组织法、人民检察院组织法。同年，中共中央发布《关于坚决保证刑法、刑事诉讼法切实实施的指示》，我国司法制度迅速恢复重建。1989 年制定行政诉讼法，标志着我国刑事、民事、行政三大司法体系全面确立。之后，全国人大及其常委会制定修改民事诉讼法、刑事诉讼法、法官法、检察官法、律师法、仲裁法、公证法、劳动争议调解仲裁法等法律，对民事、刑事司法制度作出修改完善，建立起仲裁制度、律师制度、公证制度、法律援助制度，对初任法官、检察官和取得律师资格等实行统一的司法考试制度，推动了法官、检察官、律师、公证员的职业化建设。全国人大常委会还通过了《关于完善人民陪审员制度的决定》《关于司法鉴定管理问题的决定》，进一步完善了人民陪审员制度、司法鉴定制度。

二是推进司法改革，促进公正司法。1997年9月，党的十五大作出推进司法改革的决策部署，要求从制度上保证司法机关依法独立公正地行使审判权和检察权，建立冤案、错案责任追究制度。1999年和2000年，最高人民法院和最高人民检察院先后出台《人民法院五年改革纲要》《检察改革三年实施意见》，进一步细化落实中央司法改革决策部署的各项任务。2002年11月，党的十六大进一步明确了推进司法改革的目标和任务。[1] 2003年5月，中央成立中央司法体制改革领导小组，全面领导全国司法体制改革工作。2004年年底，中共中央转发了中央司法体制改革领导小组《关于司法体制和工作机制改革的初步意见》，提出了改革和完善诉讼制度、诉讼收费制度、检察监督体制、劳动教养制度[2]、监狱和刑罚执行制度、司法鉴定体制、司法干部管理体制、律师制度等举措。之后，最高人民法院、最高人民检察院、公安部分别出台了《人民法院第二个五年改革纲要（2004—2008）》《关于进一步深化检察改革的三年实施意见（2005—2008）》《关于落实〈中央司法体制改革领导小组关于司法体制和工作机制改革的初步意见〉的分工方案》，对落实中央司法改革任务的具体举措作出安排部署。2007年10月，党的十七大提出，深化司法体制改革，优化司法职权配置，规范司法行为，建设公正高效权威

---

〔1〕 具体包括社会主义司法制度必须保障在全社会实现公平和正义。按照公正司法和严格执法的要求，完善司法机关的机构设置、职权划分和管理制度，进一步健全权责明确、相互配合、相互制约、高效运行的司法体制。从制度上保证审判机关和检察机关依法独立公正地行使审判权和检察权。完善诉讼程序，保障公民和法人的合法权益。切实解决执行难问题。改革司法机关的工作机制和人财物管理体制，逐步实现司法审判和检察同司法行政事务相分离。加强对司法工作的监督，惩治司法领域中的腐败。建设一支政治坚定、业务精通、作风优良、执法公正的司法队伍。

〔2〕 2013年12月，全国人大常委会通过关于废止有关劳动教养法律规定的决定，废止劳动教养制度。

的社会主义司法制度，保证审判机关、检察机关依法独立公正地行使审判权、检察权。2008 年 12 月，中共中央转发中央政法委员会《关于深化司法体制和工作机制改革若干问题的意见》。该意见围绕优化司法职权配置、落实宽严相济刑事政策、加强政法队伍建设、加强政法经费保障四个方面，提出了 60 项改革任务。[1] 2009 年最高人民法院、最高人民检察院分别出台了《人民法院第三个五年改革纲要（2009—2013）》《关于深化检察改革 2009—2012 年工作规划》，持续推进司法体制改革，优化司法职权配置。通过各方面共同努力，司法改革成效显著，一些影响司法公正的突出问题得到有效解决，尊重和保障人权的司法理念不断深化，司法效率不断提升，打官司难、执行难的问题得到有效缓解，政法队伍的政治业务素质进一步提高，履职更有保障，建设公正高效权威的社会主义司法制度不断取得新进展新成效。

第四，全社会法治观念明显增强。法治宣传教育是提高全民法律素质，推进依法治国、建设社会主义法治国家的一项重要基础性工作。从 1985 年起，全国人大常委会先后通过了六个五年的普法规划，在全国范围内开展以宪法为中心的普法教育活动，全社会的宪法意识和法治观念不断增强。

---

〔1〕 具体包括加强对刑事、民事和行政诉讼的法律监督，进一步明确监督的范围、程序和措施；改革现行民事行政案件执行体制，切实解决判决、裁定“执行难”的问题；改革和完善看守所管理和监督机制，切实防止发生刑讯逼供和超期羁押现象；优化侦查权的配置，切实加强对侦查活动的制约监督；规范司法机关上下级之间的关系，切实防止和克服司法行政化倾向；从立法上完善对司法权的保障制度，切实维护社会主义法制的严肃性；改革劳动教养制度，切实解决对办理治安违法案件监督制约不够的问题；完善快速办理轻微刑事案件的工作机制，完善适应未成年人案件实际特点的办案机制，建立刑事和解、暂缓起诉、前科消灭等符合宽严相济刑事政策要求的制度；建立刑事被害人救助制度，明确救助的原则、对象、申请条件、发放主体、救助标准和具体工作制度；完善刑罚执行制度，逐步扩大减刑假释的覆盖面；积极推行社区矫正试点，进一步明确范围，严格职责，建立完善相关制度，确保社区矫正与刑罚执行、安置帮教等工作有机衔接；改革和完善法律院校招生分配制度，培养造就政治业务素质高、实战能力强的复合型法律应用人才，从根本上规范政法机关的进人体制；建立符合政法干警职业特点的在职培训制度；建立区别于一般公务员的政法机关职务序列和职数比例，完善司法人员职业保障制度；改革和完善律师管理制度，真正把律师作为社会主义法律工作者来管理；进一步落实“收支两条线”规定，实现政法经费由财政全额负担，建立分项目、分区域、分部门的分类保障政策，规范基础设施建设的经费保障，改革和完善政法经费管理制度；等等。

国家组织开展各种形式的法治宣传教育活动。每年的12月4日即现行宪法颁布日被确定为法制宣传日。各级党组织和国家机关集体学习法律知识已形成制度。各级各类学校把法治教育纳入必修课程，广播、电视、报刊、网络等新闻媒体开设法治栏目，加强法治宣传。强调普及法律知识与依法治理相结合，广泛开展“依法治省”“依法治市”等活动，使法治建设融入各地方、各部门、各单位的日常工作和公民的生产生活之中，实现学法和用法相结合，努力提高全社会的法治水平。国家高度重视发展法学教育，改革开放以来，有600多所高等院校设立了法学本科专业，经过30多年的恢复、重建、改革和发展，一个以法学学士、硕士、博士教育为主体，法学专业教育与法律职业教育相结合的法学教育体系已经形成。

三、新时代全面依法治国和法治中国建设不断开创新局面

党的十八大以来，以习近平同志为核心的党中央从坚持和发展中国特色社会主义的全局和战略高度定位法治、布局法治、厉行法治，将全面依法治国纳入“四个全面”战略布局，深刻回答了新时代为什么实行全面依法治国、怎样实行全面依法治国这一重大时代课题，形成了习近平法治思想，引领推动我国社会主义法治建设取得历史性成就、发生历史性变革。

（一）党中央关于全面依法治国的决策部署

全面依法治国是坚持和发展中国特色社会主义的本质要求和重要保障，是我们党从坚持和发展中国特色社会主义出发，为更好治国理政提出的重大战略任务，关系党执政兴国，关系人民幸福安康，关系党和国家长治久安。落实好这项重大战略任务，对推动经济持续健康发展、维护社会和谐稳定、实现社会公平正义，对在法治轨道上全面建设社会主义现代化国家、实现中华民族伟大复兴，都具有十分重大的意义。

2012 年 11 月，党的十八大提出全面推进依法治国，推进科学立法、严格执法、公正司法、全民守法，并就完善中国特色社会主义法律体系、推进依法行政、进一步深化司法体制改革、深入开展法制宣传教育等作出部署。2013 年 11 月，党的十八届三中全会将推进法治中国建设作为全面深化改革的重要方面作出专门部署，强调坚持依法治国、依法执政、依法行政共同推进，坚持法治国家、法治政府、法治社会一体建设。2014 年 10 月，党的十八届四中全会专题研究全面推进依法治国，作出《中共中央关于全面推进依法治国若干重大问题的决定》，规划了全面依法治国的总蓝图、路线图、施工图。这是我们党的历史上第一次通过中央全会专题研究、专门部署全面依法治国，在我国社会主义法治史上具有里程碑意义。之后不久，党中央将全面依法治国纳入“四个全面”战略布局，以前所未有的决心、举措和力度推进法治中国建设。2017 年 10 月，党的十九大把全面推进依法治国总目标写入习近平新时代中国特色社会主义思想“八个明确”，把坚持全面依法治国写入“十四个坚持”基本方略，明确提出了新时代全面依法治国的新任务，描绘了到 2035 年基本建成法治国家、法治政府、法治社会的宏伟蓝图。2018 年 1 月，党的十九届二中全会专题研究宪法修改，审议通过《中共中央关于修改宪法部分内容的建议》。这在我们党中央全会的历史上是第一次。习近平总书记发表重要讲话，强调要深刻认识宪法修改的重大意义，切实尊崇宪法，严格实施宪法。2018 年 2 月，党的十九届三中全会决定组建中央全面依法治国委员会，健全党领导全面依法治国的制度和工作机制。2019 年 10 月，党的十九届四中全会对坚持和完善中国特色社会主义法治体系，提高党依法治国、依法执政能力，推进国家治理体系和治理能力现代化作出重要部署。2020 年 10 月，党的十九届五中全会提出到 2035 年基本实现社会主义现代化远景目标，重申基本建成法治国家、法治政府、法治社会的宏伟目标。2021 年 11 月，党的十九届六中全会回顾总结党百年奋斗重大成就和历史经验，将党的十九大报告概括的“八个明确”拓展为“十个明确”，从十三个方面概括新时代党和国家事业取得的历史性成就、发生的历史性变革，全面依法治国是其中的重要内容。2022 年 10 月，党的二十大首次单设一个部分对“坚持全面依法治国，推进法治中国建设”作出部署安排，强调必须更好发挥法治固根本、稳预期、利长远的保障作用，在法治轨道上全面建设社会主义现代化国家，全面推进国家各方面工作法治化。

（二）形成了我们党关于全面依法治国的理论创新成果即习近平法治思想

伟大时代诞生伟大理论，伟大理论引领伟大征程。党的十八大以来，在领导全党全国人民推进全面依法治国的伟大实践中，习近平总书记以马克思主义政治家、思想家、战略家的深刻洞察力和理论创造力，创造性提出了关于全面依法治国的一系列具有原创性、集成性、标志性的新理念新思想新战略，形成了习近平法治思想。习近平法治思想坚持马克思主义立场观点方法，总结中国特色社会主义法治实践规律，传承中华优秀传统法律文化，汲取世界法治文明有益成果，同我们党长期形成的法治理论既一脉相承又与时俱进，在理论上有许多重大突破、重大创新、重大发展，实现了马克思主义法治理论中国化时代化新的历史性飞跃。2020 年 11 月召开的中央全面依法治国工作会议，明确了习近平法治思想在全面依法治国工作中的指导地位。习近平法治思想的核心要义主要体现为以下“十一个坚持”。

1. 坚持党对全面依法治国的领导

中国共产党的领导是中国特色社会主义最本质的特征，是社会主义法治最根本的保证。一是党的领导是中国特色社会主义法治之魂。离开了党的领导，全面依法治国就难以有效推进，社会主义法治国家就建不起来。全面推进依法治国，绝不是要虚化、弱化甚至动摇、否定党的领导，而是为了进一步巩固党的执政地位、改善党的执政方式、提高党的执政能力，保证党和国家长治久安。二是坚持党的领导、人民当家作主、依法治国有机统一。党的领导是人民当家作主和依法治国的根本保证，人民当家作主是社会主义民主政治的本质特征，依法治国是党领导人民治理国家的基本方式，三者统一于我国社会主义民主政治伟大实践。三是健全党领导全面依法治国的制度和工作机制。坚持党的领导，必须具体体现在党领导立法、保证执法、支持司法、带头守法上。一方面，要坚持党总揽全局、协调各方的领导核心作用，统筹依法治国各领域工作，确保党的主张贯彻到依法治国全过程和各方面；另一方面，要改善党对依法治国的领导，不断提高党领导依法治国的能力和水平。四是坚持依法治国和依规治党有机统一。党既要依据宪法法律治国理政，也要依据党内法规管党治党，要发挥依规治党对党和国家事业发展的政治保障作用，形成国家法律和党内法规相辅相成的格局。

2. 坚持以人民为中心

“治国有常，而利民为本。”我国宪法规定，中华人民共和国的一切权力属于人民。人民立场是中国共产党的根本政治立场。一是坚持法治为了人民、依靠人民。全面依法治国最广泛、最深厚的基础是人民，必须坚持人民主体地位，把以人民为中心的发展思想贯穿立法、执法、司法、守法各环节，把体现人民利益、反映人民愿望、维护人民权益、增进人民福祉落实到全面依法治国全过程，依法治国各项工作都要贯彻党的群众路线。要充分调动人民群众投身依法治国实践的积极性和主动性，使全体人民都成为社会主义法治的忠实崇尚者、自觉遵守者、坚定捍卫者，使尊法、信法、守法、用法、护法成为全体人民的共同追求和自觉行动。二是积极回应人民群众新要求新期待。全面依法治国的根本目的是依法保障人民权益。随着我国社会主要矛盾的转化，人民群众对美好生活的向往日益广泛，对民主、法治、公平、正义、安全、环境等方面的要求日益增长。要积极回应人民群众新要求新期待，坚持问题导向、目标导向，树立辩证思维和全局观念，系统研究谋划和解决法治领域人民群众反映强烈的突出问题，不断增强人民群众获得感、幸福感、安全感，用法治保障人民安居乐业。三是维护社会公平正义。公正是法治的生命线，必须牢牢把握社会公平正义这一法治价值追求，努力让人民群众在每一项法律制度、每一个执法决定、每一宗司法案件中都感受到公平正义。坚持法律面前人人平等，加快完善体现权利公平、机会公平、规则公平的法律制度，保障公民人身权、财产权、人格权，保障公民参与民主选举、民主协商、民主决策、民主管理、民主监督等基本政治权利，保障公民经济、文化、社会、环境等各方面权利得到落实。

3. 坚持中国特色社会主义法治道路

习近平总书记指出："全面推进依法治国，必须走对路。如果路走错了，南辕北辙了，那再提什么要求和举措也都没有意义了。"[1] 中国特色社会主义法治道路是建设社会主义法治国家的唯一正确道路，是一个管总的东西。一是我国是中国共产党执政，各民主党派参政，没有反对党，不是"三权鼎立""多党轮流坐庄"，我国法治体系要跟这个制度相配套。我们推进全面依法治国，决不照搬别国模式和做法，决不能走西方所谓"宪政""三权鼎立""司法独立"的路子。二是中国特色社会主义法治道路的核心要义。坚持党的领导、坚持中国特色社会主义制度、贯彻中国特色社会主义法治理论，构成了中国特色社会主义道路的核心要义，规定和确保了中国特色社会主义法治体系的制度属性和前进方向。三是坚持依法治国和以德治国相结合。中国特色社会主义法治道路的一个鲜明特点，就是坚持依法治国和以德治国相结合，强调法治和德治两手抓、两手都要硬。法安天下，德润人心。法律是成文的道德，道德是内心的法律，法律和道德都具有规范社会行为、维护社会秩序的作用。治理国家、治理社会必须一手抓法治、一手抓德治，实现法律和道德相辅相成、法治和德治相得益彰。四是要坚持从我国国情和实际出发。走什么样的法治道路，建设什么样的法治体系，是由一个国家的基本国情决定的。既要立足当前，运用法治思

---

〔1〕 习近平：《论坚持全面依法治国》，中央文献出版社2020年版，第105页。

维和法治方式解决经济社会发展面临的深层次问题；又要着眼长远，促进各方面制度更加成熟更加定型，为党和国家事业发展提供长期性的制度保障。要注重研究我国古代法制传统和成败得失，传承弘扬中华优秀传统法律文化，从我国革命、建设、改革的实践中探索适合自己的法治道路；同时借鉴国外法治有益成果，坚持以我为主、为我所用，认真鉴别、合理吸收，不能搞“全盘西化”“全面移植”，不能照搬照抄。

4. 坚持依宪治国、依宪执政

坚持依法治国首先要坚持依宪治国，坚持依法执政首先要坚持依宪执政。要健全保证宪法全面实施的制度体系，更好发挥宪法在治国理政中的重要作用。一是宪法是我们党长期执政的根本法律依据。坚持依宪治国、依宪执政，包括坚持宪法确定的中国共产党领导地位不动摇，坚持宪法确定的人民民主专政的国体和人民代表大会制度的政体不动摇。二是加强宪法实施和监督。宪法的生命在于实施，宪法的权威也在于实施。全面贯彻实施宪法，是建设社会主义法治国家的首要任务和基础性工作。坚持宪法规定、宪法原则、宪法精神全面贯彻，坚持宪法实施、宪法解释、宪法监督系统推进，用科学有效、系统完备的制度体系保证宪法实施，把国家各项事业和各项工作全面纳入依法治国、依宪治国的轨道，更好发挥宪法在治国理政中的重要作用。要完善宪法相关规定直接实施工作机制，充分发挥宪法在应对重大风险挑战、贯彻“一国两制”方针、推进祖国统一进程、维护国家安全和社会稳定中的重要作用。[1]

---

〔1〕 习近平总书记在中央人大工作会议上指出，“各级人大、政府、监委、法院、检察院都要严格依照宪法法律积极主动、独立负责、协调一致开展工作。”“全国人大及其常委会要完善宪法相关法律制度，保证宪法确立的制度、原则、规则得到全面实施；加强对宪法法律实施情况的监督检查，提高合宪性审查、备案审查工作质量，坚决纠正违宪违法行为；落实宪法解释程序机制，积极回应涉及宪法有关问题的关切。要健全中央依照宪法和特别行政区基本法对特别行政区行使全面管治权的法律制度，完善特别行政区同宪法和基本法实施相关的制度和机制，维护宪法和基本法确定的特别行政区宪制秩序和法治秩序。地方各级人大及其常委会要依法行使职权，保证宪法法律在本行政区域内得到遵守和执行，自觉维护国家法治统一。”参见习近平：《习近平谈治国理政》（第 4 卷），外文出版社 2022 年版，第 252 ~ 253 页。

三是深入开展宪法宣传教育。加强宪法学习宣传教育是实施宪法的重要基础。要在全社会广泛开展尊崇宪法、学习宪法、遵守宪法、维护宪法、运用宪法的宣传教育，弘扬宪法精神，弘扬社会主义法治意识，增强广大干部群众的宪法意识，使全体人民成为宪法的忠实崇尚者、自觉遵守者、坚定捍卫者。

5. 坚持在法治轨道上推进国家治理体系和治理能力现代化

小智治事，中智治人，大智立法。治理一个国家、一个社会，关键是要立规矩、讲规矩、守规矩。法律是治国理政最大最重要的规矩。推进国家治理体系和治理能力现代化，必须坚持依法治国，为党和国家事业发展提供根本性、全局性、长期性的制度保障。一是法治是国家治理体系和治理能力的重要依托。法律是治国之重器，我国社会主义法治凝聚着我们党治国理政的理论成果和实践经验，是制度之治最基本、最稳定、最可靠的保障。坚持全面依法治国，是中国特色社会主义国家制度和国家治理体系的显著优势。通过宪法法律确认和巩固国家根本制度、基本制度、重要制度，并运用国家强制力保证实施，保障了国家治理体系的系统性、规范性、协调性、稳定性。二是发挥法治对改革发展稳定的引领、推动、规范、保障作用。推进国家治理体系和治理能力现代化，就是要适应时代变化，既改革不适应实践发展要求的体制机制、法律法规，又不断构建新的体制机制、法律法规，使各方面制度更加科学、更加完善，实现党、国家、社会各项事务治理制度化、规范化、程序化。要增强按制度办事、依法办事意识，善于运用制度和法律治理国家，把各方面制度优势转化为国家治理效能。三是更好发挥法治固根本、稳预期、利长远的重要作用。我们提出全面推进依法治国，坚定不移厉行法治，一个重要意图就是为子孙万代计、为长远发展谋。在全面建设社会主义现代化国家新征程上，要更加重视法治、厉行法治，坚持在法治轨道上统筹社会力量、平衡社会利益、调节社会关系、规范社会行为，依靠法治解决各种社会矛盾和问题，更好发挥法治固根本、稳预期、利长远的重要作用。

6. 坚持建设中国特色社会主义法治体系

全面推进依法治国的总目标是建设中国特色社会主义法治体系、建设社会主义法治国家。这个总目标既明确了全面推进依法治国的性质和方向，又突出了全面推进依法治国的工作重点和总抓手，对全面推进依法治国具有纲举目张的意义。全面依法治国，就要加快形成完备的法律规范体系、高效的法治实施体系、严密的法治监督体系、有力的法治保障体系，形成完善的党内法规体系。一是形成完备的法律规范体系。建设中国特色社会主义法治体系，首要的就是完善以宪法为核心的中国特色社会主义法律体系。坚持立法先行，坚持立改废释纂并举，加快完善法律、行政法规、地方性法规体系，完善包括市民公约、乡规民约、行业规章、团体章程在内的社会规范体系，为全面依法治国提供基本遵循。二是形成高效的法治实施体系。法律的生命力在于实施，法律的权威也在于实施。各级国家行政机关、监察机关、审判机关、检察机关是法律实施的重要主体，必须担负法律实施的法定职责，坚决纠正有法不依、执法不严、违法不究现象，坚决整治以权谋私、以权压法、徇私枉法问题，严禁侵犯群众合法权益。三是形成严密的法治监督体系。没有监督的权力必然导致腐败。必须完善权力运行制约和监督机制，规范立法、执法、司法机关权力行使，构建党统一领导、全面覆盖、权威高效的法治监督体系。要加强党内监督、人大监督、民主监督、行政监督、司法监督、审计监督、社会监督、舆论监督，努力形成科学有效的权力运行制约和监督体系，增强监督合力和实效，做到有权必有责、用权受监督、违法必追究。四是形成有力的法治保障体系。建设中国特色社会主义法治体系，必须加强政治、组织、队伍、人才、科技、信息等方面的保障，为全面依法治国提供重要支撑。五是形成完善的党内法规体系。党内法规既是管党治党的重要依据，也是建设社会主义法治国家的有力保障。要坚持依法治国和依规治党有机统一，确保党既依据宪法法律治国理政，又依据党内法规管党治党、从严治党。

7. 坚持依法治国、依法执政、依法行政共同推进，法治国家、法治政府、法治社会一体建设

全面依法治国是一个系统工程，必须统筹兼顾、把握重点、整体谋划，更加注重系统性、整体性、协同性。一是依法治国、依法执政、依法行政是一个有机整体，关键在于党要坚持依法执政，各级政府要坚持依法行政。要善于运用制度和法律治理国家，提高党科学执政、民主执政、依法执政水平。二是法治国家、法治政府、法治社会三者各有侧重、相辅相成，法治国家是法治建设的目标，法治政府是建设法治国家的主体，法治社会是构筑法治国家的基础。三是法治政府建设是全面依法治国的重点任务和主体工程，对法治国家、法治社会建设具有示范带动作用，要率先突破。四是法治社会是构筑法治国家的基础。推进多层次多领域依法治理，提升社会治理法治化水平，建设覆盖城乡的现代公共法律服务体系，努力使尊法学法守法用法在全社会蔚然成风。五是法治建设既要抓末端、治已病，更要抓前端、治未病。要坚持和发展新时代“枫桥经验”，推动更多法治力量向引导和疏导端用力，完善预防性法律制度，完善社会矛盾纠纷多元预防调处化解综合机制，促进社会和谐稳定。

8. 坚持全面推进科学立法、严格执法、公正司法、全民守法

坚持全面推进科学立法、严格执法、公正司法、全民守法，解决好立法、执法、司法、守法各领域的突出矛盾和问题。一是推进科学立法。推进科学立法、民主立法，是提高立法质量的根本途径。科学立法的核心在于尊重和体现客观规律，民主立法的核心在于为了人民、依靠人民。要推进科学立法、民主立法、依法立法，统筹立改废释纂，增强立法系统性、整体性、协同性、时效性。要健全吸纳民意、汇集民智工作机制，建设好基层立法联系点，广泛听取各方面意见和建议。二是推进严格执法。行政机关是实施法律法规的重要主体，要坚持法定职责必须为、法

无授权不可为，健全依法决策机制，完善执法程序，严格执法责任，做到严格规范公正文明执法，加快建设职能科学、权责法定、执法严明、公开公正、廉洁高效、守法诚信的法治政府。三是推进公正司法。司法是维护社会公平正义的最后一道防线。要深化司法体制改革，从确保依法独立公正行使审判权检察权、健全司法权力运行机制、完善人权司法保障制度三个方面，着力解决影响司法公正、制约司法能力的深层次问题，破解体制性、机制性、保障性障碍。要加快建设公正高效权威的司法制度，完善人权司法保障制度，严肃惩治司法腐败，让人民群众在每一个司法案件中都感受到公平正义。四是推进全民守法。要把推进全民守法作为基础工程，全面落实“谁执法谁普法”普法责任制。深入开展法制宣传教育，特别是要加强青少年法治教育，不断提升全体公民法治意识和法治素养，使法治成为社会共识和基本准则，使全体人民都成为社会主义法治的忠实崇尚者、自觉遵守者、坚定捍卫者。

9. 坚持统筹推进国内法治和涉外法治

当前，世界进入新的动荡变革期，和平与发展仍然是时代主题，但国际环境不稳定性不确定性明显上升，经济全球化遭遇逆流，民粹主义、排外主义抬头，单边主义、保护主义、霸权主义对世界和平与发展构成威胁。法治是国家核心竞争力的重要内容。中国走向世界，以负责任大国参与国际事务，必须善于运用法治，综合运用立法、执法、司法等手段开展斗争，坚决维护国家主权、尊严和核心利益。一是要加快涉外法治工作战略布局，协调推进国内治理和国际治理，更好维护国家主权、安全、发展利益。二是要按照急用先行原则，加强涉外领域立法，进一步完善反制裁、反干涉、反制“长臂管辖”法律法规，推动我国法域外适用的法律体系建设，提升涉外执法司法效能。三是加强涉外法治专业人才培养，积极发展涉外法律服务，强化企业合规意识，保障和服务高水平对外开放。四是要坚定维护以联合国为核心的国际体系，坚定维护以国际法为基础的国际秩序，坚定维护以联合国宪章宗旨和原则为基础的国际法基本原则和国际关系基本准则。对不公正不合理、不符合国际格局演变大势的国际规则、国际机制，要提出改革方案，推动全球治理变革，推动构建人类命运共同体。

10. 坚持建设德才兼备的高素质法治工作队伍

全面推进依法治国，建设一支德才兼备的高素质法治队伍至关重要。必须大力提高法治工作队伍思想政治素质、业务工作能力、职业道德水准，着力建设一支忠于党、忠于国家、忠于人民、忠于法律的社会主义法治工作队伍。一是我国专门的法治队伍主要包括在人大和政府从事立法的工作人员，在行政机关从事执法的工作人员，在司法机关从事司法工作的人员。全面推进依法治国，首先要把这几支队伍建设好。要推进法治专门队伍革命化、正规化、专业化、职业化。二是加强法律服务队伍建设，完善法治人才培养体系。加快发展律师、公证员、司法鉴定人、仲裁员、人民调解员等法律服务队伍。三是要加大涉外法学教育力度，重点做好涉外执法司法和法律服务人才培养、国际组织法律人才培养推送工作，更好服务对外工作大局。四是要加强法治理论研究和宣传，加强中国特色法学学科体系、学术体系、话语体系建设。要把习近平法治思想落实到各法学学科的教材编写和教学工作中，努力培养造就更多具有坚定理想信念、强烈家国情怀、扎实法学根底的法治人才。

11. 坚持抓住领导干部这个“关键少数”

领导干部具体行使党的执政权和国家立法权、行政权、监察权、司法权，是全面依法治国的关键。当前，一些领导干部还不善于运用法治思维和法治方式推进工作。各级领导干部要坚决贯彻落实党中央关于全面依法治国的重大决策部署，发挥示范作用，带头尊崇法治、敬畏法律，了解法律、掌握法律，不断提高运用法治思维和法治方式深化改革、推动发展、化解矛盾、维护稳定、应对风险的能力。要把法治素养和依法履职情况纳入考核评价干部的重要内容，让尊法学法守法用法成为领导干部自觉行为和必备素质。

2018 年宪法修正案将习近平新时代中国特色社会主义思想写入国家根本法，实现国家指导思想与时俱进。习近平法治思想是习近平新时代中国特色社会主义思想的重要组成部分。全面依法治国坚持以习近平法治思想为指导，本身就是在贯彻实施宪法，贯彻落实宪法确立的国家指导思想。同时，习近平法治思想提出的一系列新理念新思想新战略，丰富了宪法依法治国条款的制度内涵、时代特色和实践要求，为其提供了广阔的解释和实施空间，为新时代新征程建设中国特色社会主义法治体系、建设社会主义法治国家，指明了前进方向，明确了目标任务，提供了思路举措，是推进全面依法治国的行动指南和根本遵循。

（三）新时代法治中国建设迈出坚实步伐

在习近平法治思想的科学指引下，新时代十年来全面依法治国取得历史性成就、发生历史性变革，主要体现在以下方面。

一是党对全面依法治国的领导更加坚强有力。坚持和加强党对全面依法治国的集中统一领导，健全党领导法治工作的体制和机制，组建中央全面依法治国委员会，完善党领导立法、保证执法、支持司法、带头守法制度，党对全面依法治国的领导更加坚强有力。[1]

二是通过宪法修正案。2018 年 3 月，十三届全国人大一次会议通过宪法修正案，确立了科学发展观、习近平新时代中国特色社会主义思想在国家政治和社会生活中的指导地位，调整充实了中国特色社会主义事业总体布局和第二个百年奋斗目标的内容，完善了依法治国和宪法实施举措，充实完善了我国革命和建设发展历程的内容，充实完善了爱国统

---

〔1〕以党领导立法为例，坚持党对立法工作的集中统一领导，不断完善党委领导、人大主导、政府依托、各方参与的立法工作格局。党中央领导全国立法工作，研究决定国家立法工作中的重大问题，有立法权地方的党委按照党中央大政方针领导本地区立法工作。凡立法涉及重大体制和重大政策调整的，必须报党中央讨论决定。党中央向全国人大提出宪法修改建议。法律制定和修改的重大问题由全国人大常委会党组向党中央报告。

一战线和民族关系的内容，充实了和平外交政策方面的内容，充实了坚持和加强中国共产党全面领导的内容，增加了倡导社会主义核心价值观的内容，对国家主席任职方面的有关规定作了修改，增加了设区的市制定地方性法规的内容，增加了有关监察委员会的各项规定。本次宪法修改体现了党和国家事业发展的新成就新经验新要求，在总体保持我国宪法连续性、稳定性、权威性的基础上推动宪法与时俱进、完善发展，为新时代坚持和发展中国特色社会主义、实现“两个一百年”奋斗目标和中华民族伟大复兴的中国梦提供有力宪法保障。

关于完善依法治国和宪法实施举措，本次宪法修改将宪法序言第七自然段中“健全社会主义法制”修改为“健全社会主义法治”，这是我们党依法治国理念和方式的新飞跃，有利于推进全面依法治国，建设中国特色社会主义法治体系，在法治轨道上全面建设社会主义现代化国家；将宪法第七十条第一款关于专门委员会规定中的“法律委员会”修改为“宪法和法律委员会”，加强和推动宪法实施和监督工作；在宪法第一章“总纲”第二十七条增加一款作为第三款“国家工作人员就职时应当依照法律规定公开进行宪法宣誓。”

三是宪法实施和监督全面加强。坚持依宪治国、依宪执政，与时俱进修改完善宪法，将每年 12 月 4 日设立为国家宪法日，建立健全宪法宣誓制度，通过完备的法律加强宪法实施和监督，合宪性审查和备案审查工作取得重大进展，有力维护了宪法权威和尊严。宪法在治国理政中的重要作用日益凸显，宪法实施和监督全面加强。

四是全面依法治国总体格局基本形成。完善顶层设计，编制并实施《法治中国建设规划（2020—2025 年）》《法治政府建设实施纲要（2021—2025 年）》《法治社会建设实施纲要（2020—2025 年）》等中央文件，统筹推进法律规范、法治实施、法治监督、法治保障和党内法规体系建设，全面依法治国总体格局基本形成。

五是中国特色社会主义法律体系日趋完善。统筹运用立改废释纂等立法形式，编纂民法典，加强改革开放、经济发展、国家安全、卫生健康、公共文化、生态环境、教育科技、网络信息、生物安全、涉外法治等重点领域、新兴领域、涉外领域立法，立法的系统性、整体性、协同性、时效性不断增强。深入推进科学立法、民主立法、依法立法，贯彻全过程人民民主重大理念的立法体制机制实现创新发展。截至 2022 年 12 月，我国现行有效法律 295 件，行政法规约 600 件，地方性法规 12,000 余件，中国特色社会主义法律体系日趋科学完备、统一权威。

六是法治政府建设再上新台阶。党中央、国务院连续出台两轮法治政府建设实施纲要，推动法治政府建设迈出新步伐。大幅减少行政审批事项，非行政许可审批彻底终结，建立政府权力清单、负面清单、责任清单，规范行政权力。部署开展法治政府建设督察和法治政府建设示范创建活动，强化法治政府建设推进机制。深化行政执法体制改革，全面推行行政执法公示制度、执法全过程记录制度、重大执法决定法制审核制度，探索跨领域跨部门综合执法，执法更加严格规范公正文明。

七是司法体制机制不断完善。深化以司法责任制为重点的司法体制改革，建立完善检察公益诉讼制度和认罪认罚从宽制度，推进民事诉讼程序繁简分流，依法废止劳动教养、收容教育制度，制定实施防止干预司法“三个规定”，[1] 开展政法队伍教育整顿，依法纠正一批重大冤错案件，着力解决人民群众反映强烈的立案难、执行难等问题，司法质量、效率、公信力显著提升。

八是全社会法治观念明显增强。坚持把全民普法和守法作为全面依法治国的基础性工作，不断完善全民普法的顶层设计，顺利完成“七五”

---

〔1〕 为贯彻落实《中共中央关于全面推进依法治国若干重大问题的决定》有关要求，防止领导干部干预司法活动、插手具体案件处理，防止司法机关内部人员干预办案，确保司法机关依法独立公正行使职权，确保公正廉洁司法，2015 年，中共中央办公厅、国务院办公厅印发实施《领导干部干预司法活动、插手具体案件处理的记录、通报和责任追究规定》，中央政法委印发实施《司法机关内部人员过问案件的记录和责任追究规定》，最高人民法院、最高人民检察院、公安部、国家安全部、司法部联合印发实施《关于进一步规范司法人员与当事人、律师、特殊关系人、中介组织接触交往行为的若干规定》，简称“三个规定”。

普法，全面启动“八五”普法，公民法治素养不断提升。实行国家机关“谁执法谁普法”普法责任制，将法治教育纳入国民教育体系，加强社会主义法治文化建设，传承弘扬中华优秀传统法律文化，全社会法治观念明显增强。

九是续写社会长期稳定奇迹新篇章。推进平安中国建设，完善社会治理体系，健全党组织领导的自治、法治、德治相结合的城乡基层治理体系，坚持和发展新时代“枫桥经验”，促进矛盾纠纷多元化解。开展扫黑除恶专项斗争，制定反有组织犯罪法，推进扫黑除恶工作常态化。我国成为世界上最安全的国家之一，续写了社会长期稳定奇迹。

十是法治队伍建设水平不断提升。加强立法和执法队伍能力建设，推行法官、检察官员额制和人民警察单独职务序列，法治专门队伍革命化、正规化、专业化、职业化水平不断提高。持续推进公共法律服务体系建设，律师、公证员、司法鉴定人、仲裁员、人民调解员等法律服务队伍不断发展壮大。进一步加强法学教育和法学理论研究，培养造就一大批高素质法治人才及后备力量。

十一是形成了比较完善的党内法规体系。坚持全面从严治党，深化国家监察体制改革，组建各级监察委员会，实现对所有行使公权力的公职人员监察全覆盖，推动反腐败工作纳入法治化轨道。党中央坚持全面从严治党、依规治党，严格执行党章，加强党内法规建设。到 2021 年建党 100 周年时，我们党形成了比较完善的党内法规体系，全面实现了党的领导有章可循、管党治党有规可依的目标任务。党的建设科学化、制度化、规范化水平明显提高，这在党的建设史特别是党的制度建设史上具有里程碑意义。

党的二十大报告首次将依法治国作为一个单独部分，对“坚持全面依法治国、推进法治中国建设”作出重大战略部署，强调要更好发挥法治固根本、稳预期、利长远的保障作用，在法治轨道上全面建设社会主义现代化国家。这既凸显了法治建设事关根本的战略地位，又明确了法治建设服务保障党和国家工作大局的战略任务。新时代新征程上，要坚持以习近平法治思想为指导，坚持党的领导、人民当家作主、依法治国有机统一，把宪法实施贯穿到治国理政各方面全过程，加快完善以宪法为核心的中国特色社会主义法律体系，扎实推进依法行政，严格公正司法，加快建设法治社会，不断提高以法治思维和法治方式引领改革、推动高质量发展、防范化解重大风险的能力和水平，不断推进国家各方面工作法治化，为全面建设社会主义现代化国家、实现中华民族伟大复兴提供更加有力的法治保障。

第八章 我国宪法关于尊重和保障人权的规定及其发展实施

我国宪法明确规定："国家尊重和保障人权。"落实宪法原则，建立健全尊重和保障人权的法律制度体系，加强人权法治保障，促进人权事业全面发展，是中国共产党长期探索形成的坚定立场和鲜明主张，也是坚持和完善中国特色社会主义制度、推进国家治理体系和治理能力现代化的重要方面。我国现行宪法公布施行40年来，人权保障法治建设取得巨大成就和显著进步，人民群众享有的各项宪法权利高质量实现，人民群众法治获得感、幸福感、安全感更加充实、更有保障、更可持续。随着中国特色社会主义法律体系的形成并不断完善，中国特色社会主义法治体系建设持续推进，公民的生存权、发展权、人身权、财产权，基本政治权利和自由，劳动权、受教育权、社会保障权以及平等权等各个方面权利，在我们党关于法治创新理论中得到高度重视和充分反映，在宪法法律制度上得到全面确认和坚实保障，在宪法法律有效实施中得到认真落实和持续发展，不断推动宪法有关规定从"纸面上的权利"真正成为"行动中的权利"，从"规定上的权利"真正成为"现实中的权利"。

党的十八大以来，以习近平同志为核心的党中央从坚持和发展中国特色社会主义、关系党和国家长治久安的战略高度，定位法治、布局法治、厉行法治，强调坚持法治建设为了人民、依靠人民、造福人民、保护人民，加强人权法治保障，保障和促进社会公平正义，保证人民依法享有广泛的权利和自由、承担应尽的义务，努力让人民群众在每一项法律制度、每一个执法决定、每一宗司法案件中都感受到公平正义，成功走出了一条中国特色社会主义人权发展道路。

尊重和保障人权的宪法原则、宪法关于公民基本权利的规定通过立法实现全面有效实施，成为我国人权事业发展的突出特点。人权保障立法坚持党的领导、人民当家作主、依法治国有机统一，实现了党的主张和人民意愿的高度统一，充分体现我们党坚持和完善中国特色社会主义制度的初心和使命；人权保障立法坚持从中国实际出发，立足国情、实事求是，深深植根于我国社会主义革命、建设和改革伟大实践中，充分展现我国经济快速发展、社会长期稳定两大奇迹的社会主义优越性；人权保障立法坚持以人民为中心，书写了一部波澜壮阔的人权奋斗史、保护史、发展史，不断展现中国特色社会主义人权发展道路的强大生命力和光明前景。

一、我国宪法关于尊重和保障人权规定的发展历程

（一）尊重和保障人权是中国共产党人的不懈追求

列宁指出："什么是宪法？宪法就是一张写着人民权利的纸。真正承认这些权利的保证在哪里呢？在于人民中那些意识到并且善于争取这些权利的各阶级的力量。"[1] 中国共产党是中国工人阶级的先锋队，是中国人民和中华民族的先锋队，是中国特色社会主义事业的领导核心，代表中国先进生产力的发展要求、代表中国先进文化的前进方向、代表中国最广大人民的根本利益。近代以来的历史充分证明，中国人民最真实、

[1] 列宁：《两次会战之间》，载《列宁全集》（第十二卷），中共中央马克思恩格斯列宁斯大林著作编译局译，人民出版社 1987 年版，第 50 页。

最广泛的人权是中国共产党领导全国各族人民通过艰苦卓绝的团结斗争赢得的，通过坚持和发展中国特色社会主义实现的，通过奋力全面推进中华民族伟大复兴发展的。一言以蔽之，党的百年奋斗史，贯穿着党团结带领人民为争取人权、尊重人权、保障人权、发展人权而进行的不懈努力。[1]

中国共产党从诞生之日起就肩负着带领中国人民争取人权的历史使命。1922 年《中国共产党第二次全国代表大会宣言》提出，“推翻国际帝国主义的压迫，达到中华民族完全独立”，保障“工人和农民，无论男女，在各级议会市议会有无限制的选举权，言论、出版、集会、结社、罢工绝对自由”是党的奋斗目标。1927 年，党高举“争自由、争人权”的旗帜，领导了“二七”工人大罢工。1931 年制定的《中华苏维埃共和国宪法大纲》规定，人民享有平等权，选举权与被选举权，劳动权，婚姻自由权，言论、出版、集会、结社的自由等。在解放战争时期，毛泽东思想中的人权观点为这一时期人权立法提供理论指导，制定《陕甘宁边区宪法原则》《陕甘宁边区保障人权财权条例》等一系列保障人权的重要法令文件，涵盖了政治、经济、社会、文化等各方面权利。[2] 这些重要实践和思想理论成果，成为我们党在局部地区执政探索人权法制保障的宝贵经验，对新中国人权宪法保障制度的创建和发展，产生了深刻的、持续的影响。

1949 年新中国成立后，随着我国逐步向社会主义过渡，党的人权法制观进一步发展，形成一系列鲜明的理论观点。主要有：社会主义国家

---

〔1〕参见习近平：《坚定不移走中国人权发展道路　更好推动我国人权事业发展》，载《求是》2022 年第 12 期。

〔2〕参见沈春耀、许安标主编：《经国之本：中国共产党对国家制度和法律制度的百年探索》，法律出版社 2021 年版，第 119 ~ 120 页。

公民享有比资本主义国家公民更广泛的权利和自由;[1] 社会主义国家的人民享有的权利是广泛的,既包括公民权利与政治权利,也包括经济、社会和文化权利;[2] 强调人民权利与义务相一致;[3] 注重人权的国家保障;[4] 等等。我们党的人权法制观直接指导了我国法治建设和实践,在人权保障立法方面取得了宝贵经验。

1978年,党的十一届三中全会深刻总结"文化大革命"的历史教训,作出把党和国家工作重心转移到经济建设上来、实行改革开放的历史性决策,同时把加强社会主义民主法制建设作为坚定不移的方针确定下来,强调必须使社会主义民主制度化、法律化,开启了社会主义民主法制建设蓬勃发展的新时期。这个时期,以邓小平、彭真等老一辈无产

[1] 例如,1954年9月,刘少奇同志在《关于中华人民共和国宪法草案的报告》中指出,"在宪法草案的许多条文中,规定了我国公民享有广泛的自由和权利。……我们的国家所以能够关心到每一个公民的自由和权利,当然是由我国的国家制度和社会制度来决定的。任何资本主义国家的人民群众,都没有也不可能有我国人民这样广泛的个人自由"。又如,1957年2月,毛泽东同志在《关于正确处理人民内部矛盾的问题》中指出,"我们的宪法又规定:国家机关实行民主集中制,国家机关必须依靠人民群众,国家机关工作人员必须为人民服务。我们的这个社会主义的民主是任何资产阶级国家所不可能有的最广大的民主"。参见全国人大常委会办公厅、中共中央文献研究室编:《人民代表大会制度重要文献选编》(一),中国民主法制出版社、中央文献出版社2015年版,第216~217、342页。

[2] 例如,1956年9月,董必武同志在《进一步加强人民民主法制,保障社会主义建设事业》中指出:"我国人民民主政权是属于世界上最民主的社会主义的类型。人民在这个政权下,不仅有言论、出版、集会、结社、游行示威等各种自由,尤其是有反对帝国主义的自由,有反对剥削制度和压迫制度的自由,有反对侵略战争和维护世界和平的自由,有肃清社会前进道路上障碍物的自由,有随着生产发展改善物质文化生活的自由等等。像这类极广泛的自由是帝国主义统治下的人民绝对享受不到的。"《董必武政治法律文集》,法律出版社1986年版,第478~479页。

[3] 例如,1954年9月,刘少奇同志在《关于中华人民共和国宪法草案的报告》中指出:"在我们的国家里,人民的权利和义务是完全一致的。任何人不会是只尽义务,不享受权利;任何人也不能只享受权利,不尽义务。"参见全国人大常委会办公厅、中共中央文献研究室编:《人民代表大会制度重要文献选编》(一),中国民主法制出版社、中央文献出版社2015年版,第218页。

[4] 例如,1956年9月,刘少奇同志在《在中国共产党第八次全国代表大会上的政治报告》中提出:"为了正常的社会生活和社会生产的利益,必须使全国每一个人都明了并且确信,只要他没有违反法律,他的公民权利就是有保障的,他就不会受到任何机关和任何人的侵犯;如果有人非法地侵犯他,国家就必然出来加以干涉。"参见《刘少奇选集》(下卷),人民出版社1985年版,第253页。

阶级革命家为代表的中国共产党人，在社会主义民主和法制建设中不断加深对人民权利保护的认识，对什么是人权、人权与国权的关系、如何尊重和保障人权等重大问题进行了思考，开创了我国人权保护事业新局面。这一时期的人权观主要有：人权具有阶级性，我国坚持马克思主义人权观；〔1〕人权保障是建立在国家主权的基础上；〔2〕正确处理个体人权与集体人权的关系；〔3〕生存权是重要的人权；〔4〕重视人权的法制保障。〔5〕

从20世纪90年代开始，我们党先后明确提出"人权""依法治国"，为加强人权法治保障发出先声。1991年11月，国务院新闻办公室发表《中国的人权状况》白皮书。白皮书共有含前言在内的十一个方面，主要内容包括：生存权是中国人民长期争取的首要人权，中国人民获得了广泛的政治权利，公民享有经济、文化和社会权利，中国司法中的人权保障，劳动权利的保障，公民享有宗教信仰自由，少数民族的权利保障，计划生育与人权保护，残疾人的人权保障，积极参与国际人权活动等。

---

〔1〕例如，1985年，邓小平同志第一次公开阐明了对人权的看法："什么是人权？首先一条是多少人的人权？是少数人的人权，还是多数人的人权，全国人民的人权？西方世界的所谓人权和我们讲的人权本质上是两回事，观点不同。"参见《邓小平文选》（第3卷），人民出版社1993年版，第125页。

〔2〕例如，1989年，邓小平同志在会见美国前总统尼克松时指出："人们支持人权，但不要忘记还有一个国权。谈到人格，但不要忘记还有一个国格。特别是像我们这样第三世界的发展中国家，没有民族自尊心，不珍惜自己民族的独立，国家是立不起来的。"参见《邓小平文选》（第3卷），人民出版社1993年版，第331页。

〔3〕例如，邓小平同志指出，"个人利益要服从集体利益，局部利益要服从整体利益，暂时利益要服从长远利益"。参见《邓小平文选》（第2卷），人民出版社1994年版，第175页。

〔4〕例如，邓小平同志提出："社会主义首要任务是发展生产力，逐步提高人民的物质和文化生活水平。从一九五二年到一九七八年这二十年的经验告诉我们：贫穷不是社会主义，社会主义要消灭贫穷。"参见《邓小平文选》（第3卷），人民出版社1993年版，第116页。

〔5〕例如，1978年，邓小平同志提出："为了保障人民民主，必须加强法制。必须使民主制度化、法律化，使这种制度和法律不因领导人的改变而改变，不因领导人的看法和注意力的改变而改变。"参见《邓小平文选》（第2卷），人民出版社1994年版，第146页。又如，1983年，彭真同志提出："实施宪法，就要加强社会主义法制。没有社会主义法制，社会主义制度、人民的合法的自由和权利就都没有保障。"参见彭真：《论新时期的社会主义民主与法制建设》，中央文献出版社1989年版，第208页。

这是中国政府第一次在政治上使用人权概念，也是第一次从人权的角度总结近代以来中国革命、建设与改革开放的历史，并结合中国的国情，第一次阐明了中国的人权状况与中国人权的基本观点。[1] 1997 年 9 月，党的十五大报告提出，“依法治国，建设社会主义法治国家”，“共产党执政就是领导和支持人民掌握管理国家的权力，实行民主选举、民主决策、民主管理和民主监督，保证人民依法享有广泛的权利和自由，尊重和保障人权”。这是党的代表大会文件第一次确立依法治国基本方略，也是党的代表大会文件第一次明确提出尊重和保障人权，从而实现了“人权”与“法治”的有机结合。2002 年 11 月，党的十六大报告重申，“健全民主制度，丰富民主形式，扩大公民有序的政治参与，保证人民依法实行民主选举、民主决策、民主管理和民主监督，享有广泛的权利和自由，尊重和保障人权”。2003 年 10 月，党的十六届三中全会通过《中共中央关于修改宪法部分内容的建议》，向全国人大建议在宪法中增加“国家尊重和保障人权”的规定。2004 年 3 月，十届全国人大二次会议通过宪法修正案，实现了人权条款入宪，成为中国人权发展史上具有里程碑意义的事件。2007 年 10 月，党的十七大将“尊重和保障人权，依法保证全体社会成员平等参与、平等发展的权利”写入报告，并将“尊重和保障人权”写入党章。在党的章程中明确我们党尊重和保障人权的原则、方针和任务，具有重大政治意义。

党的十八大以来，以习近平同志为核心的党中央，从推进国家治理体系和治理能力现代化的高度，作出全面依法治国的战略部署，将尊重和保障人权置于社会主义法治国家建设更加突出的位置，开启了我国人权法治化建设的新时代。[2] 2012 年 11 月，党的十八大将“人权得到切实尊重和保障”作为全面建成小康社会的重要目标，从战略层面确立了

---

〔1〕 参见陈佑武、李步云：《改革开放以来法治与人权关系的历史发展》，载《现代法学》2015 年第 2 期。

〔2〕 本刊编辑部：《人民幸福生活是最大的人权》，载《求是》2022 年第 12 期。

人权事业的重要地位；修改通过《中国共产党章程》，再次重申尊重和保障人权。2014 年 10 月，党的十八届四中全会通过《中共中央关于全面推进依法治国若干重大问题的决定》，强调“加强人权司法保障”“增强全社会尊重和保障人权意识”。2017 年 10 月，党的十九大将习近平新时代中国特色社会主义思想确立为党的指导思想，明确提出“加强人权法治保障，保证人民依法享有广泛权利和自由”。2019 年 10 月，党的十九届四中全会指出，增进人民福祉、促进人的全面发展是中国共产党立党为公、执政为民的本质要求，提出“健全社会公平正义法治保障制度”，“加强人权法治保障，保证人民依法享有广泛的权利和自由、承担应尽的义务”。2020 年 10 月，党的十九届五中全会通过《中共中央关于制定国民经济和社会发展第十四个五年规划和二〇三五年远景目标的建议》，将“促进人的全面发展和社会全面进步”“促进人权事业全面发展”等作为我国发展的更高目标。2021 年 11 月，党的十九届六中全会通过《中共中央关于党的百年奋斗重大成就和历史经验的决议》，明确必须坚持以人民为中心的发展思想，发展全过程人民民主，推动人的全面发展、全体人民共同富裕取得更为明显的实质性进展，在总结政治建设方面历史性成就时指出，“我们以保障人民生存权、发展权为首要推进人权事业全面发展”。

（二）尊重和保障人权宪法原则和制度的形成和确立

宪法是国家法律法规和各种制度的总依据，是保障人民当家作主和公民基本权利的国家根本法。1949 年 9 月，中国人民政治协商会议第一届全体会议通过的《共同纲领》，规定中华人民共和国人民享有政治、经济、文化、社会等方面的权利等。1954 年 9 月，一届全国人大一次会议通过了一九五四年宪法。一九五四年宪法确立了民主原则和社会主义原则，规定了我国的国体和政体，正式确立了人民代表大会制度，在制度上保障了国家一切权力属于人民；并设立专章规定了公民的基本权利。

1982 年 12 月，五届全国人大五次会议通过了现行宪法。一九八二年宪法在一九五四年宪法专章规定的基础上，将“公民的基本权利和义务”一章移到了“总纲”后面、“国家机构”前面，作为第二章，凸显保障公民权利和自由的宪法精神。在宪法体例设计上，先规定“公民的基本权利和义务”，再规定“国家机构”，能比较充分地体现国家的一切权力属于人民的性质。[1] 同时，公民的基本权利和义务的规定是“总纲”关于人民民主专政的国家制度和社会主义的社会制度的原则规定的延伸；我们的国家制度和社会制度从法律上和事实上保证我国公民享有广泛的、真实的自由和权利。相较于一九五四年宪法，一九八二年宪法中关于公民基本权利的规定范围更广、内容更加切实具体。[2] 此外，一九八二年宪法规定国家依照法律规定保护公民的私有财产权和继承权，国家保护个体经济、私营经济等非公有制经济的合法的权利和利益，这实际上是确认和保障了公民的私有财产权。

从 1982 年 12 月到 2012 年 12 月，现行宪法公布施行 30 年间，根据我国改革开放和社会主义现代化建设的实践和发展，全国人民代表大会分别于 1988 年、1993 年、1999 年、2004 年对一九八二年宪法的个别条款和部分内容作出重要的修正，先后通过 31 条修正案，实现了我国宪法与时俱进、完善发展。现行宪法的历次修正案继续丰富人权保障的具体内容，从基本经济制度、分配制度调整，加强公民私有财产保护、建立健全社会保障制度等方面，不断加强对人权的保护。2004 年 3 月，十届全国人大二次会议通过宪法修正案，将“国家尊重和保障人权”郑重载入宪法。增加“国家尊重和保障人权”条款主要基于两点考虑：一是尊

[1] 王汉斌：《王汉斌访谈录——亲历新时期社会主义民主法制建设》，中国民主法制出版社 2012 年版，第 69 ~ 70 页。

[2] 参见彭真：《关于中华人民共和国宪法修改草案的报告》，载《论新时期的社会主义民主与法制建设》，中央文献出版社 1989 年版，第 149 ~ 150 页。

重和保障人权是我们党和国家的一贯方针，这次把它写入宪法，可以进一步为这一方针的贯彻执行提供宪法保障；二是党的十五大、党的十六大都明确提出“尊重和保障人权”，在宪法中作出“尊重和保障人权”的宣示，体现了社会主义制度的本质要求，有利于推进我国社会主义人权事业的发展，有利于我们在国际人权事业中进行交流和合作。[1] 由此，“尊重和保障人权”由党的重要主张和人民共同意愿通过法定程序成为国家意志，由党的政策性举措转化为国家根本法的重要原则，成为坚持党的领导、人民当家作主和依法治国有机统一的具体实践。“尊重和保障人权”成为整个中国特色社会主义法治体系的基本原则，也成为所有国家机关、武装力量、政党、社会团体、企业事业组织必须遵守的行为准则和法律义务，一切法律法规规章规范性文件都不得与之相抵触，任何与之相违背的行为都必须予以追究。[2] 这标志着我国社会主义民主和法治建设达到一个新的历史水平，有力保障和推进了我国人权事业发展。

二、改革开放以来到党的十八大召开前人权保障的立法实践

宪法中的人权保障规定需要通过法律制度才能有效实施、具体落实，根据经济社会发展实际不断将人民群众应当享有的、需要享有的、期盼享有的权利通过法定程序转化为法定权利，最终落实为实际享有的权利。这要求，人民群众的权利享有和保障随着实践发展向前推进一步，法治建设和制度保障就必须跟进一步。从 1978 年改革开放到 2012 年党的十八大召开前，人权保障立法取得的成就特别是中国特色社会主义法律体系的形成有力证明了这一点。

---

〔1〕 参见王兆国：《关于〈中华人民共和国宪法修正案（草案）〉的说明——2004 年 3 月 8 日在第十届全国人民代表大会第二次会议上》，载全国人大常委会法制工作委员会宪法室编：《中华人民共和国制宪修宪重要文献资料选编》，中国民主法制出版社 2021 年版，第 201 页。

〔2〕 中华人民共和国国务院新闻办公室：《中国共产党尊重和保障人权的伟大实践》，载《人民日报》2021 年 6 月 25 日，第 2 版。

（一）加强和完善人权保障立法，构建较为完备的人权法律制度体系

通过建立健全法律法规和制度体系，推动和保障宪法实施，是我国宪法实施的基本途径。宪法规定的公民政治、经济、文化、社会等各方面权利，正是通过相关法律的制定和实施得到有力保障、充分实现。到2010年，改革开放30多年来，以宪法为核心，主要由宪法相关法、民法商法、行政法、经济法、社会法、刑法、诉讼与非诉讼程序法七个法律部门和法律、行政法规、地方性法规3个规范层次构成的中国特色社会主义法律体系形成。其中，大量的有关公民基本权利和人权保障的法律规范，构建起较为完备的人权法律制度体系。

一是制定保障公民生存权、发展权的法律制度。主要包括：（1）通过立法巩固、维护国家安全，保障人民生存权和发展权。制定国家安全法、兵役法、国防法、军事设施保护法、保守国家秘密法、反分裂国家法等，维护国家统一、稳定，为人民群众安居乐业提供安全保障。（2）建立健全环境保护法律制度，保障人民群众享有宜居环境。制定环境保护法、海洋环境保护法、水污染防治法、大气污染防治法、放射性污染防治法、环境影响评价法、防沙治沙法、海岛保护法、循环经济促进法等，推动绿色发展，保障和维护公民环境权利。（3）大力保障和改善民生，加强公共卫生、社会安全等方面制度建设。制定食品安全法、农产品质量安全法、传染病防治法、药品管理法、母婴保健法、道路交通安全法、消防法、安全生产法、职业病防治法等，以严格的法律制度保障人民群众生命健康权利。

二是保障公民权利、政治权利的法律规范不断完善。主要包括：（1）充分发挥人民代表大会制度的根本政治制度作用，切实加强人民当家作主的制度保障。制定全国人大组织法、地方组织法、国务院组织法、

人民法院组织法、人民检察院组织法等，建立完善有关国家机构组织、职责和权限等方面的制度；制定民族区域自治法，实行民族区域自治制度，依法保障各少数民族的合法权益；制定居民委员会组织法、村民委员会组织法，建立城乡基层群众自治制度，保证人民群众参与基层治理。（2）不断完善保障公民政治权利制度。制定全国人民代表大会和地方各级人民代表大会代表法、立法法、预算法、监督法等，依法推动、保障公民行使选举权、被选举权和知情权、参与权、表达权、监督权。（3）着力加强人权司法保障，妥善解决人民群众纠纷。建立权威公正的司法制度，并适应深化司法体制机制改革、保证公正司法的要求，制定并不断修改完善刑法、刑事诉讼法、民事诉讼法、行政诉讼法，作出刑法相关法律解释，从制度上加强人权司法保障；制定仲裁法、人民调解法、农村土地承包经营纠纷调解仲裁法、劳动争议调解仲裁法等，依靠多元化制度解决人民群众纠纷。（4）规范行政机关行为，保障公民合法权益。制定行政复议法、行政处罚法、行政许可法、行政强制法等，确保行政机关依法行使权力，加强对行政相对人合法权益保护；制定国家赔偿法，建立国家赔偿制度，有效保障公民和组织依法获得国家赔偿的权利。

三是推进保障经济、社会和文化权利相关法律制度建设。我国坚持以民为本、立法为民理念，通过立法着力提高公民经济、社会和文化权利保障水平，努力增进人民福祉，营造公平社会环境。主要包括：（1）制定民法通则、合同法、物权法、侵权责任法、婚姻法、继承法、收养法、消费者权益保护法等，保障公民人身权、财产权等民事权益。（2）不断完善以专利法、商标法、著作权法为核心的知识产权保护体系，制定公司法、合伙企业法、证券法、中小企业促进法、反不正当竞争法、反垄断法等商事法律，维护社会主义市场经济秩序，保护市场主体的合法权益，不断激发创新主体的积极性。（3）制定劳动法、劳动合同法、就业促进法、工会法等法律，保障公民劳动就业方面的权利。制定社会保险法、公益事业捐赠法、红十字会法等，不断完善社会保障体系，促进实现公民获得物质帮助和社会保障方面的权利。（4）制定教育法、义务教育法、高等教育法、民办教育促进法、教师法等，保障公民受教育权。（5）制定文物保护法、非物质文化遗产法、体育法等，保障和发展公民各项文化权益。

四是建立健全保护少数民族和妇女、未成年人、老年人、残疾人权利等特定群体的法律制度。主要包括：（1）坚持各民族一律平等，依法保障各民族群众平等享有管理国家事务的权利。我国通过宪法、民族区域自治法、选举法、教育法、国家通用语言文字法、就业促进法、刑法等法律法规保障少数民族享有的各项权利。（2）制定妇女权益保障法、未成年人保护法、预防未成年人犯罪法、老年人权益保障法等，依法保护妇女、未成年人、老年人等特定群体的合法权益，并通过加强刑事立法，不断增强对这些群体的制度保护。（3）制定残疾人保障法，明确残疾人在政治、经济、文化、社会和家庭生活方面享有同其他公民平等的权利。

（二）履行国际人权条约和积极参与国际人权条约的制定

我国共参加了26项国际人权公约，[1] 其中包括《消除对妇女一切形式歧视公约》、《消除一切形式种族歧视国际公约》、《禁止酷刑和其他残忍、不人道或有辱人格的待遇或处罚公约》、《儿童权利公约》、《经济、社会及文化权利国际公约》和《残疾人权利公约》等六项核心人权公约，积极参与全球人权治理。我国重视国际人权文书对促进和保护人权的重要作用，严格遵守条约规定，认真履行条约义务，包括在国内立法、政策制定等方面注重与条约规定相衔接，按照条约规定撰写并及时向相关

〔1〕 中华人民共和国国务院新闻办公室：《改革开放40年中国人权事业的发展进步》，载《光明日报》2018年12月13日，第14版。

条约机构提交履约报告，与条约机构开展建设性对话，并充分考虑条约机构提出的建议与意见，结合中国国情对合理可行的建议加以采纳和落实，体现出负责任大国担当。

我国积极参与一系列国际人权文书的制定工作，为国际人权规则体系发展作出重要贡献。例如，我国参加了《禁止酷刑和其他残忍、不人道或有辱人格的待遇或处罚公约》《儿童权利公约》《残疾人权利公约》《保护所有移徙工人及其家庭成员权利国际公约》，以及《经济、社会及文化权利国际公约》任择议定书等重要人权文件的制定工作组会议。[1]在这些工作组会议上，我国提出的意见和修正案受到了各方面的重视。我国作为主要推动者之一，参与了《发展权利宣言》起草工作。我国还积极参与劳工保护、人道主义、气候变化等领域国际规则制定。我国是《联合国气候变化框架公约》首批缔约方之一，全程参与并有效推动气候变化多边进程。

三、新时代我国宪法关于尊重和保障人权规定的发展实施

党的十八大以来，以习近平同志为核心的党中央高度重视全面依法治国，将之提到“四个全面”战略布局的新高度，作出一系列重大决策、提出一系列重大举措，要求坚持人民主体地位，要把体现人民利益、反映人民愿望、维护人民权益、增进人民福祉落实到依法治国全过程。党的十九大作出我国社会主要矛盾转化的重大政治论断，反映了我国社会发展的客观实际，是我们研判发展形势、制定人权政策、作出立法部署的重要依据。在人权保障立法领域，全国人大及其常委会坚持习近平新时代中国特色社会主义思想的科学指导，深入落实习近平法治思想，紧扣发展不平衡不充分的关键环节，在民主、法治、公平、正义、安全、

---

〔1〕参见中华人民共和国国务院新闻办公室：《中国共产党尊重和保障人权的伟大实践》，载《人民日报》2021 年 6 月 25 日，第 2 版。

环境等人民群众新期盼的方面加强立法工作，宪法人权保障原则得到充分贯彻，宪法人权保障制度得到深入实施，人权法治保障取得历史性成就。

（一）习近平总书记关于人权的重要论述为尊重和保障人权、推动人权事业发展提供了根本遵循

党的十八大以来，习近平总书记围绕尊重和保障人权发表了一系列重要论述，提出一系列原创性理论观点，习近平新时代中国特色社会主义思想中蕴含的人权理念，把马克思主义人权观同中国具体实际相结合、同中华优秀传统文化相结合，总结我们党团结带领人民尊重和保障人权的成功经验，借鉴人类优秀文明成果，取得了我们党对人权认识深化和理论创新的重大成果。习近平总书记关于人权的重要论述为宪法确立的尊重和保障人权原则和公民基本权利保护注入了新时代的内涵，提出新时代的发展要求，推动宪法相关原则、制度和精神全面贯彻、不断发展。习近平总书记对人权事业发展作出的一系列重要论述，立意高远、内涵丰富、思想深邃，经过认真学习梳理，主要有以下几个方面：

一是中国共产党和中国政府始终尊重和保障人权。中国共产党领导和我国社会主义制度，决定了我国人权事业的社会主义性质。例如，“中国共产党和中国政府坚持以人民为中心的发展思想，始终把人民利益摆在至高无上的地位，把人民对美好生活的向往作为奋斗目标，不断提高尊重与保障中国人民各项基本权利的水平。”〔1〕又如，“国家的根本制度和根本任务，国家的领导核心和指导思想……社会主义法制原则，民主集中制原则，尊重和保障人权原则，等等，这些宪法确立的制度和原则，

---

〔1〕中共中央党史和文献研究院编：《习近平关于尊重和保障人权论述摘编》，中央文献出版社2021年版，第6～7页。

我们必须长期坚持、全面贯彻、不断发展”。[1]

二是坚持人民主体地位。人民性是中国人权发展道路最显著的特征。例如，“中国坚持把人权的普遍性原则和当代实际相结合，走符合国情的人权发展道路，奉行以人民为中心的人权理念，把生存权、发展权作为首要的基本人权，协调增进全体人民的经济、政治、社会、文化、环境权利，努力维护社会公平正义，促进人的全面发展”。[2] 又如，“我们保障人民民主权利，充分激发广大人民群众积极性、主动性、创造性，让人民成为人权事业发展的主要参与者、促进者、受益者，切实推动人的全面发展、全体人民共同富裕取得更为明显的实质性进展”。[3]

三是走适合中国国情的人权发展道路。各国人权发展道路必须根据各自国情和本国人民愿望来决定。“中国始终遵循联合国宪章和《世界人权宣言》精神，坚持把人权普遍性同中国实际结合起来，走出了一条符合时代潮流、具有中国特色的人权发展道路，为中国人权进步和国际人权事业作出了重大贡献。”[4]

四是坚持生存权与发展权是首要的基本人权。生存是享有一切人权的基础，人民幸福生活是最大的人权。例如，“消除贫困、改善民生、实现共同富裕，是社会主义的本质要求”。[5] 又如，“我们完整、准确、全面贯彻新发展理念，坚持以人民为中心的发展思想，坚持发展为了人民、发展依靠人民、发展成果由人民共享，着力解决人民最关心最直接最现实的利益问题，着力解决发展不平衡不充分问题，努力实现更高质量、

---

〔1〕 习近平：《在首都各界纪念现行宪法公布施行30周年大会上的讲话》（2012年12月4日），载习近平：《习近平谈治国理政》（第1卷），外文出版社2014年版，第138～139页。

〔2〕《习近平致信纪念〈世界人权宣言〉发表70周年座谈会强调　坚持走符合国情的人权发展道路　促进人的全面发展》，载《人民日报》2018年12月11日，第1版。

〔3〕 习近平：《坚定不移走中国人权发展道路　更好推动我国人权事业发展》，载《求是》2022年第12期。

〔4〕 中共中央党史和文献研究院编：《习近平关于尊重和保障人权论述摘编》，中央文献出版社2021年版，第27页。

〔5〕 中共中央党史和文献研究院编：《习近平关于尊重和保障人权论述摘编》，中央文献出版社2021年版，第47页。

更有效率、更加公平、更可持续、更为安全的发展，在发展中使广大人民的获得感、幸福感、安全感更加充实、更有保障、更可持续。”[1]

五是加强人权法治保障。法治是人权最有效的保障。例如，“我们坚持法律面前人人平等，把尊重和保障人权贯穿立法、执法、司法、守法各个环节，加快完善体现权利公平、机会公平、规则公平的法律制度，保障公民人身权、财产权、人格权，保障公民参与民主选举、民主协商、民主决策、民主管理、民主监督等基本政治权利，保障公民经济、文化、社会、环境等各方面权利，不断提升人权法治化保障水平”。[2] 又如，“要深入推进公正司法，深化司法体制改革，加快建设公正高效权威的司法制度，完善人权司法保障制度，严肃惩治司法腐败，让人民群众在每一个司法案件中都感受到公平正义”。[3]

六是强调共同构建人类命运共同体，推动全球人权治理。发展人权是全人类共同的事业。例如，“中国人民愿同各国人民一道，秉持和平、发展、公平、正义、民主、自由的人类共同价值，维护人的尊严和权利，推动形成更加公正、合理、包容的全球人权治理，共同构建人类命运共同体，开创世界美好未来”。[4] 又如，“我们弘扬全人类共同价值，践行真正多边主义，积极参与包括人权在内的全球治理体系改革和建设，推动构建人类命运共同体”。[5]

---

〔1〕习近平：《坚定不移走中国人权发展道路　更好推动我国人权事业发展》，载《求是》2022年第12期。

〔2〕习近平：《坚定不移走中国人权发展道路　更好推动我国人权事业发展》，载《求是》2022年第12期。

〔3〕习近平：《在庆祝全国人民代表大会成立60周年大会上的讲话》（2014年9月5日），载全国人大常委会办公厅、中共中央文献研究室编：《人民代表大会制度重要文献选编》（四），中国民主法制出版社、中央文献出版社2015年版，第1768页。

〔4〕中共中央党史和文献研究院编：《习近平关于尊重和保障人权论述摘编》，中央文献出版社2021年版，第180～181页。

〔5〕习近平：《坚定不移走中国人权发展道路　更好推动我国人权事业发展》，载《求是》2022年第12期。

（二）人权保障法律制度体系进一步完善发展

党的十八大以来，全国人大及其常委会贯彻习近平法治思想以及习近平总书记关于人权的重要论述，进一步落实宪法尊重和保障人权原则，加强和完善人权保障立法，不断提高人民群众的获得感、幸福感、安全感，取得一系列新成就新进展。党的十八大以来，截至2022年12月底，全国人大及其常委会通过宪法修正案1件，制定法律71件，修改法律242件次，作出法律解释10件，通过有关法律问题和重大问题的决定99件次，现行有效法律共295件，以高质量立法进一步推动我国人权保障法律制度体系完善发展。相关法律全面落实了宪法关于公民基本权利的规定，与我国批准或加入的各项国际人权公约相衔接，进一步丰富和发展了人权保障的范围和层次。

一是宪法修正案为新时代实施加强人权法治保障提供了根本法保障。党的十九大确立了习近平新时代中国特色社会主义思想在全党的指导地位，确定了新的奋斗目标，对党和国家事业发展具有重大指导和引领意义。2018年，十三届全国人大一次会议通过宪法修正案，确立了科学发展观、习近平新时代中国特色社会主义思想在国家政治和社会生活中的指导地位，调整充实了中国特色社会主义事业总体布局和第二个百年奋斗目标的内容，完善了依法治国和宪法实施举措，充实了坚持和加强中国共产党全面领导的内容，增加倡导社会主义核心价值观的内容，修改了国家主席任职方面的规定，增加了有关监察委员会的各项规定，等等。这些修改更好体现了人民意志、反映了人民意愿，更好体现中国特色社会主义制度的优势，更好适应了新时代中国特色社会主义伟大实践，对于进一步加强以习近平同志为核心的党中央集中统一领导，推进国家治理体系和治理能力现代化，推动和加强我国社会主义法治建设和人权保障事业发展，具有十分重大的意义和极其深远的影响。

二是着力加强保障公民生存权和发展权的立法。公民的生存权和发展权是公民的最基本人权，是公民享有其他一切权利的基础。[1] (1) 健全公共卫生法治保障体系，制定中医药法、疫苗管理法、基本医疗卫生与健康促进法、生物安全法、医师法，修改药品管理法，切实保障人民群众生命健康安全。(2) 国家安全是人权保障事业的重要前提和基础。构建国家安全法律制度体系，以国家安全保障人民生存权和发展权。制定国家安全法、反间谍法、国家情报法、反恐怖主义法、境外非政府组织境内活动管理法、网络安全法、生物安全法、香港特别行政区维护国家安全法、出口管制法、数据安全法、反外国制裁法、陆地国界法等，夯实维护国家主权、安全、发展利益的法治基础。在维护国家安全利益的同时，妥善处理好国家安全与人权保障的关系，切实保障公民和组织的合法权益不受损害。(3) 加强国防军事立法，制定退役军人保障法、海警法、军人地位和权益保障法、国防交通法等，修改国防法、人民武装警察法、军事设施保护法、兵役法等，以法治力量推动建设强大国防、为全体人民提供安全祥和的国内国际环境。

三是切实保障公民权利与政治权利。(1) 贯彻全过程人民民主重大理念，完善国家组织机构及运行制度，制定监察法，修改地方组织法、选举法、全国人民代表大会和地方各级人民代表大会代表法、立法法、全国人大组织法、全国人大议事规则、全国人大常委会议事规则，依法保障人民的知情权、参与权、表达权、监督权，充分发挥人民代表大会制度的根本政治制度作用。(2) 修改人民法院组织法、人民检察院组织法，制定人民陪审员法，作出关于设立知识产权法院、金融法院以及专利等知识产权案件诉讼程序等一系列的决定，通过《关于授权最高人民法院组织开展四级法院审级职能定位改革试点工作的决定》，完善人民法院、人民检察院的设置和职权，提升司法公信力和法院审判效能，为加强人权

---

[1] 沈春耀：《加强人权保障法制建设 促进人权事业全面发展》，载中华人民共和国外交部国际司主编：《中国人权新成就》，世界知识出版社 2018 年版，第 15 页。

法治保障提供有力支撑。(3) 制定公职人员政务处分法、监察官法，修改公务员法、法官法、检察官法，为国家机关高效运行、工作人员依法履职提供有效法治支撑，保证公民、法人、其他组织合法权益切实得到尊重和保护。(4) 修改预算法，制定《关于加强国有资产管理情况监督的决定》，修改《关于加强中央预算审查监督的决定》《关于加强经济工作监督的决定》，强化人大预算决算审查监督职责，推进预算公开和民主监督，增强监督刚性和实效。

四是完善社会主义市场经济立法，强化人民群众民事权利保护。(1) 系统整合新中国成立70多年来长期实践形成的民事法律规范，编纂民法典，加强对人民群众生命健康、财产安全、交易便利、生活幸福、人格尊严等各方面权利平等保护。这是一部体现我国社会主义性质、符合人民利益和愿望、顺应时代发展要求的民法典，对推进全面依法治国、加快建设社会主义法治国家，对发展社会主义市场经济、巩固社会主义基本经济制度，对坚持以人民为中心的发展思想、依法维护人民权益、推动我国人权事业发展，对推进国家治理体系和治理能力现代化，都具有重大意义。(2) 制定电子商务法、外商投资法、海南自由贸易港法、个人信息保护法、旅游法、资产评估法等，修改土地管理法、城市房地产管理法、反垄断法、反不正当竞争法、商标法、标准化法、广告法、消费者权益保护法等，规范和保障市场经济健康发展，维护市场秩序和公平竞争，保障市场主体和广大人民群众的合法权益。(3) 修改农村土地承包法，明确了农村集体土地所有权、土地承包权、土地经营权“三权”分置，明确维护进城落户农民的土地承包经营权，明确妇女土地承包权益的保护，进一步赋予农民充分而有保障的土地权利。制定乡村振兴促进法，赋予农民更多土地权利、财产权利，保障农民合法权益，促进乡村振兴，推动城乡融合发展。(4) 落实税收法定原则，制定环境保护税法、烟叶税法、船舶吨税法、耕地占用税法、车辆购置税法、资源税法，保障纳税人合法权利。修改个人所得税法，推动个人所得税从分类税制向综合与分类相结合税制转变，确保广大人民群众享受到减税福利。

五是加强民生保障制度建设，以法治方式增进人民福祉。(1) 修改人口与计划生育法，明确规定国家提倡适龄婚育、优生优育；一对夫妻可以生育三个子女。国家采取财政、税收、保险、教育、住房、就业等支持措施，减轻家庭生育、养育、教育负担。(2) 修改教育法、高等教育法、民办教育促进法，促进教育公平，推动教育均衡发展，保障公民更好地行使受教育权。(3) 修改就业促进法、劳动合同法、安全生产法、职业病防治法、工会法，保障劳动者的合法权益。(4) 制定特种设备安全法、核安全法、消防救援衔条例、反电信网络诈骗法，修改食品安全法、农产品质量安全法，依法健全公共安全体系，遏制和防范社会各种安全事故和风险，保护人民群众人身权财产权免受侵害。(5) 制定慈善法，保障慈善事业发展，保护慈善活动参与者的合法权益，促进人人共享发展成果。

六是完善繁荣发展社会主义先进文化的制度，不断满足人民群众日益增长的精神需求。制定公共文化服务保障法、电影产业促进法、公共图书馆法、英雄烈士保护法、反食品浪费法等，修改文物保护法、档案法，加强文化法律制度建设，丰富公共文化服务内容，推进基本公共文化服务标准化、均等化，保障人民群众文化权益。修改体育法，推动全民健身与全民健康深度融合，充分保障公民体育权利。

七是完善生态环境保护法律规范，为人民群众守护好绿水青山、美好家园。贯彻习近平生态文明思想，健全生态环境保护法律制度，制定核安全法、土壤污染防治法、噪声污染防治法、湿地保护法、长江保护法、黄河保护法、黑土地保护法，修改环境保护法、大气污染防治法、海洋环境保护法、水污染防治法、固体废物污染环境防治法、野生动物保护法等生态环境保护、污染防治等方面的系列法律，作出《关于全面加强生态环境保护　依法推动打好污染防治攻坚战的决议》等，基本形成生态环保法律体系。强化环境监管和责任追究，完善环境保护公益诉讼制度，努力构建最严格的生态保护法律制度，保障公民相关环境权利，加强美丽中国制度建设。

八是继续深化、努力加强人权司法保障。（1）全国人大常委会通过《关于废止有关劳动教养法律规定的决定》，废止劳动教养制度；作出《关于废止有关收容教育法律规定和制度的决定》，废止收容教育制度，加强对公民人身自由权利的保障；修改预防未成年人犯罪法，用专门教育制度取代收容教养制度。（2）完善刑事司法制度。通过刑法修正案（九），进一步取消9个罪名的死刑，依法保障公民生命权。目前，除贪污罪、受贿罪外，保留死刑的罪名基本上都直接与国家安全、公共安全、人民生命安全和军人职责犯罪有关；进一步完善对死缓罪犯执行死刑的规定，将执行死刑的条件由死刑缓期执行期间“故意犯罪，查证属实”修改为“故意犯罪，情节恶劣”，提高了死刑适用标准。通过刑法修正案（十一），对社会反映突出的高空抛物、妨害公共交通工具安全驾驶的犯罪进一步作出明确规定，维护人民群众“头顶上的安全”和“出行安全”，完善惩治食品药品犯罪规定，维护“舌尖上的安全”，加强企业产权刑法保护，强化公共卫生刑事法治保障。通过反有组织犯罪法，推动扫黑除恶工作机制化、常态化、规范化开展。（3）修改民事诉讼法、行政诉讼法、刑事诉讼法，保障公民寻求司法救济的权利。修改民事诉讼法，明确检察机关可以提起民事公益诉讼。修改行政诉讼法，加大对行政审判的监督和法院裁判的执行力度，保护行政诉讼当事人合法权益。建立检察机关提起公益诉讼制度，更好维护公民权利和社会公共利益。修改刑事诉讼法，完善刑事诉讼与监察的衔接机制，建立刑事缺席审判制度、认罪认罚从宽制度、速裁程序等。制定国际刑事司法协助法，完善我国司法协助体制，有利于深化司法领域国际合作、打击跨国犯罪、维护公民合法权益。此外，还制定法律援助法，把法律援助这项民心工程纳入法治轨道，更好维护公民合法权益。

九是不断健全保护特定群体权益的法律制度。(1) 修订妇女权益保障法，全面贯彻落实男女平等基本国策，确保妇女在政治、经济、文化、社会和家庭生活等各方面享有同男子平等的权利；强调保护妇女依法享有的特殊权益、考虑妇女的特殊需求，在医疗保健和健康检查、公共设施配建、生育服务保障、预防和处置性骚扰、消除就业性别歧视等诸多方面，根据妇女特点提供特殊保护，为有效实现男女平等和促进妇女全面发展提供有力支撑。(2) 制定反家庭暴力法，规定家庭暴力的预防和处置机制措施，设立公安告诫、人身安全保护令和强制报告等制度，明确加害人法律责任及追究程序，切实保护家庭暴力受害人特别是未成年人、老年人、残疾人、孕期和哺乳期妇女等合法权益。(3) 加强未成年人权益保障。制定家庭教育促进法，明确父母或者其他监护人的主体责任，规定政府、学校、社会对家庭教育的支持和保障措施。修改未成年人保护法、预防未成年人犯罪法，完善监护等法律制度，强化对未成年人的家庭、学校、社会、政府、司法保护等，更好保护其健康成长。(4) 修改老年人权益保障法，积极应对人口老龄化，确立社会养老服务体系的基本框架，推动建立和完善社会养老服务体系。(5) 加强刑事法律保护。刑法修正案（九）加大对拐卖妇女儿童犯罪收买方的刑事处罚力度，将收买被拐卖妇女儿童的行为一律纳入刑事责任追究范围；明确规定，虐待被监护、看护的未成年人、老年人、患病的人、残疾人，情节恶劣的，追究刑事责任；取消嫖宿幼女罪，对此类犯罪适用刑法关于奸淫幼女以强奸罪论并从重处罚的规定。刑法修正案（十一）进一步修改补充了有关猥亵儿童、奸淫幼女和负有照护职责人员性侵罪等，加大对特定群体人身安全保护。

十是坚持全过程人民民主贯穿立法全过程各方面。民主本身就是一项重要的人权，同时也是实现其他人权的重要途径。党的十八大以来，全国人大常委会出台一系列重要举措，不断健全民主参与的工作机制，确保立法工作的立项、起草、审议、论证、评估、监督和宣传等各个环节广泛吸纳民意、汇聚民智，充分发扬民主。例如，全国人大常委会法工委建立31个基层立法联系点和1个立法联系点，实现全国31个省区市全覆盖。自设立基层立法联系点以来至2022年12月底，全国人大及其常委会就143件次法律草案、立法工作计划等征求联系点意见建议共15,317条。基层立法联系点充分发挥了民意“直通车”的重要作用，成为除网上公布法律草案向社会公众征求意见、向部门和地方发函征求意见，以及立法调研、座谈会、听证会、论证会等形式外的新的人民群众有序参与国家立法的有效形式，在实践中迸发出强大活力。又如，持续推进法律草案向社会公开征求意见工作，将征求意见的情况通过法工委发言人机制等多种形式及时向社会反馈。在民法典编纂过程中，全国人大常委会10次审议，10次向社会公开征求意见，累计收到42.5万人提出的建议102万余条，3次组织全国人大代表研读讨论，大会期间又根据代表审议意见作出100余处修改。

（三）加强宪法实施和监督工作，保证宪法法律关于人权保障内容的有效落实

宪法的生命和权威在于实施，人权的保障和实现在于宪法的有效实施。宪法规定的公民政治、经济、文化、社会等各方面权利，通过相关法律的制定和实施得到有力保障、充分实现。我国长期坚持、全面贯彻、不断发展支撑中国特色社会主义制度的根本制度、基本制度、重要制度，着力固根基、扬优势、补短板、强弱项，用制度体系保障人民当家作主，贯彻国家尊重和保障人权的宪法原则，坚持在发展中保障和改善民生，在发展中补齐民生短板、促进社会公平正义，让改革发展成果更多更公平惠及全体人民，实现人民对美好生活的向往。现行宪法公布施行40年来，我国越来越重视宪法法律的实施，努力在推动宪法法律有效实施上下功夫，建立了合宪性审查、规范性文件备案审查、执法检查等一系列

相关保障制度。党的十八大以来，在以习近平同志为核心的党中央领导下，采取一系列有力措施，弘扬宪法精神、维护宪法权威、推动宪法实施、加强宪法监督，在宪法法律实施上取得显著成效和重要进展，宪法法律关于人权保障的原则、措施和规范得到进一步贯彻落实。

一是实行宪法宣誓制度，从理想信念高度推动国家工作人员履行宪法使命、更好为人民服务。2015 年 7 月，全国人大常委会通过《关于实行宪法宣誓制度的决定》；2018 年 2 月，全国人大常委会修订了宪法宣誓决定；2018 年宪法修正案规定，国家工作人员就职时应当依照法律规定公开进行宪法宣誓。将“忠于中华人民共和国宪法，维护宪法权威，履行法定职责，忠于祖国、忠于人民，恪尽职守、廉洁奉公，接受人民监督，为建设富强民主文明和谐美丽的社会主义现代化强国努力奋斗”作为宣誓誓词，通过严肃庄重的宣誓仪式，推动国家工作人员树立宪法意识、恪守宪法原则、弘扬宪法精神、履行宪法使命，激励和教育国家工作人员忠于宪法、遵守宪法、维护宪法，加强宪法实施，更好地保障公民基本权利，推进人权事业发展，更好地为人民服务。

二是贯彻全面依法治国和体现人道主义精神，实施宪法规定的特赦制度。特赦是国家依法对特定罪犯免除或者减轻刑罚的制度，也是一项国际通行的人道主义制度。现行宪法规定，全国人大常委会决定特赦，国家主席发布特赦令。2015 年，全国人大常委会通过《关于特赦部分服刑罪犯的决定》，在纪念中国人民抗日战争暨世界反法西斯战争胜利 70 周年之际，对有参加过中国人民抗日战争、中国人民解放战争等情形，后因犯罪被判处刑罚正在服刑的部分罪犯实行特赦。2019 年 6 月，全国人大常委会通过《关于在中华人民共和国成立七十周年之际对部分服刑罪犯予以特赦的决定》，对有参加过中国人民抗日战争、中国人民解放战争，中华人民共和国成立以后参加过保卫国家主权、安全和领土完整对外作战等情形，后因犯罪被判处刑罚正在服刑的部分罪犯实行特赦。特赦决定有利于彰显我们党承续中华文明慎刑恤囚、明刑弼教、矜老恤幼优良传统的形象，展示执政自信和制度自信；有利于弘扬全面依法治国理念，形成依宪执政、依宪治国的良好社会氛围，深入推进法治中国建设；有利于贯彻落实宽严相济刑事政策，充分发挥特赦的感召效应，最大限度地化消极因素为积极因素，促进社会和谐稳定；有利于展现我国人权司法保障水平，进一步树立我国开放、民主、法治、文明的国际形象。

三是稳妥推进合宪性审查工作，为人权和公民基本权利提供宪法保障。党的十九大报告提出："加强宪法实施和监督，推进合宪性审查工作，维护宪法权威。"宪法的基本精神是规范公权力运行，保障人权。人权是宪法的核心价值，宪法有权威，则人权有保障。党的十九大报告提出的推进合宪性审查工作，正是保障人权的重大制度安排。[1] 2018 年 3 月，全国人民代表大会通过的宪法修正案将全国人民代表大会"法律委员会"更名为"宪法和法律委员会"。2018 年 6 月，全国人大常委会作出《关于全国人民代表大会宪法和法律委员会职责问题的决定》，宪法和法律委员会在继续承担统一审议法律草案等工作的基础上，增加推动宪法实施、开展宪法解释、推进合宪性审查、加强宪法监督、配合宪法宣传等工作职责。通过推进合宪性审查工作，确保全国人大及其常委会通过的法律和作出的决定决议符合宪法规定、宪法精神，同时，要求有关方面拟出台的法规规章、重要政策和重大举措，凡涉及宪法有关规定如何理解、如何适用的，都应当事先经过全国人大常委会合宪性审查，必要时通过适当方式作出合宪性安排，确保与宪法规定、宪法精神相符合。具体来说，涉及公民基本权利的制度设计、规范内容和举措措施，要符合宪法关于公民基本权利保护、人权保障有关精神原则和规定。

全国人大常委会加强法律草案起草审议中合宪性、涉宪性问题研究，加强对各有关方面提出的合宪性、涉宪性问题要求的处理，积极稳妥推

〔1〕 韩大元：《加强人权法治保障　推进人权事业的发展》，载《人权》2017 年第 6 期。

进合宪性审查工作。例如，在个人信息保护法（草案）审议过程中对是否增加“根据宪法”作为立法依据作出研究。在审议该法草案时，有意见提出在立法目的中增加“根据宪法”的表述，作为立法根据。经研究，个人信息保护法吸纳这一意见，明确规定“根据宪法，制定本法”。在立法目的中明确宪法为制定依据，有利于对宪法确立的公民人格尊严、公民的通信自由和通信秘密的保护。贯彻党中央重大决策部署，根据经济社会发展的实际，与时俱进阐释宪法精神、原则和规定，对不适应现实情况的法律制度和规定作出调整修改，是合宪性审查工作的一种特殊形式。如，近年来全国人大代表、全国政协委员多次提出议案、建议、提案，建议改革、废止收容教育制度，有的建议合宪性审查。收容教育制度的主要法律依据是1991年七届全国人大常委会第二十一次会议通过的《关于严禁卖淫嫖娼的决定》。该决定第四条第二款规定：“对卖淫、嫖娼的，可以由公安机关会同有关部门强制集中进行法律、道德教育和生产劳动，使之改掉恶习。期限为六个月至二年。具体办法由国务院规定。”国务院据此制定了《卖淫嫖娼人员收容教育办法》。制定该决定主要是为了补充修改当时刑法和《治安管理处罚条例》的有关规定，同时设置了收容教育制度，其制定程序和内容均符合宪法规定。后来的情况是，该决定规定的刑事方面内容，在1997年修改刑法时已经被吸收到刑法之中；但该决定规定的收容教育制度作为行政措施继续有效。全国人大常委会法制工作机构会同有关部门研究认为，“总的看，收容教育制度实施多年来，在维护社会治安秩序、教育挽救卖淫嫖娼人员、遏制不良社会风气蔓延等方面发挥了积极作用。同时，随着我国经济社会的快速发展和民主法治建设的加强，特别是随着全面依法治国不断推进，社会治理体系和能力的提升，收容教育制度的历史作用已经完成。从实践情况来看，收容教育措施的运用逐年减少，收容教育人数明显下降，有些地方已经停止执行。另外，2013年废止劳动教养制度时，对于适时废止收容教育制度，各方面已经达成共识并作出安排。通过调研论证，启动废止工作的时机已经成熟。为了深入贯彻全面依法治国精神，国务院适时提出相关议案，建议废止收容教育制度”。2019 年 12 月，十三届全国人大常委会第十五次会议通过《关于废止有关收容教育法律规定和制度的决定》，废止《关于严禁卖淫嫖娼的决定》第四条第二款、第四款，以及据此实行的收容教育制度。

四是建立健全规范性文件备案审查制度，为公民权利提供有力的法律保障。根据我国宪法规定，一切法律、行政法规和地方性法规都不得同宪法相抵触。全国人大常委会已建立法规、规章和规范性文件备案审查衔接联动机制，制定备案审查工作规程，建立全国统一的备案审查信息平台，听取审议备案审查工作情况的报告，增加审查刚性，督促纠正与法律相抵触或者不适当的问题。截至目前，各类法规、规章、司法解释和规范性文件都已纳入备案审查范围，实行“有件必备、有备必审、有错必纠”，保障宪法法律关于公民基本权利、人权保障的规定落到实处。对备案审查工作中发现的与宪法法律相抵触、侵犯公民权利的问题，全国人大常委会法制工作机构认真开展审查研究，通过与制定机关沟通、提出书面研究意见等方式，加大监督纠正力度，推动相关问题妥善解决，切实保障公民权利、维护国家法制统一。例如，根据公民审查建议，要求有关地方人大常委会对人口与计划生育条例中关于“超生即辞退”等措施和处理规定作出修改，有 7 个省的地方性法规存在上述问题，均按照审查要求完成相关法规修改工作，有效保障了宪法法律规定的公民生育权。[1] 又如，有的地方性法规规定，停车人应当按照规定缴纳道路停车费用，逾期未缴纳的，进行催缴同时并处 200 元以上 1000 元以下罚款。有公民对有关罚款规定提出审查建议。全国人大常委会法制工作机构经审查研究认为，停车人逾期未缴纳停车费，行政机关催缴同时并处 200 元以上罚款的规定，程序设置失当，规定的罚款额度与行政处罚法确立的过罚相当原则不符，建议制定机关遵循法治原则，从实际出发，在充

---

〔1〕 参见《全国人民代表大会常务委员会法制工作委员会关于 2018 年备案审查工作情况的报告》，2018 年 12 月第十三届全国人大常委会第七次会议。

分论证的基础上，调整完善罚款的额度和程序。经沟通，制定机关已对相关规定进行修改完善。[1] 再如，有的地方性法规规定，有关行政部门为调查计划生育违法事实，可以要求当事人进行亲子鉴定；对拒不配合的，处以1万元以上5万元以下罚款。有公民对上述规定提出审查建议。全国人大常委会法制工作机构经审查认为，亲子关系涉及公民人格尊严、身份、隐私和家庭关系和谐稳定，属于公民基本权益，受宪法法律保护，地方性法规不宜规定强制性亲子鉴定的内容，也不应对此设定相应的行政处罚、处分、处理措施。经沟通，制定机关已对相关规定作出修改。[2]

（四）参与和引领国际人权治理，推动国内人权法治建设与国际人权法治发展相促进

在我国宪法人权保障原则的推动下，国内人权法治建设不断迈上新台阶。不仅如此，在习近平总书记关于统筹推进国内法治与涉外法治重要论述的指引下，人权领域呈现国内法治与国际法治相互促进、相得益彰的趋势。我国认真履行国际人权条约义务，广泛开展国际人权合作，积极推动全球人权治理，弘扬全人类共同价值观，坚持平等互信、包容互鉴、合作共赢、共同发展的理念，推动全球人权治理朝着更加公平公正合理包容的方向发展。

一是我国参加各条约机构对中国履约情况的审议，注重与世界各国和国际组织开展建设性人权对话。党的十八大以来，中国接受第二轮和第三轮国别人权审查，就6项核心人权公约向履约机构提交履约报告并接受履约审议。结合国情在立法修法的过程中采纳和落实条约机构合理

---

〔1〕《全国人民代表大会常务委员会法制工作委员会关于2021年备案审查工作情况的报告》，2021年12月21日在第十三届全国人大常委会第三十二次会议上。

〔2〕《全国人民代表大会常务委员会法制工作委员会关于2021年备案审查工作情况的报告》，2021年12月21日在第十三届全国人大常委会第三十二次会议上。

可行的建议。绝大多数国家肯定中国人权发展成就和中国对世界人权事业作出的贡献。我国与发达国家、发展中国家和国际组织进行人权对话和交流，拓展了国际人权交流合作，增进了在人权问题上与各国的相互了解。为加强与各国在人权领域的包容理解、务实合作，推动世界人权事业的发展，全国人大常委会加强议会外交，向发达国家和广大发展中国家的议会介绍我国宪法制度和人权保障立法成就，深入阐释宪法和法律在我国人权法治保障中的重要作用和重大意义，展现中国共产党依法执政、依宪执政的理念和决心。许多外国议会领导人评价我国宪法和法律充分体现人民共同意志、充分保障人民民主权利、充分维护人民根本利益。

二是坚持走中国人权发展道路，积极参与全球人权治理。我们党和国家坚持将人权的普遍性原则与本国实际相结合，成功走出一条符合国情的人权发展道路，为世界人权发展提供了中国方案，丰富发展了人权文明多样性。例如，我国积极推动构建人类卫生健康共同体，秉持生存权和发展权是首要的基本人权理念，制定修改一系列公共卫生相关法律，健全疫情防控法律体系，为我国疫情防控取得重大战略成果提供法治保障，为我国参与和推动全球人权治理提供实践基础。又如，我国努力推动构建公平合理、合作共赢的全球环境治理体系，共同构建人与自然生命共同体。党的十八大以来，我国生态环境保护领域立法取得历史性成就，中国特色社会主义生态环保法律体系初步形成，为推动全球环境治理提供中国方案和中国力量。此外，我国积极参与制定海洋、极地、网络、外空、核安全、反腐败、气候变化等新兴领域治理规则，推动改革全球治理体系中不公正不合理的安排，为各国人权发展提供新理念和新模式。

三是开展国际人权斗争，以法治更好地维护国家主权、安全和发展利益。近年来，某些西方国家把人权当作干涉我国内政的政治工具，并且借机滥施非法单边强制措施，严重损害我国主权、安全和发展利益。全国人大常委会加快推进涉外领域立法，健全完善反制裁、反干涉、反制“长臂管辖”的法律制度。积极宣传我国法治建设和人权法治保障成就，加强对我国法律制度的正面解读，树立我国依法保障人权的正面形象。对歪曲、污蔑我国人权法治状况的不实言论，及时有理、有力地给予回击。

党的二十大报告郑重提出新时代新征程中国共产党的使命任务，对中国式现代化的中国特色和本质要求等重大问题作出科学阐释，对全面建设社会主义现代化国家、全面推进中华民族伟大复兴进行了战略谋划，对统筹推进“五位一体”总体布局、协调推进“四个全面”战略布局作出了全面部署，必将极大推动我国社会主义经济建设、政治建设、文化建设、社会建设、生态文明建设取得新的历史性成就，使人民群众在经济、政治、文化、社会、生态文明方面的权利得到更有力保障和高质量发展；同时，报告提出要“坚持走中国人权发展道路，积极参与全球人权治理，推动人权事业全面发展”，对做好今后一段时期人权工作提出要求。党的二十大的理论创新、目标任务、战略部署必将进一步推动我国宪法关于尊重和保障人权制度规定的全面有效实施，开创中国人权法治保障新局面，指引我国人权事业发展迈上新台阶，为促进世界人权事业发展作出更大贡献。

第三编　更好发挥宪法在治国理政中的重要作用

第九章　我国宪法关于社会主义基本经济制度的规定及其发展实施

从全球范围看，宪法对经济制度作出规定是一个比较普遍的现象。[1]我国宪法尤其注重明确基本经济制度，始终将其作为社会主义制度的一项重要内容置于突出位置。基本经济制度是经济制度体系中具有长期性和稳定性的部分，对经济制度属性和经济发展方式具有决定性影响。我国社会主义基本经济制度，是我们党领导人民在革命、建设、改革实践中经过长期艰辛探索逐渐建立完善起来的，是马克思主义基本经济原理在中国具体实际条件下的创造性应用和发展，是中国共产党和中国人民的伟大创造。

从我们党100多年的奋斗史看，党领导人民在各个历史时期制定的

---

〔1〕 据统计，有超过80部宪法使用“经济组织”“经济体制”“经济结构”“经济制度”“经济秩序”之类的词作为宪法中的章、节、目或包括此类规定。参见［荷］亨利·范·马尔赛文、格尔·范·德·唐：《成文宪法的比较研究》，陈云生译，华夏出版社1987年版，第70页。

如果对照我国宪法关于基本经济制度的条款，包括有关经济体制的规定（对应宪法第十五条），有关公有财产及与之相联系的所有制的规定（对应宪法第六条、第七条、第十二条），有关自然资源、土地制度的规定（对应宪法第九条、第十条），有关外资经济的规定（对应宪法第十八条），全球超过一半国家的宪法存在这四类中一类或一类以上的规定，亚洲所占比例更达70%以上。参见李响：《我国宪法经济制度规定的重新审视》，载《法学家》2016年第2期。

宪法及宪法性文件，都对经济政策、经济制度作出了规定。特别是改革开放以后，我们党在解放思想、实事求是的思想路线指引下，对所有制、分配关系、计划与市场等重大问题的认识不断深化。1997 年，党的十五大将公有制为主体、多种所有制经济共同发展列为我国社会主义初级阶段的一项基本经济制度。1999 年 3 月 15 日，九届全国人大二次会议对宪法进行了修改，其中一项重要内容就是增加规定："国家在社会主义初级阶段，坚持公有制为主体、多种所有制经济共同发展的基本经济制度，坚持按劳分配为主体、多种分配方式并存的分配制度。"党的十八大以来，以习近平同志为核心的党中央，围绕新时代如何坚持和完善我国社会主义基本经济制度，在理论和实践的结合中进行了深入探索。2018 年修改宪法，把创新、协调、绿色、开放、共享的新发展理念写入宪法。2019 年党的十九届四中全会将公有制为主体、多种所有制经济共同发展，按劳分配为主体、多种分配方式并存，社会主义市场经济体制三项并列作为社会主义基本经济制度，这是对社会主义基本经济制度作出的一次重大理论创新。2022 年 10 月，党的二十大又将这一重大理论创新和制度创新修改写入党章。党的创新理论为我国宪法关于社会主义基本经济制度的规定提供了科学的指导思想、丰富的制度内涵和与时俱进的阐释逻辑，有利于引领经济建设领域立法更加适应新时代中国式现代化的要求，推动宪法相关制度和规定的有效实施，保证社会主义市场经济发展的正确方向，为建设现代化经济体系、构建新发展格局、推动高质量发展提供强大法治支撑。

一、我国宪法关于社会主义基本经济制度规定的发展历程

社会主义基本经济制度是实践的产物，在革命、建设、改革历史进程中形成、确立和完善发展，贯穿于我们党领导人民运用科学社会主义经济原理改革生产关系、推动社会生产力发展取得举世瞩目成就的全过

程。新中国成立后，为实现从新民主主义到社会主义的转变，我们党提出了过渡时期的总路线，实行对农业、手工业和资本主义工商业的社会主义改造。到 1956 年，我国基本上完成对生产资料私有制的社会主义改造，基本上实现生产资料公有制和按劳分配，建立起社会主义经济制度，为推进社会主义建设奠定了良好基础。改革开放 40 多年来，我们党深刻总结国内外正反两方面经验，从我国社会主义初级阶段的基本国情出发，解放思想、实事求是，以巨大的政治勇气主动调整生产关系，以适应生产力发展需要，推动我国经济体制发生了深刻而重大变化。随着我们党和国家对经济建设和社会主义经济制度的实践发展、认识深化，我国宪法对于社会主义基本经济制度的规定经历了一个发展演变过程，走出了一条马克思主义教科书上没有现成答案、前人没有走过的制度新路，在法治轨道上推动和保障我们实现了世所罕见的经济快速发展和社会长期稳定两大奇迹。

（一）《共同纲领》明确了新民主主义经济政策

《共同纲领》起草过程中，关于经济的部分讨论最多。1949 年 9 月 22 日，周恩来同志在中国人民政治协商会议第一届全体会议上作《关于〈中国人民政治协商会议共同纲领〉草案的起草经过和特点》的报告时指出：新民主主义五种经济的构成中，国营经济是领导的成分；在逐步地实现计划经济的要求下，使全社会都能各得其所，以收分工合作之效，这是一个艰巨而必须实现的任务。经济建设是百端待举，但须有缓急轻重之分，草案根据哪些是应该做的、哪些是不应该做的，哪些是现在可以做的、哪些是现在不能做的，哪些是已经做了的、哪些是尚未做的等，分别作出具体条文规定。[1] 《共同纲领》第四章章名即“经济政策”。

---

〔1〕 参见周恩来：《关于〈中国人民政治协商会议共同纲领〉草案的起草经过和特点》。

“经济政策”一章首先明确了中华人民共和国经济建设的根本方针，就是“以公私兼顾、劳资两利、城乡互助、内外交流的政策，达到发展生产、繁荣经济之目的”；规定国家应在经营范围、原料供给、销售市场、劳动条件、技术设备、财政政策、金融政策等方面，调剂国营经济、合作社经济、农民和手工业者的个体经济、私人资本主义经济和国家资本主义经济，使各种社会经济成分在国营经济领导之下，分工合作，各得其所，以促进整个社会经济的发展。

《共同纲领》主要围绕所有制形式对经济政策作了具体规定。第二十八条规定：国营经济为社会主义性质的经济。凡属有关国家经济命脉和足以操纵国民生计的事业，均应由国家统一经营。凡属国有的资源和企业，均为全体人民的公共财产，为人民共和国发展生产、繁荣经济的主要物质基础和整个社会经济的领导力量。第二十九条规定：合作社经济为半社会主义性质的经济，为整个人民经济的一个重要组成部分。人民政府应扶助其发展，并给以优待。第三十条规定：凡有利于国计民生的私营经济事业，人民政府应鼓励其经营的积极性，并扶助其发展。第三十一条规定：国家资本与私人资本合作的经济为国家资本主义性质的经济。在必要和可能的条件下，应鼓励私人资本向国家资本主义方向发展，例如为国家企业加工，或与国家合营，或用租借形式经营国家的企业，开发国家的富源等。此外，《共同纲领》也有涉及资源调配的规定，第三十三条明确规定：中央人民政府应争取早日制定恢复和发展全国公私经济各主要部门的总计划，规定中央和地方在经济建设上分工合作的范围，统一调剂中央各经济部门和地方各经济部门的相互联系。中央各经济部门和地方各经济部门在中央人民政府统一领导之下各自发挥其创造性和积极性。

（二）一九五四年宪法明确了过渡时期经济制度

一九五四年宪法在序言第二自然段提出，从中华人民共和国成立到社会主义社会建成，这是一个过渡时期。国家在过渡时期的总任务是逐步实现国家的社会主义工业化，逐步完成对农业、手工业和资本主义工商业的社会主义改造。我国人民在过去几年内已经胜利地进行了改革土地制度、抗美援朝、镇压反革命分子、恢复国民经济等大规模的斗争，这就为有计划地进行经济建设、逐步过渡到社会主义社会准备了必要的条件。

一九五四年宪法在“总纲”中对经济制度作了具体规定。一是明确了生产资料所有制方面的制度。一九五四年宪法第五条规定：“中华人民共和国的生产资料所有制现在主要有下列各种：国家所有制，即全民所有制；合作社所有制，即劳动群众集体所有制；个体劳动者所有制；资本家所有制。”第六条规定：“国营经济是全民所有制的社会主义经济，是国民经济中的领导力量和国家实现社会主义改造的物质基础。国家保证优先发展国营经济。矿藏，水流，由法律规定为国有的森林、荒地和其他资源，都属于全民所有。”第七条规定：“合作社经济是劳动群众集体所有制的社会主义经济，或者是劳动群众部分集体所有制的半社会主义经济。劳动群众部分集体所有制是组织个体农民、个体手工业者和其他个体劳动者走向劳动群众集体所有制的过渡形式。国家保护合作社的财产，鼓励、指导和帮助合作社经济的发展，并且以发展生产合作为改造个体农业和个体手工业的主要道路。”第十条规定：“国家依照法律保护资本家的生产资料所有权和其他资本所有权。国家对资本主义工商业采取利用、限制和改造的政策。国家通过国家行政机关的管理、国营经济的领导和工人群众的监督，利用资本主义工商业的有利于国计民生的积极作用，限制它们的不利于国计民生的消极作用，鼓励和指导它们转变为各种不同形式的国家资本主义经济，逐步以全民所有制代替资本家所有制。国家禁止资本家的危害公共利益、扰乱社会经济秩序、破坏国家经济计划的一切非法行为。”二是明确了资源配置方式。第十五条规定：“国家用经济计划指导国民经济的发展和改造，使生产力不断提高，以改进人民的物质生活和文化生活，巩固国家的独立和安全。”

（三）一九七五年宪法、一九七八年宪法明确了社会主义改造完成后的所有制形式和分配原则

1953年后，在过渡时期总路线的指导下，社会主义改造开始进行。农业主要经历了互助组、初级农业生产合作社、高级农业生产合作社几个阶段；手工业主要经历了生产合作小组、手工业供销合作社、手工业生产合作社几个阶段；资本主义工商业主要经过了从低级国家资本主义形式（统购包销、加工订货）到高级国家资本主义形式（公私合营）发展的过程。到1956年年底，加入合作社的农户达到全国农户总数的96.3%；参加合作社的手工业人员已占全体手工业人员的91.7%；全国私营工业户数的99%，私营商业户数的82.2%，分别纳入了公私合营或合作社的轨道。至此，农业、手工业、资本主义工商业的社会主义改造基本完成。伴随生产资料公有制占绝对优势的新的经济基础的建立，经济体制、政治体制、教育科学文化体制等社会主义各项制度基本形成。[1]

由于生产资料所有制方面的社会主义改造任务已经基本完成，一九七五年宪法第五条明确我国主要有两种所有制，即社会主义全民所有制和社会主义劳动群众集体所有制。国家允许非农业的个体劳动者在城镇街道组织、农村人民公社的生产队统一安排下，从事在法律许可范围内的，不剥削他人的个体劳动。同时，要引导他们逐步走上社会主义集体化的道路。第六条第一款规定，国营经济是国民经济中的领导力量。第七条第二款规定，现阶段农村人民公社的集体所有制经济，一般实行三级所有、队为基础，即以生产队为基本核算单位的公社、生产大队和生产队三级所有。一九七五年宪法的一项重要内容是明确了分配原则。第

---

〔1〕 参见《社会主义改造完成（壮丽70年 奋斗新时代·新中国峥嵘岁月）》，载《人民日报》2019年9月16日，第6版。

九条第一款规定，国家实行“不劳动者不得食”“各尽所能、按劳分配”的社会主义原则。对于经济发展方针，一九七五年宪法第十条规定，国家实行抓革命，促生产，促工作，促战备的方针，以农业为基础，以工业为主导，充分发挥中央和地方两个积极性，促进社会主义经济有计划、按比例地发展，在社会生产不断提高的基础上，逐步改进人民的物质生活和文化生活，巩固国家的独立和安全。

一九七八年宪法基本维持了一九七五年宪法有关经济制度的规定，仅作了个别修改。

（四）一九八二年宪法确立了社会主义经济制度

1978 年 12 月，党的十一届三中全会开启了改革开放和社会主义现代化的伟大征程，一九八二年宪法正是在这一具有历史深远意义的伟大转折背景下产生的。一九八二年宪法把党在社会主义初级阶段的基本路线，用宪法形式肯定下来，成为全国各族人民共同奋斗的纲领。宪法在序言中规定：“今后国家的根本任务是集中力量进行社会主义现代化建设。中国各族人民将继续在中国共产党领导下，在马克思列宁主义、毛泽东思想指引下，坚持人民民主专政，坚持社会主义道路，不断完善社会主义的各项制度，发展社会主义民主，健全社会主义法制，自力更生，艰苦奋斗，逐步实现工业、农业、国防和科学技术的现代化，把我国建设成为高度文明、高度民主的社会主义国家。”这就从国家根本法上保证了党和国家工作重心转移到以经济建设为中心上来，为确立和发展适应改革开放和社会主义现代化建设新时期需要的社会主义经济制度提供了有利条件。

一九八二年宪法反映了社会主义经济制度在我国已经确立起来和正在发展壮大的事实。在所有制方面，第六条第一款规定：中华人民共和国的社会主义经济制度的基础是生产资料的社会主义公有制，即全民所有制和劳动群众集体所有制。第七条规定：国营经济是社会主义全民所有制经济，是国民经济中的主导力量。国家保障国营经济的巩固和发展。第八条规定：农村人民公社、农业生产合作社和其他生产、供销、信用、消费等各种形式的合作经济，是社会主义劳动群众集体所有制经济。参加农村集体经济组织的劳动者，有权在法律规定的范围内经营自留地、自留山、家庭副业和饲养自留畜。城镇中的手工业、工业、建筑业、运输业、商业、服务业等行业的各种形式的合作经济，都是社会主义劳动群众集体所有制经济。国家保护城乡集体经济组织的合法的权利和利益，鼓励、指导和帮助集体经济的发展。第十一条规定，在法律规定范围内的城乡劳动者个体经济，是社会主义公有制经济的补充。国家保护个体经济的合法的权利和利益。国家通过行政管理，指导、帮助和监督个体经济。1982 年 4 月 22 日，在五届全国人大常委会第二十三次会议上，时任宪法修改委员会副主任委员的彭真同志在《关于中华人民共和国宪法修改草案的说明》中对我国所有制经济现状作了分析，并对相应的经济制度设计作出阐释。他指出，全民所有制经济、劳动群众集体所有制经济和劳动者个体经济，各在一定范围内有其优越性，虽然它们的地位和作用不同，但都是不可缺少的。全民所有制经济“是国民经济中的主导力量”。在农村，集体所有制经济是主要的经济形式，适合现阶段我国农业生产力发展水平，因而是优越的、进步的。在城镇手工业、修理业、服务业等行业中，也都有一部分适于采取集体所有制经济形式。对于草案之所以规定城乡劳动者个体经济和参加农村集体经济组织的劳动者有一定的经营自主权，他指出，在我国城乡都还存在一些个体经济，它们在相当长的时期内是全民所有制经济和集体所有制经济所不能代替的。[1]

关于分配原则，一九八二年宪法第六条第二款规定，社会主义公有制消灭人剥削人的制度，实行各尽所能，按劳分配的原则。第十四条第

---

〔1〕 参见彭真：《关于中华人民共和国宪法修改草案的说明》。

三款规定，国家合理安排积累和消费，兼顾国家、集体和个人的利益，在发展生产的基础上，逐步改善人民的物质生活和文化生活。关于资源配置方式，一九八二年宪法第十五条规定：国家在社会主义公有制基础上实行计划经济。国家通过经济计划的综合平衡和市场调节的辅助作用，保证国民经济按比例地协调发展。禁止任何组织或者个人扰乱社会经济秩序，破坏国家经济计划。需要说明的是，一九八二年宪法还规定我国允许外国在中国的合法投资和中外经济合作，这对于按照平等互利的原则利用外资，引进先进技术，加速社会主义现代化建设是有利的。

（五）一九八二年宪法五次修改的有关规定

随着社会主义现代化建设的深入推进，我国经济实现飞速发展，需要不断及时深化改革，作出体制机制调整。党的十二大、十三大、十四大、十五大、十六大、十七大根据国际国内形势发展变化，从我国发展新要求出发，一以贯之对推进改革开放和社会主义现代化建设作出全面部署。我国改革从农村实行家庭联产承包责任制率先突破，逐步转向城市经济体制改革并全面铺开，确立社会主义市场经济的改革方向，更大程度更广范围发挥市场在资源配置中的基础性作用，坚持和完善基本经济制度和分配制度。党把对外开放确立为基本国策，从兴办深圳等经济特区、开发开放浦东、推动沿海沿边沿江沿线和内陆中心城市对外开放到加入世界贸易组织，从“引进来”到“走出去”，充分利用国际国内两个市场、两种资源。经过持续推进改革开放，我国实现了从高度集中的计划经济体制到充满活力的社会主义市场经济体制、从封闭半封闭到全方位开放的历史性转变。[1] 中国特色社会主义实践向前推进一步，法治建设就要跟进一步。到 2012 年，一九八二年宪法先后修改 4 次，每次

〔1〕《中共中央关于党的百年奋斗重大成就和历史经验的决议》（2021 年 11 月 11 日中国共产党第十九届中央委员会第六次全体会议通过）。

修改都涉及社会主义基本经济制度的发展完善。

前 4 次修改内容主要有：一是 1988 年宪法修正案对私营经济作出规定。1987 年 10 月，党的十三大报告提出，“以公有制为主体发展多种所有制经济，以至允许私营经济的存在和发展，都是由社会主义初级阶段生产力的实际状况所决定的”；私营经济“是公有制经济必要的和有益的补充”，“必须尽快制订有关私营经济的政策和法律，保护它们的合法利益，加强对它们的引导、监督和管理”。1988 年 4 月，七届全国人大一次会议通过《中华人民共和国宪法修正案》，在第十一条增加规定：国家允许私营经济在法律规定的范围内存在和发展。私营经济是社会主义公有制经济的补充。国家保护私营经济的合法的权利和利益，对私营经济实行引导、监督和管理。修改第十条第四款，规定土地的使用权可以依照法律的规定转让。二是 1993 年宪法修正案确立了社会主义市场经济的法律地位。此次修改，将宪法第十五条：“国家在社会主义公有制基础上实行计划经济。国家通过经济计划的综合平衡和市场调节的辅助作用，保证国民经济按比例地协调发展。”“禁止任何组织或者个人扰乱社会经济秩序，破坏国家经济计划。”修改为：“国家实行社会主义市场经济。”“国家加强经济立法，完善宏观调控。”“国家依法禁止任何组织或者个人扰乱社会经济秩序。”将宪法第十六条：“国营企业在服从国家的统一领导和全面完成国家计划的前提下，在法律规定的范围内，有经营管理的自主权。”修改为：“国有企业在法律规定的范围内有权自主经营。”将宪法第十七条：“集体经济组织在接受国家计划指导和遵守有关法律的前提下，有独立进行经济活动的自主权。”“集体经济组织依照法律规定实行民主管理，由它的全体劳动者选举和罢免管理人员，决定经营管理的重大问题。”修改为：“集体经济组织在遵守有关法律的前提下，有独立进行经济活动的自主权。”“集体经济组织实行民主管理，依照法律规定选举和罢免管理人员，决定经营管理的重大问题。”同时，此次修改还将宪法第七条中的“国营经济”修改为“国有经济”；将宪法第八条第一款中的“农村人民公社、农业生产合作社”修改为“农村中的家庭联产承包为主的责任制”。三是1999年宪法修正案明确规定了社会主义基本经济制度。此次修改，序言第七自然段增加“邓小平理论”的内容，相应地将“根据建设有中国特色社会主义的理论”修改为“沿着建设有中国特色社会主义的道路”，并将“我国正处于社会主义初级阶段”修改为“我国将长期处于社会主义初级阶段”，增加“发展社会主义市场经济”的内容。有关基本经济制度条文的修改有：（1）在第六条增加规定：“国家在社会主义初级阶段，坚持公有制为主体、多种所有制经济共同发展的基本经济制度，坚持按劳分配为主体、多种分配方式并存的分配制度。”在宪法中明确规定社会主义初级阶段的基本经济制度和分配制度，有利于在改革开放和社会主义现代化建设的实践中，坚持和完善上述制度，进一步解放和发展社会生产力。（2）在第八条第一款增加规定：“农村集体经济组织实行家庭承包经营为基础、统分结合的双层经营体制。”同时，相应地删去“家庭联产承包为主的责任制”的提法。统分结合的双层经营体制，是指在农村集体经济组织内部实行的集体统一经营和家庭承包经营相结合的经营体制，家庭承包经营是双层经营体制的基础。在宪法中对家庭承包经营为基础、统分结合的双层经营体制作出规定，有利于这一经营制度的长期稳定、不断完善和农村集体经济的健康发展。（3）在第十一条增加规定：“在法律规定范围内的个体经济、私营经济等非公有制经济，是社会主义市场经济的重要组成部分。”同时，相应地删去个体经济、私营经济“是社会主义公有制经济的补充”的提法，并将本条的其他文字修改为“国家保护个体经济、私营经济的合法的权利和利益。国家对个体经济、私营经济实行引导、监督和管理”。这样修改进一步明确了个体经济、私营经济等非公有制经济在我国社会主义市场经济中的地位和作用，有利于个体经济、私营经济等非公有制经济的健康发展。四是2004年宪法修正案进一步明确了国家对发展非公有制经济的方针。根据党的十六大关于“必须毫不动摇地鼓励、支持和引导非公有制经济发展”，“依法加强监督和管理，促进非公有制经济健康发展”的精神，此次修改将宪法第十一条第二款：“国家保护个体经济、私营经济的合法的权利和利益。国家对个体经济、私营经济实行引导、监督和管理。”修改为：“国家保护个体经济、私营经济等非公有制经济的合法的权利和利益。国家鼓励、支持和引导非公有制经济的发展，并对非公有制经济依法实行监督和管理。”这一修改全面、准确地体现了党的十六大关于对非公有制经济既鼓励、支持、引导，又依法监督、管理，以促进非公有制经济健康发展的精神，也反映了我国社会主义初级阶段基本经济制度的实际情况，符合生产力发展的客观要求。

党的十八大以来，党中央提出，我国经济发展进入新常态，已由高速增长阶段转向高质量发展阶段，强调贯彻新发展理念是关系我国发展全局的一场深刻变革，实现创新成为第一动力、协调成为内生特点、绿色成为普遍形态、开放成为必由之路、共享成为根本目的的高质量发展，推动经济发展质量变革、效率变革、动力变革。[1] 2018 年宪法修正案将宪法序言第七自然段中“在马克思列宁主义、毛泽东思想、邓小平理论和‘三个代表’重要思想指引下”修改为“在马克思列宁主义、毛泽东思想、邓小平理论、‘三个代表’重要思想、科学发展观、习近平新时代中国特色社会主义思想指引下”，为国家推进社会主义经济建设提供了科学理论指导。在“自力更生，艰苦奋斗”前增写“贯彻新发展理念”。这一修改的主要考虑是，创新、协调、绿色、开放、共享的新发展理念是党的十八大以来以习近平同志为核心的党中央推动我国经济发展实践的理论结晶，是习近平新时代中国特色社会主义经济思想的主要内容，必须长期坚持、不断丰富发展。把“新发展理念”写入宪法，有利于从宪法上确认这一重要理论成果，更好地发挥其在决胜全面建成小康社会，开启全面建设社会主义现代化国家新征程中对我国经济发展的重要指导

〔1〕《中共中央关于党的百年奋斗重大成就和历史经验的决议》（2021 年 11 月 11 日中国共产党第十九届中央委员会第六次全体会议通过）。

作用，为在新时代条件下坚持和完善社会主义基本经济制度提供更为坚实的法治保障。

二、我国宪法关于社会主义基本经济制度规定的内涵

宪法第六条至第十八条是关于社会主义经济的制度规范，确立了我国社会主义基本经济制度，规定了经济建设各主要方面的制度，构建起完整的社会主义经济制度规范体系。综合宪法规范和理论实践，我国宪法关于社会主义基本经济制度的内涵，可以从主要构成、显著优势、本质特征三个方面来总体理解和把握。

（一）社会主义基本经济制度的主要构成

第一，在所有制方面，坚持公有制为主体、多种所有制经济共同发展。这主要由宪法第六条第二款直接规定。生产资料所有制是生产关系的核心。公有制为主体、多种所有制经济共同发展，决定着我国基本经济制度根本性质和发展方向。我国是中国共产党领导的社会主义国家，公有制经济是长期以来在国家发展历程中形成的，为国家建设、国防安全、人民生活改善作出了突出贡献。长期以来，我国非公有制经济在我们党的方针政策指引下快速发展，在稳定增长、促进创新、增加就业、改善民生等方面发挥了重要作用。非公有制经济是稳定经济的重要基础，是国家税收的重要来源，是技术创新的重要主体，是金融发展的重要依托，是经济持续健康发展的重要力量。公有制经济和非公有制经济，二者相辅相成、相得益彰。宪法第七条规定国有经济即社会主义全民所有制经济，第八条规定了农村集体经济组织、农村和城镇中各种形式的合作经济等社会主义劳动群众集体所有制经济，第九条规定了国家所有和由法律规定属于集体所有的自然资源，第十条规定了国家所有和集体所

有的土地，第十一条规定了非公有制经济，第十二条规定社会主义的公共财产神圣不可侵犯，第十三条规定公民的合法的私有财产不受侵犯。这些都属于“坚持公有制为主体、多种所有制经济共同发展”范畴的内容。

第二，在分配制度方面，坚持按劳分配为主体、多种分配方式并存。这主要由宪法第六条第二款直接规定。分配决定于生产，又反作用于生产。按劳分配是社会主义的基本分配原则，要求以劳动的数量和质量为依据分配个人收入，多劳多得。按生产要素分配是生产要素所有权在经济上的实现，要求劳动、资本、土地、知识、技术、管理、数据等生产要素由市场评价贡献、按贡献决定报酬。按劳分配为主体、多种分配方式并存，是有利于充分调动各方面积极性，有利于实现效率和公平有机统一的分配制度。这一制度安排从我国社会主义初级阶段的实际出发，坚持多劳多得，着重保护劳动所得，提高劳动报酬在初次分配中的比重，完善工资制度，健全工资合理增长机制，完善按要素分配政策制度，健全再分配调节机制，重视发挥第三次分配作用。坚持好这一分配制度，能够有效实现各种分配方式各扬其长，各种市场主体各得其所，规范收入分配秩序，不断推动居民收入增长和经济增长同步、劳动报酬提高和劳动生产率提高同步，让广大人民群众共享改革发展成果，朝着共同富裕目标迈进。宪法第十四条规定了国家实行各种形式的社会主义责任制，改进劳动组织，以不断提高劳动生产率和经济效益；国家合理安排积累和消费，兼顾国家、集体和个人的利益，在发展生产的基础上，逐步改善人民的物质生活和文化生活。国家建立健全同经济发展水平相适应的社会保障制度。这些都涉及“按劳分配为主体、多种分配方式并存”的分配制度。

第三，在资源配置方面，实行社会主义市场经济体制。这主要由宪法第十五条直接规定。在社会主义条件下发展市场经济，是我们党的一个伟大创举，既体现了市场决定资源配置的一般规律和以等价交换为基础的市场制度的一般规定，又体现了社会主义经济的特殊规律与中国共产党领导和社会主义制度的特殊规定，在我国改革开放和社会主义现代化建设中发挥了无可替代的作用。建立和完善社会主义市场经济体制，要求处理好政府和市场关系，充分发挥市场在资源配置中的决定性作用，更好发挥政府作用，推动有效市场和有为政府更好结合，把完善产权制度和要素市场化配置作为重点，建设统一开放、竞争有序的市场体系，进一步激发全社会创造力和市场活力。宪法第十六条、第十七条分别规定了国有企业和集体经济组织的经营管理。第十八条规定了允许外国的企业和其他经济组织或者个人依照中华人民共和国法律的规定在中国投资、同中国的企业或者其他经济组织进行各种形式的经济合作。这些都涉及社会主义市场经济条件下的市场主体问题。

以上关于我国宪法规定的社会主义基本经济制度的三个主要组成部分是相互联系、相互支持、相互促进的内在统一整体。所有制结构是基本经济制度的基础，决定分配方式和资源配置方式。同时，合理有效的分配方式和资源配置方式有利于进一步完善所有制结构，更好地坚持“两个毫不动摇”，促进经济社会持续健康发展。将这三项经济制度共同作为基本经济制度，是中国特色社会主义政治经济学的重大理论创新，是新时代我国构建更加有效管用、逻辑贯通、衔接匹配的经济制度体系的根本遵循。

（二）社会主义基本经济制度的显著优势

我国宪法规定的社会主义基本经济制度，不仅同我国社会主义初级阶段社会生产力发展水平相适应，具有不断解放和发展社会生产力的显著优势，而且深刻体现社会主义本质要求，在消除两极分化、最终达到共同富裕方面不断彰显社会主义制度优越性。

所有制方面的显著优势主要表现在：一是适应社会生产力发展水平，

能够充分调动社会资源。二是多种所有制经济之间合作竞争，促进公有制经济深化改革、调整优化布局、完善实现形式，不断增强竞争力、创新力、控制力、影响力、抗风险能力；促进非公有制经济发挥优势、健康发展。三是国有资本、集体资本、非公有资本等交叉持股、相互融合的混合所有制经济，是基本经济制度的重要实现形式，为多种所有制经济共同发展提供有效机制和载体。坚持公有制主体地位和国有经济主导地位，是我国各族人民共享改革发展成果的制度性保证，也是巩固党的执政地位、坚持我国社会主义制度的重要保证。

分配制度方面的显著优势主要表现在：一是坚持多劳多得，着力保护劳动所得，有利于提高劳动效率，鼓励勤劳致富。二是在分配结构中增加劳动者特别是一线劳动者劳动报酬，提高劳动报酬在初次分配中的比重，为逐步实现共同富裕提供制度保障。三是健全劳动、资本、土地、知识、技术、管理、数据等生产要素由市场评价贡献、按贡献决定报酬的机制，让一切要素活力竞相迸发，让一切创造社会财富的源泉充分涌流。

经济体制方面的显著优势主要表现在：一是处理好政府和市场关系，充分发挥市场在资源配置中的决定性作用，更好发挥政府作用，通过市场所特有的优胜劣汰选择机制和激励功能，使各种资源要素得到高效配置。二是不仅克服了贫富两极分化、负外部性和宏观经济失衡等方面的市场失灵，而且体现出社会主义集中力量办大事的制度优势，为贯彻新发展理念、建设现代化经济体系、推动经济高质量发展提供制度保障。

我国宪法规定的社会主义基本经济制度，有力促进了改革开放和社会主义现代化建设，在理论上是科学的，在实践上是成功的。改革开放以来，我国国内生产总值年均实际增长9%以上，远高于同期世界经济不到3%的年均增速。可以说，社会主义基本经济制度是创造我国发展奇迹的重要制度基础。我国宪法关于社会主义基本经济制度的规定，具有显著优势、坚实基础、强大生命力，这也从一个重要侧面证明，我国宪法是符合国情、符合实际、符合时代发展要求的好宪法，是充分体现人民共同意志、充分维护人民根本利益的好宪法，是推动国家发展进步、保证人民创造幸福生活、保障中华民族实现伟大复兴的好宪法。

（三）社会主义基本经济制度的本质特征

我国社会主义基本经济制度之所以具有显著优势，能为我国经济持续健康发展提供坚强制度保障，是因为它具有以下本质特征。

一是坚持党的领导，确保我国经济始终沿着正确方向发展。中国共产党领导是中国特色社会主义最本质的特征，是中国特色社会主义制度的最大优势，党是最高政治领导力量。社会主义基本经济制度之所以具有不断解放和发展社会生产力、促进实现共同富裕的优越性，根本在于坚持党的领导，确保我国经济始终沿着正确方向发展。在党中央集中统一领导下，我们坚持社会主义基本经济制度，充分发挥市场在资源配置中的决定性作用，更好发挥政府作用，全面贯彻新发展理念，坚持以供给侧结构性改革为主线，加快建设现代化经济体系；充分发挥中央和地方两个积极性，充分调动市场主体和广大人民群众的积极性、主动性、创造性，提高各级干部的责任感、使命感和工作能力，形成推动经济高质量发展，为实现“两个一百年”奋斗目标、实现中华民族伟大复兴的中国梦而奋斗的强大合力。

二是坚持以人民为中心，汇聚强大发展合力。坚持以人民为中心，是新时代坚持和发展中国特色社会主义的根本立场。让广大人民群众共享改革发展成果，是社会主义的本质要求。社会主义基本经济制度，坚持以人民为中心的发展思想，坚持发展是硬道理、发展应该是科学发展和高质量发展的战略思想，依靠人民推进中国特色社会主义事业，不断把经济“蛋糕”做大；坚持发展成果由人民共享，把不断做大的“蛋糕”分好，让社会主义制度优越性更加充分体现出来，让实现全体人民共同富裕在广大人民现实生活中更加充分展现出来，因而能够增强经济发展活力，汇聚强大发展合力，为实现经济持续健康发展提供不竭动力。

三是坚持与时俱进，在实践中不断完善和发展。社会主义基本经济制度在实践中不断完善和发展，体现了继承性和发展性的统一。改革开放以来，我们打破“一大二公”的所有制结构，破除社会主义和市场经济对立的思想教条，探索形成公有制为主体、多种所有制经济共同发展的所有制结构，形成按劳分配为主体、多种分配方式并存的分配制度，建立并不断完善社会主义市场经济体制。社会主义基本经济制度的完善和发展，坚持基本经济制度的社会主义性质，顺应并支撑坚持和完善中国特色社会主义制度、推进国家治理体系和治理能力现代化的历史进程，在更好发挥社会主义制度优越性、不断解放和发展社会生产力、推动高质量发展方面发挥巨大作用。[1]

三、我国宪法关于社会主义基本经济制度规定的立法实施情况

（一）从新中国成立至改革开放前有关情况

新中国成立初期，我国面临着组建和巩固新生政权、恢复和发展国民经济、实现和保障人民当家作主的艰巨任务。根据政权建设和发展经济的需要，从 1949 年到 1954 年第一届全国人民代表大会召开前，我国围绕国家经济建设制定了土地改革法以及有关公私企业管理、劳动保护等法律、法令，开启了新中国经济制度法制化的历史进程。按照《共同纲领》的规定，国家要有步骤地将封建半封建的土地所有制改变为农民的土地所有制。1950 年 6 月，中央人民政府委员会通过和颁布实施《中华人民共和国土地改革法》，成为进行土地改革的法律依据。土地改革法规

〔1〕 参见刘伟：《为经济高质量发展奠定坚实制度基础》，载《人民日报》2020 年 4 月 17 日，第 9 版。

定，废除地主阶级封建剥削的土地所有制，实行农民的土地所有制，借以解放农村生产力，发展农业生产，为新中国的工业化开辟道路。同时规定，把过去征收富农多余土地财产的政策，改为保存富农经济的政策，以便更好地保护中农和小土地出租者、稳定民族资产阶级，从而推动生产的恢复和发展。

1956年，党的八大通过的《关于政治报告的决议》提出，“国家必须根据需要，逐步地系统地制定完备的法律”。此后至1966年“文化大革命”前，中央层面制定了大量法规法令，其中一些涉及经济制度。1958年中共中央作出《关于在农村建立人民公社问题的决议》，规定要建立农林牧副渔全面发展、工农商学兵互相结合的人民公社。1961年中共中央制定了“农业六十条”，规定人民公社为政社合一的组织，其根本制度是以生产大队为基础的三级（公社、生产大队和生产队）所有制。中共中央还发布了“商业四十条”“手工业三十五条”“工业七十条”等文件，对相关领域的发展作出制度安排。1962年，中央有关部门曾组织制定和编纂民法典相关工作，但由于条件所限没有完成。

（二）改革开放后至2012年党的十八大召开前有关情况

1978年12月召开的党的十一届三中全会明确提出：“在自力更生的基础上积极发展同世界各国平等互利的经济合作，努力采用世界先进技术和先进设备”。邓小平同志在《解放思想，实事求是，团结一致向前看》的著名讲话中明确提出要制定外国人投资法。为落实党的十一届三中全会精神，扩大国际经济合作和技术交流，吸引外商直接投资，1979年7月，五届全国人大二次会议通过《中华人民共和国中外合资经营企业法》，这是我国第一部对外开放领域的法律，首次从法律上允许外商来华直接投资，并明确依法保护外国合营者按照经中国政府批准的协议、合同、章程在合营企业的投资、应分得的利润和其他合法权益，使对外开放政策法律化。这部法律是经济领域特别是对外开放法制建设的重要里程碑，其中许多规定对以后相关立法有着重要的引领作用。

1982 年现行宪法公布施行后，为了更好适应以经济建设为中心、推进改革开放的需要，全国人大及其常委会根据宪法和我国实际情况制定了民法通则、全民所有制工业企业法、专利法、商标法、著作权法、经济合同法、企业破产法、台湾同胞投资保护法等法律。特别是 1986 年和 1988 年全国人大先后制定外资企业法、中外合作经营企业法，与中外合资经营企业法统称“外资三法”，为“三资”企业经营活动提供了全面的指导和法律保障。1985 年 4 月，六届全国人大三次会议通过了《关于授权国务院在经济体制改革和对外开放方面可以制定暂行的规定或者条例的决定》，“授权国务院对于有关经济体制改革和对外开放方面的问题，必要时可以根据宪法，在同有关法律和全国人民代表大会及其常务委员会的有关决定的基本原则不相抵触的前提下，制定暂行的规定或者条例”，“经过实践检验，条件成熟时由全国人民代表大会或者全国人民代表大会常务委员会制定法律”。此后，一系列涉及对外开放、吸引外资的行政法规相继出台，如《中华人民共和国技术引进合同管理条例》（1985 年）、国务院《关于鼓励外商投资的规定》（1986 年）、国务院《关于鼓励台湾同胞投资的规定》（1988 年）、《中外合资经营企业合营各方出资的若干规定》（1987 年）、《外国商会管理暂行规定》（1989 年）、《中华人民共和国外资企业法实施细则》（1990 年）、国务院《关于鼓励华侨和香港澳门同胞投资的规定》（1990 年）等。这些法律法规为实行改革开放、巩固经济体制改革成果、推动我国社会生产力发展提供了有力的法律支撑。

1992 年，党的十四大作出了建立社会主义市场经济体制的重大战略决策，明确提出社会主义市场经济体制的建立和完善必须有完备的法制来规范和保障。我国立法机关按照建立社会主义市场经济体制的要求，加快经济立法，在规范市场主体、维护市场秩序、加强宏观调控、促进对外开放等方面，制定了公司法、合伙企业法、商业银行法、乡镇企业法、反不正当竞争法、消费者权益保护法、产品质量法、拍卖法、担保法、海商法、保险法、票据法、城市房地产管理法、广告法、注册会计师法、仲裁法、审计法、预算法、中国人民银行法、对外贸易法、劳动法等法律，社会主义市场经济法治化水平不断提升。

随着社会主义市场经济体制的逐步建立、对外开放水平的不断提高、民主法制建设的深入推进和各项事业的全面发展，为把中国特色社会主义事业全面推向21世纪，1997年，党的十五大提出了21世纪第一个十年国民经济和社会发展的远景目标，确立了“依法治国，建设社会主义法治国家”的基本方略，明确提出到2010年形成中国特色社会主义法律体系。按照这一目标要求，为保障和促进社会主义市场经济的发展，适应加入世界贸易组织的需要，我国继续抓紧开展有关贯彻落实基本经济制度的立法，制定了证券法、合同法、招标投标法、信托法、个人独资企业法、农村土地承包法、政府采购法等法律，修改了对外贸易法、中外合资经营企业法、中外合作经营企业法、外资企业法、专利法、商标法、著作权法等法律，我国社会主义市场经济立法国际化视野进一步拓宽，向着更加科学化、体系化迈出坚实步伐。

21世纪以来，根据党在21世纪前20年全面建设惠及十几亿人口的更高水平的小康社会这一目标，为保障和促进社会主义基本经济制度的实施，立法机关进一步加强立法工作，不断提高立法质量，制定了物权法、侵权责任法、企业破产法、反垄断法、反洗钱法、企业所得税法、车船税法、企业国有资产法、银行业监督管理法等法律，同时还与时俱进地修改完善了一些经济领域法律，为形成以宪法为核心的中国特色社会主义法律体系、总体实现国家经济生活有法可依打下坚实基础。

（三）中国特色社会主义进入新时代以来有关情况

以党的十八大为历史节点，中国特色社会主义进入新时代。党的十八大、十九大都明确提出要坚持和完善社会主义基本经济制度。2013 年 11 月，党的十八届三中全会通过的《中共中央关于全面深化改革若干重大问题的决定》对全面深化改革作出重大部署，明确要紧紧围绕使市场在资源配置中起决定性作用深化经济体制改革，坚持和完善基本经济制度，加快完善现代市场体系、宏观调控体系、开放型经济体系，加快转变经济发展方式，加快建设创新型国家，推动经济更有效率、更加公平、更可持续发展。2019 年 10 月，党的十九届四中全会通过的《中共中央关于坚持和完善中国特色社会主义制度　推进国家治理体系和治理能力现代化若干重大问题的决定》提出，必须坚持社会主义基本经济制度，充分发挥市场在资源配置中的决定性作用，更好发挥政府作用，全面贯彻新发展理念，坚持以供给侧结构性改革为主线，加快建设现代化经济体系。

为适应新时代党和国家事业快速发展的需要、国际形势深刻复杂变化，立法工作进入了一个加快发展的新阶段，呈现覆盖广、数量多、节奏快、要求高的新特点。这一时期，全国人大及其常委会围绕党和国家工作大局，顺应人民期盼，坚持和完善社会主义基本经济制度，推进高质量发展和高水平对外开放立法。2019 年 3 月 15 日，十三届全国人大二次会议通过《中华人民共和国外商投资法》。该法总结改革开放 40 多年来我国外商投资法律制度的实践经验，适应新形势新要求，确立了我国新型外商投资法律制度的基本框架，确定了我国对外开放、促进外商投资的基本国策和大政方针，对外商投资的准入、促进、保护、管理等作出了统一规定，是我国外商投资领域新的基础性法律，是对我国外商投资法律制度的完善和创新。通过制定和实施外商投资法，坚定实行高水平投资自由化便利化政策，保护外商投资合法权益，营造法治化、国际化、便利化营商环境，以高水平对外开放推动经济高质量发展，充分彰显了新时代我国进一步扩大对外开放、积极促进外商投资的决心和信心。2020 年 5 月 28 日，十三届全国人大三次会议审议通过了《中华人民共和国民法典》，这是新中国成立以来第一部以“法典”命名的法律，是新时代我国社会主义法治建设的重大成果。民法典把我国多年来实行社会主义市场经济体制和加强社会主义法治建设取得的一系列重要制度成果用法典的形式确定下来，规范经济生活和经济活动赖以依托的财产关系、交易关系，对坚持和完善社会主义基本经济制度、促进社会主义市场经济繁荣发展具有十分重要的意义，是一部固根本、稳预期、利长远的基础性法律。

社会主义基本经济制度的一项重要功能就是保障经济平稳、健康、持续发展。为贯彻新发展理念，构建新发展格局，以高质量立法服务高质量发展，全国人大常委会立足新发展阶段，制定了海南自由贸易港法等一批体现全面深化改革、推进高水平对外开放要求的新法律。全国人大常委会贯彻落实税收法定原则，制定环境保护税法、烟叶税法、船舶吨税法、城市维护建设税法、契税法等法律，修改企业所得税法等法律。全国人大常委会围绕健全社会主义市场经济体制，修改了反不正当竞争法、中小企业促进法、农民专业合作社法、促进科技成果转化法、标准化法、商标法、广告法，制定旅游法、资产评估法等，配合“证照分离”改革、优化营商环境，修改道路交通安全法、消防法、进出口商品检验法、草原法、民用航空法、海关法、食品安全法。全国人大常委会完善授权决定和改革决定工作机制，针对与现行法律规定不一致、修改法律尚不成熟、需要先行先试的改革举措，依法作出授权决定或改革决定。例如，作出《关于授权国务院在自由贸易试验区暂时调整适用有关法律规定的决定》《关于授权国务院在营商环境创新试点城市暂时调整适用〈中华人民共和国计量法〉有关规定的决定》《关于授权国务院在部分地区开展房地产税改革试点工作的决定》《关于授权上海市人民代表大会及其常务委员会制定浦东新区法规的决定》，确保国家发展、重大改革于法有据。党的十八大以来经济立法实践充分反映，社会主义市场经济法治建设实现重大突破、取得重大成就，经济制度规范体系更加成熟完备，进一步发挥出固根本、稳预期、利长远的保障作用，推动我国经济迈上更高质量、更有效率、更加公平、更可持续、更为安全的发展之路。

四、新时代新征程上坚持和完善社会主义基本经济制度、推动宪法有效实施

法律作为上层建筑的重要组成部分，一定要随着经济基础的变化而变化。宪法的“变”与“不变”，是一个辩证统一的关系。宪法确实更为重视稳定性、连续性，但不变是相对的；即使宪法的文本内容没有变，时代前进了，社会生活条件变化了，也必然赋予宪法有关条文以新的内涵和意旨，表现为活的宪法形象，通过与社会发展保持同步状态，维护宪法文本和宪法规范的有效性和权威性。

党的十八大以来，以习近平同志为核心的党中央坚持和完善社会主义基本经济制度，在巩固和发展公有制经济、发展混合所有制经济、支持民营经济健康发展、健全按劳分配和按要素分配机制、深化供给侧结构性改革、发挥市场在资源配置中的决定性作用等方面，取得了一系列新的重要理论和实践成果，把社会主义制度和市场经济更好结合起来，形成了习近平新时代中国特色社会主义经济思想。多年来，我们把公有制为主体、多种所有制经济共同发展作为基本经济制度，现行宪法也对此作了规定。在此基础上，着眼于新的实践和发展需要，2019 年 10 月 31 日，党的十九届四中全会通过《中共中央关于坚持和完善中国特色社会主义制度　推进国家治理体系和治理能力现代化若干重大问题的决定》，把按劳分配为主体、多种分配方式并存与社会主义市场经济体制上升为基本经济制度，这是习近平新时代中国特色社会主义经济思想的重要创新和发展，具有科学的理论基础、广泛的实践基础、深厚的群众基础。同时，这三项基本经济制度相互联系、相互支持、相互促进，是经济制度体系中具有长期性和稳定性的部分，起着规范方向的作用，对经济制

度属性和经济发展方式有决定性影响。该决定的这一重要新概括，成为新时代我国构建更加有效管用、逻辑贯通、衔接匹配的经济制度体系和推动经济高质量发展的根本遵循，具有重要指导意义。基于此，我国宪法关于社会主义基本经济制度规定的内涵必然随之发展，体现出新时代的实践要求和制度特色。

中国特色社会主义进入新时代以来，国家坚持和完善社会主义基本经济制度，对推动经济高质量发展作出顶层设计和决策部署，采取一系列有力举措，推动我国宪法规定的社会主义基本经济制度深入实施、不断发展。党的二十大站在全面建设社会主义现代化国家、全面推进中华民族伟大复兴的全局高度，强调“高质量发展是全面建设社会主义现代化国家的首要任务”“发展是党执政兴国的第一要务”，对坚持和完善社会主义基本经济制度、构建高水平社会主义市场经济体制等作出战略部署。新时代新征程上，必须把贯彻落实党的二十大精神和推动我国宪法关于社会主义基本经济制度规定的有效实施紧密结合起来，把坚持和完善社会主义基本经济制度和加强社会主义市场经济这一重点领域立法有机贯通起来，在法治轨道上更好把握新发展阶段、贯彻新发展理念、构建新发展格局、推动高质量发展，续写经济快速发展和社会长期稳定两大奇迹新篇章。

（一）毫不动摇巩固和发展公有制经济，毫不动摇鼓励、支持、引导非公有制经济发展

回顾改革发展的历史，正是因为实行公有制为主体、多种所有制经济共同发展的基本经济制度，让公有制经济和非公有制经济相互促进、共同发展，才推动我国经济发展取得举世瞩目的成就。党的十八届三中全会明确提出，“公有制经济和非公有制经济都是社会主义市场经济的重要组成部分”；党的十九大报告强调，“毫不动摇巩固和发展公有制经济，

毫不动摇鼓励、支持、引导非公有制经济发展”。可以说，新时代我们党在坚持基本经济制度上的观点是明确的、一贯的，而且是不断深化的，从来没有动摇。公有制经济和非公有制经济犹如中国经济的两翼，缺一不可。两翼密切配合、协调振动，中国经济才能飞得高，飞得远。让公有制经济与非公有制经济更好地协同发展，巩固壮大“众人拾柴火焰高”的发展态势，才能让一切创造社会财富的源泉充分涌流，不断激发全社会的创造力和发展活力，为推动高质量发展提供强劲动力。

新时代新征程上，坚持“两个毫不动摇”，要探索公有制多种实现形式，推进国有经济布局优化和结构调整，发展混合所有制经济，增强国有经济竞争力、创新力、控制力、影响力、抗风险能力，做强做优做大国有资本。深化国有企业改革，完善中国特色现代企业制度。形成以管资本为主的国有资产监管体制，有效发挥国有资本投资、运营公司功能作用。健全支持民营经济、外商投资企业发展的法治环境，完善构建亲清政商关系的政策体系，健全支持中小企业发展制度，促进非公有制经济健康发展和非公有制经济人士健康成长。营造各种所有制主体依法平等使用资源要素、公开公平公正参与竞争、同等受到法律保护的市场环境。深化农村集体产权制度改革，发展农村集体经济，完善农村基本经营制度。

（二）坚持按劳分配为主体、多种分配方式并存

分配制度是社会主义基本经济制度的重要内容，是实现共同富裕的有效制度安排。党的十八大报告指出，“实现发展成果由人民共享，必须深化收入分配制度改革，努力实现居民收入增长和经济发展同步、劳动报酬增长和劳动生产率提高同步，提高居民收入在国民收入分配中的比重”。党的十九大报告指出，中国特色社会主义进入新时代，也是不断满足全体人民美好生活需要，逐步实现全体人民共同富裕的时代。党的二

十大报告指出，中国式现代化是全体人民共同富裕的现代化，共同富裕是中国特色社会主义的本质要求，也是一个长期的历史过程，我们坚持把实现人民对美好生活的向往作为现代化建设的出发点和落脚点，着力维护和促进社会公平正义，着力促进全体人民共同富裕，坚决防止两极分化。新时代的共同富裕，着力点落在生产力发达、社会物质产品丰富的前提下，使经济发展的成就惠及人民，将“蛋糕做大”的同时重点将“蛋糕切好、分好”。

新时代新征程上，贯彻落实社会主义基本经济制度的分配原则，要坚持多劳多得，着重保护劳动所得，增加劳动者特别是一线劳动者劳动报酬，提高劳动报酬在初次分配中的比重。健全劳动、资本、土地、知识、技术、管理、数据等生产要素由市场评价贡献、按贡献决定报酬的机制。健全以税收、社会保障、转移支付等为主要手段的再分配调节机制，强化税收调节，完善直接税制度并逐步提高其比重。完善相关制度和政策，合理调节城乡、区域、不同群体间分配关系。重视发挥第三次分配作用，发展慈善等社会公益事业。注重分配结果的共同富裕，鼓励勤劳致富，保护合法收入，增加低收入者收入，扩大中等收入群体，调节过高收入，清理规范隐性收入，取缔非法收入。

（三）加快完善社会主义市场经济体制

社会主义市场经济体制是中国特色社会主义的重大理论和实践创新，是社会主义基本经济制度的重要组成部分。进入新时代以来，我国坚持全面深化改革，充分发挥经济体制改革的牵引作用，不断完善社会主义市场经济体制，极大调动了亿万人民的积极性，极大促进了生产力发展，极大增强了党和国家的生机活力，创造了世所罕见的经济快速发展奇迹。2020 年 5 月，中共中央、国务院印发《关于新时代加快完善社会主义市场经济体制的意见》，提出构建更加系统完备、更加成熟定型的高水平社会主义市场经济体制。其基本内涵就是坚持社会主义基本经济制度，充分发挥市场在资源配置中的决定性作用，更好发挥政府作用，推动有效市场和有为政府更好结合，为立足新发展阶段，完整、准确、全面贯彻新发展理念，构建新发展格局，推动高质量发展提供体制机制保障和动力支撑。2020 年 10 月，党的十九届五中全会作出了构建高水平社会主义市场经济体制的重大部署。

新时代新征程上，加快完善社会主义市场经济体制，要建设高标准市场体系，完善公平竞争制度，全面实施市场准入负面清单制度，改革生产许可制度，健全破产制度。强化竞争政策基础地位，落实公平竞争审查制度，加强和改进反垄断和反不正当竞争执法。健全以公平为原则的产权保护制度，建立知识产权侵权惩罚性赔偿制度，加强企业商业秘密保护。推进要素市场制度建设，实现要素价格市场决定、流动自主有序、配置高效公平。强化消费者权益保护，探索建立集体诉讼制度。加强资本市场基础制度建设，健全具有高度适应性、竞争力、普惠性的现代金融体系，有效防范化解金融风险。优化经济治理基础数据库。健全推动发展先进制造业、振兴实体经济的体制机制。实施乡村振兴战略，完善农业农村优先发展和保障国家粮食安全的制度政策，健全城乡融合发展体制机制。构建区域协调发展新机制，形成主体功能明显、优势互补、高质量发展的区域经济布局。

（四）完善科技创新体制机制

党的二十大报告强调，坚持创新在我国现代化建设全局中的核心地位，把科技自立自强作为国家发展的战略支撑，并把完善科技创新体制机制作为坚持创新驱动发展、全面塑造发展新优势的重要内容。党的十九届五中全会对科技创新专章部署，放在规划任务的首位，这在我们党研究制定国民经济和社会发展五年规划的历史上是第一次，凸显了以习近平同志为核心的党中央对科技创新前所未有的高度重视，凸显了以改革促创新、以创新促发展的重要性和紧迫性。

新时代新征程上，完善科技创新体制机制，要弘扬科学精神和工匠精神，加快建设创新型国家，强化国家战略科技力量，健全国家实验室体系，构建社会主义市场经济条件下关键核心技术攻关新型举国体制。加大基础研究投入，健全鼓励支持基础研究、原始创新的体制机制。建立以企业为主体、市场为导向、产学研深度融合的技术创新体系，支持大中小企业和各类主体融通创新，创新促进科技成果转化机制，积极发展新动能，强化标准引领，提升产业基础能力和产业链现代化水平。完善科技人才发现、培养、激励机制，健全符合科研规律的科技管理体制和政策体系，改进科技评价体系，健全科技伦理治理体制。

（五）建设更高水平开放型经济新体制

对外开放是我国的基本国策，开放的大门只会越开越大。当前，我国发展环境面临深刻复杂变化，对扩大对外开放提出新的要求和挑战。建设更高水平开放型经济新体制，既是顺应发展环境变化作出的战略选择，更是完善社会主义市场经济体制、以高水平开放促进深层次市场化改革的内在要求。进入新时代，为塑造我国国际经济合作和竞争新优势，我国将加快构建以国内大循环为主体、国内国际双循环相互促进的新发展格局。新发展格局不是封闭的国内循环，而是更加开放的国内国际双循环，更加需要坚定不移扩大开放，推动由商品和要素流动型开放向规则等制度型开放转变，建设更高水平开放型经济新体制。

新时代新征程上，建设高水平开放型经济新体制，要实施更大范围、更宽领域、更深层次的全面开放，推动制造业、服务业、农业扩大开放，保护外资合法权益，促进内外资企业公平竞争，拓展对外贸易多元化，稳步推进人民币国际化。健全外商投资准入前国民待遇加负面清单管理制度，推动规则、规制、管理、标准等制度型开放。健全促进对外投资政策和服务体系。加快自由贸易试验区、自由贸易港等对外开放高地建设。推动建立国际宏观经济政策协调机制。加强涉外经贸领域立法，完善涉外经贸法律和规则体系，保障更高水平的开放。围绕反制裁、反干涉、反制“长臂管辖”推进我国法域外适用的法律体系建设，健全外商投资国家安全审查、反垄断审查、国家技术安全清单管理、不可靠实体清单等制度，不断丰富对外斗争法律“工具箱”，更好维护国家主权、安全、发展利益。

第十章　我国宪法关于文化制度的规定及其发展实施

文化是一个国家、一个民族的灵魂。文化兴则国运兴，文化强则民族强。文化制度是国家制度体系的重要组成部分，是国家治理体系和治理能力现代化的厚重支撑。我国自制宪之初就把文化作为宪法的重要方面加以规定，从根本制度上推动发展社会主义先进文化、弘扬革命文化、传承中华优秀传统文化，更好满足人民日益增长的精神文化需求，努力以高质量社会主义精神文明建设丰富人民精神世界，不断巩固全党全国各族人民团结奋斗的共同思想基础。经过 40 年宪法发展历程，我国现行宪法关于文化制度的规定不断发展完善，日益系统完备。宪法确认和强调中国的历史文化底蕴，提出推动五大文明协调发展、建设富强民主文明和谐美丽的社会主义现代化强国的根本任务，确定国家基本文化政策，规定公民文化基本权利，配置中央和地方国家机构文化相关职权，以国旗、国歌、国徽、首都的要素形式集中展现中国特色社会主义文化的精髓，使现行宪法成为一部饱含中华优秀传统文化底蕴，充分体现革命文化、社会主义先进文化精神的大国宪章。现行宪法公布施行 40 年来，特别是新时代 10 年来，我国通过加强文化领域立法、坚持和完善繁荣发展社会主义先进文化的制度，推动建设具有强大凝聚力和引领力的社会主义意识形态，大力培育和践行社会主义核心价值观，积极发展文化事业和文化产业，在深化文明交流互鉴的基础上不断扩大中华文化国际影响力，贯彻党的创新理论和党中央决策部署，落实宪法关于文化制度的规定、原则和精神，社会主义文化事业走向全面繁荣，社会主义文化强国建设不断取得新进展新成效，中国人民文化自信明显增强、精神面貌更加奋发昂扬。

一、我国宪法关于文化制度规定的发展历程

从文字表述上看，我国宪法并未直接采用“文化制度”的提法并加以界定规范，但从具有临时宪法作用的《共同纲领》到现行宪法，文化制度一直是我国宪法中的重要内容，宪法序言和多个条文为我国文化制度的确立发展和不断完善提供了根本法依据和法治保障。

（一）《共同纲领》关于文化制度的规定

《共同纲领》从最初起草开始，就将文化制度作为其重要内容。1949年6月15日新政协筹备会成立后，《共同纲领》起草小组按内容进行细化分工，“文化教育”是其中一个独立的重要部分。[1] 此次起草形成的草案稿在“一般纲领”中规定了“新民主主义的文化”，在“具体纲领”中专门规定了“文化教育”。[2] 1949年9月29日，中国人民政治协商会议第一届全体会议通过的《共同纲领》以专章9个条文规定了“文化教育政策”，明确了国家文化教育的性质和任务，提倡国民公德，发展科学、文艺、教育等以服务国家建设，保护新闻自由和发展广播、出版事

---

〔1〕 新政协筹备会下设的六个小组之一（第三小组）负责起草《共同纲领》。第三小组内部又划分为五个组，分工负责政治法律、财政经济、国防外交、文化教育、其他（包括华侨、少数民族、群众团体、宗教问题等）。参见许崇德：《中华人民共和国宪法史》（上卷），福建人民出版社2005年版，第29页。

〔2〕 参见许崇德：《中华人民共和国宪法史》（上卷），福建人民出版社2005年版，第30页。

业。这就是以毛泽东同志《新民主主义论》关于新民主主义文化的重要论述为指导，[1] 确定了新中国的新民主主义的文化政策，即民族的形式，科学的内容，大众的方向。[2] 此外，《共同纲领》第一章“总纲”第六条中规定，我国妇女在文化教育的生活等各方面有与男子平等的权利；第六章“民族政策”第五十三条规定，“各少数民族均有发展其语言文字、保持或改革其风俗习惯及宗教信仰的自由。人民政府应帮助各少数民族的人民大众发展其政治、经济、文化、教育的建设事业”，加强对少数民族文化建设的支持和帮助。《共同纲领》对文化政策的规定确立了新中国的文化制度基础，与半封建半殖民地的落后旧中国相比，新中国文化事业前景焕然一新，中国人民精神面貌焕然一新。

（二）一九五四年宪法关于文化制度的规定

一九五四年宪法关于文化制度的规定进一步丰富和发展了《共同纲领》的相关内容，在序言和前三章“总纲”“国家机构”“公民的基本权利和义务”中均有所体现。第一，保护公民文化基本权利。一九五四年宪法第九十五条规定，国家“保障公民进行科学研究、文学艺术创作和其他文化活动的自由。国家对于从事科学、教育、文学、艺术和其他文化事业的公民的创造性工作，给以鼓励和帮助”；第九十六条第一款确认了我国妇女在文化的生活等各方面享有同男子平等的权利。第二，分别

---

[1] 毛泽东同志在《新民主主义论》中指出，“我们不但要把一个政治上受压迫、经济上受剥削的中国，变为一个政治上自由和经济上繁荣的中国，而且要把一个被旧文化统治因而愚昧落后的中国，变为一个被新文化统治因而文明先进的中国。一句话，我们要建立一个新中国。建立中华民族的新文化，这就是我们在文化领域中的目的”，“所谓中华民族的新文化，就是新民主主义的文化”，“民族的科学的大众的文化，就是人民大众反帝反封建的文化，就是新民主主义的文化，就是中华民族的新文化”。

[2] 参见周恩来：《人民政协共同纲领草案的特点（一九四九年九月二十二日）》，载全国人大常委会办公厅、中共中央文献研究室编：《人民代表大会制度重要文献选编（一）》，中国民主法制出版社、中央文献出版社 2015 年版，第 56 页。

在国家和地方层面明确文化制度相关职责主体。一九五四年宪法第十五条中规定，国家“改进人民的物质生活和文化生活”；第四十九条第九项中规定，国务院“管理文化、教育和卫生工作”；第五十八条中规定，地方各级人大规划本行政区域内的文化建设和公共事业。第三，强调在文化领域对少数民族的尊重、照顾、帮助和保护。一九五四年宪法在序言中即明确“国家在经济建设和文化建设的过程中将照顾各民族的需要”；第三条第三款中规定“各民族都有使用和发展自己的语言文字的自由”；第七十条第四款中规定，民族自治地方的自治机关可以“依照当地民族的政治、经济和文化的特点，制定自治条例和单行条例”；第七十二条中规定，各上级国家机关应当“帮助各少数民族发展政治、经济和文化的建设事业”。

（三）一九七五年宪法和一九七八年宪法关于文化制度的规定

一九七五年宪法和一九七八年宪法限于当时的历史条件，其中关于文化制度的规定带有明显的时代局限性。一九七五年宪法受到“左”的思想影响，提出“无产阶级必须在上层建筑其中包括各个文化领域对资产阶级实行全面的专政”，“文化教育、文学艺术、体育卫生、科学研究都必须为无产阶级政治服务，为工农兵服务，与生产劳动相结合”，没有具体规定对公民文化权利的保护，未能对我国文化事业发展起到积极促进作用，甚至导致了负面效果。一九七八年宪法在一定程度上纠正“左”的错误，规定了文化制度的部分内容，强调了马列主义、毛泽东思想在各个思想文化领域的领导地位，明确规定“国家实行‘百花齐放、百家争鸣’的方针，以促进艺术发展和科学进步，促进社会主义文化繁荣”，恢复并充实了一九五四年宪法第九十五条的内容，规定“公民有进行科学研究、文学艺术创作和其他文化活动的自由。国家对于从事科学、教育、文学、艺术、新闻、出版、卫生、体育等文化事业的公民的创造性工作，给以鼓励和帮助”。

（四）现行宪法关于文化制度的规定

确立马克思主义在意识形态领域指导地位，明确社会主义精神文明建设任务，规定国家的文化制度，是现行宪法必不可少的重要内容，也是体现“两个文明一起抓”的重大亮点和突出特色。现行宪法自1982年12月4日公布施行，之后经过五次修改，1999年、2004年和2018年的宪法修改分别把邓小平理论，“三个代表”重要思想，科学发展观、习近平新时代中国特色社会主义思想增加为国家的指导思想，与时俱进地将马克思主义中国化的最新成果以根本法的形式确认下来，不断确保我国文化制度的前进方向。2018年宪法修改将社会主义核心价值观写入宪法。现行宪法关于文化制度的内容较之前几部宪法更为完备，为发展社会主义先进文化提供了广阔发展空间、坚实制度基础和有力法治保障。从广义语境的角度来看，现行宪法关于文化制度的精神、原则和规定贯穿全篇，既有彰显国家文化延续脉络和深厚底蕴的宣示，也有对具体领域文化制度建设作出的安排；既有保障公民文化基本权利的条款，也有加强思想道德建设、为社会主义现代化建设提供精神动力的重要内容。

宪法序言以历史叙述的方式提出，“中国各族人民共同创造了光辉灿烂的文化，具有光荣的革命传统”，宣示了传承发展中华优秀传统文化、革命文化的鲜明态度；规定了国家指导思想，为我们党确立和坚持马克思主义在意识形态领域指导地位的根本制度提供了有力宪法支撑；将社会主义精神文明作为中国特色社会主义事业“五位一体”总体布局的重要组成部分，把“文明”作为社会主义现代化强国的重要标志目标，指明了社会主义文化制度发展的指导思想和发展方向；规定了我国发展同各国的文化交流的外交方针；等等。

“总纲”有多个条文涉及文化制度。其中，第二十二条规定了文化事业、群众性文化活动和历史文化遗产保护制度，第二十四条规定了思想道德建设，这些是文化制度的主要内容。有些条文规定涉及文化方面的内容，如第四条规定了我国的民族政策和民族区域自治制度，其中包含帮助各少数民族地区加速文化发展的内容；此外，第十九条规定国家的教育政策和推广全国通用的普通话，第二十条规定国家发展自然科学和社会科学事业，第二十三条规定充分发挥知识分子在社会主义现代化建设中的作用，都与文化制度紧密相连。

第二章“公民的基本权利和义务”中与文化制度直接相关的内容主要是第四十七条。该条规定公民有进行科学研究、文学艺术创作和其他文化活动的自由，国家有对此给予鼓励和帮助的责任。第三章“国家机构”明确国家和地方层面有关国家机构在文化事业方面的相关职权职责。

通过对从《共同纲领》到现行宪法发展历程的梳理，我们可以发现，一路走来我国宪法关于文化制度规定的演进完善具有三个方面的特点：第一，宪法关于文化制度规定的内容明显扩容，规范不断完善。第二，宪法关于文化制度的规定从偏重服务国家建设，逐步发展到与加强保护公民基本文化权利并重，实现二者相辅相成、良性互动。第三，部分规定一脉相承，构成我国宪法文化制度相关规定的“基础”和“底色”。例如，发展文化事业，平等保护妇女的文化权利，在文化领域尊重、照顾和帮助少数民族，等等。

二、我国宪法关于文化制度规定的内涵

“文化”二字在现行宪法中共出现25次，但宪法关于文化制度的规定并不以此为限，而是涉及序言和多章节的条文，形成一套建基于中国特色社会主义文化的规范体系，体现中国特色社会主义法治体系的制度逻辑和实践逻辑。正如有学者指出，“宪法从宣示文化主权到确定国家基本文化政策，再到确认公民基本文化权利，同时辅之以在国家机构之间

配置文化职权，覆盖了文化领域发展所需要的基本制度要素”[1]。总体看来，宪法关于文化制度规定的内涵可从以下几个方面来考察和认识。

（一）规定国家的指导思想，确立和坚持马克思主义在意识形态领域指导地位的根本制度

马克思认为，在不同的经济和社会环境中，人们生产不同的思想和文化，思想文化建设虽然决定于经济基础，但又对经济基础发生反作用。先进的思想文化一旦被群众掌握，就会转化为强大的物质力量；反之，落后的、错误的观念如果不破除，就会成为社会发展进步的桎梏。[2] 按照党章和宪法序言的规定，马克思列宁主义、毛泽东思想、邓小平理论、“三个代表”重要思想、科学发展观、习近平新时代中国特色社会主义思想是我们立党立国的根本指导思想。党的指导思想不断与时俱进、创新发展，指引和引领社会主义建设事业发展前进的正确方向，通过宪法明确为国家的指导思想，为全体人民树立起国家政治生活和社会生活的思想旗帜和根本指针。在坚持马克思主义指导地位这一根本问题上，我们必须坚定不移，任何时候任何情况下都不能有丝毫动摇，否则就会失去灵魂，迷失方向。这就要求必须充分发挥宪法所具有的凝聚人民广泛共识、巩固群众思想基础、激发人民群众创造活力的根本法作用，旗帜鲜明地坚持党和国家的指导思想在意识形态领域的指导地位，坚定不移坚持以习近平新时代中国特色社会主义思想这一当代中国的马克思主义、21 世纪的马克思主义为指导，为“把我国建设成为富强民主文明和谐美丽的社会主义现代化强国，实现中华民族伟大复兴”而团结奋斗。

---

[1] 任喜荣：《国家文化义务履行的合宪性审查机制》，载《中国法学》2018 年第 6 期。

[2] 参见习近平：《在纪念马克思诞辰 200 周年大会上的讲话（2018 年 5 月 4 日）》，载《人民日报》2018 年 5 月 5 日，第 2 版。

（二）加强思想道德建设，弘扬社会主义核心价值观

历史和现实都表明，一个国家的繁荣强盛，一个民族的文明进步，很大程度上取决于社会思想道德水平。一直以来，我们党把加强思想道德建设作为发展社会主义先进文化的重要内容和中心环节来看待、认识和部署。从制宪以来，思想道德建设就是我国宪法中的重要内容，构成我国宪法的一大特色。制宪修宪过程中，有关思想道德建设的宪法规定日益完善。《共同纲领》鲜明提出，“提倡爱祖国、爱人民、爱劳动、爱科学、爱护公共财物为中华人民共和国全体国民的公德”；一九五四年宪法规定，我国公民必须尊重社会公德；一九七八年宪法规定，教育事业应使受教育者在德育等方面得到发展，公民必须尊重社会公德；一九八二年宪法规定，“国家通过普及理想教育、道德教育、文化教育、纪律和法制教育，通过在城乡不同范围的群众中制定和执行各种守则、公约，加强社会主义精神文明的建设。国家提倡爱祖国、爱人民、爱劳动、爱科学、爱社会主义的公德，在人民中进行爱国主义、集体主义和国际主义、共产主义的教育，进行辩证唯物主义和历史唯物主义的教育，反对资本主义的、封建主义的和其他的腐朽思想”，2018 年宪法修正案增加规定“国家倡导社会主义核心价值观”。宪法的相关规定充分体现出我国社会主义制度的本质属性和物质文明与精神文明并举的优越性，契合我们党提出的“物质富足、精神富有是社会主义现代化的根本要求”重大判断，对于促进人的全面发展具有重大意义。

加强理想信念教育，用社会主义核心价值观铸魂育人是思想道德建设的重要内容。习近平总书记指出：“文化软实力的灵魂是什么？文化软实力建设的重点是什么？就是核心价值观，这是决定文化性质和方向的最深层次要素。一个国家的文化软实力，从根本上说，取决于其核心价

值观的生命力、凝聚力、感召力。”[1] 社会主义核心价值观是凝聚人心、汇聚民力的强大力量，以宪法对此作出规定，进一步夯实了思想道德建设的基础，彰显出国家文化软实力的核心所在。实施好宪法的规定，需要持续推动理想信念教育常态化、制度化，弘扬民族精神和时代精神，加强爱国主义、集体主义、社会主义教育，筑牢理想信念的根基；要坚持依法治国和以德治国相结合，完善弘扬社会主义核心价值观的法律政策体系，把社会主义核心价值观要求融入国民教育、经济发展实践和社会治理中去。同时，思想道德建设不是“从上到下”的“单向工程”，除了在国家层面推动之外，也离不开人民群众“自下而上”的努力和实践。实施好宪法的规定，还需要城乡基层人民群众制定道德守则、文明公约，搭建思想道德建设平台，积极开展各项活动，在人民群众日常生活、平时交往中展现出宪法实施的力量。

（三）发展各项文化事业，保障和促进公民基本文化权利的实现

发展各项文化事业是繁荣和发展社会主义先进文化的基础，是满足人民精神文化需求、保障人民文化权益的基本途径。自制宪以来，促进文化事业发展一直是宪法在文化领域的重点，但相关规定蕴含的文化事业发展的价值目标有一个明显的转变、完善的过程——从侧重服务于国家建设到服务国家建设与保障公民文化权利并重。《共同纲领》关于文化制度的条文主要集中在第五章“文化教育政策”，侧重于从国家政策角度出发进行文化教育领域的纲领性设计，除在“总纲”第六条[2]规定男女各方面权利平等时被笼统地一并带过之外，并未单独明确规定对公民文

[1] 习近平：《把培育和弘扬社会主义核心价值观作为凝魂聚气、强基固本的基础工程（二〇一四年二月二十四日）》，载习近平：《论党的宣传思想工作》，中央文献出版社 2020 年版，第 52 页。

[2] 《共同纲领》第六条规定：中华人民共和国废除束缚妇女的封建制度。妇女在政治的、经济的、文化教育的、社会的生活各方面，均有与男子平等的权利。实行男女婚姻自由。

化基本权利的保护。在一九五四年宪法中，第三章“公民的基本权利和义务”中专设一条，规定国家保障公民进行科学研究、文学艺术创作和其他文化活动的自由，对从事科学、教育、文学、艺术和其他文化事业的公民的创造性工作给以鼓励和帮助。一九八二年宪法延续和发展了一九五四年宪法的做法，保障和促进公民基本文化权利的实现成为国家根本法中规定的重要内容，成为宪法关于文化制度的重要落脚点。贯彻实施好宪法的规定，通过公民基本权利的发展推动和促进社会主义精神文明建设和文化事业繁荣发展，同时又坚持社会主义精神文明建设、文化事业繁荣发展的成果由人民所共享，不断满足人民群众精神世界日益增长的需求，让人民享有更加充实、更为丰富、更高质量的精神文化生活，进一步体现了社会主义文化制度以人民为中心的鲜明特征，体现了宪法规定的“为人民服务、为社会主义服务”的根本方向。

（四）帮助民族地区加速文化发展，促进各民族广泛交往交流交融

中华文化是各民族文化的集大成，我们灿烂的文化是各民族共同创造的。[1] 作为统一的多民族国家，我国历来坚持各民族一律平等，注重保障各少数民族的合法的权利和利益，维护和发展各民族的平等团结互助和谐关系，以铸牢中华民族共同体意识为主线，不断推进中华民族共同体建设。我国宪法在文化制度相关规定中，加强对少数民族文化的保护、支持与促进。宪法第四条第二款规定，“国家根据各少数民族的特点和需要，帮助各少数民族地区加速经济和文化的发展”；第一百一十九条规定，“民族自治地方的自治机关自主地管理本地方的教育、科学、文

〔1〕 参见习近平：《在全国民族团结进步表彰大会上的讲话（2019 年 9 月 27 日）》，载中共中央党史和文献研究院编：《十九大以来重要文献选编》（中），中央文献出版社 2021 年版，第 214 页。

化、卫生、体育事业，保护和整理民族的文化遗产，发展和繁荣民族文化”；第一百二十二条第一款中规定，国家从财政、物资、技术等方面帮助各少数民族加速发展文化建设事业。这些制度规定的有效实施有利于在增强对中华文化认同的基础上促进各民族文化的传承创新和繁荣发展，促进各民族广泛交往交流交融，促进各民族在理想、信念、情感、文化上的团结统一，推动构筑中华民族共有精神家园。

（五）推进文明交流互鉴，增强中华文化国际影响力

习近平总书记强调，文明因交流而多彩，文明因互鉴而丰富。文明交流互鉴，是推动人类文明进步和世界和平发展的重要动力。[1] 发展同其他国家的文化交流是我国宪法规定的文化制度的重要内容和推动构建人类命运共同体的重要方面。宪法序言第十二自然段中指出，中国“发展同各国的外交关系和经济、文化交流，推动构建人类命运共同体”，这为我国同世界各国开展文化交流，提升我国文化软实力和国际影响力提供了根本法依据。改革开放以来，我国与世界各国在文化、艺术、科技、学术等方面广泛开展交流活动，在吸收借鉴人类优秀文明成果和扩大中华文化国际影响力等方面取得了重大成就，为我国综合国力大幅跃升提供了有利条件。同时，必须清醒认识到文化安全是国家安全的重要方面。在开展文化对外交流过程中，必须坚持总体国家安全观，注重防范和抵制不良文化的影响，掌握意识形态领域主导权，在文化开放中有效维护国家文化安全。

---

〔1〕 参见习近平：《在联合国教科文组织总部的演讲（2014 年 3 月 27 日）》，载《人民日报》2014 年 3 月 28 日，第 1 版。

三、我国宪法关于文化制度规定的立法实施和发展情况

通过加强文化立法工作推动实施宪法关于文化制度的规定，夯实社会主义文化建设的法治基础，是坚持和完善繁荣发展社会主义先进文化的制度至关重要的途径。改革开放以来，文化立法随着社会主义精神文明建设的发展而逐步提上日程，但法制化程度与经济社会发展进程相比仍显不足，存在文化法律数量较少、文化立法位阶比较低、调整领域比较窄、立法空白点较多等问题。[1]

党的十八大以来，以习近平同志为核心的党中央把文化建设摆到中国特色社会主义事业更加突出的位置，纳入“五位一体”总体布局加以推进，从战略和全局上明确提出到2035年建成文化强国；把文化自信列入“四个自信”，强调文化自信是道路自信、理论自信、制度自信的基础；[2] 提出我国国家制度和国家治理体系在文化方面的显著优势是“坚持共同的理想信念、价值理念、道德观念，弘扬中华优秀传统文化、革命文化、社会主义先进文化，促进全体人民在思想上精神上紧紧团结在一起的显著优势”，把“坚持和完善繁荣发展社会主义先进文化的制度”作为中国特色社会主义制度的重要组成部分来阐述部署；坚持问题导向、系统观念，在全面深化改革、全面依法治国、总体国家安全观等方面都有涉及文化建设的重要论述、战略部署。正如习近平总书记强调的，“统筹推进‘五位一体’总体布局、协调推进‘四个全面’战略布局，文化

---

〔1〕 党的十八大以前，中国特色社会主义法律体系中文化领域的法律件数俗称“三部半”，即文物保护法、著作权法、非物质文化遗产法、档案法，因为有些人不认为档案法是属于文化领域的，所以说是“三部半”。参见龚亮：《文化立法数量五年翻了一番》，载《光明日报》2018年3月13日，第2版。

〔2〕 习近平总书记强调：“中国有坚定的道路自信、理论自信、制度自信，其本质是建立在5000多年文明传承基础上的文化自信”。参见习近平：《为弘扬中华优秀传统文化、增强文化自信提供坚强支撑（2020年9月28日）》，载习近平：《习近平谈治国理政》（第4卷），外文出版社有限责任公司2022年版，第312页。

是重要内容；推动高质量发展，文化是重要支点；满足人民日益增长的美好生活需要，文化是重要因素；战胜前进道路上各种风险挑战，文化是重要力量源泉”[1]。这充分彰显出建设社会主义文化强国是全面建设社会主义现代化国家的题中应有之义和必然要求，充分体现出推进社会主义文化强国建设的重要性、紧迫性、长期性、艰巨性。贯彻党中央关于文化建设的重大决策部署的一个重大成果就是，改变了长期以来文化领域立法较为薄弱的状况，文化立法工作进入“快车道”，推动我国宪法关于文化制度规定的有效实施提升到一个新的历史水平。

（一）党中央决策部署推动文化法律制度体系的健全发展

新时代以来，在习近平新时代中国特色社会主义思想特别是习近平法治思想的科学指引下，贯彻党中央一系列关于文化领域制度建设和法治建设的决策部署，文化领域立法以前所未有的力度和速度推进，文化法律制度体系逐步形成并不断完善发展。2014 年 10 月，党的十八届四中全会作出的《关于全面推进依法治国若干重大问题的决定》明确提出，要建立健全坚持社会主义先进文化前进方向、遵循文化发展规律、有利于激发文化创造活力、保障人民基本文化权益的文化法律制度，并对公共文化服务保障法、文化产业促进法等具体立法项目作出部署安排。2018 年 2 月，党的十九届三中全会通过的《关于深化党和国家机构改革的决定》提出，要建立健全党对重大工作的领导体制机制，“加强和优化党对深化改革、依法治国、经济、农业农村、纪检监察、组织、宣传思想文化、国家安全、政法、统战、民族宗教、教育、科技、网信、外交、审计等工作的领导”。2019 年 10 月，党的十九届四中全会作出的《关于坚持和完善中国特色社会主义制度　推进国家治理体系和治理能力现

---

〔1〕 习近平：《把文化建设摆在更加突出位置（2020 年 9 月 22 日）》，载习近平：《习近平谈治国理政》（第 4 卷），外文出版社有限责任公司 2022 年版，第 309～310 页。

代化若干重大问题的决定》，明确提出坚持和完善繁荣发展社会主义先进文化的制度，包括坚持马克思主义在意识形态领域指导地位的根本制度，坚持以社会主义核心价值观引领文化建设制度，健全人民文化权益保障制度，完善坚持正确导向的舆论引导工作机制，建立健全把社会效益放在首位、社会效益和经济效益相统一的文化创作生产体制机制等内容，为建立健全文化法律制度体系指明了方向和路径。2021 年年初，中共中央印发的《法治中国建设规划（2020—2025 年）》提出，要加强重点领域、新兴领域、涉外领域立法，围绕加强社会主义文化建设，完善发展文化事业和文化产业、保护知识产权等方面的法律法规。2020 年，中共中央印发的《法治社会建设实施纲要（2020—2025 年）》提出，要完善弘扬社会主义核心价值观的法律政策体系，加强见义勇为、尊崇英烈、志愿服务、孝老爱亲等方面立法；注重把符合社会主义核心价值观要求的基本道德规范转化为法律规范，用法律的权威来增强人们培育和践行社会主义核心价值观的自觉性。2021 年 8 月，中共中央、国务院印发的《法治政府建设实施纲要（2021—2025 年）》提出，要加强重要领域立法。积极推进国家安全、科技创新、公共卫生、文化教育、民族宗教、生物安全、生态文明、防范风险、反垄断、涉外法治等重要领域立法，健全国家治理急需的法律制度、满足人民日益增长的美好生活需要必备的法律制度。党中央这些关于文化制度建设、文化立法的重大部署和工作要求，与我国宪法关于文化制度规定的精神、原则和内涵是一致的，贯彻落实好这些部署安排就能更好地实现我国宪法文化制度规定的有效实施，通过法治方式把党关于文化建设的主张与人民群众对丰富精神世界的美好向往统一起来，在宪法实施过程中把党和国家推动文化事业发展取得的成果共享与人民群众基本文化权利的实现统一起来，激发出全民族文化创新创造活力，汇聚起中华民族文化自信的强大力量。

（二）为建设具有强大凝聚力和引领力的社会主义意识形态提供有力法治保障

意识形态工作是为国家立心、为民族立魂的工作，贯穿党和国家事业发展的方方面面。党的十八大以来，以习近平同志为核心的党中央将意识形态工作视为一项极端重要的工作，确立和坚持马克思主义在意识形态领域指导地位的根本制度，提出了新时代意识形态建设的战略任务并作出具体部署。“坚持马克思主义在意识形态领域指导地位的根本制度，是具体的、现实的，不是抽象的、空洞的，文化领域的一切工作和活动都要紧紧围绕这一根本制度来展开、来推进。”[1] 2018 年 3 月，十三届全国人大一次会议通过《中华人民共和国宪法修正案》，首要的就是确立科学发展观、习近平新时代中国特色社会主义思想在国家政治和社会生活中的指导地位。在宪法中把科学发展观、习近平新时代中国特色社会主义思想同马克思列宁主义、毛泽东思想、邓小平理论、“三个代表”重要思想写在一起，确立其在国家政治和社会生活中的指导地位，反映了全国各族人民的共同意愿，体现了党的主张和人民意志的统一，明确了全党全国人民为实现中华民族伟大复兴而奋斗的共同思想基础，具有重大的现实意义和深远的历史意义。[2] 这既是确立和坚持马克思主义在意识形态领域指导地位的根本制度在国家法制上的最高体现，也为文化制度建设和文化领域立法提供了根本遵循。

切实把马克思主义指导地位贯穿到文化制度建设各方面，贯穿到文

---

〔1〕参见黄坤明：《坚持马克思主义在意识形态领域指导地位的根本制度》，载本书编写组编著：《〈中共中央关于坚持和完善中国特色社会主义制度、推进国家治理体系和治理能力现代化若干重大问题的决定〉辅导读本》，人民出版社 2019 年版，第 101 页。

〔2〕参见王晨：《关于〈中华人民共和国宪法修正案（草案）〉的说明——2018 年 3 月 5 日在第十三届全国人民代表大会第一次会议上》，载全国人大常委会法制工作委员会宪法室编：《中华人民共和国制宪修宪重要文献资料选编》，中国民主法制出版社 2021 年版，第 239 页。

化领域立法的全过程。在制定电影产业促进法、公共文化服务保障法、公共图书馆法、国家勋章和国家荣誉称号法、英雄烈士保护法、国歌法，修改文物保护法等文化立法过程中，坚持以马克思主义为指导，贯彻党的创新理论，体现坚持社会主义先进文化前进方向、坚持以人民为中心、坚持以社会主义核心价值观为引领的要求，对相关文化制度作出科学设计，传承发展中华优秀传统文化，继承革命文化，发展社会主义先进文化，以制度力量推动建设具有强大凝聚力和引领力的社会主义意识形态。例如，电影产业促进法中规定从事电影活动应当坚持“二为”方向、“双百”方针，对电影不得含有的内容如“违反宪法确定的基本原则，煽动抗拒或者破坏宪法、法律、行政法规实施”的内容作出禁止性规定；支持传播中华优秀文化、弘扬社会主义核心价值观的重大题材电影的创作、摄制，确保电影产业发展始终沿着正确方向前进；关于弘扬爱国主义精神的制度规范进一步得到丰富和完善；等等。

（三）坚定文化自信，推动中华优秀传统文化创造性转化、创新性发展

习近平总书记多次强调，文化自信，是更基础、更广泛、更深厚的自信，是更基本、更深沉、更持久的力量。中华文明源远流长、博大精深，是中华民族独特的精神标识，是当代中国文化的根基，是维系全世界华人的精神纽带，也是中国文化创新的宝藏。但在经济社会飞速发展的同时，多元思想文化碰撞与冲突明显，历史虚无主义等错误思想出现，中华文化精神家园面临挑战。党的十八大以来，以习近平同志为核心的党中央准确把握世界范围内思想文化相互激荡、我国社会思想观念深刻变化的趋势，提出关于文化自信的一系列重要论述，发展了马克思主义文化观，丰富了中国特色社会主义文化理论，推动中华优秀传统文化创造性转化、创新性发展，得到广大人民群众的喜爱、支持和拥护。中国

作为一个拥有延续几千年文化血脉、历史最悠久的文化大国，这在宪法序言首个自然段已有确认，是我们立国兴国强国的有益前提和重要条件。我们必须把增强文化认同、坚定文化自信，作为实施和发展宪法关于文化制度规定的重要基础。

全国人大常委会制定专门法律对文物和非物质文化遗产进行保护。在文物保护方面，我国于 1982 年通过文物保护法，并先后于 1991 年、2002 年、2007 年、2013 年、2015 年、2017 年六次修改（五次修正，一次全面修订），对历史上各时代重要实物、艺术品、文献、手稿等可移动文物以及古文化遗址、古墓葬、古建筑等不可移动文物的保护作了细致规定。在非物质文化遗产保护方面，我国于 2011 年制定非物质文化遗产法，规定了非物质文化遗产的调查、代表性项目名录、传承与传播等方面内容。其他相关法律也注意规定，在开展相关工作时应当加强对重要文化遗产的保护。例如，长江保护法第十五条规定，国务院有关部门和长江流域县级以上地方政府及其有关部门应当采取措施，保护长江流域历史文化名城名镇名村，加强长江流域文化遗产保护工作，继承和弘扬长江流域优秀特色文化；又如，黄河保护法设“黄河文化保护传承弘扬”专章，规定国家加强黄河流域历史文化名城名镇名村、历史文化街区、文物、历史建筑、传统村落、少数民族特色村寨和古河道、古堤防、古灌溉工程等水文化遗产以及农耕文化遗产、地名文化遗产等的保护，加强黄河流域非物质文化遗产保护等。此外，国务院还制定了《传统工艺美术保护条例》《中华人民共和国文物保护法实施条例》《中华人民共和国水下文物保护管理条例》《长城保护条例》《历史文化名城名镇名村保护条例》《博物馆条例》等。

作为重要的文化制度设计，弘扬和传承中华优秀传统文化在很多法律中都有很好的结合点，在一些具体领域都有提出要求。例如，档案法规定历史上各时期国家治理活动、经济科技发展、社会历史面貌、文化习俗、生态环境的有关材料，对国家和社会具有保存价值的，应当纳入归档范围；鼓励档案馆开发利用馆藏档案，通过开展专题展览等活动，“进行爱国主义、集体主义、中国特色社会主义教育，传承发展中华优秀传统文化，继承革命文化，发展社会主义先进文化，增强文化自信，弘扬社会主义核心价值观”。中医药法在第六章专门规定了“中医药传承与文化传播”。旅游法规定，“旅游者在旅游活动中应当遵守社会公共秩序和社会公德，尊重当地的风俗习惯、文化传统和宗教信仰”；对自然资源和文物等人文资源进行旅游利用，必须符合文物安全的要求，“尊重和维护当地传统文化和习俗，维护资源的区域整体性、文化代表性和地域特殊性”。广告法规定，广告应当“以健康的表现形式表达广告内容，符合社会主义精神文明建设和弘扬中华民族优秀传统文化的要求”。监察法规定，国家监察工作“加强法治教育和道德教育，弘扬中华优秀传统文化，构建不敢腐、不能腐、不想腐的长效机制”。国家安全法规定，“国家坚持社会主义先进文化前进方向，继承和弘扬中华民族优秀传统文化，培育和践行社会主义核心价值观，防范和抵制不良文化的影响，掌握意识形态领域主导权，增强文化整体实力和竞争力”，等等。

我国高度重视发挥地方立法在历史文化保护与传承中的重要作用。2015 年修改立法法，赋予所有设区的市立法权，规定设区的市人大及其常委会根据当地情况和实际需要，在不与宪法、法律、行政法规和本省、自治区的地方性法规相抵触的前提下，可以对“城乡建设与管理、环境保护、历史文化保护等方面的事项”制定地方性法规。自此，设区的市围绕历史文化保护等事项积极开展相关立法，以更契合本地需求、更适应本地情况、更适合本地群众需要的制度规范，不断填补地方历史文化保护空白，进一步夯实了历史文化保护的法治根基，形成了从国家到地方多层次、立体式的格局。从各地出台的地方性法规和规章情况来看，文化相关立法主要包括文化艺术发展、公共文化服务保障、文化产业促进、文化遗产保护等多方面，为贯彻落实宪法相关制度规定、发展完善文化法律制度体系提供了地方实践支撑。

（四）坚持以社会主义核心价值观引领文化制度建设

新时代以来，党和国家高度重视培育和践行社会主义核心价值观，先后印发《关于培育和践行社会主义核心价值观的意见》《关于进一步把社会主义核心价值观融入法治建设的指导意见》《社会主义核心价值观融入法治建设立法修法规划》等重要文件；教育部、民政部、最高人民法院等相关部门也分别印发了《关于培育和践行社会主义核心价值观进一步加强中小学德育工作的意见》《关于在社会组织章程增加党的建设和社会主义核心价值观有关内容的通知》《关于深入推进社会主义核心价值观融入裁判文书释法说理的指导意见》等相关落实性文件，在教育、执法、司法等领域大力弘扬社会主义核心价值观，推动社会主义核心价值观更好融入法治建设、融入社会发展、融入日常生活。

为贯彻落实宪法关于国家倡导社会主义核心价值观的规定，许多新制定或修改的法律也将社会主义核心价值观增写入相关条款。民法典作为新中国第一部以法典命名的法律、“社会生活的百科全书”，在第一条中即明确将“弘扬社会主义核心价值观”作为立法目的。国徽法、反食品浪费法、教育法、职业教育法、家庭教育促进法、乡村振兴促进法等 20 多部法律，也将社会主义核心价值观明确规定到条文之中，社会主义核心价值观已经逐渐成为各部门法所共同遵循的基本原则，进一步促进依法治国和以德治国相结合在立法实践中落地生根。

传承保护红色文化、赓续精神血脉是培育和践行社会主义核心价值观的重要方面。英雄烈士的事迹和精神是中华民族共同的历史记忆和宝贵的精神财富，是实现中华民族伟大复兴的强大精神动力，是红色文化的重要组成部分。现实中的英雄模范人物和群体所体现出的民族精神和时代精神与英雄烈士精神一脉相承，是凝聚精神共识，为全国各族人民建设社会主义现代化国家提供源源不断精神动力的重要方面。2015 年 12

月，全国人大常委会制定国家勋章和国家荣誉称号法，对国家勋章和国家荣誉称号的设立和授予作出专门规定，以国家最高荣誉激发全国各族人民建设富强、民主、文明、和谐的社会主义现代化国家的积极性，汇聚实现中华民族伟大复兴的精神力量。2018 年 4 月，全国人大常委会制定英雄烈士保护法，围绕英雄烈士的历史功勋、人民英雄纪念碑的法律地位、纪念缅怀英雄烈士活动、传承英雄烈士精神、烈士褒扬和遗属抚恤优待、保护英雄烈士名誉荣誉等方面作出了专门规定，捍卫英烈荣光、传承红色基因、赓续红色血脉，进一步激发实现中华民族伟大复兴中国梦的强大精神力量。红色文化保护也是地方立法的重要时代课题，省和设区的市两级先后制定了一批关于红色资源、红色文化及相关遗址遗存等保护条例，省级地方性法规有《山东省红色文化保护传承条例》《四川省红色资源保护传承条例》《山西省红色文化遗址保护利用条例》等，设区的市地方性法规有《龙岩市红色文化遗存保护条例》《南京市红色文化资源保护利用条例》《百色市百色起义文物保护条例》《巴中市红军文物保护条例》等。

（五）公共文化服务体系日趋完善，推动文化事业和文化产业繁荣发展

党的十八大以来，党和国家进一步加大文化领域财政投入，尤其重视公共文化服务体系建设，将加快构建现代公共文化服务体系纳入全面深化改革全局，公共文化服务标准化、均等化持续推进，公民基本文化权益保障力度大幅提升。近年来，印发《关于加快构建现代公共文化服务体系的意见》《国家基本公共文化服务指导标准（2015—2020 年）》《国家基本公共文化服务标准（2021 年版）》等一系列重要政策文件，对构建现代公共文化服务体系作出具体部署。2016 年 12 月，全国人大常委会制定公共文化服务保障法，对公共文化设施建设与管理、公共文化服

务提供及相关保障措施等作出规定。2017 年 11 月，全国人大常委会制定公共图书馆法，规定了公共图书馆的性质定位、职责职能和设立、运行、服务等方面的具体规则，为有效发挥公共图书馆功能、促进公共图书馆事业发展发挥了规范和保障作用。截至 2020 年年末，全国共有公共图书馆 3212 个，实际使用房屋建筑面积 1785.77 万平方米，图书总藏量逾 11 亿册。党的十八大以来，全国平均每万人公共图书馆建筑面积和人均公共图书馆藏量逐年升高。[1] 国务院还制定了《博物馆条例》。上述法律法规补齐了长期以来文化领域立法短板，推动公共文化服务体系制度化，以法治方式促进人民精神生活走向共同富裕。

文化市场体系逐步健全，文化产业高速蓬勃发展，既是繁荣发展社会主义先进文化的基本要求，也是发展更高水平的社会主义市场经济的重要内容。改革开放以来，随着经济社会的不断发展，我国文化产业经历了国有经营性文化事业单位转企改制等重大改革，进入高速度、高质量发展时期。这一时期的文化产业特点突出：更加重视把社会效益放在首位，实现社会效益和经济效益相统一；更加重视提供高品质文化供给；更加强调文化产业在价值引领、经济发展、就业创业、促进消费等多方面的综合贡献；更加重视科技的支撑作用，推进文化和科技融合；更加重视文化产业对国民经济的带动作用；更加重视推动文化和旅游融合发展[2]。2016 年 11 月，全国人大常委会制定了电影产业促进法，这是我国文化产业方面的第一部法律。电影产业促进法立足我国电影产业的实际需要和发展趋势，确立了促进电影产业发展的基本原则、基本制度，规范了电影创作、摄制、发行、放映等活动，加大了对电影产业的支持和保障力度。总体上看，这部法律既注重建立健全促进和保障电影产业

---

〔1〕 参见《中华人民共和国文化和旅游部 2020 年文化和旅游发展统计公报》，载文化和旅游部网，https://zwgk.mct.gov.cn/zfxxgkml/tjxx/202107/t20210705_926206.html，最后访问时间：2022 年 12 月 5 日。

〔2〕 参见文化和旅游部产业和发展司党支部：《党史视角下我国文化产业发展道路的探索、实践与启示》，载《中国文化报》2021 年 12 月 31 日，第 5 版。

发展的各项制度，又注重加强规范电影市场秩序，大力弘扬社会主义核心价值观，对于激发电影市场活力、规范电影市场秩序、丰富人民群众精神文化生活具有十分重要的意义。国务院还制定了《营业性演出管理条例》《娱乐场所管理条例》《音像制品管理条例》等文化产业相关行政法规。

多年以来，我国城乡地区发展并不均衡，相关部门长期通过“文化下乡”等方式促进农村地区文化事业的发展和文化产业的繁荣，以更好保障人民群众文化基本权益，相关法律中也有规定。例如，电影产业促进法规定，将农村电影公益放映纳入农村公共文化服务体系建设，按照国家规定给予补贴。2021 年 4 月，全国人大常委会制定了乡村振兴促进法，为全面实施乡村振兴战略提供了专门的法治保障。这部法律设“文化繁荣”专章，围绕充分发挥乡村在传承发展中华民族优秀传统文化等方面的特有功能，推进农村文化建设等方面作了规定，推动农村地区各项文化事业发展，促进乡村文明振兴。

（六）通过立法加强宪法公民文化基本权利保障和实现，更好满足人民群众在精神文化方面的需求

从传承发展中华优秀传统文化的文物保护法、非物质文化遗产法等法律到弘扬革命文化的英雄烈士保护法等一系列红色文化立法，从推动文化产业发展的电影产业促进法等法律到旨在完善公共文化服务体系的公共文化服务保障法、公共图书馆法等法律，都集中体现出以人民为中心的发展思想，把丰富人民群众精神文化生活、保障公民基本文化权利作为出发点和落脚点，用立法方式实践我国宪法关于社会主义文化的原则精神和制度规范。可以说，我国文化法律制度体系就是人民基本文化权利的保障体系。

高度重视和专门规定对特定主体文化权益的保障，是我国文化法律

制度体系的一大特点，也是人民基本文化权利保障体系的重大特色。例如，妇女权益保障法专章规定了“文化教育权益”，规定了父母或其他监护人、政府和有关部门、学校、社会团体和企业事业单位等相关主体保障妇女文化教育权益方面的义务。又如，残疾人保障法第五章专门规定了“文化生活”，保障残疾人享有平等参与文化生活的权利，并为此规定了政府和社会应当采取的有关措施等。再如，老年人权益保障法第三十八条、第三十九条和第六十二条中规定，相关主体要建立适应老年人需要的文化体育活动等服务设施和网点，采取措施鼓励、扶持企业事业单位等社会力量兴办、运营老年文化体育活动等设施，在制定城乡规划时要将适合老年人的文化体育设施建设纳入统筹考虑。

（七）深化文化交流，增强中华文明传播力影响力

新中国成立初期，我国对外文化交流的覆盖面小，主要是与社会主义国家及亚非拉友好国家进行，而且项目较少、参与人员有限。改革开放之后，我国对外文化交流不断扩大和深化，其已成为国家整体外交战略重要组成部分，对中国特色社会主义事业发展起到重要促进作用。党的十八大以来，党和国家高度重视“文化走出去”，文化交流、文化贸易和文化投资并举，推动中华文化走向世界的新格局逐渐形成，中华文明传播力影响力日益增强。[1] 多部文化相关立法中作出专门规定，明确鼓励文化对外交流。例如，电影产业促进法专门规定了电影领域的交流合作：“国家对优秀电影的外语翻译制作予以支持，并综合利用外交、文化、教育等对外交流资源开展电影的境外推广活动”，“国家鼓励公民、法人和其他组织从事电影的境外推广”。又如，中医药学是中国古代科学

---

〔1〕 参见国家统计局社科文司：《文化事业繁荣兴盛　文化产业快速发展——新中国成立 70 周年经济社会发展成就系列报告之八》，载国家统计局网 2019 年 7 月 25 日，http://www.stats.gov.cn/tjsj/zxfb/201907/t20190724_1681393.html。

的瑰宝、打开中华文明宝库的钥匙，中医文化传播是我国文化交流的重要方面，中医药法对此专门作出规定，“国家支持中医药对外交流与合作，促进中医药的国际传播和应用”。

在世界各国相互交融和推动构建人类命运共同体的国际大背景下，我国在不断健全和完善国内相关立法的同时，还通过同外国缔结条约等方式，积极做好建立健全文化法律制度体系的“大文章”。1985 年，全国人大常委会决定批准了《保护世界文化和自然遗产公约》。1989 年，国务院决定接受《关于禁止和防止非法进出口文化财产和非法转让其所有权的方法的公约》。1999 年，全国人大常委会通过了《关于加入〈关于发生武装冲突时保护文化财产的公约〉和〈议定书〉的决定》。2001 年、2004 年、2006 年，全国人大常委会先后决定批准了《经济、社会及文化权利国际公约》《保护非物质文化遗产公约》《保护和促进文化表现形式多样性公约》。此外，我国还同世界上多个国家签署了文化协定。这些重要法律文件为开展我国与其他国家文化交流、深化文明互鉴、推动中华文化更好走向世界架设了制度桥梁、搭建了法治平台。

党的二十大报告深刻把握文化建设规律和文化在新时代新征程中的地位作用，对建设社会主义文化强国作出了战略部署，对未来一个时期文化建设提出了明确要求，为我们不断推进文化自信自强、铸就社会主义文化新辉煌、增强实现中华民族伟大复兴的精神力量提供了根本遵循。实施好宪法关于文化制度的规定，必须贯彻落实党的二十大报告精神，以高度的政治责任感和时代使命感，做好文化立法工作，加强文化制度体系建设，为发展面向现代化、面向世界、面向未来的，民族的科学的大众的社会主义文化提供强劲法治动力和坚实法治保障。

第十一章　我国宪法关于民生保障制度的规定及其发展实施

为中国人民谋幸福，为中华民族谋复兴，是中国共产党人的初心和使命。我们党领导全国各族人民制定宪法，郑重提出建设富强民主文明和谐美丽的社会主义现代化强国的根本任务和奋斗目标，确立社会主义制度为国家根本制度，规定一系列全面保障民生的制度，为改善人民生活、增进人民福祉，提高人民群众获得感、幸福感、安全感提供了坚实法治保障。可以说，我国宪法是党领导广大人民追求幸福生活的重大政治成果，是国家加强民生保障、实现人民对美好生活向往的法治宣言，以根本法形式承载着中国共产党人的初心使命。贯彻落实现行宪法关于民生保障的规定，推动我国社会保障、教育、卫生等民生各领域事业不断发展前进，对于全面建设中国特色社会主义现代化国家、全面推进中华民族伟大复兴具有重要意义。

第一节　宪法关于社会保障制度的规定及其发展实施

现代社会保障制度是随着工业化的发展而逐渐建立和发展起来的，

是近现代人类制度文明的重要成果之一。《世界人权宣言》第二十五条第一款规定："人人有权享受为维持他本人和家属的健康和福利所需的生活水准，包括食物、衣着、住房、医疗和必要的社会服务；在遭到失业、疾病、残废、守寡、衰老或在其他不能控制的情况下丧失谋生能力时，有权享受保障。"我国是世界上最大的发展中国家，人口众多，地区之间、城乡之间发展不平衡，完善社会保障体系的任务十分艰巨和繁重。习近平总书记指出："我们党历来高度重视民生改善和社会保障。""社会保障是保障和改善民生、维护社会公平、增进人民福祉的基本制度保障，是促进经济社会发展、实现广大人民群众共享改革发展成果的重要制度安排，发挥着民生保障安全网、收入分配调节器、经济运行减震器的作用，是治国安邦的大问题。"[1] 我国坚持从国情出发，坚持以人为本，发挥中国共产党领导和我国社会主义制度的政治优势，集中力量办大事，建立健全同经济发展水平相适应的社会保障体系，成功建设了具有鲜明中国特色的社会保障体系。

我国现行宪法对建立健全同经济发展水平相适应的社会保障体系和相关公民权利作出规定，为实现社会保障体系制度化规范化法治化、推动社会保障事业稳步发展和可持续运行提供了充分的根本法依据。目前，我国以社会保险为主体，包括社会救助、社会福利、社会优抚等制度在内，功能完备的社会保障体系基本建成，基本医疗保险覆盖 13.6 亿人，基本养老保险覆盖近 10 亿人，是世界上规模最大的社会保障体系。在党的正确领导下，我国通过加强社会保障立法，推动建立完备的社会保障制度体系，现行宪法社会保障制度有效实施取得伟大成就，为人民创造美好生活奠定了坚实基础，为打赢脱贫攻坚战提供了坚强支撑，为如期全面建成小康社会、实现第一个百年奋斗目标提供了有利条件。[2]

---

〔1〕 参见习近平：《促进我国社会保障事业高质量发展、可持续发展》，载《求是》2022 年第 8 期。

〔2〕 参见习近平：《促进我国社会保障事业高质量发展、可持续发展》，载《求是》2022 年第 8 期。

一、我国宪法关于社会保障制度的发展历程

新中国成立之初，社会保障尚属空白。20 世纪 50 年代至 70 年代，开始由国家和单位对城镇职工提供劳保等福利，并由集体对农民实行一定保障。[1] 社会保障从无到有、逐步扩展的发展趋势也体现在宪法相关规定上。一九五四年宪法在“公民的基本权利和义务”一章第九十三条明确规定：“中华人民共和国劳动者在年老、疾病或者丧失劳动能力的时候，有获得物质帮助的权利。国家举办社会保险、社会救济和群众卫生事业，并且逐步扩大这些设施，以保证劳动者享受这种权利。”一九七五年宪法仅保留了劳动者在特殊情况下获得物质帮助的权利，删去了国家发展社会保险事业等规定。其第二十七条第二款规定，劳动者在年老、疾病或者丧失劳动能力的时候，有获得物质帮助的权利。一九七八年宪法继承并发展了一九五四年宪法的规定，其第五十条规定：“劳动者在年老、生病或者丧失劳动能力的时候，有获得物质帮助的权利。国家逐步发展社会保险、社会救济、公费医疗和合作医疗等事业，以保证劳动者享受这种权利。国家关怀和保障革命残废军人、革命烈士家属的生活。”该规定不仅丰富了国家逐步发展公费医疗、合作医疗事业的内容，还增加了关怀和保障革命残废军人、烈士家属生活的规定。

改革开放以来，我国逐步建立了覆盖城乡的社会保障体系，形成了世界上规模最大的社会保障安全网，社会保障水平不断提高。一九八二年宪法从保障公民权利角度继续丰富社会保障的相关规定，为建立健全适应改革开放新时期社会主义现代化建设的社会保障体系提供了根本法依据。一九八二年宪法第四十四条规定：“国家依照法律规定实行企业事

〔1〕 参见国务院新闻办公室：《为人民谋幸福：新中国人权事业发展 70 年》白皮书（2019 年 9 月），载国务院新闻办公室网 2019 年 9 月 22 日，http://www.scio.gov.cn/zfbps/ndhf/39911/Document/1665100/1665100.htm。

业组织的职工和国家机关工作人员的退休制度。退休人员的生活受到国家和社会的保障。”第四十五条规定：“中华人民共和国公民在年老、疾病或者丧失劳动能力的情况下，有从国家和社会获得物质帮助的权利。国家发展为公民享受这些权利所需要的社会保险、社会救济和医疗卫生事业。国家和社会保障残废军人的生活，抚恤烈士家属，优待军人家属。国家和社会帮助安排盲、聋、哑和其他有残疾的公民的劳动、生活和教育。”2002 年 11 月，党的十六大报告强调“建立健全同经济发展水平相适应的社会保障体系，是社会稳定和国家长治久安的重要保证”，把“社会保障体系比较健全”作为全面建设小康社会的重要目标之一，对发展社会保障事业作出部署。根据党的十六大精神，2004 年 3 月，十届全国人大二次会议通过《中华人民共和国宪法修正案》，在宪法第十四条增加一款，作为第四款，即“国家建立健全同经济发展水平相适应的社会保障制度”。建立健全同经济发展水平相适应的社会保障制度，是深化经济体制改革，完善社会主义市场经济体制的重要内容，是发展社会主义市场经济的客观要求，是社会稳定和国家长治久安的重要保证，必须上升为宪法制度，以国家根本法予以保障、推进。至此，宪法以“总纲”规定社会保障制度，以“公民的基本权利和义务”一章规定相关公民权利，构建起完整的社会保障的宪法规范体系，为我国发展适应全面建成小康社会、全面建设社会主义现代化国家的社会保障体系奠定了坚实根本法依据和法治基础。

二、宪法关于社会保障制度的立法实施情况

（一）关于社会保险方面的立法

1994 年 7 月，八届全国人大常委会第八次会议通过了《中华人民共和国劳动法》，设专章对劳动者的社会保险和福利作出规定。2010 年

10 月，十一届全国人大常委会第十七次会议通过了《中华人民共和国社会保险法》，这是我国第一部社会保险综合性法律，是社会保障法制建设的一个里程碑。为进一步增强生育保险保障功能，提高社会保险基金共济能力，推进生育保险和基本医疗保险合并实施改革，2016 年 12 月，十二届全国人大常委会第二十五次会议作出决定，授权国务院在河北省邯郸市、山西省晋中市等 12 个试点城市行政区域暂时调整适用社会保险法第六十四条、第六十六条关于生育保险基金单独建账、核算以及编制预算的规定，将生育保险基金并入职工基本医疗保险基金征缴和管理。经过改革试点、及时总结经验，2018 年 12 月，十三届全国人大常委会第七次会议通过了《关于修改〈中华人民共和国社会保险法〉的决定》，正式对相关条款作出修正，把深化改革的探索成果转化为法律规定。我国的社会保险制度包括养老保险、医疗保险、工伤保险、失业保险、生育保险制度，以及 2016 年开始启动的长期护理保险制度试点，这些构成了我国社会保险体系的主体。我国社会保险制度的法律法规主要有社会保险法、军人保险法两部法律，《社会保险费征缴暂行条例》《失业保险条例》《工伤保险条例》《全国社会保障基金条例》等法规，以及国务院、国务院办公厅、人力资源和社会保障部、财政部及有关卫生部门发布的一系列部门规章和政策性文件，这些法律法规为我国社会保险制度运行与发展提供了法制依据。

（二）关于社会福利方面的立法

社会福利立法，主要是以相对弱势群体或者社会生活困难者为调整对象，主要包括妇女、未成年人、老年人以及残疾人等。具体来说，在妇女权益方面，制定妇女权益保障法、母婴保健法等，为妇女依法享有特殊的休息休假、劳动保护、母婴保健等提供了法律依据。在未成年人权益方面，制定义务教育法、未成年人保护法、预防未成年人犯罪法等，对保障其身心健康发育和成长，依法获得学校保护、社会保护等作了规定。此外，劳动法设专章对女职工和未成年工的特殊保护作出规定。在老年人权益方面，制定老年人权益保障法，保障老年人依法享有的权益，保障老年人有从国家和社会获得物质帮助的权利，有享受社会服务和社会优待的权利，有参与社会发展和共享发展成果的权利。在残疾人权益方面，残疾人保障法从康复、教育、劳动就业、文化生活等各个方面作了具体规定。

（三）关于社会救助和社会优抚方面的立法

社会救助是国家和社会对基于各种原因而陷入生存困境的公民给予物质生活救助，以保障其最低生活需要的制度。社会救助作为社会保障体系的组成部分，通过托底线、救急难，保障困难公民的基本生活，促进社会公平，维护社会和谐稳定。2014 年 2 月，国务院制定《社会救助暂行办法》，对社会救助的原则、管理部门、最低生活保障、特困人员供养、受灾人员救助、医疗救助、教育救助、住房救助、就业救助、临时救助等方面作出较为全面系统的规定。国务院还制定了《城市生活无着的流浪乞讨人员救助管理办法》，对在城市生活无着的流浪、乞讨人员实行救助。此外，上海、广东、浙江、甘肃等省级人大及其常委会制定了社会救助条例；宁夏、包头、无锡等地方人大及其常委会制定了刑事被害人困难救助条例或者涉诉人员困难救助条例。

社会优抚是针对军人及其家属所建立的社会保障制度，是指国家和社会对军人及其家属所提供的各种优待、抚恤、养老、就业安置等待遇和服务的保障制度。我国十分重视对军人及其家属权益的保障，有多部法律和行政法规对社会优抚作了比较全面系统的规定。如军人地位和权益保障法规定了国家建立军人待遇保障制度，对军人的工资待遇、住房待遇、医疗待遇、保险待遇、休假、教育培训等制度作了规定；规定国家建立抚恤优待保障体系，对军人死亡抚恤、残疾抚恤、军人配偶子女优待等作了规定。退役军人保障法对退役军人的移交接收、退役安置、教育培训、抚恤优待等作了系统规定。军人保险法对军人伤亡保险、退役养老保险、退役医疗保险、随军未就业的军人配偶保险等制度作了规定。英雄烈士保护法第二十一条第一款也规定："国家实行英雄烈士抚恤优待制度。英雄烈士遗属按照国家规定享受教育、就业、养老、住房、医疗等方面的优待。抚恤优待水平应当与国民经济和社会发展相适应并逐步提高。"此外，国务院等还制定了《军人抚恤优待条例》《烈士褒扬条例》等。

（四）关于灾害救助和社会慈善方面的立法

我国是一个自然灾害频繁发生的国家。突发事件应对法第五章"事后恢复与重建"针对突发事件发生后做好灾民的救助工作作了规定。国务院还专门制定了《自然灾害救助条例》，用以规范自然灾害救助工作，保障受灾人员基本生活。上海、山东、海南、黑龙江、江苏、广西等省级人大及其常委会制定了海上或者水上搜寻救助条例。

1999年6月，九届全国人大常委会第十次会议制定《中华人民共和国公益事业捐赠法》，以规范捐赠和受赠行为，保护捐赠人、受赠人和受益人的合法权益，促进公益事业的发展。2016年3月，十二届全国人大四次会议通过《中华人民共和国慈善法》，对慈善组织、慈善募捐、慈善捐赠、慈善财产等作了全面规定。

三、新时代我国宪法关于社会保障制度的发展和实施

党的十八大以来，以习近平同志为核心的党中央高度重视保障和改善民生，把社会保障摆上更加突出的位置，对我国社会保障体系建设作

出顶层设计，推动我国社会保障体系建设进入快车道。习近平总书记多次就社会保障工作发表重要论述、作出重要批示，提出一系列新思想新论断新要求。党的十九大报告中明确提出“按照兜底线、织密网、建机制的要求，全面建成覆盖全民、城乡统筹、权责清晰、保障适度、可持续的多层次社会保障体系”的总要求，为加强社会保障体系建设指明了方向路径。

当前，我国社会保障制度改革已进入系统集成、协同高效的阶段。党中央不断深化社会保障制度改革，对我国社会保障体系建设作出顶层设计，城乡居民基本养老保险制度、基本医疗保险制度、社会福利事业等方面取得了快速进展。我国已统一城乡居民基本养老保险制度，实现机关事业单位和企业养老保险制度并轨，建立企业职工基本养老保险基金中央调剂制度；整合城乡居民基本医疗保险制度，全面实施城乡居民大病保险，组建国家医疗保障局；推进全民参保计划，降低社会保险费率，划转部分国有资本充实社保基金；积极发展养老、托幼、助残等福利事业，人民群众不分城乡、地域、性别、职业，在面对年老、疾病、失业、工伤、残疾、贫困等风险时都有了相应制度保障。我国基本建成包括社会保险、社会救助、社会福利、社会优抚在内的世界上规模最大的社会保障体系，正向全覆盖、保基本、多层次、可持续的目标迈进。[1]这是举世瞩目的巨大成就，是中国特色社会主义制度优越性的集中体现。我国走出了一条中国特色的社会保障发展道路，也为全球社会保障制度改革提供了中国经验。我国社会保障事业的充分发展，为人民群众实现宪法赋予的社会保障权利提供了坚实基础；我国社会保障制度的健全完备，为人民群众行使宪法赋予的社会保障权利提供了有效路径。

为适应统筹推进“五位一体”总体布局需要，加强社会建设、创新社会管理，更好保障和改善民生，推进社会领域法律制度建设，党中央

---

〔1〕 参见国务院新闻办公室：《中国的全面小康》白皮书（2021 年 9 月），载中国政府网 2021 年 9 月 28 日，http://www.gov.cn/zhengce/2021-09/28/content_5639778.htm。

统筹党和国家机构改革全局，整合全国人大有关委员会的相关职责，组建了一个新的专门委员会即全国人大社会建设委员会。宪法第七十条规定：“全国人民代表大会设立民族委员会、宪法和法律委员会、财政经济委员会、教育科学文化卫生委员会、外事委员会、华侨委员会和其他需要设立的专门委员会。”根据宪法的规定，2018 年 3 月，十三届全国人大一次会议表决通过了《关于设立第十三届全国人民代表大会专门委员会的决定》，决定设立包括社会建设委员会在内的 10 个专门委员会。按照中共中央印发的《深化党和国家机构改革方案》，全国人大社会建设委员会主要职责包括研究、拟订和审议社会保障等方面的有关议案、法律草案，开展有关调查研究和执法检查等工作，为推进新时代社会保障事业高质量发展提供了重要组织保障。

党的二十大报告进一步提出，要健全覆盖全民、统筹城乡、公平统一、安全规范、可持续的多层次社会保障体系，并对新时代新征程社会保障事业的推进和发展作出了战略部署。党中央这些重大举措为宪法规定的社会保障相关条款注入新的丰富内涵和时代特征，为进一步推动宪法规定的社会保障制度全面有效实施提供了具体方案。要把学习贯彻党的二十大精神与贯彻落实习近平总书记关于民生与社会保障的重要论述精神结合起来，与贯彻落实习近平法治思想特别是习近平总书记关于宪法的重要论述结合起来，全面贯彻落实党中央积极应对人口老龄化、健全社会保障体系一系列战略部署，不断开创社会保障事业高质量发展新局面，不断满足人民群众多层次多样化需求，更加有效发挥社会保障民生安全网、社会稳定器的重要作用，更加体现中国共产党的领导和社会主义制度的优越性，以中国式现代化全面推进中华民族伟大复兴。

第二节　宪法关于教育制度的规定及其发展实施

“终身之计，莫如树人。”教育是民族振兴、社会进步的重要基石，关系人类文明的传承和发展。对于国家而言，教育具有极其重要的战略性价值，同国家前途、民族命运紧密相连。重视教育是中华民族几千年来传承和发扬的优良传统，我们党和国家历来高度重视教育，把“幼有所育、学有所教”的教育事业摆在优先发展的战略地位，推动我国教育事业取得了历史性进展。总结我国教育事业发展的历程特别是改革开放以来的成就，其中一个重要经验就是高度重视发挥宪法法律的规范和保障作用，以法治力量不断推动我国教育事业的健康发展。

一、我国宪法关于教育制度的发展历程

（一）《共同纲领》和新中国宪法关于教育制度的规定

新中国成立初期，百废待兴，老一辈党和国家领导人对教育极为重视，把为社会主义事业培育政治过硬、能力全面的人才作为新中国建设事业的重要和紧迫的基础性工作。1949 年 9 月 29 日中国人民政治协商会议第一届全体会议通过的《共同纲领》中，以第五章规定了文化教育政策。第五章共 9 条，专门规定教育方面内容的有 3 条，详细规定了当时我国教育的性质、方法，指出要有计划有步骤地改革旧的教育制度，实行普及教育，并对中等教育和高等教育、技术教育、业余教育和在职干部教育、政治教育等分别作了规定。《共同纲领》关于文化教育政策规定有一个重要特点，就是非常注重方式、方法的引导。其第四十六条中规定，中华人民共和国的教育方法为理论与实际一致。

一九五四年宪法从国务院管理教育工作职责、发展教育事业和保障公民受教育权利等多个角度对发展教育事业作出规定。其中，第九十四条第一款规定，我国公民有受教育的权利。国家设立并且逐步扩大各种学校和其他文化教育机关，以保证公民享受这种权利。第九十五条规定，国家对于从事科学、教育、文学、艺术和其他文化事业的公民的创造性

工作，给以鼓励和帮助。这些重要宪法条款的实施推动了我国教育法制的建立健全，促进了我国教育事业的快速发展，培养出一批又一批合格的社会主义建设者和接班人，为社会主义现代化建设培养了大量优秀人才。

“文化大革命”期间，教育事业受到了严重破坏和干扰，这在作为国家根本法的宪法相关规定上也有体现。一九七五年宪法因其所处的特殊历史时期和时代背景，虽然继续规定了公民受教育权，但关于教育等事业的规定带有浓重的政治色彩和历史局限性，规定“无产阶级必须在上层建筑其中包括各个文化领域对资产阶级实行全面的专政。文化教育、文学艺术、体育卫生、科学研究都必须为无产阶级政治服务，为工农兵服务，与生产劳动相结合”。一九七八年宪法在一定程度上加以纠偏，其“总纲”第十三条规定，“国家大力发展教育事业，提高全国人民的文化科学水平。教育必须为无产阶级政治服务，同生产劳动相结合，使受教育者在德育、智育、体育几方面都得到发展，成为有社会主义觉悟的有文化的劳动者”。同时，规定了公民受教育的权利，并赋予国家建设文化教育设施、普及教育的责任，以国家事业发展保证公民享受到受教育的权利。

（二）一九八二年宪法关于教育制度的规定

教育作为国之大计、党之大计，是一九八二年宪法的重要内容之一，在宪法序言、“总纲”、“公民的基本权利和义务”、“国家机构”等中都有涉及。首先，宪法序言中对我国在社会主义革命和建设时期取得的重大成就进行概括总结，其中就包括“教育、科学、文化等事业有了很大的发展”这一点。其次，宪法“总纲”第十九条分五款对发展教育事业的国家任务和国家责任等作了规定：“国家发展社会主义的教育事业，提高全国人民的科学文化水平。国家举办各种学校，普及初等义务教育，发展中等教育、职业教育和高等教育，并且发展学前教育。国家发展各种教育设施，扫除文盲，对工人、农民、国家工作人员和其他劳动者进行政治、文化、科学、技术、业务的教育，鼓励自学成才。国家鼓励集体经济组织、国家企业事业组织和其他社会力量依照法律规定举办各种教育事业。国家推广全国通用的普通话。”再次，“公民的基本权利和义务”一章中，第四十六条规定我国公民有受教育的权利和义务。国家培养青年、少年、儿童在品德、智力、体质等方面全面发展。这一条规定与一九五四年宪法相比较，从一九五四年宪法仅把受教育规定为权利的基础上，进一步明确受教育既是公民的权利也是公民的义务。[1] 第四十七条规定，国家对于从事教育、科学、技术、文学、艺术和其他文化事业的公民的有益于人民的创造性工作，给以鼓励和帮助。第四十五条第三款规定，国家和社会帮助安排盲、聋、哑和其他有残疾的公民的劳动、生活和教育。此外，按照宪法规定的“公民在行使自由和权利的时候，不得损害国家的、社会的、集体的利益和其他公民的合法的自由和权利”这一基本原则，第三十六条在规定公民宗教信仰自由时，指出任何人不得利用宗教进行妨碍国家教育制度的活动。最后，“国家机构”一章对于与教育相关的国家机构设置、国家机构职权作出规定。第七十条第一款规定，全国人民代表大会设立教育科学文化卫生委员会等专门委员会。第八十九条在列举规定国务院行使的职权中，第七项是领导和管理教育、

---

〔1〕 1982年11月26日，彭真同志在五届全国人大五次会议上所作的《关于中华人民共和国宪法修改草案的报告》对教育有关规定作出说明：教育的发展，一方面要努力普及，一方面要努力提高，以促进工人、农民的知识化和干部队伍的知识化，扩大知识分子队伍，培养各种专业人才。这不仅是整个科学文化发展的基础和人民群众思想觉悟提高的条件，而且是物质文明发展的不可缺少的前提。接受教育，是公民应享的权利，也是公民应尽的义务，包括适龄儿童接受初等教育的义务，还包括成年劳动者接受适当形式的政治、文化、科学、技术、业务教育的义务，以及就业前的公民接受劳动就业训练的义务。我国文化比较落后，为了较快地发展教育，既要靠正规的学校教育，又要靠各种形式的业余教育。国家一定要用足够的力量举办教育事业，同时又要发动各种社会力量，包括集体经济组织、国家企业事业组织、其他社会组织以至经国家批准的私人办学者，采取多种形式和依靠广大群众来举办教育事业。参见全国人大常委会法制工作委员会宪法室编：《中华人民共和国制宪修宪重要文献资料选编》，中国民主法制出版社2021年版，第103～104页。

科学、文化、卫生、体育和计划生育工作。第一百零七条第一款规定，县级以上地方各级人民政府依照法律规定的权限，管理本行政区域内的经济、教育、科学、文化、卫生、体育事业、城乡建设事业和财政、民政、公安、民族事务、司法行政、计划生育等行政工作。第一百一十九条在规定民族自治地方的自治机关职权时也涉及教育事业。

我国宪法关于教育的规定，既赋予国家发展教育事业的任务和责任，又明确国家和地方两个层面的有关国家机构的职权；既规定公民有受教育的权利，又把受教育作为公民应尽义务，体现了受教育权利义务相统一的特点，形成了对发展教育事业、保障公民教育权利系统的宪法规范制度，是国家和地方完善发展教育制度、制定教育有关法律法规的总依据。

二、宪法关于教育制度的立法实施情况

教育兴则国家兴，教育强则国家强。建设教育强国，对提高人民综合素质、促进人的全面发展、增强中华民族创新创造活力、实现中华民族伟大复兴具有决定性意义。改革开放以来，我国教育法治建设取得了很大进展，在教育改革发展过程中发挥了重要的引领、规范、促进和保障作用，在法治轨道上持续推动教育强国建设，使宪法关于教育事业的规定得到深入贯彻和具体落实。

1980 年 2 月，五届全国人大常委会第十三次会议审议通过了新中国第一部教育方面的法律，即《中华人民共和国学位条例》。之后，我国相继制定了义务教育法、教师法、教育法、职业教育法、高等教育法、国家通用语言文字法、民办教育促进法。其中，教育法作为教育领域的基本法律，主要规范了涉及教育的全局性重大问题，如教育的地位、教育方针和基本原则、教育基本制度、学校的法律地位、教师和受教育者的权利义务等。教育法同时也为制定其他教育法律法规提供了立法依据，

各级各类教育的具体问题主要由其他教育法律法规具体作出规定。根据教育法的规定，我国教育基本制度包括学校教育制度、九年制义务教育制度、职业教育制度、继续教育制度、教育考试制度、学业证书制度、学位制度、教育督导制度和教育评估制度。学校教育包括学前教育、初等教育、中等教育、高等教育。除教育法的基础性规定之外，关于义务教育、职业教育、高等教育、民办教育、家庭教育以及学前教育等都有专门法律法规作出规定。教育法及职业教育法明确了立法依据是“根据宪法，制定本法”；义务教育法、高等教育法、民办教育促进法进一步明确了立法依据是“根据宪法和教育法，制定本法”。这些都是对宪法关于国家普及初等义务教育，发展中等教育、职业教育和高等教育，发展学前教育，发展各种教育设施，鼓励其他组织和社会力量依照法律规定举办各种教育事业等规定的贯彻和落实。此外，我国还有《残疾人教育条例》《教育督导条例》《幼儿园管理条例》等行政法规，以及一大批教育方面的地方性法规。可以说，随着中国特色社会主义法律体系的形成与不断完善，我国建立起包括近 20 部法律法规和 300 多件地方性法规在内的教育法律制度体系，基本实现了教育事业各具体领域都有法可依。按照国家对教育事业的战略规划和目标建设，进一步加强科学立法，协调、统一、完善教育领域各层级的法律法规等规定，是加强宪法全面实施和推进教育现代化发展的重要任务。

三、新时代我国宪法关于教育制度的发展和实施

百年大计，教育为本。党的十八大以来，以习近平同志为核心的党中央高度重视教育工作，作出优先发展教育事业、建设教育强国、办好人民满意的教育的战略部署，召开全国教育大会，印发《中国教育现代化 2035》，统筹教育领域综合改革和教育治理现代化，教育面貌发生格局性变化。习近平总书记就教育事业发展提出一系列新理念新思想新观点，

为发展新时代中国特色社会主义教育指明了前进方向，为推进宪法关于教育制度的有效实施提供了根本遵循。2018 年 9 月 10 日，习近平总书记在全国教育大会上指出："培养什么人，是教育的首要问题。我国是中国共产党领导的社会主义国家，这就决定了我们的教育必须把培养社会主义建设者和接班人作为根本任务，培养一代又一代拥护中国共产党领导和我国社会主义制度、立志为中国特色社会主义奋斗终身的有用人才。"[1] 习近平总书记多次走进大中小学校，在与师生的亲切交谈中阐述立德树人的丰富内涵、途径和方法，强调"两个一百年"奋斗目标的实现、中华民族伟大复兴中国梦的实现，归根结底靠人才、靠教育。源源不断的人才资源是我国在激烈的国际竞争中的重要潜在力量和后发优势。[2] 这些深刻的论述已经为人民所广泛认同、积极响应，起到了深入人心、教化群众的重要作用，为教育法律制度发展和实施营造了良好的社会氛围和群众基础。

全国人大常委会贯彻落实习近平总书记关于教育的重要论述和指示批示精神，全面实施宪法对教育领域的规定，推进一系列教育立法，把立德树人融入各环节各领域，在法治轨道上推进教育治理体系和治理能力现代化。教育法是教育领域的基本法，是全面依法治教的法律基础。2015 年 12 月、2021 年 4 月，全国人大常委会先后两次修改教育法，以法治方式深化教育领域综合改革，促进教育公平、推动教育均衡发展。修改后的教育法进一步明确党的领导，丰富教育指导思想；确立了教育在中华民族伟大复兴历史进程中战略地位的最新定位；进一步完善教育方针，充实教育"培养什么人"的内容；丰富教育内容，强化教育对继承和弘扬中国特色社会主义文化的重要作用。2015 年 12 月的十二届全国人

---

〔1〕 习近平：《坚持中国特色社会主义教育发展道路　培养德智体美劳全面发展的社会主义建设者和接班人》，载《人民日报》2018 年 9 月 11 日，第 1 版。

〔2〕 习近平：《做党和人民满意的好老师——同北京师范大学师生代表座谈时的讲话（2014 年 9 月 9 日）》，载中国共产党新闻网 2014 年 9 月 10 日，http://jhsjk.people.cn/article/25629946。

大常委会第十八次会议和2018年12月的十三届全国人大常委会第七次会议，对《中华人民共和国高等教育法》作了两次修正。2016年11月，十二届全国人大常委会第二十四次会议审议通过了《关于修改〈中华人民共和国民办教育促进法〉的决定》。2021年10月，十三届全国人大常委会第三十一次会议审议通过了《中华人民共和国家庭教育促进法》。作为我国首部家庭教育领域专门立法，家庭教育促进法贯彻落实习近平总书记关于注重家庭家教家风建设的重要论述，弘扬中华民族重视家庭教育的优良传统，将家庭教育由旧时期的传统“家事”上升为新时代的重要“国事”。2022年4月，十三届全国人大常委会第三十四次会议对《中华人民共和国职业教育法》作了修订，把党中央关于职业教育改革发展的政策举措和实践中的成功经验落实到法律中，强调职业教育活动必须坚持立德树人、德技并修，坚持产教融合、校企合作，坚持面向市场、促进就业，坚持面向实践、强化能力，坚持面向人人、因材施教。

新时代10年，我国贯彻宪法法律规定，适应社会主义市场经济发展和社会进步的需要，推进教育改革，推动各级各类教育协调发展、衔接融通，完善现代国民教育体系，建成世界上规模最大的教育体系；坚持教育公益性原则，把教育公平作为国家基本教育政策，采取措施促进教育公平，推动教育均衡发展；坚持教育为社会主义现代化建设服务、为人民服务，坚持立德树人，培养德智体美劳全面发展的社会主义建设者和接班人，受教育权保障水平显著提升。全国学前3年毛入园率从2010年的56.6%提高到2020年的85.2%，实现了学前教育基本普及。2020年，全国九年义务教育巩固率为95.2%，义务教育普及程度达到世界高收入国家的平均水平。残疾儿童义务教育入学率达95%以上。建立覆盖从学前教育到研究生教育的全学段学生资助政策体系，不让一个孩子因家庭经济困难而辍学的目标基本实现。倾斜支持农村教育、中西部地区教育，全国96.8%的县实现义务教育基本均衡发展，更多农村和中西部地区孩子享受到更好更公平的教育。全国高中阶段教育毛入学率从2000

年的42.8%提高到2020年的91.2%，超过中等偏上收入国家平均水平；高等教育毛入学率从2000年的12.5%提高到2020年的54.4%，高等教育在学总规模超过4000万人，建成世界上最大规模的高等教育体系。[1]这些伟大成就为实现“两个一百年”奋斗目标奠定了坚实基础、提供了有利条件。

党的二十大报告将教育、科技、人才专列一章加以部署，提出实施科教兴国战略，强化现代化建设人才支撑。强调要坚持教育优先发展、科技自立自强、人才引领驱动，加快建设教育强国、科技强国、人才强国，坚持为党育人、为国育才，全面提高人才自主培养质量，着力造就拔尖创新人才，聚天下英才而用之。报告指出，教育的根本问题是培养什么人、怎样培养人、为谁培养人，要求坚持以人民为中心发展教育，加快建设高质量教育体系，发展素质教育，促进教育公平，对新时代新征程教育工作作出了战略部署。要深刻领会党的二十大报告有关论述和习近平总书记关于教育的重要论述的重大意义、思想内涵和精神实质，贯彻运用到立法工作中，不断加强教育这一重点领域立法工作，协调统一教育领域立法体系，进一步丰富发展宪法关于教育制度的新的时代内涵，以教育事业高质量发展保障公民受教育权的高质量实现，为实现第二个百年奋斗目标培养造就出大批德才兼备的高素质人才。

第三节　宪法关于医疗卫生制度的规定及其发展实施

人民健康是社会文明进步的基础，是民族昌盛和国家富强的重要标

---

〔1〕国务院新闻办公室：《全面建成小康社会：中国人权事业发展的光辉篇章》（2021年8月），载中国政府网2021年8月12日，http://www.gov.cn/xinwen/2021-08/12/content_5630894.htm。

志和目标。新中国成立70多年特别是改革开放40多年来，为适应社会主义现代化建设的需要和人民群众的健康需求，我国宪法关于医疗卫生制度的规定以及医疗卫生领域一系列相关法律制度不断发展完善，充分体现了以法治方式贯彻落实党中央关于卫生健康事业的重要部署，引领国家医疗卫生事业在法治轨道上发展进步，以制度力量保障人民群众健康水平不断提高。要不断总结宪法实施的历史经验、制度体系的构建经验、事业发展的实践经验，更好地发挥宪法法律在国家治理体系和治理能力现代化中的重要作用，以科学完备的法律规范体系全面推进健康中国建设。

一、我国宪法关于医疗卫生制度的发展历程

近代以来，我国逐步成为半殖民地半封建社会，内乱不断、外患深重，疫病横行、缺医少药，医疗卫生与人民健康没有保障。人民体质普遍羸弱，生命健康状况恶劣，一度被西方讽为“东亚病夫”。十月革命一声炮响，给中国送来了马克思列宁主义。马克思列宁主义深刻揭露了资本主义制度下无产阶级身处的恶劣卫生状况及其根源，并对社会主义卫生健康事业的管理、经费、队伍建设、职业道德作了展望。中国共产党从成立起就坚持以为广大人民谋利益为己任，把保障人民健康同争取民族独立、人民解放的事业紧紧联系在一起。1922年7月，党的二大召开并通过了党的纲领，其中第七项[1]明确提出了保护劳动者健康及福利的要求。我们党在其后建立红色政权、实行局部执政直至成立中华人民共和国，都注重通过制定制度规范来实现党对人民群众健康的重大政治承诺、实践党的纲领要求。

---

〔1〕 党的二大通过的宣言中明确提出：“（七）制定关于工人和农人以及妇女的法律：1. 改良工人待遇：（甲）废除包工制；（乙）八小时工作制；（丙）工厂设立工人医院及其他卫生设备；（丁）工厂保险；（戊）保护女工和童工；（己）保护失业工人等”。

（一）革命根据地时期宪法性文件有关医疗卫生的规定

1927 年南昌起义后，中国共产党领导根据地军民围绕解决部队战斗伤病和群众疾病卫生两大现实任务，开始了医疗卫生实践。1931 年 11 月，中华苏维埃第一次全国代表大会通过的《中华苏维埃共和国宪法大纲》提出以“彻底改善工人阶级的生活状况”“彻底的改善农民生活”为目的的具体措施，我们党领导制定的宪法性文件开始涉及医疗卫生。

延安时期，陕甘宁边区医疗卫生发展较快，逐步实现制度化、规范化、法制化。边区政府制定了《卫生委员会组织条例》《预防管理传染病条例》等多项法规。具有标志性意义的是，1941 年 11 月 17 日，陕甘宁边区第二届参议会第一次会议通过《陕甘宁边区施政纲领》，其中第十五条规定：“推广卫生行政，增进医学设备，欢迎医务人才，以达减轻人民疾病之目的，同时实行救济外来的灾民难民。”这是我们党领导的人民政权第一次在宪法性文件中直接规定医疗卫生。1946 年 4 月 23 日，陕甘宁边区第三届参议会第一次会议通过《陕甘宁边区宪法原则》，其中第二部分“人民权利”第三条规定“人民有免于愚昧及不健康的权利”以及“发展卫生教育与医药设备”，开创性地将人民健康上升到基本权利范畴，具有里程碑式的重大意义。

（二）《共同纲领》和新中国宪法有关医疗卫生制度的规定

在新中国成立前夕，我们党就把发展医疗卫生事业摆到重要议程。1949 年 9 月，中国人民政治协商会议第一届全体会议通过的《共同纲领》规定：“推广卫生医药事业，并注意保护母亲、婴儿和儿童的健康。”

新中国成立后，毛泽东主席指出，“必须把卫生、防疫和一般医疗工作看作一项重大的政治任务，极力发展这项工作”。[1] 1950 年 8 月，第一届全国卫生会议确定实施“面向工农兵、预防为主、团结中西医、卫生工作与群众运动相结合”的工作方针。一九五四年宪法第九十三条规定：“中华人民共和国劳动者在年老、疾病或者丧失劳动能力的时候，有获得物质帮助的权利。国家举办社会保险、社会救济和群众卫生事业，并且逐步扩大这些设施，以保证劳动者享受这种权利。”第四十九条对国务院职权进行了列举，其中第九项为“管理文化、教育和卫生工作”。从这时起，国家大力发展基层医疗卫生力量，到“文化大革命”前，医疗卫生机构增加到 20.7 万多个；全国城乡卫生医疗网基本形成；通过广泛开展群众性爱国卫生运动，严重危害人民健康的天花、霍乱、血吸虫病、疟疾、鼠疫、麻风病等疾病，有的被消灭，有的得到有效防治，人民健康状况明显改善。“文化大革命”开始后，我国法制遭受严重挫折。尽管如此，这一时期我国医疗卫生事业依然取得重要进步。例如，“赤脚医生”的兴起和农村合作医疗的快速发展，大幅度提高了广大农民群众的医疗保障水平。20 世纪 70 年代初，我国科学家屠呦呦成功提取青蒿素，为世界范围内的疟疾治疗作出了突破性贡献。

（三）我国现行宪法有关医疗卫生制度的规定

一九八二年宪法总结前几部宪法的规定和实践经验，吸收各方面意见建议，对我国医疗卫生作出新的全面规定，其中，“卫生”这一概念前后出现 9 次。一是第一章“总纲”第二十一条第一款规定：“国家发展医疗卫生事业，发展现代医药和我国传统医药，鼓励和支持农村集体经济组织、国家企业事业组织和街道组织举办各种医疗卫生设施，开展群众性的卫生活动，保护人民健康。”二是第二章“公民的基本权利和义务”

〔1〕 万建武：《重温毛泽东关于卫生防疫的重要论述》，载《求是》2020 年第 6 期。

第四十五条第一款规定："中华人民共和国公民在年老、疾病或者丧失劳动能力的情况下，有从国家和社会获得物质帮助的权利。国家发展为公民享受这些权利所需要的社会保险、社会救济和医疗卫生事业。"三是在有关机构名称和工作职责中涉及医疗卫生。第三章"国家机构"中，第七十条第一款规定的全国人民代表大会设立的专门委员会中包括"教育科学文化卫生委员会"。第八十九条关于国务院职权的规定中包括"领导和管理教育、科学、文化、卫生、体育和计划生育工作"。第一百零七条中规定："县级以上地方各级人民政府依照法律规定的权限，管理本行政区域内的经济、教育、科学、文化、卫生、体育事业、城乡建设事业"。第一百一十九条中规定："民族自治地方的自治机关自主地管理本地方的教育、科学、文化、卫生、体育事业"。第一百一十一条第二款规定："居民委员会、村民委员会设人民调解、治安保卫、公共卫生等委员会，办理本居住地区的公共事务和公益事业"。这些内容量多面广，规定了有关国家机关、基层群众自治组织的医疗卫生相关职责，有利于通过它们积极有效的工作，持续不断地推动医疗卫生事业向前发展。

2004 年 3 月，十届全国人大二次会议通过《中华人民共和国宪法修正案》。这次修宪在第十四条增加一款："国家建立健全同经济发展水平相适应的社会保障制度。"在第三十三条增加一款："国家尊重和保障人权。"社会保障制度和人权原则入宪，推动了我国宪法关于医疗卫生事业规定的发展完善、与时俱进。2018 年 3 月 11 日，十三届全国人大一次会议通过《中华人民共和国宪法修正案》。这次修宪确立了习近平新时代中国特色社会主义思想在国家政治和社会生活中的指导地位，增加了"贯彻新发展理念"，将"把我国建设成为富强、民主、文明的社会主义国家"修改为"把我国建设成为富强民主文明和谐美丽的社会主义现代化强国"。这些新的宪法内容、原则、精神，将宪法有关医疗卫生事业的规定提升至新高度。

总之，现行宪法关于医疗卫生事业的规定，继承和发展了一九五四年宪法的相关制度规定，理念先进、内涵丰富，目标任务更加明确、制度体系更加完备，体现了国家在集中力量进行社会主义现代化建设的根本任务下，大力推进医疗卫生事业的豪迈气概、坚定意志和战略部署，具有很强的指导意义和规范意义。

二、我国宪法关于医疗卫生规定的制度内涵

（一）将医疗卫生事业提高到宪法高度加以推进

近代早期宪法主要是为了保障人权以及建构、规范并限制国家权力。现代宪法产生以后，开始出现了重大社会政策的规制功能。真正大大拓展宪法功能的是现代社会主义类型的宪法。社会主义国家宪法宣告了无产阶级政党的执政地位、规划了国家的发展道路和目标、定性和规制了经济社会制度，使宪法具有了与执政党纲领、人民共同意志同构化的特征，强化了宪法的最高法律权威。

我国宪法反映了我国各族人民的共同意志和根本利益，是党和国家的中心工作、基本原则、重大方针、重要政策在国家法制上的最高体现，具有最高的法律地位、法律权威、法律效力。医疗卫生写入宪法，意味着将发展医疗卫生事业、保护人民健康提高到宪法高度，从而使其成为党和人民的共同意志，具有根本法的规范效力。与之相适应，有关国家机关、组织单位应当从认真贯彻实施宪法的高度，积极开展医疗卫生相关工作、大力提高我国医疗卫生事业发展水平。全国人大及其常委会要根据宪法制定完善医疗卫生各具体领域法律，加强医疗卫生制度的建构和完善；国务院、地方人大及其常委会要根据法律规定制定完善医疗卫生方面的行政法规、地方性法规。各级人民政府及其部门和有关企业事业单位、组织要依照法律法规规定和政策要求，结合本地、本部门、本行业的实际，积极推动医疗卫生事业发展，努力维护广大人民群众健康

权益。

（二）将医疗卫生事业的属性和理念定位在保护人民

坚持人民主体地位、坚持以人民为中心、坚持人民至上，是我国宪法的重要特征。现行宪法文本中，“人民”2字出现300多次，如“人民共和国”“人民民主专政”“各族人民”“中国人民”等，且大部分国家机关都冠以“人民”2字。我国宪法坚持国家各项事业发展为了人民、依靠人民、造福人民、保护人民，以保障人民根本权益为出发点和落脚点，保证人民依法享有广泛的权利和自由、承担应尽的义务，维护社会公平正义，促进共同富裕，为广大人民群众充分享有各项权利，在国家生活中发挥积极性、主动性、创造性提供了根本法律保障。

现行宪法将医疗卫生与教育、科学、体育、文化一并明定为五项国家发展的事业，将发展医疗卫生事业的根本目的确定为“保护人民健康”，十分鲜明地表明了以人民为中心的价值追求。医疗卫生事业这一概念蕴含公共性、普惠性的机理特征，需要国家大力举办、社会积极参与，具有“人民卫生人民办”光荣传统。宪法第二十一条第一款中规定“鼓励和支持农村集体经济组织、国家企业事业组织和街道组织举办各种医疗卫生设施，开展群众性的卫生活动”，体现了依靠人民、发动群众的思想理念、革命传统。2018年修宪，将“贯彻新发展理念”写入宪法序言。共享的发展理念是新发展理念的重要一项，包含以人为本、保护人民的重要含义。贯彻新发展理念，医疗卫生事业发展应当坚持发展为了人民、发展依靠人民、发展成果由人民共享，通过更有效的医疗卫生制度安排，使全体人民在共建共享发展中有更多获得感，增强发展动力，增进人民健康福祉。

（三）将医疗卫生事业确定为国家发展的目标任务，具有持续不断发展的特点

我国宪法的一大特色就是明确规定了国家的根本任务、发展道路、奋斗目标，社会主义经济建设、政治建设、文化建设、社会建设、生态文明建设以及其他国家有关方面事业在宪法中都有体现、都有要求。我国宪法有关医疗卫生事业的制度规定，宣示了国家高度重视和着力发展医疗卫生事业的基本政策和目标任务。同时，这些规定又随着宪法修改具有了新的时代意蕴，从而具有了持续不断发展的特点。

一九八二年宪法关于医疗卫生事业的规定，是改革开放初期加强社会主义精神文明建设的重要组成部分，是“两手抓”思想的重要体现。1997年，党的十五大制定了社会主义初级阶段的基本纲领，将“卫生体育事业”改革作为“有中国特色社会主义的文化建设”的重要内容；2007年，党的十七大提出实现全面建设小康社会奋斗目标，将“建立基本医疗卫生制度，提高全民健康水平”纳入“以改善民生为重点的社会建设”。

党的十八大以来，以习近平同志为核心的党中央，坚持“人民对美好生活的向往就是我们的奋斗目标”，将发展医疗卫生事业纳入统筹推进“五位一体”总体布局和协调推进“四个全面”战略布局之中，实施健康中国战略，进一步更新医疗卫生理念、拓展医疗卫生布局、深化医疗卫生改革、强化提高人民健康水平的制度保障，推动医疗卫生事业升级为卫生健康事业。

党的十九大对我国现代化建设作了进一步部署，提出到21世纪中叶把我国建成富强民主文明和谐美丽的社会主义现代化强国。社会主义现代化必然包含公共医疗卫生服务的高水平、均等化和人民生活的幸福安康。我国宪法关于发展医疗卫生事业的规定是“沿着中国特色社会主义

道路，集中力量进行社会主义现代化建设”这一国家根本任务的展开和细化。这些重要理论成果、实践成果通过 2018 年修宪，正式纳入宪法规范体系之中，指引我国宪法关于医疗卫生制度规定的内涵创新发展。贯彻党的最新理论创新成果，结合宪法关于国家根本任务的规定，对宪法关于医疗卫生制度规定的认识才能得以与时俱进，不断深化提高。

（四）将医疗卫生事业纳入国家机关职责范围

我国的基本国情和我国医疗卫生事业的性质决定了其发展壮大必须坚持国家举办，而不能单纯依靠市场力量和自然生长。我国宪法除在“总纲”“公民的基本权利和义务”等部分规定了医疗卫生事业之外，同时还明确了有关国家机关、基层群众自治组织的医疗卫生职责，涉及人大监督、行政、民族区域自治、基层群众自治等国家和社会治理的方方面面，为国家有关机构、组织开展医疗卫生相关工作提供了坚实的组织保障和宪法依据。对同一事项，宪法念兹在兹，对这么多国家机关、单位组织赋予相应职责是不多见的，足以证明我们党对医疗卫生事业和人民健康的高度重视，彰显我国宪法以人为本的人文关怀和促进人的全面发展的使命精神。

将医疗卫生事业纳入国家机关的职责范围，其根本目的是要通过国家机关，实际上也是其工作人员的履职尽责、勤勉工作，引导、推动医疗卫生事业的不断发展。“何谓宪法法律实施？可以说，就是我们各级国家工作人员在党的领导下，按照宪法法律的规定做了宪法法律所要求做的事情，即正确地做事和做正确的事，并且在工作中取得成绩。”〔1〕宪法有关医疗卫生职责的规定，要求各有关国家机关及其工作人员增强宪法观念，依照宪法法律行使职权、履行职责、开展工作，自觉接受人民

---

〔1〕沈春耀：《深入学习贯彻习近平总书记宪法重要论述精神　全面加强宪法实施和监督》，载《中国人大》2018 年第 11 期。

监督，通过持续努力为宪法法律实施、医疗卫生事业发展进步作出应有贡献。

三、新时代我国宪法关于医疗卫生制度的发展和实施

新中国成立后，党和国家把提高人民健康水平、实现人人得享健康作为发展的重要目标，并将这一目标在宪法中加以确立确认。经过长期不懈奋斗，我国人民健康水平显著提高。我国医疗卫生领域法律法规日益完善，有关医疗卫生和健康方面的制度不断趋于科学严密，为医疗卫生事业发展和人民健康提供了强大的法治保障。我国公共卫生整体实力、医药研发供应和医疗服务保障能力不断提升，全民身体素质、健康素养持续增强，被世界卫生组织誉为“发展中国家的典范”。立足于新中国成立70多年特别是改革开放40多年来的医疗卫生事业伟大实践，可以得出这样一个重要结论——通过不断健全完善医疗卫生领域的法律法规，以法治方式发展壮大医疗卫生事业，我国宪法关于医疗卫生制度的规定得到全面有效实施，充分展现出我国宪法实施的基本特点和优越性。

中国特色社会主义进入新时代，我国社会主要矛盾已经转化为人民日益增长的美好生活需要和不平衡不充分的发展之间的矛盾，具体到卫生健康领域，主要是群众对健康有了更高需求，要求看得上病、看得好病，看病更舒心、服务更体贴，更希望不得病、少得病。[1] 党的十八大以来，以习近平同志为核心的党中央从党和国家事业发展全局出发，坚持以人民为中心的发展思想，强调“把保障人民健康放在优先发展的战略位置”，“没有全民健康，就没有全面小康”。

〔1〕 参见孙春兰：《全面推进健康中国建设》，载《人民日报》2020年11月27日，第6版。

（一）医疗卫生法律规范体系日益完善

宪法是我国法律法规和制度体系的总依据，通过建立健全法律法规和制度体系，推动和保障宪法实施，是我国宪法实施的基本途径。[1] 我国宪法关于医疗卫生制度规定实施的巨大成就之一就是形成了以法律为主干，以行政法规、地方性法规和部门规章为重要组成部分的医疗卫生法律法规体系。截至2022年年底，医疗卫生领域已经制定法律16部、行政法规30多部以及一大批地方性法规、部门规章，实现了医疗卫生各具体领域有法可依。其中，法律、行政法规主要有：（1）具有基础性和管“总”作用的法律，即基本医疗卫生与健康促进法。（2）卫生保健方面，全国人大常委会制定了献血法、母婴保健法、红十字会法、精神卫生法、食品安全法等；国务院制定了《化妆品监督管理条例》《食盐加碘消除碘缺乏危害管理条例》《国内交通卫生检疫条例》《公共场所卫生管理条例》《中华人民共和国母婴保健法实施办法》等。（3）疾病防治方面，全国人大常委会制定了传染病防治法、职业病防治法、国境卫生检疫法等；国务院制定了《艾滋病防治条例》《血吸虫病防治条例》《尘肺病防治条例》等。（4）医疗管理服务方面，全国人大常委会制定了医师法等；国务院制定了《医疗机构管理条例》《医疗事故处理条例》《医疗纠纷预防和处理条例》《乡村医生从业管理条例》《护士条例》等。（5）药品医疗器械管理方面，全国人大常委会制定了药品管理法、疫苗管理法、中医药法等；国务院制定了《中华人民共和国药品管理法实施条例》《野生药材资源保护管理条例》《麻醉药品和精神药品管理条例》《医疗用毒性药品管理办法》《放射性药品管理办法》《血液制品管理条例》《医疗器械监督管理条例》《医疗废物管理条例》等。（6）其他方面，如全国人

〔1〕 参见沈春耀：《全面加强宪法实施和监督》，载《人民之友》2018年第7期。

大常委会制定了人口与计划生育法等。

党的十八大以来，全国人大常委会认真贯彻落实党中央关于深化医疗卫生改革的决策部署和习近平总书记有关卫生健康的重要讲话、批示指示，坚持以人民为中心，坚持问题导向，积极回应社会关切，制定中医药法、疫苗管理法、基本医疗卫生与健康促进法，修改药品管理法等，推进医疗卫生领域立法进程。2016 年 12 月，十二届全国人大常委会第二十五次会议通过了《中华人民共和国中医药法》。这是我国第一部有关中医药的综合性、全局性、基础性法律，完善了卫生健康法律制度体系，不仅为促进中医药传承创新发展提供了坚实法律保障，而且是一部具有鲜明中国特色、中国风格、体现深厚历史底蕴和文化自信的重要法律。[1] 中医药法首次在法律层面明确了中医药的概念及重要地位、发展方针，建立了符合中医药特点的基本管理制度，加大了对中医药事业的扶持力度，加强了对中医医疗服务和中药生产经营的监管。中医药法的制定实施贯彻了我国宪法第二十一条关于发展我国传统医药的任务要求和原则精神，促进了我国中医药服务体系和服务能力稳步发展提升，推动了中医药传承创新发展整体水平稳步提高，中医药在维护和促进人民健康、推动健康中国建设中的独特作用越发明显。特别是 2020 年新冠疫情发生以来，中医药全程参与、深度介入疫情防控工作，为我国疫情防控取得重大战略成果贡献了中医药力量，成为中国方案的亮点，也是中医药传承精华、守正创新的生动实践。[2] 2018 年长春长生公司问题疫苗案件发生后，全国人大常委会按照习近平总书记重要指示精神，抓紧研究疫苗管理立法问题。经党中央同意，决定进行专门立法。2019 年 6 月，十三

---

〔1〕 参见王晨：《全面贯彻实施中医药法 推进中医药事业发展和健康中国建设》，载《人民日报》2021 年 9 月 24 日，第 6 版。

〔2〕 参见王晨：《全国人民代表大会常务委员会执法检查组关于检查〈中华人民共和国中医药法〉实施情况的报告——2021 年 6 月 7 日在第十三届全国人民代表大会常务委员会第二十九次会议上》，载中国人大网 2021 年 6 月 7 日，http://www.npc.gov.cn/npc/c30834/202106/396bf420d42140f8b901b0a8b840b2c0.shtml。

届全国人大常委会第十一次会议通过了《中华人民共和国疫苗管理法》，从法律上明确疫苗管理的目标、定位和原则，构建疫苗管理制度的“四梁八柱”，加大对疫苗行业、免疫规划事业发展的支持力度，坚持问题导向，严惩违法行为，全方位筑牢疫苗安全制度根基。2019 年 8 月，十三届全国人大常委会第十二次会议通过了新修订的《中华人民共和国药品管理法》，针对群众反映强烈的假药、劣药、药价高、药品短缺等突出问题，吸收药品行业的改革成果和有效做法，确立以人民健康为中心，坚持风险管理、全程管控、社会共治的基本原则，把最严谨的标准、最严格的监管、最严厉的处罚、最严肃的问责写进法律，进一步健全了覆盖药品研制、生产、经营、使用全过程的法律制度。2019 年 12 月，十三届全国人大常委会第十五次会议通过了《中华人民共和国基本医疗卫生与健康促进法》，直接目的就是落实宪法关于国家发展医疗卫生事业、保护人民健康的规定。这部法律定位为我国卫生与健康领域的基础性、综合性法律，涵盖基本医疗卫生服务、医疗卫生机构和人员、药品供应保障、健康促进、资金保障等方面内容，凸显“保基本、强基层、大健康”的理念，有利于发展医疗卫生与健康事业，有利于保障公民享有基本医疗卫生服务、提高公民健康水平，有利于加强医疗卫生健康领域顶层设计、完善卫生健康法治体系，标志着我国医疗卫生法律规范体系建设迈上新的台阶。

（二）医疗卫生事业蓬勃发展

国家推动国计民生有关事业稳步前进，是实施宪法的具体表现。从这个意义上说，国家各项事业发展的成就也是宪法实施的体现。新中国成立以来特别是改革开放以来，我国宪法关于医疗卫生事业规定的实施推动国家整体医疗卫生状况发生了翻天覆地的巨大变化。一是公共卫生服务体系基本形成。全国医疗卫生机构（包含医院、基层医疗机构、专业公共卫生机构）由1978年的17万个大幅增长到2020年的102.3万个。包括疾病预防控制、健康教育、妇幼保健、精神卫生防治、应急救治、采供血、卫生监督等各种专业机构在内的公共卫生服务体系基本形成，公共卫生服务范围不断扩大。二是医疗卫生服务体系不断健全。2020年，全国医疗卫生机构床位总数达911万张，卫生技术人员总数达1066万人，全年总诊疗人次78.2亿人次，孕产妇产前检查率达96.8%，住院分娩率为99.9%。合理配置医疗资源，不断改善医疗卫生资源的可及性和便利性，提高医疗服务质量和效率，居民就医感受明显改善。三是建成全世界最大的全民基本医疗保障网。以基本医疗保险为主体，医疗救助为托底，补充医疗保险、商业健康保险、慈善捐赠、医疗互助等共同发展的多层次医疗保障制度框架基本形成，更好满足了人民群众多元化医疗保障需求。统一的城乡居民基本医疗保险和大病保险制度全面建成。基本医疗保险统筹层次稳步提高。生育保险与职工基本医疗保险合并实施。长期护理保险制度试点顺利推进。[1] 党的十八大以来的10年间，基本医疗保险的参保人数由5.4亿人增加到13.6亿人，报销比例持续提高，居民医保的人均财政补助标准由240元提高到610元，惠及10亿城乡居民。城乡居民大病保险制度实现应保尽保。经过长期努力，中国卫生与健康事业发展跨上了崭新台阶，不仅显著提高了人民的健康水平，而且形成了符合本国国情的健康权保障模式，其主要特点是健康优先、预防为主、公益主导、公平普惠、共建共享。[2]

（三）医药卫生体制改革持续推进

我国现行宪法是在改革开放的时代背景下制定的，是一部确认改革

---

〔1〕参见国务院办公厅《关于印发“十四五”全民医疗保障规划的通知》。

〔2〕参见国务院新闻办公室：《中国健康事业的发展与人权进步》白皮书，载中国政府网2017年9月29日，http://www.gov.cn/zhengce/2017-09/29/content_5228551.htm#1。

成果、坚持改革方向、具有改革精神的宪法。实践发展永无止境，解放思想永无止境，改革永无止境。在中国共产党的领导下，坚持和深化各领域改革，是贯彻落实我国宪法“坚持改革开放”的必然要求，也是我国宪法实施的重要方式。

医药卫生体制改革是一项涉及面广、难度大的社会系统工程，是一个世界性难题。从20世纪80年代开始，我国启动医药卫生体制改革。2009年3月，中共中央、国务院公布《关于深化医药卫生体制改革的意见》，全面启动新一轮医改。改革的基本理念是把基本医疗卫生制度作为公共产品向全民提供，实现人人享有基本医疗卫生服务，从制度上保证每个居民不分地域、民族、年龄、性别、职业、收入水平，都能公平获得基本医疗卫生服务。在党的坚强领导下，经过各方面多年不懈努力，新一轮医改取得积极进展。基本医疗保障制度覆盖城乡居民，基本药物制度从无到有，合理配置医疗资源，构建“基层首诊、双向转诊、急慢分治、上下联动”的分级诊疗服务体系，覆盖城乡的医疗卫生服务三级网络不断健全，基本公共卫生服务均等化水平明显提高，公立医院改革有序推进。同时，医改给广大城乡居民带来了很大实惠，公众反映较为强烈的看病难、看病贵问题得到缓解，因病致贫、因病返贫的现象逐步减少，历史性地全面破除以药补医的旧体制，持续推进“以治病为中心”向“以人民健康为中心”的转变。

（四）应对重大公共卫生事件高效有力

我国宪法制度的全面有效实施展现出社会主义集中力量办大事的优越性，重要实践就是以制度力量应对严重的公共卫生突发事件，最大限度保障人民群众生命安全和健康。2020年年初以来，新冠疫情在全球范围内暴发。这是百年来人类遭遇的影响范围最大的全球性大流行病，对全世界是一次严重危机和严峻考验。在以习近平同志为核心的党中央坚强领导下，我们坚定不移坚持人民至上、生命至上，坚定不移落实“外防输入、内防反弹”总策略，坚定不移贯彻“动态清零”总方针，按照疫情要防住、经济要稳住、发展要安全的要求，开展抗击疫情人民战争、总体战、阻击战，高效统筹疫情防控和经济社会发展，最大程度保护人民生命安全和身体健康，最大限度减少疫情对经济社会发展的影响。

（五）人民群众生命健康权保障水平大幅提升

我国宪法医疗卫生规定的最终目的在于保障和提高人民健康水平，人民健康水平稳步提高是宪法医疗卫生规定实施的有力证明。在国际上，衡量一个国家居民健康水平的主要指标是人均预期寿命、婴儿死亡率和孕产妇死亡率。我国居民健康水平总体上处于中高收入国家水平，人均预期寿命从 1981 年的 67.8 岁增长到 2022 年的 78.2 岁，婴儿死亡率从改革开放初期的 37.6‰下降到 2020 年的 5.4‰，孕产妇死亡率从 2002 年的 43.2/10 万下降到 2020 年的 16.9/10 万，被世界卫生组织誉为“发展中国家的典范”“妇幼健康高绩效国家”。特定群体健康状况是衡量国家整体健康状况水平的重要方面。我国高度重视保障妇女、儿童、老年人和残疾人等特定群体的健康权，不断完善卫生与健康规划，提供多元化和有针对性的健康服务，非歧视地均等满足各类群体的特殊需求。妇幼保健服务体系不断健全，儿童健康水平显著提高，老年人健康服务体系日趋完善，残疾预防与残疾人康复服务持续加强，残疾孤儿得到特别关爱。

2016 年 10 月，中共中央、国务院印发了《“健康中国 2030”规划纲要》，提出到 2030 年，促进全民健康的制度体系更加完善，健康领域发展更加协调，健康生活方式得到普及，健康服务质量和健康保障水平不断提高，健康产业繁荣发展，基本实现健康公平，主要健康指标进入高收入国家行列。到 2050 年，建成与社会主义现代化国家相适应的健康国家。顺利实现这些重要目标任务，可遵循的一条基本经验就是要充分发挥宪法的根本法律保障作用，有效发挥医疗卫生法律规范体系的引领推动和规范保障作用。党的二十大报告提出，推进健康中国建设，强调要把保障人民健康放在优先发展的战略位置，完善人民健康促进政策。新时代新征程上，必须适应全面建设社会主义现代化国家、全面推进中华民族伟大复兴的要求，全面落实宪法关于医疗卫生制度规定，把党中央关于建设健康中国的重大战略举措和宪法相关规定有效结合起来，把党的方针政策落实和宪法法律实施有效结合起来，以高度的责任感、使命感，将宪法关于医疗卫生制度规定的内涵具体体现到法律的制定修改中，体现到政策制定和行政管理服务中，体现到全社会尊法守法用法的思想意识和行动中，持续不断地推动我国卫生健康事业获得更好发展、取得更大成就。

第四节　宪法关于婚姻家庭制度的规定及其发展实施

婚姻是家庭的重要纽带，家庭是社会的基本细胞。家庭和睦幸福，则社会安定祥和。中华民族历来有重视婚姻家庭的优良传统，正所谓“天下之本在国，国之本在家”,〔1〕“家和万事兴”，表达出人民群众对婚姻家庭幸福美满的期盼。人民群众婚姻家庭关系和睦与否，与国家稳定、社会和谐息息相关，与全面建设社会主义现代化国家、全面推进中华民族伟大复兴全局息息相关。习近平总书记指出：“国家富强，民族复兴，人民幸福，不是抽象的，最终要体现在千千万万个家庭都幸福美满上，体现在亿万人民生活不断改善上。”〔2〕我们党高度重视婚姻家庭法制建

〔1〕《孟子·离娄上》第五章。

〔2〕习近平：《在会见第一届全国文明家庭代表时的讲话》，载中共中央党史和文献研究院编：《习近平关于注重家庭家教家风建设论述摘编》，中央文献出版社2021年版，第4页。

设，新中国制定的第一部法律就是婚姻法，其被毛泽东同志誉为“普遍性仅次于宪法的根本大法”。新中国第一部宪法一九五四年宪法也把婚姻家庭制度作为重要内容作出规定。新中国成立70多年特别是改革开放40多年来，我们党领导人民通过制定修改宪法，制定修改婚姻法、妇女权益保障法等法律，编纂民法典，建立起一整套关系家家户户利益、保障和促进婚姻家庭关系的法律法规，确立了完备的社会主义婚姻家庭法律制度。我国宪法关于婚姻家庭制度规定的全面有效实施，推动弘扬中华民族传统美德，推动践行社会主义核心价值观，推动促进婚姻家庭关系和谐稳定，推动提高尊重和保障人权水平，发挥了法治固根本、稳预期、利长远的重要作用。

一、我国宪法关于婚姻家庭制度规定的发展历程

习近平总书记指出，“在革命、建设、改革各个时期，我们党始终坚持把实现妇女解放和发展、实现男女平等写在自己奋斗的旗帜上，始终把广大妇女作为推动党和人民事业发展的重要力量，始终把妇女工作放在重要位置，领导我国妇女运动取得了历史性成就，开辟了中国特色社会主义妇女发展道路。”[1] 婚姻家庭制度与妇女解放、男女平等息息相关。我国宪法关于婚姻家庭制度规定的历程，体现出党和国家在不同历史时期始终坚持男女平等、婚姻自由、保护妇女的基本原则。

（一）革命根据地时期的宪法性文件

我国宪法关于婚姻家庭规定的历程，首先要回溯到我国反帝反封建

〔1〕 习近平：《始终把广大妇女作为推动党和人民事业发展的重要力量》，载中共中央党史和文献研究院编：《习近平关于尊重和保障人权论述摘编》，中央文献出版社2021年版，第112页。

的新民主主义革命的历史背景下，回溯到中国共产党领导妇女运动、实现妇女解放的背景下。早在新中国成立之前，中国共产党领导的革命根据地政权就颁行过宪法性文件，其中规定了婚姻自由、男女平等、一夫一妻等婚姻家庭的基本原则，推动实现妇女解放。

在土地革命时期，1931 年 11 月，中华苏维埃第一次全国代表大会通过《中华苏维埃共和国宪法大纲》，其中第十一条规定："中华苏维埃政权以保证彻底的实行女性解放为目的，承认婚姻自由，实行各种保护妇女的办法，使妇女能够从事实上逐渐得到脱离家务束缚的物质基础，而参加全社会经济的政治的文化的生活。"[1] 同年，毛泽东同志签发《中华苏维埃共和国婚姻条例》，明确提出婚姻自由、男女平等、一夫一妻等原则。1934 年 1 月，中华苏维埃第二次全国代表大会通过修改后的《中华苏维埃共和国宪法大纲》，也对实行妇女解放、承认婚姻自由、保护妇女权益作出规定，体现出中国共产党维护妇女权益的基本立场。抗日战争时期，1939 年 1 月，陕甘宁边区第一届参议会通过的《陕甘宁边区抗战时期施政纲领》，其中第十六条规定："依据男女平等的原则，从政治经济文化上提高妇女在社会上的地位，发挥妇女在经济上的积极性，保护女工、产妇、儿童，坚持自愿的一夫一妻婚姻制。"[2] 其重申了解放妇女、保护妇女权益的革命立场，但为保证抗日根据地婚姻、家庭和社会稳定，又对妻妾制婚姻家庭关系予以有条件的承认。[3] 在解放战争时期，1946 年 4 月，陕甘宁边区第三届参议会第一次大会通过《陕甘宁边区宪法原则》，其在"人民权利"部分规定，"妇女除有男子平等权利外，还应照顾妇女之特殊利益。"[4]

上述宪法性文件是新中国成立以前，中国共产党依托革命根据地开

[1] 全国人大图书馆编：《中华苏维埃代表大会重要文献选编》，中国民主法制出版社 2019 年版，第 617 页。

[2] 王培英编：《中国宪法文献通编》，中国民主法制出版社 2004 年版，第 295 页。

[3] 参见张晋藩：《中国宪法史》（修订本），中国法制出版社 2016 年版，第 324 页。

[4] 参见张晋藩：《中国宪法史》（修订本），中国法制出版社 2016 年版，第 497 页。

展制宪活动、探索政权建设的有益成果，为新中国成立之后的制宪活动提供了丰富的历史经验，也集中体现出中国共产党在政治、经济、文化方面的基本政策和价值取向。其中，对男女平等、婚姻自由、保护妇女权利等作出一以贯之的规定，体现出中国共产党领导的新民主主义革命追求妇女解放的革命方向，也为新中国成立后宪法关于婚姻家庭制度的规定谱写了序章。

（二）《共同纲领》及1950年婚姻法中关于婚姻制度的规定

1949年9月30日，中国人民政治协商会议第一届全体会议通过了《共同纲领》，代表着全国人民的共同意志，在一个时期内起着临时宪法的作用。《共同纲领》第一章“总纲”第六条规定：“中华人民共和国废除束缚妇女的封建制度。妇女在政治的、经济的、文化教育的、社会的生活各方面，均有与男子平等的权利。实行男女婚姻自由。”自此，在中国大地上，封建制度得到扫除，包办婚姻、男尊女卑这些束缚妇女的制度和观念被扫进历史的垃圾堆，男女平等、婚姻自由的理念和原则被正式确立下来。

1950年4月，中央人民政府委员会通过《中华人民共和国婚姻法》。1950年婚姻法在第一章“原则”中明确规定，“废除包办强迫、男尊女卑、漠视子女利益的封建主义婚姻制度。实行男女婚姻自由、一夫一妻、男女权利平等、保护妇女和子女合法权益的新民主主义婚姻制度”，“禁止重婚、纳妾。禁止童养媳。禁止干涉寡妇婚姻自由。禁止任何人藉婚姻关系问题索取财物”。这些规定明确和细化了《共同纲领》确立的婚姻制度基本原则，彻底否定了包办婚姻和干涉婚姻自主的旧的婚姻制度。1950年婚姻法的颁布及其施行是新中国成立之初一项重大社会改革。1950年婚姻法颁布后，各地开展了广泛的学习宣传活动，《小二黑结婚》就是这一时期宣传新型婚姻制度人民群众喜闻乐见的戏剧作品。中共中央、原中央人民政府政务院还多次发出贯彻婚姻法、检查婚姻法执行情况的指示，督促各地在婚姻制度上移风易俗。

新中国成立之初，《共同纲领》关于婚姻家庭制度基本原则的规定，以及 1950 年婚姻法中具体制度规定及其落实，以摧枯拉朽之势改造了长期受封建礼教、宗族习俗束缚的封建婚姻制度。通过社会主义法律制度对婚姻关系的调整，进而对作为社会细胞的家庭关系进行变革，有力促进了婚姻自由、男女平等的社会新风气的形成，在中国历史上具有划时代的进步意义。

（三）一九五四年宪法关于婚姻制度的规定

一九五四年宪法以《共同纲领》为基础，规定了公民基本权利义务并有所发展。一九五四年宪法第九十六条对婚姻家庭制度作了规定：“中华人民共和国妇女在政治的、经济的、文化的、社会的和家庭的生活各方面享有同男子平等的权利。婚姻、家庭、母亲和儿童受国家的保护。”由此，男女平等、婚姻家庭受国家保护的原则以国家根本法形式规定下来。这既是“历史经验的总结，也是五年来有关立法原则的重申”[1]。关于第九十六条条文的形成，在 1954 年 3 月 23 日中国共产党中央委员会提出的宪法草案（初稿）中为第八十七条，“中华人民共和国妇女在政治的、经济的、文化的、社会的和家庭的生活各方面享有同男子平等的权利。婚姻、家庭、母亲和儿童受国家的保证”[2]。1954 年 6 月 14 日中央人民政府委员会第三十次会议通过的宪法草案中，这一规定已经是第九十六条，并把“保证”改成了“保护”，与一九五四年宪法通过时的表述是一致的。[3]

---

〔1〕 许崇德：《中华人民共和国宪法史》（上卷），福建人民出版社 2005 年版，第 246 页。
〔2〕 韩大元：《1954 年宪法制定过程》，法律出版社 2014 年版，第 503 页。
〔3〕 参见韩大元：《1954 年宪法制定过程》，法律出版社 2014 年版，第 518 页。

与《共同纲领》的规定相比，一九五四年宪法有以下变化：一是未再规定“废除束缚妇女的封建制度”以及“实行男女婚姻自由”。由于缺乏相关资料，难以准确分析其原因，值得考虑的是一九五四年宪法制定时社会背景的变化。从新中国成立后到1952年的3年时间，国家集中进行新民主主义的社会改革和全面恢复国民经济，整个国家和社会面貌发生了很大变化。[1] 封建制度在婚姻家庭领域基本废除和肃清，《共同纲领》这一条文规定的历史任务已基本完成，无须再作出规定。二是在“政治的、经济的、文化教育的、社会的”之外，增加了妇女在“家庭的”生活享有与男子平等的权利，进一步强化了妇女在家庭领域的平等地位。三是增加规定了“婚姻、家庭、母亲和儿童受国家的保护”。《共同纲领》第四十八条中规定，“推广卫生医药事业，并注意保护母亲、婴儿和儿童的健康”，主要强调的是从健康角度对作为家庭角色的母亲、婴儿和儿童的保护。一九五四年宪法中对这一条款的内涵进行了扩展，保护的对象由母亲和儿童增加扩展至婚姻家庭，保护的内容也具有更广泛的内涵。此后的宪法文本中，都延续了这一规定。

（四）一九七五年宪法和一九七八年宪法关于婚姻家庭的规定

一九七五年宪法由于片面追求简明扼要，条文总数只有30条。[2] 其中，第二十七条第四款、第五款规定，“妇女在各方面享有同男子平等的权利。婚姻、家庭、母亲和儿童受国家的保护”。这些内容基本延续了一九五四年宪法关于婚姻家庭的规定。一九七八年宪法在恢复一九五四年宪法关于婚姻家庭规定的基础上，还增加规定了婚姻自主。一九七八年宪法第五十三条第一款、第二款规定，“妇女在政治的、经济的、文化

---

〔1〕参见中共中央党史研究室：《中国共产党历史》第二卷（1949—1978）上册，中共党史出版社2011年版，第179页。

〔2〕参见许崇德：《中华人民共和国宪法史》（下卷），福建人民出版社2005年版，第293页。

的、社会的和家庭的生活各方面享有同男子平等的权利。男女同工同酬。男女婚姻自主。婚姻、家庭、母亲和儿童受国家的保护”。

二、我国现行宪法关于婚姻家庭规定的制度内涵

我国现行宪法关于婚姻家庭制度的规定主要涉及宪法第四十八条和第四十九条。从1982年制定以来，这两个条文未进行过修改。现行宪法第四十八条规定：“中华人民共和国妇女在政治的、经济的、文化的、社会的和家庭的生活等各方面享有同男子平等的权利。国家保护妇女的权利和利益，实行男女同工同酬，培养和选拔妇女干部。”第四十九条规定：“婚姻、家庭、母亲和儿童受国家的保护。夫妻双方有实行计划生育的义务。父母有抚养教育未成年子女的义务，成年子女有赡养扶助父母的义务。禁止破坏婚姻自由，禁止虐待老人、妇女和儿童。”

与此前的宪法文本相比，现行宪法对婚姻家庭的规定内容更加全面系统。第一，侧重对妇女权利和利益，尤其是政治、经济权利的保护，丰富了男女平等的内涵。这主要体现在现行宪法第四十八条男女平等原则下的妇女权利保护。我国现行宪法多个条款对平等权作出规定。男女平等是我国的基本国策，[1] 与法律平等、[2] 政治平等、[3] 民族平等[4] 等共同构成我国宪法上的平等权。第一款男女平等是一般条款。第二款

---

〔1〕妇女权益保障法第二条第一款中规定：“男女平等是国家的基本国策。……”

〔2〕现行宪法第五条第四款、第五款规定：“一切国家机关和武装力量、各政党和各社会团体、各企业事业组织都必须遵守宪法和法律。一切违反宪法和法律的行为，必须予以追究。任何组织或者个人都不得有超越宪法和法律的特权。”宪法第三十三条第二款规定，“中华人民共和国公民在法律面前一律平等”。

〔3〕现行宪法第三十四条规定：“中华人民共和国年满十八周岁的公民，不分民族、种族、性别、职业、家庭出身、宗教信仰、教育程度、财产状况、居住期限，都有选举权和被选举权；但是依照法律被剥夺政治权利的人除外。”

〔4〕现行宪法第四条第一款规定：“中华人民共和国各民族一律平等。国家保障各少数民族的合法的权利和利益，维护和发展各民族的平等团结互助和谐关系。禁止对任何民族的歧视和压迫，禁止破坏民族团结和制造民族分裂的行为。”

在第一款男女平等的基础上，强调了对妇女权利和利益的保护，特别是同工同酬、培养选拔妇女干部的规定，从经济、政治方面进一步强化和补足了对妇女职业发展权益等的保护。总体来看，经过新中国成立以来几十年的建设和发展，我国妇女权利和地位有了很大的进步，但要实现男女各方面平等，还有很大提升空间。在现有的社会条件下，还需要继续强调对妇女的特殊保护，以利于男女平等的实现。第四十八条一般条款与特别条款相结合，既明确了男女平等，又针对社会现实对妇女予以特殊保护，进一步丰富和发展了男女平等的内涵。妇女在婚姻家庭中的权利与其政治、经济、文化、社会权利息息相关，没有政治、经济、文化、社会权利作支撑，婚姻家庭中的权利和利益也难以有效实现。

第二，规定了国家对婚姻的保护义务，强调国家保护婚姻自由。现行宪法第四十九条以婚姻家庭为中心构建了权利义务关系。婚姻是家庭形成的逻辑起点。国家对婚姻的保护义务体现在国家保护婚姻免受外在条件的影响，并对婚姻双方的自主决定权予以保护。[1] 男女结合是一种社会生活事实，但是，婚姻制度是一项法律制度，依赖于法律构建其规则。通过婚姻立法对其规则的构建，宪法上的婚姻自由包括结婚自由和离婚自由；同时，婚姻自由也不是绝对自由，法律对婚龄、结婚的禁止条件、婚姻的确立条件、离婚的程序等都作出了规定。

第三，丰富和完善了家庭的权利义务关系。一是明确了国家对家庭的保护义务。家庭是社会的细胞，是宪法法律保护的一项重要法益。家庭和谐对社会稳定具有重要的基础性作用。现行宪法第四十九条第一款明确了国家对家庭的保护义务。二是明确了家庭关系中家庭成员的相互义务。父母和子女作为家庭成员，是家庭的必要组成。第四十九条第三款规定了家庭关系中父母对未成年子女的抚养教育义务，以及成年子女对父母的赡养扶助义务。这是从一九八二年宪法才开始有的规定，进一

〔1〕 有别于《共同纲领》“实行男女婚姻自由”及一九七八年宪法“男女婚姻自主”的规定，现行宪法第四十九条第四款从禁止破坏婚姻自由的角度作出规定。

步丰富了宪法家庭关系的内涵。三是明确了对弱势群体的保护。母亲和儿童在社会繁衍中具有重要意义，又处在相对弱势地位。第四十九条第一款规定了国家保护母亲和儿童。家庭并非法外之地，第四款进一步规定了禁止虐待老人、妇女和儿童，即国家通过立法构建相关制度，禁止虐待老人、妇女和儿童这些相对弱势群体。

三、我国宪法关于婚姻家庭规定的重要意义

婚姻家庭制度涉及夫妻和家庭关系的基本准则，关系千家万户的利益。现行宪法以第四十八条、第四十九条为核心条款的婚姻家庭规范，具有鲜明的价值取向、丰富的规范内涵、完备的规范体系，对促进建立在婚姻自由基础上的和谐家庭关系、继承发扬中华优秀传统文化、践行社会主义核心价值观具有重大意义。

（一）以国家根本法的形式明确国家对婚姻家庭的保护义务，促进形成建立在婚姻自由基础上的和谐家庭关系

婚姻家庭是人类社会的组织形式和繁衍基础，是古已有之的一项社会制度。不同社会的婚姻制度并不完全相同。我国封建社会实行的是一夫一妻多妾的婚姻制度，婚姻的形成有赖于“父母之命、媒妁之言”，而非男女双方的自由意志。《共同纲领》作为新民主主义革命成果的集中体现，宣示了扫除封建社会的婚姻家庭组成，男女平等、婚姻自由。一九五四年宪法对男女平等、国家保护婚姻家庭作出规定，宪法的光辉照进婚姻家庭领域。一九八二年宪法延续和发展了男女平等的内涵，规定了在婚姻自由的基础上保护婚姻家庭和妇女儿童，明确了家庭成员之间的权利义务关系。

婚姻家庭制度是一项民事制度，婚姻形成的基础是男女自主结合。同时，婚姻家庭制度也有赖于宪法法律提供国家规范和认可的制度基础。

宪法以国家根本法的形式，为婚姻家庭提供了制度保障的宪法依据，高扬起保护婚姻家庭以及坚持男女平等、保障妇女儿童老年人权利的旗帜，体现出尊重和保障人权的价值内涵，彰显出“人民权利保障书”的功能作用。国家根据宪法先后制定了家庭领域的各项法律，以立法形式落实宪法规定，推进宪法实施。通过婚姻家庭领域具体法律规范的制定和执行，促进建立在婚姻自由基础上的文明和谐家庭关系的形成与巩固，筑牢社会和谐稳定的基石。

（二）继承和发扬了中华优秀传统文化，是社会主义核心价值观在婚姻家庭领域的集中体现

尊老爱幼、孝老爱亲是中华民族的传统美德。“老吾老，以及人之老；幼吾幼，以及人之幼”表达了推己及人之心，倡导形成尊老爱幼的社会风气。这种美德善行是中华优秀传统文化的重要组成部分，与宪法婚姻家庭条款倡导家庭成员之间抚养爱护、赡养扶助的价值内涵是一致的。社会主义核心价值观是当代中国精神的集中体现，凝结着全体人民共同的价值追求。2018 年宪法修改，在宪法第二十四条中写入“国家倡导社会主义核心价值观”，旨在“在全社会树立和践行社会主义核心价值观，巩固全党全国各族人民团结奋斗的共同思想道德基础”[1]。这一修改，为以富强、民主、文明、和谐，自由、平等、公正、法治，爱国、敬业、诚信、友善为主要内容的社会主义核心价值观提供了根本法上的依据。

宪法以国家根本法的形式规定了国家对婚姻、家庭、母亲、儿童的

〔1〕 2018 年 3 月 5 日，第十二届全国人大常委会副委员长兼秘书长王晨在第十三届全国人民代表大会第一次会议上作的《关于〈中华人民共和国宪法修正案（草案）〉的说明》，载全国人大常委会法制工作委员会宪法室编：《中华人民共和国制宪修宪重要文献资料选编》，中国民主法制出版社 2021 年版，第 242 页。

保护，规定了家庭关系中的权利义务关系，筑牢家庭和谐、社会和谐的基础，增强了法治的道德底蕴，实现法安天下、德润人心的社会效果。民法典“婚姻家庭编”的编纂过程中，贯彻落实习近平总书记有关加强家庭文明建设的重要讲话精神，注重将社会主义核心价值观融入立法，弘扬家庭美德，法律规范与道德观念、价值理念相辅相成，既重视发挥法律的规范作用，又重视发挥道德的教化作用，实现法律和道德相辅相成、法治和德治相得益彰。

四、新时代我国宪法关于婚姻家庭制度规定的立法实施及其发展

通过法律法规和制度体系推动和保障宪法实施，是宪法实施的内在要求，也是宪法实施的基本途径。在婚姻家庭领域，全国人大常委会根据宪法制定了保障婚姻家庭、妇女儿童、老年人等系列相关法律，推动宪法关于婚姻家庭规定的实施。党的十八大以来，以习近平新时代中国特色社会主义思想为指引，特别是深入贯彻习近平法治思想，婚姻家庭方面立法大力度持续推进，婚姻家庭制度规范更加系统科学，对妇女、未成年人、老年人等群体保护力度进一步加强，彰显全面依法治国与社会和谐发展、相融互促的新时代风貌。

（一）在民法典中以专编对婚姻家庭制度作出规定，系统完善婚姻家庭法律规范

婚姻家庭制度作为一项重要民事制度，是民法的重要组成部分。2020 年，十三届全国人大三次会议审议通过《中华人民共和国民法典》这一民事权利的宣言书，其中，“婚姻家庭编”就是婚姻和家庭关系的基本准则。

在民法典之前，婚姻家庭领域主要是通过婚姻法、收养法进行规范的。在1950年婚姻法的基础上，根据30年的实践经验和新的情况、新的问题，又出台了1980年婚姻法。2001年，根据实践中存在的重婚，家庭暴力，离婚中的离婚条件、子女抚养、财产分割，老年人权益保障等问题，全国人大常委会又对婚姻法作了修改，增设了无效婚姻和可撤销婚姻制度，并吸收了行之有效的有关行政法规和司法解释的规定，以提高法律的可操作性。此外，1991年，全国人大常委会制定了《中华人民共和国收养法》，对收养这一民事关系作出规定，维护收养关系当事人的权利。1998年，全国人大常委会对收养法作出修改，适当放宽收养条件，进一步完善收养程序。

民法典“婚姻家庭编”在婚姻法、收养法基础上，结合社会发展需要形成，对因婚姻家庭产生的民事关系进行调整。“婚姻家庭编”的内容涉及以下方面：一是对婚姻制度的基本原则作出明确规定。包括实行婚姻自由、一夫一妻、男女平等的婚姻制度，保护妇女、未成年人和老年人的合法权益；禁止包办、买卖婚姻和其他干涉婚姻自由的行为，禁止重婚，禁止有配偶者与他人同居，禁止家庭暴力，禁止家庭成员间的虐待和遗弃。二是将社会主义核心价值观融入立法。规定了家庭应当树立优良家风，弘扬家庭美德，重视家庭文明建设。夫妻应当互相忠实，互相尊重，互相关爱；家庭成员应当敬老爱幼，互相帮助，维护平等、和睦、文明的婚姻家庭关系。三是根据实际需要，完善婚姻家庭相关具体制度。在婚姻关系中，分别从结婚、离婚等方面完善相关规定。比如，修改禁止结婚的条件，不再将“患有医学上认为不应当结婚的疾病”作为禁止结婚的情形；比如，针对轻率离婚现象，增加规定了离婚冷静期制度；吸收新的司法解释的规定，明确了夫妻共同债务的范围。再如，完善离婚经济补偿、损害赔偿制度，将夫妻采用法定共同财产制的，纳入适用离婚经济补偿范围，加强对在家庭中负担较多义务一方的权利保护。在收养关系中，对收养关系的成立、收养的效力、收养关系的解除等方面加以完善。比如，扩大被收养人的范围。又如，在收养人的条件中增加规定“无不利于被收养人健康成长的违法犯罪记录”，并增加收养评估制度，强化对被收养人的保护。

民法典“婚姻家庭编”完善了婚姻家庭领域权利保护和救济规则，强化了对婚姻家庭中权利人的保护，体现出在婚姻自由的前提下维护婚姻稳定的价值取向，对落实宪法对婚姻家庭的保护具有重要意义，更好地起到维护人民权益、增加人民群众的幸福感和安全感、维护社会和谐稳定的重要作用。

（二）健全妇女权益保障法律制度，为促进妇女全面发展提供有力支撑

妇女权益保障法作为我国人权保障法律体系的重要组成部分，制定于1992年；2005年进行了修改，规定了男女平等是国家的基本国策，以及提高女性人大代表比例、完成义务教育、建立完善生育相关社会保险、农村土地承包经营权、禁止胎儿性别鉴定、禁止性骚扰、禁止家庭暴力等妇女权利保护等具体制度措施。2018年又作了个别修改〔1〕。

2022年，全国人大常委会对《中华人民共和国妇女权益保障法》作出修订，于2023年1月1日起实施。新修订的妇女权益保障法贯彻落实党的十八大以来党中央的决策部署和习近平总书记关于妇女事业发展和妇女权益保障的重要论述精神，进一步健全妇女权益保障的制度机制，着力解决妇女权益保障领域面临的难点问题，优化妇女发展环境，保障妇女合法权益，必将为促进男女平等和妇女全面发展提供坚实法治保障。修订的主要内容包括：第一，全面贯彻落实男女平等基本国策，不断丰

---

〔1〕 2018年，十三届全国人大常委会第六次会议作出《关于修改〈中华人民共和国野生动物保护法〉等十五部法律的决定》，其中，根据《深化党和国家机构改革方案》对妇女权益保障法第五十九条作了修改。

富妇女权益保障制度内容。第二，在落实全面保障基础上，根据新时代妇女工作特点和妇女事业发展要求强化特殊保护。第三，完善政府相关保护措施，强化妇女联合会等有关方面的保障职责。第四，倡导全社会尊重和关爱妇女，鼓励和支持妇女自强。

1994 年，全国人大常委会还制定了《中华人民共和国母婴保健法》，并于 2009 年、2017 年两次作出修改，旨在保障母亲和婴儿健康，提高出生人口健康水平。

（三）制定专门法律，保护儿童、老年人的合法权利

1991 年，全国人大常委会根据宪法制定《中华人民共和国未成年人保护法》，并于 2006 年、2012 年、2020 年 3 次作出修改，从家庭保护、学校保护、社会保护、网络保护、政府保护、司法保护等方面，保护未成年人的身心健康，保障未成年人的合法权益，促进未成年人在品德、智力、体质等方面全面发展。1999 年，全国人大常委会制定了《中华人民共和国预防未成年人犯罪法》，并于 2012 年、2020 年两次作出修改，旨在保障未成年人身心健康，培养未成年人良好品行，有效预防未成年人犯罪。

1996 年，全国人大常委会根据宪法制定《中华人民共和国老年人权益保障法》，并于 2009 年、2012 年、2015 年、2018 年四次作出修改，在家庭赡养与扶养、社会保障、社会服务、社会优待、宜居环境、参与社会发展等方面作出规定，保障老年人合法权益，发展老龄事业，弘扬中华民族敬老、养老、助老的美德，努力实现老有所养、老有所医、老有所为、老有所学、老有所乐。随着人口和家庭结构的变化，人口老龄化快速发展，老年人权益保障法将为老龄事业发展提供更充分的法治支撑。

（四）对侵害妇女、儿童、老年人的行为划出法律红线

针对现实中存在的家庭暴力严重侵害家庭成员尤其是妇女、儿童身

体健康和生命安全问题，2015 年，全国人大常委会制定了《中华人民共和国反家庭暴力法》，预防和制止家庭暴力，保护家庭成员的合法权益，维护平等、和睦、文明的家庭关系，促进家庭和谐、社会稳定。此外，针对严重侵害妇女、儿童生命安全健康等犯罪行为，刑法作出专门规定。比如，对于强奸妇女、奸淫幼女，拐卖妇女、儿童，收买被拐卖的妇女、儿童，虐待家庭成员，拒绝扶养年老、年幼、患病或者其他没有独立生活能力的人，拐骗不满 14 周岁的未成年人脱离家庭或者监护人的行为，刑法都视情节轻重，规定了相应的刑事责任，对严重侵害妇女、儿童生命安全健康等权益的犯罪行为予以严厉打击，筑牢妇女、儿童、老年人生命健康安全的最后一道防线。

多年来，我国通过制定并不断完善婚姻家庭领域相关制度，推动了宪法关于婚姻家庭规定的系统全面实施。民法典“婚姻家庭编”、权益保障法、未成年人保护法、老年人权益保障法等法律，共同保护着婚姻家庭制度与妇女、儿童、老年人的合法权益，促进社会的文明和谐稳定，折射着宪法保护婚姻家庭和妇女、儿童、老年人的价值引领和人性光辉，体现着宪法是“人民权利保障书”的根本价值导向，彰显出宪法在保护人民权利、实现国家各方面发展中根本性、全局性的功能与作用。

党的二十大报告提出，坚持男女平等基本国策，保障妇女儿童合法权益。新时代新征程上，必须适应全面建设社会主义现代化国家、全面推进中华民族伟大复兴的任务要求，全面落实宪法关于婚姻家庭制度和保护妇女、儿童、老年人的规定以及相关法律规定，与时俱进做好婚姻家庭制度和人权法治保障，不断厚植基础，续写经济快速发展和社会长期稳定两大奇迹的新篇章。

第十二章　我国宪法关于生态文明制度的规定及其发展实施

生态文明关系人民福祉、民族未来，关乎“两个一百年”奋斗目标和中华民族伟大复兴中国梦的顺利实现，是中国特色社会主义事业的重要内容，已郑重载入我国现行宪法。新中国成立后，我国宪法关于生态文明制度的规定经历了从无到有，再到逐步完善的过程，生态环境保护法律规范体系和法治实践也随之不断发展健全。一九八二年宪法在一九七八年宪法关于生态环境保护的条款基础上，对国家的生态环境保护责任等内容进行了明确规定，对于国家发展生态环境保护事业、保障人民环境权利具有深远的历史意义和重大的现实意义。现行宪法公布施行40年来，特别是党的十八大以来，我国宪法关于生态文明的制度内涵不断丰富完善，生态环境保护法治化、规范化水平不断提高，体现出宪法关于生态文明制度规定的全面有效实施，在推进全球生态文明建设和人类可持续发展的历史进程中彰显出法治力量。

一、我国宪法关于生态文明制度的发展历程

（一）《共同纲领》和一九五四年宪法中生态文明有关制度的起步探索

生态文明建设是关乎中华民族永续发展的根本大计。新中国成立后，党和国家把做好资源环境工作作为恢复和发展国民经济的重要条件，着力整治水患、加强水土保持、治理环境污染、开展国土绿化等，我国生态环境保护事业和法制建设也随之开始起步探索，一些制度要素在《共同纲领》和一九五四年宪法文本中有所体现。

1949 年 9 月，中国人民政治协商会议第一届全体会议通过的《共同纲领》第三十四条规定，人民政府“应注意兴修水利，防洪防旱，恢复和发展畜力，增加肥料，改良农具和种子，防止病虫害”，“保护森林，并有计划地发展林业”，“保护沿海渔场，发展水产业”，“保护和发展畜牧业，防止兽疫”。《共同纲领》从水资源、森林资源、渔业和畜禽资源等方面，对资源保护和利用、灾害防治等内容进行了规定。

1954 年 9 月，一届全国人大一次会议通过的一九五四年宪法第六条第二款规定，“矿藏，水流，由法律规定为国有的森林、荒地和其他资源，都属于全民所有”，该条确立了自然资源的国家所有权制度。第十四条规定，国家禁止任何人利用私有财产破坏公共利益。第一百零一条规定，中华人民共和国的公共财产神圣不可侵犯；爱护和保卫公共财产是每一个公民的义务。这些内容都在一定程度上体现出对自然资源保护的重视，迈出了相关制度建设的重要步伐。

（二）一九七八年宪法首次规定生态文明有关制度

随着我国工业化的发展，环境污染和生态破坏问题开始逐步显现，

在全球范围内也兴起生态环境保护浪潮，生态环境保护工作越来越受到党和国家的重视，并提上国家议事日程。我国生态环境保护事业和法制建设开局起步，并在一九七八年宪法中规定了有关生态环境保护的内容。

1978 年 3 月，五届全国人大一次会议通过的一九七八年宪法第十一条第三款规定："国家保护环境和自然资源，防治污染和其他公害。"这是新中国历史上第一次在宪法中对生态环境保护作出明确规定，为全国人大及其常委会开展环境立法，其他国家机关行使管理、保护环境的职权及履行相关职责提供了宪法依据，也为中国生态环境法制建设和生态环境保护事业发展奠定了宪法基础。为落实一九七八年宪法关于生态环境保护的规定，1979 年 9 月，五届全国人大常委会第十一次会议原则通过我国第一部环境保护法律——《中华人民共和国环境保护法（试行）》。该法明确规定"根据中华人民共和国宪法第十一条关于'国家保护环境和自然资源，防治污染和其他公害'的规定，制定本法"；同时，首次规定在制定发展国民经济计划时必须对环境的保护和改善统筹安排，一切企事业单位的选址、设计、建设和生产都必须充分注意防止对环境的污染和破坏；还明确规定了国务院和所属各部门、地方各级人民政府的环境管理职权。1979 年制定的刑法在第一百二十八条、第一百二十九条、第一百三十条规定了破坏环境资源管理秩序的三种犯罪，为公安机关、检察院和法院依法追究环境犯罪刑事责任，维护环境管理秩序提供了刑法依据。

此外，一九七八年宪法第六条第二款规定，矿藏，水流，国有的森林、荒地和其他海陆资源，都属于全民所有。第八条规定，社会主义的公共财产不可侵犯；国家禁止任何人利用任何手段侵吞、挥霍国家和集体的财产，危害公共利益。第五十七条规定，公民必须爱护和保卫公共财产。这些内容延续了一九五四年宪法相关规定，继续重申对自然资源的保护。

（三）一九八二年宪法关于生态文明有关制度的完善发展

进入20世纪80年代后，党和国家立足我国社会主义初级阶段的基本国情，在正确处理人口与资源、经济发展与生态环境保护关系等方面进行不断探索，并注重将生态环境保护工作和法制建设相结合，持续推动生态环境保护工作进入法制化轨道。

一九八二年宪法在一九七八年宪法有关生态环境保护内容的基础上，进一步丰富和完善了资源保护和污染防治的内容，增加了自然资源列举种类，明确了自然资源合理利用、珍贵动植物保护、鼓励植树造林等要求，强化了国家的生态环境保护责任，集中体现于第九条、第十条和第二十六条。第九条第一款规定："矿藏、水流、森林、山岭、草原、荒地、滩涂等自然资源，都属于国家所有，即全民所有；由法律规定属于集体所有的森林和山岭、草原、荒地、滩涂除外。"第二款规定："国家保障自然资源的合理利用，保护珍贵的动物和植物。禁止任何组织或者个人用任何手段侵占或者破坏自然资源。"第十条第一款规定："城市的土地属于国家所有。"第二款规定："农村和城市郊区的土地，除由法律规定属于国家所有的以外，属于集体所有；宅基地和自留地、自留山，也属于集体所有。"第五款规定："一切使用土地的组织和个人必须合理地利用土地。"第二十六条第一款规定："国家保护和改善生活环境和生态环境，防治污染和其他公害。"第二款规定："国家组织和鼓励植树造林，保护林木。"此外，第十二条还规定了社会主义公共财产的保护要求等〔1〕,包含了对自然资源保护的要求。宪法相关规定为推动生态环境保护事业发展和生态环境保护事业的法治化、制度化奠定了坚实的宪法

〔1〕 一九八二年宪法第十二条第一款规定："社会主义的公共财产神圣不可侵犯。"第二款规定："国家保护社会主义的公共财产。禁止任何组织或者个人用任何手段侵占或者破坏国家的和集体的财产。"

基础。

一九八二年宪法制定后，全国人大于 1988 年、1993 年、1999 年和 2004 年进行了四次修改，形成了四个宪法修正案，虽然修正案内容不直接涉及生态环境保护，但有些内容间接体现了有关生态环境保护的新要求。比如，1999 年宪法修正案增加了“中华人民共和国实行依法治国，建设社会主义法治国家”，而生态环境保护领域有关法律是中国特色社会主义法律体系的重要组成部分，生态环境保护执法、司法和普法工作等也是依法治国的应有之义，可以说 1999 年宪法修正案对生态环境保护法治工作提出了新要求。

（四）2018 年宪法修正案确立生态文明的宪法地位

党的十八大以来，在新中国成立特别是改革开放以来生态文明制度和法治建设不懈探索的基础上，以习近平同志为核心的党中央把生态文明建设摆在党和国家工作全局的重要位置，赋予生态文明建设理论新的时代内涵，系统谋划和推进生态文明体制改革，坚持和完善生态文明制度体系，有关理论和实践成果通过修改宪法的方式在宪法文本中得到了充分体现。

2018 年 3 月，十三届全国人大一次会议通过的宪法修正案，把新发展理念、生态文明和建设美丽中国的要求写入宪法，实现了党的主张、国家意志、人民意愿的高度统一，为推进生态环境治理体系和治理能力现代化提供了宪法保障。一是确立科学发展观、习近平新时代中国特色社会主义思想在国家政治和社会生活中的指导地位，并将“贯彻新发展理念”写入宪法序言。2018 年宪法修正案将宪法序言第七自然段中“在马克思列宁主义、毛泽东思想、邓小平理论和‘三个代表’重要思想指引下”修改为“在马克思列宁主义、毛泽东思想、邓小平理论、‘三个代表’重要思想、科学发展观、习近平新时代中国特色社会主义思想指引下”；在“自力更生，艰苦奋斗”前增写“贯彻新发展理念”。科学发展观是坚持以人为本，全面、协调、可持续的发展观，其中蕴含了可持续发展的理念；习近平新时代中国特色社会主义思想包含了习近平生态文明思想；在新发展理念中，“绿色”是其中重要一项。二是调整充实中国特色社会主义事业总体布局和第二个百年奋斗目标的内容。2018 年宪法修正案将宪法序言第七自然段中“推动物质文明、政治文明和精神文明协调发展”修改为“推动物质文明、政治文明、精神文明、社会文明、生态文明协调发展”，将“把我国建设成为富强、民主、文明的社会主义国家”修改为“把我国建设成为富强民主文明和谐美丽的社会主义现代化强国，实现中华民族伟大复兴”。三是完善国务院职权中关于生态文明建设的内容。在宪法第八十九条第六项“领导和管理经济工作和城乡建设”后面，增加“生态文明建设”的内容。

生态文明写入宪法，确立了生态文明的宪法地位，形成了序言中根本任务、“总纲”中生态环境保护制度、“国家机构”法定职责等共同构成宪法生态文明制度的体系化格局，集中体现出我们党对生态文明建设和生态环境保护规律性认识达到新的历史高度，有利于更好发挥宪法生态文明制度在实现“两个一百年”奋斗目标伟大历程中对我国经济社会发展的重要作用，为进一步完善生态环境保护法律体系提供宪法指引，推动我国生态文明建设进入新的历史阶段。

二、现行宪法关于生态文明规定的制度内涵

2018 年修改宪法之后，宪法序言第七自然段、第九条、第十条、第二十六条、第八十九条第六项等，共同构成了我国宪法上的生态环境保护规范体系，是构建整个生态环境保护法律体系的宪法依据，是推进生态文明体制改革的宪法遵循，是推动生态环境保护实践、保障人民群众环境权益的宪法基础。生态环境保护领域法律在制定、实施和解释的时

候，都必须符合宪法有关条款的规定，符合宪法关于生态文明的原则和精神。

（一）坚持习近平新时代中国特色社会主义思想特别是习近平生态文明思想的科学指导

生态文明建设的伟大实践需要伟大思想的指引。宪法序言第七自然段规定了习近平新时代中国特色社会主义思想作为国家的指导思想，习近平生态文明思想是习近平新时代中国特色社会主义思想的重要组成部分，由此，宪法序言也确立了习近平生态文明思想在坚持和完善生态文明制度体系、推进生态文明建设事业中的指导地位。

我们党的历代领导人对生态环境保护都非常重视。从毛泽东同志要求保护生态环境、提高资源使用效益到邓小平同志强调走人与自然协调发展的道路，从江泽民同志提出在现代化建设中必须实施可持续发展战略到胡锦涛同志要求贯彻落实科学发展观，我们党对生态环境保护的认识和理念不断深化。改革开放以来，我国经济建设取得重大成就，同时也积累了大量生态环境问题，资源环境约束趋紧、生态系统退化等问题越来越突出，特别是各类环境污染、生态破坏呈高发态势，成为国土之伤、民生之痛。同时，随着社会发展和人民生活水平不断提高，人民群众对干净的水、清新的空气、安全的食品、优美的环境等要求越来越高。老百姓从“盼温饱”到“盼环保”，从“求生存”到“求生态”。

党的十八大以来，以习近平同志为核心的党中央把生态文明建设纳入中国特色社会主义事业总体布局，坚持把马克思主义基本原理同中国生态文明建设实践相结合、同中华优秀传统生态文化相结合，[1] 系统总结古今中外生态环境发展变迁的经验教训，立足新时代生态文明建设实

---

〔1〕 参见中共中央宣传部、中华人民共和国生态环境部编：《习近平生态文明思想学习纲要》，学习出版社、人民出版社2022年版，第3页。

践，提出一系列原创性的新思想、新理念、新举措，深刻回答了为什么建设生态文明、建设什么样的生态文明、怎样建设生态文明等重大理论和实践问题，形成了习近平生态文明思想，把我们党对生态文明建设规律的认识提升到一个新高度。2018 年 5 月召开的全国生态环境保护大会正式提出习近平生态文明思想，并在指引美丽中国建设、实现人与自然和谐共生的现代化的伟大实践中不断发展、持续丰富、更加完善。

习近平生态文明思想系统阐释了人与自然、保护与发展、环境与民生、国内与国际等关系，核心要义集中体现为“十个坚持”，[1] 深刻回答了新时代生态文明建设的根本保证、历史依据、基本原则、核心理念、宗旨要求、战略路径、系统观念、制度保障、社会力量、全球倡议等一系列重大理论与实践问题，标志着我们党对社会主义生态文明建设的规律性认识达到新的高度。一是坚持党对生态文明建设的全面领导。生态文明建设是关系党的使命宗旨的重大政治问题，必须把生态文明建设摆在全局工作的突出位置，努力建设人与自然和谐共生的现代化，不断提高党领导生态文明建设的能力和水平。二是坚持生态兴则文明兴。生态环境是人类生存和发展的根基，生态环境变化直接影响文明兴衰演替。建设生态文明是关系中华民族永续发展的根本大计，功在当代、利在千秋，关系人民福祉，关乎民族未来。三是坚持人与自然和谐共生。保护自然就是保护人类，建设生态文明就是造福人类。必须尊重自然、顺应自然、保护自然，像保护眼睛一样保护生态环境，像对待生命一样对待生态环境，推动形成人与自然和谐发展现代化建设新格局，还自然以宁静、和谐、美丽。四是坚持绿水青山就是金山银山。绿水青山既是自然财富、生态财富，又是社会财富、经济财富。保护生态环境就是保护生产力，改善生态环境就是发展生产力。必须坚持和贯彻绿色发展理念，平衡和处理好发展与保护的关系，推动形成绿色发展方式和生活方式，

---

〔1〕 中共中央宣传部、中华人民共和国生态环境部编：《习近平生态文明思想学习纲要》，学习出版社、人民出版社 2022 年版，第 2～3 页。

坚定不移走生产发展、生活富裕、生态良好的文明发展道路。五是坚持良好生态环境是最普惠的民生福祉。生态文明建设同每个人息息相关。环境就是民生，青山就是美丽，蓝天也是幸福。必须坚持以人民为中心，重点解决损害群众健康的突出环境问题，提供更多优质生态产品。六是坚持绿色发展是发展观的深刻革命。绿色是永续发展的必要条件和人民对美好生活追求的重要体现，绿色发展是新发展理念的重要组成部分，注重的是解决人与自然和谐共生问题。要以实现减污降碳协同增效为总抓手，促进经济社会发展全面绿色转型。七是坚持统筹山水林田湖草沙系统治理。生态环境是统一的有机整体，必须按照系统工程的思路，构建生态环境治理体系，着力扩大环境容量和生态空间，全方位、全地域、全过程开展生态文明建设。八是坚持用最严格制度最严密法治保护生态环境。保护生态环境必须依靠制度、依靠法治。必须构建产权清晰、多元参与、激励约束并重、系统完整的生态文明制度体系，让制度成为刚性约束和不可触碰的高压线。九是坚持把美丽中国转化为全体人民自觉行动。美丽中国是人民群众共同参与共同建设共同享有的事业。必须加强生态文明宣传教育，牢固树立生态文明价值观念和行为准则，把建设美丽中国化为全民自觉行动。十是坚持共谋全球生态文明建设之路。生态文明建设是构建人类命运共同体的重要内容。必须同舟共济、共同努力，构筑尊崇自然、绿色发展的生态体系，推动全球生态环境治理，建设清洁美丽世界。

习近平生态文明思想揭示了人与自然是生命共同体的根本规律，揭示了经济发展与生态环境保护的辩证关系，揭示了生态产品的本质属性，揭示了生态是统一的、平衡的自然系统，是相互依存、紧密联系的有机链条，是党章和宪法确立为党和国家指导思想的习近平新时代中国特色社会主义思想的重要组成部分，为我国生态文明建设提供了理论指导和行动指南，也是生态文明法治建设的根本遵循。

（二）坚持和完善生态文明制度体系

生态文明建设，重在建章立制，用最严格的制度、最严密的法治保护生态环境。现行宪法序言规定了生态文明建设的领导核心、指导思想、发展道路、奋斗目标等内容，第一章“总纲”中规定了资源保护、污染防治等具体要求，第三章“国家机构”中规定了国务院生态文明建设的职权，以根本法的形式确立了我国生态文明建设的一系列理念、制度、原则和规则。

生态文明制度体系是逐步建立和不断发展完善的过程。党的十七大把建设生态文明列为全面建设小康社会目标之一、作为一项战略任务确定下来，提出要基本形成节约能源资源和保护生态环境的产业结构、增长方式、消费模式，推动全社会牢固树立生态文明观念。党的十七届四中全会把生态文明建设提升到与经济建设、政治建设、文化建设、社会建设并列的战略高度，作为中国特色社会主义事业总体布局的有机组成部分。党的十八大明确提出，要把生态文明建设放在突出地位，融入经济建设、政治建设、文化建设、社会建设各方面和全过程，努力建设美丽中国，实现中华民族永续发展；党的十八大修改通过的党章写入“中国共产党领导人民建设社会主义生态文明”。党的十八届三中全会提出，要紧紧围绕建设美丽中国深化生态文明体制改革，加快建立生态文明制度。党的十八届四中全会要求，用严格的法律制度保护生态环境，加快建立有效约束开发行为和促进绿色发展、循环发展、低碳发展的生态文明法律制度。党的十九大确立了“把我国建设成为富强民主文明和谐美丽的社会主义现代化强国”的奋斗目标；党的十九大修改通过的党章增加“增强绿水青山就是金山银山的意识”等内容。党的十九届四中全会通过的《中共中央关于坚持和完善中国特色社会主义制度　推进国家治理体系和治理能力现代化若干重大问题的决定》把“生态文明制度体系”

单独作为一部分作出部署，从“实行最严格的生态环境保护制度”“全面建立资源高效利用制度”“健全生态保护和修复制度”“严明生态环境保护责任制度”四个方面作出部署。党中央这些一以贯之的目标任务、原则要求、政策举措都为坚持和完善生态文明制度体系、推进生态环境法律制度建设提供了充足的政策根据。经过这些年的不懈努力，党的二十大报告指出，十年来，党和国家事业取得历史性成就、发生历史性变革，生态文明制度体系更加健全。

保护生态环境必须依靠制度、依靠法治。宪法是国家的根本法，是国家各项制度和法律法规的总依据；宪法中关于生态文明制度建设有关内容的规定，为坚持和完善生态文明制度体系提供了充足的宪法支撑，为推动生态文明建设实践提供了坚实的宪法保障。同时，坚持和完善生态文明制度体系也是宪法实施的内在要求，是保证宪法实施的基本途径。必须通过发挥宪法的国家根本法作用，加强生态环境保护领域宪法的实施，进一步深化生态文明体制改革，完善生态文明制度体系，抓好生态文明制度落实，推进生态环境治理体系和治理能力现代化。

（三）建立和完善自然资源资产产权和自然资源保护与合理利用制度

1. 关于自然资源资产产权

宪法第九条第一款规定了自然资源所有权，明确矿藏、水流、森林、山岭、草原、荒地、滩涂等自然资源，都属于国家所有，即全民所有；由法律规定属于集体所有的森林和山岭、草原、荒地、滩涂除外。宪法第十条第一款和第二款也规定了土地的国家和集体所有权。据此，国家和集体对相关自然资源享有占有、使用、收益和处分的权利。宪法第六条第一款规定，中华人民共和国的社会主义经济制度的基础是生产资料的社会主义公有制，即全民所有制和劳动群众集体所有制。我国将自然资源明确为全民所有或者集体所有，为社会主义生产资料公有制的实现奠定了基础。

自然资源资产产权是自然资源资产的所有权、用益物权、债权等一系列权利的总称。自然资源资产产权制度是关于自然资源资产产权主体、客体、内容（权利义务）和权利取得、变更、消灭等规定的总和，是生态文明建设的基础性制度，宪法第九条、第十条正是其宪法依据。党的十八届三中全会通过的《中共中央关于全面深化改革若干重大问题的决定》提出，健全国家自然资源资产管理体制，统一行使全民所有自然资源资产所有者职责。习近平总书记在《关于〈中共中央关于全面深化改革若干重大问题的决定〉的说明》中指出："我国生态环境保护中存在的一些突出问题，一定程度上与体制不健全有关，原因之一是全民所有自然资源资产的所有权人不到位，所有权人权益不落实。针对这一问题，全会决定提出健全国家自然资源资产管理体制的要求。"[1]

近年来，在坚持自然资源资产公有性质基础上，不断完善自然资源资产产权制度，区分自然资源资产所有者权利和管理者权力，合理划分中央地方事权和监管职责，保障全体人民分享全民所有自然资源资产收益。根据有关法律和中央文件规定，[2] 国务院代表国家行使全民所有自然资源所有权，授权自然资源部统一履行全民所有自然资源资产所有者职责，部分职责由自然资源部直接履行，部分职责由自然资源部委托省级、市地级政府代理履行，法律另有规定的依照其规定。同时，国家正在推动对水流、森林、山岭、草原、荒地、滩涂等自然生态空间进行统一确权登记，明确国土空间的自然资源资产所有者、监管者及其责任。

---

〔1〕习近平：《关于〈中共中央关于全面深化改革若干重大问题的决定〉的说明》，载《求是》2013年第22期。

〔2〕比如：2019年中共中央办公厅、国务院办公厅印发的《关于统筹推进自然资源资产产权制度改革的指导意见》；2022年中共中央办公厅、国务院办公厅印发的《全民所有自然资源资产所有权委托代理机制试点方案》；等等。

2. 关于自然资源保护与合理利用

宪法第九条第二款和第十条第五款规定了包括土地在内的自然资源的保护与合理利用。节约资源是我国的基本国策，国家保障自然资源的合理利用。党的二十大报告提出，实施全面节约战略，推进各类资源节约集约利用，加快构建废弃物循环利用体系。保障自然资源的合理利用，就是要把节约放在优先位置，通过全面建立资源高效利用制度，促进自然资源资产集约开发利用，以最少的资源消耗支撑经济社会持续发展。比如，通过完善价格形成机制，扩大竞争性出让，发挥市场配置资源的决定性作用，更加高效地配置自然资源；探索政府主导、企业和社会各界参与、市场化运作、可持续的生态产品价值实现路径；通过在重点生态功能区、生态环境敏感区和脆弱区等区域划定生态红线，严格自然生态空间管理；通过构建资源利用总量和强度控制制度，加强政府对自然资源利用的管控；通过加快完善废旧物资回收网络，提升再生资源分拣加工利用水平，全面提高全社会资源利用效率；通过建立资源环境承载能力监测预警机制，对资源消耗和环境容量接近或者超过承载能力的地区，及时采取区域限批等限制性措施；等等。

国家保护珍贵的动物和植物。人与自然是生命共同体，坚持人与自然和谐共生是生态文明建设的题中应有之义。保护自然就是保护人类，人类必须尊重自然，顺应自然，保护自然。动物和植物都是有生命的，是自然的组成部分，因此必须保护作为生命共同体组成部分的动物与植物，维护生物多样性。所谓保护，既有积极意义上的保护，为野生动植物创造更好的生存环境，比如，采取就地保护、迁地保护等措施，也有消极意义上的保护，比如，通过立法全面禁止食用野生动物等。既有动植物自身的保护，也有动物栖息地和植物生长环境的保护，比如，野生动物保护法专章规定“野生动物及其栖息地保护”；《中华人民共和国野生植物保护条例》也规定，国家保护野生植物及其生长环境。目前，国家正在推进建立以国家公园为主体、自然保护区为基础、各类自然公园为补充的自然保护地体系，保持自然生态系统的原真性和完整性，有效维护生物多样性。国家对野生动植物实行分类分级保护制度，发布和更新国家重点保护野生动物名录和国家重点保护野生植物名录。在一些法律和法规中还对重点保护的动植物予以列举，进一步强化对特定珍贵濒危或者特有动植物的保护。[1]

禁止任何组织或者个人用任何手段侵占或者破坏自然资源，就是要通过多种手段积极预防、及时制止破坏自然资源的行为，侵占或者破坏自然资源的违法行为人要承担相应的民事、行政、刑事责任，特别是要进一步强化自然资源资产损害赔偿责任。同时，要加强生态文明的宣传教育，倡导简约适度、绿色低碳、文明健康的生活方式和消费模式，提高全社会生态文明意识。

（四）建立和完善生态环境保护相关制度

1. 关于环境保护和污染防治

宪法第二十六条第一款规定："国家保护和改善生活环境和生态环境，防治污染和其他公害。"环境，是指影响人类生存和发展的各种天然的和经过人工改造的自然因素的总体，包括大气、水、海洋、土地、矿藏、森林、草原、湿地、野生生物、自然遗迹、人文遗迹、自然保护区、风景名胜区、城市和乡村等。环境包括生活环境和生态环境。污染是指环境的物理、化学和生物等条件的变化，使环境系统的结构与功能产生有害于人类及其他生物的正常生存和发展的现象，包括大气、水、土壤、固体废物、噪声、放射性物质污染等。比如，水污染是指水体因某种物质的介入而导致其化学、物理、生物或者放射性等方面特性的改变，从

〔1〕 比如，长江保护法第四十二条第二款规定，国家鼓励有条件的单位开展对长江流域江豚、白鱀豚、白鲟、中华鲟、长江鲟、鯮、鲥、四川白甲鱼、川陕哲罗鲑、胭脂鱼、鳤、圆口铜鱼、多鳞白甲鱼、华鲮、鲈鲤和葛仙米、弧形藻、眼子菜、水菜花等水生野生动植物生境特征和种群动态的研究，建设人工繁育和科普教育基地，组织开展水生生物救护。

而影响水的有效利用，危害人体健康或者破坏生态环境，造成水质恶化的现象。土壤污染是指人为因素导致某种物质进入陆地表层土壤，引起土壤化学、物理、生物等方面特性的改变，影响土壤功能和有效利用，危害公众健康或者破坏生态环境的现象。

环境保护应当是全面保护，既保护生活环境，也要保护生态环境；环境保护要坚持保护优先、预防为主、综合治理、公众参与、损害担责的原则，全方位、全地域、全过程开展生态文明建设。环境改善是一个需要付出长期艰苦努力的持续的过程，应当以提升环境质量为目标，推动生态环境质量改善由量变到质变，以更好满足人民群众对美好生活的期盼，更加符合建设美丽中国的目标，更为适应构建新发展格局、推动高质量发展、全面建设社会主义现代化国家的要求。保护和改善环境必须加强环境保护制度建设，健全源头预防、过程控制、损害赔偿、责任追究的环境保护制度体系。比如，加快建立健全国土空间规划和用途统筹协调管控制度，统筹划定落实耕地和永久基本农田、生态保护红线、城镇开发边界，完善主体功能区制度；构建以排污许可制为核心的固定污染源监管制度体系，完善污染防治区域联动机制和陆海统筹的生态环境治理体系；统筹山水林田湖草沙一体化保护修复，加强森林、草原、河流、湖泊、湿地、海洋等自然生态保护；完善生态环境公益诉讼制度，落实生态补偿和生态环境损害赔偿制度；等等。

防治污染和其他公害，就是要以解决损害群众健康突出环境问题为重点，强化大气、水、土壤、噪声等污染防治，减少污染物排放，防范环境风险，明显改善环境质量。从“防”的角度，包括划定生态保护红线，落实排污许可、环境监测、区域联防联控等制度，也包括坚持绿色发展理念，推进清洁生产和资源循环利用，调整产业结构、能源结构、交通运输结构，推动绿色低碳发展，形成绿色低碳生活方式等。从“治”的角度，包括完善污染治理设施，督促企事业单位落实环境保护责任制度，推行环境污染治理市场化机制，加大生态环境保护督察力度，强化环境污染法律责任，等等。

回顾历史，我国的生态环境保护和污染防治工作，经历了一个认识逐步深入、法制逐步严密、措施逐步丰富、实践逐步拓展的过程。

1972 年，我国派团参加联合国人类环境会议。1973 年，国务院召开第一次全国环境保护会议，将生态环境保护提上国家重要议事日程，确定“全面规划，合理布局，综合利用，化害为利，依靠群众，大家动手，保护环境，造福人民”的环境保护工作方针，讨论通过我国第一个生态环境保护文件《关于保护和改善环境的若干规定（试行草案）》。1983 年，第二次全国环境保护会议将环境保护确定为基本国策，并提出了“三同步”“三统一”的环境与发展战略方针。[1] 1989 年，第三次全国环境保护会议提出“三大政策”和“八项管理制度”。[2]

20 世纪 90 年代，我国将可持续发展确立为国家战略，提出环境与发展十大对策[3]，并制定《中国 21 世纪议程——中国 21 世纪人口、环境与发展白皮书》。为应对日益严重的环境污染，我国开展了规模化环境治理，启动了“33211”和“一控双达标”重大污染治理工程[4]。1993 年开始，全国人大环境与资源保护委员会会同中央宣传部和国务院有关部门联合开展中华环保世纪行宣传活动，提高了全民生态环境意识，推动了一些重大生态环境问题的解决。

进入 21 世纪，党中央提出树立和落实科学发展观、建设资源节约型

---

〔1〕“三同步”“三统一”，是指经济建设、城乡建设、环境建设要同步规划、同步实施、同步发展，实现经济效益、社会效益、环境效益相统一。

〔2〕“三大政策”，是指环境保护预防为主、防治结合，谁污染谁治理，强化环境管理；“八项管理制度”，是指“三同时”（建设项目中防治污染和生态破坏的设施必须与主体工程同时设计、同时施工、同时投产使用）、环境影响评价、排污收费、城市环境综合整治定量考核、环境目标责任、排污申报登记和排污许可证、限期治理和污染集中控制。

〔3〕体现于 1992 年 6 月的联合国环境与发展大会后，党中央、国务院批准并转发的《关于出席联合国环境与发展大会的情况及有关对策的报告》。

〔4〕“33211”重大污染治理工程，其中“33”是三河（淮河、海河、辽河）、三湖（滇池、太湖、巢湖），“2”是二氧化硫和酸雨控制区，“11”是一市（北京市）、一海（渤海）。“33211”重大污染治理工程是我国历史上首个大规模污染治理行动。“一控双达标”，是指全国污染物排放总量控制、环境功能区达标、工业污染源排放污染物达标。

和环境友好型社会，要求从重经济增长轻环境保护转变为保护环境与经济增长并重，从环境保护滞后于经济发展转变为环境保护和经济发展同步，从主要用行政办法保护环境转变为综合运用法律、经济、技术和必要的行政办法解决环境问题。[1] 我国开始把主要污染物排放总量和单位国内生产总值能源消耗下降比例作为约束性指标纳入国家规划。同时，全面推行特许经营制度，实行有利于环境的价格政策、税收政策、投资政策、融资政策。

中国特色社会主义进入新时代，以习近平同志为核心的党中央以前所未有的力度抓生态文明建设，坚决向污染宣战，开展了一系列根本性、开创性、长远性工作，推动污染防治的措施之实、力度之大、成效之显著前所未有，污染防治攻坚战阶段性目标任务圆满完成，生态环境明显改善，人民群众获得感显著增强，厚植了全面建成小康社会的绿色底色和质量成色。[2]

2. 关于植树造林和保护林木

宪法第二十六条第二款规定："国家组织和鼓励植树造林，保护林木。"植树造林是改善生态环境、应对气候变化、维护生态安全的重要举措，是保护修复自然生态系统、建设绿水青山的内在要求，对建设生态文明和美丽中国具有重大意义。20 世纪 50 年代，毛泽东同志就发出了"绿化祖国"的伟大号召。1979 年 2 月，五届全国人大常委会第六次会议原则通过了《中华人民共和国森林法（试行)》，加强森林保护管理，鼓励植树造林。该法第三条第一款规定，"根据宪法关于现阶段生产资料所有制的规定，森林属于社会主义全民所有和社会主义劳动群众集体所有"，在法律上宣示了森林资源全民所有和集体所有的宪法依据。同时，该法还规定，"植树造林、爱林护林，是全国人民的光荣义务和权

〔1〕参见温家宝：《全面落实科学发展观　加快建设环境友好型社会》，载《人民日报》2006 年 4 月 24 日，第 2 版。

〔2〕参见 2021 年中共中央、国务院印发的《关于深入打好污染防治攻坚战的意见》。

利”,[1] 在法律上明确了植树造林是我国公民应尽的义务。五届全国人大常委会第六次会议还通过了《关于植树节的决议》，决定3月12日为我国的植树节。1981年12月，在邓小平同志的倡议下，五届全国人大四次会议审议通过《关于开展全民义务植树运动的决议》。通过几十年不懈努力，我国的森林覆盖率得到很大提升。

国家加强对植树造林的组织领导。为贯彻《关于开展全民义务植树运动的决议》，1982年2月，国务院、中央军委成立了中央绿化委员会，以更好动员全国各方面力量加快绿化祖国的进程，并要求县以上各级人民政府成立绿化委员会，领导本地区的义务植树运动和造林绿化工作。1988年，中央绿化委员会改称全国绿化委员会。近年来，我国全面推行了林长制，明确地方领导干部保护发展森林草原资源目标责任；各级绿化委员会发挥组织领导、宣传发动、协调指导等作用，强化国土绿化管理、监督检查、考核评价等工作，持之以恒推进全民义务植树。

国家注重保护林木。国家通过实行天然林全面保护、对公益林和商品林实行分类经营管理、重点保护古树名木和珍贵树木、加强森林防火工作、强化林业有害生物防治、开展全民义务植树、建立森林生态效益补偿制度等多种方式，保护森林资源，实现森林资源永续利用。

（五）规定生态文明建设有关职权

宪法第八十九条第六项明确规定了国务院领导和管理生态文明建设的有关职能。同时，我国宪法序言确认了中国共产党的领导地位，宪法第一条第二款规定了中国共产党领导是中国特色社会主义最本质的特征，以根本法形式明确中国共产党领导人民建设社会主义生态文明。我国宪法还规定了人民代表大会制度的政体、中国共产党领导的多党合作和政

---

[1] 1984年的森林法修改为“植树造林、保护森林，是公民应尽的义务”。

治协商制度等内容，为各级人大及其常委会行使生态文明建设有关立法、监督等职权，各级政协开展生态文明建设有关民主协商活动等提供了宪法保障。宪法有关规定共同构成了我国涉及生态环境保护相关机构行使职权的宪法依据。

我国生态环境保护管理体制经历了不断完善的过程。1974 年 10 月，国务院环境保护领导小组成立，下设办公室；之后，各地也成立相应的环境保护机构。1982 年国家设立城乡建设环境保护部，内设环境保护局。1984 年城乡建设环境保护部环境保护局改为国家环境保护局，1988 年国家环境保护局从城乡建设环境保护部分离出来，并被确定为国务院直属机构。1993 年，八届全国人大一次会议决定设立全国人大环境保护委员会，1994 年全国人大环境保护委员会更名为全国人大环境与资源保护委员会。1998 年，国家环境保护局升格为国家环境保护总局，国家核安全局并入国家环境保护总局。同年，全国政协设立人口资源环境委员会。2006 年国家环境保护总局设立东北、华北、西北、西南、华东、华南六大督查中心，作为其派出机构。2008 年，国家环境保护总局升格为环境保护部，成为国务院组成部门。

根据党的十九大和十九届三中全会部署，按照深化党和国家机构改革的总体要求，2018 年 3 月，十三届全国人大一次会议通过国务院机构改革方案，进一步加强我国生态文明建设，组建了生态环境部、自然资源部。生态环境部统一行使生态和城乡各类污染排放监管与行政执法职责，自然资源部统一行使全民所有自然资源资产所有者职责，统一行使所有国土空间用途管制和生态保护修复职责。此外，国家发展和改革委员会、工业和信息化部、交通运输部等部门都在各自职责范围内承担了一定的环境保护职能。特别是在全面加强生态环境保护，坚决打好污染防治攻坚战的过程中，中共中央办公厅和国务院办公厅印发了《中央和国家机关有关部门生态环境保护责任清单》，进一步将生态环境保护职责细化到各相关部门，在中央层面全面落实了生态环境保护职责。在地方，根据地方组织法第七十三条第五项的规定，县级以上的地方各级人民政府行使管理本行政区域内的生态环境保护、自然资源等行政工作的职责；根据第七十六条第二项的规定，乡镇人民政府行使管理本行政区域内生态环境保护等行政工作的职责。

在新时代，进一步坚持和加强党对生态文明建设的集中统一领导，落实领导干部生态文明建设责任制，严格实行党政同责、一岗双责。比如，开展了中央生态环境保护督察，这是党和国家重大的体制创新和重大的改革举措，是习近平生态文明思想重大原创性成果和制度性保障，进一步规范了生态环境保护督察工作，压实了生态环境保护责任，有效推进了宪法中生态文明建设有关规定的落实落地。各级人大及其常委会把生态文明建设作为重点工作领域，开展执法检查，定期听取并审议同级政府工作报告。近年来，在不断积累实践经验的基础上，推进制度创新，推行了河湖长制、林长制等制度，由各级党政领导担任河长、湖长、林长等职务，加强了河湖、森林、草原等领域的生态环境保护工作。

三、现行宪法关于生态文明制度的立法实施情况

现行宪法公布施行40年来，党和国家高度重视生态环境保护立法工作，全国人大及其常委会贯彻党中央在不同历史时期关于生态环境保护的有关精神和要求，全面实施宪法关于生态文明制度的规定，推进生态环境保护法律体系建设，我国生态环境立法事业取得了巨大成就，有力保障了生态环境保护事业的长足发展。总体来看，现行宪法关于生态文明制度的立法实施历程可分为以下三个阶段：[1]

〔1〕 有关分期标准参照了《改革开放40年生态环境保护立法回顾和体会》，载全国人大常委会法制工作委员会研究室编：《我国改革开放40年立法成就概述》，法律出版社2019年版，第297～300页。

（一）生态环境保护法律体系初步创建（1982 年 ~ 1992 年）

这一时期，全国人大及其常委会落实一九八二年宪法关于资源节约和环境保护的有关规定，在 1979 年环境保护法（试行）基础上，于 1989 年重新制定了环境保护法这一环境保护领域的基础性综合性法律。同时，制定和完善各项生态环境保护单项法律，包括海洋环境保护法（1982 年）、水污染防治法（1984 年）、大气污染防治法（1987 年）等污染防治方面的法律，森林法（1984 年）、草原法（1985 年）、矿产资源法（1986 年）、土地管理法（1986 年）、水法（1988 年）、野生动物保护法（1988 年）等自然资源保护利用的法律，以及进出境动植物检疫法（1991 年）、水土保持法（1991 年）等其他相关法律。此外，民法通则（1986 年）第一百二十四条规定了环境污染损害侵权责任；1992 年最高人民法院印发的《关于适用〈中华人民共和国民事诉讼法〉若干问题的意见》第七十四条规定了环境污染损害赔偿诉讼的举证责任倒置规则；等等。

这一时期生态环境保护法律制度体系主要呈现以下特点：

1. 在立法理念上，坚持以经济建设为中心，强调环境保护是国家经济管理工作的主要内容。比如，1989 年的环境保护法、1984 年的水污染防治法、1987 年的大气污染防治法等法律第一条均规定了“促进社会主义现代化建设的发展”；1984 年的森林法、1985 年的草原法、1986 年的土地管理法、1986 年的矿产资源法、1988 年的水法等法律均规定了“适应社会主义建设的需要”“适应国民经济发展的需要”等内容。1989 年的环境保护法第四条规定，环境保护工作同经济建设和社会发展相协调，这也体现出了以经济建设为中心并加强环境保护的特点。

2. 在立法形式上，以新制定法律为主，着力搭建法律框架，法律规定较为原则、笼统。这一时期，我国环境保护的理论体系、政策制度体系和管理体制开始形成并逐步纳入法制轨道，一些生态环境保护领域急需的、重要的法律相继出台，初步构建了生态环境保护的法律框架，改变了该领域无法可依的局面。同时，相关法律篇幅普遍比较简短，1989年的环境保护法、1982年的海洋环境保护法等法律只有40多条，1985年的草原法更是仅有23条，以致一些规定可操作性不强，法律责任设置不足，在执行中一定程度上面临“有法不依”的问题。

3. 在立法领域上，基本形成以资源保护和污染防治为主的立法格局，生态保护涉及较少。这一时期，生态环境保护法律体系大体形成了资源保护类和污染防治类两大格局，与一九八二年宪法中第九条、第十条和第二十六条对资源保护利用和环境污染防治有关条款的设置有一定关系。1985年的草原法、1986年的矿产资源法均在第一条中规定“根据中华人民共和国宪法”制定本法。1989年的环境保护法第一条中虽然没有“根据宪法”的有关表述，但是，“为保护和改善生活环境与生态环境，防治污染和其他公害”的表述源于宪法。[1] 同时，这一时期的有关法律对生态保护内容规定不多。比如：1986年的矿产资源法主要规定了矿产资源的勘察、开采等内容，较少涉及与矿产资源开发利用相关的环境污染防治和生态保护修复问题；1988年的野生动物保护法主要规定野生动物资源的保护利用，对野生动物栖息地、生物多样性保护等问题缺少规定。

4. 在制度设计上，偏重末端治理和分散治理。这一时期，虽然在生态环境保护和污染防治的各个主要环节，逐步建立形成了相应的行政管理制度和技术规范，但仍主要体现在“末端治理”和“分散治理”上。比如，在项目准入方面虽已初步建立环境影响评价和“三同时”等制度，

---

〔1〕 1989年10月25日在七届全国人大常委会第十次会议上所作的《关于〈中华人民共和国环境保护法（修改草案）〉的说明》中提出：“环保法（试行）是依据1978年宪法第十一条‘国家保护环境和自然资源，防治污染和其他公害’的规定制定的。1982年宪法第二十六条规定‘国家保护和改善生活环境和生态环境，防治污染和其他公害’，因此，环境保护的立法依据发生了变化。”载《中华人民共和国全国人民代表大会常务委员会公报》1989年第六号。

在监管督查方面规定现场检查、限期治理等制度，但对于排污许可、总量控制、行政强制措施等还缺少规定，已建立的制度规定也比较原则，有待进一步细化和完善。

5. 在环境治理体系上，注重强化生态环境保护的政府主导作用。这一时期注重强化生态环境保护政府主导、企业治理和统一监管，但对企业应该承担的主体责任要求不足，市场驱动机制不完善，公众参与生态环境保护缺乏有效引导。

（二）生态环境保护法律体系建设加快推进（1992 年～2012 年 10 月）

1992 年，邓小平同志发表南方谈话，党的十四大提出了建立社会主义市场经济体制的目标，改革开放和社会主义现代化建设步入新阶段。同年，在召开联合国环境与发展大会之后，中共中央、国务院批准并转发《关于出席联合国环境与发展大会的情况及有关对策的报告》，明确提出实行可持续发展战略。党的十五大提出，到 2010 年形成有中国特色社会主义法律体系的立法工作目标，生态环境保护法律制度也随之不断完善发展。这一时期，还形成了以人为本、全面协调可持续的科学发展观，首次提出生态文明理念，并把建设生态文明作为全面建设小康社会奋斗目标的新要求。

这一时期新制定的生态环境保护法律主要有：环境影响评价法（2002 年）、固体废物污染环境防治法（1995 年）、环境噪声污染防治法（1996 年）、放射性污染防治法（2003 年）等污染防治类法律；煤炭法（1996 年）、海域使用管理法（2001 年）、海岛保护法（2009 年）等资源保护类法律；清洁生产促进法（2002 年）、循环经济促进法（2008 年）等节能环保法律；节约能源法（1997 年）、可再生能源法（2005 年）等能源类法律；此外还有城乡规划法（2007 年）、防沙治沙法（2001 年）

等相关法律。同时，高度重视对原有法律的修改完善，修改了海洋环境保护法、水污染防治法、大气污染防治法、水土保持法、野生动物保护法、森林法、草原法、矿产资源法、土地管理法、水法等生态环境保护法律。

这一时期生态环境保护法律制度体系主要呈现以下特点：

1. 在立法理念上，坚持可持续发展理念，强调环境保护工作是实现经济和社会可持续发展的基础。比如，1998 年修改的土地管理法规定了“可持续发展”，此后制定或者修改的环境保护法、海洋环境保护法、环境影响评价法、水污染防治法、水土保持法、防沙治沙法、循环经济促进法等生态环境保护法律也对此作了规定。2008 年制定的循环经济促进法，明确实施减量化、再利用、资源化的循环经济方针，实现全过程循环经济发展。

2. 在立法形式上，立法与修法并重，有些法律多次修改。这一时期，我国经历了由计划经济向市场经济转轨、经济高速增长、加入世界贸易组织等重要历史进程，经济发展产生的生态环境问题更加凸显，中国生态环境保护法律需要解决环境污染和生态破坏加剧等一系列重要问题，原有生态环境保护法律制度难以满足现实生态环境保护的需要，既需制定一批新法，又要修改一批旧法，有些法律如大气污染防治法、野生动物保护法、可再生能源法等在 5 年内两次修改，这些都体现了生态环境保护法律与实践发展之间的密切关联。1999 年宪法修正案中规定“中华人民共和国实行依法治国，建设社会主义法治国家”。这一时期的生态环境保护立法修法工作，进一步完善了我国的社会主义法律体系，落实了“建设社会主义法治国家”的宪法要求。

3. 在立法领域上，将能源管理和循环经济纳入范围。在加强生态环境和资源保护的同时，通过制定节约能源法、可再生能源法、清洁生产促进法、循环经济促进法等法律，推进常规能源的节约利用，推广节能、节约资源的新技术，支持清洁生产，促进新能源、可再生能源发展，推动全社会形成绿色生产、生活方式。

4. 在立法内容上，开始强调污染防治和生态保护并重。这一时期，除了新制定和修改污染防治、资源保护的法律，对于生态保护有关内容的规定也逐步增多，有的形成专门立法。比如，在21世纪初，为了解决我国沙漠化、沙尘暴等一些紧迫问题，我国制定了防沙治沙法，预防土地沙化，治理沙化土地，维护生态安全。又如，1999年修订的海洋环境保护法，增设了“海洋生态保护”专章，规定了海洋保护区等新制度，使该法从狭义的海洋环境污染治理扩展到更为全面的海洋生态环境保护。

5. 在制度设计上，有关措施向源头治理、全过程管理、污染集中控制和总量控制的方向转变。比如，2002年制定的环境影响评价法将评价范围从建设项目扩大到政府规划，对政府规划先进行环境评价提出法律要求，体现了源头治理的理念。2002年制定的清洁生产促进法，贯彻污染预防原则，从生产设计、能源与原材料选用、工艺技术与设备维护管理等社会生产和服务的各个环节实行全过程控制，从生产和服务源头减少资源的浪费，促进资源的循环利用。[1] 同时，这一时期也是以总量控制为核心的环境保护制度开始落实和完善的时期。比如，1996年修改的水污染防治法第16条规定了重点污染物总量控制制度，体现了从污染浓度控制向污染集中控制和总量控制的方向转变。[2]

6. 在环境治理体系上，越来越重视发挥市场主体作用和强化社会参与。比如，清洁生产促进法和循环经济促进法这两部法律采用“促进法”

---

〔1〕 2002年4月26日在九届全国人大常委会第二十七次会议上所作的《关于〈中华人民共和国清洁生产促进法（草案）〉的说明》，载《中华人民共和国全国人民代表大会常务委员会公报》2002年第四号。

〔2〕 1995年10月23日在八届全国人大常委会第十六次会议上所作的《关于〈中华人民共和国水污染防治法修正案（草案）〉的说明》中明确提出，从我国几十年防治水污染的实践和国外的经验来看，为了提高防治水污染的效果，使有限的污染防治资金最大限度地发挥作用，需要从现行的末端治理、点源治理和浓度控制，向源削减（在生产过程中削减污染）、污染集中控制和总量控制的方向转变。载《中华人民共和国全国人民代表大会常务委员会公报》1996年第四号。

的立法模式，在立法思路上，既充分考虑了在社会主义市场经济条件下，应当尊重企业等市场主体的自主性，又利用市场经济规律，注重对清洁生产行为和循环经济过程的引导、鼓励和支持，而不是简单对市场主体生产、服务的过程进行过多的直接行政控制。[1] 又如，1998 年修改的森林法第八条规定了森林生态效益补偿制度，2002 年修订的草原法第三十九条规定了草原征收征用补偿制度等，体现了对自然资源禁止或者限制利用后的生态补偿要求。上述内容与 1993 年宪法修正案中规定的“国家实行社会主义市场经济”，2004 年宪法修正案中规定的“国家为了公共利益的需要，可以依照法律规定对公民的私有财产实行征收或者征用并给予补偿”的宪法原则和精神是一致的。2002 年制定的环境影响评价法则对信息公开和公众参与作出了较全面的规定。

（三）生态环境保护法律体系基本形成（2012 年 11 月党的十八大召开以来）

党的十八大以来，在习近平生态文明思想指导下，生态环境保护立法取得历史性成就、发生历史性变革，生态环境保护立法力度大、成效显著。这一时期，制定了深海海底区域资源勘探开发法（2016 年）、核安全法（2017 年）、土壤污染防治法（2018 年）、生物安全法（2020 年）、长江保护法（2020 年）、湿地保护法（2021 年）、噪声污染防治法（2021 年）、黑土地保护法（2022 年）、黄河保护法（2022 年）等，修改了环境保护法、海洋环境保护法、环境影响评价法、水污染防治法、大气污染防治法、固体废物污染环境防治法、防沙治沙法、野生动物保护法、森林法、草原法、水法、节约能源法、电力法、煤炭法、循环经济

〔1〕参见 2002 年 4 月 26 日在九届全国人大常委会第二十七次会议上所作的《关于〈中华人民共和国清洁生产促进法（草案）〉的说明》，载《中华人民共和国全国人民代表大会常务委员会公报》2002 年第四号。

促进法、城乡规划法等一系列生态环境保护法律。同时，全面清理了现行法律法规中与加快推进生态文明建设不相适应的内容，加强法律法规间的衔接。[1] 这一时期生态环境保护法律制度体系主要呈现以下特点：

1. 在立法指导思想和理念上，坚持以习近平新时代中国特色社会主义思想特别是习近平生态文明思想为根本遵循，全面加强生态文明建设。2014年修改的环境保护法规定了“生态文明”，此后制定或者修改的水污染防治法、大气污染防治法、土壤污染防治法、野生动物保护法、环境保护税法等生态环境保护法律均对此作了规定；多部法律还在“总则”中规定了“实现人与自然和谐共生”“保障生态安全”“生态优先、绿色发展”等内容；2019年修订后的森林法在“总则”中明确规定“践行绿水青山就是金山银山理念”；长江保护法和黄河保护法规定了“中华民族永续发展”；等等。黄河保护法将习近平总书记关于黄河流域生态保护和高质量发展的重要讲话和指示批示精神作为根本遵循，紧紧围绕习近平总书记强调的黄河流域需要高度重视的矛盾问题、目标任务等安排篇章结构，规定原则制度。

2. 在立法形式上，统筹立改废纂等多种形式。在“立”方面，党的十八大以来，新制定了土壤污染防治法、生物安全法、长江保护法等9部生态环境保护法律，填补了有关领域的立法空白，完善了生态环境保护法律体系。在“改”方面，环境保护法、大气污染防治法、野生动物保护法、固体废物污染环境防治法、森林法等法律作了全面修订，水污染防治法等法律作了较大幅度修改，海洋环境保护法、大气污染防治法、野生动物保护法等法律还进行了多次修改，法律规范更加具体和具有可

---

[1] 2018年到2019年，全国人大常委会法制工作委员会贯彻落实相关决议，连续两年开展生态环保领域规范性文件集中清理工作，督促各地修改814件、废止127件地方性法规，推动制定机关及时修改、废止或重新制定37件部门规章、456件地方政府规章、2件司法解释以及1.1万余件各类规范性文件。参见栗战书：《全国人民代表大会常务委员会执法检查组关于检查〈中华人民共和国环境保护法〉实施情况的报告》，载《中华人民共和国全国人民代表大会常务委员会公报》2022年第五号。

操作性。在“废”方面，2021 年新制定噪声污染防治法后，同时废止了 1996 年制定的环境噪声污染防治法。2020 年 5 月民法典出台后，习近平总书记明确要求：“要总结编纂民法典的经验，适时推动条件成熟的立法领域法典编纂工作。”[1] 全国人大常委会先后在 2021 年、2022 年常务委员会工作报告中提出，“适时启动条件成熟领域法典编纂工作”，“在条件成熟的立法领域，继续开展法典编纂工作”。有全国人大代表先后提出编纂环境法典的议案或者建议，[2] 有关方面在开展相关前期研究工作。[3]

3. 在立法领域上，向国家安全、特殊区域保护等领域进一步拓展。在国家安全方面，贯彻总体国家安全观，统筹发展和安全，向维护生态安全、资源安全和生物安全等国家安全有关方向拓展，制定了深海海底区域资源勘探开发法、核安全法和生物安全法等；创新性制定了特殊区域保护的法律，包括长江保护法、黄河保护法和黑土地保护法等，并正在推进制定青藏高原生态保护法。

4. 在立法内容上，注重统筹污染治理、生态保护和绿色低碳发展。

针对严峻的环境污染形势，大力推进污染防治类法律的制修订工作，为打赢污染防治攻坚战提供坚实的法律保障。聚焦蓝天保卫战，修改大气污染防治法，以改善大气环境质量为目标，强化地方政府的责任，完善源头治理措施，坚持让人民群众呼吸上新鲜的空气。聚焦碧水保卫战，修改水污染防治法，加强流域水污染联合防治与生态保护，强化重点领域水污染防治措施，坚持让人民群众喝上干净的水。聚焦净土保卫战，

---

〔1〕 参见习近平：《坚定不移走中国特色社会主义法治道路　为全面建设社会主义现代化国家提供有力法治保障》，载《求是》2021 年第 5 期。

〔2〕 参见《全国人民代表大会宪法和法律委员会关于第十三届全国人民代表大会第四次会议主席团交付审议的代表提出的议案审议结果的报告》，载《中华人民共和国全国人民代表大会常务委员会公报》2022 年第一号。

〔3〕 参见生态环境部《关于深化生态环境领域依法行政持续强化依法治污的指导意见》（环法规〔2021〕107 号）；2022 年 9 月 28 日，生态环境部召开的 9 月例行新闻发布会，重点介绍生态环境法律法规标准制订等相关工作；生态环境部《对十三届全国人大四次会议第 9164 号建议的答复》。

制定土壤污染防治法，填补立法空白，加强对未污染土壤和未利用地的保护，强化土壤污染管控和修复，让人民群众吃得放心、住得安心。修改固体废物污染环境防治法，推进垃圾分类，坚持减量化、资源化、无害化，严禁“洋垃圾”入境，建立长效机制。制定噪声污染防治法，聚焦工业、建筑施工、交通运输、社会生活领域，切实解决人民群众关心的突出噪声问题，建设和谐安宁的环境。

进一步突出生态保护的要求，促进人与自然和谐共生。在防沙治沙法、野生动物保护法等法律修改和生物安全法制定的过程中，注重加强对自然区域和生物多样性的保护。湿地保护法贯彻了习近平生态文明思想，把科学保护湿地的理念原则和有益做法经验上升为法律制度，填补了我国生态系统立法空白，丰富完善了我国生态文明制度体系。[1] 为贯彻落实主体功能区制度、强化生态空间用途管制，在2014年修改的环境保护法、2016年修改的海洋环境保护法等法律中增加生态保护红线划定要求，2022年制定的黄河保护法进一步规定，按照生态保护红线、环境质量底线、资源利用上线的要求，制定生态环境分区管控方案和生态环境准入清单。

注重推动减污降碳协同增效，应对气候变化，充实完善绿色低碳发展的有关内容。比如，2014年修订的环境保护法、2015年修订的大气污染防治法、2020年修订的固体废物污染环境防治法、2020年制定的长江保护法和2022年制定的黄河保护法等法律规定了倡导低碳生活方式的内容。长江保护法专章规定了“绿色发展”，黄河保护法专章规定了“促进高质量发展”，并规定了有关推进碳达峰碳中和工作的内容[2]。

5. 在制度设计上，生态环境保护法律制度体系更加科学完备。党的

---

[1] 参见栗战书：《在湿地保护法实施座谈会上的讲话》，载中国人大网2022年5月20日，http://www.npc.gov.cn/npc/c30834/202205/951a424babe64ed69ef6b297b3a1b5b0.shtml。

[2] 黄河保护法第八十七条第二款规定，黄河流域县级以上地方人民政府应当推动制造业高质量发展和资源型产业转型，因地制宜发展特色优势现代产业和清洁低碳能源，推动产业结构、能源结构、交通运输结构等优化调整，推进碳达峰碳中和工作。

十八大以来，有关法律进一步强化了环境监测、环境影响评价、排污许可、总量控制、联合防治、政府责任、信息公开和公众参与等制度，新增加了约谈、生态保护红线、生态保护补偿、环境公益诉讼等制度。比如，2014 年修改的环境保护法在原来超总量控制指标的基础上，将环境质量目标不达标，作为省级以上政府环境保护部门暂停审批地方新增重点污染物排放总量的建设项目环评文件的条件。再如，2014 年修改的环境保护法首次具体规定了环境公益诉讼的主体、条件和内容，明确符合条件的社会组织，可以对污染环境、破坏生态，损害社会公共利益的行为向法院提起诉讼，使环境公益诉讼制度有效落地实施。2017 年修改的民事诉讼法和行政诉讼法进一步增加了检察机关提起生态环境和资源保护等公益诉讼的规定。

6. 在环境治理体系上，强化政府职责，更加注重发挥市场作用和社会公众作用。这一时期修改后的环境保护法、大气污染防治法、水污染防治法以及新制定的土壤污染防治法等法律都规定，地方各级政府应当对本行政区域的生态环境质量负责，进一步压实地方责任。2018 年通过的国务院机构改革方案中涉及生态环境保护职责的要求在立法和修法中都得以体现，特别是长江保护法、黄河保护法以及正在制定的青藏高原生态保护法等特殊地域立法中还对有关流域、区域的协调机制作出规定，有力强化了特殊地域生态环境保护的统筹协调。2014 年修订的环境保护法增设“信息公开和公众参与”专章，明确规定公民、法人和其他组织依法享有获取环境信息、参与和监督环境保护的权利。核安全法、噪声污染防治法等法律进一步强化了公众参与，保护公民知情权、参与权、监督权。长江保护法、黄河保护法等法律规定了生态保护补偿制度，通过经济手段和市场化方式推动生态环境保护工作。

7. 在法律责任上，全面强化刑事、民事和行政责任。党的十八大以来，在生态环境保护立法过程中，各方面最集中的意见是认为环境领域“违法成本低、守法成本高”，最大的共识是加大对违法行为的处罚力度。

2014 年修订的环境保护法被称为“史上最严”，该法引入了按日计罚、环保部门可以对造成严重污染的设备查封扣押、对通过逃避监管的方式排污的违法行为人采取拘留、双罚制等严厉手段，有力强化了法律责任。其他生态环境保护立法对环境违法行为也规定了严惩重罚。刑法从重设置环境犯罪的刑事责任，民法典增加生态环境损害惩罚性赔偿责任。此外，2014 年修改的环境保护法、2015 年修改的大气污染防治法、2017 年修改的水污染防治法以及 2018 年制定的土壤污染防治法等生态环境保护立法有力强化了污染者担责，细化了有关规定。

四、新时代我国宪法关于生态文明制度的发展实施

党的十八大以来，在习近平生态文明思想的引领和推动下，不断满足人民群众对优美生态环境、优良生态产品、优质生态服务的需求，我国宪法关于生态文明制度规定实施的实践不断丰富，生态文明体制机制不断健全，制度建设逐步推进，生态环境保护法律体系基本形成，环境人权事业有序发展，参与全球环境治理的贡献日益凸显。习近平总书记在党的二十大报告中对生态文明建设取得的历史性成就、发生的历史性变革作了高度概括总结：“我们坚持绿水青山就是金山银山的理念，坚持山水林田湖草沙一体化保护和系统治理，全方位、全地域、全过程加强生态环境保护，生态文明制度体系更加健全，污染防治攻坚向纵深推进，绿色、循环、低碳发展迈出坚实步伐，生态环境保护发生历史性、转折性、全局性变化，我们的祖国天更蓝、山更绿、水更清。”[1]

---

〔1〕 习近平：《高举中国特色社会主义伟大旗帜　为全面建设社会主义现代化国家而团结奋斗——在中国共产党第二十次全国代表大会上的报告》，人民出版社 2022 年版，第 11 页。

（一）生态文明体制改革和制度建设不断推进

以习近平同志为核心的党中央以前所未有的力度抓生态文明建设，把生态文明建设摆在党和国家工作全局的重要位置，生态文明建设和生态环境保护逐步纳入经济社会发展各方面和全过程。在“五位一体”总体布局中，生态文明建设是其中一位；在新时代坚持和发展中国特色社会主义的基本方略中，坚持人与自然和谐共生是其中一条；在新发展理念中，绿色是其中一项；在三大攻坚战中，污染防治是其中一战；在到21世纪中叶建成社会主义现代化强国目标中，美丽中国是其中一个。

党和国家注重加强生态文明建设顶层设计，依据宪法法律规定，大力推进制度创新，增加制度供给，构建生态文明制度体系，推进生态文明体制改革，用最严格制度保护生态环境。党的十八大以来，相继出台《关于加快推进生态文明建设的意见》和《生态文明体制改革总体方案》，制定了数十项涉及生态文明建设的改革方案，从总体目标、基本理念、主要原则、重点任务、制度保障等方面对生态文明建设进行全面系统部署安排，增强改革的系统性、整体性、协同性，基本形成系统完整的生态文明制度体系。

党和国家组织实施主体功能区战略，建立健全自然资源资产产权制度、国土空间开发保护制度、生态文明建设目标评价考核制度和责任追究制度、生态补偿制度、河湖长制、林长制、环境保护“党政同责”和“一岗双责”等制度，完善生态文明领域统筹协调机制，健全党委领导、政府主导、企业主体、社会组织和公众参与的现代环境治理体系，构建一体谋划、一体部署、一体推进、一体考核的制度机制。必须坚持深化生态文明体制改革，健全源头严防、过程严管、后果严惩的生态文明制度体系，不断提升生态环境治理体系和治理能力现代化水平。

（二）生态环境保护领域法治建设取得全方位、开创性、历史性成就

党的十九届四中全会作出《中共中央关于坚持和完善中国特色社会主义制度 推进国家治理体系和治理能力现代化若干重大问题的决定》，明确将生态文明制度体系作为坚持和完善中国特色社会主义制度的重要方面，并提出要完善生态环境保护法律体系。在习近平生态文明思想引领下，以确保质量为前提，加快生态环境保护立法工作步伐，加强法律法规间的衔接，全面清理法律法规中与加快推进生态文明建设不相适应的内容，立法工作呈现制定修改节奏加快、覆盖面越来越广、针对性越来越强的鲜明特点，生态环境保护立法的数量和质量得到了全面提升。

现行有效的生态环境保护类法律有30余部、行政法规100多件、地方性法规1000余件，初步构建起以环境保护法为统领，涵盖水、气、声、渣等各类污染要素和山水林田湖草沙等各类自然生态系统，务实管用、严格严密的生态环境保护法律体系。[1] 这一法律体系的初步形成，是党的十八大以来生态文明建设和生态环境保护领域法治建设取得的全方位、开创性、历史性成就。[2] 生态环境保护法律体系包括环境保护法等综合性法律，针对大气、水、土壤、固体废物、噪声、放射性等污染防治的专门法律，涉及防沙治沙、水土保持、野生动物保护等环境和生物多样性保护的法律，森林、草原、湿地等资源保护利用的法律，长江保护法和黄河保护法等流域性生态环境保护法律，黑土地保护法和正在审议的青藏高原生态保护法等特殊地理地域类法律，等等。

---

〔1〕 参见栗战书：《全国人民代表大会常务委员会执法检查组关于检查〈中华人民共和国环境保护法〉实施情况的报告》，载《中华人民共和国全国人民代表大会常务委员会公报》2022年第五号。

〔2〕 参见栗战书：《深入贯彻习近平生态文明思想 加快完善中国特色社会主义生态环境保护法律体系》，载《中国人大》2022年第2期。

目前，宪法和60多部法律对生态环境保护作出规定，涵盖法律体系全部7个法律部门。除生态环境保护类法律外，其他一些法律也规定了生态环境保护的内容。比如，国家安全法明确将生态安全纳入国家安全，海南自由贸易港法中设“生态环境保护”专章；在编纂民法典、修改刑法、民事诉讼法和行政诉讼法等法律过程中，进一步强化生态环境的民法保护、完善环境刑民事责任、推动环境公益诉讼，织密生态环境保护的法律网；通过修改立法法、地方组织法等法律，增加设区的市的人大及其常委会在环境保护方面的地方性法规制定权、强化地方人大根据区域协调发展的需要开展协同立法等规定，在立法体制上为地方开展生态环境类法规规章制定提供有力支撑。

除此之外，国务院及国务院有关部门还制定修改大量生态环境保护法规、规章、标准和规范性文件；最高人民法院、最高人民检察院等单位制定环境污染犯罪、公益诉讼和生态环境侵权责任纠纷等20余件司法解释；[1] 地方积极落实中央生态环境保护重大决策部署，围绕生态环境保护领域的立法明显增多，特别是2015年立法法修改赋予设区的市立法权限之后，制定了大量地方性法规和地方政府规章，成为地方生态环境保护立法的一个突出特点。

（三）生态文明建设和生态环境保护事业蓬勃发展

在党中央坚强领导下，在习近平生态文明思想的科学指引下，我国污染防治攻坚战取得明显成效并向纵深推进，生态系统保护修复力度不断加大，绿色循环低碳发展迈出坚实步伐，全党全国建设美丽中国的自觉性和主动性显著增强，生态文明建设和生态环境保护发生历史性、转

---

〔1〕参见栗战书：《全国人民代表大会常务委员会执法检查组关于检查〈中华人民共和国环境保护法〉实施情况的报告》，载《中华人民共和国全国人民代表大会常务委员会公报》2022年第五号。

折性、全局性变化。

一是绿色发展成效逐步显现。将绿色发展作为新发展理念的重要内容，推动形成节约资源和保护环境的空间格局、产业结构、生产方式、生活方式。建立严格的管控体系，实现一条生态保护红线管控重要生态空间，确保生态功能不降低、面积不减少、性质不改变。绿色经济加快发展，产业结构不断优化，能源消费结构发生重大变化；全面节约资源有效推进，资源能源消耗强度大幅下降。党的十八大以来，我国累计淘汰钢铁产能近3亿吨，2021年煤炭消费占比下降到56%，清洁能源消费占比提高到25.5%；全国单位国内生产总值能耗下降、用水量大幅降低，我国可再生能源开发利用规模、新能源汽车产销量稳居世界第一。[1]

二是生态环境质量持续改善。将生态环境质量只能更好、不能变坏作为底线，着力打赢污染防治攻坚战；深入实施大气、水、土壤污染防治三大行动计划，打好蓝天、碧水、净土保卫战；开展农村人居环境整治，全面禁止进口“洋垃圾”。污染防治攻坚向纵深推进，蓝天白云重新展现，浓烟重霾有效抑制，黑臭水体明显减少，土壤污染风险得到管控。优化国土空间开发保护格局，建立以国家公园为主体的自然保护地体系，持续开展大规模国土绿化行动，加强大江大河和重要湖泊湿地及海岸带生态保护和系统治理，加大生态系统保护和修复力度，加强生物多样性保护。目前，我国森林覆盖率达到24.02%，建成首批国家公园，建成首个国家植物园、种子库，自然保护地面积占陆域国土面积18%。[2] 开展中央生态环境保护督察，坚决查处一批破坏生态环境的重大典型案件、解决一批人民群众反映强烈的突出环境问题。

---

〔1〕 参见栗战书：《全国人民代表大会常务委员会执法检查组关于检查〈中华人民共和国环境保护法〉实施情况的报告》，载《中华人民共和国全国人民代表大会常务委员会公报》2022年第五号。

〔2〕 参见孙金龙：《促进人与自然和谐共生》，载本书编写组编著：《党的二十大报告辅导读本》，人民出版社2022年版，第459页。

（四）人民环境权利保障水平不断提升

党的十九大立足于中国特色社会主义进入新时代的新的历史方位，作出“我国社会主要矛盾已经转化为人民日益增长的美好生活需要和不平衡不充分的发展之间的矛盾”的重大论断，指出“人民美好生活需要日益广泛，不仅对物质文化生活提出了更高要求，而且在民主、法治、公平、正义、安全、环境等方面的要求日益增长”。新时代我国加强对人权的全面保护，其中一个重要方面就是对人民群众环境方面权利的保护。一九八二年宪法实施以来，特别是党的十八大以来，在人民群众环境权利保护方面取得了显著成效，包括完善生态环境法治、保障公众环境权益、解决环境民生问题、改善生态环境质量、有效维护公众健康等方面，有力提升了人民群众的生态环境获得感、幸福感和安全感，成为我国人权保障的一个亮点。[1]

从2009年至今，我国共发布了四期国家人权行动计划。在2021年发布的《国家人权行动计划（2021—2025年）》中，有关“环境权利”的规定，内涵在不断拓展和丰富。从权利保护格局上看，相较于前三期计划环境权利均置于“经济社会文化权利”一章之内，第四期计划将环境权利独立成章，提升到了与经济社会文化权利、公民权利与政治权利并列的地位。从权利内容上看，新计划新增了环境信息公开和环境参与两项程序性权利，通过完善环境公益诉讼和生态环境损害赔偿强化了环境救济权利，为人民群众环境权利的实现提供全方位的保障。在任务要求方面，也从第一期中的1个方面7项任务，扩展到第四期中的6个方面18项任务，更加系统全面。

---

〔1〕 参见《国新办举行解读〈国家人权行动计划（2021—2025年）〉主要内容吹风会图文实录》，载国务院新闻办公室网2021年9月14日，http://www.scio.gov.cn/xwfbh/xwbfbh/wqfbh/44687/46862/wz46864/Document/1712624/1712624.htm。

在提升人民环境权利保障水平过程中，我国立法、执法、司法体系持续发力、相互配合、共同推进。比如，通过不断推进环境民生改善，提供更多的优质生态产品；实现环境公平，统筹城乡生态环境保护，推进基本环境公共服务均等化；不断加强开放与公众参与，把建设美丽中国转化为全民自觉行动，打击各类环境违法行为；推进全球观，共谋全球环境治理，有效实现环境权利的保护；等等。[1]

（五）依据我国宪法和国际公约共建地球生命共同体

环境问题具有很强的国际性，20 世纪 60 年代开始，在联合国大会组织下，国际社会为实现人与自然的和谐发展做出了积极努力。国际组织和国际非政府组织，特别是 1972 年联合国环境规划署的成立和发展，对国际环境法制和公约的制定和实施、全球生态环境的保护发挥了积极作用。国际社会通过宣言、条约和协定的形式确立了与生态环境保护有关的基本价值和规范事项，为全球环境治理和世界各国国内生态环境保护和法制建设奠定了基础。目前，我国已批准实施 30 多项与生态环境有关的多边公约或议定书，在应对气候变化、生物多样性丧失等全球生态环境挑战中的引领作用日益凸显，在全球环境治理体系中的话语权和影响力不断提升。[2]

习近平总书记指出："国际社会要加强合作，心往一处想、劲往一处使，共建地球生命共同体。"[3] 面对生态环境挑战，我国落实宪法中关于生态文明建设和对外交往有关条款的规定，秉持人类命运共同体理念，坚决维护多边主义，切实履行国际环境公约义务，建设性参与全球环境

---

〔1〕 参见吕望舒：《环境权利内涵持续扩展内容更加全面——不断提升人民群众生态环境获得感幸福感安全感》，载《中国环境报》2021 年 9 月 15 日，第 1 版。

〔2〕 参见孙金龙：《肩负起新时代建设美丽中国的历史使命》，载《求是》2022 年第 4 期。

〔3〕 习近平：《共同构建地球生命共同体——在〈生物多样性公约〉第十五次缔约方大会领导人峰会上的主旨讲话》，载《人民日报》2021 年 10 月 13 日，第 2 版。

治理，主张加快构筑尊崇自然、绿色发展的生态体系，将生态文明领域合作作为共建“一带一路”重点内容，发起一系列绿色行动倡议，采取绿色基建、绿色能源、绿色交通、绿色金融等一系列举措，推动共同构建地球生命共同体，共同建设清洁美丽的世界。特别是我国宣布将力争于2030年前实现二氧化碳排放达到峰值、2060年前实现碳中和，这意味着我国作为世界上最大的发展中国家，将完成全球最大碳排放强度降幅，用全球历史上最短的时间实现从碳达峰到碳中和。承诺实现从碳达峰到碳中和的时间远远短于发达国家，充分体现了我国对于推动构建人类命运共同体和实现人类可持续发展的责任担当。我国坚定践行多边主义，深度参与全球生态环境治理，努力推动构建公平合理、合作共赢的全球环境治理体系，切实履行国际环境公约义务，为全球可持续发展提供中国智慧、中国方案，作出中国贡献。

习近平总书记指出：“我国建设社会主义现代化具有许多重要特征，其中之一就是我国现代化是人与自然和谐共生的现代化，注重同步推进物质文明建设和生态文明建设。”[1] 党的十九届六中全会通过的《中共中央关于党的百年奋斗重大成就和历史经验的决议》强调，生态文明建设是关乎中华民族永续发展的根本大计，必须坚持人与自然和谐共生，协同推进人民富裕、国家强盛、中国美丽。我国14亿多人口要整体迈入现代化社会，如果延续过去发达国家高耗能、高排放的老路，资源环境压力不可承受，必须转到绿色低碳的发展轨道上来。目前，我国生态文明建设仍然面临诸多矛盾和挑战，生态环境稳中向好的基础还不稳固，距离人民群众的期望还有一定差距。我国生态文明建设已经进入了以降碳为重点战略方向、推动减污降碳协同增效、促进经济社会发展全面绿色转型、实现生态环境质量改善由量变到质变的关键时期。党的二十大从全面建设社会主义现代化国家、全面推进中华民族伟大复兴战略全局

---

〔1〕 参见习近平：《努力建设人与自然和谐共生的现代化》，载《求是》2022年第11期。

出发，阐释了中国式现代化的中国特色和本质要求，明确提出“中国式现代化是人与自然和谐共生的现代化”，指出促进人与自然和谐共生是中国式现代化的本质要求之一，并对生态文明建设作出战略部署。新时代新征程上，我们必须深刻领会和准确把握党的二十大关于生态文明建设的重要精神，继续深入贯彻习近平生态文明思想，全面贯彻实施宪法关于生态文明制度的规定，深化生态文明体制改革，促进生态环境持续改善，保障人民环境权利，努力建设人与自然和谐共生的现代化，实现中华民族永续发展。

第十三章　我国宪法关于国家安全制度的规定及其发展实施

国家安全，通常既指国家处于安全状态，又指国家维持这种安全状态的能力。在任何一个国家，国家安全都是国家生存和发展的基本前提和重要保障，是安邦定国的重要基石。各国在国家安全战略和相关国家安全立法中对于“国家安全”的定义普遍经历了以下变化过程。最初，“国家安全”概念主要涉及国家的军事、政治和外交斗争。传统的国家安全观注重国家面临的军事威胁及威胁国际安全的军事因素，把军事安全视为国家安全的核心。后来，国家安全又扩展到非传统安全领域，包括经济安全、金融安全、信息安全、能源安全、生态环境安全、反恐、防扩散、打击走私贩毒、跨国犯罪等领域的安全问题。但有一点是共同的，就是各国普遍将维护国家安全的核心定位为维护国家核心利益和其他重大利益，有的国家把它称为“生死攸关的利益”“极端重要利益”，包括生存、独立和发展等方面。维护国家安全就是维护国家利益，其既包括核心利益又包括核心利益之外足以影响国家安全的其他重大利益。

对我国而言，近代中国史可以说是一部备受欺凌、饱经劫难、毫无国家安全的历史。习近平总书记指出：“1840 年鸦片战争以后，西方列强在中华大地上恣意妄为，封建统治者孱弱无能，中国逐步成为半殖民地半封建社会，国家蒙辱、人民蒙难、文明蒙尘，中国人民和中华民族遭受了前所未有的劫难。"[1] 从1840年鸦片战争开始，到1945年抗日战争取得胜利，外国侵略中国的战争就没有停止过。而每一场战争的结果，要么是被迫签订不平等条约割地、赔款，要么是国土沦陷、生灵涂炭。1949年中华人民共和国的成立，既是历史的选择，更是人民的选择，中国人民从此站起来了，中国结束了100多年来被侵略、受奴役的屈辱历史，真正成为独立自主的国家。因此，对于中国人民来说，民族独立、国家安全，弥足珍贵、格外珍惜。习近平总书记指出："增强忧患意识，做到居安思危，是我们治党治国必须始终坚持的一个重大原则。我们党要巩固执政地位，要团结带领人民坚持和发展中国特色社会主义，保证国家安全是头等大事。"[2]

新中国成立初期，国家就高度重视国家安全方面的制度建设，从《共同纲领》到一九五四年宪法，就政权、军事、金融、外交等有关领域的安全保障作出规定，还明确了有关国家机关在维护国家安全方面的职责使命。党的十一届三中全会后，根据现行宪法中关于国家安全的规定，通过制度建设贯彻实施宪法的进程不断加快。党的十八大以来，为适应我国国家安全面临的新形势新任务，以习近平同志为核心的党中央提出总体国家安全观，强调全面维护各领域国家安全，对加强国家安全工作作出了重要部署。在总体国家安全观指导下，贯彻实施宪法要求，国家安全法律制度建设全面展开，宪法关于国家安全规定的内涵不断丰富、系统性不断加强，国家安全法律制度体系已经初步形成并不断发展完善。

一、新中国成立初期宪法关于国家安全制度的规定与发展

新中国成立初期，我国依然面临着严峻的国家安全形势，对内要维

[1] 习近平：《在纪念辛亥革命110周年大会上的讲话》，载《人民日报》2021年10月10日，第2版。

[2] 习近平：《在中央国家安全委员会第一次会议上的讲话》，载习近平：《习近平谈治国理政》（第1卷），外文出版社2014年版，第200页。

护政权稳定和社会安定，打击反动残余势力；对外要抵御西方反华势力的政治遏制和军事威胁。这一时期，国家安全的主要特点是维护主权安全，毛泽东同志将保卫新生政权、确保国家独立、维护国家主权和领土完整作为维护国家安全的首要任务，充分利用当时世界格局的特点和主要矛盾，有效维护和改善了国家安全环境。当时国家维护国家安全主要是通过政治、外交、军事等手段，但是也开始了维护国家安全的法制建设。

（一）《共同纲领》关于国家安全制度的规定

1949 年 9 月，中国人民政治协商会议第一届全体会议通过了临时宪法性质的《共同纲领》，其中对于维护国家安全作了不少规定：

一是涉及国家主权统一和领土完整方面，规定“为中国的独立、民主、和平、统一和富强而奋斗”“将人民解放战争进行到底，解放中国全部领土，完成统一中国的事业”“禁止民族间的歧视、压迫和分裂各民族团结的行为”等。

二是涉及国家政治安全、政权安全方面，规定“必须镇压一切反革命活动，严厉惩罚一切勾结帝国主义、背叛祖国、反对人民民主事业的国民党反革命战争罪犯和其他怙恶不悛的反革命首要分子”“假如他们继续进行反革命活动，必须予以严厉的制裁”。同时，明确宣布“取消国民党反动政权机关”“废除国民党反动政府一切压迫人民的法律、法令和司法制度”等。

三是涉及军事安全方面，规定武装力量的任务是“保卫中国的独立和领土主权的完整，保卫中国人民的革命成果和一切合法权益”，提出国家“加强现代化的陆军，并建设空军和海军，以巩固国防”，“建立国家动员基础”等。

四是涉及经济安全方面，规定“凡属有关国家经济命脉和足以操纵国民生计的事业，均应由国家统一经营”“对于扰乱市场的投机商业必须严格取缔”“破坏国家金融事业者，应受严厉制裁”等。

五是涉及文化安全方面，规定“肃清封建的、买办的、法西斯主义的思想”“禁止利用新闻以进行诽谤，破坏国家人民的利益和煽动世界战争”。

六是涉及外部安全方面，明确要“联合苏联、各人民民主国家和各被压迫民族，站在国际和平民主阵营方面，共同反对帝国主义侵略，以保障世界的持久和平”“反对帝国主义的侵略政策和战争政策”等。

这一时期贯彻实施《共同纲领》有关规定开展国家安全法律制度建设的主要特点是针对反革命犯罪加强刑事打击力度，具体包括：（1）1951 年通过《中华人民共和国惩治反革命条例》、1952 年通过《中华人民共和国惩治贪污条例》，明确了各类反革命罪行和贪污罪的定罪、量刑标准；（2）1950 年通过《人民法庭组织通则》，明确成立人民法庭运用司法程序“惩治危害人民与国家利益、阴谋暴乱、破坏社会治安的恶霸、土匪、特务、反革命分子及违抗土地改革法令的罪犯”；（3）1951 年通过《中央人民政府最高人民检察署暂行组织条例》《各级地方人民检察署组织通则》《中华人民共和国人民法院暂行组织条例》等，完善了司法机关通过刑事程序惩治危害国家安全犯罪的有关职能。此外，当时的政务院还通过了《中华人民共和国民族区域自治实施纲要》和《中华人民共和国民兵组织暂行条例》，有效维护了民族团结、祖国统一和军事安全。

（二）一九五四年宪法关于国家安全制度的规定

一九五四年宪法关于国家安全的规定主要是以政治安全为主，明确“中华人民共和国保卫人民民主制度，镇压一切叛国的和反革命的活动，惩办一切卖国贼和反革命分子”。同时，为维护国家主权统一和领土完整，一九五四年宪法还规定了“禁止破坏各民族团结的行为”；武装力量的任务“是保卫人民革命和国家建设的成果，保卫国家的主权、领土完整和安全”；“保卫祖国是中华人民共和国每一个公民的神圣职责”等。在经济安全方面规定“国家禁止资本家的危害公共利益、扰乱社会经济秩序、破坏国家经济计划的一切非法行为”。此外，一九五四年宪法还规定了全国人大及其常委会、国家主席、国务院等国家机关在维护国家安全方面的职责。

这一时期国家安全制度建设的主要成果包括：（1）围绕维护政治安全要求，进一步加强刑事制度、司法制度的发展完善。例如，《中华人民共和国逮捕拘留条例》（1954 年）、《公安派出所组织条例》（1954 年）、《全国人民代表大会常务委员会关于不公开进行审理的案件的决定》（1956 年）、《全国人民代表大会常务委员会关于宽大处理和安置城市残余反革命分子的决定》（1956 年）、《全国人民代表大会常务委员会关于处理在押日本侵略中国战争中战争犯罪分子的决定》（1956 年）、《中华人民共和国治安管理处罚条例》（1957 年）、《中华人民共和国人民警察条例》（1957 年）等，镇压、审判和改造了一批反革命分子及战争罪犯，明确了有关机关维护国家安全的职责。（2）在国土安全方面，全国人大常委会于 1958 年批准了《中华人民共和国政府关于领海声明的决议》。（3）在军事安全方面，通过了《中华人民共和国兵役法》（1955 年）、《中国人民解放军军官服役条例》（1963 年）、《全国人民代表大会常务委员会关于军士和兵的现役期限的决定》（1965 年）等，加强国家武装力量正规化建设。（4）在文化安全方面，全国人大常委会于 1955 年通过《关于处理违法的图书杂志的决定》，对于反对人民民主政权、破坏民族团结、反对世界和平、泄露国家机密等的图书杂志，可以停止发行、停止出卖、没收等处置。（5）在外部安全方面，全国人大常委会于 1955 年作出决议并由国家主席于 1956 年发布命令，结束与德国之间的战争状态。此外，我国在这一时期还与许多国家缔结和平友好条约。上述宪法规定和有关法律制度建设，以法治方式有力保卫和巩固了新生的人民政权，保卫了国家的主权、安全和领土完整，为我国和平发展营造了更安全稳定的外部环境。

二、现行宪法维护国家安全规定的制度内涵及立法实施情况

党的十一届三中全会后，维护国家安全的法制建设也有了长足发展。1982年12月4日五届全国人大五次会议通过的现行宪法，在一九五四年宪法规定的基础上，对我国维护国家安全的宪法制度又作了进一步发展完善。此后，1988年、1993年、1999年、2004年宪法修改中也涉及了与国家安全有关条款，我国宪法中维护国家安全规定的内涵不断丰富。具体而言，主要体现在以下几个方面：

（一）明确了维护国家安全的任务

政治安全是国家安全中最根本的安全，是国家利益的最高目标。政治安全的核心是政权安全和制度安全。维护我国人民民主专政政权的安全，首要的是加强党的执政能力建设，巩固中国共产党的执政地位，这是实现政治安全的根本保障。坚持中国共产党的领导，维护中国特色社会主义制度，这是我国政权安全的核心与根本。在党的十八大以前，我国宪法中关于国家安全的规定主要侧重于政治安全并经历了发展完善的过程。

现行宪法序言中规定："在我国，剥削阶级作为阶级已经消灭，但是阶级斗争还将在一定范围内长期存在。中国人民对敌视和破坏我国社会主义制度的国内外的敌对势力和敌对分子，必须进行斗争。"同时，一九八二年宪法第二十八条规定："国家维护社会秩序，镇压叛国和其他反革命的活动，制裁危害社会治安、破坏社会主义经济和其他犯罪的活动，惩办和改造犯罪分子。"关于上述规定的必要性，彭真同志在有关说明和报告中指出，人民民主专政还有全体人民对于人民的敌人实行专政的一

面，虽然剥削制度和剥削阶级已经消灭，但是受国内的因素和国际的影响，阶级斗争还将在一定范围内长期存在，人民对于敌视和破坏我国社会主义制度的国内外敌对势力和敌对分子，还必须进行斗争。坚持这种专政职能，是保卫和发展社会主义民主所必需的。[1] 到了 20 世纪 90 年代，随着我国已经从革命时期进入集中力量进行社会主义现代化建设的历史新时期，反革命的定性遇到一些新情况、新问题。为此，1997 年修改刑法时将反革命罪修改为危害国家安全罪，既涵盖了过去的勾结外国，阴谋危害祖国的主权、领土完整和安全的规定，还进一步包括分裂国家、武装暴乱、颠覆国家政权和推翻社会主义制度等行为。1999 年九届全国人大二次会议通过宪法修正案，将宪法第二十八条中的“反革命的活动”修改为“危害国家安全的活动”，进一步发展完善了宪法关于政治安全和政权安全的制度内涵。

（二）进一步明确各国家机关维护国家安全的职责

一是规定全国人大及其常委会维护国家安全的职责。根据宪法规定，全国人大决定战争和和平的问题；全国人大常委会在全国人大闭会期间，如果遇到国家遭受武装侵犯或者必须履行国际间共同防止侵略的条约的情况，决定战争状态的宣布；全国人大常委会还决定全国总动员或者局部动员，决定全国或者个别省、自治区、直辖市进入紧急状态等。

二是规定国家主席维护国家安全的职责。根据宪法第八十、八十一条的规定，中华人民共和国主席根据全国人大及其常委会的决定，宣布进入紧急状态，宣布战争状态，发布动员令等。

三是规定国务院维护国家安全的职责。国务院是最高国家权力机关

---

〔1〕 参见彭真：《关于中华人民共和国宪法修改草案的说明》，1982 年 4 月 22 日在第五届全国人民代表大会常务委员会第二十三次会议上；彭真：《关于中华人民共和国宪法修改草案的报告》，1982 年 11 月 26 日在第五届全国人民代表大会第五次会议上。

的执行机关，是最高国家行政机关，领导和管理经济工作和城乡建设、生态文明建设、教育、科学、文化、卫生、体育和计划生育、民政、公安、司法行政等工作。全国人大及其常委会制定的涉及国家安全方面的法律以及维护各领域国家安全的具体工作，大多数都需要国务院通过行政措施予以实施。此外，国务院还可依照法律规定决定省、自治区、直辖市的范围内部分地区进入紧急状态。

四是规定中央军委维护国家安全的职责。这一点主要体现在其领导全国武装力量。

此外，现行宪法明确规定，一切国家机关都必须以宪法为根本的活动准则，并且负有维护宪法尊严、保证宪法实施的职责。各国家机关通过行权履职确保宪法规定的维护国家安全各方面任务得到落实，贯彻实施宪法要求的应有之义。因此，除上述宪法规定的与维护国家安全直接相关的具体职责外，国家机关履行宪法赋予的其他职责，也都与维护国家安全息息相关。例如，全国人大及其常委会制定与国家安全相关的法律，监督涉及国家安全的有关工作，批准与国家安全有关的国际条约等。国家主席开展国事活动，公布法律，批准国际条约等。国务院规定国家安全相关的行政措施、制定行政法规、发布决定和命令等。

（三）进一步完善公民维护国家安全的义务

现行宪法进一步完善了公民在维护国家安全各方面的义务，涉及国土安全、政治安全、军事安全等，具体包括：（1）完成统一祖国的大业是包括台湾同胞在内的全中国人民的神圣职责。（2）全国各族人民必须以宪法为根本的活动准则，并且负有维护宪法尊严、保证宪法实施的职责。（3）维护国家统一和全国各民族团结的义务。（4）遵守宪法和法律，保守国家秘密。（5）维护祖国的安全、荣誉和利益的义务，不得有危害祖国的安全、荣誉和利益的行为。（6）保卫祖国、抵抗侵略是中华人民共和国每一个公民的神圣职责。依照法律服兵役和参加民兵组织是中华人民共和国公民的光荣义务。

（四）从改革开放到党的十八大召开以前国家安全立法情况

为贯彻落实宪法的国家安全制度，我国先后制定和修改了一系列法律法规，对于打击犯罪和敌对势力的分裂、破坏、渗透、颠覆活动起到了重要作用。在中国特色社会主义法律体系形成过程中，不同领域涉及国家安全的事项也逐步受到法律的规范。总体而言，主要包括以下三个方面：

一是制定了专门的国家安全法。1993 年七届全国人大常委会第三十次会议审议通过的《中华人民共和国国家安全法》，对国家安全工作的基本原则，危害国家安全的行为，国家安全机关在国家安全工作中的职权，机关、团体和其他组织以及公民维护国家安全的义务和权利以及法律责任作了规定，是国家安全工作领域法制化建设的重要成果，为国家安全机关依法开展维护国家安全工作提供了重要法律依据和保障。

二是其他国家安全各领域的专门立法。包括：制定保守国家秘密法及其实施条例，规范保密工作；维护国家统一和领土完整的立法，如反分裂国家法、领海及毗连区法、专属经济区和大陆架法；维护国家政治秩序和社会秩序的立法，如集会游行示威法及其实施条例、戒严法；维护国防和军事安全的立法，如国防法、兵役法、香港特别行政区驻军法、澳门特别行政区驻军法，人民防空法、国防动员法、国防教育法、人民武装警察法、军事设施保护法，等等。为有效应对非传统安全威胁，国家还制定了突发事件应对法和《全国人民代表大会常务委员会关于维护互联网安全的决定》《全国人民代表大会常务委员会关于加强网络信息保护的决定》《全国人民代表大会常务委员会关于取缔邪教组织、防范和惩治邪教活动的决定》等。

三是含有维护国家安全条款的其他方面立法。有些法律部分条款涉及维护国家安全，如对外贸易法、反垄断法、邮政法、农业法、食品安全法等，还有的是为依法惩治违法、犯罪行为而制定的法律，如刑法、刑事诉讼法、行政处罚法等。此外，行政法规和部委规章、地方性法规和地方政府规章，也有一些维护国家安全的规定。我国还缔结和加入了一些国际条约、公约，在防止核扩散，打击分裂主义、极端主义、恐怖主义，应对气候变化等方面，履行相应的国际责任和义务，开展国家安全合作。

从党的十一届三中全会到党的十八大召开以前，国家先后制定了一系列维护国家安全方面的法律，不断填补维护国家安全法律的空白，总体上能够满足我国维护国家安全需要。但面对严峻复杂的国家安全形势，对照落实总体国家安全观和党的十九届四中全会《中共中央关于坚持和完善中国特色社会主义制度　推进国家治理体系和治理能力现代化若干重大问题的决定》提出的要求，现行的国家安全领域立法还有不适应的地方：一是，缺少一部体现总体国家安全观思想、能统领国家安全各领域任务的综合性法律。二是，一些重要领域，如生物、电磁、太空、极地、深海、海外军事行动以及维护我国海外利益安全等方面，仍存在法律空白。三是，一些安全领域的立法位阶偏低，法律约束力不够。在有些安全领域主要还是靠政策、文件来管理、应对国家安全事项。四是，有的立法可操作性不强，有的立法已不适应现实需要。从维护国家安全法律法规实施情况看，国家尚未建立起集中统一、高效权威的国家安全领导体制、机制和制度，存在资源分散、统筹协调不够等问题，国家安全法治化水平有待进一步提高。

三、新时代宪法关于国家安全制度规定的内涵拓展及其立法实施

党的十八大以来，以习近平同志为核心的党中央顺应时代发展大势，

从新时代坚持和发展中国特色社会主义的战略高度，把马克思主义国家安全理论和当代中国安全实践、中华优秀传统战略文化结合起来，创造性地提出了总体国家安全观，成为维护国家安全的行动纲领和科学指南。党的十九大将坚持总体国家安全观纳入新时代坚持和发展中国特色社会主义的基本方略，并写入党章。总体国家安全观的核心，就是以人民安全为宗旨，以政治安全为根本，以经济安全为基础，以军事、文化、社会安全为保障，以促进国际安全为依托，强调必须既重视外部安全，又重视内部安全；既重视国土安全，又重视国民安全，坚持国家安全一切为了人民、一切依靠人民；既重视传统安全，又重视非传统安全；既重视发展问题，又重视安全问题，发展是安全的基础，安全是发展的条件；既重视自身安全，又重视共同安全，打造命运共同体。总体国家安全观的提出，大大拓展了宪法关于国家安全制度规定的内涵和外延。以总体国家安全观为引领，全国人大常委会通过立法贯彻落实宪法关于国家安全规定的步伐明显加快，推动国家安全法律制度体系基本形成，成为新时代立法工作的一个显著特点。

2015 年，根据总体国家安全观重新制定的国家安全法颁布实施，为建立健全各领域国家安全法律制度提供了总纲。此后，一系列涉及国家安全重要领域的法律相继出台，为新形势下做好国家安全工作提供了法制保障，为国家机关和全社会履行国家安全责任提供了重要遵循。在党中央的坚强领导下，全国人大及其常委会围绕党和国家工作大局，顺应人民期盼，加快立法步伐，不断提高立法质量和效率，国家安全领域立法取得显著进展。据统计，我国现有近 200 部法律涉及国家安全问题，其中 30 多部法律主要规范国家安全领域问题。根据党中央提出的要求，我国已经基本形成立足我国国情、体现时代特点、适应我国所处战略安全环境、内容协调、程序严密、配套完备、运行有效的中国特色国家安全法律制度。

(一) 总体国家安全观对国家安全法律制度体系提出新要求

党的十八大以来，以习近平同志为核心的党中央清醒地认识到我国所处的战略安全环境正在发生深刻变化，国家面临的安全形势严峻而复杂，安全挑战不容乐观，面临着对外维护国家主权、安全、发展利益，对内维护政治安全和社会稳定的双重压力，各种可以预见和难以预见的风险因素明显增多，非传统领域安全日益凸显。国家安全的内涵和外延比历史上任何时候都要丰富，时空领域比历史上任何时候都要宽广，内外因素比历史上任何时候都要复杂。

2012 年 11 月召开的党的十八大对我国面临的国家安全形势作出判断，指出：世界仍然很不安宁。国际金融危机影响深远，世界经济增长不稳定不确定因素增多，全球发展不平衡加剧，霸权主义、强权政治和新干涉主义有所上升，局部动荡频繁发生，粮食安全、能源资源安全、网络安全等全球性问题更加突出；我国面临的生存安全问题和发展安全问题、传统安全威胁和非传统安全威胁相互交织。同时，明确提出“完善国家安全战略和工作机制，高度警惕和坚决防范敌对势力的分裂、渗透、颠覆活动，确保国家安全”。在此基础上，党中央对加强政治、军事、经济、文化、信息等各领域安全工作作出部署。

2013 年党的十八届三中全会通过的《中共中央关于全面深化改革若干重大问题的决定》提出，设立国家安全委员会，完善国家安全体制和国家安全战略，确保国家安全。在该决定的说明中，习近平总书记对设立中央国家安全委员会的必要性及其职能定位作了说明。按照该决定的部署，2014 年 4 月 15 日，中央国家安全委员会成立，由习近平总书记任主席，并召开中央国家安全委员会第一次会议。习近平总书记在会上发表重要讲话，首次深刻地阐明了总体国家安全观的战略思想，明确提出构建国家安全体系，走中国特色国家安全道路。这一天在我国国家安全事业发展中具有重要里程碑意义，国家安全法将每年4月15日确立为“全民国家安全教育日”。

2014年10月23日，党的十八届四中全会通过《中共中央关于全面推进依法治国若干重大问题的决定》提出，“良法是善治之前提”，要发挥立法的引领和推动作用。在加强重点领域立法中明确提出，贯彻落实总体国家安全观，加快国家安全法治建设，抓紧出台反恐怖等一批急需法律，推进公共安全法治化，构建国家安全法律制度体系，为推进国家安全立法工作提出任务要求、作出具体部署。

2015年1月23日，中央政治局召开会议，审议通过《国家安全战略纲要》。会议认为，制定和实施《国家安全战略纲要》，是有效维护国家安全的迫切需要，是完善中国特色社会主义制度、推进国家治理体系和治理能力现代化的必然要求。在新形势下维护国家安全，必须坚持以总体国家安全观为指导，坚决维护国家核心和重大利益，以人民安全为宗旨，在发展和改革开放中促安全，走中国特色国家安全道路。会议强调，国家安全是安邦定国的重要基石。必须毫不动摇坚持中国共产党对国家安全工作的绝对领导，坚持集中统一、高效权威的国家安全工作领导体制。

为实现党的十八大以来维护国家安全的系列战略部署的制度化、规范化、程序化，党中央决定根据贯彻总体国家安全观和全面推进依法治国的要求，制定一部统领各安全领域的具有综合性、全局性、基础性的新的国家安全法。与此同时，有关方面抓紧制定和修改涉及国家安全各个领域的专门立法，为维护我国国家安全提供坚实的法律制度保障。

（二）新时代宪法关于国家安全规定制度内涵的拓展

贯彻总体国家安全观的要求，随着国家安全相关实践的丰富发展，现行宪法中有关国家安全制度规定的内涵与外延不断拓展，除宪法第二十八条规定国家镇压“危害国家安全的活动”外，在国防、经济、文化等方面的规定，也都进入维护国家安全的宪法制度范畴，承担起维护国家安全的制度功能。

一是关于国土安全、国防安全方面。国土安全是传统国家安全的核心内容，是国家生存与发展的重要保障。从 1840 年鸦片战争开始的 100 多年时间里，我国遭受了帝国主义国家的侵略，被迫签订了一系列不平等条约，割让了大片领土，国家主权丧失殆尽，国家安全也无从谈起。同样，军队是国家安全的坚强柱石，军事安全是国家安全的重要保障。强军才能卫国，强国必须强军。现行宪法在序言部分明确了完成祖国统一大业的要求，同时规定“国家加强武装力量的革命化、现代化、正规化的建设，增加国防力量”，提出武装力量的任务是“巩固国防，抵抗侵略，保卫祖国，保护人民的和平劳动，参加国家建设事业，努力为人民服务”等。

二是关于经济安全方面。经济安全是维护国家安全的基础。一般意义上的经济安全既包括维护基本经济制度不动摇，也包括维护金融安全、资源和能源安全、粮食安全等具体领域的安全。一九八二年宪法确立了生产资料的社会主义公有制是我国社会主义经济制度的基础。在此基础上，明确了全民所有制经济在国民经济中的主导力量，以及集体所有制、个体经济、外国企业等经济形式的地位。同时，一九八二年宪法规定禁止任何组织或者个人用任何手段侵占或者破坏自然资源；任何组织或者个人不得侵占、买卖、出租或者以其他形式非法转让土地；禁止任何组织或者个人用任何手段侵占或者破坏国家的和集体的财产；禁止任何组织或者个人扰乱经济秩序，破坏国家经济计划等。一九八二年宪法第 28 条还规定国家制裁破坏社会主义经济的犯罪活动。伴随着我国几次宪法修正案对于经济制度的不断发展完善，宪法关于维护经济安全的相关制度内涵也相应发生变化，例如，1988 年增加了“土地的使用权可以依照法律的规定转让”，1993 年增加了“完善宏观调控”并删除了“破坏国家经济计划”等。但是总体而言，我国宪法基于生产资料社会主义公有制，所确立的维护资源安全、经济秩序安全等经济安全制度的原则和精神是一以贯之的。

三是关于文化安全方面。文化是民族的血脉，是人民的精神家园。文化安全是国家安全的重要组成部分。一般认为，维护文化安全，主要包括国家的文化主权和文化尊严不受侵犯，文化传统和文化选择得到尊重，与经济基础和社会政治制度相适应的意识形态占据主导地位。一九八二年宪法在序言中明确将“马克思列宁主义、毛泽东思想”作为国家的指导思想；在《共同纲领》对社会公德“五爱”要求的基础上，进一步予以完善，规定了“爱社会主义”的要求；提出了进行“爱国主义、集体主义和国际主义、共产主义的教育”的要求；并且规定“反对资本主义的、封建主义的和其他的腐朽思想”。此后，1999 年、2004 年和 2018 年宪法修正案进一步对指导思想进行了丰富和完善，增加邓小平理论、“三个代表”重要思想、科学发展观、习近平新时代中国特色社会主义思想等要求。2018 年还增加了关于“倡导社会主义核心价值观”的要求。宪法的上述规定为我国维护文化安全、维护意识形态安全提供了强大的宪法制度支撑。

四是关于民族、宗教等方面安全。我国是一个统一的多民族国家，民族自治地方面积占全国的 64%，陆地边界线约 90% 在民族自治地方，边疆地区基本上是少数民族聚居区。这决定了国家统一和国家安全始终是各族人民的最高利益，决定了民族问题、民族工作对于维护国家统一和国家安全始终具有重大意义。我国宪法对民族关系和民族区域自治制度作了原则规定，同时提出，“在维护民族团结的斗争中，要反对大民族主义，主要是大汉族主义，也要反对地方民族主义”；“禁止对任何民族的歧视和压迫，禁止破坏民族团结和制造民族分裂的行为”。宗教存在的长期性和宗教问题的群众性、特殊复杂性，决定了宗教工作具有极强的政策性、敏感性和重要性。能否处理好宗教问题、做好宗教工作，关系党和国家工作全局，关系社会和谐稳定和国家长治久安。随着宗教快速发展、境内外因素交织，宗教工作难度不断加大，宗教领域维护国家安全面临错综复杂的严峻形势。在宗教方面，宪法规定“任何人不得利用宗教进行破坏社会秩序、损害公民身体健康、妨碍国家教育制度的活动”“宗教团体和宗教事务不受外国势力的支配”。

五是关于外部安全方面。外部安全主要强调世界和地区因素对我国安全环境的影响。当前，国际力量对比、全球治理体系结构、亚太地缘战略格局和国际经济、科技、军事竞争格局正在发生历史性变化。维护和平的力量上升，制约战争的因素增多，在可预见的未来，总体和平态势可望保持。但是，霸权主义、强权政治和新干涉主义将有新的发展，各种国际力量围绕权力和权益再分配的斗争趋于激烈，恐怖主义活动日益活跃，民族宗教矛盾、边界领土争端等问题复杂多变，小战不断、冲突不止、危机频发仍是一些地区的常态。我国作为一个发展中大国，仍然面临多元复杂的安全威胁，遇到的外部阻力和挑战逐步增多，外部安全环境中的不稳定不确定因素对国家安全和发展的影响增大。我国宪法序言中明确了和平共处五项原则，同时提出“坚持反对帝国主义、霸权主义、殖民主义，加强同世界各国人民的团结，支持被压迫民族和发展中国家争取和维护民族独立、发展民族经济的正义斗争，为维护世界和平和促进人类进步事业而努力”。

（三）新时代宪法关于国家安全制度规定的立法实施成就

党的十八大以来，根据党中央的决策部署，坚持总体国家安全观要求，我国相继出台国家安全法、反间谍法、反恐怖主义法、境外非政府组织境内活动管理法、网络安全法、国家情报法等涉及国家安全的重要法律，为维护国家安全、核心利益和重大利益提供了有力法治保障。主要体现在几个方面：

一是制定出台新的国家安全法。2015 年 7 月 1 日，十二届全国人大常委会第十五次会议审议通过《中华人民共和国国家安全法》。同日，习近平主席签署第 29 号主席令公布，自公布之日起施行。1993 年全国人大常委会曾经制定国家安全法，但 1993 年国家安全法并没有涉及维护国家安全的所有领域，只是规定国家安全机关履行国家安全职责的一部具有部门特色的法律。制定新的国家安全法，是贯彻落实党的十八届三中、四中全会和中央国家安全委员会第一次全体会议精神，全面推进依法治国进程中的一件大事，是推进国家治理体系和治理能力现代化、实现国家长治久安的重要举措。这部法律全面贯彻落实总体国家安全观，贯彻实施宪法要求，把维护政治安全和政权安全，确保中国共产党的领导地位和中国特色社会主义制度作为影响国家安全最突出、最基本、最核心的问题，确立了坚持中国共产党对国家安全工作的领导和国家安全的领导体制，明确了坚持总体国家安全观，走中国特色国家安全道路的指导原则，规定了维护国家安全各领域的任务、有关国家机构维护国家安全的职责、国家安全制度和保障措施以及公民、组织的义务和权利。这部法律不仅将总体国家安全观作为国家安全工作的指导思想，而且还将总体国家安全观对国家安全工作的各项要求规范化、制度化和法律化，是一部具有综合性、全局性、基础性的重要法律，是国家安全法律制度体系中起统领作用的基本法律，有效衔接起现行宪法关于国家安全制度的规定和各分领域、专门的国家安全立法。

二是发展完善宪法直接规定的传统安全领域立法。在政治安全领域，2014 年通过反间谍法，为防范、制止和惩治间谍行为提供法律保障；2016 年通过境外非政府组织境内活动管理法，将境外非政府组织活动管理纳入法治轨道；2017 年通过国家情报法，明确了国家情报工作的任务和体制机制；2019 年通过密码法，健全密码工作领导和管理体制，保障核心密码、普通密码的使用管理等。此外，2015 年还对选举法作了修改，明确候选人不得直接或者间接接受境外机构、组织、个人提供的与选举有关的任何形式的资助。在国土安全领域，2021 年通过陆地国界法，为依法定边、管边、控边提供法律保障。在军事安全领域，制定国防交通法、海警法、退役军人保障法、军人地位和权益保障法，修改国防法、人民武装警察法、兵役法、军事设施保护法，为维护国防安全、领土安全提供保障。在经济安全领域，2019 年通过外商投资法，明确外商投资国家安全审查制度，规定对等反制原则等；2020 年通过出口管制法，统一确立出口管制方面的基本制度框架和规则；2022 年通过期货和衍生品法，维护市场秩序和社会公共利益，促进期货市场和衍生品市场服务国民经济，防范化解金融风险；2022 年修改反垄断法，进一步加大对市场垄断行为的打击处罚力度。在社会安全领域，2018 年通过反恐怖主义法，明确了反恐工作的领导体制和各项制度；2021 年通过反有组织犯罪法，为预防和惩治有组织犯罪，加强和规范反有组织犯罪工作提供支持。在文化安全领域，进一步加强了社会主义核心价值观入法入规的工作，2016 年通过电影产业促进法，确立了以人民为中心的创作导向，列举了电影中禁止出现的题材和内容；2018 年通过英雄烈士保护法，加强对英雄烈士精神的传承与弘扬，明确禁止歪曲、丑化、亵渎、否定英雄烈士事迹和精神，等等。

三是拓展了涉外领域、新兴领域维护国家安全的立法保障。党的十八大以来，我国维护国家安全的领域不断拓展，也通过立法不断拓展宪法规定的国家安全制度的内涵和外延。例如，制定核安全法，从高从严建立核安全标准体系，为实现核能的持久安全和健康发展提供了坚实的法制保障；制定在生物安全领域具有基础性、综合性、系统性和统领性的生物安全法，防范和应对生物安全风险，保障人民生命健康，保护生物资源和生态环境；制定反外国制裁法，坚决维护国家主权、尊严和核心利益，反对西方霸权主义和强权政治，为我国依法反制外国歧视性措施提供有力法治支撑和保障；制定网络安全法、数据安全法、个人信息保护法，为保障网络安全和数据信息安全，维护网络空间主权和国家安全、社会公共利益提供切实法律保障，等等。

四是建立健全香港特别行政区维护国家安全的法律制度。2020 年 5 月，十三届全国人大三次会议通过了《关于建立健全香港特别行政区维护国家安全的法律制度和执行机制的决定》，同时授权全国人大常委会制定相关法律。2020 年 6 月，全国人大常委会依据宪法、香港特别行政区基本法和全国人大的有关决定，制定香港特别行政区维护国家安全法并将其列入香港特别行政区基本法附件三在香港特别行政区公布实施。这是最高国家权力机关贯彻落实党的十九届四中全会会议精神，采取“决定 + 立法”的形式，从国家层面建立健全香港特别行政区维护国家安全制度机制的重要举措。香港特别行政区维护国家安全法自实施以来，有效打击了与我国香港特别行政区有关的危害国家安全犯罪，堵塞我国香港特别行政区在维护国家安全法律制度和执行机制方面存在的漏洞，有力地维护了国家主权、安全、发展利益和香港特别行政区的长期繁荣稳定，以法治方式推动香港特别行政区进入由乱到治走向由治及兴的新阶段。

习近平总书记深刻指出：“当前，世界百年未有之大变局加速演进，新一轮科技革命和产业变革深入发展，国际力量对比深刻调整，我国发展面临新的战略机遇。同时，世纪疫情影响深远，逆全球化思潮抬头，单边主义、保护主义明显上升，世界经济复苏乏力，局部冲突和动荡频发，全球性问题加剧，世界进入新的动荡变革期。我国改革发展稳定面临不少深层次矛盾躲不开、绕不过，党的建设特别是党风廉政建设和反腐败斗争面临不少顽固性、多发性问题，来自外部的打压遏制随时可能升级。我国发展进入战略机遇和风险挑战并存、不确定难预料因素增多的时期，各种‘黑天鹅’、‘灰犀牛’事件随时可能发生”〔1〕。充分研判和通盘考虑我国发展面临新的战略机遇、新的战略任务、新的战略阶段、

---

〔1〕 参见习近平：《高举中国特色社会主义伟大旗帜　为全面建设社会主义现代化国家而团结奋斗——在中国共产党第二十次全国代表大会上的报告》，人民出版社 2022 年版，第 26 页。

新的战略要求、新的战略环境，党的二十大报告从党和国家事业发展战略全局出发，对国家安全单列部分作出安排，对推进国家安全体系和能力现代化作出战略部署，彰显了党中央抓关键、补短板、防风险的战略考量。新时代新征程，必须坚持以总体国家安全观为指导，继续深入推进国家安全领域法治建设，不断加强国家安全领域立法工作。要进一步完善国家安全法律制度体系，推进重点领域、新兴领域国家安全法治建设。统筹推进政治安全、经济安全、金融安全、生物安全、数据安全、海外利益保护等重点领域立法，积极研究太空、电磁、国际海底区域和极地等新兴领域维护国家安全法律规范，统筹发展与安全、传统安全与非传统安全，全面提升重点领域、新兴领域国家安全法治化水平。要针对新技术新应用快速发展的现状，与时俱进完善维护国家安全的有关法律制度。应对网络犯罪危害我国政治安全、网络安全、社会安全、经济安全等的重要风险，加强云计算、大数据、人工智能、区块链等新技术的立法引导、规范和保障，防止空白区、时间差。要统筹国家安全领域立法与涉外法治建设一体推进。坚持底线思维和风险意识，力争掌握化险为夷、转危为安的战略主动，通过建立健全各领域特别是涉外领域维护国家安全的相关制度，充实我国对外斗争法律“工具箱”，为维护国家主权、安全、发展利益提供坚实法治保障。

第十四章　我国宪法关于国防军事制度的规定及其发展实施

国防是国家为防备和抵抗侵略，制止武装颠覆，保卫国家的主权、统一、领土完整和安全，所进行的军事及与军事有关的政治、经济、外交、科技、教育等方面的活动。[1] 军事是指一切与战争、军队和国防直接相关的事项。“兵者，国之大事，死生之地，存亡之道，不可不察也。”中国近现代所遭受的屈辱历史，更让人民深刻认识到国防巩固、军事强大对保障国家独立、人民安全、百姓福祉的极其重大的意义。1949 年 10 月 1 日，中国共产党领导人民，在各民主党派和无党派民主人士积极合作下，宣告成立中华人民共和国，实现民族独立、人民解放，彻底结束了旧中国半殖民地半封建社会的历史，彻底结束了极少数剥削者统治广大劳动人民的历史，彻底结束了旧中国一盘散沙的局面，彻底废除了列强强加给中国的不平等条约和帝国主义在中国的一切特权，实现了中国从几千年封建专制政治向人民民主的伟大飞跃。新中国国防军事从解放全中国向守卫国防、完成祖国统一大业发展转变，必须加强国防军事建设、抵御外来侵略，为国内经济建设提供安全和平环境。

---

〔1〕《辞海（第六版）》（第 2 卷），上海辞书出版社 2009 年版，第 1572 页。

一、我国宪法关于国防军事制度的发展历程概述

新中国成立后，为维护国家主权、统一和领土完整，捍卫革命政权和人民胜利成果，我国始终高度重视国防建设，并在国家根本法上予以规范和体现。1949 年中国人民政治协商会议第一届全体会议通过的《共同纲领》专门设置一章规定我国的军事制度，明确了军队的任务和武装力量建设的要求等。

1954 年一届全国人大一次会议通过的一九五四年宪法，明确规定我国武装力量的性质和任务，明确了国防和武装力量的领导体制，明确了战争状态、全国总动员和局部动员的决定权和发布权，规定了公民依法服兵役的义务等，创设了我国国防军事领域的基本制度。这些规定后来在“文化大革命”中遭到破坏。党的十一届三中全会以后，党作出彻底否定“文化大革命”的重大决策，领导全国人民全面纠正“文化大革命”的错误。

1982 年五届全国人大五次会议通过了新修改的《中华人民共和国宪法》，即现行宪法，深入总结了新中国成立以来国防和军队建设的历史经验，在一九五四年宪法的基础上，恢复并根据新情况制定发展了一系列正确的政策制度，是规范我国国防和军队建设的根本依据。现行宪法实施 40 年来，我国的国防军事制度日益完善，国防和军队现代化建设取得长足进步，为建设与我国国际地位相称、与国家安全和发展利益相适应的巩固国防和强大武装力量发挥了十分重要的作用。

二、我国宪法关于国防军事规定的制度内涵

一九八二年宪法在一九五四年宪法的基础上，对国防军事制度作了更为详细的规定，序言和正文中 12 个条文直接涉及国防军事有关制度，

主要内容有：（1）在序言第七自然段，明确各族人民将继续在中国共产党领导下，逐步实现国防现代化。（2）在序言最后自然段，规定一切武装力量必须以宪法为根本的活动准则，并且负有维护宪法尊严、保证宪法实施的职责。（3）在第二十九条中规定，武装力量属于人民，并明确了它的任务，明确国家加强武装力量的革命化、现代化、正规化的建设，增强国防力量。（4）在第四十五条中规定，国家和社会保障残废军人的生活，抚恤烈士家属，优待军人家属。（5）在第五十五条中规定了公民保卫祖国、抵抗侵略的神圣职责和依法服兵役、参加民兵组织的光荣义务。（6）在第五十九条中规定，全国人民代表大会由省、自治区、直辖市和军队选出的代表组成。（7）在第六十二条、第六十三条中规定全国人大选举中央军事委员会主席、根据中央军事委员会主席的提名决定中央军事委员会其他组成人员的人选和罢免中央军事委员会主席、中央军事委员会其他组成人员的人选的职权；决定战争和和平的问题的职权。（8）在第六十七条中规定全国人大常委会监督中央军委的工作的职权；规定根据最高人民法院院长的提请任免军事法院院长，根据最高人民检察院检察长的提请任免军事检察院检察长的职权；规定军人的衔级制度的职权。规定在全国人大闭会期间，根据中央军委主席的提名决定中央军委其他组成人员的人选，以及决定战争状态的宣布的职权。规定决定全国总动员或者局部动员的职权。（9）在第八十九条中规定国务院行使领导和管理国防建设事业的职权。（10）在第九十三条规定，中央军委领导全国武装力量，并明确中央军委的人员组成、实行主席负责制和每届任期同全国人大每届任期相同。（11）在第九十四条规定，中央军委主席对全国人大和全国人大常委会负责。（12）在第一百二十四条、第一百三十条中分别规定，国家设立军事法院、军事检察院。

宪法上述内容，规定了我国国防政策、武装力量的性质和任务、国防军事领导体制、公民的国防义务、国家军事机关的法律地位等重要制度，为国防和军队建设发展、国防军事立法提供了宪法依据。归纳起来，这些重要制度主要包括以下几个方面：

（一）党对军队的领导

彭真同志曾经指出：宪法“《序言》里明确肯定了党在国家生活中的领导作用，当然也包括党对军队的领导。”[1] 中国人民解放军是中国共产党缔造和组织起来的人民军队。党自组建人民军队之日起，即强调军队的革命性和人民性，将坚持党对军队的绝对领导放到至关重要的位置。1927年9月底，毛泽东同志针对以农民及旧军人为主要成分的起义部队思想混乱、组织纪律性差等问题，组织“三湾改编”，确立了“支部建在连上”“官兵平等”等一整套治军方略，从政治上、组织上、制度上保证了党对军队的绝对领导，这成为我军政治建军的基本制度，沿用至今。一九五四年宪法在序言中明确，党领导的人民民主统一战线在动员和团结全国人民完成国家过渡时期总任务和反对内外敌人的斗争中将继续发挥作用。一九七五年宪法、一九七八年宪法规定人民解放军是“中国共产党领导下的工农子弟兵”，党的主席统率武装力量，没有明确武装力量在国家体制中的地位。在一九八二年宪法起草讨论阶段，对如何规范党对军队的领导，如何处理党的领导与国家领导之间的关系，曾有过深入的探讨。有观点担心，设立国家的中央军事委员会，是否意味着削弱乃至取消党对军队的领导；有观点认为，党对军队的领导应写得更明确一些。为此，中共中央专门向全军发出了《关于宪法修改草案规定设立中央军事委员会的通知》，说明在国家的中央军委成立以后，党的中央军委仍然作为党中央的军事领导机关直接领导军队。而且党的中央军委主席经过全国人大选举通过后将会担任国家的中央军委主席。这样，党的中央军委和国家的中央军委实际上将会是“一个机构，两块牌子”，更便于

---

〔1〕 参见彭真：《关于中华人民共和国宪法修改草案的报告》（1982年11月26日在第五届全国人民代表大会第五次会议上）。

对军队的领导和指挥。同时，我军长期行之有效的各项政治工作制度，例如，党委制、政治委员制度、党在军队中设立政治机关、建立党的各级组织和进行政治工作的制度，仍然将被继续坚持和发展，这就进一步从组织上和制度上保证党对军队的领导。同时，宪法修改委员会研究后认为：党对军队的领导是政治上的领导、事实上的领导，宪法序言规定的党在国家的领导地位就已包含了党对军队的领导，不必在条文中再予规定。[1] 因此，一九八二年宪法在序言中实际上确认了党对军队的领导制度。

（二）武装力量的性质和任务

我国的武装力量包括中国人民解放军、中国人民武装警察部队和民兵。武装力量的性质决定了武装力量的根本立场，始终是武装力量建设根本性、基础性的重大问题；武装力量的任务是党和国家赋予武装力量的使命，是武装力量建设发展的方向指南。武装力量的性质和任务，直接关系国家的长治久安，是“国之大事”。一九五四年宪法规定，中华人民共和国的武装力量属于人民，它的任务是保卫人民革命和国家建设的成果，保卫国家的主权、领土完整和安全。这一规定，清楚地表明了我国武装力量的人民性质及其主要任务，体现了我国奉行防御性国防政策。一九八二年宪法根据时代的变迁和国际国内环境的改善，在第二十九条明确规定：“中华人民共和国的武装力量属于人民。它的任务是巩固国防，抵抗侵略，保卫祖国，保卫人民的和平劳动，参加国家建设事业，努力为人民服务。国家加强武装力量的革命化、现代化、正规化的建设，增强国防力量。”这一规定沿袭了一九五四年宪法关于“武装力量属于人民”的表述，坚持了武装力量的人民性质；同时，根据国家的发展进步

---

〔1〕 参见陈斯喜、刘松山：《宪法确立国家中央军事委员会的经过》，载《法学》2001年第2期。

和改革开放的需求，赋予武装力量更丰富的使命任务，除“巩固国防，抵抗侵略，保卫祖国，保卫人民的和平劳动”等安全保卫任务外，还需“参加国家建设事业，努力为人民服务”等国家建设任务，这大大拓展了武装力量的使命任务空间，为武装力量积极参与社会主义现代化建设提供了宪法依据。此外，本条还规定了我国武装力量的建设方向和总的要求，要求加强“革命化、现代化、正规化”建设，增强国防力量，这是吸取“文化大革命”军队被严重干扰破坏的教训而提出的。“文化大革命”中，军队支持“革命左派”，给军队造成很大的混乱。1975 年邓小平同志重新主持工作以后，就针对军队懒、散、骄、奢、惰的问题提出军队要整顿；1981 年在华北某部检阅部队时，邓小平同志正式提出要建设现代化、正规化的革命军队，此后“三化”成为军队建设目标。“三化”主要从武装力量的政治属性、能力建设、科学管理等方面提出要求，确保武装力量能有效完成党和国家赋予的各项任务。

（三）全国人大及其常委会的国防职权

一九五四年宪法确立人民代表大会制度为我国的政体，全国人民代表大会是最高国家权力机关，国家行政机关、审判机关、检察机关都由全国人民代表大会产生，对人大负责，受人大监督。在国防军事领域，一九五四年宪法规定，国家主席统率全国武装力量，担任国防委员会主席。全国人大选举国家主席，并根据国家主席的提名，决定国防委员会副主席和委员的人选，并有权罢免上述人员；决定战争和和平的问题。全国人大常委会规定军人的衔级；在全国人大闭会期间，决定战争状态的宣布；决定全国总动员或者局部动员；等等。一九五四年宪法确立了国家军事最高领导机关由全国人大产生，全国人大及其常委会决定战争和和平以及国家动员等重大问题的宪制制度。

这些重要制度在一九八二年宪法中得到继承和发展，一九八二年宪法规定：全国人大选举中央军委主席；根据中央军委主席的提名，决定中央军委其他组成人员的人选；决定战争和和平的问题；全国人大有权罢免中央军委主席和中央军委其他组成人员。全国人大常委会监督中央军委的工作；在全国人大闭会期间，根据中央军委主席的提名，决定中央军委其他组成人员的人选；根据最高人民法院院长的提请，任免军事法院院长；根据最高人民检察院检察长的提请，任免军事检察院检察长；规定军人衔级制度；在全国人大闭会期间，如果遇到国家遭受武装侵犯或者必须履行国际间共同防止侵略的条约的情况，决定战争状态的宣布；决定全国总动员或者局部动员。中央军委主席对全国人大和全国人大常委会负责。

从上述规定可以看出，一九八二年宪法在一九五四年宪法的基础上有重要的发展：一是规定中央军委主席对全国人大和全国人大常委会负责。二是明确全国人大常委会监督中央军委的工作。三是明确全国人大常委会可以决定中央军委除主席外其他组成人员的人选和任免军事法院院长、军事检察院检察长。一九八二年宪法的规定，完善了最高国家军事机关由全国人大产生、对人大负责、受人大监督的制度，加强了全国人大常委会对中央军委的监督权、任免权等，进一步完善了国家机构有关制度。

除了这些直接与国防军事相关的规定，全国人大及其常委会还享有非常广泛的与国防军事相关的职权：(1) 立法权。包括修改宪法（仅限于全国人大）和制定、修改国防军事领域的相关法律等。(2) 重大事项决定权。例如，审查和批准国家的预算和预算执行情况的报告，包括对国防预算以及开支情况的审批；审查和批准国民经济和社会发展计划及计划执行情况的报告，包括为国防军事需要而建立的有关军工企业和国防科技发展计划等。国家主席根据全国人大的决定和全国人大常委会的决定，公布法律，宣布战争状态，发布动员令等。

（四）国务院领导和管理国防建设事业

国务院即中央人民政府，是最高国家权力机关的执行机关，是最高国家行政机关。一九五四年宪法规定，国务院行使“领导武装力量的建设”职能，同时规定“中华人民共和国主席统率全国武装力量，担任国防委员会主席”，将武装力量“建设”和“统率”分由不同的机构承担，将武装力量的建设纳入国家建设体系中。受“文化大革命”影响，一九七五年宪法和一九七八年宪法都没有很好反映武装力量在国家体制中的地位，没有规定国务院的国防职能。一九八二年宪法规定，国务院行使“领导和管理国防建设事业”的职权，这延续了一九五四年宪法的基本精神和体制安排，同时，将“领导武装力量的建设”修改为“领导和管理国防建设事业”，拓展了国务院在国防建设领域的相关职能，为国务院开展国防建设事业提供了宪法依据；强化了政府对武装力量建设的外部支持，也更有利于国务院和中央军委的职能区分。关于国务院如何领导和管理国防建设事业、与中央军委的关系方面，1982 年《关于宪法修改草案规定设立中央军事委员会的通知》中明确指出，国务院仍将设立国防部，主管除国防工业生产以外的国防建设，包括国防预算、经费、编制、装备、补给、训练和军事制度建设等军政工作。而国防部的工作，实际上也将在党的中央军委直接领导下进行。建立这样的军队领导体制，不但能够保证党对军队的领导，而且便于加强军队各方面的工作，加强军队的“革命化、现代化、正规化”的建设。[1] 后续工作运行中，国防部的职能有所变化，相关国家部委机关在国务院领导下，按职责承担国防建设相关工作任务，保证了国家各方面力量对国防建设的有力支持。

---

〔1〕 参见陈斯喜、刘松山：《宪法确立国家中央军事委员会的经过》，载《法学》2001 年第 2 期。

（五）中央军委领导全国武装力量

中国共产党缔造和领导了人民解放军，军队是我党赢得革命胜利、领导社会主义建设不可或缺的重要力量。中华人民共和国成立后，我们党开始在全国范围内执政，此时，如何处理好军队与国家的关系，意义重大。一九五四年宪法规定“中华人民共和国的武装力量属于人民，它的任务是保卫人民革命和国家建设的成果，保卫国家的主权、领土完整和安全”，“中华人民共和国主席统率全国武装力量，担任国防委员会主席”，而“中华人民共和国主席由全国人民代表大会选举”，并根据全国人大及其常委会的决定，任免国防委员会副主席、委员。这些规定以根本法的形式确立了军队在国家政权中的地位，表明它是国家机构的重要组成部分，实施军事指挥的机关由国家建立并从属于最高国家权力机关，其使命是完成国家规定的任务。“文化大革命”期间，国家的政权体制和国家机关之间的正确分工遭到严重破坏，一九七五年宪法规定，“中国共产党中央委员会主席统率全国武装力量”，一九七八年宪法规定，“中华人民共和国武装力量由中国共产党中央委员会主席统率”，军队在国家体制中的地位没有得到体现。

在一九八二年宪法的起草过程中，各方面提出了意见，有的建议沿用和恢复一九五四年宪法中军事制度的相关规定；有的提出，一九五四年宪法规定的国防委员会实际上并没有起作用，没有再设的必要；有的建议把党的中央军委改为国家机构；等等。1982 年春，中央果断作出决策：设立中华人民共和国中央军事委员会即国家军事委员会，领导全国武装力量，[1] 并于 1982 年 4 月写入宪法修改草案，交由全民讨论，国内国际反响热烈，民众通过种种渠道咨询，如为什么将原来由国家主席统

---

〔1〕 参见陈斯喜、刘松山：《宪法确立国家中央军事委员会的经过》，载《法学》2001 年第 2 期。

率武装力量改为由中央军事委员会领导？国家军事委员会和党的军事委员会之间是什么关系？等等。为澄清有关疑问，1982 年 11 月，彭真同志在五届全国人大五次会议上作的《关于中华人民共和国宪法修改草案的报告》中说明："国家设立中央军事委员会，领导全国武装力量"，"中国共产党缔造和领导的人民解放军，在中华人民共和国成立以后，就是国家的军队。宪法修改草案总结了建国以来的历史经验，根据我国现在的实际情况和需要，恰当地规定了军队在国家体制中的地位。在国家的中央军委成立以后，中国共产党对军队的领导并不会改变"。[1]

此外，还有的意见提出，宪法应规定中央军委对国家权力机关负责，受它的监督并向它报告工作；"领导"武装力量和"统率"武装力量有什么区别？应对中央军委的组成方式作出明确规定或者在宪法中明确中央军委的组织由法律规定等。宪法修改委员会认真研究后认为，中央军委主席由全国人大选举和罢免，向全国人大及其常委会负责，但由于军事行为涉及国家机密，不宜报告工作；前几部宪法规定的都是"统率"武装力量，由于"领导"的含义更为广泛，不仅有统率的意义，还有组织和管理的意义，所以改为"领导"武装力量更合适。中央军委是否要制定组织法是个有争论的问题，暂时难以确定。[2] 后来，宪法条文对中央军事委员会的组成作出规定，明确中央军委每届任期同全国人大每届任期相同。考虑军事领导工作的特殊性，宪法没有对中央军委组成人员连续任职作出限制，可以连选连任。

在宪法中规定中央军委领导全国武装力量，具有重大的实践意义和深远的历史意义。它明确了军队在国家体制中的地位，保证了党对军队的领导，为军队履行党和国家赋予的使命任务提供宪法依据，并获得国家各方面力量的支持，保证武装力量在国家法治轨道上建设发展、发挥

〔1〕 参见彭真：《关于中华人民共和国宪法修改草案的报告》。
〔2〕 参见陈斯喜、刘松山：《宪法确立国家中央军事委员会的经过》，载《法学》2001 年第 2 期。

作用。

（六）军委主席负责制

对武装力量由谁领导这一问题，我国经历了一个探索过程。一九五四年宪法规定，国家主席统率全国武装力量，担任国防委员会主席。一九七五年宪法和一九七八年宪法，取消设立国家主席，武装力量改由中国共产党中央委员会主席统帅。一九八二年宪法规定中央军事委员会领导全国武装力量，同时，中央军事委员会实行主席负责制，军委主席对全国人大及其常委会负责。

一九八二年宪法在起草过程中，曾在宪法修改草案的讨论稿中规定由国家主席统率全国武装力量。但各方面提出了一些不同意见，主要集中在国家主席统率全国武装力量如何设置机构以及如何有效监督等方面。中共中央下发的《关于宪法修改草案规定设立中央军事委员会的通知》中表明，一九五四年宪法规定国家主席统率全国武装力量，在当时是适当的，因为那时国家主席同时担任党中央的军委主席。但是从长远看，这两个职务并不一定都由一个人担任。如果仍然采用一九五四年宪法的规定，就可能会名实不符而在实际工作中造成很大困难。同时明确："宪法修改草案规定中央军委领导全国武装力量，又规定中央军委实行主席负责制，这就是明确规定了，中央军委主席统率全国武装力量，领导全军的工作"。[1] 军队实行高度集中统一领导，中央军委实行主席负责制，主席对中央军委的工作负全责，对中央军委职权范围内的事务享有最后决策权，其指示和命令代表中央军委，全军必须贯彻执行。

---

〔1〕参见陈斯喜、刘松山：《宪法确立国家中央军事委员会的经过》，载《法学》2001年第2期。

（七）公民保卫祖国、依法服兵役的义务

国家的安全、领土完整和主权独立，关系到全体人民各项宪法权利能否实现，关系到改革开放和社会主义现代化建设能否顺利进行，关系到中华民族的安危存亡和永续发展，因此，保卫祖国、抵抗侵略，是每一个公民义不容辞的光荣职责。对此，我国宪法一直有明确规定。一九五四年宪法中规定，保卫祖国是中华人民共和国每一个公民的神圣职责。依照法律服兵役是中华人民共和国公民的光荣义务。一九七八年宪法将“参加民兵组织”纳入公民光荣义务。一九八二年宪法第五十五条规定：“保卫祖国、抵抗侵略是中华人民共和国每一个公民的神圣职责。依照法律服兵役和参加民兵组织是中华人民共和国公民的光荣义务”。

“保卫祖国”，是指保卫国家领土完整、主权独立、政权统一以及捍卫国家的尊严；“抵抗侵略”，是指抵御抗拒外国及其他外来势力对我国领土的非法入侵。公民保卫祖国、抵抗侵略的直接方式就是服兵役和参加民兵组织。服兵役包括参加中国人民解放军和中国人民武装警察部队。民兵组织是指不脱离生产的群众武装组织，是中国人民解放军的助手和后备力量，公民依法参加民兵组织，进行军事训练和担负战备勤务、防卫作战等任务。服兵役、参加民兵组织是维护国家安全所必需的，是宪法规定的公民义务。由于公民服兵役、参加民兵组织的义务，是涉及保卫祖国、抵抗侵略、巩固国防建设的重大事项，与公民的人身自由和权益紧密相关，因此，必须由法律作出规定。

宪法第五十五条第一款和第二款有着紧密的逻辑关系。中国的社会主义国家性质，走和平发展道路的战略抉择，独立自主的和平外交政策，“和为贵”的中华文化传统，决定了中国始终不渝奉行防御性国防政

策。[1] 公民依法服兵役和参加民兵组织，是为了保卫祖国、抵抗侵略，坚决捍卫国家主权、安全、发展利益，中国坚持永不称霸、永不扩张、永不谋求势力范围。

（八）保障军人政治经济权利等各方面权利

中国人民解放军在党的坚强领导下，顽强战斗、不怕牺牲，取得了革命战争的伟大胜利，建立了不朽功勋。党和国家始终高度重视军队的建设，军人作为人民军队的基本组成部分，始终受到国家和人民的礼遇和优待。1953 年选举法规定，人民武装部队单独进行选举，其选举办法另订之；1979 年重新修订选举法再次明确“人民解放军单独进行选举，选举办法另订”，并在 1981 年通过了《中国人民解放军选举全国人民代表大会和县级以上地方各级人民代表大会代表的办法》。一九八二年宪法规定，全国人民代表大会由省、自治区、直辖市和军队选出的代表组成。将军队作为独立的选举单位，保证军队代表的名额数量，有利于军人参与国家权力机关行使国家权力，提高军人的政治地位。同时，军人肩负捍卫国家主权、安全、发展利益和保卫人民生命财产安全的神圣职责和崇高使命，军人职业具有高风险性、高流动性、高奉献性。宪法专门规定，军人的衔级制度由全国人大常委会规定；国家和社会保障残废军人的生活，抚恤烈士家属，优待军人家属。这体现了国家对军人荣誉制度的重视和对军人军属牺牲奉献的褒扬及保障，有利于增强军事职业吸引力和军人使命感、荣誉感，强化全民国防意识，在全社会形成尊崇军人职业的氛围。

---

〔1〕 参见国务院新闻办公室：《新时代的中国国防》白皮书，2019 年 7 月 24 日。

（九）军事司法制度

设立军事司法体系是世界各国的通行做法，军事司法体系的独特性主要集中在管辖区域、管辖对象、案件范围、受理机关等的特殊性，一般局限在武装力量内部，有利于保守军事秘密、维护军队的高度稳定。新中国成立之前，人民解放军的军事审判等司法制度就产生了，并根据实践不断发展。例如，1932 年中华苏维埃共和国中央执行委员会颁布《中华苏维埃共和国军事裁判所暂行组织条例》，红军师以上部队设立军事裁判所。[1] 新中国成立后，军事司法体系有序运行，师级以上单位政治机关设置军法处，实行审检合署。[2] 1954 年 1 月，中央军委决定在解放军总部成立“中国人民解放军军事法庭”，统一管理全军审判工作。一九五四年宪法规定了专门人民法院和专门人民检察院，一届全国人大一次会议通过的人民法院组织法明确专门人民法院包括军事法院、铁路运输法院、水上运输法院，这对既有制度进行了确认和规范。[3] 一九八二年宪法进一步规定，国家设立“军事法院等专门人民法院”“军事检察院等专门人民检察院”，并明确全国人大常委会根据最高人民法院院长、最高人民检察院检察长的提请，任免军事法院院长、军事检察院检察长。这些规定，为建立完善军事司法体系提供了宪法依据。

（十）其他规定

除了以上与国防军事制度紧密相关的明确条款，宪法还有相关规定

---

〔1〕 参见杨春长主编：《中国军事百科全书（第二版）学科分册——军事法制》，中国大百科全书出版社 2007 年版，第 640 ~ 641 页。

〔2〕 参见张建田：《关于军事法院体制改革问题的思考》，载《法学杂志》2016 年第 2 期。

〔3〕 1953 年 5 月，召开了第二届全国司法会议，根据这次会议的精神，在全国设立了 11 个铁路运输专门法院和水上运输专门法院。

涉及或者间接规范了国防军事领域的相关制度，如国防军事立法、特别行政区驻军、国家勋章荣誉等。宪法没有对中央军委提出法律案、制定军事法规等作出规定，这在后续的立法法中进行了完善。宪法规定，国家在必要时得设立特别行政区。在特别行政区内实行的制度按照具体情况由全国人大以法律规定。这为特别行政区的防务和驻军等事项提供了宪法依据。宪法规定，全国人大常委会规定和决定授予国家的勋章和荣誉称号；国家主席根据全国人大常委会的决定，授予国家的勋章和荣誉称号。这规范了在国防军事领域，国家层面授予勋章和荣誉称号的权限和程序等。

三、通过立法实施宪法关于国防军事制度的基本情况

一九八二年宪法对我国国防军事制度作出了重要规范，构筑了国防军事制度的整体框架，确立了国防军事制度的基本原则，保障了国防现代化建设的顺利进行。全国人大先后 5 次对宪法进行了修改，与国防军事制度直接相关的条文未作改动，保持了高度的稳定性。同时，全国人大及其常委会和国务院、中央军委等国家机构根据国防军事领域的实践发展和法治需求，通过法律法规不断丰富和完善宪法规定的国防军事制度，有力保障和推进了我国国防建设事业。

（一）党对军队绝对领导进一步巩固

一九八二年宪法关于党对军队领导的规定在立法和实施中不断得到强化和巩固。1997 年 3 月，八届全国人大五次会议通过了《中华人民共和国国防法》，这是国防军事领域的基本法律，在国家法律体系中占有重要位置。《关于〈中华人民共和国国防法（草案）〉的说明》中提出，虽然宪法序言已经规定了党在国家中的领导地位，但是在国防法中明确规

定党对武装力量的领导，具有特殊重要的意义，这是国防法的中国特色和必须坚持的原则。据此，国防法规定："中华人民共和国的武装力量受中国共产党领导。武装力量中的中国共产党组织依照中国共产党章程进行活动。"[1] 这样，确立了党的各级组织在武装力量中的法律地位。

（二）武装力量使命任务不断丰富完善

一九八二年宪法规定了我国武装力量的性质和任务，相关法律结合形势任务发展，适应国家安全需要，对此不断明确细化、具体落实。1984 年 5 月，六届全国人大二次会议通过的兵役法明确，我国实行人民解放军、人民武装警察部队和民兵"三结合"的武装力量体制。1997 年通过的国防法对武装力量的构成和各自任务进行了规定。除国防法系统明确地细化宪法相关规定、清晰规范武装力量的任务外，其他相关法律，如国家安全法、戒严法、突发事件应对法、国家情报法、网络安全法、核安全法、生物安全法、出口管制法、人民防空法、反间谍法、反分裂国家法、反恐怖主义法、防洪法、防震减灾法等，也结合各自领域的工作，对武装力量的职责任务作出了规定。

1997 年、1999 年随着我国对香港、澳门恢复行使主权，解放军驻港部队、驻澳部队相应履行我国香港特别行政区、澳门特别行政区防务职责。为了保障驻港部队、驻澳部队依法履职，根据宪法和香港特别行政区基本法、澳门特别行政区基本法，全国人大常委会制定香港特别行政区驻军法和澳门特别行政区驻军法，为贯彻"一国两制"方针，保障武装力量在保卫香港特别行政区、澳门特别行政区的安全，维护国家的主权、统一、领土完整方面提供了有力法治支撑。

武警部队是我国武装力量的重要组成部分。1982 年 6 月，重新组建

---

[1] 参见迟浩田：《关于〈中华人民共和国国防法（草案）〉的说明》（1997 年 3 月 6 日在第八届全国人民代表大会第五次会议上）。

中国人民武装警察部队。1983 年 4 月，武警部队总部在北京成立。为了保障武警部队依法执行国家赋予的安全保卫任务，2009 年 8 月，十一届全国人大常委会第十次会议通过了人民武装警察法，规定了武警部队的任务和职责、义务和权利、保障措施、监督检查以及法律责任等内容。

我国民兵是不脱产的群众武装组织，是世界上规模最大的后备力量。民兵的任务在国防法、兵役法中都有规范。1984 年制定的兵役法专门设置“民兵”一章，规定了民兵的三项具体任务；2011 年修正兵役法，对民兵任务进行了部分调整；2021 年修订兵役法，根据预备役制度改革调整，民兵不再纳入预备役范畴，故删除“民兵”一章，原兵役法中关于民兵的内容，改由正在研究制定的专门法律予以规范。〔1〕除法律外，国务院、中央军委于 1990 年 12 月颁布了《民兵工作条例》，对民兵组织、政治工作、军事训练、武器装备、战备执勤、经费保障等进行了详细规范。《中华人民共和国防汛条例》《民兵武器装备管理条例》等法规也规定了民兵的相关任务。这些法律法规的有效实施，推动我国民兵队伍不断发展壮大、精干优化，不断提高专业化水平。

（三）国务院和中央军委的国防职权进一步细化明晰

一九八二年宪法对全国人大及其常委会、国务院和中央军委的国防职权作了规定，这些规定从根本上确立了国家权力机关、国家行政机关、国家军事机关等机构的分工，为国家机构合力建设和巩固国防、推进国防和军队现代化奠定了基础。其中，国务院和中央军委的相关职能存在交集，通过实践不断予以明晰和完善。1997 年的国防法设置专章明确“国家机构的国防职权”，规定了国务院领导和管理国防建设事业的 9 项职权、中央军事委员会领导全国武装力量的 10 项职权，同时规定了国务院

---

〔1〕参见盛斌：《关于〈中华人民共和国兵役法（修订草案）〉的说明》（2020 年 12 月 22 日在第十三届全国人民代表大会常务委员会第二十四次会议上）。

和中央军委召开协调会议、地方人民政府和驻地军事机关召开军地联席会议的制度，这些规范对于加强军地协调、密切军民关系、促进国防和军队建设发挥了重要作用。

（四）军委主席负责制不断巩固完善

一九八二年宪法规定了军委主席负责制，这一制度随着实践的发展不断完善。中央军委结合形势任务，相继颁布了一系列保证军委主席负责制运行的法规规定。1989 年 1 月，中央军委制定了《中央军事委员会工作规则》，1992 年又进行了修订，从细化军委主席负责制的运行规则出发，进行政治设计和制度安排，明晰军委主席负责制的运行机制，明确中央军委主席负责主持军委工作，副主席协助主席工作；军委常务会议是中央军委的例会，由军委主席主持，主席不出席时由副主席主持。[1] 通过法定的程序，确保军委主席负责制程序化运行。1994 年 5 月，《关于修改〈中国人民解放军军官军衔条例〉的决定》中规定，中央军委实行主席负责制，军委主席不授予军衔。2004 年 9 月，江泽民同志深刻指出："党的总书记、国家主席、军委主席三位一体这样的领导体制和领导形式，对我们这样一个大党、大国来说，不仅是必要的，而且是最妥当的办法"，[2] 这一思想发展完善了一九八二年宪法关于设立国家主席和军委主席的相关制度安排，有利于维护党中央权威和集中统一领导，有利于完善国家的领导体制，有利于党和国家长治久安。

（五）国防军事立法体制不断健全

一九八二年宪法明确了全国人大及其常委会行使国家立法权，随着

---

〔1〕 中央军委政治工作部：《军委主席负责制学习读本》，解放军出版社 2018 年版，第 57 ~ 58 页。

〔2〕 《江泽民文选》（第 3 卷），人民出版社 2006 年版，第 603 页。

实践的发展，相关法律法规关于军事法规、军事规章等的规定逐步完善。20 世纪 80 年代，全国人大、全国人大常委会、国务院和中央军委制定了一批急需的国防军事法律法规，如兵役法、《中国人民解放军军官军衔条例》、《征兵工作条例》、“三大条令”（《中国人民解放军内务条令》《中国人民解放军纪律条令》《中国人民解放军队列条令》）等。1988 年 5 月，中央军委法制局成立，为加强国防军事立法提供了重要的组织保障。1991 年中央军委将依法治军确立为军队建设的重要指导方针，国防军事立法受到高度重视。在立法工作安排方面，全国人大常委会、中央军委、国务院注重立法规划、年度立法工作计划的编制，国防军事立法项目分别被列入有关立法规划和计划，国防军事立法工作走上了规范化、制度化轨道。国防法明确中央军委向全国人大或者全国人大常委会提出议案，中央军委“根据宪法和法律，制定军事法规”。2000 年 3 月，九届全国人大三次会议通过立法法，规定了军事法规、军事规章的立法权限，明确军事法规、军事规章在武装力量内部实施，构建起国防军事立法体制。2003 年 4 月，中央军委颁布了《军事法规军事规章条例》，进一步规范完善军事立法工作。

（六）兵役制度适应社会发展和军事需求不断调整完善

兵役制度主要指国家关于公民参加武装组织的制度，是保障军队兵员补充和储备、建设巩固国防和强大军队的重要基础制度。一九五四年宪法规定，“保卫祖国是中华人民共和国每一个公民的神圣职责。依照法律服兵役是中华人民共和国公民的光荣义务”。根据这一规定，1955 年 7 月，一届全国人大二次会议通过了我国第一部兵役法。一九八二年宪法规定了公民保卫祖国、依法服兵役的义务。根据宪法的有关规定，1984 年 5 月，六届全国人大二次会议通过了新修改的兵役法，总结了我国实行义务兵役制以来的经验，保留了 1955 年兵役法的长处，妥善处理国防建设需要与国家经济能力、常备军建设与后备力量建设、履行兵役义务与安置优待等的关系，明确规定我国“实行义务兵役制为主体的义务兵与志愿兵相结合、民兵与预备役相结合的兵役制度”，这样既能发挥义务兵役制“可以使部队兵员保持年轻力壮，朝气蓬勃，增强部队战斗力，而且可以积蓄强大的训练有素的后备兵员”的主体优势，又能汲取志愿兵役制有利于“保留部队技术骨干、保持战斗力”的优长。[1] 为了迎接世界军事革命的挑战，走有中国特色的精兵之路，1998 年 12 月对兵役法进行了修正，调整兵役制度，删去“实行义务兵役制为主体”的提法，保留了“两个结合”的基本制度；同时，缩短义务兵服现役期限至 2 年并取消了超期服役的规定，实行志愿兵分期服现役制度，完善了对违反兵役法规行为的惩处等。进入 21 世纪后，随着我国社会主义市场经济的深入发展和军队现代化建设的加快推进，针对征集高素质兵员困难、军队对人才的吸引力不够、退役军人安置制度不适应劳动用工制度改革等问题，2011 年 10 月，兵役法再次修正，在征集高素质兵员、增强军队吸引力、妥善安置退役军人等方面，进一步完善了相关制度。此外，国务院和中央军委联合制定了《征兵工作条例》《中国人民解放军现役士兵服役条例》《民兵工作条例》等行政法规，构建了全面细致的兵役制度规范体系，促进了宪法第五十五条第二款规定的贯彻落实。

（七）军人服役制度朝着职业化、专业化、规范化方向不断迈出坚实步伐

军人职业献身于国家安全，具有崇高的荣誉感、使命感和强制性、规范性。世界各国普遍制定法律，规范军人的服役制度。一九八二年宪法明确军人的衔级制度由全国人大常委会规定。为落实宪法相关规定，

---

〔1〕 参见杨得志：《关于〈中华人民共和国兵役法（修改草案）〉的说明》（1984 年 5 月 22 日在第六届全国人民代表大会第二次会议上）。

完善军官服役制度，1988 年 7 月，全国人大常委会通过了《中国人民解放军军官军衔条例》《关于确认 1955 年至 1965 年期间授予的军官军衔的决定》《关于批准中央军事委员会〈关于授予军队离休干部中国人民解放军功勋荣誉章的规定〉的决定》；1988 年 9 月，又通过了《中国人民解放军现役军官服役条例》。这些条例，从我国我军的实际情况出发，适应国家经济建设和全面改革的需要，适应军队建设指导思想的战略性转变，对现役军官的基本条件、培训、考核、职务任免、调换、奖惩、待遇、退役，以及现役军官军衔等级的设置、授予、晋级、降级、取消和剥夺与标志、佩带等作了明确规定，建立起完善的现役军官服役制度，同时授权士兵军衔制度由国务院和中央军委规定。1988 年 9 月，国务院、中央军委发布《中国人民解放军现役士兵服役条例》，对士兵的服役管理、军衔、奖惩、待遇、退役等作出规定。1988 年 10 月，人民解放军正式实施新的军衔制度。

随着我国改革开放的逐步深化和军队建设的深入发展，为适应现代化军队指挥和管理的需要，1994 年 5 月，全国人大常委会对《中国人民解放军现役军官服役条例》《中国人民解放军军官军衔条例》进行了修改。为进一步推进军官队伍的革命化、年轻化、知识化、专业化建设，2000 年 12 月，九届全国人大常委会第十九次会议对《中国人民解放军现役军官服役条例》进行第二次修改，同时将其名称修改为《中华人民共和国现役军官法》，调整改革了军官服役制度，补充了军官基本条件、来源和培训有关规定，进一步完善了军官选拔任用、任职年限、退役等规定，建立了军官的交流和回避制度，以更有利于建设高素质的军官队伍。国务院、中央军委于 1993 年、1999 年、2010 年先后 3 次修订《中国人民解放军现役士兵服役条例》，与时俱进完善士兵服役制度。

（八）军人地位权益保障制度逐步健全

军人是国防力量的中坚、军队建设的主体，是战争制胜的决定性因素，无论平时还是战时，军人都为国家安全作出更多的牺牲与奉献。宪法对军人的政治和经济权利作出了相关规定，给予了特别的保障。此后，相关的立法和制度构建秉承宪法精神，不断充实完善军人地位和权益保障制度。1984 年兵役法设立专章规定“现役军人的优待和退出现役的安置”，详细规定了军人享有的各项优待措施和退役安置政策，激励人民群众参军入伍的积极性和光荣感；此后历次修改兵役法，都与时俱进地完善了军人优待措施和安置政策，对保持军队的高度稳定和有序更替发挥了重要作用。根据一九八二年宪法和选举法相关规定，全国人大常委会先后 3 次修改《中国人民解放军选举全国人民代表大会和县级以上地方各级人民代表大会代表的办法》，不断健全完善军队人大代表选举制度，保障好军队在国家政治生活中应有的地位和作用。1997 年国防法专章规定了“军人的义务和权益”，明确“军人应当受到全社会的尊重”“国家和社会优待现役军人”，并对军人婚姻特别保护、生活福利待遇、军人保险制度、安置退役军人、抚恤优待残疾军人和烈士家属等作出规定。根据 1997 年国防法的有关规定，1998 年国务院、中央军委制定实施了《军人保险制度实施方案》，初步形成了军人保险制度体系；2012 年 4 月，十一届全国人大常委会第二十六次会议通过了军人保险法，进一步完善了军人保险法律制度。此外，原婚姻法、个人所得税法等法律也对维护军人权益作出了特别规定。同时，国务院和中央军委制定了一系列的行政法规和军事法规，深化军人医疗、保险、住房保障、工资福利等制度改革，规范和保障军队人员及军人亲属的相关权益，如《中国人民解放军现役士兵服役条例》《军人抚恤优待条例》《中国人民解放军文职人员条例》等。

（九）国防动员制度在探索中稳步推进

国防动员是国防方面的重要活动。国家平时有重点地进行动员准备，增强动员潜力，当国家主权、统一、领土完整和安全遭受威胁时实施动员，采取必要措施集中人力、物力和财力抵抗侵略。宪法对动员的权限和程序作出了规定。1984 年兵役法专设“战时兵员动员”一章，规定平时要做好战时兵员动员的准备工作，明确战时实施兵员快速动员的原则要求，以及各个单位、各级领导的职责和任务。1994 年 11 月，国家国防动员委员会成立，它是在国务院、中央军委领导下，主管全国国防动员工作的议事协调机构；县级以上地方各级人民政府也相应成立国防动员委员会。1996 年 10 月，八届全国人大常委会第二十二次会议通过了人民防空法，规定了人民防空的方针、领导体制、防护重点、人民防空工程、通信和报警、疏散、群众防空组织、人民防空教育等内容，对动员和组织群众防范和减轻敌人空袭危害，保护人民生命财产安全，具有重要意义。1997 年国防法在“国防动员和战争状态”一章中，依据宪法规定了动员的条件、动员的要求、战略物资储备、动员的组织实施和征用等，明确了国防动员的基本制度和要求。2010 年 2 月，十一届全国人大常委会第十三次会议通过国防动员法，这是国防动员领域的一部专门法律，贯彻平战结合、军民结合、寓军于民的方针，对国防动员的方针原则、组织机构、基本内容、基本制度等作了全面规范，为完善国防动员体系、促进军民融合式发展、提高国防动员能力提供了基本依据。后备力量建设是国防动员的基础支撑和重要内容。1995 年 5 月，八届全国人大常委会第十三次会议通过了预备役军官法，规范预备役军官的来源和选拔、职务等级和职务、军衔等内容，建立与现役军官制度相衔接、动员快速、具有中国特色的预备役军官制度。2001 年 4 月，九届全国人大常委会第二十一次会议通过了国防教育法，为推动国防教育深入、持久地开展，提供可靠的法律保障；2001 年 8 月，全国人大常委会作出决定，明确每年 9 月的第三个星期六为全民国防教育日。2003 年 9 月，国务院、中央军委公布了《民用运力国防动员条例》，规范民用运力国防动员的组织和实施工作。

（十）军事司法制度紧跟国家司法制度改革不断发展

军事司法机关主要行使刑事检察和审判职权，即依法审判军内各种刑事案件，惩办危害国防和军队建设的犯罪分子，确保部队的安全稳定和纯洁巩固。党的十一届三中全会后，随着国家司法制度的重建，军事司法制度也得到恢复发展，军事审判制度、军事检察制度等各方面都取得了显著进步。1978 年，解放军和各大单位的军事法院、军事检察院恢复重建并开展司法工作。1982 年 9 月，为与人民法院组织法及人民检察院组织法规定的地方各级审判、检察机构保持一致，中央军委确定军事法院、军事检察院按三级设置，即解放军军事法院、军事检察院为一级；各大军区和海军、空军军事法院、军事检察院为一级；省军区、海军舰队、军区空军军事法院、军事检察院为一级。一九八二年宪法对军事司法机关的设立和相关人员的任免作出了规定，明确最高人民法院监督包括军事法院在内的专门人民法院的审判工作，最高人民检察院领导包括军事检察院在内的专门人民检察院的工作。1985 年“百万大裁军”，撤销了部队军级单位的军事法院、军事检察院，按片设置陆军基层军事法院、军事检察院。1996 年成立了武警部队两级军事法院、军事检察院，1996 年成立了驻香港部队军事法院和军事检察院，1997 年成立了解放军总直属队第二军事法院和第二军事检察院。1998 年 10 月，中央军委对各级军事法院、军事检察院的编制体制、员额作出新的规定，全军设解放军军事法院、军事检察院和军区、海军、空军、总直属队军事法院、军事检察院和基层军事法院、军事检察院。2004 年 7 月，全军各级军事法院、军事检察院的编制体制、员额再次作出新的调整，撤销了部分基层军事法院、军事检察院。2007 年，中央军委印发《关于进一步加强军队政法工作的意见》，规定团级以上单位成立政法委员会；2008 年，总政治部制定《军队各级政法委员会工作规则》，进一步完善军事司法工作体系。

为适应改革开放和军队内部经济、民事纠纷不断增多的新情况，20世纪80年代中期开始，军事法院开始试办经济案件。1993年12月，全国人大常委会通过《关于中国人民解放军保卫部门对军队内部发生的刑事案件行使公安机关的侦查、拘留、预审和执行逮捕的职权的决定》，明确了军队保卫部门的相关军事司法职能。1996年修改刑事诉讼法时，明确“军队保卫部门对军队内部发生的刑事案件行使侦查权”。1997年7月1日实施的香港特别行政区驻军法和1999年12月20日实施的澳门特别行政区驻军法，规定了特别行政区驻军人员的司法管辖等制度。2012年8月，最高人民法院发布《关于军事法院管辖民事案件若干问题的规定》，进一步拓展了军事法院管辖民事案件的范围。

大力加强军事司法专业人才队伍建设。为保持和国家司法制度统一，根据法官法、检察官法的有关规定，实行军事法官、军事检察官3等11级的专业等级制度，使军事司法队伍更加专业化。律师法明确，军队律师资格的取得和权利、义务及行为准则，适用律师法的规定。2000年4月，我军首次在陆军集团军的军、师、旅政治机关正式编配军队律师，军队各级逐步建立起法律顾问处和法律咨询站等法律服务组织。2005年，根据全国人大常委会发布的《关于完善人民陪审员制度的决定》及有关规定，总政治部颁布《军队实行军人陪审员制度的规定》，规范了军人陪审员遴选条件和履行职责方式。

（十一）国防军事保障制度体系日益丰富完善

一是国防经费保障合理规范。宪法对审查和批准国家的预算和预算执行情况等作了规定。我国对国防费实行严格的财政拨款制度，每年的国防费预算都纳入国家预算草案，由全国人大审查和批准。国家和军队审计机构，对国防费预算及执行情况进行审计监督。[1] 中国坚持发展和安全兼顾、富国和强军统一，坚持国防建设与经济建设协调发展，坚持勤俭建军方针，依据国家经济发展水平和国防需求，合理确定国防费规模结构，依法管理和使用国防费。改革开放以来，中国国防开支经历了从维持性投入到适度增长的发展历程，总体保持与国家经济和财政支出同步适度协调增长。国防费占国内生产总值（GDP）比重从 1979 年最高的 5.43% 下降到 2017 年的 1.26%，近 30 年一直保持在 2% 以内。1979 年国防费占国家财政支出比重为 17.37%，2017 年为 5.14%，总体下降趋势明显。[2] 二是军事设施保护不断加强。为加强和改进军事设施保护，提高国家防卫能力，妥善处理军事设施保护与经济发展、群众生产生活关系，1990 年 2 月，七届全国人大常委会第十二次会议通过了军事设施保护法，该法先后 3 次进行修改，保障军事设施保护工作依法有序实施。国务院、中央军委制定了《军事设施保护法实施办法》，细化落实相关法律规定要求。三是国防外交法治建设发展迅速。我国的国防外交在涉外军事立法、对外军事关系和涉外军事活动等方面都取得了显著成就，签署加入了一系列相关国际公约。例如，我国于 1984 年 11 月参加了《禁止生物武器公约》；1992 年 3 月加入《不扩散核武器条约》；1993 年 1 月签署了《禁止化学武器公约》，1996 年 12 月批准该公约，并于 1997 年 4 月向联合国交存了批准书，从而成为该公约的原始缔约国。[3] 我国忠实履行相关条约国际义务，以实际行动维护世界和平和地区稳定。

四、新时代我国宪法关于国防军事制度的发展实施

党的十八大以来，适应国内国际形势的巨大变化、国防军事领域面

[1] 参见国务院新闻办公室：《2010 年中国的国防》白皮书，2011 年 3 月。
[2] 参见国务院新闻办公室：《新时代的中国国防》白皮书，2019 年 7 月 24 日。
[3] 参见国务院新闻办公室：《中国的国防》白皮书，1998 年 7 月。

临的重大挑战和军队使命任务的不断拓展，宪法确立的国防军事制度紧跟时代步伐，不断与时俱进，通过完善国防军事法律法规体系、深化国防和军队改革等，得到长足发展，取得辉煌成就。

（一）进一步明确和完善党对军队领导

2018 年 3 月，十三届全国人大一次会议通过了宪法修正案，充实坚持和加强中国共产党全面领导的内容，除在序言中规定党的领导外，在宪法第一条第二款中增加规定："中国共产党领导是中国特色社会主义最本质的特征。"宪法从社会主义制度的本质属性角度对坚持和加强党的全面领导进行规定，有利于在全体人民中强化党的领导意识，有效把党的领导落实到国家工作全过程和各方面，确保党和国家事业始终沿着正确方向前进，[1] 这也进一步明确和强化了党对武装力量的领导。2019 年 1 月，中共中央印发《关于加强党的政治建设的意见》，明确要求"贯彻落实宪法规定，制定和修改有关法律法规要明确规定党领导相关工作的法律地位"。党的十八大以来，在制定修改兵役法、海警法、人民武装警察法、军事设施保护法、军人地位和权益保障法、退役军人保障法等国防军事法律时，直接规定了相关工作坚持党的领导，例如，兵役法中规定"兵役工作坚持中国共产党的领导"；海警法中规定"海上维权执法工作坚持中国共产党的领导"等。此外，中央军委制定修改了一系列军事法规和规范性文件，不断完善党对军队领导的具体制度，如《中国人民解放军军队政治工作条例》《关于加强新时代军队党的建设的决定》《军队监察工作条例（试行）》《中国共产党军队党的建设条例》等。党对军队的领导在法律上更为明确，在制度上不断完善，在实践中日趋严谨，确保了军队高度集中统一。

---

〔1〕 参见王晨：《关于〈中华人民共和国宪法修正案（草案）〉的说明》（2018 年 3 月 5 日在第十三届全国人民代表大会第一次会议上）。

（二）不断拓展武装力量使命任务

2020 年 12 月，十三届全国人大常委会第二十四次会议通过了新修订的国防法，对武装力量的任务进行了补充完善，增加新时代军队“四个战略支撑”使命任务，充实完善党在新时代的强军目标和治军方略的相关内容，明确现役部队主要担负防卫作战任务，按照规定执行非战争军事行动任务。预备役部队执行防卫作战任务和非战争军事行动任务，根据国家动员令转为现役部队。武警部队担负执勤、处置突发社会安全事件、防范和处置恐怖活动、海上维权执法、抢险救援和防卫作战以及中央军委赋予的其他任务。民兵担负战备勤务、执行非战争军事行动任务和防卫作战任务。2020 年 6 月，十三届全国人大常委会第十九次会议通过了新修订的人民武装警察法。此次修改深入贯彻习近平强军思想，全面体现深化国防和军队改革成果，明确规定武警部队 6 大项任务，并细化执勤任务范围规定，增加处置突发事件、反恐怖和抢险救援的任务范围规定，对海上维权执法任务和防卫作战任务作了援引性规定，准确界定武警部队的任务范围、职责权限，为新时代武警部队履行职责提供明确的法律依据。

按照《深化党和国家机构改革方案》和党中央、中央军委关于武警部队改革的决策部署，2018 年 6 月，海警队伍转隶武警部队，调整组建中国人民武装警察部队海警总队，称中国海警局，统一履行海上维权执法职责。2018 年 6 月，全国人民代表大会常务委员会通过了《关于中国海警局行使海上维权执法职权的决定》，明确了中国海警局相关职权。2021 年 1 月，十三届全国人大常委会第二十五次会议通过了海警法，规定了海警机构的职能定位、权限措施和保障监督等，授予海警机构海上安全保卫、海上行政执法、海上犯罪侦查等 11 项职责，为海警机构维护国家主权、安全和海洋权益，保护公民、法人和其他组织的合法权益提供充分法律依据。

我国武装力量忠实履行宪法赋予的使命任务，慑止和抵抗侵略，反对和遏制“台独”，打击“藏独”“东突”等分裂势力，保卫了国家主权、统一、领土完整和安全。依法参加抢险救灾、维护社会秩序行动，防范和打击暴力恐怖活动，保障人民安居乐业。实施海上护航，遂行海外撤侨、海上维权等行动，有效维护海外中国公民、组织和机构的安全和权益。同时，履行国际责任和义务，力所能及地向国际社会提供公共安全产品。

（三）调整优化国务院和中央军委的国防职权

随着世情国情党情军情发展变化，尤其党的十八大以来，以习近平同志为核心的党中央对国防和军队建设作出一系列新的重大判断、新的理论概括、新的战略安排，全面推进国防和军队现代化，大刀阔斧深化国防和军队改革。重塑领导指挥体制，按照“军委管总、战区主战、军种主建”原则，强化军委集中统一领导和战略指挥、战略管理功能，打破长期实行的总部体制、大军区体制、大陆军体制，将原来的4总部调整为军委机关15个职能部门，成立陆军领导机构、战略支援部队、联勤保障部队，构建起“中央军委—军种—部队”的领导管理体系；健全军委联合作战指挥机构，组建战区联合作战指挥机构，撤销沈阳、北京、兰州、济南、南京、广州、成都七大军区，成立东部、南部、西部、北部、中部五大战区，构建起“中央军委—战区—部队”的作战指挥体系。[1] 调整武警部队指挥管理体制，根据党中央《关于调整武警部队领导指挥体制的决定》，自2018年1月1日零时起，武警部队由党中央、中央军委集中统一领导，归中央军委建制，不再列入国务院序列；公安边

〔1〕参见国务院新闻办公室：《新时代的中国国防》白皮书，2019年7月24日。

防部队、公安消防部队、公安警卫部队退出现役，国家海洋局领导管理的海警队伍转隶武警部队，武警黄金、森林、水电部队整体移交并改编为非现役专业队伍，撤收武警部队海关执勤兵力，彻底理顺武警部队领导管理和指挥使用关系。根据党中央《关于调整预备役部队领导体制的决定》，自2020年7月1日零时起，预备役部队全面纳入军队领导指挥体系，由军地双重领导调整为党中央、中央军委集中统一领导。

以上深化党和国家机构改革、深化国防和军队改革的成果，在2020年修改的国防法中得到充分体现，在第二章“国家机构的国防职权”中，重新明确了国务院8项职权和中央军委12项职权。其中，将领导和管理人民武装动员、预备役工作、武警部队的建设调整为中央军委职权；新增中央军委“组织开展国际军事交流与合作”等职权；明确国务院领导和管理退役军人保障工作，与中央军委共同领导其他重大安全领域防卫的管理工作；等等。2020年6月新修改的人民武装警察法也明确规定武警部队“由党中央、中央军事委员会集中统一领导”，并明确了武警部队的组成、指挥关系等重要事项，准确界定武警部队任务范围、职责权限等。此外，2020年以来新制定或修改的海警法、兵役法、军事设施保护法、退役军人保障法、军人地位和权益保障法等国防军事领域的法律，根据深化党和国家机构改革的成果和实践发展，结合所规范领域的工作，对国务院、中央军委及其有关机关部门的职能分工进行了细化明确，基本形成了上下通畅、衔接一致、各司其职、紧密合作的分工体系，完善和发展了宪法国防职权分工的相关规定，为新时代全面推进国防现代化提供坚强的组织保障、制度保障。

（四）全面贯彻落实军委主席负责制

贯彻落实军委主席负责制并不是一帆风顺的。郭伯雄、徐才厚违背党对军队绝对领导的原则和制度，虚化军委主席负责制，大肆拉帮结派、结党营私、贪污腐化，给党对军队的绝对领导造成极大危害。[1] 党中央、中央军委坚决肃清郭伯雄、徐才厚流毒影响，高度重视军委主席负责制的制度完善和贯彻执行。2012 年 11 月，修订《中央军事委员会工作规则》，重申中央军委实行主席负责制。军委主席负责中央军委全面工作，军委副主席、委员协助军委主席工作，对军委主席负责；军委副主席、委员必须及时向军委主席请示报告工作。同时，对军委常务会议、军委专题会议、军委扩大会议、军委民主生活会各项权限集中于军委主席作了规范。2014 年 4 月，中央军委印发了《关于贯彻落实军委主席负责制　建立和完善相关工作机制的意见》，建立了请示报告、督促检查、信息服务 3 项工作机制，有效推动了军委主席负责制各项要求机制化运行。随后展开的深化国防和军队改革，将原四总部改建为 15 个军委职能部门，将原七大军区调整划设为五大战区，调整武警部队、预备役部队领导指挥体制等，有力地强化中央军委对武装力量的集中统一领导，促进军委主席负责制的贯彻落实。2017 年 10 月，党的十九大通过的《中国共产党章程（修正案）》，突出党是最高政治领导力量的原则，明确“中国共产党坚持对人民解放军和其他人民武装力量的绝对领导”，“中央军事委员会实行主席负责制”，在党的历史上首次把军委主席负责制写入党的章程。2017 年 11 月，中央军委印发《关于全面深入贯彻军委主席负责制的意见》，对全军各级全面深入贯彻军委主席负责制提出了具体要求。2020 年修改国防法时增加“中央军事委员会实行主席负责制”规定。

中央军委实行主席负责制，是宪法和党章规定的重大制度，是坚持党对军队绝对领导的根本制度和根本实现形式，解决的是我军最高领导权和指挥权问题，确定军委主席对我军重大问题“最后拍板、一锤定音”。[2] 经过实践的发展和时代的检验，这一制度日益成熟完善，为我

〔1〕 参见中央军委政治工作部：《习近平强军思想学习纲要》，解放军出版社 2019 年版，第 39 ~ 40 页。

〔2〕 参见中央军委政治工作部：《习近平强军思想学习纲要》，解放军出版社 2019 年版，第 35 ~ 36 页。

国国防军事建设发展起到举旗定向、掌舵领航的重要作用。

（五）进一步健全完善国防军事立法体制

党的十八大提出，加快推进国防和军队现代化，加大依法治军、从严治军力度，国防军事立法进入新时代，得到蓬勃发展。2015 年 2 月，中央军委印发《关于新形势下深入推进依法治军从严治军的决定》，明确了新形势下深入推进依法治军的路线图、时间表。2015 年 3 月，十二届全国人大三次会议修改立法法，增加规定有关国防建设的行政法规，可以由国务院总理、中央军委主席共同签署国务院、中央军委令公布，以及武警部队可以制定规章，进一步完善了国防军事立法体制。2016 年，中央军委印发《关于深化国防和军队改革的意见》和《关于深化国防和军队改革期间加强军事法规制度建设的意见》，以建立健全中国特色社会主义军事政策制度体系为目标的军事政策制度改革“第三大战役”攻坚展开。[1] 2017 年，中央军委发布《军事立法工作条例》，规范了军队立法的法定权限、程序和立法体例规范等要求。

第十三届全国人大常委会认真贯彻习近平强军思想和习近平法治思想，通过立法、修法和授权等多种形式，不断完善国防军事法律体系，取得丰硕成果。先后制定了海警法、退役军人保障法、军人地位和权益保障法、《关于中国人民解放军现役士兵衔级制度的决定》等，修改了国防教育法、人民武装警察法、国防法、中国人民解放军选举全国人民代表大会和县级以上地方各级人民代表大会代表的办法、军事设施保护法、兵役法等。另有 31 部新制定或者修改的法律，新增或者修改了涉及国防军事领域的条款。截至 2022 年 10 月，我国现行有效的法律中，国防军事

---

〔1〕 参见刘江、倪望望、李小龙：《决胜，军改“第三大战役”打响——怎么看走好军事政策制度改革这个关键一步》，载《解放军报》2019 年 10 月 16 日，第 7 版。

专门法律20部;[1] 此外，还有110余部法律对国防军事活动以及与国防军事有关的活动作了规定，主要涉及维护国家安全、军事机关和军队有关部门的组织和职权、国防军事利益和军人权益、国防军事的刑事及司法制度等。军队制定军事法规、军事规章共4000多部。[2] 这样构建起以宪法为统帅，以国防法、兵役法等多部法律为主干，由法律、行政法规、军事法规和军事规章等多个层次组成的中国特色国防军事法律规范体系，为国防和军队建设发展提供了坚强有力的法制保障。

（六）改革调整国家兵役制度

党的十八大以来，随着形势任务发展变化，兵役法与经济社会快速发展、战争形态深刻演变、深化国防和军队改革不相适应的问题日益凸显，为深入贯彻习近平强军思想和新时代军事战略方针，聚焦建设世界一流军队，2021年8月，十三届全国人大常委会第三十次会议修订了兵役法，将原来实行“义务兵与志愿兵相结合、民兵与预备役相结合的兵役制度”调整为“以志愿兵役为主体的志愿兵役与义务兵役相结合的兵役制度”。这样调整，突出志愿兵役制的主体地位，同时保留义务兵役制，厘清民兵与预备役的关系，体现了聚焦备战打仗、加快实现军事人力资源现代化的导向。同时，重点强化了党对兵役工作的统一领导，调整完善征集和服役制度，创新兵役工作方式方法，优化了预备役制

---

〔1〕 宪法相关法5部：国防法、香港特别行政区驻军法、澳门特别行政区驻军法、《中国人民解放军选举全国人民代表大会和县级以上地方各级人民代表大会代表的办法》、《全国人民代表大会常务委员会关于批准中央军事委员会〈关于授予军队离休干部中国人民解放军功勋荣誉章的规定〉的决定》。行政法相关法13部：兵役法、现役军官法、军事设施保护法、预备役军官法、人民防空法、国防教育法、人民武装警察法、国防动员法、国防交通法、海警法、军人地位和权益保障法、《中国人民解放军军官军衔条例》、《关于中国人民解放军现役士兵衔级制度的决定》。社会法相关法2部：军人保险法、退役军人保障法。

〔2〕 参见丁向荣：《构建中国特色军事法治体系 提高国防和军队建设法治化水平》，载《人民日报》2014年10月30日，第10版。林高松：《构建国防和军队现代化法治保障的战略思考》，载《中国人民大学学报》2020年第1期。

度等。

（七）健全完善军人服役制度

党的十八大以来，党中央高度重视健全完善军人服役制度，在深化国防和军队改革过程中明确要求对军官制度进行体系重塑，基于军衔构建新的军官管理制度体系。为保障制度改革和探索试行依法推进，2016年12月，全国人大常委会作出《关于军官制度改革期间暂时调整适用相关法律规定的决定》。2020年年初，本着审慎稳妥推进改革的原则，调整现役军官法修订出台时间节点，先行推出相关条例。[1] 2021年1月，中央军委印发了《现役军官管理暂行条例》，以及《现役军官选拔补充暂行规定》《现役军官教育培训暂行规定》等11个配套法规，调整重塑军官等级制度，创新完善军官分类管理、服役、职业发展管理、待遇保障等制度，逐步构建系统完备、科学规范、运行有效、成熟定型的军官职业化制度体系。为进一步落实宪法相关规定，2022年2月，十三届全国人大常委会第三十三次会议通过《关于中国人民解放军现役士兵衔级制度的决定》，首次以立法形式规范士兵军衔的性质、设置、管理等制度。2022年3月，中央军委印发《军士暂行条例》《义务兵暂行条例》《军士职业发展管理暂行规定》等配套法规，进一步完善军士和义务兵的遴选补充、培养使用、教育管理、选拔晋升、待遇保障和退役安置等制度。

（八）建立健全军人地位权益保障和功勋荣誉表彰制度

党的十八大以来，党中央高度重视对军人和退役军人权益的保障。

---

〔1〕参见《中央军委政治工作部领导就学习贯彻〈现役军官管理暂行条例〉及相关配套法规答记者问》，载 http://www.mod.gov.cn/topnews/2021－01/09/content_4876776.htm。

2018 年 3 月，根据十三届全国人大一次会议批准的《国务院机构改革方案》，组建退役军人事务部，作为国务院组成部门，在国家层面加强对退役军人管理保障工作的组织领导；县级以上普遍成立党委退役军人事务工作领导机构和政府行政机构，建立全国集中统一、职责清晰的退役军人管理保障体制。2020 年 11 月，十三届全国人大常委会第二十三次会议审议通过退役军人保障法，对退役军人的安置、教育培训、就业创业、抚恤优待、褒扬激励、服务管理等进行顶层设计、系统规范，退役军人获得感、幸福感、荣誉感不断增强。在现役军人权益保障方面，针对相关政策法规比较零散细碎、效力层级偏低的问题，为适应形势任务变化，2021 年 6 月，十三届全国人大常委会第二十九次会议通过了军人地位和权益保障法，这是我国第一部军人权益保障方面的综合性法律，其系统规定了军人地位和权益保障的基本原则和制度，保障军人合法权益，激励广大官兵更加有效履行职责和使命，有力推动全社会形成尊崇军人职业的浓厚氛围。

功勋荣誉表彰是重要的宪法制度，军人功勋荣誉表彰对激发军人荣誉感、使命感，推动全社会形成见贤思齐、崇尚英雄、争做先锋的良好氛围有重要作用。2015 年 12 月，党中央印发了《关于建立健全党和国家功勋荣誉表彰制度的意见》，明确勋章是党、国家、军队的至高荣誉，军队设立“八一勋章”，授予在维护国家主权、安全、发展利益，推进国防和军队现代化建设中具有卓越功勋的军队人员。同月，十二届全国人大常委会第十八次会议表决通过了国家勋章和国家荣誉称号法，明确中央军委可以在职权范围内开展功勋荣誉表彰奖励工作。2018 年 4 月，十三届全国人大常委会第二次会议通过了英雄烈士保护法，坚持保护英雄烈士的鲜明价值导向，维护英雄烈士荣誉，弘扬社会主义核心价值观和爱国主义精神。2022 年 2 月，中共中央、国务院、中央军委印发了《军队功勋荣誉表彰条例》，同步启用新时代军队勋章、奖章、纪念章。此外，中央军委还修订完善了《中国人民解放军纪律条令》等军事法规。军队功勋荣誉表彰制度体系的不断完善，增强了军队凝聚力和自豪感，激发了全国各族人民保卫祖国、献身国防的积极性与创造性。

（九）不断推进国防动员制度改革

2013 年 11 月，党的十八届三中全会通过的《中共中央关于全面深化改革若干重大问题的决定》，明确要求“健全国防动员体制机制”。2016 年年初，按照深化国防和军队改革统一部署，军委国防动员部正式成立，履行组织指导国防动员和后备力量建设职能，国防动员工作体制机制进一步健全。2016 年 9 月，十二届全国人大常委会第二十二次会议通过国防交通法，构建与社会主义市场经济体制相适应、与遂行多样化军事任务要求相匹配、与国家交通和国防要求相衔接的国防交通基本制度，为加强国防交通建设、提升战略投送能力提供法治保障。党中央明确，调整职能配置、优化组织架构、完善政策制度，构建在党中央集中统一领导下、军地既各司其责又密切协同的国防动员新格局，为推进国防动员现代化建设提供体制保障。[1] 为了保证深化国防动员体制改革于法有据、稳妥推进，2021 年 10 月，全国人大常委会作出《关于深化国防动员体制改革期间暂时调整适用相关法律规定的决定》，明确深化国防动员体制改革期间，暂时调整适用部分法律有关国防动员以及人民武装动员、经济动员、人民防空、交通战备、国防教育的领导管理体制、军地职能配置、工作机构设置和国防动员资源指挥运用的规定。改革措施成熟后，及时修改完善有关法律。当前，改革正在抓紧推进，相关法律法规正在研究修改。

---

〔1〕 参见盛斌：《对〈关于深化国防动员体制改革期间暂时调整适用相关法律规定的决定（草案）〉的说明》（2021 年 10 月 19 日在第十三届全国人民代表大会常务委员会第三十一次会议上）。

（十）进一步健全发展军事司法制度

党的十八大后，按照深化国防和军队改革总体部署，组建了新的军委纪律检查委员会（军委监察委员会）；组建了新的军委政法委员会，加强军委对军队政法工作的领导，深入推进依法治军、从严治军，发挥政法部门职能作用，防范和查处违法犯罪活动，保持部队纯洁巩固和安全稳定。军事司法体制改革不断迈出新的步伐，取得新的重大进展，2014年3月，经中央军委批准，第二炮兵部队组建军事法院、军事检察院。2016年，战区、总直属军事法院、军事检察院和基层军事法院、军事检察院组建成立，军事法院、军事检察院由过去按照军兵种和武警系统设置调整为区域化设置。改革后，全军法院、检察院系统按照三级设置：中国人民解放军军事法院、军事检察院；各战区军事法院、军事检察院和总直属军事法院、军事检察院；基层军事法院、军事检察院。军事司法机关统一管辖区域内的各军兵种和武警部队的司法案件，紧紧围绕服务强军目标，依法维护国防和军队权益以及军人军属合法权益，促进了部队安全稳定和社会和谐。2018年修改刑事诉讼法，增加规定中国海警局履行海上维权执法职责，对海上发生的刑事案件行使侦查权。

（十一）进一步丰富完善国防军事保障制度体系

一是进一步加强对军事设施的法治保障力度。2021年6月，十三届全国人大常委会第二十九次会议修订了军事设施保护法，贯彻“分类保护、确保重点”的方针，完善领导管理体制机制，压实军地责任，细化分类保护措施，强化科技手段应用，创设保护制度，提高了军事设施保护工作的精确化、科学化、规范化水平，维护国家安全利益和国防利益。二是我国国防外交法治建设在推进和规范对外军事关系和国际军事交往活动中取得了积极进展，发挥了重要作用。例如，2015 年 7 月签订了《上海合作组织成员国边防合作协定》；2017 年 6 月签订了《上海合作组织反极端主义公约》。2016 年年初，设立军委国际军事合作办公室，主要负责对外军事交流合作、管理和协调全军外事工作等。我国军队按照相关法律规定积极参与国际军事交流，履行国际军事义务，参与联合国维和行动、提供国际救援救助、维护国际海上通道安全、开展安全交流合作，为维护世界和平与地区稳定作出了贡献，也促进了国家国防外交领域法治建设的发展。

现行宪法实施 40 年以来，国防军事制度经历了从严重缺乏到体系构建、从零碎分散到全面规范的历史发展进程，实现了无法可依到有法可依的历史性转变，国防和军队建设发展步入法治化轨道，我国宪法关于国防军事的制度规定得到全面有效实施。党的二十大对国防和军队建设作出新的战略部署，强调必须贯彻新时代党的强军思想，贯彻新时代军事战略方针，坚持党对人民军队的绝对领导，坚持政治建军、改革强军、科技强军、人才强军、依法治军。提高捍卫国家主权、安全、发展利益战略能力，有效履行新时代人民军队使命任务。如期实现建军一百年奋斗目标，加快把人民军队建成世界一流军队。新时代新征程上，在习近平法治思想和习近平强军思想的科学指导下，坚持党的领导，坚持宪法原则，坚持全过程人民民主，加强国防军事这一重点领域立法，有效针对存在的薄弱环节，积极研究完善相关制度，力争再开新局、再建新功，以法治力量推动建设巩固国防和强大人民军队。

第十五章　我国宪法关于“一国两制”制度的规定及其发展实施

2022年，是我国现行宪法公布施行并在宪法中创设特别行政区制度40周年，是邓小平同志正式提出“一国两制”伟大构想40周年，也是香港回归祖国、香港特别行政区成立以及《中华人民共和国香港特别行政区基本法》实施25周年。2017年7月1日，习近平总书记在庆祝香港回归祖国20周年大会暨香港特别行政区第五届政府就职典礼的讲话中指出：“实践充分证明，‘一国两制’是历史遗留的香港问题的最佳解决方案，也是香港回归后保持长期繁荣稳定的最佳制度安排，是行得通、办得到、得人心的。”[1] 2022年7月1日，习近平总书记在庆祝香港回归祖国25周年大会暨香港特别行政区第六届政府就职典礼上的讲话中进一步指出：“‘一国两制’是经过实践反复检验了的，符合国家、民族根本利益，符合香港、澳门根本利益，得到14亿多祖国人民鼎力支持，得到香港、澳门居民一致拥护，也得到国际社会普遍赞同。这样的好制度，没有任何理由改变，必须长期坚持！”[2] 党的二十大报告指出，我们全

---

〔1〕 习近平：《在庆祝香港回归祖国二十周年大会暨香港特别行政区第五届政府就职典礼上的讲话》，人民出版社2017年版，第4～5页。

〔2〕 习近平：《在庆祝香港回归祖国二十五周年大会暨香港特别行政区第六届政府就职典礼上的讲话》，人民出版社2022年版，第4页。

面准确推进“一国两制”实践，坚持“一国两制”、“港人治港”、“澳人治澳”、高度自治的方针，推动香港进入由乱到治走向由治及兴的新阶段，香港、澳门保持长期稳定发展良好态势。

宪法是国家根本法，是治国安邦的总章程，是全国各族人民共同意志的体现。宪法也是特别行政区制度的法律渊源，为“一国两制”从伟大构想成为生动现实提供了根本法治保障。

一、“一国两制”伟大构想的提出与宪法回应

“一个国家，两种制度”是党领导人民实现和平统一的一项重要制度，是中国特色社会主义的一个伟大创举，为国际社会解决类似问题提供了新思路新方案，为世界和平与发展作出了新贡献，是海纳百川、有容乃大的中国智慧的生动体现。

（一）“一国两制”伟大构想的提出

党的十一届三中全会以后，党和国家的工作重心转移到社会主义现代化建设上来。在以和平方式完成祖国统一大业、争取较长时间和平发展机遇期的历史背景下，“一国两制”伟大构想应运而生。

1979 年元旦，全国人大常委会发表《告台湾同胞书》，宣示了争取祖国和平统一的大政方针。1981 年 9 月 30 日，时任全国人大常委会委员长叶剑英发表谈话，进一步阐述了台湾回归祖国、实现和平统一的九条方针，这九条方针全面系统地阐述了新时期中国共产党的对台政策，实际上形成了“一个国家，两种制度”的基本构想。

1982 年 1 月 11 日，邓小平同志在会见美国华人协会主席李耀滋时指出，九条方针“实际上就是一个国家两种制度。两种制度是可以允许

的”。这是邓小平首次提出“一个国家，两种制度”的概念。[1]

1984 年 2 月，邓小平同志在会见美国乔治城大学战略与国际问题研究中心代表团时，第一次完整地表述了“一国两制”概念，他说：“世界上有许多争端，总要找个解决问题的出路。我多年来一直在想，找个什么办法，不用战争手段而用和平方式，来解决这种问题。我们提出的大陆与台湾统一的方式是合情合理的。统一后，台湾仍搞它的资本主义，大陆搞社会主义，但是是一个统一的中国。一个中国，两种制度。香港问题也是这样，一个中国，两种制度。”[2]

1984 年 6 月，邓小平同志在会见香港工商界访京团和香港知名人士钟士元等时，发表了《一个国家，两种制度》的著名谈话，再次重申了“一国两制”。他说：“我们的政策是实行‘一个国家，两种制度’，具体说，就是在中华人民共和国内，十亿人口的大陆实行社会主义制度，香港、台湾实行资本主义制度。中国的主体必须是社会主义，但允许国内某些区域实行资本主义制度。”[3]

（二）“一国两制”伟大构想在解决香港问题中首先取得突破

由于形势发展的需要，提出用于解决台湾问题的“一国两制”伟大构想，在解决香港问题上首先取得了突破。1979 年 3 月，时任香港总督麦理浩访华，向中国政府提出新界地契的租约问题，企图试探以地契跨越 1997 年的方式来“偷步”1997 年以后香港的归属。3 月 29 日，邓小平会见他时，谈到了中国政府对香港问题的立场和态度。邓小平说，我们历来认为，香港的主权属于中华人民共和国，香港又有它的特殊地位，将来谈判解决香港问题时，前提是香港系中国的一部分。但我们将把香

〔1〕参见中共中央党史研究室：《中国共产党的九十年》（改革开放和社会主义现代化建设新时期），中共党史出版社、党建读物出版社 2016 年版，第 761 页。

〔2〕《邓小平文选》（第 3 卷），人民出版社 1993 年版，第 49 ~ 50 页。

〔3〕参见《邓小平文选》（第 3 卷），人民出版社 1993 年版，第 58 ~ 61 页。

港作为一个特殊地区来处理，在相当长的时期内，香港还可以搞资本主义，而我们搞我们的社会主义。请所有的外国投资者放心，怎么变都不会影响外国投资者的利益。[1] 1979年7月5日，英国驻华大使柯利达向中国外交部递交了英国政府《关于香港新界土地契约问题的备忘录》。这些都促使在考虑台湾问题之外，也要考虑香港问题。

1981年年初，邓小平指出，香港问题已摆上议事日程，我们必须有一个明确的方针和态度，请有关部门研究提出方案，并尽快整理出材料，供中央参考。[2] 4月和12月，中央书记处两次召开会议，听取廖承志关于对港方针政策的汇报。会议肯定了1997年如期收回香港，12月的会议还向廖承志等人转达了邓小平要求在3个月内拿出解决香港问题最后方案的意见。

1982年3月，廖承志同志将修改后的12条政策上报中央，其中，包括根据宪法第三十一条，将原来提的"特别自治区"正式定名为"特别行政区"。邓小平同志批示："拟原则同意。方案待与各方面人士交换意见之后，再作修改。"[3] 3月到6月，邓小平同志先后会见多名香港知名人士，在1997年中国一定收回香港的前提下就如何保持香港繁荣稳定征求他们的意见。这时也提出了"港人治港"要以爱国者为主体；拥护国家统一，拥护中国收回香港，就是爱国者。

1982年9月24日，邓小平同志会见来访的时任英国首相撒切尔夫人，他指出，"我们对香港问题的基本立场是明确的，这里主要有三个问题。一个是主权问题；再一个问题，是一九九七年后中国采取什么方式来管理香港，继续保持香港繁荣；第三个问题，是中国和英国两国政府

---

〔1〕 参见武市红、高屹主编：《邓小平与共和国重大历史事件》，人民出版社2000年版，第338页。

〔2〕 参见李后：《百年屈辱史的终结——香港问题始末》，中央文献出版社1997年版，第66页。

〔3〕 李后：《百年屈辱史的终结——香港问题始末》，中央文献出版社1997年版，第69~71页。

要妥善商谈如何使香港从现在到一九九七年的十五年中不出现大的波动。”[1]

这次会谈以后，根据双方达成的协议，中英两国开启了通过外交途径解决香港问题的磋商。历经2年时间，经过22轮谈判，中英双方达成协议。1984年9月26日，双方草签了《中英联合声明》。六届全国人大常委会第八次会议通过决议，同意草签的《中英联合声明》，决定在两国政府正式签署后提请全国人民代表大会审议、批准。1984年12月19日，《中英联合声明》正式签署。1985年4月10日，六届全国人大三次会议作出《关于批准〈中华人民共和国政府和大不列颠及北爱尔兰联合王国政府关于香港问题的联合声明〉的决定》。由此，“一国两制”伟大构想在解决香港问题中首先取得突破。

（三）“一国两制”伟大构想的宪法回应

1980年8月18日，邓小平同志在中央政治局扩大会议上提出，中央正在考虑进行的重大改革，第一项就是将向全国人大提出修改宪法的建议。[2] 香港问题的酝酿解决与启动修改宪法时间较为相近，这就使在新修改的宪法中为“一国两制”提供制度保障成为可能。

1982年2月，宪法修改委员会第二次全体会议讨论并审议的宪法修改委员会秘书处草拟的宪法修改草案（讨论稿）中就有关于设立特别行政区的规定，委员对设立特别行政区条款提出了审议意见。程思远提出，把“国家在必要时设立特别行政区”写入“地方人民政府”这一节不好，还是应该放进“总纲”里，将来适用于台湾、香港和澳门。荣毅仁建议，把关于设立特别行政区的条文写入我国行政区域划分的第二款，

---

[1] 参见邓小平：《我们对香港问题的基本市场（一九八二年九月二十四日）》，载《邓小平文选》（第3卷），人民出版社1993年版，第12页。

[2] 参见王汉斌：《王汉斌访谈录——亲历新时期社会主义民主法制建设》，中国民主法制出版社2012年版，第50页。

并移入“总纲”。[1] 肖蔚云在《我国现行宪法的诞生》一书中说：在一九五四年宪法和一九七八年宪法中，行政区域的划分都是放在第二章“国家机构”中。一九八二年宪法把这一条提前，放在“总纲”中的第三十条，这主要是考虑到要设立特别行政区，把我国行政区域这一条提前，从逻辑上比较适当。先讲我国的行政区域，再写特别行政区，由一般到特殊，顺理成章，条理清楚。

1982年11月26日，时任宪法修改委员会副主任委员彭真在第五届全国人民代表大会第五次会议上作的《关于中华人民共和国宪法修改草案的报告》关于国家的统一和民族的团结部分指出：“现在，我们伟大的祖国还有未完成的统一事业，需要我们去努力完成。宪法修改草案的序言指出：‘台湾是中华人民共和国的神圣领土的一部分。完成统一祖国的大业是包括台湾同胞在内的全中国人民的神圣职责。’近三十多年台湾同祖国的分离，完全是违反我们民族利益和人民要求的。早日结束这种分裂局面，无论对于台湾地方和整个祖国的繁荣富强，对于维护远东和世界和平，都是极为有利的。这是大势所趋，人心所向，任何党派、势力和个人都无法抗拒。这是中国的内政，任何外国都无权干预。去年国庆节前夕，全国人民代表大会常务委员会委员长叶剑英同志发表谈话指出，实现和平统一后，台湾可作为特别行政区，享有高度的自治权。这种自治权，包括台湾现行社会、经济制度不变，生活方式不变，同外国的经济、文化关系不变等等。考虑到这种特殊情况的需要，宪法修改草案第三十一条规定：‘国家在必要时得设立特别行政区。在特别行政区内实行的制度按照具体情况由全国人民代表大会以法律规定。’在维护国家的主权、统一和领土完整的原则方面，我们是决不含糊的。同时，在具体政策、措施方面，我们又有很大的灵活性，充分照顾台湾地方的现实情况

[1] 参见许崇德：《中华人民共和国宪法史》（下卷），福建人民出版社2005年版，第410页。

和台湾人民以及各方面人士的意愿。这是我们处理这类问题的基本立场。”[1]

关于一九八二年宪法的报告为什么没有提香港、澳门回归祖国的问题，王汉斌同志曾给出回答：当时中英关于香港问题谈判刚刚开始，中葡关于澳门问题的谈判还没有开始。因此，彭真同志在《关于中华人民共和国宪法修改草案的报告》中只能提台湾，没有提香港、澳门，但又说了“这是我们处理这类问题的基本立场”。这就明显地把香港、澳门包括在内了。[2]

我国宪法关于“一国两制”的规定和体现，就是“特别行政区”。1993 年宪法修改，曾有意见提出，在宪法中增写“一国两制”方针，经研究，这一意见没有被吸收采纳。对此，《中国共产党中央委员会关于修改宪法部分内容的补充建议》附件二《关于修改宪法部分内容的建议的说明》专门作了回应：在征求意见和讨论中，有的地方或单位还提出了另外一些修改意见。现对未采纳的几条意见，简要说明如下。有的建议，在宪法序言或“总纲”中增加规定“一国两制”方针的表述。宪法第三十一条已为香港基本法和正在制定的澳门基本法提供了依据，可以不再作其他修改补充。[3]

宪法第六十二条关于全国人大职权的规定中，第十四项“决定特别行政区的设立及其制度”，以及宪法第五十九条第一款中“全国人民代表大会由省、自治区、直辖市、特别行政区和军队选出的代表组成”，都是“一国两制”宪法制度的重要内容。其中，在宪法第五十九条第一款关于全国人民代表大会组成的规定中增加“特别行政区”选出的代表，是

[1] 全国人大常委会法制工作委员会宪法室编：《中华人民共和国制宪修宪重要文献资料选编》，中国民主法制出版社 2021 年版，第 108～109 页。

[2] 王汉斌：《王汉斌访谈录——亲历新时期社会主义民主法制建设》，中国民主法制出版社 2012 年版，第 76 页。

[3] 全国人大常委会法制工作委员会宪法室编：《中华人民共和国制宪修宪重要文献资料选编》，中国民主法制出版社 2021 年版，第 147 页。

2004年宪法修正案中的一项重要内容。时任副委员长王兆国在《关于〈中华人民共和国宪法修正案（草案）〉的说明》中指出："在香港、澳门回归祖国后，作这样的修改，符合全国人民代表大会组成的实际情况。"

回顾改革开放以来"一国两制"伟大构想的提出、根据形势需要首先用于解决香港问题，并在宪法中规定实现祖国统一大业、实行特别行政区制度的历程，党和国家领导人为维护国家统一和领土完整、为和平发展作出了伟大创举和突出贡献。同时，宪法作为国家根本法，以其最高的法律地位、法律效力和法律权威，为"一国两制"伟大构想提供根本法治保障。根据宪法，全国人民代表大会设立香港、澳门特别行政区，制定《中华人民共和国香港特别行政区基本法》《中华人民共和国澳门特别行政区基本法》等法律，并不断根据实践需要，适时对特别行政区实行的制度作出重大制度安排，推动"一国两制"制度和实践发展完善，有力保障香港、澳门特别行政区长期繁荣稳定。

二、我国宪法关于"一国两制"规定的制度内涵

习近平总书记在庆祝香港回归祖国25周年大会上的讲话中指出："'一国两制'方针是一个完整的体系。维护国家主权、安全、发展利益是'一国两制'方针的最高原则，在这个前提下，香港、澳门保持原有的资本主义制度长期不变，享有高度自治权。社会主义制度是中华人民共和国的根本制度，中国共产党领导是中国特色社会主义最本质的特征，特别行政区所有居民应该自觉尊重和维护国家的根本制度。"[1] 这一重要论述鲜明指出"一国两制"方针最高原则、前提基础和制度内涵，指出"一国"和"两制"的关系。

---

[1] 习近平：《在庆祝香港回归祖国二十五周年大会暨香港特别行政区第六届政府就职典礼上的讲话》，人民出版社2022年版，第5页。

回归后，香港、澳门重新纳入国家治理体系，建立起以“一国两制”方针为根本遵循的特别行政区宪制秩序。宪法是特别行政区制度的宪制基础。基本法是特别行政区各方面制度的具体化、法律化，是依据宪法制定的。关于宪法与基本法共同构成特别行政区的宪制基础应如何理解，需要从我国宪法整体来看。

（一）实现祖国统一是全中国人民的神圣职责

维护国家主权、统一和领土完整，是宪法一以贯之的目的和价值内涵。我国宪法序言记述了1840年以后中国人民为国家独立、民族解放和民主自由进行的英勇奋斗历程，并以法律的形式确认中国各族人民奋斗的成果。救亡图存、民族独立、国家富强是我国宪法的历史逻辑和奋斗目标，深深嵌入中华民族的精神基因。我国宪法立足于中华民族近代以来的历史事实，凝练了伟大变革的历史经验，揭示了党领导人民从胜利走向胜利的历史必然，深刻表达了对维护国家的主权、统一和领土完整的基础性价值诉求。我国宪法明确了完成统一祖国大业这一全中国人民的神圣职责。维护国家主权、安全和发展利益，是宪法关于“一国两制”规定的根本宗旨。宪法关于“一国两制”的规定为解决国家统一以及统一后的治理问题提供宪制依据，必然服务于维护国家主权、统一和领土完整这一基础价值。

（二）“一国”是“两制”的前提和基础

香港、澳门是历史遗留问题，回到祖国怀抱是历史的必然。改革开放和社会主义现代化建设新时期，党领导人民按照“一国两制”方针通过外交谈判解决香港、澳门问题，是以和平而非武力的方式推进国家统一，“一国两制”就是以和平方式实现统一后的治理方式。

1. 特别行政区是我国的地方行政区域，其高度自治权源于中央授予。我国是单一制国家。根据宪法规定，中央和地方的国家机构职权的划分，遵循在中央的统一领导下，充分发挥地方的主动性、积极性的原则。香港基本法、澳门基本法规定了特别行政区是中华人民共和国不可分离的部分，全国人民代表大会授权特别行政区依照基本法规定实行高度自治。从我国宪法第三十条行政区域划分和第三十一条特别行政区的设立来看，特别行政区虽然“特别”，也是我国地方行政区域的一种。两个基本法也都明确规定，虽然特别行政区实行高度自治，但是其高度自治权来自全国人民代表大会的授权，源于中央政府对特别行政区的全面管治权。

2. 我国宪法整体构成特别行政区的宪制基础。宪法是国家根本法，效力范围及于包括特别行政区在内全部领土范围。特别行政区是依据宪法第三十一条设立的，特别行政区实行的制度是全国人民代表大会根据宪法制定基本法规定的。香港、澳门两个特别行政区保持资本主义制度和生活方式，来自宪法的许可，是宪法的产物，无宪法则无“两制”。

我国宪法与特别行政区的设立及其制度直接相关的条款有如下几点。一是，宪法第三十一条规定：“国家在必要时得设立特别行政区。在特别行政区内实行的制度按照具体情况由全国人民代表大会以法律规定。”二是，第五十九条第一款规定：“全国人民代表大会由省、自治区、直辖市、特别行政区和军队选出的代表组成。各少数民族都应当有适当名额的代表。”三是，第六十二条第十四项全国人民代表大会的职权，“决定特别行政区的设立及其制度”。此外，我国宪法关于国家机构、国家象征和国家标志等的规定，也与特别行政区、与基本法有直接关系。如果没有宪法中关于国家机构的规定，中央与特别行政区关系的一些条款都是无从理解和适用的。我国宪法是整体构成特别行政区的宪制基础，不能将宪法“拆整为零”、逐条去辨别是否适用于特别行政区。

3. 我国国家主体制度是社会主义制度，特别行政区所有居民应自觉尊重和维护宪法规定的国家的根本制度。我国宪法是社会主义宪法，是人民宪法。宪法关于“一国两制”制度安排是在国家主体实行社会主义的情况下，允许特定地区根据具体情况，实行不同于社会主义制度的其他制度。特别行政区要尊重宪法的最高法律地位、法律权威、法律效力，尊重社会主义制度是我国的根本制度，尊重中国共产党领导是社会主义最本质的特征。特别行政区所有居民应该自觉尊重和维护国家的根本制度，不能利用、也不能允许其他任何境外势力利用特别行政区从事危害我国国家安全的活动。这是宪法在特别行政区实施的必然要求。

“一国”是“两制”的前提和基础，“两制”同属一个国家。“两制”从属和派生于“一国”，并统一于一国之内。全面准确贯彻“一国两制”方针将为香港、澳门创造无限广阔的发展空间。“一国”原则愈坚固，“两制”优势愈彰显。

（三）在特别行政区内实行的制度按照具体情况由全国人民代表大会以法律规定

宪法第三十一条的规定为解决国家统一问题提供了开放的制度空间，除规定“国家在必要时得设立特别行政区”外，还规定了“在特别行政区内实行的制度按照具体情况由全国人民代表大会以法律规定”。结合在宪法中创设特别行政区制度 40 周年、香港特别行政区成立 25 周年的实践，拟对这一条款的制度内涵作简要分析。

1. 关于“特别行政区内实行的制度”

“特别行政区内实行的制度”虽然没有在宪法文本中明确规定为资本主义制度，但是，第三十一条作为我国宪法的“一国两制”条款，从立法目的和实践看，是指特别行政区内的资本主义制度。《中华人民共和国香港特别行政区基本法》第五条规定：“香港特别行政区不实行社会主义制度和政策，保持原有的资本主义制度和生活方式，五十年不变。”在起草香港特别行政区基本法时，有些香港人士有顾虑，认为在香港实行不同于社会主义制度的资本主义制度不符合宪法，要求相应地修改宪法，明文规定在香港实行“一国两制”。王汉斌同志答复记者说：宪法第三十一条就是专门为相关实行不同于社会主义制度的资本主义制度即实行“一国两制”而作的特别规定，因而不需要再修改宪法。[1]

1990年4月4日，七届全国人大三次会议在审议通过《中华人民共和国香港特别行政区基本法》的同时，通过了《关于〈中华人民共和国香港特别行政区基本法〉的决定》，对《中华人民共和国香港特别行政区基本法》的合宪性进行了确认。该决定提出：香港特别行政区基本法是根据《中华人民共和国宪法》按照香港的具体情况制定的，是符合宪法的。香港特别行政区设立后实行的制度、政策和法律，以香港特别行政区基本法为依据。全国人大以决定的形式，对香港特别行政区基本法的合宪性作出确认，这是最高国家权力机关的判断，具有释疑解惑、定分止争、凝聚共识的重要作用，保证了法律的稳定性、可预测性。同时，一切法律规范从制定到实施都要以宪法为基础，不得与之冲突和抵触，也彰显了宪法作为国家的根本法的最高权威。

2. 关于“按照具体情况”

“按照具体情况”规定在特别行政区内实行的制度，意味着审时度势、根据客观实际作出安排，为有效维护国家主权、统一和领土完整留有灵活的制度空间。比如，按照香港、澳门的历史和现实情况，制定香港特别行政区基本法、澳门特别行政区基本法，规定特别行政区的制度和政策，包括社会、经济制度，有关保障居民的基本权利和自由的制度，行政管理、立法和司法方面的制度，以及有关政策。比如，香港回归前的过渡期内，根据变化了的“具体情况”，对香港作出新的制度安排，以实现平稳过渡，顺利交接。1992年开始，港英政府政制改革方案致使关于香港特别行政区第一届政府和立法会的“直通车”安排不复可能。

---

〔1〕参见王汉斌：《王汉斌访谈录——亲历新时期社会主义民主法制建设》，中国民主法制出版社2012年版，第76页。

1994 年 8 月 31 日，八届全国人大常委会第九次会议作出了《关于郑耀棠等 32 名全国人大代表所提议案的决定》，明确由香港特别行政区筹备委员会“规定香港特别行政区第一届立法会的具体产生办法，组建香港特别行政区第一届立法会”。再如，在香港特别行政区国家安全方面风险日益凸显，违法活动严重危害国家主权、统一和领土完整，而香港特别行政区基本法第二十三条被长期“搁置”的情况下，采取“决定 + 立法”这一复合立法形式，从国家层面建立健全香港特别行政区维护国家安全的法律制度和执行机制，改变香港特别行政区国家安全领域长期“不设防”状况。

3. 关于“由全国人民代表大会以法律规定”

全国人民代表大会是最高国家权力机关。宪法第六十二条第十四项规定，全国人民代表大会行使“决定特别行政区的设立及其制度”的职权，这一规定与宪法第三十一条的规定相衔接和呼应。其中，值得注意的是，全国人大通过作出决定规定在特别行政区内实行的制度，具有丰富的实践。全国人大作出决定，是其行使职权的重要方式。其中，作出“有关法律问题的决定”，是全国人大行使国家立法权的形式之一。从实践的情况看，有关法律问题的决定，通常发挥规定、补充、修改、确认、解释和有关宪法和法律问题的功能，具有立法属性。从行使的职权看，既有单独行使立法权的情况，也有复合行使立法、监督、监督宪法实施等多项职权的情况。全国人大通过作出决定，建立和完善香港特别行政区维护国家安全的制度和机制、完善香港特别行政区选举制度等，是履行宪法第三十一条规定的全国人大以法律规定特别行政区实行的制度职责的举措，符合宪法的规定。

需要说明的是，全国人大作出决定，授权常委会行使相关职权，具有丰富的实践，也是有宪法依据的。比如，1993 年 3 月，八届全国人大一次会议根据代表团提出的议案通过决定，授权全国人大常委会设立香港特别行政区筹备委员会的准备工作机构。7 月，八届全国人大常委会第二次会议根据授权，决定设立预备工作委员会，作为常委会的工作机构，在筹备委员会成立前进行准备工作。又如，2021 年 3 月，全国人大常委会根据全国人大授权决定，对《中华人民共和国香港特别行政区基本法》附件一《香港特别行政区行政长官的产生办法》和附件二《香港特别行政区立法会的产生办法和表决程序》作出修订，落实“爱国者治港”原则。

三、通过立法实施宪法“一国两制”规定有关情况

以完备的法律制度实施宪法，是宪法实施的基本途径和主要方式。全国人大及其常委会通过立法实施宪法关于“一国两制”规定，既是宪法实施的重要方面，也是坚持和完善“一国两制”制度体系、推动“一国两制”行稳致远的法治保障。根据宪法，全国人大制定了香港特别行政区基本法、澳门特别行政区基本法，对特别行政区的制度作出规定。全国人大及其常委会还根据宪法出台若干决定，对特别行政区相关制度作出安排。基本法和有关决定共同构成了以“一国两制”方针为根本遵循的特别行政区宪制秩序和法治秩序。

（一）全国人大依据宪法批准《中英联合声明》

1984 年 11 月 14 日，六届全国人大常委会第八次会议通过《关于国务院提请审议〈中华人民共和国政府和大不列颠及北爱尔兰联合王国政府关于香港问题的联合声明〉的议案的决议》。该决议指出，会议同意中英两国政府草签的《中英联合声明》，决定在中英两国政府正式签署后，提请第六届全国人民代表大会第三次会议审议、批准。1985 年 4 月，六届全国人大三次会议作出《关于批准〈中华人民共和国政府和大不列颠及北爱尔兰联合王国政府关于香港问题的联合声明〉的决定》。我国宪法

第六十七条规定，决定同外国缔结的条约和重要协定的批准是全国人大常委会的职权。根据宪法第三十一、六十二条的规定，决定特别行政区的设立及其制度是全国人大的职权。批准《中英联合声明》涉及特别行政区的设立及其制度，故由全国人大对批准《中英联合声明》作出决定。

（二）全国人大依据宪法授权常委会批准《中葡联合声明》

1987 年 4 月 11 日，六届全国人大五次会议作出决定，授权全国人大常委会审议批准《中葡联合声明》，其决定指出：鉴于《中葡联合声明》涉及特别行政区的设立及其制度问题，根据宪法第三十一、六十二条的规定，应由全国人民代表大会决定。会议授权全国人大常委会在《中葡联合声明》经中葡两个政府正式签署后予以审议和决定批准。1987 年 6 月 23 日，六届全国人大常委会第二十一次会议根据授权，作出了批准《中葡联合声明》的决定。

（三）全国人大依据宪法设立香港特别行政区、澳门特别行政区

1990 年 4 月 4 日，七届全国人大三次会议通过《关于设立香港特别行政区的决定》，根据宪法第三十一条和第六十二条第十三项[1]的规定，决定：“一、自 1997 年 7 月 1 日起设立香港特别行政区。二、香港特别行政区的区域包括香港岛、九龙半岛，以及所辖的岛屿和附近海域。香港特别行政区的行政区域图由国务院另行公布。”

1993 年 3 月 31 日，八届全国人大一次会议通过《关于设立中华人民

[1] 2018 年宪法修正案第四十一条规定：“宪法第六十二条‘全国人民代表大会行使下列职权’中增加一项，作为第七项‘（七）选举国家监察委员会主任’，第七项至第十五项相应改为第八项至第十六项。”

共和国澳门特别行政区的决定》，根据宪法第三十一条和第六十二条第十三项[1]的规定，决定："一、自1999年12月20日起设立澳门特别行政区。二、澳门特别行政区的区域包括澳门半岛、氹仔岛和路环岛。澳门特别行政区的行政区域图由国务院另行公布。"

（四）全国人大制定两个基本法，规定在特别行政区内实行的制度

1. 制定《中华人民共和国香港特别行政区基本法》

1985年4月10日，六届全国人大三次会议在批准《中英联合声明》的同时，还作出《关于成立中华人民共和国香港特别行政区基本法起草委员会的决定》。6月18日，六届全国人大常委会第十一次会议通过《香港特别行政区基本法起草委员会名单》。7月1日，香港特别行政区基本法起草委员会正式成立并开始工作。经过近4年的努力，香港特别行政区基本法起草委员会起草了《中华人民共和国香港特别行政区基本法（草案）》，并对所有条文、附件及有关文件都逐条逐件进行表决，均以全体委员2/3多数赞成获得通过。《中华人民共和国香港特别行政区基本法（草案）征求意见稿》还先后两次在香港和全国其他地区广泛征求意见。1989年2月21日，七届全国人大常委会第六次会议作出《关于公布〈中华人民共和国香港特别行政区基本法（草案）〉的决议》，拟作进一步修改后，将草案提请全国人大审议。1990年4月4日，七届全国人大三次会议审议并高票通过了《香港特别行政区基本法》，时任国家主席杨尚昆签署第26号主席令予以公布，自1997年7月1日起实施。

2. 制定《中华人民共和国澳门特别行政区基本法》

1988年4月13日，七届全国人大一次会议通过《关于成立中华人民

---

〔1〕 2018年宪法修正案第四十一条规定："宪法第六十二条'全国人民代表大会行使下列职权'中增加一项，作为第七项'（七）选举国家监察委员会主任'，第七项至第十五项相应改为第八项至第十六项。"

共和国澳门特别行政区基本法起草委员会的决定》。9 月 5 日，七届全国人大常委会第三次会议通过《澳门特别行政区基本法起草委员会名单》。经过起草并两次在澳门和全国其他地区广泛征求意见，澳门特别行政区基本法起草委员会圆满完成工作任务。1993 年 3 月 31 日，八届全国人大一次会议通过了《中华人民共和国澳门特别行政区基本法》，时任国家主席江泽民签署第 3 号主席令予以公布，自 1999 年 12 月 20 日起实施。

两个基本法规定了特别行政区的基本制度，包括中央和特别行政区的关系、居民的基本权利和义务、政治体制、经济、文化、对外事务、基本法的解释和修改等，并在附件中规定了行政长官的产生办法、立法会的产生办法和表决程序、在特别行政区实施的全国性法律。两个基本法均规定，基本法的修改权属于全国人大，解释权属于全国人大常委会。

（五）全国人大依据宪法对基本法作出合宪性确认

1990 年 4 月 4 日，七届全国人大三次会议在审议通过《中华人民共和国香港特别行政区基本法》的同时，通过了《关于〈中华人民共和国香港特别行政区基本法〉的决定》,[1] 指出：“香港特别行政区基本法是根据《中华人民共和国宪法》按照香港的具体情况制定的，是符合宪法的。”这是全国人民代表大会在通过《中华人民共和国香港特别行政区基本法》的同时，对其进行的合宪性确认，是全国人民代表大会历史上所进行的一次成功的合宪性审查实践。

在《中华人民共和国香港特别行政区基本法》起草和征求意见过程中，不断有港人建议，由全国人大常委会对宪法第三十一条作必要的解释、明确特别行政区实行的制度是资本主义制度，也有建议全国人大在

---

〔1〕 本次大会还通过了《全国人民代表大会关于批准香港特别行政区基本法起草委员会关于设立全国人大常委会香港特别行政区基本法委员会的建议的决定》《全国人民代表大会关于设立香港特别行政区的决定》《全国人民代表大会关于香港特别行政区第一届政府和立法会产生办法的决定》等相关决定。

公布基本法时颁布法令，宣布基本法与宪法并无抵触。[1] 由此，当时的全国人大法律委员会建议作出决定，说明修改《中华人民共和国香港特别行政区基本法》是符合宪法的，解除香港一些人的疑虑，增强信心。作出这一决定，强化了《中华人民共和国香港特别行政区基本法》的合宪性，有效消除港人疑虑，增强港人信心，保证《中华人民共和国香港特别行政区基本法》有效实施，为落实“一国两制”方针保驾护航。

1993 年 3 月 31 日，八届全国人大一次会议在通过《中华人民共和国澳门特别行政区基本法》的同时，通过了《关于〈中华人民共和国澳门特别行政区基本法〉的决定》，确认《中华人民共和国澳门特别行政区基本法》是根据宪法按照澳门特别行政区的具体情况制定的，是符合宪法的。

（六）全国人大及其常委会在过渡期基于形势变化对第一届立法会作出相应安排

香港回归的过渡期并非一帆风顺。全国人大及其常委会作为国家主权机关，根据具体情况和实际需要，以作出决定的方式安排有关事宜，开展斗争、予以回应。

1990 年 4 月 4 日，七届全国人大三次会议通过《关于香港特别行政区第一届政府和立法会产生办法的决定》。根据这一决定，全国人大在 1996 年内设立香港特别行政区筹备委员会，负责筹备成立香港特别行政区的有关事宜，并根据该决定规定第一届政府和立法会的具体产生办法；原香港最后一届立法局的组成如符合该决定和《中华人民共和国香港特别行政区基本法》的有关规定，其议员拥护《中华人民共和国香港特别行政区基本法》、愿意效忠中华人民共和国香港特别行政区并符合《中华

---

〔1〕 参见韩大元：《论〈宪法〉在〈香港特别行政区基本法〉制定过程中的作用——纪念〈香港特别行政区基本法〉实施 20 周年》，载《现代法学》2017 年第 5 期。

人民共和国香港特别行政区基本法》规定条件者，经香港特别行政区筹备委员会确认，即可成为香港特别行政区第一届立法会议员。这一安排也被称为“直通车”。然而，1992 年开始，港英政府在香港推行的政制改革方案，违反《中英联合声明》精神、违反与《中华人民共和国香港特别行政区基本法》衔接的原则、违反中英在香港政制发展问题上已达成的协议和谅解，致使关于香港特别行政区第一届政府和立法会的“直通车”安排不复可能。

为了保证平稳过渡，1993 年 3 月 31 日，八届全国人大一次会议根据广东省代表团提出的议案，作出了《关于授权全国人民代表大会常务委员会设立香港特别行政区筹备委员会的准备工作机构的决定》，授权全国人大常委会设立香港特别行政区筹备委员会的工作机构，着手进行各项有关准备工作。根据该授权，1993 年 7 月 2 日，八届全国人大常委会第二次会议通过了《关于设立全国人民代表大会常务委员会香港特别行政区筹备委员会预备工作委员会的决定》，设立香港特别行政区筹备委员会预备工作委员会，作为全国人大常委会的工作机构，负责在筹备委员会成立前进行各项有关准备工作。1994 年 8 月 31 日，八届全国人大常委会第九次会议作出了《关于郑耀棠等 32 名全国人大代表所提议案的决定》，明确由筹备委员会“规定香港特别行政区第一届立法会的具体产生办法，组建香港特别行政区第一届立法会”。

（七）全国人大常委会设立特别行政区筹备委员会

根据《关于香港特别行政区第一届政府和立法会产生办法的决定》，1995 年 12 月 28 日，八届全国人大常委会第十七次会议通过了全国人民代表大会香港特别行政区筹备委员会组成人员名单。香港特别行政区筹备委员会于 1996 年 1 月 26 日正式成立，并于 1997 年 7 月 3 日经全国人大常委会批准结束工作。根据《关于澳门特别行政区第一届政府、立法会和司法机关产生办法的决定》，1998 年 4 月 29 日，九届全国人大常委会第二次会议通过了全国人民代表大会澳门特别行政区筹备委员会组成人员名单。澳门特别行政区筹备委员会于 1998 年 5 月 5 日正式成立，并于 1999 年 12 月 25 日经全国人大常委会批准结束工作。两个筹备委员会在一年多的时间里，完成了筹建特别行政区的各项任务，为特别行政区的成立和平稳过渡奠定了基础。

（八）全国人大常委会对特别行政区原有法律作出处理

1997 年 2 月 23 日，八届全国人大常委会第二十四次会议作出《关于根据〈中华人民共和国香港特别行政区基本法〉第一百六十条处理香港原有法律的决定》。《中华人民共和国香港特别行政区基本法》第一百六十条规定，香港特别行政区成立时，香港原有法律除由全国人大常委会宣布为同本法抵触者外，采用为香港特别行政区法律，如以后发现有的法律与本法抵触，可依照本法规定的程序修改或停止生效。

根据这一规定，全国人大常委会审议了香港特别行政区筹备委员会关于处理香港原有法律问题的建议，决定对香港原有法律视其不同情况，分别作出“采用为香港特别行政区法律”“不采用为香港特别行政区法律”“抵触的部分条款不采用为香港特别行政区法律”等处理，对香港原有法律予以明确。比如，《香港人权法案条例》第二条第三款有关该条例的解释及应用目的的规定，第三条有关“对先前法例的影响”和第四条有关“日后的法例的释义”的规定，不采用为香港特别行政区法律。《个人资料（私隐）条例》第三条第二款有关该条例具有凌驾地位的规定，不采用为香港特别行政区法律。

1999 年 10 月 31 日，九届全国人大常委会第十二次会议作出《关于根据〈中华人民共和国澳门特别行政区基本法〉第一百四十五条处理澳门原有法律的决定》。

(九) 全国人大常委会对列于基本法附件三的法律作出增减

根据《中华人民共和国香港特别行政区基本法》第十八条第二、三款以及《中华人民共和国澳门特别行政区基本法》第十八条第二、三款的规定，全国性法律除列于基本法附件三者外，不在特别行政区实施。全国人大常委会在征询其所属的特别行政区基本法委员会和特别行政区政府的意见后，可对列于本法附件三的法律作出增减。列入附件三的法律，限于有关国防、外交和其他不属于特别行政区自治范围的法律。根据这一规定，全国人大常委会基于国家立法情况的变化和完善特别行政区治理的需要，先后对两个基本法附件三的法律进行增减。

一是分别于 1997 年 7 月 1 日、1998 年 11 月 4 日、2005 年 10 月 27 日、2017 年 11 月 4 日、2020 年 6 月 30 日 5 次作出决定，对《中华人民共和国香港特别行政区基本法》附件三所列全国性法律进行增减。5 次决定对附件三所列全国性法律的增减分别为：(1) 增加《中华人民共和国国旗法》《中华人民共和国领事特权与豁免条例》《中华人民共和国国徽法》《中华人民共和国领海及毗连区法》《中华人民共和国香港特别行政区驻军法》等 5 部法律，删去《中央人民政府公布中华人民共和国国徽的命令》；(2) 增加《中华人民共和国专属经济区和大陆架法》；(3) 增加《中华人民共和国外国中央银行财产司法强制措施豁免法》；(4) 增加《中华人民共和国国歌法》；(5) 增加《中华人民共和国香港特别行政区维护国家安全法》。

二是分别于 1999 年 12 月 20 日、2005 年 10 月 27 日、2017 年 11 月 4 日 3 次对《中华人民共和国澳门特别行政区基本法》附件三所列全国性法律进行增减。3 次决定对附件三所列全国性法律的增减分别为：(1) 增加《中华人民共和国专属经济区和大陆架法》《中华人民共和国澳门特别行政区驻军法》；(2) 增加《中华人民共和国外国中央银行财产司法强制措施豁免法》；（3）增加《中华人民共和国国歌法》。

（十）全国人大常委会对两个基本法作出解释

全国人大常委会先后于1999年、2004年、2005年、2011年和2016年对《中华人民共和国香港特别行政区基本法》作出5次解释，[1] 于2011年对《中华人民共和国澳门特别行政区基本法》作出1次解释。

一是，1999年6月26日，九届全国人大常委会第十次会议对《香港特别行政区基本法》第二十二条第四款和第二十四条第二款第三项的解释。该解释针对香港特别行政区终审法院对《香港特别行政区基本法》涉及中央管理事务及中央和香港特别行政区关系条款在判决前没有提请全国人大常委会作出解释，且其解释不符合立法原意的问题。全国人大常委会的解释阐明关于香港永久性居民在内地所生中国籍子女等规定的立法原意，要求解释公布之后，香港特别行政区法院在引用《中华人民共和国香港特别行政区基本法》有关条款时，以本解释为准。

二是，2004年4月6日，十届全国人大常委会第八次会议对《中华人民共和国香港特别行政区基本法》附件一第七条和附件二第三条的解释。主要涉及关于“二〇〇七年以后”“如需”等的含义问题。

三是，2005年4月27日，十届全国人大常委会第十五次会议审议并通过了《中华人民共和国香港特别行政区基本法》第五十三条第二款的解释。这一解释针对行政长官未任满任期导致缺位情况下，新行政长官任期问题。

四是，2011年8月26日，十一届全国人大常委会第二十二次会议对《中华人民共和国香港特别行政区基本法》第十三条第一款和第十九条的解释。这是应香港特别行政区终审法院提请作出的解释。香港特别行政区法院审理一起与刚果民主共和国有关的案件，涉及香港特别行政区是

---

〔1〕 2016年解释见庆祝香港回归祖国25周年简报之三《依据宪法推动新时代“一国两制”伟大实践行稳致远》。

否应适用中央人民政府决定采取的国家豁免规则或政策的问题。

五是，2011 年 12 月 31 日，十一届全国人大常委会第二十四次会议对《中华人民共和国澳门特别行政区基本法》附件一第七条和附件二第三条的解释。主要涉及“如需修改”的含义、由谁确定和由谁提出修改法案等问题。

（十一）全国人大对特别行政区全国人大代表选举问题作出决定

香港回归以前，香港地区的全国人大代表是由广东省人民代表大会选出的。回归后，《中华人民共和国香港特别行政区基本法》第二十一条规定，根据全国人民代表大会确定的名额和代表产生办法，由香港特别行政区居民中的中国公民在香港选出香港特别行政区的全国人大代表，参加最高国家权力机关的工作。《中华人民共和国全国人民代表大会和地方各级人民代表大会选举法》第十六条第三款规定：“香港特别行政区、澳门特别行政区应选全国人民代表大会代表的名额和代表产生办法，由全国人民代表大会另行规定。”

全国人民代表大会于 1997 年以立法的形式，制定了《中华人民共和国香港特别行政区选举第九届全国人民代表大会代表的办法》，并于 2002 年、2007 年、2012 年、2017 年和 2022 年，制定香港、澳门两个特别行政区选举第十届、第十一届、第十二届和第十三届、第十四届全国人大代表的办法，对应选代表名额、选举方式、选举程序等作出规定，并逐步完善。全国人大常委会还曾于 1998 年 10 月、1999 年 1 月，对香港特别行政区全国人大代表补选和辞职问题作出规定。

四、全国人大及其常委会依据宪法推动新时代“一国两制”伟大实践行稳致远

习近平总书记在庆祝香港回归祖国 25 周年大会暨香港特别行政区第

六届政府就职典礼上的讲话中鲜明指出："中华民族伟大复兴已经进入不可逆转的历史进程。推进'一国两制'在香港的成功实践是这一历史进程的重要组成部分。"[1] 以习近平同志为核心的党中央对港澳工作作出一系列重要指示、重要论述，为推进新时代"一国两制"实践指明方向。党的十八大以来，党中央审时度势，作出健全中央依照宪法和基本法对特别行政区行使全面管治权、完善特别行政区同宪法和基本法实施相关制度机制的重大决策。全国人大及其常委会担当作为，履职尽责，健全香港特别行政区维护国家安全的法律制度和执行机制，完善香港特别行政区选举制度。这些重大举措，是新时代党和国家运用宪法解决治国理政重大风险挑战的成功实践，为推进依法治港治澳、促进"一国两制"伟大实践行稳致远打下坚实基础。

（一）以"决定+立法"，建立健全特别行政区维护国家安全的法律制度和执行机制

2020 年 5 月 28 日，十三届全国人大三次会议高票通过了《关于建立健全香港特别行政区维护国家安全的法律制度和执行机制的决定》，就相关问题作出基本规定，并授权全国人大常委会就建立健全香港特别行政区维护国家安全的法律制度和执行机制制定相关法律，切实防范、制止和惩治任何分裂国家、颠覆国家政权、组织实施恐怖活动等严重危害国家安全的行为和活动以及外国和境外势力干预香港特别行政区事务的活动。2020 年 6 月 30 日，在香港回归祖国 23 周年前夕，十三届全国人大常委会第二十次会议通过了《中华人民共和国香港特别行政区维护国家安全法》，中华人民共和国主席习近平签署主席令予以公布施行。全国人大常委会还决定，在《中华人民共和国香港特别行政区基本法》附件三

[1] 习近平：《在庆祝香港回归祖国二十五周年大会暨香港特别行政区第六届政府就职典礼上的讲话》，人民出版社 2022 年版，第 11 页。

中增加这一全国性法律，并由香港特别行政区在当地公布实施。这是在香港特别行政区国家安全风险日益凸显、《中华人民共和国香港特别行政区基本法》第23条面临被长期“搁置”风险、香港特别行政区现行法律的有关规定难以有效执行的情况下，全国人大根据宪法和新的形势需要作出的制度安排。

2022年12月30日，第十三届全国人民代表大会常务委员会第三十八次会议通过《关于〈中华人民共和国香港特别行政区维护国家安全法〉第十四条和第四十七条的解释》，对香港社会对于没有本地全面执业资格的海外律师能否参与国安案件、香港国安法如何适用问题产生的重大分歧，对香港国安法第十四条和第四十七条作出解释，阐明有关条款的含义，明确解决有关问题的方式和路径，确保香港国安法全面准确贯彻实施。

（二）以“决定＋修法”，修改完善香港特别行政区选举制度，确保“爱国者治港”原则落实

香港特别行政区实行的选举制度是香港特别行政区政治制度的重要组成部分，包括行政长官和立法会的产生办法，两个产生办法分别作为附件一和附件二规定在香港特别行政区基本法中。为确保爱国者治港，完善香港特别行政区选举制度，发展适合香港特别行政区实际情况的民主制度，2021年3月11日，十三届全国人大四次会议通过《关于完善香港特别行政区选举制度的决定》。根据《中华人民共和国宪法》第三十一条和第六十二条第二、十四、十六项的规定，以及《中华人民共和国香港特别行政区基本法》《中华人民共和国香港特别行政区维护国家安全法》的有关规定，全国人大作出决定，香港特别行政区设立一个具有广泛代表性、符合香港特别行政区实际情况、体现社会整体利益的选举委员会，负责选举行政长官候任人、立法会部分议员，以及提名行政长官

候选人、立法会议员候选人等事宜。选举委员会由工商、金融界，专业界，基层、劳工和宗教等界，立法会议员、地区组织代表等界，香港特别行政区全国人大代表、香港特别行政区全国政协委员和有关全国性团体香港成员的代表等界共1500名委员组成。行政长官由选举委员会选出，由中央人民政府任命。全国人大授权常务委员会，根据决定修改香港特别行政区基本法附件一和附件二。2021年3月30日，十三届全国人大常委会第二十七次会议修订通过了《中华人民共和国香港特别行政区基本法附件一香港特别行政区行政长官的产生办法》和《中华人民共和国香港特别行政区基本法附件二香港特别行政区立法会的产生办法和表决程序》，国家主席习近平签署主席令分别予以公布，自2021年3月31日起施行。

此外，全国人大常委会还对香港特别行政区第六届立法会继续履职、立法会议员资格问题作出决定。2020年8月11日，十三届全国人大常委会第二十一次会议作出《关于香港特别行政区第六届立法会继续履行职责的决定》。此前，由于新冠疫情的严峻形势，香港特别行政区行政长官会同行政会议已决定将香港特别行政区第七届立法会选举推迟一年，由此，香港特别行政区立法机关将出现任期届满而新的立法会尚未产生的空档期。为维护香港特别行政区宪制秩序和法治秩序，确保香港特别行政区政府正常施政和社会正常运行，全国人大常委会根据宪法和《中华人民共和国香港特别行政区基本法》，决定2020年9月30日后，香港特别行政区第六届立法会继续履职，不少于一年，直至第七届立法会任期开始为止。

2020年11月11日，十三届全国人大常委会第二十三次会议作出《关于香港特别行政区立法会议员资格问题的决定》。根据宪法第五十二条、第五十四条、第六十七条第一项的规定和《中华人民共和国香港特别行政区基本法》《关于建立健全香港特别行政区维护国家安全的法律制度和执行机制的决定》《中华人民共和国香港特别行政区维护国家安全法》《关于〈中华人民共和国香港特别行政区基本法〉第一百零四条的解释》《关于香港特别行政区第六届立法会继续履行职责的决定》，全国人大常委会决定，香港特别行政区个别立法会议员因宣扬或者支持“港独”主张等，一经依法认定，即时丧失立法会议员资格，并适用于第七届立法会选举提名期间被裁定提名无效的第六届立法会议员。今后参选或者出任立法会议员的，如遇有上述情形，均适用这一决定。

（三）增强特别行政区居民国家意识、公民意识

1. 将国歌法列入两个基本法附件三

2017 年 11 月 4 日，十二届全国人大常委会第三十次会议作出《关于增加〈中华人民共和国香港特别行政区基本法〉附件三所列全国性法律的决定》和《关于增加〈中华人民共和国澳门特别行政区基本法〉附件三所列全国性法律的决定》，在两个基本法附件三中增加全国性法律《中华人民共和国国歌法》。这两个决定的草案说明中都指出，国歌是宪法规定的国家象征和标志之一，维护国歌的尊严，就是维护国家的尊严，维护中华民族的尊严，维护全体中国人民的尊严。要求特别行政区及时完成本地立法，全面落实国歌法各项规定，并在特别行政区确保国歌法得到切实执行。其中，涉港决定草案中还特别指出，近些年香港发生了一些不尊重国歌的事件，挑战“一国两制”原则底线和社会价值底线，引起包括广大香港居民在内的全国人民的极大愤慨。为有效防止和处理这类行为，按照香港特别行政区基本法规定将国歌法列入香港特别行政区基本法附件三在香港特别行政区实施，就更加具有迫切性和现实重要性。

2. 对香港特别行政区基本法第一百零四条作出解释

2016 年 11 月 7 日，十二届全国人大常委会第二十四次会议作出《关于〈中华人民共和国香港特别行政区基本法〉第一百零四条的解释》。2016 年 10 月 12 日，在新当选的香港特别行政区第六届立法会议员宣誓

仪式上，个别当选议员在宣誓中篡改誓词、蓄意宣扬“港独”主张、侮辱国家和民族。为有效打击和遏制“港独”活动，维护国家主权和领土完整，维护香港居民的根本利益和香港特别行政区的繁荣稳定，全国人大常委会作出解释，阐明拥护香港特别行政区基本法、效忠中华人民共和国香港特别行政区是参选或出任有关公职的法定要求和条件，明确指出以爱国者为主体的“港人治港”的原则，明确“就职时必须依法宣誓”的含义以及法律约束力、法律责任。

（四）支持香港、澳门更好融入国家发展大局

1. 就广深港高铁西九龙站口岸“一地两检”安排作出决定

2017 年 12 月 27 日，十二届全国人大常委会第三十一次会议作出《关于批准〈内地与香港特别行政区关于在广深港高铁西九龙站设立口岸实施“一地两检”的合作安排〉的决定》，批准广东省人民政府与香港特别行政区政府签署的《内地与香港特别行政区关于在广深港高铁西九龙站设立口岸实施“一地两检”的合作安排》，并确认该合作安排符合宪法和香港特别行政区基本法；明确西九龙站内地口岸区的设立及具体范围，由国务院批准；并明确西九龙站口岸启用后，对该合作安排如有修改，由国务院批准，报全国人大常委会备案。“一地两检”事宜分三步进行，由国务院提请全国人大常委会批准该合作安排，是有关程序的第二步。此前，内地与香港特别行政区签署合作安排协议。第三步，则是内地与香港特别行政区通过各自法律程序予以落实。作出这一决定，对香港特别行政区更好地融入国家发展大局、保持长期繁荣稳定具有重要意义。

以双方签订协议的方式在一地设立口岸，是国际上常有的做法。考虑到香港特别行政区实行高度自治，采取香港与内地（由国务院授权广东省人民政府）代表各自的管辖范围签署合作安排、全国人大常委会作

为最高国家权力机关的常设机关批准这一安排的方式，创设性地解决了“一国两制”实践中的新情况，为西九龙站口岸实行“一地两检”提供了宪制性法律基础。

2. 授权澳门特别行政区对横琴口岸澳方口岸区等实施管辖

2019 年 10 月 26 日，十三届全国人大常委会第十四次会议通过《关于授权澳门特别行政区对横琴口岸澳方口岸区及相关延伸区实施管辖的决定》，明确授权管辖区域，明确以租赁方式取得相关使用权及租赁期限。这一决定有助于实现澳门特别行政区与广东省珠海市基础设施互联互通，为两地之间交通运输、人员往来和经贸活动提供便利，支持澳门特别行政区融入国家发展大局。

3. 授权国务院在粤港澳大湾区内地九市开展有关试点决定

2020 年 8 月 11 日，十三届全国人大常委会第二十一次会议通过《关于授权国务院在粤港澳大湾区内地九市开展香港法律执业者和澳门执业律师取得内地执业资质和从事律师职业试点工作的决定》，授权国务院在广东省广州市、深圳市、珠海市、佛山市、惠州市、东莞市、中山市、江门市、肇庆市开展有关试点工作。这一决定，发挥香港法律执业者和澳门执业律师的专业作用，推动粤港澳大湾区建设，支持港澳融入国家发展大局。

（五）制定香港特别行政区、澳门特别行政区选举第十四届全国人大代表的两个办法，依法保障公民参与行使国家权力的民主权利

2022 年 3 月 11 日，十三届全国人大五次会议通过了《中华人民共和国香港特别行政区选举第十四届全国人民代表大会代表的办法》和《中华人民共和国澳门特别行政区选举第十四届全国人民代表大会代表的办法》，根据宪法、香港特别行政区基本法、澳门特别行政区基本法、选举法的规定，结合两个特别行政区的实际情况，对应选代表名额、选举方

式、选举程序等作出规定，保证港澳两个特别行政区居民中的中国公民依照规定当选为全国人大代表、参与行使国家权力。这也是宪法第二条中“人民依照法律规定，通过各种途径和形式，管理国家事务，管理经济和文化事业，管理社会事务”，以及宪法第五十九条“全国人民代表大会由省、自治区、直辖市、特别行政区和军队选出的代表组成”的具体实施和重要体现。

五、新时代全国人大及其常委会完善“一国两制”制度体系新实践的主要特点

党的十八大以来，全国人大及其常委会在党中央坚强领导下，依据宪法和香港特别行政区基本法、澳门特别行政区基本法等作出决定、开展立法，推动新时代“一国两制”制度体系不断发展完善。这些决定和立法呈现出以下鲜明特点：

第一，综合运用多种权限，呈现出多种形式。全国人大及其常委会根据宪法第三十一、六十二、六十七条，香港特别行政区基本法、澳门特别行政区基本法、选举法、香港特别行政区维护国家安全法等规定的各项职权，综合运用决定、立法、修法、列入基本法附件三、批准合作安排、授权等多种方式，作出关于国家安全、政治、经济等制度安排，全面行使中央管治权。特别是，全国人大通过“决定 + 立法”这一复合立法形式，妥善解决建立健全香港特别行政区维护国家安全法律制度和执行机制的宪制依据和法律依据问题。以“决定 + 修法”的方式，全面贯彻爱国者治港原则，使爱国者治港稳稳落地。

第二，更加注重宪法在特别行政区治理中的重要作用。宪法与基本法共同构成特别行政区的宪制基础。在维护国家主权、安全、发展利益上，在坚持和完善“一国两制”制度体系上，全国人大坚定行使宪法职权、履行宪法使命、恪守宪法原则、维护宪法权威，根据具体情况，以

“决定＋立法”“决定＋修法”的形式，对香港特别行政区维护国家安全、香港特别行政区的选举制度作出安排，开启中央治港新通道，发展和完善了“一国两制”制度体系，有力维护了宪法和香港特别行政区基本法确立的香港特别行政区宪制秩序，有力保障了“一国两制”事业行稳致远。

第三，体现出以维护国家主权、安全和发展利益的“一国两制”最高原则。从这些决定和立法的目的看，集中体现为建立健全维护国家安全的法律制度和执行机制，落实“爱国者治港”、确保管治权牢牢掌握在爱国者手中，确保香港特别行政区、澳门特别行政区长期繁荣稳定并融入国家发展大局，体现出以维护国家主权、安全和发展利益的“一国两制”最高原则。

“一国两制”是党领导人民实现祖国和平统一的重要方针，是中国特色社会主义的一个伟大创举。同时，“一国两制”也是具有蓬勃生命力的不断发展中的制度体系。为此，必须把维护中央对香港特别行政区、澳门特别行政区全面管治权和保障特别行政区高度自治权有机结合起来，确保“一国两制”方针不会变、不动摇，确保“一国两制”实践不变形、不走样。党的二十大报告指出：“一国两制”是中国特色社会主义的伟大创举，是香港、澳门回归后保持长期繁荣稳定的最佳制度安排，必须长期坚持。“一国两制”的根本宗旨是维护国家主权、安全和发展利益，保持香港、澳门长期繁荣稳定。只有深刻理解和准确把握“一国两制”的实践规律，坚持和完善“一国两制”制度体系，才能确保“一国两制”事业始终朝着正确的方向行稳致远。

第十六章　我国宪法关于涉外制度的规定及其发展实施

宪法作为国家的根本法，规定了包括外交活动在内的国家一切活动的根本原则和基本内容，是一国外交政策和对世界秩序总体认知的最高法制体现。从近几十年各国实践来看，关于涉外的宪法制度规定具有建互信、促交往、稳预期、利共赢的重要作用，在国际交往中的意义和地位日益凸显，为国家发展对外关系、处理国际事务、开展国际合作、参与全球治理提供了根本法治保障。党的十八大以来，实现“两个一百年”奋斗目标、实现中华民族伟大复兴的中国梦，意味着必须有一个和平安定的国际环境。习近平总书记强调，“我们要坚持从我国实际出发，坚定不移走自己的路，同时我们要树立世界眼光，更好把国内发展与对外开放统一起来，把中国发展与世界发展联系起来，把中国人民利益同各国人民共同利益结合起来”。[1] 党的二十大报告提出，我们党立志于中华民族千秋伟业，致力于人类和平与发展崇高事业，责任无比重大，使命无上光荣。[2] 我国宪法关于涉外制度的规定及其发展实施，对于更好地

---

〔1〕 习近平：《论坚持推动构建人类命运共同体》，中央文献出版社 2018 年版，第 3 页。

〔2〕 习近平：《高举中国特色社会主义伟大旗帜　为全面建设社会主义现代化国家而团结奋斗——在中国共产党第二十次全国代表大会上的报告（2022 年 10 月 16 日）》，人民出版社 2022 年版，第 1 页。

统筹国内国际两个大局，阐释一个具有几千年历史的负责任的社会主义大国对促进世界发展、人类进步的使命担当具有重要意义。

一、我国宪法关于涉外制度规定的发展历程

从新中国成立之初我国制定的《共同纲领》到一九五四年宪法直至现行宪法，涉外制度相关规定都是其中非常重要的部分。我国宪法中关于涉外制度的规定从原则、概括到全面、具体，随着国内外形势的变化而发展完善，为我国不同历史时期的涉外工作提供了根本法律遵循。

（一）《共同纲领》的涉外规定

第二次世界大战后，各国宪法出现一个共同趋势，即涉外事务的规定越来越多。这些制度的实施推动了战后新的世界格局不断发展。新中国成立之初，我们党深刻洞察国际大势，注重通过国家法律来展示推进国家对外交往的根本立场。1949 年 9 月，中国人民政治协商会议第一届全体会议通过的具有临时宪法作用的《共同纲领》和《中华人民共和国中央人民政府组织法》，就有不少涉外规定。《共同纲领》第七章专门规定了“外交政策”，同时在其他章节也有涉外规定，这些规定是新中国外交政策的首次法律宣示。

第一，关于序言和“总纲”。序言明确了“帝国主义、封建主义和官僚资本主义在中国的统治时代宣告结束”。“总纲”规定了中华人民共和国“反对帝国主义、封建主义和官僚资本主义”，“严厉惩罚一切勾结帝国主义、背叛祖国、反对人民民主事业的国民党反革命战争罪犯和其他怙恶不悛的反革命首要分子”，“联合世界上一切爱好和平、自由的国家和人民，首先是联合苏联、各人民民主国家和各被压迫民族，站在国际和平民主阵营方面，共同反对帝国主义侵略，以保障世界的持久和平”。

第二，关于外交政策。《共同纲领》第七章规定了7条内容，包括：外交政策的原则是“保障本国独立、自由和领土主权的完整，拥护国际的持久和平和各国人民间的友好合作，反对帝国主义的侵略政策和战争政策”。对于国民党政府对外订立的各项条约和协定，中央人民政府应加以审查，按其内容，分别予以承认，或废除，或修改，或重订。凡与国民党反动派断绝关系，并对我国采取友好态度的外国政府，可在平等、互利及互相尊重领土主权的基础上，与之谈判，建立外交关系。可在平等和互利的基础上，与各外国的政府和人民恢复并发展通商贸易关系。尽力保护国外华侨的正当权益和守法的外国侨民，对于外国人民因拥护人民利益参加和平民主斗争受其本国政府压迫而避难于中国境内者，应予以居留权。

第三，关于政权机关和经济、文化政策。《共同纲领》第十三条规定，中国人民政治协商会议的组织成分，应包含“国外华侨”的代表。第四章“经济政策”部分，规定了中华人民共和国经济建设的根本方针包括“内外交流”的政策；还规定我国实行对外贸易的管制、禁止外币在国内流通，外汇、外币和金银的买卖，应由国家银行经理。第五章“文化政策”部分，规定了人民政府的文化教育工作，应肃清“法西斯主义的思想”，提倡用科学的历史观点研究和解释国际事务，禁止利用新闻煽动世界战争。

此外，由于第一届全国人民代表大会召开之前，中国人民政治协商会议全体会议执行全国人民代表大会的职权，其选举产生的中央人民政府委员会行使国家权力。中央人民政府组织法第七条规定“中央人民政府委员会，依据中国人民政治协商会议全体会议制定的共同纲领”，行使“批准或废除或修改中华人民共和国与外国订立的条约和协定”“处理战争及和平问题”“任免驻外国的大使、公使和全权代表”等涉外职权；第十八条规定政务院下设“外交部”。

（二）一九五四年宪法的涉外规定

一九五四年宪法在《共同纲领》和中央人民政府组织法的基础上，顺应当时国内外形势的发展变化，发展和丰富了有关涉外规定，为现行宪法涉外制度的构建奠定了基础。

第一，序言确认中国人民对外斗争胜利成果，宣示我国对外政策。序言第一、二自然段中确认了中国人民取得了“反对帝国主义、封建主义和官僚资本主义的人民革命的伟大胜利”，进行了抗美援朝斗争。第六自然段集中表述了对外政策，“我国同伟大的苏维埃社会主义共和国联盟、同各人民民主国家已经建立了牢不可破的友谊，我国人民同全世界爱好和平的人民的友谊也日见增进，这种友谊将继续发展和巩固。我国根据平等、互利、互相尊重主权和领土完整的原则同任何国家建立和发展外交关系的政策，已经获得成就，今后将继续贯彻。在国际事务中，我国坚定不移的方针是为世界和平和人类进步的崇高目的而努力”。

第二，明确规定保护华侨权利和外国人居留权。第九十八条规定：“中华人民共和国保护国外华侨的正当的权利和利益。”第九十九条规定：“中华人民共和国对于任何由于拥护正义事业、参加和平运动、进行科学工作而受到迫害的外国人，给以居留的权利。”

第三，全面规定国家机关的涉外职权。规定全国人民代表大会决定战争和和平的问题。规定全国人大常委会决定驻外全权代表的任免；决定同外国缔结的条约的批准和废除；在全国人民代表大会闭会期间，如果遇到国家遭受武装侵犯或者必须履行国际间共同防止侵略的条约的情况，决定战争状态的宣布。规定国家主席根据全国人民代表大会和全国人大常委会的决定，宣布战争状态；对外代表中华人民共和国，接受外国使节；根据全国人大常委会的决定，派遣和召回驻外全权代表，批准同外国缔结的条约。规定国务院管理对外贸易、华侨事务、对外事务。

（三）一九七五年宪法和一九七八年宪法的涉外规定

一九七五年宪法是在特殊历史时期制定的，其涉外规定有深刻的时代烙印，相比一九五四年宪法，有不少删减调整。其序言第一自然段确认“用人民革命战争推翻了帝国主义、封建主义和官僚资本主义的反动统治”。序言第六自然段提出：“在国际事务中，我们要坚持无产阶级国际主义。中国永远不做超级大国。我们要同社会主义国家、同一切被压迫人民和被压迫民族加强团结，互相支援；在互相尊重主权和领土完整、互不侵犯、互不干涉内政、平等互利、和平共处五项原则的基础上，争取和社会制度不同的国家和平共处，反对帝国主义、社会帝国主义的侵略政策和战争政策，反对超级大国的霸权主义。”此外，维持了一九五四年宪法中关于保护华侨权利和外国人居留权的规定。但在国家机关涉外职权方面，由于取消了国家主席设置，仅在第十八条规定了全国人大常委会派遣和召回驻外全权代表，接受外国使节，批准和废除同外国缔结的条约。

一九七八年宪法是在粉碎“四人帮”、结束“文化大革命”后逐步恢复国家法制秩序下修改制定的，它初步恢复一九五四年宪法有关涉外规定，但也保留了部分一九七五年宪法的表述。第一，序言第一、二自然段明确中国人民“用人民革命战争推翻了帝国主义、封建主义和官僚资本主义的反动统治”，并在新中国成立以后在外交等战线“贯彻执行毛主席的无产阶级革命路线”取得了社会主义革命和社会主义建设的伟大胜利。序言第五自然段明确要坚持“反对修正主义，防止资本主义复辟，准备对付社会帝国主义和帝国主义对我国的颠覆和侵略”。第二，重申对外政策的基本原则。序言第八自然段规定，“在国际事务中，我们要在互相尊重主权和领土完整、互不侵犯、互不干涉内政、平等互利、和平共处五项原则的基础上，建立和发展同各国的关系。我国永远不称霸，永远不做超级大国。我们要坚持无产阶级国际主义，按照关于三个世界的理论，加强同全世界无产阶级、被压迫人民和被压迫民族的团结，加强同社会主义国家的团结，加强同第三世界国家的团结，联合一切受到社会帝国主义和帝国主义超级大国侵略、颠覆、干涉、控制、欺负的国家，结成最广泛的国际统一战线，反对超级大国的霸权主义，反对新的世界战争，为人类的进步和解放事业而奋斗”。第三，继续维持一九五四年宪法中关于保护华侨权利和外国人的居留权的规定。第四，恢复一九五四年宪法中涉及全国人民代表大会和全国人大常委会涉外职权的规定，并在第二十六条规定了由委员长行使一九五四年宪法规定的应由国家主席履行的涉外职权，包括：接受外国使节；根据全国人大常委会的决定，派遣和召回驻外全权代表、批准同外国缔结的条约等。

（四）现行宪法的涉外规定

现行宪法关于涉外制度的规定，大多源于一九五四年宪法、《共同纲领》以及中央人民政府组织法，是在新的历史条件下对它们的继承、完善和发展。1982 年 12 月 4 日通过的一九八二年宪法对我国外交政策的基本原则、外国人在境内的权利义务、中国公民的涉外权利义务以及国家机关处理对外事务职权等作出全面、丰富的规定。此后，五次宪法修改中有两次涉及涉外制度：一是，2004 年宪法修正案增加了国家主席代表中华人民共和国“进行国事活动”的职权；二是，2018 年宪法修正案完善了序言第十二自然段有关表述，把“推动构建人类命运共同体”写入宪法。这样就形成了目前现行宪法关于涉外制度的规定，是我国处理对外关系和国际事务的根本法依据。

第一，关于我国历史上对外关系的论述。宪法序言第二、四、五、六自然段以叙述历史事实的方式，分别明确了我国在不同历史时期争取国家独立、民族解放，与帝国主义、霸权主义进行斗争的过程。第八自然段规定，“中国人民对敌视和破坏我国社会主义制度的国内外的敌对势力和敌对分子，必须进行斗争”。

第二，关于我国对外关系的根本原则。中国革命、建设、改革的成就是同世界人民的支持分不开的，中国的前途是同世界的前途紧密地联系在一起的，这是我们确定对外关系根本原则的出发点。宪法序言第十二自然段明确规定我国对外关系的基本原则，主要包括：坚持独立自主的对外政策，坚持互相尊重主权和领土完整、互不侵犯、互不干涉内政、平等互利、和平共处的五项原则，坚持和平发展道路，坚持互利共赢开放战略，发展同各国的外交关系和经济、文化交流，推动构建人类命运共同体；坚持反对帝国主义、霸权主义、殖民主义，加强同世界各国人民的团结，支持被压迫民族和发展中国家争取和维护民族独立、发展民族经济的正义斗争，为维护世界和平和促进人类进步事业而努力。

第三，关于外国人在中国境内的权利义务。宪法第十八条规定，我国允许外国的企业和其他经济组织或者个人依照我国法律的规定在中国投资，同中国的企业或者其他经济组织进行各种形式的经济合作，它们的合法的权利和利益受我国法律的保护。第三十二条规定，我国保护在中国境内的外国人的合法权利和利益，对于因为政治原因要求避难的外国人，可以给予受庇护的权利。同时，也明确要求在中国境内的外国企业、其他外国经济组织、中外合资经营的企业和外国人，都必须遵守我国法律。

第四，关于中国公民的涉外权利和义务。宪法第五十条规定：“中华人民共和国保护华侨的正当的权利和利益，保护归侨和侨眷的合法的权利和利益。”第五十二条规定，中华人民共和国公民有“维护国家统一”的义务。第五十三条规定，中华人民共和国公民必须“保守国家秘密”。第五十四条规定：“中华人民共和国公民有维护祖国的安全、荣誉和利益的义务，不得有危害祖国的安全、荣誉和利益的行为。”第五十五条第一款规定：“保卫祖国、抵抗侵略是中华人民共和国每一个公民的神圣职责。”

第五，关于处理对外事务的职权。规定全国人民代表大会决定战争和和平的问题；全国人大常委会在全国人民代表大会闭会期间，如果遇到国家遭受武装侵犯或者必须履行国际间共同防止侵略的条约的情况，决定战争状态的宣布；国家主席根据全国人民代表大会和全国人大常委会的决定宣布战争状态。规定全国人大常委会决定同外国缔结的条约和重要协定的批准和废除；国家主席根据全国人大常委会的决定，批准和废除同外国缔结的条约和重要协定。规定全国人大常委会决定驻外全权代表的任免、规定外交人员的衔级制度；国家主席根据全国人大常委会的决定派遣和召回驻外全权代表。规定国家主席代表中华人民共和国，进行国事活动，接受外国使节。规定国务院管理对外事务，同外国缔结条约和协定。规定全国人民代表大会设立的专门委员会中包括外事委员会和华侨委员会。

第六，其他涉外规定。宪法第二十四条在规定开展社会主义的思想道德建设时，指出要在人民中进行“爱国主义”和“国际主义”教育。在宗教事务方面，宪法第三十六条第四款规定：“宗教团体和宗教事务不受外国势力的支配。”

二、我国宪法关于涉外制度规定的内涵

我国宪法关于涉外制度的规定相比其他领域的内容，专门条款虽然不多，但贯穿序言、“总纲”、“公民的基本权利和义务”、“国家机构”等四章，涉及面较广、内涵丰富，是全国各族人民、一切国家机关和武装力量、各政党和各社会团体、各企事业组织对外交往、开展涉外工作的根本活动准则。

（一）我国外交政策的根本性质和方向

现行宪法确定了我国外交政策的根本性质和方向。宪法“总纲”规定“中华人民共和国是工人阶级领导的、以工农联盟为基础的人民民主专政的社会主义国家”，这一规定决定了我国外交政策的社会主义性质和方向以及“人民外交”的本质属性。

（二）我国外交政策的核心要义

宪法序言第十二自然段中，从“坚持独立自主的外交政策”“坚持互相尊重主权和领土完整、互不侵犯、互不干涉内政、平等互利、和平共处的五项原则”“坚持和平发展道路”“推动构建人类命运共同体”“为维护世界和平和促进人类进步事业而努力”等方面系统阐述了我国的外交政策，是宪法关于涉外制度的核心内容。

第一，独立自主是我国外交政策的首要原则。独立自主是中华民族精神之魂，是我们立党立国的重要原则。1981 年 6 月，党的十一届六中全会作出的《关于建国以来党的若干历史问题的决议》深刻指出，独立自主是毛泽东思想的活的灵魂三个基本方面之一。该决议总结指出：“建国以前和建国以后，在党和毛泽东同志领导下，无论遇到什么样的困难，我们都没有动摇过独立自主、自力更生的决心，没有在任何外来的压力面前屈服，表现了中国共产党、中国各族人民的大无畏的英雄气概。”该决议对我国在处理对外关系中坚持独立自主原则作出阐释：“我们坚持独立自主，也尊重别国人民独立自主的权利。适合本国特点的革命道路和建设道路，只能由本国人民自己来寻找、创造和决定，任何人都无权把自己的意见强加于人。只有这样，才能有真正的国际主义，否则就只能是霸权主义。在今后的国际交往中，我们将永远坚持这样的原则立场。"[1] 2021年11月，党的十九届六中全会作出的《中共中央关于党的百年奋斗重大成就和历史经验的决议》，把独立自主明确为我们党百年奋斗的历史经验之一，深刻指出："走自己的路，是党百年奋斗得出的历史结论。党历来坚持独立自主开拓前进道路，坚持把国家和民族发展放在自己力量的基点上，坚持中国的事情必须由中国人民自己作主张、自己来处理。""只要我们坚持独立自主、自力更生，既虚心学习借鉴国外的有益经验，又坚定民族自尊心和自信心，不信邪、不怕压，就一定能够把中国发展进步的命运始终牢牢掌握在自己手中。"[2] 这也就决定了以独立自主为前提的和平外交政策是我国宪法确立的外交政策基本原则，是新中国成立几十年来我国进行社会主义现代化建设和外交事务处理的经验总结，也是当代维护国家主权、安全、发展利益的必然要求。新中国成立初期，党中央制定的"另起炉灶""打扫干净屋子再请客""一边倒"的外交领域"三大政策"，其核心正是独立自主。这一理念在《共同纲领》和一九五四年宪法中均有体现，现行宪法进一步明确和发扬了独立自主的新中国外交传统，规定"中国坚持独立自主的对外政策"。独立自主，意味着在外交事务中，要坚持以中国特色社会主义为根本，增强战略自信，坚持外交大权在党中央，加强党对外交工作的集中统一领导。独立自主，意味着中国外交要服务于实现"两个一百年"奋斗目标和中华民族伟大复兴的中国梦，要抓住国际和平与发展的机遇，集中精力把自己的事情办好。独立自主，意味着在外交事务中，必须坚决捍卫我国的正当权益和国家核心利益，"任何外国不要指望我们会拿自己的核心利益做交易，不要指望我们会吞下损害我国主权、安全、发展利益的

[1]《关于建国以来党的若干历史问题的决议》，1981年6月27日中国共产党十一届六中全会通过。

[2]《中共中央关于党的百年奋斗重大成就和历史经验的决议》，2021年11月11日中国共产党十九届六中全会通过。

苦果”。[1] 独立自主，还意味着我国“尊重各国人民自主选择的发展道路和社会制度，坚决反对一切形式的霸权主义和强权政治，反对冷战思维，反对干涉别国内政，反对搞双重标准”。[2]

第二，和平共处五项原则是我国外交政策的基石。和平共处五项原则，即“互相尊重主权和领土完整、互不侵犯、互不干涉内政、平等互利、和平共处”。这一原则精神最早在《共同纲领》和一九五四年宪法中就有体现。一九七八年宪法第一次完整写入和平共处五项原则，一九八二年宪法将这一规定延续下来。和平共处五项原则是新中国解决如何与社会制度、意识形态、历史传统、经济发展水平迥异的世界各国进行经济文化交往问题的原则，即在独立自主的基础上如何实现和平共处、加强交流。和平共处五项原则历经考验、历久弥新，已成为国际公认的处理国与国间关系的国际法准则。“1955 年，万隆会议通过的十项原则是对和平共处五项原则的引申和发展。上个世纪 60 年代兴起的不结盟运动把五项原则作为指导原则。1970 年和 1974 年联合国大会通过的有关宣言都接受了和平共处五项原则。和平共处五项原则为当今世界一系列国际组织和国际文件所采纳，得到国际社会广泛赞同和遵守。”[3] 习近平总书记强调，“和平共处五项原则作为一个开放包容的国际法原则，集中体现了主权、正义、民主、法治的价值观”。[4] 中国一直以来都是和平共处五项原则的积极倡导者和坚定实践者，把它载入宪法，更加彰显其作为中国外交政策的基石的重要作用。党的十八大以来，对在复杂变幻的国际关系中各国如何相处，应遵循什么样的准则，构建什么样的国际关系

---

〔1〕 习近平：《论坚持推动构建人类命运共同体》，中央文献出版社 2018 年版，第 3 页。

〔2〕 习近平：《高举中国特色社会主义伟大旗帜　为全面建设社会主义现代化国家而团结奋斗——在中国共产党第二十次全国代表大会上的报告（2022 年 10 月 16 日）》，人民出版社 2022 年版，第 60 页。

〔3〕 习近平：《弘扬和平共处五项原则　建设合作共赢美好世界》，载《人民日报》2014 年 6 月 29 日，第 1 版。

〔4〕 习近平：《弘扬和平共处五项原则　建设合作共赢美好世界》，载《人民日报》2014 年 6 月 29 日，第 1 版。

这一重要课题，习近平总书记开创性提出构建相互尊重、公平正义、合作共赢的新型国际关系，正是对和平共处五项原则精神内涵的继承和发展。2022 年 10 月，党的二十大继续强调和平共处五项原则的基础作用，指出“中国坚持在和平共处五项原则基础上同各国发展友好合作，推动构建新型国际关系，深化拓展平等、开放、合作的全球伙伴关系，致力于扩大同各国利益的汇合点”。[1]

第三，坚持走和平发展道路是新时代我国外交的基本原则。[2] 现行宪法在 2018 年修改时增加“坚持和平发展道路，坚持互利共赢开放战略”，这回答了“中国如何发展、中国发展起来了将是一个什么样的国家”的主题，也是中国人民对世界的庄严承诺。新中国成立以来特别是改革开放以来，我们党经过艰辛探索和不断实践，逐步形成了走和平发展道路的战略思想。在 1974 年的联合国大会第六届特别会议上，邓小平代表中国向全世界庄严宣布：“中国现在不是，将来也不做超级大国。”[3] 这一方针，在几十年内被反复重申，中国的发展，只会为维护世界和平作出更大的贡献。“党的十八大以来，以习近平同志为核心的党中央对和平发展道路理念展开新探索、新思考，赋予这一理念新的时代意义和思想内涵。习近平总书记强调，坚持以相互尊重、合作共赢为基础走和平发展道路。”[4] 中国外交政策的宗旨是维护世界和平、促进共同发展。坚持走和平发展道路是我们党根据时代发展潮流和我国根本利益作出的战略抉择。中国坚定不移走和平发展道路，在与世界各国的良性互动、互利共赢中开拓前进。因此，奉行互利共赢的开放战略，是深

---

[1] 习近平：《高举中国特色社会主义伟大旗帜　为全面建设社会主义现代化国家而团结奋斗——在中国共产党第二十次全国代表大会上的报告（2022 年 10 月 16 日）》，人民出版社 2022 年版，第 61 页。

[2] 中共中央宣传部、中华人民共和国外交部编：《习近平外交思想学习纲要》，人民出版社、学习出版社 2021 年版，第 108 页。

[3] 中央文献研究室编：《邓小平年谱（1904～1974）》，中央文献出版社 2009 年版，第 2012 页。

[4] 中共中央宣传部、中华人民共和国外交部编：《习近平外交思想学习纲要》，人民出版社、学习出版社 2021 年版，第 108 页。

化改革开放的进一步体现，也是坚持走和平发展道路的必然要求。坚定不移走和平发展、开放发展、合作发展、共同发展道路，就要推动高质量共建“一带一路”，将自身发展机遇同世界各国分享，不断为促进世界和平与发展事业作出新的贡献。“中国奉行防御性的国防政策，中国的发展是世界和平力量的增长，无论发展到什么程度，中国永远不称霸、永远不搞扩张。”〔1〕

第四，构建人类命运共同体是新时代我国外交的总目标。人类只有一个地球，各国共同处于一个世界，地球是人类的共同家园。当今世界，开放包容、多元互鉴是主基调，相互联系、相互依存是大潮流，和平、发展、合作、共赢是主旋律。世界大变局百年未有，变革会催生新的机遇，但变革过程中往往充满着风险挑战，人类又一次站在了十字路口。合作还是对抗？开放还是封闭？互利共赢还是零和博弈？如何回答这些问题，关乎各国利益，关乎人类前途命运。习近平总书记着眼中国人民和世界人民的共同利益，深入思考“建设一个什么样的世界、如何建设这个世界”等关乎人类前途命运的重大课题，高瞻远瞩地提出构建人类命运共同体重要理念。这是回答和解决当今世界面临的时代之问的中国方案，也是给世界人民带来福祉的人间正道。〔2〕坚持推动构建人类命运共同体作为新时代坚持和发展中国特色社会主义的基本方略之一，2017年党的十九大写入党章，2018 年十三届全国人大一次会议写入宪法修正案，体现了中国共产党和全体中国人民的意志。坚持以维护世界和平、促进共同发展为宗旨推动构建人类命运共同体，成为新时代中国外交的总目标。构建人类命运共同体应当遵循主权平等、沟通协商、法治正义、开放包容、人道主义等原则。构建人类命运共同体，“中国坚持对话协

〔1〕习近平：《高举中国特色社会主义伟大旗帜　为全面建设社会主义现代化国家而团结奋斗——在中国共产党第二十次全国代表大会上的报告（2022 年 10 月 16 日）》，人民出版社 2022 年版，第 60 ~ 61 页。

〔2〕中共中央宣传部、中华人民共和国外交部编：《习近平外交思想学习纲要》，人民出版社、学习出版社 2021 年版，第 48 页。

商，推动建设一个持久和平的世界；坚持共建共享，推动建设一个普遍安全的世界；坚持合作共赢，推动建设一个共同繁荣的世界；坚持交流互鉴，推动建设一个开放包容的世界；坚持绿色低碳，推动建设一个清洁美丽的世界。”[1]

第五，积极参与全球治理体系改革和建设是新时代我国外交的大国担当。宪法序言第十二自然段提出，“坚持反对帝国主义、霸权主义、殖民主义，加强同世界各国人民的团结，支持被压迫民族和发展中国家争取和维护民族独立、发展民族经济的正义斗争，为维护世界和平和促进人类进步事业而努力”。这一内容阐明了一个理想的世界秩序何以可能的命题。在霸权主义、帝国主义、殖民主义的旧的世界政治、经济秩序之下，一国或者几国垄断了国际政治的话语权和世界经济财富，广大发展中国家在国际政治中处于被决定的失语状态和单纯的生产原料提供者角色；而要改变这种不公正的国际治理格局和不平衡的经济发展格局，达成真正有可能实现和平共处、命运共同体的世界秩序，只能建立在对霸权主义、帝国主义、殖民主义的坚决反对，加强世界人民大团结，让广大发展中国家在全球治理中充分发挥作用的基础上。当今世界，“逆全球化和霸权主义、强权政治抬头，国际社会面临的新课题、新挑战也与日俱增”；[2] “同时，国际关系中的不公正不平等现象仍很突出，全球性挑战层出不穷，各种地区冲突和局部战争此起彼伏，不少国家的民众特别是儿童依然生活在战火硝烟之中，不少发展中国家人民依然承受着饥寒的煎熬。维护世界和平、促进共同发展，依然任重道远”。[3] 经济殖民主义，借助金融工具、信息工具，正让世界经济的南北鸿沟进一步拉大；

---

〔1〕 习近平：《高举中国特色社会主义伟大旗帜　为全面建设社会主义现代化国家而团结奋斗——在中国共产党第二十次全国代表大会上的报告（2022年10月16日）》，人民出版社2022年版，第62～63页。

〔2〕 习近平：《坚持可持续发展　共创繁荣美好世界》，载《人民日报》2019年6月8日，第1版。

〔3〕 习近平：《弘扬和平共处五项原则　建设合作共赢美好世界》，载《人民日报》2014年6月29日，第1版。

正是在这个意义上，宪法序言强调的反对霸权主义、加强同世界各国人民的团结、支持发展中国家为争取和维护民族独立、发展民族经济的正义斗争的精神仍然没有过时。随着国际力量对比消长变化和全球性挑战日益增多，加强全球治理、推动全球治理体系改革成为大势所趋。以习近平同志为核心的党中央就我国参与引领全球治理体系改革作出顶层设计和战略谋划，鲜明指出，中国要积极参与全球治理体系改革和建设，做全球治理变革进程的参与者、推动者、引领者，不断贡献中国智慧和力量；要高举构建人类命运共同体旗帜，推动全球治理体系朝着更加公正合理的方向发展；要坚持以公平正义理念引领全球治理体系改革，彰显新时代中国外交的大国担当。[1]

（三）涉外事务的具体规定

宪法还对涉外事务作了具体规定，既有外交政策的具体化，也有国家外交权的宪法分配。一是明确了外国人在中国境内的权利与义务。宪法明确保护在中国境内的外国人、外国企业或其他经济组织的合法权利和利益，并给予外国人受外交庇护的权利。同时也要求在中国境内的外国企业、其他外国经济组织、中外合资经营的企业和外国人，必须遵守中国法律。二是规定了公民涉外的基本权利与义务。就公民涉外权利而言，宪法保护华侨、归侨和侨眷的权利和利益；就公民涉外义务而言，宪法明确公民有义务维护和捍卫国家主权独立、领土完整、政权统一，保守国家秘密，捍卫国家尊严，抵御外来势力非法入侵。对于损害祖国安全和利益、败坏祖国荣誉的行为视情节可给予道义谴责、行政或刑事处罚。三是对国家涉外权力的行使作了规定。规范国家权力是宪法最主要的功能之一，宪法“总纲”部分明确包括外交在内的全国性事务由中

---

〔1〕 参见中共中央宣传部、中华人民共和国外交部编：《习近平外交思想学习纲要》，人民出版社、学习出版社2021年版，第145页。

央政府统一领导；“国家机构”一章对全国人民代表大会、全国人大常委会、国家主席、国务院等国家机构在对外代表、涉外立法、缔结条约、战争与和平决定与宣布、涉外人事任免、外事管理等方面的职权分工作了全面、具体的规定。

三、我国宪法关于涉外制度的发展实施

通过完备的法律保证宪法确立的原则和制度得到落实，是宪法实施的重要途径。从新中国成立到改革开放前，我国涉外法制并不完备，宪法的涉外作用也未被重视，涉外立法几乎一片空白。这一时期，《共同纲领》和一九五四年宪法关于涉外制度的规定主要通过大力发展外交事业、贯彻落实外交基本原则得以实施；全国人大及其常委会依宪履行涉外职权也有充分实践，取得重要成果。改革开放后，我们党高度重视发挥宪法在治国理政中的重要作用，坚定维护宪法尊严和权威，为不断推进改革开放，涉外立法取得突破发展，宪法确立的涉外原则和制度得以通过法律落实和具体化。

（一）我国宪法与新中国三次建交高潮

1949 年 10 月 1 日，新中国成立伊始，中央人民政府发表公告，“接受中国人民政治协商会议共同纲领为本政府的施政方针”，决议“向各国政府宣布，本政府为代表中华人民共和国全国人民的唯一合法政府。凡愿遵守平等、互利及互相尊重领土主权等项原则的任何外国政府，本政府均愿与之建立外交关系”。之后，一九五四年宪法重申“我国根据平等、互利、互相尊重主权和领土完整的原则同任何国家建立和发展外交关系的政策”。从《共同纲领》到一九五四年宪法，独立自主的和平外交政策始终是宪法确立的基本原则，中国以和平共处五项原则为基础与世

界各国发展友好合作关系，先后形成三次建交高潮，为当代中国外交格局奠定坚实基础。

从新中国成立到20世纪50年代末期，我国首先同苏联和各社会主义国家建交和发展友好合作关系，公开宣布站在社会主义一边。先后与朝鲜、印度尼西亚、印度、缅甸、越南、保加利亚、罗马尼亚等社会主义和亚非民族国家建立外交关系。同时，积极谋求建立新的国际关系。经过这一时期的外交工作，新中国在国际上已经站稳了脚跟。到1956年，同我国建交的国家已有25个，为我国外交的进一步发展奠定了坚实的基础。

从20世纪50年代后期到60年代末，苏联走上与美国争夺世界霸权的道路，我国面对两个“超级大国”都与我为敌的不利局面。根据毛泽东主席提出的“两个中间地带”战略思想，大力加强同亚非拉国家和人民的团结合作，支持亚非拉国家反对帝国主义和扩张主义的斗争；奉行睦邻政策，通过友好协商，同缅甸、尼泊尔等国解决历史遗留的边界问题；同印度尼西亚解决了华侨双重国籍问题等。同时，积极发展与西欧国家的关系，与法国建立了外交关系，并同意大利和奥地利互派商务代表。此外，坚决反对苏联控制，顶住苏联的威胁；坚决反对美国的战争叫嚣和制造“两个中国”的阴谋。这一时期，我国在国际上的影响力不断扩大，出现了第二次建交高潮。到1969年，同中国建交的国家已达50个。中国已成为独立于美苏之外的一支重要力量，在维护亚洲和世界和平方面发挥了重要作用。

20世纪60年代末到70年代末期，苏美两个“超级大国”的力量对比，朝着有利于苏联的方向发展。毛泽东主席针对当时的国际形势，提出了划分三个世界的战略思想。我国抓住美国不断发出改善关系的信息，调整对美政策，从恢复大使级谈判、“乒乓外交”、基辛格秘密访华，到尼克松访华，两国发表《中华人民共和国和美利坚合众国联合公报》，再到1973年中美互设联络处，直到1979年1月正式建交，实现了关系正常化。时任国务院副总理的邓小平同志应邀访美，推动了中美关系的进一步改善。另外，反对苏联霸权主义，力求通过谈判消除苏联严重威胁。这一时期，我国恢复了在联合国的合法席位，并在其中积极维护正义事业。1971 年 10 月，在发展中国家的支持下，第二十六届联合国大会以压倒多数，通过 2758 号决议，恢复了中华人民共和国在联合国的一切合法权利。此后，我国同绝大多数西方国家建立外交关系，从而出现第三次建交高潮。

（二）全国人大及其常委会涉外工作实践

改革开放前，全国人大及其常委会积极履行宪法赋予的有关涉外职权，在缔结条约、战争与和平、对外发声、涉外人事等方面不断探索实践，宪法确立的涉外制度得以贯彻实施。

第一，听取有关外交事务的报告。1956 年 6 月 28 日，周恩来总理兼外交部长在一届全国人大三次会议上，作了关于目前国际形势、我国外交政策和解放台湾问题的发言。此后，第一届和第二届全国人大常委会会议期间，听取有关外交外事工作报告逐渐成为常态。1958 年 10 月 30 日，第一届全国人大常委会和政协全国委员会常务委员会扩大的联席会议听取中国人民志愿军司令员杨勇关于中国人民志愿军八年来抗美援朝工作报告。1959 年 9 月 11 日，二届全国人大常委会第六次会议上，听取了周恩来总理关于中印边界问题的报告，并于第七次会议讨论中印边界问题，第八次会议通过决议。此后，二届全国人大常委会第二十七次会议上听取周恩来总理关于访问缅甸、印度、尼泊尔、柬埔寨、越南、蒙古的报告；第三十一次会议听取了陈毅副总理关于国际问题的报告；第三十八次会议听取周恩来总理关于国际形势的报告；第四十次会议听取陈毅副总理兼外交部长关于扩大的日内瓦会议情况的报告；第一百一十二次会议听取邓小平代总理关于国际事务问题的报告；第一百一十五次会议和第一百一十六次会议，听取周恩来总理关于访问阿尔及利亚、摩洛哥、阿尔巴尼亚、突尼斯、加纳等十四国的报告等。

第二，履行宪法赋予的国家缔约权。一九五四年宪法规定，全国人大常委会决定同外国缔结的条约的批准和废除。1954 年 10 月，一届全国人大常委会第一次会议通过《关于同外国缔结条约的批准手续的决定》，对全国人大常委会批准和国务院核准的条约类型作了具体区分。此后，一届到第三届（1954 年至 1965 年）全国人大常委会先后作出 57 项决议批准了 57 个条约、协定。如《关于批准〈中华人民共和国和阿尔巴尼亚人民共和国文化合作协定〉的决议》（1954 年）、《关于批准〈中华人民共和国和印度尼西亚共和国关于双重国籍问题的条约〉的决议》（1957 年）、《关于批准〈中华人民共和国和苏维埃社会主义共和国联盟领事条约〉的决议》（1959 年）、《关于批准〈中华人民共和国和尼泊尔王国和平友好条约〉的决议》（1960 年）等。除与建交国家的双边的友好合作、领事、文化协定外，这一时期全国人大常委会还批准、加入、承认或接受了一些多边条约和重要协定，主要涉及人道保护、民用航空、海事、铁路运输等领域。

第三，行使宪法赋予的战争与和平的决定权。一九五四年宪法规定，全国人大常委会的职权包括“在全国人民代表大会闭会期间，如果遇到国家遭受武装侵犯或者必须履行国际间共同防止侵略的条约的情况，决定战争状态的宣布”；中华人民共和国主席根据全国人大的决定和全国人大常委会的决定“宣布战争状态”。据此，1955 年 4 月 7 日，一届全国人大常委会第九次会议通过《关于结束中华人民共和国同德国之间的战争状态的决议》，根据该决议，时任国家主席毛泽东发布《中华人民共和国主席关于结束中华人民共和国同德国之间的战争状态的命令》，该决议和命令为后来中德关系正常化扫除了法律障碍。

第四，对重大国际问题和事件通过决议、作出声明。1954 年至 1965 年“文化大革命”前期，全国人大常委会共通过 10 项涉外决议，第一届和第二届全国人大常委会各通过4项，第三届全国人大常委会通过1项，还有1项是在全国人大常委会和政协全国委员会常务委员会扩大的联席会议上通过的。这些决议主要是对社会主义阵营国家向国际社会发出倡议、呼吁的回应，也有对相关国家的谴责。例如，二届全国人大常委会第十次会议于1959年10月14日通过《关于支持苏联政府全面彻底裁军建议的决议》；二届全国人大会常委会第五十六次会议于1962年7月6日通过《关于支持朝鲜最高人民会议为迫使美军撤出南朝鲜、实现朝鲜和平统一给世界各国议会的信的决议》。全国人大常委会根据国家总体外交需要，作出的涉外决议、声明具有鲜明的官方性质和广泛的民意基础，增强了阐述我国立场、表达我国关切的严正性和权威性，更好地维护国家利益和国际公平正义秩序。

此外，这一时期全国人大常委会还以决议决定的形式行使涉外人事相关职权。例如，1955年12月，一届全国人大常委会第二十九次会议通过《关于决定签订中华人民共和国德意志民主共和国友好合作条约全权代表的决议》，决定派国务院总理周恩来为签订中德友好合作条约的全权代表；1958年9月，一届全国人大常委会第一百次会议通过任免事项，任命王幼平为驻柬埔寨大使、陈志方为驻伊拉克大使，免去伍修权驻南斯拉夫大使职务等。

（三）改革开放以来的涉外立法实践

第一，以“外资三法”为开端，启动涉外立法进程。党的十一届三中全会开启了我国改革开放的大幕，同时伴随着对外开放的需求，全国人大及其常委会也开启了涉外立法的进程。这一时期涉外立法的主要目的是解决对外开放、外商投资的体制机制性障碍，为吸引外资营造良好的法治环境，因此主要以经济立法为主。例如，全国人大及其常委会先后通过了《关于于批准〈广东省经济特区条例〉的决议》（1980年）、中外合资经营企业法（1979年，已废止）、外资企业法（1986年，已废止）、中外合作经营企业法（1988年，已废止）、涉外经济合同法（1985年，已废止）、外国企业所得税法（1981年，已废止）、中外合资经营企业所得税法（1980年，已废止）。同时，为了满足人员和物品进出境及对外交往的需要，也制定了一些与此相关的法律，例如，国籍法（1980年）、海上交通安全法（1983年）、公民出境入境管理法（1985年，已废止）、外国人入境出境管理法（1985年，已废止）、外交特权与豁免条例（1986年制定）、海关法（1987年）、进出口商品检验法（1989年）、国境卫生检疫法（1986年）、归侨侨眷权益保护法（1990年）等。这一时期制定的涉外法律随着我国对外开放的不断深入和法治建设的不断完善，有的被新的制度取代后废止，例如，“外资三法”经多次修改后，在2020年外商投资法通过后被废止；外国企业所得税法和中外合资经营企业所得税法在1991年外商投资企业和外国企业所得税法实施后被废止，而外商投资企业和外国企业所得税法也在2007年企业所得税法实施后被废止。还有的经过了多次修改完善，例如，海关法（五次修正）、进出口商品检验法（四次修正）、国境卫生检疫法（三次修正）等。但是，这一时期的涉外立法为改革开放初期保障外国个人、企业来华投资及开展活动提供法律保障，也为后续我国开展涉外立法积累了宝贵经验。

第二，围绕形成中国特色社会主义法律体系和加入世界贸易组织，初步构建起我国涉外法律制度体系。20世纪90年代至21世纪前10年，随着我国对外开放程度的不断扩大和国际交往日益频繁，全国人大及其常委会在民商事、经济、刑事、行政等多个领域的骨干性、支撑性法律中作出不少涉外规定。这一阶段的涉外立法为初步建立符合我国国情和国际规则的涉外法律制度体系，推进全方位对外开放提供了有力法治保障。主要有几个特点：一是加强涉及国家主权和外交方面立法。制定领事特权与豁免条例（1990年）、缔结条约程序法（1990年）、领海及毗连区法（1992年）、专属经济区和大陆架法（1998年）、外国中央银行财产司法强制措施豁免法（2005 年）、反分裂国家法（2005 年）、护照法（2006 年）、海岛保护法（2009 年）、驻外外交人员法（2009 年）等。二是进一步完善海关、边检等涉及出境入境的法律。制定进出境动植物检疫法（1991 年）、海关关衔条例（2003 年）、港口法（2003 年）、出境入境管理法（2012 年）；多次修改海关法、进出口商品检验法、国境卫生检疫法等法律。三是推进符合世界贸易组织要求的涉外经济立法。在加入世界贸易组织前后，我国开展了大规模的法律法规清理工作，全国人大及其常委会也制定、修改了大量涉外经济领域法律。例如，制定对外贸易法（1994 年）、台湾同胞投资保护法（1994 年）、海商法（1992 年）、外商投资企业和外国企业所得税法（1991 年，已废止）、《关于外商投资企业和外国企业适用增值税、消费税、营业税等税收暂行条例的决定》（1993 年）等；对中外合资经营企业法、中外合作经营企业法、外资企业法和知识产权领域相关法律进行了系统修改，与世界贸易组织有关法律制度进行衔接。四是重视涉外司法领域相关立法。通过《关于惩治骗购外汇、逃汇和非法买卖外汇犯罪的决定》（1998 年）、海事诉讼特别程序法（1999 年）、引渡法（2000 年）、反洗钱法（2006 年）、涉外民事关系法律适用法（2010 年）等，并在 1991 年制定的民事诉讼法中对涉外民事诉讼程序作了专编规定。

四、新时代实施宪法关于涉外制度规定的立法实践

党的十八大以来，以习近平同志为核心的党中央高度重视涉外法治工作，作为法治中国建设的重要方面加以部署推进。全国人大及其常委会深入贯彻落实习近平法治思想，特别是习近平总书记关于统筹推进国内法治和涉外法治的重要论述，把推进涉外领域立法放在突出位置，坚持系统谋划、规划引领、急用先行、点面结合，涉外立法的深度和广度得到大幅拓展，涉外立法工作取得了丰硕成果。新时代以来，新制定 14

部专门的涉外法律，其他一些法律中新增加的涉外规定则更多，仅中央全面依法治国工作会议后的一年多来，就有20部法律中新增了68个含有涉外规定的条款。截至2022年11月，现行有效法律中专门涉外法律共51部，含涉外条款的法律共149部（含宪法）。

第一，通过涉外立法坚决维护我国国家安全。近年来，美西方国家频频从外部扶持国内“分裂势力”，对我国领土安全、政权安全、经济安全等造成严重威胁。制定反间谍法（2014年），为打击境外机构、组织、个人开展的各种形式危害国家安全的间谍行为提供法律依据。制定反恐怖主义法（2015年）为跨境打击恐怖主义、开展反恐怖主义国际合作提供法律保障。制定境外非政府组织境内活动管理法（2016年）将各类境外非政府组织在我国境内的活动全面纳入依法管理的轨道，引导其开展有利于我国公益事业发展的活动。制定网络安全法（2016年），明确境外的机构、组织、个人从事攻击、侵入、干扰、破坏等危害我国的关键信息基础设施的活动，造成严重后果的，有关部门可以决定对该机构、组织、个人采取冻结财产或者其他必要的制裁措施。制定国家情报法（2017年），对国家情报机构开展情报工作作出规范。制定香港特别行政区维护国家安全法（2020年），对于在香港特别行政区以外针对香港特别行政区实施危害国家安全犯罪的行为明确相关责任。制定出口管制法（2020年），规定境外组织和个人，危害中华人民共和国国家安全和利益的，依法处理并追究其法律责任。制定陆地国界法（2021年），规定统一完善的陆地国界及边境的防卫和管理制度，对于稳边固边、兴边睦邻，维护国土和边境安全具有重大意义。此外，还制定国家安全法（2015年）、国防交通法（2016年），修改国防法（2020年）等多部法律维护国家海外利益。

第二，加强涉外经贸领域立法，保障更高水平的开放。制定外商投资法（2019年），确定了我国对外开放、促进外商投资的基本国策和大政方针，确立了我国新型外商投资法律制度的基本框架，对外商投资的准入、促进、保护、管理等作出针对性规定，同时注意与国际通行的经贸规则、营商环境相衔接，充分彰显新时代我国进一步扩大对外开放的决心和信心。制定电子商务法（2018 年），规定了适应跨境电子商务活动需要的系列制度，鼓励跨境电子商务国际合作。制定海南自由贸易港法（2021 年），建设高水平的中国特色海南自由贸易港，专章规定投资自由便利措施，确保在法治轨道上打造开放层次更高、营商环境更优、辐射作用更强的开放“新高地”。制定个人信息保护法（2021 年），明确境内外处理自然人个人信息活动的法律适用和个人信息跨境流动规则，作为我国和其他国家或地区之间进行个人信息保护合作的准则，具有深远的国际意义。制定密码法（2019 年），明确“国家鼓励在外商投资过程中基于自愿原则和商业规则开展商用密码技术合作。行政机关及其工作人员不得利用行政手段强制转让商用密码技术”。

第三，围绕反制裁、反干涉、反制“长臂管辖”，不断丰富对外斗争法律“工具箱”。近年来，有一些国家滥用其国内法对我国实施所谓“制裁”，对我国进行打压、遏制。为更好维护国家主权、安全、发展利益，推进我国法域外适用的法律体系建设，不断丰富对外斗争法律“工具箱”，制定反外国制裁法（2021 年），为反制、反击、反对外国对中国实施的所谓“单边制裁”提供法律武器。反外国制裁法规定，外国国家违反国际法和国际关系基本准则，以各种借口或者依据其本国法律对我国进行遏制、打压，对我国公民、组织采取歧视性限制措施，干涉我国内政的，我国有权采取相应反制措施；国务院有关部门可以决定将有关个人、组织列入反制清单，采取不准入境、禁止或限制与我国境内组织、个人交易、合作等措施。修改对外贸易法（2016 年）、制定外商投资法（2019 年），规定任何国家或者地区在投资方面对我国采取歧视性的禁止、限制或者其他类似措施的，我国可以采取相应的措施。制定出口管制法（2020 年）、数据安全法（2021 年），对有关国家或者地区滥用出口管制措施危害我国国家安全和利益的，在与数据和数据开发利用有关的投资、贸易等方面对我国采取歧视性措施的反制作出原则性规定。制定生物安全法（2020 年），规定境外组织或者个人通过运输、邮寄、携带危险生物因子入境或者以其他方式危害我国生物安全的，依法追究法律责任，并可以采取其他必要措施。制定反有组织犯罪法（2021 年），明确规定对境外黑社会组织到境内发展组织成员、实施犯罪，以及在境外对中国国家或者公民犯罪的行使管辖权。修改证券法（2019 年），规定在中国境外的证券发行和交易活动，扰乱中华人民共和国境内市场秩序，损害境内投资者合法权益的，依照该法有关规定处理并追究法律责任。制定体育法（2022 年），规定对在国际体育运动中损害我国主权、安全、发展利益和尊严的，可以根据实际情况采取相应措施。

第四，不断加强国际条约与国内法的衔接互动。党的十八大以来，全国人大及其常委会不断推进国内法与国际法的双向互动。在国内法与国际法衔接方面，对于已批准的条约，我国认真履行条约义务，综合考虑条约的具体情形和我国实际情况，做好条约的国内适用工作。其中，有些条约通过国内立法转化适用，有些条约通过国内立法明确直接适用。前者如制定国际刑事司法协助法（2018 年），为有效履行各类刑事司法协助条约，加强国际合作、打击跨国犯罪和海外追逃追赃提供法律依据。制定深海海底区域资源勘探开发法（2019 年），为我国依据《联合国海洋法公约》行使在国际海底区域的权利义务提供法律保障。又如，修改著作权法（2020 年），明确延长摄影作品保护期，增加表演者出租权、录音制作者广播获酬权和机械表演权等内容，以与我国缔结或加入的有关国际条约要求相一致。后者如民事诉讼法、民用航空法等法律中规定国际条约在国内的直接适用。在实践中，还有一些条约要求国内法与条约规定一致才能缔结。对此，我国在决定批准或加入条约之前对有关法律进行调整。例如，修改专利法（2020 年），将外观设计专利权的保护期由修改前的 10 年延长至 15 年，以适应我国加入《工业品外观设计国际注册海牙协定》的需要。在国内法对国际法的影响方面，我国国内法治理念、原则和实践为全球治理提出中国方案奠定坚实基础。习近平总书记在重大国际场合分别提出构建人类卫生健康共同体、人与自然生命共同体、全球发展共同体等重大倡议。例如，在共同构建人类卫生健康共同体领域，面对新冠疫情全球肆虐，我国秉持生存权和发展权是首要的基本人权理念，及时通过强化公共卫生法治保障立法修法计划，制定医师法（2021 年），研究修改传染病防治法等法律法规，为我国疫情防控取得重大战略成果提供法治保障。又如，在共同构建人与自然生命共同体领域，党的十八大以来，我国生态环境保护领域立法取得历史性成就，中国特色社会主义生态环境保护法律体系初步形成，为推动全球环境治理提供了中国方案、贡献了中国力量。

党的二十大站在全面建设社会主义现代化国家、全面推进中华民族伟大复兴的全局高度，科学准确分析了“世界之变、时代之变、历史之变”的国际大势，对新时代新征程上高举构建人类命运共同体旗帜、全面推进中国特色大国外交作出战略部署，庄严宣告“中国始终坚持维护世界和平、促进共同发展的外交政策宗旨，致力于推动构建人类命运共同体”。我们要深入学习贯彻党的二十大重要论述和战略部署，继续加强涉外领域立法，统筹推进国内法治和涉外法治，不断完善以宪法为核心的中国特色社会主义法律体系，以良法促进发展、保障善治。

第十七章　我国宪法关于国家勋章和国家荣誉称号制度的规定及其发展实施

国家勋章和国家荣誉称号是国家的最高荣誉，我国现行宪法对国家的勋章和荣誉称号制度作出了规定，全国人大常委会“规定和决定授予国家的勋章和荣誉称号”，国家主席根据全国人大常委会的决定“授予国家的勋章和荣誉称号”。新中国成立以来，根据宪法的规定，国家多次授予有关人员各类国家勋章和荣誉称号。党的十八大以来，以习近平同志为核心的党中央站在实现中华民族伟大复兴的中国梦的战略高度，以一系列开创性、示范性、突破性举措，建立健全中国特色功勋荣誉表彰制度体系，根据宪法制定了《中华人民共和国国家勋章和国家荣誉称号法》，并开展新的授勋实践，充分发挥国家勋章和国家荣誉称号制度和功勋模范人物的精神引领、典型示范作用，增强了全国人民的国家凝聚力和民族自豪感。这是我国国家勋章和国家荣誉称号制度和实践的重大发展，具有重要的宪法意义、历史意义和时代意义。

一、我国国家勋章和国家荣誉称号制度的发展

新中国成立伊始，我国就确立了国家勋章和荣誉称号制度。一九五四年宪法、一九七八年宪法和现行宪法，均对国家勋章和荣誉称号制度

作出了规定。现行宪法施行以来，国家在不同历史时期，结合不同的历史事件，对不同的英雄模范群体或者个人，授予功勋荣誉。并且，在实践和经验的基础上，全国人大常委会于 2015 年制定了《中华人民共和国国家勋章和国家荣誉称号法》，为建立和完善国家荣誉制度提供了法治保障。

（一）新中国成立到改革开放前

1949 年 9 月 27 日，中国人民政治协商会议第一届全体会议通过《中华人民共和国中央人民政府组织法》，赋予中央人民政府委员会“制定并颁发国家的勋章、奖章，制定并授予国家的荣誉称号”的职权，第一次以法律的形式确立了国家功勋荣誉制度。

一九五四年宪法规定：全国人大常委会有权规定和决定授予国家的勋章和荣誉称号；国家主席根据全国人大常委会的决定，授予国家的勋章和荣誉称号。首次明确了国家勋章和国家荣誉称号制度的宪法地位。根据宪法，1955 年 2 月 12 日，一届全国人大常委会第七次会议通过有关决议，授予在解放战争、抗美援朝和国防建设中的有功人员勋章奖章。[1]

1954 年 11 月 8 日，全国人大常委会通过《关于赠送苏联专家“中苏友谊”章的决议》，赠送在中国国防建设中工作的苏联专家“中苏友谊”章。1955 年 9 月 23 日，全国人大常委会通过《关于授予在中国人民战争时期有功人员一级八一勋章、一级独立自由勋章、一级解放勋章的决议》（第一批），时任国家主席毛泽东于同日发布授勋命令。1957 年 6 月 17

---

〔1〕 有关决议有三个，分别是：《全国人民代表大会常务委员会关于规定勋章奖章授予中国人民解放军在中国人民革命战争时期有功人员的决议》《全国人民代表大会常务委员会关于授予中国人民志愿军抗美援朝保家卫国有功人员勋章奖章的决议》《全国人民代表大会常务委员会关于规定勋章奖章授予中国人民解放军在保卫祖国和进行国防现代化建设中有功人员的决议》。同次会议上，还通过《中华人民共和国授予中国人民解放军在中国人民革命战争时期有功人员的勋章奖章条例》，规定了勋章、奖章种类、授予对象、授予程序、剥夺程序等。

日，全国人大常委会通过《关于授予在中国人民革命战争时期有功人员勋章的决议》（第二批），时任国家主席毛泽东发布授勋令，由其他领导人代表毛泽东主席在各地分别授勋。两次授勋，共授予人民解放军革命战争时期有功人员各种勋章103,349枚，授勋人数6.1万多人。这一阶段的授勋表彰对象，对内主要集中于中国解放战争作出杰出贡献的人员，对外主要集中于在中国国防建设中工作的苏联专家以及部分其他方面的苏联、东欧国家的援华友好人士，范围有限，具有很强的时代印记。

一九七五年宪法取消了国家勋章荣誉制度。一九七八年宪法规定，全国人大常委会规定和决定授予国家的荣誉称号，由全国人大常委会委员长授予（一九七八年宪法不设国家主席）。1981年5月16日，全国人大常委会通过《关于授予宋庆龄同志中华人民共和国名誉主席荣誉称号的决定》。

（二）现行宪法规定国家的勋章和荣誉称号制度

一九八二年宪法根据实际情况，恢复了一九五四年宪法有关荣誉制度的规定：全国人大常委会规定和决定授予国家的勋章和荣誉称号；国家主席根据全国人大常委会的决定，授予国家的勋章和荣誉称号。1988年7月1日，全国人大常委会批准了《关于授予军队离休干部中国人民解放军功勋荣誉章的规定》。7月3日，时任中华人民共和国中央军事委员会主席邓小平签署中央军委命令，公布这一规定。7月30日，中央军委在北京隆重举行授勋仪式，共有11多万名军队离休干部被授予中国人民解放军功勋荣誉章。

1986年之后的几年中，国家勋章和国家荣誉称号法经历了起草和初步审议。1986年，全国人大常委会法工委和国务院原法制局会同相关部门，着手研究起草国家勋章和国家荣誉称号法（草案）。1993年10月，全国人大常委会对草案进行了初审，但因在是否追授以及授予的范围等问题上意见不一致，草案被搁置，没有继续审议。

现行宪法施行后到2019年集中评选颁授期间，全国人大常委会没有作出过关于授予国家勋章和国家荣誉称号的决定，但国家表彰制度仍然在发展。由党中央、国务院、中央军委单独或者联合，对各条战线的杰出人物和集体进行表彰，实际上成为国家层级的荣誉表彰。由于尚无法律法规对授予主体、程序、对象、获得者待遇等具体制度作出规定，功勋荣誉制度实践形式多样、规则不一。多层次的表彰体系和丰富实践，为此后构建国家荣誉表彰制度体系提供了有益经验。

（三）党的十八大后国家勋章和国家荣誉称号的制度体系

党的十八大以来，以习近平同志为核心的党中央高度重视党和国家功勋荣誉表彰工作，作出重要部署，采取了一系列重要举措，对在中国特色社会主义建设中作出突出贡献的杰出人士进行隆重表彰，推动这一工作的规范化、制度化，在全社会营造起良好社会氛围。党的十八大提出，“建立国家荣誉制度”。党的十八届四中全会《中共中央关于全面推进依法治国若干重大问题的决定》要求“制定国家勋章和国家荣誉称号法，表彰有突出贡献的杰出人士”。习近平总书记多次就党和国家勋章荣誉表彰工作和勋章荣誉称号立法作出重要指示。为此，党中央决定构建“1+1+3”的党和国家功勋荣誉表彰制度体系，即党中央制定一个指导性文件，全国人大常委会制定一部法律，有关方面分别制定党内、国家、军队3个功勋荣誉表彰条例。

在上述顶层设计的基础上，2015年12月25日，中共中央印发《关于建立健全党和国家功勋荣誉表彰制度的意见》，作为党和国家功勋荣誉表彰工作的总纲。2015年12月27日，全国人大常委会通过《中华人民共和国国家勋章和国家荣誉称号法》，把国家勋章和国家荣誉称号的种类名称、授予对象、人选提名、授予程序、奖励形式等最主要、最基本的制度建立起来。2016 年 4 月，党和国家功勋荣誉表彰工作委员会成立，负责统筹协调党和国家功勋荣誉表彰工作。2017 年 8 月，《中国共产党党内功勋荣誉表彰条例》《国家功勋荣誉表彰条例》《军队功勋荣誉表彰条例》《“共和国勋章”和国家荣誉称号授予办法》《“七一勋章”授予办法》《“八一勋章”授予办法》《“友谊勋章”授予办法》颁布实施。为记载功勋荣誉获得者及其功绩，设立党、国家、军队功勋簿。自此，我国功勋荣誉表彰制度体系的“四梁八柱”搭建形成，以“五章一簿”为主干的统一、规范、权威的功勋荣誉表彰体系正式确立。

这一时期，根据“1 +1 +3”的制度体系，国家渐次开展了功勋荣誉制度新的实践。一是国家主席在国事活动中直接授予外国政要“友谊勋章”。2018 年 6 月 8 日、2019 年 4 月 28 日、2020 年 11 月 6 日、2022 年 10 月 31 日，国家主席习近平四次举行中华人民共和国“友谊勋章”颁授仪式，分别向俄罗斯总统普京、哈萨克斯坦前总统纳扎尔巴耶夫、柬埔寨太后莫尼列、越共中央总书记阮富仲授予“友谊勋章”。颁授仪式上宣读《国家主席授勋令》，习近平主席郑重为普京、纳扎尔巴耶夫、莫尼列、阮富仲配挂勋章。二是首次颁授“八一勋章”。2017 年 7 月 28 日，在中国人民解放军建军 90 周年之际，中央军委首次颁授“八一勋章”，并授予荣誉称号。中共中央总书记、国家主席、中央军委主席习近平向“八一勋章”获得者颁授勋章和证书，向获得荣誉称号的单位颁授奖旗。三是由党中央、国务院授予改革先锋称号。2018 年 12 月，在改革开放 40 周年之际，党中央、国务院决定授予于敏等 100 名同志改革先锋称号，颁授改革先锋奖章；向阿兰 · 梅里埃等 10 名国际友人颁授中国改革友谊奖章。在庆祝改革开放 40 周年大会上，习近平等党和国家领导人为获得改革先锋称号、中国改革友谊奖章人员代表颁奖。四是集中颁授国家勋章和国家荣誉称号。2019 年 9 月 29 日，在中华人民共和国成立 70 周年之际，授予于敏等 8 人“共和国勋章”，授予劳尔 · 卡斯特罗 · 鲁斯等 6 人“友谊勋章”，授予叶培建等 28 人国家荣誉称号。国家主席习近平根据全国人大常委会的决定，签署中华人民共和国主席令，向获得者授予国家勋章、国家荣誉称号奖章。五是为抗击新冠疫情作出突出贡献的人士颁授国家勋章和国家荣誉称号。2020 年 8 月 11 日，授予钟南山“共和国勋章”，授予张伯礼、张定宇、陈薇（女）“人民英雄”国家荣誉称号。

二、国家勋章和国家荣誉称号制度的创制性实践

2019 年 9 月 17 日，十三届全国人大常委会举行第十三次会议，全票通过了《关于授予国家勋章和国家荣誉称号的决定》。全国人大常委会通常在双月下旬召开会议，此次为在中华人民共和国成立 70 周年之际开展国家勋章和国家荣誉称号集中评选颁授加开会议，专门审议有关议题，体现了党和国家对集中评选颁授的高度重视。这次颁授工作，是现行宪法颁布实施以来的第一次，具有创制性重要意义。

（一）整体全面实施国家勋章和国家荣誉称号制度

国家勋章和国家荣誉称号制度是重要的国家制度，宪法对此作出明确规定。国家勋章和国家荣誉称号法根据宪法作出具体规定。2019 年开展国家勋章和国家荣誉称号集中评选颁授，使国家勋章和国家荣誉称号制度第一次在制度性实施的基础上实际运行起来，发挥实际效用，是国家制度的创制性发展。

集中评选颁授坚持以习近平新时代中国特色社会主义思想为指导，在党中央集中统一领导下严格依法依规进行，程序周密严谨。授予国家勋章和国家荣誉称号是党和国家功勋荣誉表彰体系的重要组成部分，必须坚持党中央集中统一领导。提名评选工作于 2019 年 1 月启动，经过初步建议、资格审查、归口评审、广泛征求意见并组织公示等严格的程序。

同年9月，全国人大常委会委员长会议提出议案，全国人大常委会作出决定，国家主席签署主席令，并举行隆重的颁授仪式。集中评选颁授工作的全过程，都是在党中央集中统一领导下进行，由党和国家功勋荣誉表彰工作委员会统筹协调，确保党的主张通过法定程序成为国家意志。

“共和国勋章”、“友谊勋章”、国家荣誉称号三类法定国家荣誉都实现集中评选颁授。此前，“友谊勋章”曾两次由国家主席习近平在国事活动中直接授予外国政要，此次是首次由全国人大常委会决定授予。国家勋章和国家荣誉称号法规定，国家荣誉称号的具体名称确定为“人民科学家”“人民教育家”“人民艺术家”“人民英雄”“人民楷模”“民族团结杰出贡献者”“‘一国两制’杰出贡献者”“外交工作杰出贡献者”“文物保护杰出贡献者”9种，是经过充分研究、反复论证并广泛征求各方面意见后形成的，报经党中央批准。这些称号，作为国家最高荣誉，首次决定、授予，是国家勋章和国家荣誉称号制度的创制性发展。

国家勋章和国家荣誉称号获得者具有广泛代表性。在确定人选时，党中央和各有关方面坚持突出时代精神，充分考虑中华人民共和国成立70周年的鲜明主题，适当统筹兼顾，综合考虑人选的先进性、代表性和广泛性，覆盖政治、经济、社会、外交、教育、科技、文化、卫生、体育等领域，在革命、建设和改革各个历史时期均有代表性人物入选。“友谊勋章”的获得者中，既有外国政要，也有长期致力于中外民间交流交往一线的国际友人。根据国家勋章和国家荣誉称号法的规定，对在该法施行后（2016年1月1日之后）去世的10位杰出人士，追授了国家勋章、国家荣誉称号。

（二）以中华人民共和国的名义授予国家勋章和国家荣誉称号

国家勋章和国家荣誉称号由宪法规定，具有最高的权威性和法律地位。现行宪法施行后，主要是由党中央、国务院、中央军委单独或者联合进行党和国家功勋荣誉表彰。2019 年集中评选颁授，第一次以“中华人民共和国”名义，对在中国特色社会主义建设中作出突出贡献的杰出人士授予国家最高荣誉。

根据国家勋章和国家荣誉称号法的规定，授予国家勋章和国家荣誉称号，程序上由最高国家权力机关的常设机关（全国人大常委会）和国家元首（国家主席）共同行使，形式上由全国人大常委会决定和国家主席令共同构成。国家还举行隆重的颁授仪式，由国家主席习近平向国家勋章和国家荣誉称号的获得者授予国家勋章、国家荣誉称号奖章，签发证书。授予程序和颁授仪式的最高性，充分体现中华人民共和国对国家勋章和国家荣誉称号获得者给予的最高尊崇和褒扬。

由于国家勋章和国家荣誉称号以中华人民共和国名义授予，必须坚持人选标准的最高性。评选中坚持功绩导向，全面评价提名人选一贯表现，以实际贡献为最重要衡量标准，做到荣誉与功绩相称、褒奖与贡献相当。评选中坚持立场坚定、品德高尚、群众公认的基本要求，反复比选、好中选优，强调功绩的重要性、开创性和人选的不可替代性，优先考虑重大标志性历史事件中的代表人物，注重人选蕴含的民族精神和时代精神，确保经得起人民考验、时间考验。

（三）以国家主席令的方式授予国家勋章和国家荣誉称号

《全国人民代表大会常务委员会关于授予国家勋章和国家荣誉称号的决定》通过后，国家主席习近平签署主席令，向获得者授予国家勋章和国家荣誉称号，是国家勋章和国家荣誉称号制度的创制性发展。宪法第八十条规定，国家主席根据全国人大及其常委会的决定，公布法律，任免国务院总理、副总理、国务委员、各部部长、各委员会主任、审计长、秘书长，授予国家的勋章和荣誉称号，发布特赦令，宣布进入紧急状态，宣布战争状态，发布动员令。现行宪法施行以来的实践中，国家主席签署主席令公布法律、任命国务院总理、任免国务院其他组成人员。2015年8月和2019年6月，国家主席习近平两次发布特赦令。主席令是国家主席行使宪法职权的重要法律文件，由国家主席发布主席令是国家主席行使宪法“授予国家的勋章和荣誉称号”的职权的必要方式。本次颁授国家勋章和国家荣誉称号，创制性地采取签署中华人民共和国主席令的方式，符合宪法的规定和精神。

三、授予国家勋章和国家荣誉称号的重大意义

开展国家勋章和国家荣誉称号颁授活动，是弘扬社会主义核心价值观、凝聚时代精神的现实需要。习近平总书记指出：“建成社会主义现代化强国，实现中华民族伟大复兴，是一场接力跑，我们要一棒接着一棒跑下去，每一代人都要为下一代人跑出一个好成绩。”[1] 党的十九大报告提出“培育和践行社会主义核心价值观”，2018年宪法的修改增加了“国家倡导社会主义核心价值观”的内容。授予功勋模范人物勋章荣誉，大力宣扬他们的丰功伟绩，以国家和人民的名义给予他们国家最高荣誉和褒奖，树立他们为国家和民族的榜样，更重要的是通过竖起标杆、立起旗帜，培育和弘扬社会主义核心价值观，增强中国特色社会主义事业凝聚力和感召力。

开展国家勋章和国家荣誉称号颁授活动，是全面实施宪法的重要体现。宪法是国家的根本法，是治国理政的总章程，是党和人民意志的集中体现，是国家意志的最高表现形式。党的十八大以来，以习近平同志为核心的党中央把实施宪法摆在全面依法治国的突出位置，强调宪法的生命在于实施，宪法的权威也在于实施。宪法是国家法律法规和各项制度的总依据，通过完备的法律法规和制度体系，推动和保障宪法实施，

〔1〕 习近平：《在庆祝改革开放40周年大会上的讲话》，载《人民日报》2018年12月19日，第2版。

是宪法实施的内在要求，也是宪法实施的基本途径。我国宪法对国家勋章和国家荣誉称号作出基本规定，国家勋章和国家荣誉称号法对这一重要制度作出具体规定，为开展颁授活动提供了法治保障。2019 年集中颁授国家勋章和国家荣誉称号活动，是现行宪法颁布实施以来，也是国家勋章和国家荣誉称号法颁布实施以来的第一次，具有创制性，是实施宪法关于国家勋章荣誉制度的重要实践，是开展宪法宣传教育的生动实践，切实彰显了宪法精神和理念，有利于增强全民宪法意识，弘扬宪法精神。

开展国家勋章和国家荣誉称号颁授活动，是完善国家荣誉制度、强化国家意识、推进国家治理体系和治理能力现代化的必要路径。党的十八大以来，党和国家通过开展授勋、实行宪法宣誓、设立中国人民抗日战争胜利纪念日和南京大屠杀死难者国家公祭日、设立烈士纪念日、制定国歌法等一系列具体制度和措施，推动国家荣誉制度和荣典制度不断完善。开展国家勋章和国家荣誉称号颁授活动，隆重表彰为国家建设和发展作出杰出贡献的功勋模范人物，就是通过肯定他们的历史功绩，以中华人民共和国的名义给予最高荣誉，彰显其政治声誉和崇高地位，向全社会发出关心英雄、珍爱英雄、尊重英雄的强烈信号。通过表彰，形成全国各族人民共同的历史记忆，强化人民国家意识，凝聚中国特色社会主义制度和道路的认同，是推进国家治理体系和治理能力现代化的必要路径，必将激励人民不忘初心、牢记使命，为夺取新时代中国特色社会主义伟大胜利、实现中华民族伟大复兴的中国梦树立强大的精神支柱，注入伟大的时代力量。

伟大时代呼唤伟大精神，崇高事业需要榜样引领。习近平总书记在党的二十大报告中指出："发挥党和国家功勋荣誉表彰的精神引领、典型示范作用，推动全社会见贤思齐、崇尚英雄、争做先锋。"新时代新征程上，我们要传承红色基因，赓续红色血脉，尊崇英雄、缅怀先烈、礼赞楷模、争当模范，大力培育和弘扬社会主义核心价值观，弘扬民族精神和时代精神，不断增强中国特色社会主义伟大事业凝聚力和感召力，汇聚起人民建设富强民主文明和谐美丽的社会主义现代化强国的磅礴伟力。

第十八章　我国宪法关于特赦制度的规定及其发展实施

特赦是国际通行的在遇有重要历史节点时国家对特定罪犯赦免余刑的人道主义制度[1]。我国现行宪法对于特赦制度作出了明确规定。新中国成立以来，我国先后实行了 9 次特赦。党的十八大以来，2015 年 8 月和 2019 年 6 月，在中国人民抗日战争暨世界反法西斯战争胜利 70 周年和中华人民共和国成立 70 周年之际，全国人大常委会先后两次通过了有关特赦的决定，对宪法规定的特赦制度进行直接适用，国家主席习近平签署发布特赦令。这是实施宪法规定的特赦制度的重要实践，体现了依法治国理念和人道主义精神。作为宪法实施的重要途径方式，直接适用宪法规定实行特赦对于切实增强宪法意识、彰显宪法精神和力量、全面推动宪法的贯彻实施，具有重大法治意义。

一、我国宪法法律中对特赦制度的规定和发展

特赦制度发轫于古代，在中华文明中一直有慎刑恤囚、明刑弼教的

---

〔1〕 参见全国人大常委会法制工作委员会负责人就《全国人大常委会关于在中华人民共和国成立七十周年之际对部分服刑罪犯予以特赦的决定》答记者问（新华社北京 2019 年 6 月 29 日电）。

思想。我国自唐代以来就形成了“盛世赦罪”的历史传统。经过近现代法律制度的不断发展完善，特赦制度现已成为现代国家宪法中的一项规范内容，成为一项重要的宪法制度。世界上许多国家在宪法以及刑法等相关法律中对赦免制度作出了规定。在中国共产党的领导下，从抗日根据地时期到新中国成立以来，我们不断探索完善关于特赦制度的规定，已经形成具有自身特点的特赦制度。

（一）抗日根据地时期和《共同纲领》先后对宽大处理战俘、反动分子等作出规定

抗日根据地时期，中国共产党领导下的抗日根据地即发布宪法性文件宣布对战俘实行宽大政策。1941 年陕甘宁边区第二届参议会第一次会议通过的《陕甘宁边区施政纲领》第二十条规定：“对于在战争中被俘之敌军及伪军官兵，不问其情况如何，一律实行宽大政策，其愿参加抗战者，收容并优待之，不愿者释放之，一律不得加以杀害、侮辱、强迫自首和强迫写悔过书。有在释放之后又连续被俘者，不问其被俘之次数多少，一律照此办理。国内如有对八路军新四军及任何抗日部队实行攻击者，其处置办法仿此。”[1]

1949 年 9 月，中国人民政治协商会议第一届全体会议通过的《共同纲领》第七条规定：“……对于一般的反动分子、封建地主、官僚资本家，在解除其武装、消灭其特殊势力后，仍须依法在必要时期内剥夺他们的政治权利，但同时给以生活出路，并强迫他们在劳动中改造自己，成为新人……”1949 年 9 月 27 日颁布的《中华人民共和国中央人民政府组织法》第七条规定，中央人民政府委员会，依据中国人民政治协商会议全体会议制定的共同纲领，行使“颁布国家的大赦令和特赦令”的职

〔1〕 参见王培英编：《中国宪法文献通编》，中国民主法制出版社 2007 年版，第 295 页。

权。这是第一次在中华人民共和国的法律中正式规定国家的赦免制度。

（二）我国宪法对特赦制度的规定

新中国成立以来，我国宪法对特赦制度有明确规定。一九五四年宪法规定：全国人民代表大会行使大赦职权，全国人民代表大会常务委员会行使特赦职权；中华人民共和国主席根据全国人民代表大会的决定和全国人民代表大会常务委员会的决定，发布大赦令和特赦令。此后，一九七五年宪法未对赦免制度作出规定。一九七八年宪法第二十五条规定，全国人民代表大会常务委员会行使“决定特赦”的职权。一九八二年宪法第六十七条第十八项规定，全国人民代表大会常务委员会行使决定特赦的职权。宪法第八十条规定，中华人民共和国主席根据全国人民代表大会及其常务委员会的决定发布特赦令。现行宪法取消了一九五四年宪法规定的大赦制度。

（三）我国刑事法律和其他法律对特赦的规定

改革开放以来，全国人大及其常委会先后制定了《中华人民共和国刑法》《中华人民共和国刑事诉讼法》等法律，对于特赦所涉及刑事责任的问题也有体现，保障宪法关于特赦制度规定的实施。

我国1979年刑法和现行的1997年刑法关于累犯构成条件的规定涉及赦免。刑法第六十五条第一款规定：“被判处有期徒刑以上刑罚的犯罪分子，刑罚执行完毕或者赦免以后，在五年以内再犯应当判处有期徒刑以上刑罚之罪的，是累犯，应当从重处罚，但是过失犯罪和不满十八周岁的人犯罪的除外。”刑法第六十六条规定：“危害国家安全犯罪、恐怖活动犯罪、黑社会性质的组织犯罪的犯罪分子，在刑罚执行完毕或者赦免以后，在任何时候再犯上述任一类罪的，都以累犯论处。”我国的刑事诉讼法也涉及特赦。根据刑事诉讼法第十六条第三项的规定，经特赦令免除刑罚的，不追究刑事责任，已经追究的，应当撤销案件，或者不起诉，或者终止审理，或者宣告无罪。

此外，香港特别行政区基本法、澳门特别行政区基本法、引渡法中也有涉及特赦的规定。根据香港特别行政区基本法、澳门特别行政区基本法的规定，特别行政区行政长官行使赦免或减轻刑事罪犯的刑罚的职权。根据引渡法规定，外国向中华人民共和国提出的引渡请求，根据中华人民共和国或者请求国法律，在收到引渡请求时，由于被请求引渡人已被赦免，不应当追究被请求引渡人的刑事责任的，应当拒绝引渡。

二、新中国成立后特赦制度的实践情况

新中国成立后，党中央立足当时的国际国内大局和中华民族的统一大业，团结一切可以团结的力量参与新中国的建设，酝酿、推动并成功实施了新中国的特赦政策。20 世纪 50 年代，毛泽东、周恩来等同志先后向党内外人士征求意见，最终确立了宽大处理国内外战犯的基本方针：对日本战犯，一个不杀，宽大处理；对国内战犯，一个不杀，分批释放。[1] 1956 年 4 月 25 日，一届全国人大常委会第三十四次会议通过了《关于处理在押日本侵略中国战争中战争犯罪分子的决定》，并以中华人民共和国主席令形式向全世界公布，为正式实行特赦积累了有益经验。此后，全国人大常委会根据宪法规定共作出过 7 次特赦决定，彻底释放全部在押战犯。

（一）1959 年新中国首次实行特赦

1959 年 8 月 24 日，毛泽东同志在杭州致信刘少奇同志："我想到，

〔1〕 参见王香平：《新中国特赦的决策过程及其经验启示》，载《党的文献》2009 年第 5 期。

今年国庆十年纪念，是否可以赦免一批（不是‘大赦’，而是古时所谓‘曲赦’，即局部的赦免）确实改恶从善的战犯及一般正在服刑的刑事罪犯。如办此事，离国庆只有三十几天时间，是否来得及审查清楚？或者不赶国庆，在秋天办理即可，但仍用国庆十年的名义。此事是否可行，亦请召集有关同志商议一下。"[1] 按照毛泽东同志的建议，1959 年 9 月 8 日，刘少奇同志主持召开中央政治局会议，讨论并通过了《中共中央关于特赦一批确实已经改恶从善的战争罪犯、反革命犯和普通刑事罪犯的建议》。9 月 14 日，毛泽东同志代表中央提请全国人大常委会考虑这一建议；9 月 15 日，又邀集各民主党派、人民团体、文化教育界和无党派人士举行座谈会，通报并征求对特赦问题的意见。关于为什么要实施特赦政策，毛泽东同志说：主要是又经过几年的发展，“人民自己站起来了，人民有神气了，问题是个人民问题”。经过前期反复研究论证，实施特赦的条件业已成熟。

1959 年 9 月 17 日，朱德同志主持召开二届全国人大常委会第九次会议并通过了《关于特赦确实改恶从善的罪犯的决定》，规定：“根据中华人民共和国宪法第三十一条第十五项的规定，决定：在庆祝伟大的中华人民共和国成立十周年的时候，对于经过一定期间的劳动改造、确实改恶从善的蒋介石集团和伪满洲国的战争罪犯、反革命罪犯和普通刑事罪犯，实行特赦。"[2] 当天，刘少奇发布中华人民共和国主席特赦令，宣布“对于确实改恶从善的蒋介石集团和伪满洲国的战争罪犯、反革命罪犯和普通刑事罪犯，实行特赦”。这是由毛泽东、刘少奇、周恩来、朱德等党和国家领导人共同推动的新中国第一次特赦。为了更具体地指导各地执行特赦政策，当天还下发了《中共中央关于特赦罪犯的指示》，对特赦的具体步骤、方法、宣传以及特赦后的安置等作出详细规定。据统计，首次特赦释放反革命罪犯和刑事罪犯 12,082 名、战犯 33 名，另有 389 名

[1] 毛泽东：《建国以来毛泽东文稿》（第 8 册），中央文献出版社 1993 年版，第 475 ~476 页。
[2] 参见《全国人民代表大会常务委员会公报》1959 年第 7 期。

获减刑。值得说明的是，当时战犯占在押罪犯的比例是非常小的（约占0.04%）。本次特赦与其后的6次特赦不同的一点，是把普通刑事罪犯作为了特赦对象，不仅大大增加了特赦对象的数量，也让新中国的首次特赦具有了更广泛、更典型的刑事政策意义。

（二）1960年至1975年先后6次对战争罪犯实行特赦

1959年实行首次特赦以后，特赦工作按照中央既定方针有计划有步骤地进行，1960年、1961年、1963年、1964年、1966年和1975年相继实施专门针对战犯的6次特赦，共释放战犯556名，另有90名获减刑。

1960年11月19日，二届全国人大常委会第三十二次会议通过了《全国人民代表大会常务委员会关于特赦确实改恶从善的蒋介石集团和伪满洲国的战争罪犯的决定》。该决定规定：对于经过一定期间的改造、确实改恶从善的蒋介石集团和伪满洲国的战争罪犯，实行特赦。

1963年3月30日二届全国人大常委会第九十一次会议、1964年12月12日二届全国人大常委会第一百三十五次会议和1966年3月29日三届全国人大常委会第二十九次会议先后通过了3个《全国人民代表大会常务委员会关于特赦确实改恶从善的蒋介石集团、伪满洲国和伪蒙疆自治政府的战争罪犯的决定》。[1] 该决定规定：对于经过一定期间的改造、确实改恶从善的蒋介石集团、伪满洲国和伪蒙疆自治政府的战争罪犯，实行特赦。

1975年2月27日，毛泽东同志在公安部《关于第七批特赦问题的报告》上作了长篇批示，“一个不杀”“都放了算了，强迫人家改造也不好”。在具体政策和待遇方面特别交代：“放战犯的时候要开欢送会，请他们吃顿饭，多吃点鱼、肉，每人发100元零用钱，每人都有公民权。”

---

〔1〕 分别参见《全国人民代表大会常务委员会公报》1963年第2期、1965年第1期、1966年第1期。

"有些人有能力可以做工作。年老有病的要给治病，跟我们的干部一样治。"[1] 1975年3月17日，四届全国人大常委会第二次会议通过《全国人民代表大会常务委员会关于特赦释放全部在押战争罪犯的决定》，决定：对全部在押战争罪犯，实行特赦释放，并予以公民权。与前面几次特赦不同，这次特赦是没有任何前提条件的一次赦免，并根据毛泽东同志的批示意见在常委会决定中明确赋予特赦战犯公民权。至此，新中国先后实施7次特赦，彻底释放全部在押战犯。

三、宪法关于特赦制度规定的制度内涵和重要意义

（一）实行特赦制度是对国家尊重和保障人权的宪法规定的落实，充分体现人道主义精神

特赦是国家依法对特定罪犯免除或者减轻刑罚的制度，也是一项国际通行的人道主义制度。据统计，世界各国宪法中，规定实行特赦及相关赦免制度的宪法就有60多部，美国、法国、德国、俄罗斯等国宪法中都有实行赦免制度的规定。具体而言，各国根据具体国情对于赦免制度的规定并不一致。有些国家规定赦免须经议会同意，有些国家无须议会同意便可由国家元首直接作出特赦令。实践中各国实行赦免是根据政治需要，从人道主义考虑，普遍配合国家的重大节日由元首行使赦免权。[2]

慎刑恤囚是我国自古以来的历史传统。新中国成立以来，我国坚持宽严相济的刑事政策。2004年3月，十届全国人大二次会议通过宪法修正案，规定"国家尊重和保障人权"，明确突出了人权在国家生活和社会生活中的重要地位与功能，使人权保障成为宪法的重要原则。2015年，经各级人民法院依法裁定，共特赦参加过中国人民抗日战争、中国人民

---

〔1〕 毛泽东：《建国以来毛泽东文稿》（第13册），中央文献出版社1993年版，第421页。
〔2〕 参见许崇德：《国家元首》，江苏人民出版社2016年版，第77～79页。

解放战争等4类服刑罪犯31,527人。宪法第五十五条第一款规定："保卫祖国、抵抗侵略是中华人民共和国每一个公民的神圣职责。"2015年、2019年国家主席习近平根据宪法两次发布特赦令，对于参加过抗日战争、解放战争或者中华人民共和国成立后参加过保卫国家主权安全和领土完整对外作战的服刑犯以及符合条件的老年犯、未成年犯等实行特赦，充分彰显德政之治，矜老恤幼，与民更始，向社会传达宽容和人道主义的精神，反映了根据不同的社会形势、犯罪种类、罪犯情况采取区别对待的立场，符合国家尊重和保障人权的宪法精神。

（二）实行特赦是基于历史经验并不断完善发展的产物

赦免制度主要包括大赦与特赦两种。所谓大赦，一般指在特定情况下对在押罪犯无条件一律赦免，可以在判决前也可以在判决后，大赦使罪犯的犯罪行为在法律上消灭，不存在前科。而特赦是针对特殊群体的有条件赦免，特赦只能在判决后免除刑罚的执行，不能消灭其罪。相较大赦而言，特赦适用范围较窄，只是对符合条件的特定人员的赦免，效力上只免刑不免除其罪，时间上也只适用于法院判决生效之后。根据《中华人民共和国刑法》规定，特赦后一定时间内再次犯罪的构成累犯，依法从重处罚。我国在宪法规范和实践中都曾有过关于是实行特赦还是大赦的讨论，因此，实行特赦的一个重要宪法问题就是要注意与大赦的区别，明确我国宪法中特赦制度的定位与性质。

一九五四年宪法对大赦及特赦制度作出规定。1954年12月，中央开始慎重酝酿实施大赦，先后召开最高国务会议，并下发《关于征求党内外对继续镇压反革命和举行大赦问题的意见的通知》。通过征求各界意见，考虑到"避免可能产生的不利影响""人民不高兴"等，[1] 中央最

---

〔1〕 参见毛泽东：《建国以来毛泽东文稿》（第5册），中央文献出版社1993年版，第133～134页。

后决定不向一届人大二次会议提出关于大赦的议案。

1959 年，毛泽东同志在第一次提出赦免建议时，就对于我国所实行的赦免制度的性质作了明确区分。在给刘少奇的信中，他提出赦免一批确实改恶从善的战犯及一般正在服刑的刑事罪犯，专门用括号强调说明了所实行的赦免“不是‘大赦’，而是古时所谓‘曲赦’，即局部的赦免”，即特赦，并明确了特赦对象包括普通刑事罪犯和战犯。1959 年 9 月 15 日，毛泽东同志在向各民主党派、人民团体、文化教育界和无党派人士通报并征求对特赦问题意见的座谈会上又一次强调：“凡是改好了的，我们赦免。按照宪法，叫特赦，不是大赦。”此后的历次赦免实践中，我国均实行的是特赦制度，一九五四年宪法关于大赦的规定，从未被适用。

我国宪法对于特赦制度的规定是基于实践经验不断发展完善的产物。一九八二年宪法在继承一九五四年宪法对于特赦制度规定的基础上，根据我国实际和实践经验，删除了关于大赦的规定，明确我国实行特赦制度。实践是宪法发展的基础，现行宪法关于特赦的规定更加明确了我国特赦制度的宪法依据和赦免性质，避免了对于赦免人员范围等不必要的争议，更加完善了我国进行特赦实践的宪法制度框架，对于推进全面依法治国、维护国家社会秩序稳定发挥了重要作用。

（三）直接适用宪法规定实行特赦是宪法实施的重要途径方式

宪法是国家各种制度和法律法规的总依据，是法律法规和制度体系的源头、统领和统帅，是制定各种法律的规范依据和权威来源。总结我国宪法实施的实践经验，建立健全法律法规和制度体系已成为我国宪法实施的基本途径。除此以外，还有以下几种途径和方式。一是宪法规定的直接适用；二是对于宪法中的有关规定，必要时作出合宪性判断和安排；三是根据宪法精神，必要时采取创制性办法，及时妥善处理实践中遇到的没有规定、没有先例的新情况新问题。相较于通过制定法律贯彻落实宪法规定，宪法中有一些规定具有直接适用的性质，不必通过其他途径和方式。历史上在相关法律没有出台以前，还有1955年全国人大常委会根据宪法第三十一条第十四项的规定，作出《关于规定勋章奖章授予中国人民解放军在保卫祖国和进行国防现代化建设中有功人员的决议》等直接适用的情形。随着中国特色社会主义法律体系的不断完善，全国人大及其常委会不断通过立法实施宪法，落实宪法规定和精神。宪法规定直接适用的领域相对较窄，适用事项一般也较为特定。实行特赦制度是一种典型的宪法规定的直接适用，现行宪法第六十七、八十条对于作出特赦决定、发布特赦令已作出明确规定，过往实践中业已形成行之有效的操作办法。

四、新时代宪法关于特赦制度的实践与发展

党的十八大以来，在以习近平同志为核心的党中央领导下，全国人大常委会采取一系列有力措施，弘扬宪法精神、维护宪法权威、推动宪法实施、加强宪法监督。2015年8月和2019年6月，在中国人民抗日战争暨世界反法西斯战争胜利70周年和中华人民共和国成立70周年之际，全国人大常委会先后两次通过了有关特赦的决定，对宪法规定的特赦制度进行直接适用，国家主席习近平签署发布特赦令。此举传递的是依宪治国、依宪执政的理念，有利于增强全民的宪法意识，有助于推动宪法精神和思维内化于心、外化于行，形成举国上下维护宪法制度、尊重宪法权威、推动全面实施的社会氛围。

（一）2015年为纪念抗日战争胜利70周年对部分服刑罪犯实行特赦

为纪念中国人民抗日战争暨世界反法西斯战争胜利70周年，按照党中央的决策部署，中央政法委会同有关部门，对在纪念中国人民抗日战

争暨世界反法西斯战争胜利70周年之际特赦部分服刑罪犯进行了深入研究，形成了《关于特赦部分服刑罪犯的决定》代拟稿及说明稿。2015年7月20日，习近平总书记主持召开中央政治局会议，原则通过了代拟稿及说明稿。2015年8月29日，贯彻党中央决策部署，根据宪法有关规定，十二届全国人大常委会第十六次会议审议通过了《全国人民代表大会常务委员会关于特赦部分服刑罪犯的决定》。同日，国家主席习近平发布特赦令，对参加过中国人民抗日战争、中国人民解放战争等情形，后因犯罪被判处刑罚正在服刑的部分罪犯实行特赦。这是新中国成立以来第八次，也是一九八二年宪法公布施行以来第一次实行特赦，是实施宪法规定的特赦制度、体现依法治国理念和人道主义精神的创新实践，具有重大政治意义和法治意义。

在特赦决定草案审议中，全国人大常委会认真研究和及时回应各方面对宪法问题的重大关切，确保通过的法律、作出的决定、决议与宪法的原则、规定、精神保持一致。有的全国人大常委会委员提出，特赦是宪法规定的制度，实行特赦有重要的宪法实施意义，建议增加根据宪法决定特赦的表述。当时的全国人大法律委员会经研究，建议采纳这一意见，在决定草案中增加“根据宪法”的表述，在法律文件中进一步明确了实施特赦制度是符合宪法规定及精神的。

（二）2019年在中华人民共和国成立70周年之际对部分罪犯实行特赦

2019年6月29日，在庆祝中华人民共和国成立70周年之际，根据党中央的决策部署，十三届全国人大常委会第十一次会议通过了《关于在中华人民共和国成立七十周年之际对部分服刑罪犯予以特赦的决定》，国家主席习近平签署发布特赦令，对参加过中国人民抗日战争、中国人民解放战争或者中华人民共和国成立后参加过保卫国家主权安全和领土完整对外作战的、为国家重大工程建设作出过较大贡献并获得省部级以上荣誉称号等情形，后因犯罪被判处刑罚正在服刑的罪犯，以及符合条件的老年犯、未成年犯等罪犯实行特赦。这是新中国成立以来的第九次特赦，充分彰显以习近平同志为核心的党中央承续中华文明慎行恤囚、明刑弼教的优良传统，推进法安天下、德润人心的仁政，展示出执政自信和制度自信，取得好的政治效果、法律效果、社会效果。新时代这两次特赦，是继社会主义革命和建设时期后，实施宪法关于特赦制度的重要实践，是改革开放以来党依宪治国、依宪执政的重大成就之一，有利于展现我国人权司法保障水平，弘扬全面依法治国理念，深入推进法治中国建设，树立新时代盛世伟邦形象，进一步树立我国开放、民主、法治、文明的国际形象。

宪法的生命在于实施，宪法的权威也在于实施。新中国成立以来的特赦实践，完善丰富了宪法规定的特赦制度，明确了特赦目的，科学合理界定特赦人员范围的条件，形成了符合宪法精神，行之有效的特赦程序。根据宪法第六十七、八十条的规定和过往实践做法，我国已初步形成了由党中央决策部署、全国人大常委会依照法定程序作出特赦决定、国家主席根据全国人大常委会决定发布特赦令的特赦制度框架体系。特赦作为一项宪法制度，什么时间实行特赦，要由国家在适当的时机，根据社会形势和实践需要来确定。党中央领导下的 9 次特赦，为宪法规定的特赦制度的规范化、程序化、具体化，提供了很好的范本，积累了很好的经验，充分证明了特赦作为一项宪法制度的生命力和活力。[1]

---

〔1〕 参见李寿伟：《慎刑恤囚：解读我国第八次特赦》，载《中国法律评论》2016 年第 1 期。

第十九章　我国宪法关于国家象征制度的规定及其发展实施

国旗、国歌、国徽、首都是国家的象征，代表着国家的统一、权威与尊严，我国宪法以“国旗、国歌、国徽、首都”为专章作出规定。我国宪法关于国家象征制度的规定，对于增强公民的国家观念、弘扬爱国主义精神，培育和践行社会主义核心价值观，集聚起亿万人民团结奋斗的磅礴力量，形成共同致力民族复兴的强大力量具有重要作用。

一、我国宪法关于国家象征制度规定的发展历程

（一）新中国国家象征与《共同纲领》同步诞生

国旗、国歌、国徽、首都是一个独立主权国家的象征，在新中国成立之际，上述国家象征与具有临时宪法性质的《共同纲领》同步研究并起草确定。1949 年 6 月 15 日，新政治协商会议筹备会第一次全体会议在北平中南海举行。毛泽东同志在筹备会的开幕典礼上发表讲话，说明这个筹备会的任务是“完成各项必要的准备工作，迅速召开新的政治协商会议，成立民主联合政府，以便领导全国人民，以最快的速度肃清国民党反动派的残余力量，统一全中国，有系统有步骤地在全国范围内进行

政治的、经济的、文化的和国防的建设工作”。[1] 会议一致通过《新政协筹备会组织条例》，选举出筹备会常务委员21人。常务委员会下设6个小组，分别负责拟定参加新政协会议的单位及其代表名额，起草新政治协商会议组织条例；起草《新政治协商会议共同纲领》；起草中华人民共和国政府方案；起草新政治协商会议第一届全体会议宣言；拟定国旗、国徽、国歌等工作。

1949年9月27日，在北京召开的中国人民政治协商会议第一届全体会议正式通过《关于中华人民共和国国都、纪年、国歌、国旗的决议》。决议规定：“一、全体一致通过：中华人民共和国的国都定于北平。自即日起，改名北平为北京。二、全体一致通过：中华人民共和国的纪年采用公元。今年为一九四九年。三、全体一致通过：在中华人民共和国的国歌未正式制定前，以‘义勇军进行曲’为国歌。四、全体一致通过：中华人民共和国的国旗为红地五星旗，象征中国革命人民大团结。”由于对国徽图案的设计未达成共识，中华人民共和国国徽未同步公布。1949年9月，中国人民政治协商会议第一届全体会议通过具有临时宪法性质的《共同纲领》和中华人民共和国国都、纪年、国歌、国旗4个议案，又经过9个多月时间的精心设计，1950年6月，由中国人民政治协商会议第一届全国委员会第二次会议将国徽图案以及对该图案的说明，提交中央人民政府委员会核准公布。1950年6月28日，中央人民政府委员会第八次会议通过了中华人民共和国国徽图案及对该图案的说明。1950年9月20日，中央人民政府主席毛泽东签署关于公布中华人民共和国国徽图案的命令，中华人民共和国国徽就此正式诞生。

---

[1] 杨建新、石光树、袁廷华编著：《五星红旗从这里升起——中国人民政治协商会议诞生纪事暨资料选编》，文史资料出版社1984年版，第244页。

（二）我国宪法中关于国家象征规定的发展完善

我国宪法一直有设专章规定国家象征的传统。与许多国家将国家象征条款放在总则不同，我国一九五四年宪法设专章规定国家象征，主要是参考了苏联等社会主义国家宪法，如1918年俄罗斯苏维埃社会主义联邦共和国宪法、1924年苏联宪法、1936年苏联宪法以及罗马尼亚、朝鲜等其他社会主义国家宪法。新中国的国家象征在1949年经第一届中国人民政治协商会议确定后，因其具有团结大多数、凝聚共识、激励人心的作用，历经5年左右的时间，已经被广大人民所接受、认可、拥护。在宪法草案起草、审议过程中，各方面对专章规定国家象征所提出的意见不是很多。一九五四年宪法设专章规定国家象征，体现了新中国初期党和人民对于国家象征的高度重视，有利于践行宪法凝聚最大多数共识的理念，也有利于国家象征所蕴含的意义在广大人民群众内心中进一步巩固。

一九五四年宪法起草阶段，宪法中规定国旗、国徽、首都得到普遍认同，但对于是否规定国歌有一定争议。一些人认为，国歌是抗日战争时期的歌曲，已经过时了；一些人认为，国歌自新中国成立以来，获得广泛认同，可以规定在宪法中。1954年6月11日，宪法起草委员会第七次全体会议上，毛泽东同志认为："国歌不必规定在宪法上。不喜欢现在的国歌的人，主要是不喜欢'中华民族到了最危险的时候'一句，但是如果说'我们国家现在是太平无事的时候'，那也不好。苏联采用'国际歌'作为国歌，也有那么一句：'起来！饥寒交迫的奴隶。'苏联人民从十月革命起一直唱到1941年，唱了24年的'饥寒交迫的奴隶'。我们的国歌有一句'最危险的时候'，有些人就觉得不舒服，现在帝国主义包围得还很厉害，唱一句‘最危险的时候’，也没有什么坏处吧。”[1]最后，一九五四年宪法专章规定国旗、国徽、首都，没有专门规定国歌。其中，第一百零四条规定，中华人民共和国国旗是五星红旗。第一百零五条规定，中华人民共和国国徽，中间是五星照耀下的天安门，周围是谷穗和齿轮。第一百零六条规定，中华人民共和国首都是北京。

一九七五年宪法条文数从一九五四年宪法的106条缩减为30条，但是仍然保留了第四章专章规定国旗、国徽、首都，合并为一条，共3款。第三十条规定：“国旗是五星红旗。国徽，中间是五星照耀下的天安门，周围是谷穗和齿轮。首都是北京。”这一规定同一九五四年宪法所规定的内容没有实质改变，主要是作了文字简化。一九七八年宪法从一九七五年宪法30条增加到60条，第四章也只有一条，用3款规定了国旗、国徽和首都。第六十条规定：“中华人民共和国国旗是五星红旗。中华人民共和国国徽，中间是五星照耀下的天安门，周围是谷穗和齿轮。中华人民共和国首都是北京。”

一九八二年宪法第四章规定恢复了一九五四年宪法的规定。第一百三十六条规定，中华人民共和国国旗是五星红旗。第一百三十七条规定，中华人民共和国国徽，中间是五星照耀下的天安门，周围是谷穗和齿轮。第一百三十八条规定，中华人民共和国首都是北京。

值得注意的是，1978年3月5日，五届全国人大一次会议在通过宪法的同时，通过了另行填词的正式的《中华人民共和国国歌》，并由全国人民代表大会以公告予以公布。该国歌虽然仍采聂耳《义勇军进行曲》原来的曲谱，但歌词却修改了原词而另外作了完全不同的填词，歌词并不为群众接受，基本没有被传唱。在“文化大革命”结束后，考虑到广大人民群众对于《义勇军进行曲》作为国歌的深厚感情，不少代表提出建议要求恢复国歌。1982年12月4日，在我国现行宪法通过的同一次会

---

[1] 许崇德：《中华人民共和国宪法史》，福建人民出版社2003年版，第226～227页。

议，即五届全国人大五次会议上，通过了关于中华人民共和国国歌的决议，明确提出恢复《义勇军进行曲》为中华人民共和国国歌，撤销五届全国人大一次会议通过的关于中华人民共和国国歌的决定。2004 年通过的宪法修正案，将宪法第四章章名“国旗、国徽、首都”修改为“国旗、国歌、国徽、首都”。宪法第一百三十六条增加一款，作为第二款：“中华人民共和国国歌是《义勇军进行曲》。”《关于〈中华人民共和国宪法修正案（草案)〉的说明》提出，赋予国歌的宪法地位，有利于维护国歌的权威性和稳定性，增强全国各族人民的国家认同感和国家荣誉感。

二、我国宪法关于国家象征规定的制度内涵

（一）国家象征条款是宪法文本的重要组成部分

国家象征复杂多样，但最广泛意义上使用的国家象征是国旗、国歌、国徽、首都。据统计，有 131 个国家的宪法文本规定了国旗、国歌、国徽。而我国宪法专章规定了这 4 种国家象征，凸显了国家象征在我国的宪法地位。其中，首都具有双重属性，首都既是一种政治象征，也是政治中心——中央政府所在地。而国旗、国歌、国徽主要作为一种国家象征存在，具有显著的特性，使其成为宪法文本的重要组成部分。

一是具有深刻的抽象性。在人类社会早期，图腾式的象征多为原始的植物、动物等实物，随着人类认识能力的提高，实物性的国家象征所表示的含义较浅显，过分赋予其复杂的意义内涵，难免牵强。对于具有抽象意义但现实存在的国家，需要富有抽象性的国家象征予以指代。同时，在国家形成及其法治化的过程中，国家象征越来越需要具备便捷性、明确性，越来越倾向于具有丰富内涵的国旗、国歌、国徽，而且国旗、国徽、国歌通过法律法规确认也容易明确其具体的象征含义。因此，国旗、国歌、国徽因其较容易识别同时也深刻地涵盖本国的传统、文化、

群体等特色，逐渐成为国际上通行的国家象征。

二是具有显著的独特性。国旗、国歌、国徽在每一个国家各不相同，同时三者各有其独特性。旗帜在对外交往、战争以及公众、集会等大型活动场合，是最容易区分彼此的方式。旗帜是最早代表部落、民族、国家等集体的方式，国旗也成为很多国家民族统一、独立、自由的象征。国徽则主要来源于古代纹章、徽章的使用。纹章既可以用于代表家族的个人日常、工作场合，也可以用于庄重、严肃的场合。国家纹章主要是用于区分政府机构与其他组织，也逐渐成为国家的象征与标志。相对于旗帜、纹章主要对应视觉，而国歌对应听觉，是声音的一种。公民既可以听国歌，也可以唱国歌，国歌成为国家声音传递的重要方式，具有普遍适用性。而国花、国树等由于作为实物的局限性，导致使用场合、情形较少，使用受到较多约束。国旗、国歌、国徽因其明显的特殊性而成为国家象征的集中体现。

三是具有广泛的代表性。国旗、国歌、国徽作为抽象性国家象征，与实物性国家象征有着重要的不同。实物性国家象征（如国花、国树、国兽等）有明显的缺陷及不足，实物性国家象征往往指向有限，有一定的地域性，代表性有限。国旗、国歌、国徽往往由多个元素构成，可以赋予其多元化的指代意义，可以指代不同的群体、地区等。为了凝聚更多的人群，国旗、国歌、国徽成为现代国家使用最频繁、最具有代表性的国家象征。

虽然很多国家宪法规定了多种多样的国家象征，但从国家象征发展演变的角度看，国家象征经历了从多彩走向单一，从实体走向抽象的过程，最终国家象征走向法治化，通过在宪法中专门明确进而趋向精练、简洁。由于国旗、国徽、国歌使用的便捷性、运用的广泛性、历史传统等因素，国旗、国徽、国歌成为使用最广泛的国家象征。

从国家象征条款在宪法中的位置看，大部分国家的宪法将国家象征条款置于宪法文本前面的位置——例如序言、总则或者第一章。一些国家宪法将国家象征条款置于总则中的宪法基本原则或者宪法主权条款中，突出国家象征是主权的表达。宪法序言或者“总纲”中规定的国家象征条款具有统领性作用，蕴含了不得随意修改国家象征或者制定不得违背国家象征的条款的含义。

（二）国家象征在宪法制度中具有独特价值和功能

我国宪法专章规定国家象征，将其与公民的基本权利和义务、国家机构并列，彰显了国家象征的独特价值和功能。国家的尊严、国家的存在、国家的主权等外在的表现主要是国家象征。国家象征的基础功能是识别与区别，使其区别于他国或者本国不同时期的政权；更重要的是整合功能，旨在向公民传达合法化国家的价值观，推动公民情感整合，促进国家认同。而宪法将国家象征所代表的重要理念明确在条文中。宪法的象征性功能与国家象征所发挥的象征作用是相通的。宪法是维护国家尊严、明确国家主权、构建国家存在的重要载体。国家象征的主要功能是凝聚社会公众共识、汇集公民支持，以促进国家的整合和统一。国家象征是体现国家存在的重要载体和方式；而宪法是一个国家的根本准则，是确认主权国家、象征主权、建构国家制度的重要载体，两者都是人们尊崇和敬重的对象。宪法与国家象征在部分功能上是类似的，但是宪法作为一国根本法，将国家象征单列出来，体现出对国家象征所蕴含的整合民族、整合国家功能的强化。宪法强调国家象征，关键是国家象征在彰显国家认同、体现爱国情感方面的重要作用。

（三）维护国家象征是贯彻宪法原则的重要体现

无论是在立法中，还是实践中，维护国家尊严，维护国家象征与保障公民基本权利都是重点面对的问题。大多数国家通过宪法明确国家象征，对国家象征的保护是具有宪法基础的。国家通过国家象征来唤起公民的国家意识、国家观念。对于国家象征的保护是体现宪法原则的关键所在。在我国，宪法规定了国家象征，但是对国家象征的具体保护主要体现在国家象征的法律之中，我国先后通过的国旗法、国徽法、国歌法都是落实宪法规定、维护国家象征的具体体现。在国家象征法律制度的制定、实施中，不能突破宪法中国家象征规范的界限，必须在宪法原则、宪法规范的指导下确定。在国家象征相关的司法实践中，也需要考虑规范国家机构权力、保障公民权利的尺度。这些都体现了宪法的规定、原则和精神。

三、通过立法实施宪法关于国家象征制度的基本情况及其宪法意义

（一）立法实施有关情况

自新中国成立之初，我国就开展了国旗、国歌和国徽使用相关立法工作。1949 年中央人民政府委员会办公厅牵头起草国旗升挂办法和国歌奏唱办法，11 月 3 日，毛泽东在中央人民政府委员会办公厅送请核阅的国旗升挂办法（草案）和国歌奏唱办法（草案）上作出批示："交政治局讨论"。[1] 但因其他原因，最终国旗升挂办法（草案）和国歌奏唱办法（草案）没有公布施行。1950 年 9 月 20 日，毛泽东主席签署公布国徽图案命令的同日，中央人民政府委员会第八次会议通过并颁布实施了国徽使用办法。实践中，针对各地就国旗、国歌使用过程中的具体问题，中央政府在处理时仍然以国旗升挂办法（草案）和国歌奏唱办法（草案）为主要依据。两个草案在新中国成立初期国家象征的运用、管理中

〔1〕 中央档案馆编：《中华人民共和国国旗国徽国歌档案》（下卷），中国文史出版社 2014 年版，第 344 页。

发挥了重要作用。

宪法的生命在于实施，宪法的权威也在于实施。宪法关于国家象征条款需要通过具体的法律法规来落实。一九八二年宪法实施后，相关部门落实宪法规定，制定了国旗、国歌、国徽相关实施办法。1984 年中央宣传部制定了《关于中华人民共和国国旗升挂的暂行办法》。1989 年国务院办公厅印发《关于国庆节期间升挂国旗的通知》。考虑到新中国成立以后，对于国旗、国徽的悬挂或使用等事项，一直没有具有高位阶的法律规定。同时，部分规定办法随着我国政治、经济和文化事业的发展已不适应实际需要。实际生活中国旗、国徽及其图案的使用情况比较混乱，国徽的制作也不统一。为解决上述问题，进一步加强宪法关于国家象征条款的实施工作，当时的国务院法制局牵头起草了《中华人民共和国国旗法（草案）》和《中华人民共和国国徽法（草案）》，提请全国人大常委会审议。1990 年 6 月七届全国人大常委会第十四次会议通过《中华人民共和国国旗法》，对国旗的尺度、升挂、使用和监督管理等作出规定。1991 年 3 月七届全国人大常委会第十八次会议通过《中华人民共和国国徽法》，对国徽的制作、悬挂的监督管理等作出规定。国旗法、国徽法的制定为我国国家象征法律制度的完善奠定了重要基础。

按照国旗法、国徽法的规定，国务院外交部、中央军委相关部门等单位陆续出台本系统、本领域的国家象征法规规章、规范性文件。如 1990 年《中国人民解放军升挂国旗规定》、1991 年《中华人民共和国外交部关于涉外升挂和使用国旗的规定》、1993 年《对外使用国徽图案的办法》等。

2004 年十届全国人大二次会议通过宪法修正案，增加“中华人民共和国国歌是《义勇军进行曲》”的规定。2014 年 12 月中共中央办公厅、国务院办公厅印发了《关于规范国歌奏唱礼仪的实施意见》。2017 年 9 月十二届全国人大常委会第二十九次会议通过《中华人民共和国国歌法》，对于国歌的性质和地位、国歌奏唱的场合、国歌奏唱礼仪、国歌宣传教育、国歌标准演奏曲谱和官方录音版本、国歌监督管理、不得使用国歌的情形、法律责任等作了全面系统的规范。

2009 年 8 月十一届全国人大常委会第十次会议对国旗法、国徽法的法律责任条款作了修改。国旗法、国徽法颁布施行 30 年来，对保障国旗、国徽的正确使用，维护国旗、国徽的尊严，增强公民的国家观念，弘扬爱国主义精神，发挥了重要作用。随着我国政治、经济和社会的发展，国旗、国徽的使用越来越广泛，国旗法、国徽法实施中遇到一些不适应的问题，如国旗、国徽的通用尺度已不能满足实践需要，国旗升挂使用的场合已不适应国家政治和社会发展的需要，国徽图案的使用场合需要进一步明确，国旗、国徽的制作、销售、使用、回收的监督管理部门还不够明确等。

针对上述问题，2020 年 10 月十三届全国人大常委会第二十二次会议通过了《关于修改〈中华人民共和国国旗法〉的决定》和《关于修改〈中华人民共和国国徽法〉的决定》。国旗法、国徽法的修改，进一步完善了国旗、国徽的尺度，增加了升挂国旗、悬挂国徽的场合和使用国旗、国徽图案的情形，进一步加强国旗、国徽使用的监督管理。

（二）宪法意义

宪法第四章“国旗、国歌、国徽、首都”是宪法文本的重要内容，国旗法、国歌法、国徽法也是直接落实宪法规定的重要法律，是国家象征法律制度的核心法律。落实宪法关于国家象征的规定对于推动宪法实施具有重要作用，主要体现在推动宪法宣传、弘扬宪法精神、巩固宪法权威具有重要作用。

一是有利于推动宪法宣传。党的十八大以来，以习近平同志为核心的党中央高度重视国家仪典、国家象征方面的立法，相继制定国歌法、国家勋章和国家荣誉称号法、英雄烈士保护法，修改国旗法、国徽法等重要法律，完善了宪法确立的许多重要国家制度，建立了宪法宣誓制度、国家公祭制度等。宪法宣誓制度、设立宪法日等，都强化了国家象征的运用，对于宪法宣传具有重要意义。设立国家宪法日和进行宪法宣誓都是通过特定的时间、场景和仪式来培育宪法精神土壤的重要制度设计。国旗、国歌、国徽在国家宪法日和宪法宣誓仪式中作为关键性的标志性存在，在上述场景中强化国家象征和标志的出场和使用，加强了公民和宪法的常态化连接。制定修改上述法律，规范和倡导国家象征的使用，以国家象征和标志凸显的文明国家观念和政治国家观念的传递，对于强化公民的爱国主义观念，凝聚国家认同，推动宪法宣传具有重要意义。

二是有利于弘扬宪法精神。在现代国家，建立作为立国基础的一整套信念或符号系统，将一个国家分散的人们团结起来，是每一个国家都在努力的方向。落实宪法关于国家象征的制度规定，其中一个重要目的就是强化国家认同、增强国家观念、弘扬爱国主义精神，而上述目的在一定程度上也是现代国家重要的宪法精神。落实宪法关于国家象征制度规定，引导和规范公民和组织规范使用宪法所规定的国家象征，有助于整合公民意识、加强国家观念；促进公民认同宪法中所表述的包括国家根本制度、领导力量、根本任务和发展道路等重大问题在内的所有内容，自愿接受宪法的原则和精神，进而加强公民和国家之间的纽带和强化全体公民的共同目标，强化国家认同，进一步弘扬宪法精神。

三是有利于巩固宪法权威。国家象征制度是宪法制度的重要方面。国旗、国歌、国徽、首都承载着人民群众对党、对国家、对民族的崇高敬意和深厚情感。国家象征作为国家精神象征，关键在于能够广泛影响公民的情感，最终影响国家目标、任务的实现。宪法是国家的根本法，具有最高法律权威和最高法律效力。国旗法、国歌法、国徽法既是以立法方式实施宪法，落实宪法的规定，也是对宪法规定内容的具体化。落实宪法关于国家象征制度规定，通过维护国家象征以维护主权国家的权威和地位，强化了宪法实施。落实宪法关于国家象征制度规定，通过规范国家象征的使用，强化公民的国家认同，使得公民在具体生活中更加直接地与宪法的具体内容相连接，表现出对国家、对宪法更加具体明晰的心理认同和情感认同，从而更加认同和维护宪法权威。

四、新时代我国宪法关于国家象征制度的实施和发展

党的十八大以来，我国宪法关于国家象征制度的规定得到进一步贯彻落实，特别是通过立法、执法等推动了国家象征制度的完善，推动了爱国主义教育，增强了公民国家认同感，维护了国旗、国歌、国徽的权威和尊严，我国国家象征和标志制度与时俱进、焕然一新。中国特色社会主义进入新时代，我国正处在实现中华民族伟大复兴的关键时期，制定国歌法，修改国旗法、国徽法，完善国家象征和标志制度，展现大国气象，强化国家观念，有利于增强全体人民对中国特色社会主义的道路自信、理论自信、制度自信、文化自信，有利于为实现中华民族伟大复兴的中国梦凝聚强大的精神力量。

（一）关于国旗制度、国徽制度

其一，通过修法完善国旗、国徽尺度。原国旗法所附的《国旗制法说明》对国旗的样式和 5 种通用尺度作出了规定。目前，手持国旗、桌用国旗和车载国旗等使用广泛，原国旗法规定的 5 种通用尺度已不能满足实践中使用国旗多样化的需求。此次修改，增加了对非通用尺度国旗的原则要求，同时对国旗与旗杆的尺度比例提出要求，规定："国旗的通用尺度为国旗制法说明中所列明的五种尺度。特殊情况使用其他尺度的国旗，应当按照通用尺度成比例适当放大或者缩小"，"国旗、旗杆的尺度比例应当适当，并与使用目的、周围建筑、周边环境相适应"。

原国徽法规定了 3 种通用尺度，同时规定"在特定场所需要悬挂非

通用尺度国徽的，报国务院办公厅批准”。一些地方反映，现在国家机关办公场所的建筑物体量比以前大，悬挂现有的3种通用尺度的国徽，有时显得不协调，实践中使用非通用尺度的情况比较普遍，一般按照建筑物体量决定国徽大小，也没有逐件报国务院办公厅审批。考虑实际情况，修改国徽法，对使用非通用尺度国徽作原则要求，删去报国务院办公厅批准的程序，将上述规定修改为：“需要悬挂非通用尺度国徽的，应当按照通用尺度成比例适当放大或者缩小，并与使用目的、所在建筑物、周边环境相适应。”

其二，升挂国旗和悬挂国徽的场合进一步丰富。原国旗法第五条、第六条、第七条分别对不同国家机关、单位、场所在每日、工作日和节假日升挂国旗作了规定。国旗法的修改从以下几个方面进一步完善：一是为体现中国共产党的领导地位，国旗法增加规定“中国共产党中央委员会”每日升挂国旗，“中国共产党中央各部门和地方各级委员会”在工作日升挂国旗。二是为体现国家监察体制改革后国家机构的新变化，国旗法增加规定“中国共产党中央纪律检查委员会、国家监察委员会”每日升挂国旗，“中国共产党地方各级纪律检查委员会、地方各级监察委员会”在工作日升挂国旗。三是国旗法增加规定各民主党派、各人民团体在工作日升挂国旗。四是国旗法增加中央人民政府驻香港特别行政区、澳门特别行政区有关机构在工作日升挂国旗。五是增加了非全日制学校、有条件的幼儿园和公共文化设施升挂国旗的规定。六是根据实践发展，国旗法增加规定宪法宣誓场所悬挂国旗，增加国家宪法日升挂国旗的要求，并对公共场所、居民小区在重要节日、纪念日升挂国旗作出规定。

为了鼓励公民和组织使用国旗和国旗图案，此次国旗法修改，增加规定国家倡导公民和组织在适宜的场合使用国旗及其图案，表达爱国情感。同时明确公民和组织在网络中使用国旗图案，应当遵守相关网络管理规定，不得损害国旗尊严。

根据实践发展的需要，国徽法增加了应当悬挂国徽的场合：一是增加规定各级监察委员会应当悬挂国徽。二是增加规定中央人民政府驻香港特别行政区、澳门特别行政区有关机构应当悬挂国徽。三是增加规定，乡、民族乡、镇的人民代表大会会场悬挂国徽。四是明确乡镇人民政府悬挂国徽。五是明确宪法宣誓场所悬挂国徽。

国旗法、国徽法修改后，各地升挂国旗和悬挂国徽的场合进一步丰富，国家象征的展现进一步拓展，丰富了爱国主义教育的场景。

其三，完善升挂国旗的礼仪和使用规范。此次修改国旗法，规定举行升旗仪式时，应当奏唱国歌。在国旗升起的过程中，在场人员应当面向国旗肃立，行注目礼或者按照规定要求敬礼，不得有损害国旗尊严的行为。考虑到北京天安门广场每日举行的升旗仪式，已经成为国家的一项重要日常仪典，国旗法修改确认了这一制度。为加强国旗及其图案使用的规范化，国旗法规定不得倒挂、倒插或者以其他有损国旗尊严的方式升挂、使用国旗，不得随意丢弃国旗，大型群众性活动结束后，活动主办方应当收回或者妥善处置现场使用的国旗。

其四，完善使用国旗志哀相关制度。原国旗法第十四条对下半旗制度作了规定。修改后的国旗法规定举行国家公祭仪式或者发生严重自然灾害、突发公共卫生事件以及其他不幸事件造成重大伤亡的，可以在全国范围内下半旗志哀，也可以在部分地区或者特定场所下半旗志哀。同时修改后的国旗法明确“由国务院有关部门或者省、自治区、直辖市人民政府”报国务院决定。2012 年以来，多次举行下半旗仪式。如为悼念 2012 年香港特别行政区南丫岛撞船事故遇难者、2018 年香港特别行政区大巴侧翻遇难者，在香港特别行政区下半旗。从 2014 年起，每年 12 月 31 日南京大屠杀死难者国家公祭日，在侵华日军南京大屠杀遇难同胞纪念馆前举行下半旗仪式。为表达全国各族人民对抗击新冠疫情斗争牺牲烈士和逝世同胞的深切哀悼，2020 年 4 月 4 日举行全国性哀悼活动，全国下半旗。这次是我国首次因重大突发公共卫生事件依法启动全国性哀悼活动。

此外，为了完善国家仪典制度，增加国家领导人等逝世、烈士遗体、灵柩或者骨灰盒可以覆盖国旗，修改后的国旗法同时规定覆盖国旗时，国旗不得触及地面，有关仪式结束后应当将国旗收回保存。

其五，增加国徽图案、徽章的使用情形。根据实践发展的需要，补充完善国徽使用的情形：一是根据国家机关信息化建设的情况，规定有关国家机构“应当在其网站首页显著位置使用国徽图案”；二是完善中央国家机关领导人员以职务名义对外使用的信封、信笺、请柬等使用国徽图案的规定；三是增加规定标示国界线的界桩、界碑和标示领海基点方位的标志碑以及其他用于显示国家主权的标志物可以使用国徽图案；四是增加规定中国人民银行发行的法定货币可以使用国徽图案；五是增加规定国家机关工作人员使用的工作证件、执法证件等，国家机关颁发的营业执照、许可证书、批准证书、资格证书、权利证书等，学位证书，居民身份证、中华人民共和国护照等可以使用国徽图案；六是增加规定国家机关和武装力量的徽章可以将国徽图案作为核心图案；七是明确公民在庄重场合可以佩戴国徽徽章，表达爱国情感。这样规定，是因为有的国家工作人员在履职或者宪法宣誓等庄重场合，佩戴国徽徽章，表达不负党和人民重托的情怀，表达爱国情感，是积极的，应当鼓励和支持。

其六，严格规范国徽及其图案的使用范围。原国旗法、国徽法对国旗、国徽及其图案不得使用的场合和情形作了规定，但是对国旗和国旗图案的限制不多，如原国旗法规定国旗和国旗图案不得用于商标和广告，不得用于私人丧事活动。原国徽法规定比较严格，规定了可以使用国徽图案的情形、不得使用的情形，明确在法律规定的范围外需要悬挂国徽或者使用国徽图案的，由全国人大常委会办公厅或者国务院办公厅会同有关主管部门规定。因此，实践中国旗图案在不少商品上都有使用，使用国徽图案的比较少。有的意见认为，国徽既是国家的标志，也是国家机关的印信，实践中，国徽及其图案的使用应非常慎重。为了加强国徽及其图案的规范使用，进一步限定国徽和国徽图案的使用范围。国徽法一是增加规定“授予专利权的外观设计”不得使用国徽和国徽图案；二是将国徽和国徽图案不得用于“日常生活的陈设布置”修改为不得用于“日常用品和日常生活的陈设布置”。

根据国徽法的规定，商品上原则上不能使用国徽图案，国际赛事中服装上使用国徽图案，要经过批准。国旗法修改没有明确一般商品上可以使用国旗图案，主要是这个问题比较复杂，商品种类繁多，千差万别，所以国旗法作了原则规定，明确国家倡导公民和组织在适宜的场合使用国旗及其图案。使用国旗图案是否适宜，需要根据具体场合判断，要让人们感觉这样使用是对国旗的尊重，不损害国旗的尊严。使用国旗图案也不能过多过滥，或者以容易引起人们反感的方式使用。

其七，强化国旗、国徽教育宣传。为了加强国旗、国徽教育，增强公民的国家观念，弘扬爱国主义精神，国旗法、国徽法修改，分别增加规定，国旗、国徽应当作为爱国主义教育的重要内容，中小学应当教育学生了解国旗、国徽的历史和精神内涵，遵守国旗升挂使用规范和升旗仪式礼仪。新闻媒体应当积极宣传国旗、国徽知识，引导公民和组织正确使用国旗、国徽及其图案。实践中，各地广泛组织中小学校深入学习国旗法、国徽法，推进国旗法、国徽法进校园。通过知识竞赛、演讲、黑板报、主题班会、升旗仪式等方式，多种多渠道宣传国旗法、国徽法，大力弘扬爱国主义精神，培养青少年对国旗、国徽的认同和尊崇。

其八，明确国旗、国徽的监管部门。原国旗法、国徽法规定国旗、国徽的监督管理主体为地方各级人民政府，但没有明确具体部门，在实践中会发生监管不到位的情况。为进一步加强国旗、国徽监督管理，通过修改，增加规定由国务院办公厅统筹协调全国范围内国旗、国徽管理有关工作，地方各级人民政府统筹协调本行政区域内国旗、国徽管理有关工作。同时，规定地方各级人民政府市场监督管理部门对本行政区域内国旗、国徽的制作和销售，实施监督管理；县级人民政府确定的部门对本行政区域内国旗、国徽的升挂、悬挂、使用和回收，实施监督管理。

国旗法、国徽法修改后，各地纷纷出台文件，明确市、县人民政府统筹协调本行政区域内国旗、国徽管理有关工作。如在一些地方，住房和城乡建设（城市管理）部门把主要街区和道路升挂、使用国旗纳入市容管理范围，每逢重大节庆和活动，结合市容环境卫生检查等工作，对国旗、国徽使用情况作全面检查。市场监管部门加大对违规制造、销售国旗和国徽等行为的执法力度，依法规范国旗、国徽来源渠道，确保升挂的国旗、悬挂的国徽合法合规。公安部门负责对在公共场合故意以焚烧、毁损、涂划、玷污、践踏等方式侮辱国旗、国徽的违法行为进行处理。区、县政府应当定期对本行政区域内的个人和单位升挂、使用国旗、国徽的情况进行检查。升挂国旗、国徽的机构按法律规定对各自管辖范围内国旗、国徽的升挂、使用和回收实施管理。

（二）关于国歌制度

其一，通过立法明确国歌的地位和国歌词谱。根据宪法、国歌法规定，中华人民共和国国歌是《义勇军进行曲》。中华人民共和国国歌是中华人民共和国的象征和标志。一切公民和组织都应当尊重国歌，维护国歌的尊严。国歌法（草案）提请常委会初次审议时，其附件载明了国歌的歌词和曲谱。但是，草案附件中所列国歌词谱是1982年五届全国人大五次会议决定恢复《义勇军进行曲》为国歌后，同年第5号《全国人民代表大会常务委员会公报》公布的词谱。在征求意见过程中，一些音乐家提出，上述国歌词谱的版式采用了五线谱和简谱混排的方式，不符合目前通用的曲谱排版形式，为便于实际使用，满足不同方面需要，建议将五线谱版和简谱版分排并作为本法的附件。考虑到此项工作政治性、专业性强，经与中央宣传部沟通，由中央宣传部组织中国音乐家协会及部分音乐家对国歌的词谱以及排版形式进行了审定，审定意见提出，应改用五线谱和简谱分排的版式。最终通过的国歌法采纳了上述意见，对附件中国歌词谱的版式作出调整。

其二，扩展奏唱国歌的场合。根据实际做法并结合现行规定和有关惯例，国歌法明确规定9类场合应当奏唱国歌，包括全国人民代表大会会议和地方各级人民代表大会会议的开幕、闭幕；中国人民政治协商会议全国委员会会议和地方各级委员会会议的开幕、闭幕；各政党、各人民团体的各级代表大会等；宪法宣誓仪式；升国旗仪式；各级机关举行或者组织的重大庆典、表彰、纪念仪式等；国家公祭仪式；重大外交活动；重大体育赛事；其他应当奏唱国歌的场合。同时，国歌法还明确规定了不得奏唱和使用国歌的场合及情形，国歌不得用于或者变相用于商标、商业广告，不得在私人丧事活动等不适宜的场合使用，不得作为公共场所的背景音乐等。

其三，细化国歌奏唱的形式和礼仪。为了体现国歌的严肃性和权威性，国歌法规定奏唱国歌，应当按照本法附件所载国歌的歌词和曲谱，不得采取有损国歌尊严的奏唱形式。为增强奏唱国歌的仪式感，体现对国家象征的尊重和维护，国歌法规定奏唱国歌时，在场人员应当肃立，举止庄重，不得有不尊重国歌的行为。此外，国歌法对于外交活动和军队奏唱国歌的场合和礼仪作了特殊规定，授权由外交部、中央军事委员会规定。2018年3月、4月先后发布的《中国人民解放军队列条令（试行)》《中国人民解放军内务条令（试行)》；2019年9月外交部公布的《关于在外交活动中奏唱中华人民共和国国歌的规定》等对特殊领域国歌奏唱的形式和礼仪进一步细化。

其四，明确国歌标准曲谱和官方录音版本。1982年五届全国人大五次会议通过《关于中华人民共和国国歌的决议》时发布了国歌的曲谱(旋律谱)。但长期以来，我国未发布标明配器、奏唱速度和力度的国歌标准曲谱，未发布用于播放的国歌官方录音版本，国歌演奏存在不规范现象，演奏、播放效果受到影响。针对上述问题，国歌法规定，在法律规定的场合奏唱国歌，应当使用国歌标准演奏曲谱或者国歌官方录音版本，具体由国务院确定的部门组织审定、录制，并在中国人大网和中国政府网上发布。外交部及驻外外交机构应当向有关国家外交部门和有关国际组织提供国歌标准演奏曲谱和国歌官方录音版本，供外交活动中使用。国务院体育行政部门应当向有关国际体育组织和赛会主办方提供国歌标准演奏曲谱和国歌官方录音版本，供国际体育赛会使用。目前，中国人大网和中国政府网发布了国旗、国徽图案标准版本，也发布了国歌官方录音版本。

其五，加强国歌的宣传教育。为了进一步加强国歌的宣传教育，培育公民的国家观念，国歌法在 4 个方面作了明确：一是，规定国家倡导公民和组织在适宜的场合奏唱国歌，表达爱国情感。二是，国庆节、国际劳动节等重要的国家法定节日、纪念日，中央和省、自治区、直辖市的广播电台、电视台应当按照国务院广播电视主管部门规定的时点播放国歌。三是，国歌纳入中小学教育。中小学应当将国歌作为爱国主义教育的重要内容，组织学生学唱国歌，教育学生了解国歌的历史和精神内涵、遵守国歌奏唱礼仪。四是，新闻媒体应当积极开展对国歌的宣传，普及国歌奏唱礼仪知识。

2017 年 9 月，国家新闻出版广电总局印发关于学习宣传贯彻《中华人民共和国国歌法》的通知，强化广播电视和报刊等新闻媒体应当采取多种形式，积极开展对国歌法和国歌的宣传。明确规定在国庆节、国际劳动节等重要的国家法定节日、纪念日，中央人民广播电台、中央电视台，中国教育电视台，省、自治区、直辖市的广播电台、电视台，新疆生产建设兵团广播电视台，应当于北京时间上午 10 时整在其主频率、主频道播放国歌。中国国际广播电台应当在适当的时点依法播放国歌。广播电台、电视台播放国歌应当与前后节目相协调，维护国歌尊严。

其六，强化监督管理和法律责任。为了加强对国歌奏唱、播放、使用的监督管理，国歌法规定了县级以上各级人民政府及其有关部门在各自职责范围内，对国歌的奏唱、播放和使用进行监督管理。同时，国歌法规定，在公共场合，故意篡改国歌歌词、曲谱，以歪曲、贬损方式奏唱国歌，或者以其他方式侮辱国歌的，由公安机关处以警告或者 15 日以下拘留；构成犯罪的，依法追究刑事责任。

此外，2017 年国歌法通过后，国歌法分别列入《中华人民共和国香港特别行政区基本法》《中华人民共和国澳门特别行政区基本法》附件三。2020 年修改国旗法、国徽法后，香港特别行政区、澳门特别行政区也推进相应立法实施。香港特别行政区、澳门特别行政区通过特别行政区立法推动国旗法、国徽法、国歌法在特别行政区实施，推动国家象征在香港特别行政区、澳门特别行政区推广使用，依法打击惩治亵渎国家象征行为，推动强化香港特别行政区、澳门特别行政区公民爱国主义情感，强化宪法在香港特别行政区、澳门特别行政区的实施，维护了国家象征的尊严。

第四编　健全保证宪法全面实施的体制机制

我国宪法是全面建设社会主义现代化国家、全面推进中华民族伟大复兴的制度基石。习近平总书记多次强调："宪法的生命在于实施，宪法的权威也在于实施。"[1] 全面贯彻实施宪法不仅是建设社会主义法治国家的首要任务和基础性工作，更是建成富强民主文明和谐美丽的社会主义现代化强国、实现中华民族伟大复兴的根本法治保障。这是中国特色社会主义新时代对我们党实行依宪治国、依宪执政提出的新的更高要求。要深入学习贯彻习近平法治思想特别是习近平总书记关于宪法的重要论述，健全保证宪法全面实施的体制机制，推动宪法实施制度创新、实践创新，不断加强宪法实施和监督，着力维护宪法权威和尊严，使国家各项事业和各项工作全面纳入依法治国、依宪治国的轨道，更好发挥宪法在治国理政中的重要作用，把全面贯彻实施宪法提高到一个新水平。

---

〔1〕 习近平：《在首都各界纪念现行宪法公布施行30周年大会上的讲话》，载《人民日报》2012年12月5日，第2版。

第二十章　把全面贯彻实施宪法提高到一个新水平

宪法的实施是国家有序运转、人民安居乐业、社会和谐发展的法治体现，是党依宪治国、依宪执政的必然要求，是党和人民共同意志的实现。我国宪法实施的历史既有成功的实践和宝贵的经验，又有曲折的发展和惨痛的教训。事实充分证明，宪法文本制定得再好，施行中束之高阁或者大打折扣，则党和国家各项事业和人民群众生产生活就会受到迟滞阻碍；宪法文本与时俱进，各项制度、原则和规定得到普遍执行、有效实施，中国特色社会主义巍巍巨轮就不断乘风破浪、行稳致远。现行宪法公布施行40年来，党中央高度重视宪法实施这一法治国家建设的基础性工作，反复强调以宪法为根本的活动准则，维护宪法尊严、保证宪法实施，特别是党的十八大以来，以习近平同志为核心的党中央把宪法实施摆在依法治国、依法执政的突出位置，采取一系列有力措施加强宪法实施和监督工作，为宪法实施提供了强有力的政治和制度保障，推动宪法实施水平实现历史性的跃升。党的十八大及十八届三中全会、四中全会，党的十九大及十九届二中、三中、四中全会都对加强宪法实施作出部署、确立目标、提出要求。党的二十大报告提出，“加强宪法实施和监督，健全保证宪法全面实施的制度体系，更好发挥宪法在治国理政中的重要作用，维护宪法权威”，为新时代新征程上全面贯彻实施宪法指明了前进方向，必将引领和推动我国宪法工作续写崭新篇章。

一、宪法实施的概念与发展

宪法实施是在中国近现代史的历史逻辑下提出的重要概念。我们对于宪法实施的重视和强调，缘于现代宪法作为舶来品在中国大地上实施历程的艰辛和不易，一代代中国人民对制定和实施宪法进行了艰辛的探索、斗争和实践。对于中国宪法来说，宪法实施是具有重要历史意义和现实意义的基础概念和范畴。

（一）宪法实施概念的历史背景

回顾历史，中国宪法发展史是中国近现代史的一个缩影，是围绕中国人民争取民族独立、人民解放和实现国家富强、人民幸福这条主线进行的，体现了与西方国家截然不同的宪法发展规律。1840 年鸦片战争后，中国逐步成为半殖民地半封建社会，开始寻找挽救民族危亡、实现民族振兴的政治制度。清末民初时所谓“宪法实施”是指通过制定宪法并实施宪法，改变封建政体，建立新的政治和法律秩序，达到国家和民族富强的目的。[1] 梁启超认为，宪法是西方舶来品，当时中国社会尚不具备实施宪政的条件，“必民智稍开而后能行之”。[2] 孙中山提出军政、训政、宪政三阶段论，“训政”是通向“宪政”的必经阶段。[3] 抗战胜利后，国民党曾宣称结束“训政”，实施“宪政”，起草制定《中华民国宪法》，然后实施宪法，实际不过是一场骗局。在上述历史阶段，“宪法实施”本意包括“立宪”“行宪”并过渡到成文宪法的贯彻落实。但实践

---

〔1〕 参见翟国强：《中国语境下的“宪法实施”：一项概念史的考察》，载《中国法学》2016 年第 2 期。

〔2〕 参见梁启超：《饮冰室合集 1 · 饮冰室文集之五》，中华书局 1989 年版，第 1 ~ 7 页。

〔3〕 参见孙中山：《孙中山全集》（第 9 卷），中华书局 1986 年版，第 126 ~ 127 页。

证明，自晚清以来试图以西方资产阶级所谓“宪政”为模本的宪法活动均无法挽救中国。一些有识之士逐渐认识到，中国的宪法实施需要人民宪法观念的发展孕育加以配合，必须提高人民的权利意识和宪法观念，使民众明了宪法的意义与价值，只有以人民大众作为后盾，调动人民大众的积极性，宪法的基础才能稳固而久远。[1]

（二）新中国成立以来我国关于宪法实施概念的认识和发展

1954 年，中国共产党领导人民制定了《中华人民共和国宪法》，这是新中国第一部宪法，它以国家富强为目标主线，确立了国家制度的基本架构、根本原则和活动准则。“宪法实施”与实现执政党和国家的根本任务、大政方针、路线政策相结合、相统一。在一九五四年宪法起草时，毛泽东同志认为宪法不仅仅是对事实的确认，同时也具有“纲领性”。他说：“1918 年，苏维埃俄罗斯宪法就有纲领性的。”“我们这个宪法有两部分，就是纲领性的，国家机构那些部分是事实，有些东西是将来的（纲领性内容），比如三大改造。”[2] 他在 1954 年《关于中华人民共和国宪法草案》的讲话就体现了宪法实施是一种高度概括的宪法理念：“这个宪法草案是完全可以实行的，是必须实行的。……今天我们就要准备实行，通过以后，全国人民每一个人都要实行，特别是国家机关工作人员要带头实行，首先在座的各位要实行。不实行就是违反宪法。”[3] 刘少奇同志在《关于中华人民共和国宪法草案的报告》中也指出：“宪法不去描画将来在社会主义社会完全建成以后的状况，但是为了反映现在的真实状况，就必须反映正在现实生活中发生着的变化以及这种变化所趋向的目标。如果不指明这个目标，现实生活中的许多事情就不可理解。我

[1] 参见梁文海：《制定宪法与实施宪政》，载《抗战时代》1936 年第 3 期。

[2] 逄先知：《新中国第一部宪法是怎样诞生的》，载《党的文献》2009 年第 6 期。

[3] 全国人大常委会法制工作委员会宪法室编：《中华人民共和国制宪修宪重要文献资料选编》，中国民主法制出版社 2021 年版，第 347 页。

们的宪法所以有一部分条文带有纲领性，就是因为这个原故。”[1]

从20世纪50年代后期开始，由于指导思想上发生“左”的偏差和工作中的失误，我国社会主义民主法制出现停滞、徘徊。特别是“文化大革命”期间，宪法和民主法制形同虚设，给党和国家事业带来严重破坏和巨大灾难，教训极为深刻。“文化大革命”结束后，为消除其在国家政权中的流毒和影响，1978年3月，五届全国人大一次会议通过了重新修改的宪法。叶剑英同志在《关于修改宪法的报告》中指出：“宪法通过以后，从宪法的原则精神到具体条文规定，都要保证全部实施。”[2]

1978年12月，党的十一届三中全会开启了改革开放和社会主义现代化建设历史新时期，发展社会主义民主、健全社会主义法制成为新时期的基本方针。1982年9月，党的十二大深刻总结历史经验教训，提出：“特别要教育和监督广大党员带头遵守宪法和法律。新党章关于‘党必须在宪法和法律的范围内活动’的规定，是一项极其重要的原则。从中央到基层，一切党组织和党员的活动都不能同国家的宪法和法律相抵触。”[3] 一九八二年宪法确立了“以经济建设为中心”的任务和目标，总结我国社会主义建设正反两方面经验，确立了国家的根本任务、指导思想、领导核心、发展道路、奋斗目标，通过强调实施宪法、加强社会主义法制，推动我们党和国家重新回到了民主法治的正常轨道，保证社会主义各项事业得到快速发展。一九八二年宪法深刻总结新中国成立以来制定和实施宪法的正反两方面的历史经验和教训，在文本修改、制度设计乃至出台后的宣传教育措施等各环节都把宪法实施摆在十分突出的地位，强调宪法必须得到严格遵守和贯彻执行，凝聚形成全党全国人民

[1] 全国人大常委会法制工作委员会宪法室编：《中华人民共和国制宪修宪重要文献资料选编》，中国民主法制出版社2021年版，第388页。

[2] 全国人大常委会法制工作委员会宪法室编：《中华人民共和国制宪修宪重要文献资料选编》，中国民主法制出版社2021年版，第279页。

[3] 胡耀邦：《全面开创社会主义现代化建设的新局面（一九八二年九月一日）》，载中共中央文献研究室编：《十二大以来重要文献选编》（上），中央文献出版社2011年版，第29页。

的共识，促进人民群众“人心思法”的朴素法制情感向“人人守法”的法治信仰转变。1982年11月26日，彭真同志在五届全国人大五次会议上所作的《关于中华人民共和国宪法修改草案的报告》指出：“中国人民和中国共产党都已经深知，宪法的权威关系到政治的安定和国家的命运，决不容许对宪法根基的任何损害。”〔1〕为此，一九八二年宪法明确规定：“全国各族人民、一切国家机关和武装力量、各政党和各社会团体、各企业事业组织，都必须以宪法为根本的活动准则，并且负有维护宪法尊严、保证宪法实施的职责。”

二、我国宪法关于宪法实施的规定

宪法实施是一个植根于中国宪法文本、体现中国宪法思维逻辑、具有中国法治特色的宪法学基本概念。从概念上看，宪法实施是宪法相关概念中最宽泛的、包含内容最丰富的概念。从广义上来讲，一个国家宪法中所包含的所有制度、原则和规定由宪法文本规范转化为现实过程中的所有问题都是宪法实施问题。有宪法学教材将其定义为：宪法实施是指宪法规定在国家现实生活中的贯彻落实，是使宪法规范的内容转化为具体社会关系中的人的行为。〔2〕

一九五四年宪法第二十七条规定，全国人民代表大会“监督宪法的实施”；一九七五年宪法关于宪法实施未作规定；一九七八年宪法再次恢复了一九五四年宪法的规定。我国前三部宪法在宪法实施方面规定不足，宪法实施效果不理想，党和人民共同意志得不到很好实现，这些都成为改革开放后起草一九八二年宪法时所重点考虑的经验和教训。因此，一九八二年宪法对宪法实施及其保障机制作了更加明确详细、更为体系化

〔1〕全国人大常委会法制工作委员会宪法室编：《中华人民共和国制宪修宪重要文献资料选编》，中国民主法制出版社2021年版，第94页。

〔2〕参见《宪法学》，高等教育出版社、人民出版社2011年版，第296页。

的规定，主要有：(1) 序言第十三自然段中规定，“全国各族人民、一切国家机关和武装力量、各政党和各社会团体、各企业事业组织，都必须以宪法为根本的活动准则，并且负有维护宪法尊严、保证宪法实施的职责”。(2) 第五条第三款规定：“一切国家机关和武装力量、各政党和各社会团体、各企业事业组织都必须遵守宪法和法律……” (3) 第六十二条和第六十七条中分别规定，全国人民代表大会及其常务委员会“监督宪法的实施”。(4) 第七十六条第一款规定，全国人大代表必须“在自己参加的生产、工作和社会活动中，协助宪法和法律的实施”。(5) 第九十九条中规定，“地方各级人民代表大会在本行政区域内，保证宪法、法律、行政法规的遵守和执行”。现行宪法赋予“全国各族人民、一切国家机关和武装力量、各政党和各社会团体、各企业事业组织”最广泛主体的宪法义务，明确了负有宪定职责的实施监督主体，构建起我国宪法实施的基本模式，充分体现了我国宪法发展的客观规律和内在要求，反映出中国特色社会主义民主政治的优势特征，对于40年来长期保持宪法连续性、稳定性、权威性，不断推动宪法与时俱进、完善发展发挥了重要作用。

三、我国宪法实施的主体和方式

(一) 我国宪法实施的主体

我国宪法实施的主体具有广泛性，这是现行宪法的重要特点和优势所在。根据我国宪法规定和有关领导人的论述，除了宪法第三章中所规定的全国人大及其常委会、国家主席、国务院、中央军事委员会、地方各级人大和政府、监察委员会、人民法院和人民检察院外，中国共产党及其他各民主党派，社会团体和企事业单位乃至全体公民都是宪法实施的主体，负有维护宪法尊严、保证宪法实施的神圣职责。

党领导人民制定宪法法律，党领导人民实施宪法法律，党必须在宪法法律范围内活动，是我们党深刻认识和把握革命、建设、改革实践规律总结出的一条基本法治经验。1982 年 9 月，党的十二大提出，特别要教育和监督广大党员带头遵守宪法和法律，并把“党必须在宪法和法律的范围内活动”作为一条重要原则写入党章。从中央到基层，一切党组织和党员的活动都不能同国家的宪法和法律相抵触。党是人民的一部分。党领导人民制定宪法和法律，一经国家权力机关通过，全党必须严格遵守。[1] 现行宪法颁布施行前后，彭真同志在多个重要场合对宪法实施的主体作过论述，概括起来有：一是国家机关和国家工作人员都需要自觉地、严格地遵守宪法；二是宪法实施要动员人民参与；三是工会、共青团、妇联和村民委员会、居民委员会等其他社会组织也要积极保障宪法实施；四是人民群众、人民代表、社会团体、国家机关，随时发现违宪的问题和苗头，就要随时提出，认真解决，保障宪法实施；五是全国人大及其常委会要认真监督宪法的实施，对那些关系国家安危、国计民生的重大违宪事件进行监督。[2] 时任宪法修改委员会秘书处副秘书长的胡绳曾指出：“依靠整个国家机构，首先是人大、人大常委会，然后是整个司法机关、检察机关、行政机关，再加上全国人民来保证宪法的实施，这才是保护宪法实施的一套完整的体系。”[3] 王汉斌同志总结指出，宪法实施概括起来关键有两条：依靠党的领导和人民群众。[4] 从现行宪法文本规定及实施中的重要阐述来看，中国共产党是我国宪法实施的最高领导力量，全国各族人民是我国宪法实施的坚实基础，国家机关及其工作人员和武装力量、各政党和各社会团体、各企业事业组织等是担负宪

---

〔1〕 参见胡耀邦：《全面开创社会主义现代化建设的新局面（一九八二年九月一日）》，载中共中央文献研究室编：《十二大以来重要文献选编》（上），中央文献出版社 2011 年版，第 29 页。

〔2〕 参见翟国强：《中国宪法实施的双轨制》，载《法学研究》2014 年第 3 期。

〔3〕 刘政：《人民代表大会制度的历史足迹》，中国民主法制出版社 2008 年版，第 256 页。

〔4〕 参见王汉斌：《王汉斌访谈录——亲历新时期社会主义民主法制建设》，中国民主法制出版社 2012 年版，第 128 ~ 129 页。

法法律赋予职责的主要实施主体，全国人民代表大会及其常委会、地方各级人大及其常委会和各级人民代表是负有宪法实施特定职责的主体。

（二）宪法实施的主要方式

现行宪法公布施行40年来，我国已形成多渠道、多方式、多主体、多层次，且持续发展的宪法实施体系。主要有以下几种实施方式：

一是通过建立健全法律法规和制度体系，推动和保障宪法实施。宪法是国家各种制度和法律法规的总依据，是法律法规和制度体系的源头和统领，是制定各种法律法规的权力依据和权威来源。加强立法工作，完善以宪法为核心的中国特色社会主义法律体系，形成完备的法律规范体系，是宪法实施的内在要求，也是保证宪法全面实施的基本途径。经过长期坚持不懈的共同努力，以宪法为核心，主要由宪法相关法、民法商法、行政法、经济法、社会法、刑法、诉讼与非诉讼程序法7个法律部门和法律、行政法规、地方性法规三个规范层次构成的中国特色社会主义法律体系，已经形成并不断完善发展。截至2022年10月底，我国现行有效的法律294部、行政法规约600件、监察法规1件、地方性法规1.2万余件，还有大量的党内法规、军事法规、司法解释、规章以及各类规范性文件。这一整套法律法规和制度体系，在党和国家事业发展中已经并将继续发挥十分重要的作用。追根溯源，各种法律法规和制度都是以宪法为根本依据、最高依据的，都是从宪法延伸出去、派生出来的；从宪法制度和规范自身来观察，宪法有关规定通过这一整套法律法规和制度体系得到了贯彻实施。

二是通过发展国家各项事业、推进国家各方面工作，保证宪法规定得到充分的、有效的实施和落实。我国宪法既是我国法律法规和制度体系的总依据，也是我国各项事业建立发展的总依据。我国宪法具有的一大优势，就是以根本法的形式明确规定国家的根本任务、发展道路、奋斗目标和大政方针，成为国家发展的“宪法蓝图”。我国社会主义经济建设、政治建设、文化建设、社会建设、生态文明建设和国家其他有关方面的事业，在宪法上都有体现、都有部署、都有要求。没有社会主义事业全面的、充分的发展，就谈不上宪法得到有效实施。改革开放 40 多年来国家各方面事业发展取得的巨大成就，新时代 10 年党和国家事业取得历史性成就、发生历史性变革都离不开宪法的规范、引领、推动、保障；我国社会主义民主法治建设取得的巨大成就，也无不闪耀着宪法精神的光辉。从这个意义上说，国家发展进步的成就和成功，都可以看作宪法实施的结果和体现。

三是通过国家工作人员积极有效的工作保证宪法实施。“徒法不足以自行。”在宪法实施中，国家工作人员是重要因素。我国宪法对国家工作人员作出了许多规范、提出了明确要求。国家工作人员必须树立宪法意识，恪守宪法原则，弘扬宪法精神，履行宪法使命。各级国家工作人员的工作，都对宪法法律实施负有一定责任，都会对宪法法律实施产生某种影响或者带来某种后果。“何谓宪法法律实施？可以说，就是我们各级国家工作人员在党的领导下，按照宪法法律的规定做了宪法法律所要求做的事情，即正确地做事和做正确的事，并且在工作中取得成绩。各级国家工作人员都要切实增强宪法观念，依照宪法法律行使职权、履行职责、开展工作，自觉接受人民监督，通过自己的努力为宪法法律实施作出一份贡献。”〔1〕 2018 年宪法修正案增加了一个新内容，就是“国家工作人员就职时应当依照法律规定公开进行宪法宣誓”。实行宪法宣誓制度，有利于彰显宪法权威，增强公职人员宪法观念，激励和教育国家工作人员忠于宪法、遵守宪法、维护宪法。

四是部分宪法规定的直接适用。宪法中有一些规定具有直接实施、直接适用的性质，不必通过其他途径和方式。例如，我国现行宪法对特

---

〔1〕 沈春耀：《深入学习贯彻习近平总书记宪法重要论述精神 全面加强宪法实施和监督》，载《人民日报》2018 年 5 月 23 日，第 11 版。

赦制度作了明确规定，新中国成立以来，我国先后实行了 9 次特赦。全国人大常委会 2015 年 8 月、2019 年 6 月先后两次依据宪法有关规定作出关于对部分服刑罪犯实施特赦的决定，国家主席习近平签署发布特赦令。

五是宪法中的有关规定，必要时需考虑兼容性和调适性，由有权机关作出合宪性判断和安排，以更好实现宪法的稳定性和适应性的统一。例如，1990 年 4 月，七届全国人大三次会议在通过《中华人民共和国香港特别行政区基本法》的同时，还作出《关于〈中华人民共和国香港特别行政区基本法〉的决定》，明确："香港特别行政区基本法是根据《中华人民共和国宪法》按照香港的具体情况制定的，是符合宪法的。"

此外，对于宪法法律没有明确规定的事项，必要时根据宪法精神，可以采取创制性办法，及时妥善处理实践中遇到的没有规定、没有先例的新情况新问题，这也是宪法实施的一种特殊情形。

四、新时代我国宪法实施的创新实践与发展

宪法实施的效果情况是一个政治性、综合性的动态概念。我国宪法实施逐步发展完善到一个新水平，全面贯彻实施宪法取得积极进展和重大成就。我国宪法 40 年来的发展历程充分证明，现行宪法有力坚持了中国共产党的领导，有力保障了人民当家作主，有力促进了改革开放和社会主义现代化建设，有力推动了社会主义法治国家建设进程，有力促进了人权事业发展，有力维护了国家统一、民族团结、社会稳定。党的十八大以来，在以习近平同志为核心的党中央正确领导下，党运用法治方式领导和治理国家的能力显著增强，中国特色社会主义法治体系不断健全，法治中国建设迈出坚实步伐，全面贯彻实施宪法提高到一个新水平。全国人大及其常委会深入贯彻落实党中央决策部署，采取一系列有力措施，弘扬宪法精神、维护宪法权威、推动宪法实施、加强宪法监督，不断完善以宪法为核心的中国特色社会主义法律体系，取得显著成效和重

大进展。

一是设立国家宪法日。2014 年 11 月，全国人大常委会通过《关于设立国家宪法日的决定》，以立法形式将 12 月 4 日设立为国家宪法日。习近平总书记分别于 2014 年、2016 年、2018 年的国家宪法日，对坚持依宪治国、依宪执政，弘扬宪法精神，树立宪法权威作出重要指示、批示。在全社会加强宪法宣传教育，弘扬宪法精神，树立忠于宪法、遵守宪法、维护宪法的意识。二是实行宪法宣誓制度。2015 年 7 月，全国人大常委会制定《关于实行宪法宣誓制度的决定》，2018 年 2 月作出修订，2018 年宪法修正案又以国家根本法的形式将这一制度确定下来。2018 年 3 月 17 日上午，习近平总书记全票当选为新一届国家主席、中央军委主席后，随即在人民大会堂大礼堂进行宪法宣誓。这是中华人民共和国第一位进行宪法宣誓的国家领导人，铮铮誓言，是依宪治国、依宪执政的庄严承诺。三是实施宪法规定的特赦制度。我国现行宪法对特赦制度作了明确规定，2015 年 8 月和 2019 年 6 月，在中国人民抗日战争暨世界反法西斯战争胜利 70 周年和中华人民共和国成立 70 周年之际，全国人大常委会先后两次通过了有关特赦的决定，对宪法规定的特赦制度进行直接适用。两次特赦是实施宪法规定的特赦制度的重要实践，弘扬了全面依法治国理念，传递了习近平法治思想中依宪执政、依宪治国的理念，充分彰显了德政之治、矜老恤幼精神，落实了国家尊重和保障人权的宪法规定，有利于形成崇尚宪法权威的社会氛围，全面推动宪法的贯彻实施。四是创制性运用宪法制度和宪法规定应对治国理政中遇到的重大风险挑战。贯彻落实党中央决策部署，针对 2019 年香港“修例风波”以来的情况，全国人大于 2020 年 5 月 28 日通过《关于建立健全香港特别行政区维护国家安全的法律制度和执行机制的决定》，根据宪法和香港特别行政区基本法的有关规定，作出相关安排。2020 年 6 月，全国人大常委会通过《中华人民共和国香港特别行政区维护国家安全法》。针对香港特别行政区选举制度机制存在的漏洞和缺陷，2021 年 3 月 11 日，全国人大根据宪法和香港特别行政区基本法、香港特别行政区维护国家安全法的规定，通过《关于完善香港特别行政区选举制度的决定》。3 月 30 日，全国人大常委会通过修订后的《中华人民共和国香港特别行政区基本法》附件一和附件二，对完善选举制度作出明确具体、务实可行的规定。这些都是全面准确、坚定不移贯彻“一国两制”方针的重大举措，是根据宪法和香港特别行政区基本法作出的新的具有重要宪制意义的制度安排，有力维护了宪法权威和香港特别行政区的宪制秩序，推动香港特别行政区局势实现由乱到治的重大转折。五是积极运用宪法精神凝聚立法共识。“例如，在制定英雄烈士保护法过程中，针对如何界定英雄烈士范围问题，有关方面进行了认真研究并提出意见。即本法主要是根据宪法序言和人民英雄纪念碑碑文的精神对英雄烈士确定了一个基本范围，包括近代以来为国家、民族和人民作出重大牺牲和贡献的英烈先驱和革命先行者，重点是中国共产党、人民军队和人民共和国历史上涌现的无数英雄烈士，既包括个人也包括群体，既包括留有姓名的英雄烈士也包括无数未留下姓名的英雄烈士。据此，英雄烈士保护法对英雄烈士范围作出了相应规定。”〔1〕六是对于宪法法律没有明确规定、实践中遇到的新情况新问题，必要时，由有权机关根据宪法精神作出创制性安排。例如，2016 年 9 月，十二届全国人大常委会第二十三次会议根据宪法精神和有关法律原则，采取创制性办法，及时妥善处理辽宁省拉票贿选案给地方人大工作带来的新问题，保证有关地方人大及其常委会正常运转和履职。

---

〔1〕参见沈春耀：《健全保证宪法全面实施的体制机制》，载《中共中央关于坚持和完善中国特色社会主义制度、推进国家治理体系和治理能力现代化若干重大问题的决定辅导读本》，人民出版社 2019 年版，第 247 页。

第二十一章　“根据宪法，制定本法”的宪法实施方式

完善以宪法为核心的中国特色社会主义法律体系，建设中国特色社会主义法治体系，既是贯彻以宪法为国家各种制度和法律法规总依据的原则要求，又是通过完备的法律规范体系全面有效实施宪法的主要途径。习近平总书记指出：“改革开放以来，在党的领导下，经过各方面努力，我国用30多年时间形成了中国特色社会主义法律体系，这是人类法治史上一项了不起的成就。”[1] 现行宪法公布施行以来，在党中央正确领导下，全国人大及其常委会以宪法为立法总依据，发扬社会主义民主、健全社会主义法制，通过科学立法、民主立法、依法立法，推动形成并不断完善以宪法为核心的中国特色社会主义法律体系，国家和社会生活各方面实现有法可依，人民群众各方面权利实现有法保障，确保宪法确立的制度、原则、规则得到全面有效实施。现行宪法既是中国特色社会主义法律体系的核心，也是法律规范体系形成的根本依据。截至2022年12月，现行有效的法律中有103部明确规定了“根据宪法、制定本法”。经过40年的宪法发展历程，我国逐渐创造出“根据宪法，制定本法”这一重要宪法实施方式，成为建设中国特色社会主义法治体系、建设社会主

〔1〕 习近平：《在中央人大工作会议上的讲话》，载《求是》2022年第5期。

义法治国家的实践特色。

一、明确宪法制定依据，通过立法推进宪法实施

为明确法律制定依据，推进宪法制度、原则、精神的实施，通常在法律的立法目的条款中明示“根据宪法，制定本法”。在现行有效的295部法律中，分别有宪法相关法领域38部，民法商法领域5部，行政法领域37部，经济法领域5部，社会法领域11部，刑法领域3部，诉讼与非诉讼程序法领域4部明确规定了宪法依据，宪法相关法律制度不断健全完善。

（一）宪法相关法领域

作为与宪法相配套、直接保障宪法实施，调整和规范国家政治关系和国家政权运行等方面的法律规范，共有38部宪法相关法领域的法律在立法目的中明确援引宪法依据。一是在国家机构的产生、组织和职权方面，根据宪法制定了全国人大组织法、国务院组织法、地方组织法、监察法、人民法院组织法、人民检察院组织法、立法法、监督法、全国人大议事规则、全国人大常委会议事规则等；二是在民族区域自治制度、特别行政区制度、基层群众自治制度方面，根据宪法制定了民族区域自治法、香港特别行政区基本法、澳门特别行政区基本法、香港特别行政区驻军法、澳门特别行政区驻军法、香港特别行政区维护国家安全法、城市居民委员会组织法、村民委员会组织法等；三是在维护国家主权、领土完整、国家安全、国家标志象征方面，根据宪法制定国家安全法、国防法、反分裂国家法、反外国制裁法、国家情报法、陆地国界法、国旗法、国徽法、国歌法、国家勋章和国家荣誉称号法、英雄烈士保护法等；四是在保障公民基本政治权利方面，根据宪法制定了选举法、国家

赔偿法、集会游行示威法、戒严法等。

（二）民法商法领域

民法是调整平等主体的公民之间、法人之间、公民和法人之间的财产关系和人身关系的法律规范，遵循民事主体地位平等、意思自治、公平、诚实信用等基本原则。商法调整商事主体之间的商事关系。1986 年全国人大制定通过《中华人民共和国民法通则》，在第一条立法依据中即明确“根据宪法和我国实际情况”，制定本法。此后在 2007 年《中华人民共和国物权法》和 2017 年《中华人民共和国民法总则》中，也明确了“根据宪法，制定本法”。2020 年 5 月，十三届全国人大三次会议制定通过《中华人民共和国民法典》，第一条中明确规定了“根据宪法，制定本法”，并对物权、人格权、继承、婚姻等作出具体规定。此外，根据宪法，全国人大及其常委会还制定了农村土地承包法、全民所有制工业企业法、个人独资企业法等。

（三）行政法领域

行政法是关于行政权的授予、行使及监督的法律规范，既保障行政机关依法行使职权，又注重保障公民、法人和其他组织的权利，具有鲜明的宪法色彩。一是关于规范行政权力行使，落实宪法关于规范公权力、保障公民权利的原则、精神，制定行政许可法、行政强制法、行政处罚法、行政复议法；二是关于公务员及有关人员制度和衔级，根据宪法第二十七条关于国家工作人员的规定和第六十七条第十六项关于衔级制度的规定，制定公务员法、监察官法、法官法、检察官法、驻外外交人员法以及人民警察警衔条例、海关关衔条例、消防救援衔条例、关于中国人民解放军现役士兵衔级制度的决定等；三是在教育、科学、体育、文化、卫生领域，根据宪法第十九条至第二十五条的规定，制定教育法、高等教育法、义务教育法、民办教育促进法、体育法、人口与计划生育法、科学技术进步法、科学技术普及法、文物保护法、基本医疗卫生与健康促进法等；四是国防和军事领域，根据宪法关于国防和军事斗争的具体的规定，制定兵役法、军事设施保护法、国防动员法、军人地位和权益保障法等；五是在社会治理领域，根据宪法关于国家维护社会秩序的规定，制定人民警察法、监狱法、反间谍法、反恐怖主义法、社区矫正法等。

（四）经济法领域

经济法是调整国家从社会整体利益出发，对经济活动实行干预、管理或者调控所产生的社会经济关系的法律规范。一是根据宪法第十条关于自然资源所有权的规定，制定土地管理法、矿产资源法等，规范重要自然资源保护的合理开发和利用；二是根据宪法关于预算、审计及外商投资的规定，制定预算法、审计法、外商投资法，对经济活动实施宏观调控和管理；三是根据宪法关于保护“通信自由和通信秘密”等规定，制定个人信息保护法。

（五）社会法领域

社会法是调整劳动关系、社会保障、社会福利和特殊群体权益保障等方面的法律规范，对劳动者、失业者、丧失劳动能力的人以及其他需要扶助的特殊人群的权益提供必要的保障，维护社会公平，促进社会和谐。一是根据宪法关于工会和劳动制度的规定，制定工会法、劳动法、职业病防治法；二是特殊群体利益保护方面，根据宪法对妇女、老人、儿童、残疾人等特殊群体保护的具体规定，全国人大及其常委会制定归侨侨眷权益保护法、残疾人保障法、未成年人保护法、妇女权益保障法、老年人权益保障法、母婴保健法、退役军人保障法；三是在社会保障领域，根据宪法第四十五条关于社会保险的规定，制定社会保险法。

（六）刑法领域

刑法是规定犯罪与刑罚的法律规范，通过规范国家的刑罚权，惩罚犯罪，保护人民，维护社会秩序和公共安全，保障国家安全，与宪法规范具有紧密联系。1979 年全国人大制定通过《中华人民共和国刑法》，以及 1997 年修订刑法时均在第一条明确“根据宪法”制定。根据宪法，刑法确立了罪刑法定、法律面前人人平等、罪责刑相适应等基本原则。此外，根据宪法关于维护社会秩序、打击犯罪活动及国家尊重和保障人权的规定，全国人大常委会还制定通过了反有组织犯罪法、反电信网络诈骗法。

（七）诉讼与非诉讼程序法领域

诉讼与非诉讼程序法是规范解决社会纠纷的诉讼活动与非诉讼活动的法律规范。诉讼法律制度是规范国家司法活动解决社会纠纷的法律规范，非诉讼程序法律制度是规范仲裁机构或者人民调解组织解决社会纠纷的法律规范。作为司法制度的重要组成，根据宪法关于诉讼等司法制度的规定，全国人大及其常委会先后制定了刑事诉讼法、行政诉讼法、民事诉讼法、人民调解法等。

此外，作为全国人大及其常委会行使宪法赋予职权的重要手段，全国人大及其常委会在法律解释、有关法律问题和重大问题的决定中也多次援引宪法作为依据。例如，2020 年 5 月，十三届全国人大三次会议根据宪法第三十一条和第六十二条第二项、第十四项、第十六项的规定，以及香港特别行政区基本法的有关规定，通过了《关于建立健全香港特别行政区维护国家安全的法律制度和执行机制的决定》。

二、我国立法实施宪法模式的探索与发展

在法律中载明宪法依据条款是中国特色社会主义法治发展进程中宪法实施的独特印记。自新中国成立以来，我国立法高度重视维护和实现宪法最高的法律地位、法律权威和法律效力，明确援引宪法作为依据，不断发展完善宪法相关制度，推动宪法全面有效实施。

（一）新中国成立之初在立法依据中明确根据《共同纲领》制定

1949 年 9 月，中国人民政治协商会议第一次全体会议通过了具有临时宪法性质的《共同纲领》以及中央人民政府组织法等法律。1950 年 9 月，中央人民政府委员会制定通过《新解放区农业税暂行条例》，其中第一条明确规定：“本条例根据中国人民政治协商会议共同纲领第四十条的规定，并参照新解放区农村实际情况制定之。”1951 年 9 月，中央人民政府委员会制定通过《中华人民共和国人民法院暂行组织条例》，其中第一条规定：“本条例依中国人民政治协商会议共同纲领第十七条及中华人民共和国中央人民政府组织法第五条、第二十六条、第三十条的规定制定之。”这样在法律中载明宪法依据条款的做法，更加清晰地展现出宪法通过法律实施的具体路径，更加清晰地反映出法律制定的宪法逻辑和宪法思维，成为新中国宪法实施模式的初步探索。

（二）一九五四年宪法制定以来宪法依据条款的探索和发展

1954 年 9 月，一届全国人大一次会议上通过宪法，同次大会上稍晚

通过的国务院组织法就在第一条明确规定："中华人民共和国国务院组织法，根据中华人民共和国宪法第四十八条第二款制定。"这充分反映出国家机构组织法与宪法的密切关系。1955 年 7 月，一届全国人大二次会议通过的《中华人民共和国兵役法》，同样在第一条明确规定："根据中华人民共和国宪法第一百零三条'保卫祖国是中华人民共和国每一个公民的神圣职责。依照法律服兵役是中华人民共和国公民的光荣义务。'的规定，制定本法。"《中华人民共和国治安管理处罚条例》《县级以上人民委员会任免国家机关工作人员条例》《中华人民共和国农业税条例》等法律中，也都规定了宪法依据条款。与今天"根据宪法，制定本法"的习惯表述不同，这一时期的规定中都明确了根据宪法哪条具体的条款作为立法依据。

此后，在刑法和民法典的起草中，进一步探索发展了宪法依据条款。1962 年 12 月，刑法草案第二十七稿第一条规定："中华人民共和国刑法，是以宪法为根据，依照惩办与宽大相结合的原则和严格区分敌我矛盾性质的犯罪和人民内部矛盾的犯罪的原则而制定的。"1962 年民法典总则第五稿第二条规定："中华人民共和国宪法，社会主义总路线、大跃进、人民公社三面红旗和'以农业为基础，以工业为主导'发展国民经济的总方针是制定本法的根本依据。"

（三）一九八二年宪法通过后逐步形成"根据宪法，制定本法"的固定做法

改革开放以来，国家高度重视法治建设，积极推进各项立法进程。1979 年 7 月，五届人大二次会议制定通过的七部法律中即有选举法、刑法和刑事诉讼法中明确规定了宪法依据。其中选举法第一条规定："根据中华人民共和国宪法，制定全国人民代表大会和地方各级人民代表大会选举法。"刑法和刑事诉讼法第一条中也明确规定了本法"以宪法为

根据”。

1982 年 12 月，五届全国人大五次会议通过了现行宪法。贯彻落实宪法规定，全国人大组织法、国务院组织法、民族区域自治法、兵役法等宪法相关法先后在第一条中明确本法的宪法依据。1986 年 4 月，六届全国人大四次会议制定通过民法通则，第一条立法依据中规定“根据宪法和我国实际情况”，制定本法。这是“根据宪法”作为一个固定表达，首次出现在立法文本中。1989 年 4 月，七届全国人大二次会议制定通过了行政诉讼法，第一次在立法依据中明确规定“根据宪法制定本法”，并在此后的集会游行示威法、城市居民委员会组织法、军事设施保护法等有关立法实践中得到采纳沿用，逐步形成了在第一条立法目的和依据的句末载明“根据宪法，制定本法”的固定做法，至今延续使用。

三、法律中规定宪法依据条款的主要形式

贯彻落实宪法规定，全国人大及其常委会在长期的立法实践中，针对不同时期不同情况就宪法依据条款形成了多种的立法表达形式。具体而言，主要包括以下五种情形。

（一）根据宪法，制定本法

经统计，自 1989 年行政诉讼法规定“根据宪法制定本法”的表述以来，共有 70 余部法律规定了“根据宪法，制定本法”。此外，选举法、民族区域自治法、戒严法、全民所有制工业企业法、矿产资源法等 20 世纪 80 年代制定的法律采用了“根据中华人民共和国宪法”的表述。除香港特别行政区基本法、澳门特别行政区基本法是在序言第三自然段规定根据宪法制定本法以外，其他都是在第一条作出规定。

（二）根据宪法和实际情况

立法工作中不仅强调依宪依法立法，同时也高度重视根据实际情况科学立法。对此，有部分法律在明确宪法依据的同时，也明确了立法的实践依据，一并规定要根据实际情况制定本法。例如，妇女权益保障法规定“根据宪法和我国实际的情况”制定本法。民事诉讼法规定“以宪法为根据，结合我国民事审判工作的经验和实际情况制定”。刑法规定“根据宪法，结合我国同犯罪作斗争的具体经验及实际情况，制定本法”。全国人大议事规则、全国人大常委会议事规则分别规定了根据宪法、全国人大组织法和全国人大（常委会）的实践经验，制定本规则。

（三）根据宪法和其他有关法律规定

在教育领域，民办教育促进法、义务教育法、高等教育法都规定了根据宪法和教育法制定本法。在兵役制度领域，预备役军官法和《中国人民解放军军官军衔条例》都规定了根据宪法和兵役法制定本法。在香港特别行政区制度领域，香港特别行政区维护国家安全法规定，根据宪法、香港特别行政区基本法和《全国人民代表大会关于建立健全香港特别行政区维护国家安全的法律制度和执行机制的决定》，制定本法；香港特别行政区驻军法规定，根据宪法和香港特别行政区基本法，制定本法。在监察制度领域，监察官法规定，“根据宪法和《中华人民共和国监察法》，制定本法”。此外，在设立北京金融法院、上海金融法院、海南自贸港知识产权法院等决定中，明确规定“根据宪法和人民法院组织法，特作如下决定”。

（四）援引宪法具体条文或规定

国务院组织法明确规定“根据中华人民共和国宪法有关国务院的规定，制定本组织法。”此外，在涉及香港问题的有关基本法解释和决定中多次直接援引宪法的具体条文作为立法依据。例如，全国人大常委会四次对香港特别行政区基本法作出解释，均明确规定“根据《中华人民共和国宪法》第六十七条第四项和《中华人民共和国香港特别行政区基本法》第一百五十八条第一款的规定”，对香港特别行政区基本法的具体条文作出解释。2020 年 5 月，十三届全国人大三次会议作出《关于建立健全香港特别行政区维护国家安全的法律制度和执行机制的决定》，明确规定：“根据《中华人民共和国宪法》第三十一条和第六十二条第二项、第十四项、第十六项的规定，以及《中华人民共和国香港特别行政区基本法》的有关规定”，作出如下决定。

（五）根据宪法法律赋予的职权

有关法律问题和重大问题的决定作为全国人大及其常委会行使宪法赋予职权的重要手段，也多次援引宪法作为决定依据。2021 年 4 月，十三届全国人大常委会第二十八次会议通过了修订后的《关于加强中央预算审查监督的决定》，决定导语段明确规定，“为履行宪法法律赋予全国人民代表大会及其常务委员会的预算审查监督职责……特作出如下决定”。2021 年 12 月修订的《关于加强经济工作监督的决定》也在导语段作了相似规定。

四、党的十八大以来完善宪法相关法律制度有关情况

党的十八大以来，在以习近平同志为核心的党中央坚强领导下，法

治中国建设迈出坚实步伐，中国特色社会主义法律体系日趋完善，开创新时代全面依法治国新局面。全国人大及其常委会坚持以习近平新时代中国特色社会主义思想为指导，按照党中央决策部署高质量推进立法工作，不断取得丰硕成果：通过宪法修正案，制定法律 72 件次，修改法律 242 件次，作出法律解释 10 件，作出有关法律问题和重大问题的决定 99 件次（截至 2022 年 12 月 31 日）。其中，共计 27 件新制定法律、54 件修改法律（其中 5 件是新增加宪法依据）、2 件法律解释和 30 余件有关法律问题和重大问题的决定，在有关立法目的和依据的条款中明确规定“根据宪法”制定本法。立法工作继续呈现覆盖广、数量多、节奏快、要求高等时代特点的同时，直接贯彻落实宪法的规定、原则和精神的特点也更加鲜明。

一是紧紧围绕“完善宪法相关法律制度”的立法方针。贯彻落实习近平法治思想特别是习近平总书记关于宪法的重要论述，全国人大及其常委会积极行使国家立法权，修改全国人大组织法和全国人大议事规则，进一步完善全国人大的组织制度和工作制度；制定监察法，实施宪法关于监察委员会的规定，为构建集中统一、权威高效的国家监察体系提供法律根据；作出涉港相关决定，制定香港特别行政区维护国家安全法，修改香港特别行政区基本法附件一和附件二，维护香港特别行政区宪制秩序；制定国家勋章和国家荣誉称号法，落实宪法规定的国家功勋荣誉表彰制度；制定国歌法，修改国旗法、国徽法，不断完善宪法规定的关于国家象征和标志制度。这些立法与我们党领导人民开启全面建设社会主义现代化国家新征程联系更加紧密，与我们正在做的事情、我们将要做的事情联系更加紧密，与人民群众对美好生活的向往联系更加紧密，是宪法精神原则、制度规定的具体化。

二是明确有关法律符合宪法的规定、原则和精神。宪法是所有立法活动的根本依据，依法立法最首要和最核心的是依宪立法。在立法中明确“根据宪法，制定本法”不是简单的口号宣示，其对于在立法过程中就有关涉宪重大问题定分止争，确保全国人大及其常委会通过的法律符合宪法规定、原则和精神具有重要意义。例如，贯彻落实党中央关于推进合宪性审查工作的指导性文件精神，全国人大常委会法工委专门召开专家座谈会研究人格权保护等有关宪法问题，在民法典第一条立法目的中即明确规定“根据宪法，制定本法”，为保障民法典编纂工作顺利推进提供了宪法保障。

三是通过立法有力丰富了宪法规定的具体制度内涵。立法是对宪法规定的具体化。通过具体领域的立法工作，有利于进一步阐释和丰富宪法规定的具体制度内涵。例如，在审议《中华人民共和国个人信息保护法（草案)》过程中根据各方面意见，专门增加了“根据宪法”制定本法的规定，从宪法视角回应新时代个人信息权益保护的课题，有利于落实宪法对人权、公民人格尊严、通信自由和通信秘密等权利方面的保护，进一步丰富了宪法全面实施的制度内涵，对于保护个人信息权益，规范个人信息处理具有重要意义。又如，我国宪法第十八条规定的内涵随着改革开放实践的发展已发生扩容性演进、拓展性延伸，有关规定已经发展为对所有外国投资主体和外商投资企业普遍适用的法治原则，2019 年全国人大根据宪法制定外商投资法，在保持宪法稳定性的同时增强了宪法相关条款内涵的时代适应性。改革开放 40 多年来我国外商投资立法，是宪法全面实施的必然要求和重要体现，符合宪法规定、宪法精神。

四是在有关法律修改中及时增加明确宪法依据。宪法在多处条文中明确规定了某项制度由法律规定。例如，宪法第七十八条规定全国人大和全国人大常委会的组织和工作程序由法律规定；第九十五条第二款规定地方各级人大和各级政府的组织由法律规定等。制定法律时的历史原因，使有关法律中并未具体规定根据宪法制定本法。党的十八大以来，全国人大及其常委会积极落实宪法具体规定，在全国人大组织法、人民法院组织法、人民检察院组织法、地方组织法等法律修改中，及时在立法目的中增加明确了宪法依据。2022 年 3 月 11 日，十三届全国人大五次会议通过了修改后的地方组织法，其中在新增加的第一条立法目的中明确规定“根据宪法，制定本法”。这是我国第100部明确规定了根据宪法制定本法的现行有效法律，在我国现行宪法颁布实施40周年之际，通过立法实施宪法取得里程碑成就。

五是在法律修改中妥善研究处理宪法依据表述方式。适应已经逐步统一规范的“根据宪法，制定本法”的立法表述，全国人大及其常委会在修改有关法律时根据不同领域宪法规定的具体情况认真研究妥善处理了有关宪法依据的表述方式。在兵役法等法律修改过程中，将20世纪80年代制定时采取列明具体宪法条文表述作了调整，统一表述为“根据宪法，制定本法”。2020年全国人大制定通过民法典及2017年通过民法总则时，同样将原民法通则中“根据宪法和我国实际情况”制定本法的表述调整修改为“根据宪法，制定本法”。中国特色社会主义法律体系的宪法依据条款表述逐步规范统一，这也是建立完善立法技术规范的重要内容。

自1954年一届全国人大一次会议通过国务院组织法明确规定“根据中华人民共和国宪法第四十八条第二款制定”，到2022年十三届全国人大五次会议修改地方组织法明确规定“根据宪法，制定本法”。100余部载明根据宪法制定本法的法律，记录着通过立法实施宪法由不健全到健全、由不完善到完善的变化，标志着我国宪法实施水平由低到高、由好到更好地传承和发展。“其作始也简，其将毕也必巨。”在习近平法治思想特别是习近平总书记关于宪法重要论述指引下，“根据宪法，制定本法”已经成为以宪法为核心的中国特色社会主义法律体系的重要特色，成为贯彻实施宪法的基础性举措，成为推进合宪性审查工作的有力抓手。

第二十二章　健全宪法监督机制程序

宪法监督是全面贯彻实施宪法的重要制度保障。我国宪法监督的概念，源自我国宪法中有关条文的规定。新中国成立以来，我国就确立了由最高权力机关进行宪法监督的体制。一九八二年宪法在总结宪法实施历史经验教训之后，在宪法第六十二条和第六十七条中规定了全国人大及其常委会“监督宪法的实施”的职权，这就为我国宪法实施确定了专责机关。40年来，在党中央正确领导下，全国人大及其常委会郑重履行宪法赋予的神圣职责，开展对宪法法律实施情况的监督检查，拓宽宪法监督渠道，创新宪法监督实践，坚决维护宪法确定的中国共产党领导地位不动摇，坚决维护宪法确定的人民民主专政的国体和人民代表大会制度的政体不动摇，坚决保障国家法治统一、尊严、权威，坚决保障人民群众各项基本权利，很好保证和有力推进我国宪法全面贯彻实施。

一、宪法监督的概念与发展

（一）宪法监督的制度渊源

“宪法监督”一词源于苏联、东欧等社会主义国家宪法中的规定，特指由最高权力机关对宪法的监督。[1] 在“一切权力归苏维埃”的口号下，苏联首创了最高国家权力机关宪法监督制度，但这一制度的具体内容在不同历史时期有所不同。1918 年苏俄宪法规定，由最高国家权力机关的常设机关即全俄中央执行委员会负责监督宪法的实施。1924 年苏联宪法仍然规定由最高国家权力机关的常设机关负责监督宪法的实施。1936 年苏联宪法规定由最高国家权力机关（苏联最高苏维埃）负责监督宪法的实施。1977 年苏联宪法在总结苏联宪法监督制度经验和教训的基础上，规定由最高国家权力机关及其常设机关共同监督宪法实施，还赋予国家管理机关一定的监督宪法实施的职责。20 世纪 80 年代，苏联在坚持最高国家权力机关监督制的前提下，成立了宪法监督委员会。1988 年 12 月第二次苏联人民代表大会通过宪法监督法。苏东剧变后，原苏联国家和东欧各国由宪法监督模式转向宪法法院模式。

（二）相关概念在中国的发展

在 1982 年《中华人民共和国宪法（草案）》公布以后，当年出版了两本宪法学教材，其中已有对宪法监督制度的专节论述。[2] 从概念上看，宪法监督是由全国人民代表大会及其常务委员会所实行的监督宪法实施的制度，这一概念的内涵和外延是明确的、清楚的。在比较宪法的背景下，“宪法监督”概念从由最高权力机关监督宪法实施，进一步扩展为由特定国家机关按照法律程序实行宪法监督的制度，包括普通法院宪法监督、专门机关宪法监督和代议机关宪法监督等不同的宪法监督制度类型。在学术研究中，根据不同国家宪法监督制度的概念表达，又会分别被翻译为“宪法审查”“违宪审查”“司法审查”等。进入 20 世纪 90 年代以

---

〔1〕 参见［苏］特拉伊宁等编：《苏联国家法教程》，彭健华译，大东书局 1950 年版，第 56 页。

〔2〕 1982 年群众出版社出版张友渔等著的《宪法论文集》及续编，以及同年的中国人民大学复印报刊资料收录了我国学术界对宪法监督制度专门研究的第一批成果。

后，随着域外相关制度的介绍和比较研究的活跃，“违宪审查”等概念逐渐在我国宪法学理论研究中广为使用。[1]

二、我国宪法关于宪法监督的有关规定

自新中国成立以来，我国确立了最高权力机关进行宪法监督的体制。一九五四年宪法明确规定，全国人民代表大会监督宪法的实施；一九七五年宪法未作规定；一九七八年宪法规定，全国人民代表大会监督宪法和法律的实施。现行宪法在总结新中国成立以来历史经验教训之后，在宪法第六十二条和第六十七条中以规定全国人大及其常委会职权的方式，对宪法监督作出规定，明确了由国家最高权力机关实行宪法监督的制度。

（一）宪法监督的主体

根据宪法规定，全国人大及其常委会行使监督宪法实施的职权，是宪法监督的专责机关。2018 年 3 月，第十三届全国人大设立宪法和法律委员会，2018 年 6 月，十三届全国人大常委会第三次会议通过了《关于全国人民代表大会宪法和法律委员会职责问题的决定》，明确由其具体承担加强宪法监督、推进合宪性审查等职责。

此外，宪法监督还需要其他机关的协调配合，根据立法法第九十九条等规定，国务院、中央军委、最高人民法院、最高人民检察院和省级

---

〔1〕“违宪审查”概念引自日本和制汉语，但其对应英文“Constitutional Review”反过来却很难直接译为“违宪审查”这层含义。目前真正使用“违宪审查”这一用语的，只有日本、韩国。美国采用普通法院审查违宪与否的制度模式，在美国一般被称为“司法审查”（Judicial Review）。德国采用专门宪法法院制度，其制度的概念用语（Verfassungskontrolle）准确翻译应是“宪法审查”。法国采用宪法委员会制度，该国学者曾长期使用“法律的合宪性审查”（Contrôle de Constitutionnalité des lois）一语，自 20 世纪 90 年代以后则开始广泛使用“宪法审查”（Justice Constitutionnelle）这一概念，宪法学中难以找到与中文的“违宪审查”完全相对应的术语。参见林来梵主编：《宪法审查的原理与技术》，法律出版社 2009 年版。

人大常委会以及全国人大其他专门委员会、常务委员会工作机构，在法定情形下都会参与宪法监督工作，是宪法监督的协调配合机关。

（二）宪法监督的内容

宪法第六十二条、第六十七条规定了全国人大及其常委会“监督宪法的实施”的职责。也就是说，宪法监督是同宪法实施紧密联系在一起，宪法监督的内容因宪法实施而具有多重意义。一是我国宪法在序言、“总纲”及其他章节中对国家的根本任务、发展道路、奋斗目标作了明确规定，要通过听取和审议工作报告、执法检查、专题询问等多种方式监督宪法规定的国家大政方针和各项事业是否得到充分的、有效的实施和落实。二是宪法对公民基本权利和义务作了充分规定，要通过执法检查等多种形式，监督宪法对公民基本权利和义务是否得到充分的、有效的实施和落实。三是宪法对全国人民代表大会、国务院等国家机构设置和职权作了具体规定，要通过听取和审议“一府一委两院”工作报告、执法检查等多种形式监督宪法规定的国家机构是否依宪依法行权履职，以及国家机关各项工作是否得到充分的、有效的实施和落实。四是全国人大及其常委会监督法律法规及其他规范性文件是否与宪法法律相抵触。根据宪法第六十二条、第六十七条的规定，全国人民代表大会“改变或者撤销全国人民代表大会常务委员会不适当的决定”；全国人民代表大会常务委员会有权“撤销国务院制定的同宪法、法律相抵触的行政法规、决定和命令”“撤销省、自治区、直辖市国家权力机关制定的同宪法、法律和行政法规相抵触的地方性法规和决议”。立法法第五章“适用与备案审查”中进一步具体规定了法规、规章与宪法相抵触时如何处理等内容。

三、我国宪法监督制度的实践和发展

按照党中央关于依法治国重大决策部署，贯彻落实现行宪法关于监督宪法实施的规定、原则和精神，全国人大及其常委会高度重视宪法监督工作，持续推进宪法实施与监督制度化法规化，不断健全人大对行政机关、监察机关、审判机关、检察机关监督制度，加强对宪法法律实施情况的监督检查，完善和加强备案审查制度，坚决纠正违宪违法行为，维护国家法治统一、尊严、权威，宪法监督制度体系不断完善发展。

（一）听取和审议工作报告

根据宪法规定，国家的行政机关、监察机关、审判机关和检察机关都由同级人大产生，对它负责，受它监督。听取和审议“一府一委两院”的工作报告，是人大及其常委会行使宪法和法律赋予其监督权的主要形式，也是坚持和完善我国宪法规定的人民代表大会制度的基础性制度安排。1987 年全国人大常委会议事规则规定：“常务委员会全体会议听取国务院及国务院各部、各委员会和最高人民法院、最高人民检察院向常务委员会的工作报告。”2006 年监督法规定，各级人大常委会每年选取若干关系改革发展稳定大局和群众切身利益、社会普遍关注的重大问题，有计划地安排听取和审议本级人民政府、人民法院和人民检察院的专项工作报告。2009 年修改全国人大常委会议事规则，为了更准确地体现常委会会议听取和审议工作报告的内容，在监督法规定基础上也明确规定常委会全体会议听取国民经济和社会发展计划、预算执行情况报告，听取决算报告和审计工作报告。

习近平总书记在中央人大工作会议上强调，人大要用好宪法赋予人大的监督权，实行正确监督、有效监督、依法监督。党的十八大以来，根据国家监察体制改革及国有资产管理、金融监督等实践发展需要，第十三届全国人大及其常委会制定监察法，修改全国人大组织法及全国人大议事规则、全国人大常委会议事规则和地方组织法，增加完善听取和审议工作报告的内容。一是监察法规定“各级人民代表大会常务委员会听取和审议本级监察委员会的专项工作报告，组织执法检查”。二是新修改的全国人大常委会议事规则，根据实践发展，规定常务委员会召开全体会议，定期听取下列报告：“（一）关于国民经济和社会发展计划、预算执行情况的报告，关于国民经济和社会发展五年规划纲要实施情况的中期评估报告；（二）决算报告、审计工作报告、审计查出问题整改情况的报告……（四）国务院关于国有资产管理情况的报告；（五）国务院关于金融工作有关情况的报告……”在原规定的基础上又增加了五年规划纲要实施情况的中期评估报告、审计查出问题整改情况的报告以及于国有资产管理情况的报告、关于金融工作有关情况的报告。三是 2022 年修改地方组织法，同时明确了县级以上地方人大常委会听取和审议本级人民政府关于国有资产管理情况的报告的职权。

（二）执法检查

执法检查作为全国人大及其常委会开展监督的法定形式，是保证宪法法律有效实施、推进法治国家建设的重要抓手。1983 年，沈阳市人大常委会决定对宪法在本市的贯彻执行情况开展执法检查。当年 6 月市九届人大常委会第二次会议听取审议了《关于检查〈中华人民共和国宪法〉在我市执行情况的汇报》。1988 年，《七届全国人大常委会工作要点》明确提出：“常委会要有选择地对一些重要法律的实施情况进行检查”。1991 年 2 月，七届全国人大常委会第十八次会议首次听取和审议了《全国人大常委会视察组关于视察山东、江苏、浙江、福建、广东、海南六省土地管理法实施情况的报告》。1992 年 2 月，时任第七届全国人大常委会委员长万里同志总结各地执法检查经验做法，指出：“一定要把对法律执行情况的监督检查同制定法律放在同等重要的地位。对所有法律的实施情况，都要进行监督检查，特别是要加强对宪法实施的监督检查。”“我们的人大常委会会议，每次都要有一个到两个法律执行情况的检查汇报，把它列入议程。这要作为一项制度坚持下去。”[1] 自此，执法检查工作在全国人大常委会广泛开展起来，逐步规范化、制度化、法律化，成为最经常使用的法定监督方式。1993 年 9 月，八届全国人大常委会第三次会议通过《关于加强对法律实施情况检查监督的若干规定》，首次规定常委会听取审议的执法检查报告及其审议意见，由委员长会议以书面形式交法律实施的主管机关，有关机关应在 6 个月内向全国人大常委会作出书面汇报。1999 年 4 月，九届全国人大常委会第十四次委员长会议通过《关于改进全国人大常委会执法检查工作的几点意见》，提出执法检查要少而精、突出重点等要求。2006 年 8 月，十届全国人大常委会第二十三次会通过《中华人民共和国各级人民代表大会常务委员会监督法》，在第四章中专门规定了执法检查制度。

党的十八大以来，全国人大常委会积极健全完善执法检查制度，探索形成了委员长担任执法检查组组长，结合审议执法检查报告开展专题询问、引入第三方评估等一系列行之有效的做法。栗战书委员长强调：“执法检查是国家权力机关对法律实施情况的检查监督，不同于一般的工作检查、行政督察、工作调研、工作指导，目的是保证法律全面有效实施，让法律制度的牙齿真正‘咬合’起来”，要“紧扣法律规定开展检查”。[2] 截至 2020 年 6 月，全国人大常委会共开展了 150 余次执法检查，全国人大有关专门委员会开展了 70 余次执法检查，涉及检查法律和有关决定 90 余件，占现行有效法律数量的 1/3 以上，有力确保了宪法相关法律制度的贯彻执行。

---

[1] 万里：《执法检查和制定法律同等重要》，载万里：《万里文选》，人民出版社 1995 年版，第 615 ~616 页。

[2] 栗战书：《在第十三届全国人大常委会第十一次会议上的讲话》，载《中国人大》2019 年第 13 期。

（三）专题询问

询问是人大及其常委会组成人员对“一府一委两院”的相关工作提出问题，要求有关机关作出说明和解释的一种活动，是人大对“一府一委两院”行使监督权的重要手段。1982 年通过的全国人大组织法规定了全国人民代表大会审议议案时代表向有关国家机关的询问制度。1987 年通过的全国人大常委会议事规则第十条规定：“常务委员会分组会议对议案或者有关的工作报告进行审议的时候，应当通知有关部门派人到会，听取意见，回答询问。常务委员会联组会议对议案或者有关的工作报告进行审议的时候，应当通知有关负责人到会，听取意见，回答询问。”

2010 年 3 月，十一届全国人大三次会议听取全国人大常委会工作报告，首次提出“依法开展专题询问和质询”，并根据监督法和全国人大常委会《关于加强经济工作监督的决定》的精神，当年即听取国务院有关部门专题汇报并组织国务院有关部门主要负责同志到会听取意见、回答询问、答复问题。实践中，全国人大常委会逐步探索确立了由国务院领导及其部门负责同志到会应询，提前报名加临时提问，结合执法检查报告、“两高”报告开展专题询问等。2015 年，全国人大常委会办公厅出台《关于改进完善专题询问工作的若干意见》，专题询问作为一项重要的制度设计，逐渐从制度上确定下来。截至 2021 年年底，全国人大常委会已开展专题询问 34 次。

贯彻落实中央人大工作会议精神和总结实践经验，2022 年 4 月，全国人大常委会通过了新修改的全国人大常委会议事规则。其中第三十七条规定：“常务委员会围绕关系改革发展稳定大局和人民切身利益、社会普遍关注的重大问题，可以召开联组会议、分组会议，进行专题询问。根据专题询问的议题，国务院及国务院有关部门和国家监察委员会、最高人民法院、最高人民检察院的负责人应当到会，听取意见，回答询问。专题询问中提出的意见交由有关机关研究处理，有关机关应当及时向常务委员会提交研究处理情况报告。必要时，可以由委员长会议将研究处理情况报告提请常务委员会审议，由常务委员会作出决议。”专题询问作为一项重要的监督制度安排正式写入法律。

（四）法规备案审查

对行政法规、地方性法规、司法解释开展备案审查，是宪法法律赋予全国人大常委会的一项重要职权，是全国人大常委会履行宪法法律监督职责的一项重要工作。备案审查制度最早见于1979年地方组织法关于省级地方性法规备案的规定。一九八二年宪法规定全国人大常委会有权撤销同宪法法律相抵触的行政法规、地方性法规；地方性法规报全国人大常委会备案；自治州、自治县的自治条例和单行条例，报省或者自治区的人大常委会批准后生效，并报全国人大常委会备案。1986年修改地方组织法，增加了较大的市地方性法规向全国人大常委会和国务院备案的规定。1995年修改地方组织法对规章备案问题作了具体规定。2000年立法法根据宪法的规定，总结备案制度的立法和实践经验，设“适用与备案审查”一章，对行政法规、地方性法规、自治条例和单行条例、规章的备案和审查作了系统规定。2006年制定监督法，对司法解释的备案和审查制度作了较详细的规定。2015年十二届全国人大三次会议通过了关于修改立法法的决定，2022年12月十三届全国人大常委会第三十八次会议将立法法（修正草案）提请十四届全国人大一次会议审议，两次修改进一步完善了备案审查制度，增加了全国人大有关的专门委员会和常委会工作机构可以对报送备案的规范性文件进行主动审查，审查、研究情况反馈并向社会公开，自治条例、单行条例和经济特区法规备案时说明变通情况，司法解释报全国人大常委会备案等规定。

我国立法和监督制度中的备案审查制度日臻完善。

备案审查制度是保障宪法法律实施、维护国家法制统一的重要制度设计。根据宪法和法律规定，一是国务院、中央军委、最高人民法院、最高人民检察院和各省级人大常委会认为行政法规、地方性法规、自治条例和单行条例同宪法或者法律相抵触的，可以向全国人大常委会书面提出进行审查的要求，由常务委员会工作机构分送有关的专门委员会进行审查、提出意见。二是其他国家机关和社会团体、企业事业组织以及公民认为行政法规、地方性法规、自治条例和单行条例同宪法或者法律相抵触的，可以向全国人大常委会书面提出进行审查的建议，由常委会工作机构进行研究，必要时，送有关的专门委员会进行审查、提出意见。三是有关的专门委员会和常务委员会工作机构可以对报送备案的规范性文件进行主动审查。四是全国人大专门委员会、常委会工作机构在审查、研究中认为行政法规、地方性法规、自治条例和单行条例同宪法或者法律相抵触的，可以向制定机关提出书面审查意见、研究意见，也可以由宪法和法律委员会与有关的专门委员会、常委会工作机构召开联合审查会议，要求制定机关到会说明情况，再向制定机关提出书面审查意见。

党的十八大以来，全国人大常委会高度重视法规备案审查工作，综合运用依职权审查、依申请审查、有重点的专项审查等方式，依法对行政法规、地方性法规、司法解释等规范性文件开展审查工作。根据中央要求，全国人大常委会法工委建立健全备案审查制度和工作机制，落实“有件必备”“有备必审”“有错必纠”，着力推进备案审查信息化建设，指导和支持地方人大开展备案审查工作，建立健全备案审查衔接联动机制，在备案审查工作中妥善处理合宪性、涉宪性问题。自 2017 年以来，全国人大常委会法工委连续 6 年向常委会提出关于备案审查工作情况的报告，同时不断完善对香港特别行政区、澳门特别行政区法律的备案审查，取得了良好法律效果和社会效果。

第二十三章　推进合宪性审查工作

合宪性审查是新时代以习近平同志为核心的党中央加强宪法实施和监督、深入推进全面依法治国的重大举措，对于不断提高党依宪执政、依宪治国水平，在法治轨道上全面建设社会主义现代化国家具有重要意义。党的十八大以来，以习近平同志为核心的党中央高度重视宪法实施和监督工作，习近平总书记多次就宪法相关工作发表重要讲话、作出指示批示。党的十九大报告提出："加强宪法实施和监督，推进合宪性审查工作，维护宪法权威。"这是我们党第一次明确提出"合宪性审查工作"，也是第一次在党的代表大会文件中对这项工作作出战略部署，对我国宪法事业和宪法工作、对全面依法治国具有深远的历史意义和重大的现实意义。党的十九届二中、三中、四中全会从宪法修改、国家机构改革和制度建设角度对推进合宪性审查工作作出相关安排，为新时代加强宪法监督提供了各项有利条件。

一、合宪性审查的概念与发展

合宪性审查是健全宪法监督的重点领域与关键环节，也是维护宪法尊严和权威的重要举措。合宪性审查是在法律法规和制度政策形成之前、执行之中、实施之后的全过程审查，目的在于通过制度化、规范化、程序化的合宪性审查工作，保证宪法确立的制度、原则和规则得到切实遵守和执行，妥善回应有关方面对涉宪性问题的关切，为推进国家治理体系和治理能力现代化提供有力的宪法依据和宪法保障。

我国合宪性审查的概念与西方合宪性审查概念有显著区别，是具有鲜明中国特色的宪法学基本概念。现行宪法颁布施行以来，先后出现了一些研究宪法监督和违宪审查的研究成果，有部分学者以“合宪性审查”为题翻译介绍相关外国宪法制度，并围绕着我国法律制度框架研究探讨“合宪性”问题。但学术界真正开始研究我国合宪性审查制度的原则、机制、路径等相关问题，始于2017年党的十九大报告关于“加强宪法实施和监督，推进合宪性审查工作，维护宪法权威”的表述。学界围绕这一具体要求进行了热烈讨论，形成了一定的研究成果。合宪性审查概念在宪法理论和实践体系中，是一个极为重要且涉及面既深且广的问题。从我国现行宪法和相关法律的规定来看，党的十九大报告正式提出“推进合宪性审查工作”，对于“合宪性审查”的概念，可以作以下几层理解：一是从工作着力点上看，宪法监督涉及国家政治生活方方面面，通过以推进合宪性审查为主要抓手，可以为加强宪法监督积累制度经验。二是从语义上看，与西方违宪审查制度的术语用词相比较，合宪性审查既有事后审查监督，更强调事前审查，把违反宪法、不符合宪法的苗头解决在法律法规、文件决策通过之前。通过事前审查维护宪法法律权威，制度设计上更契合我国人民代表大会制度下的各国家机关组织关系和运作机制。三是从宪法依据上看，合宪性审查强调各项工作中必须以宪法为根本的活动准则，强调宪法的最高法律地位、法律权威和法律效力，对于维护宪法尊严和权威具有重要意义。

二、宪法法律中关于合宪性审查的规定

宪法第五条第三款规定：“一切法律、行政法规和地方性法规都不得

同宪法相抵触。”同时，第五条第四款还规定：“一切国家机关和武装力量、各政党和各社会团体、各企业事业组织都必须遵守宪法和法律。一切违反宪法和法律的行为，必须予以追究。”贯彻落实宪法规定，全国人大及其常委会认真履行宪法赋予的监督宪法实施的职权，不断推进合宪性审查工作制度化、规范化。

（一）2000 年立法法的规定

2000 年 3 月，九届全国人大三次会议制定通过《中华人民共和国立法法》，其中第五章“适用与备案”中对相关制度作了具体规定。2015 年修正后的立法法第八十七条规定：“宪法具有最高的法律效力，一切法律、行政法规、地方性法规、自治条例和单行条例、规章都不得同宪法相抵触。”第九十七条规定，全国人大有权改变或者撤销它的常委会制定的不适当的法律，有权撤销全国人大常委会批准的违背宪法和立法法有关规定的自治条例和单行条例；全国人大常委会有权撤销同宪法和法律相抵触的行政法规，同宪法、法律和行政法规相抵触的地方性法规，省级人大常委会批准的违背宪法和立法法有关规定的自治条例和单行条例。第九十九条规定，对于行政法规、地方性法规、自治条例和单行条例同宪法或者法律相抵触的，由全国人大常委会进行审查、提出意见。

（二）2018 年宪法修改

根据宪法第六十二条和第六十七条的规定，全国人大及其常委会负有监督宪法实施的职权。2018 年，十三届全国人大一次会议通过宪法修正案，将宪法第七十条第一款中的“法律委员会”修改为“宪法和法律委员会”。十三届全国人大一次会议决定设立全国人大宪法和法律委员会。同年 6 月，全国人大常委会通过《关于全国人民代表大会宪法和法律委员会职责问题的决定》，明确宪法和法律委员会承担推进合宪性审查等宪法相关职责。2018 年 10 月，经中央批准同意，全国人大常委会办公厅和机关党组决定在法工委设立宪法室，承担推动宪法实施、开展宪法解释、推进合宪性审查、加强宪法监督、配合宪法宣传等方面的具体工作，为全国人大常委会、宪法和法律委员会履行宪法方面有关职责做好服务保障。

（三）2022 年立法法第二次修改

2022 年 10 月，十三届全国人大常委会第三十七次会议对立法法修正草案进行了初次审议。2022 年 12 月，十三届全国人大常委会第三十八次会议对立法法（修正草案）提请十四届全国人大一次会议审议。其中，贯彻落实 2018 年宪法修改和党中央关于推进合宪性审查工作等精神，立法法（修正草案）中，以下几点值得关注：一是将现行立法法中的“法律委员会”修改为“宪法和法律委员会”。二是明确法律案起草和审议过程中的合宪性审查要求。增加规定：对法律案中涉及的合宪性问题，宪法和法律委员会应当在修改情况的汇报或者审议结果报告中予以说明；法律草案的说明应当包括涉及合宪性问题的相关意见。三是明确备案审查工作中的合宪性审查要求。增加规定：有关国家机关认为行政法规、地方性法规、自治条例和单行条例存在合宪性、合法性问题的，可以向全国人大常委会书面提出进行审查的要求；对存在合宪性、合法性问题的，规定了处理的主体和程序。

三、党的十九大以前开展合宪性审查的实践探索

党的十九大报告第一次在党的文件中明确提出“合宪性审查”，但在过往实践中，全国人大及其常委会根据宪法和法律的规定，在认真履行

监督宪法实施的职权过程中，对有关问题的合宪性进行审查，并在相关决定、草案说明和有关报告中作出合宪性判断和安排。[1] 具体包括几个方面：

一是在全国人大及其常委会有关决定中明确有关法律的合宪性。例如，1990 年 4 月七届全国人大三次会议通过《关于〈中华人民共和国香港特别行政区基本法〉的决定》，明确："香港特别行政区基本法是根据《中华人民共和国宪法》按照香港的具体情况制定的，是符合宪法的。" 2017 年 12 月十二届全国人大常委会第三十一次会议通过《关于批准〈内地与香港特别行政区关于在广深港高铁西九龙站设立口岸实施"一地两检"的合作安排〉的决定》。该决定指出，"会议认为，《合作安排》符合'一国两制'方针，符合宪法和香港特别行政区基本法"。"根据《中华人民共和国宪法》和《中华人民共和国香港特别行政区基本法》，全国人民代表大会常务委员会决定：一、批准 2017 年 11 月 18 日广东省人民政府与香港特别行政区政府签署的合作安排，并确认该合作安排符合宪法和香港特别行政区基本法……"

二是在法律草案的说明中就有关问题的合宪性作出明确。例如，2006 年 6 月十届全国人大常委会第二十二次会议上，《关于〈中华人民共和国突发事件应对法（草案）〉的说明》指出，"对突发事件的预防与应急准备、监测与预警、应急处置与救援等作出规定"，"这与宪法确立的紧急状态制度的精神是一致的"。又如，1986 年 8 月六届全国人大常委会第十七次会议上，《关于〈中华人民共和国邮政法（草案）〉的说明》指出，依据宪法关于公民的通信自由和通信秘密受法律保护的规定，对公民的通信权利给予了充分的尊重和切实的法律保护。规定：除法律另有

---

〔1〕 1998 年田纪云在九届全国人大一次会议上所作的全国人大常委会工作报告中曾明确提出："监督宪法的实施，包括对行政法规、地方性法规等规范性文件进行合宪性审查，是全国人大常委会的一项重要职权。本届对备案的地方性法规，交由专门委员会进行了初步审查，有的专门委员会还对个别不符合宪法、法律规定的地方性法规提出了纠正意见。" 参见《全国人大常委会公报》1998 年第 2 期。

规定（为了追查刑事犯罪和维护国家安全，公安、检察机关可依照法律程序检查邮件）者外，任何单位和个人不得检查、扣押邮件，邮政机构不得向任何单位或个人提供用户使用邮政的情况，不得泄露因工作职务之便而得悉的通信秘密。

三是在有关法律草案的审议结果报告中就有关规定的合宪性作出确认或者按照宪法精神对草案进行修改。例如，1985 年 6 月在六届全国人大常委会第十一次会议上，全国人大法律委员会在《对〈中华人民共和国草原法（草案）〉审议结果的报告》中指出，如果这些草原可以由全民所有改为集体所有，是同宪法规定的精神不符合的。经与全国人大民族委员会和农牧渔业部商议，根据宪法规定，并按照所有权和经营权可以适当分开的原则，建议将这一条作出相应修改。1998 年 8 月九届全国人大常委会第四次会议上，全国人大法律委员会在《关于〈中华人民共和国村民委员会组织法（修订草案）〉初步审议情况的汇报》中指出："法律委员会认为，修订草案关于村民委员会与乡、镇人民政府关系的规定符合宪法关于村民委员会是基层群众性自治组织的规定……"

上述三方面的合宪性审查工作，在以往实践中都有若干事例和做法，但总的看，还不够系统、自觉和完善，应当按照党的十九大和十九届二中、三中、四中全会精神，推进和深化合宪性审查工作，健全宪法监督制度。

四、党的十九大以来合宪性审查的实践与发展

合宪性审查工作是党的十九大和十九届二中、三中、四中全会提出的明确要求，是新形势下加强宪法实施和监督的重要举措。党的十九大报告提出："加强宪法实施和监督，推进合宪性审查工作，维护宪法权威。"在党的十九届二中全会第二次会议上，习近平总书记指出："要健全宪法监督机制，推进合宪性审查工作。有关方面拟出台的法规规章、

重要政策和重大举措，凡涉及宪法有关规定如何理解、如何适用的，都应当事先经过全国人大常委会合宪性审查，确保同宪法规定、宪法精神相符合。"[1] 党的十九届三中全会通过的《深化党和国家机构改革方案》将全国人大"法律委员会"修改为全国人大"宪法和法律委员会"，增加推动宪法实施、开展宪法解释、推进合宪性审查、加强宪法监督、配合宪法宣传等职责。党的十九届四中全会明确提出"健全保证宪法全面实施的体制机制"，并进一步强调要"加强宪法实施和监督，落实宪法解释程序机制，推进合宪性审查工作"。

2020 年 2 月，党中央出台关于推进合宪性审查工作的指导性文件，对推进合宪性审查工作作出具体部署。2020 年 10 月，习近平总书记在中央全面依法治国工作会议上发表重要讲话，对坚持依宪治国、依宪执政以及推进合宪性审查工作提出明确要求。2021 年年初，党中央印发了《法治中国建设规划（2020—2025 年）》，明确提出："全国人大及其常委会通过的法律和作出的决定决议，应当确保符合宪法规定、宪法精神。推进合宪性审查工作，健全合宪性审查制度，明确合宪性审查的原则、内容、程序。建立健全涉及宪法问题的事先审查和咨询制度，有关方面拟出台的行政法规、军事法规、监察法规、地方性法规、经济特区法规、自治条例和单行条例、部门规章、地方政府规章、司法解释以及其他规范性文件和重要政策、重大举措，凡涉及宪法有关规定如何理解、实施、适用问题的，都应当依照有关规定向全国人大常委会书面提出合宪性审查请求。在备案审查工作中，应当注重审查是否存在不符合宪法规定和宪法精神的内容。"2021 年 10 月，习近平总书记在中央人大工作会议上强调："加强对宪法法律实施情况的监督检查，提高合宪性审查、备案审查工作质量，坚决纠正违宪违法行为。"[2]

---

〔1〕 习近平：《论坚持全面依法治国》，中央文献出版社 2020 年版，第 209 页。
〔2〕 习近平：《在中央人大工作会议上的讲话》，载《求是》2022 年第 5 期。

在以习近平同志为核心的党中央领导下，贯彻落实党中央关于推进合宪性审查工作的部署要求，全国人大及其常委会积极稳妥开展合宪性审查工作，健全涉宪问题事先审查和咨询，加强法律草案合宪性审查，妥善处理法规规章备案审查工作中的合宪性、涉宪性问题，着力提升合宪性审查工作的整体水平。

一是确保全国人大及其常委会通过的法律和作出的决定决议，符合宪法规定、宪法精神。法律草案审议过程的合宪性审查工作是立法工作中开展合宪性审查最主要的方式和最重要的环节。第十三届全国人大及其常委会高度重视，对每一件提请审议的法律草案和决定决议草案都进行合宪性审查，区分不同情况分别作出相应安排。全国人大宪法和法律委员会、全国人大常委会法制工作委员会按照职责要求，具体承担对法律草案、决定决议草案等议案审议过程中合宪性、涉宪性问题研究，在监察法、英雄烈士保护法、刑事诉讼法、人民法院组织法和人民检察院组织法、民法典、公职人员政务处分法、人口与计划生育法、全国人大组织法和全国人大议事规则，以及《全国人民代表大会关于建立健全香港特别行政区维护国家安全的法律制度和执行机制的决定》和香港特别行政区维护国家安全法、《全国人民代表大会关于完善香港特别行政区选举制度的决定》和修改香港特别行政区基本法附件一、附件二等立法修法工作中，都有经过审查研究作出合宪性说明或者合宪性安排的情况，提出适当处理意见和建议，确保全国人大及其常委会通过的法律和作出的决定决议符合宪法规定、宪法精神。

这其中有的是在草案说明中体现，有的是在修订草案审议结果的报告或修改情况的汇报中作出说明，还有的是常委会法制工作机构采取务实、管用、灵活、有效的形式，以研究意见等适当方式提出对法律草案涉宪性、合宪性问题的审查研究，供全国人大常委会、全国人大宪法和法律委员会审议时参考。例如，在民法典编纂过程中，就人格权编、婚姻家庭等社会关切的宪法问题，专门召开民法典草案合宪性审查会议，保障民法典顺利出台；又如，撰写外商投资法、海警法、反电信网络诈骗法等法律草案专门的合宪性审查研究意见，印送常委会领导同志和常委委员参阅；再如，人口与计划生育法修改时，由全国人大常委会法制工作委员会专门提出一个合宪性审查研究报告，[1] 作为会议参阅文件，对宪法关于计划生育规定的制度内涵作出阐述说明，积极回应社会公众对涉宪性问题的关切。

二是建立健全涉及宪法问题的事先审查和咨询制度。按照习近平总书记重要讲话和党中央指导性文件要求，有关方面起草法律草案，拟出台法规规章、重要政策和重大举措，凡涉及宪法有关规定如何理解、实施、适用问题的，都应当事先经过全国人大常委会合宪性审查。这一重要措施有利于将涉宪性问题和社会重大关切及时解决在起草环节、规范性文件出台之前，确保同宪法规定、原则和精神相符合。为此，全国人大宪法和法律委员会、全国人大常委会法制工作委员会加强与有关方面的工作联系，保持经常性沟通，争取通过共同协商、共同研究及时解决涉宪性问题、合宪性问题。例如，在审计法修正草案的起草环节和审议过程中，对审计署职权和审计事项范围的扩展，全国人大常委会法制工作委员会及时与有关部门沟通，提出合宪性研究意见。2021 年 5 月，国务院常务会议审议通过了《中华人民共和国审计法（修正草案）》，并在提请全国人大常委会审议的《关于〈中华人民共和国审计法（修正草案）〉的说明》中明确在宪法框架下扩展审计范围，提出“为维护国家经济安全和公共利益，经国务院批准，审计署可以对其他金融机构进行专项审计调查或者审计监督”。2021 年 10 月 23 日，十三届全国人大常委会第三十一次会议二审通过了《关于修改〈中华人民共和国审计法〉的决定》，根据各方面意见，认真研究宪法第九十一条中关于审

[1] 参见《全国人民代表大会常务委员会法制工作委员会关于修改人口与计划生育法涉及宪法规定问题的研究意见》，载《全国人民代表大会年鉴 2021 年卷》，中国民主法制出版社 2022 年版，第 629 页。

计署“对国家的财政金融机构”进行审计监督的制度内涵，将拟增加的审计事项进一步修改为“遇有涉及国家财政金融重大利益情形，为维护国家经济安全，经国务院批准，审计署可以对前款规定以外的金融机构进行专项审计调查或者审计”，有力保障了党中央改革审计管理体制的重大部署贯彻落实。又如，针对公职人员受刑事处分后退休待遇问题，2020 年，司法部就一项行政复议案件涉及的退休人员待遇规范性文件涉宪性、合宪性问题工作层面提出审查请求。全国人大常委会法制工作委员会宪法室结合贯彻落实“退休人员的生活受到国家和社会的保障”的宪法规定和精神做了深入研究，提出有关合宪性研究意见，并推动人力资源和社会保障部根据养老保险制度改革后的新情况及时修改有关规定，保障当事人合法权益。同时，在公职人员政务处分法（草案）审议中，根据各方面意见对草案中有关待遇调整的表述作出修改完善。

三是做好法规规章备案审查中的合宪性、涉宪性问题研究，积极回应社会关切。2021 年 12 月，全国人大常委会连续第五年听取全国人大常委会法制工作委员会关于备案审查工作情况的报告。《关于 2021 年备案审查工作情况的报告》中提到，2021 年 1 月，国务院有关主管部门对有的民族自治地方民族教育条例等法规提出合宪性审查建议。全国人大常委会法工委经审查认为，宪法和有关法律已对推广普及国家通用语言文字作出明确规定，包括民族地区在内的全国各地区应当全面推行国家通用语言文字教育教学，有关法规中的相关内容应予以纠正。经沟通，制定机关已废止有关法规。

四是及时修改、废止不适应现实情况的法律制度和规定。贯彻我们党理论创新发展的成果和党中央重大决策部署，根据经济社会发展的实际，与时俱进阐释宪法精神、原则和规定，对不适应现实情况的法律制度和规定作出调整修改，是立法工作中推进合宪性审查工作的一种特殊形式。例如，全国政协十三届一次会议期间，有全国政协委员提出提案，建议对收容教育制度进行合宪性审查。收容教育制度的主要法律依据是1991年七届全国人大常委会第二十一次会议通过的《关于严禁卖淫嫖娼的决定》，国务院据此制定了《卖淫嫖娼人员收容教育办法》。制定该决定主要是为了补充修改当时的刑法和《中华人民共和国治安管理处罚条例》的有关规定，同时设置了收容教育措施，总体来看制定主体、程序和内容均符合宪法规定。但是，随着我国经济社会的快速发展和民主法治建设的加强，特别是全面依法治国的深入推进和法律体系的不断完善，收容教育制度的历史作用已经完成。2013年废止劳动教养制度时，对于适时废止收容教育制度各方面已有共识并作出安排。从实践情况看，收容教育措施的运用逐年减少，收容教育人数明显下降，有些地方已经停止执行。2019年十三届全国人大二次会议期间，有30名全国人大代表联名提出了关于废止收容教育制度的议案。2019年12月28日，十三届全国人大常委会第十五次会议审议了《国务院关于提请废止收容教育制度的议案》，通过了《关于废止有关收容教育法律规定和制度的决定》，废止了《关于严禁卖淫嫖娼的决定》第四条第二款、第四款，以及据此实行的收容教育制度。

2022年12月，习近平总书记发表《谱写新时代中国宪法实践新篇章——纪念现行宪法公布施行40周年》重要文章，系统总结新时代10年我国宪法制度建设和宪法实施监督取得的重大成效，鲜明提出对我国宪法制度建设的规律性认识，对新时代新征程上做好宪法工作作出重要部署，强调“要完善宪法监督制度，推进宪法监督的规范化、程序化建设，提高合宪性审查、备案审查能力和质量，推进合宪性审查工作，落实宪法解释程序机制，积极回应社会各方面对涉宪问题的关切”[1]。我们要把学习贯彻习近平总书记重要文章和贯彻落实党的二十大精神紧密结合起来，坚持宪法规定、宪法原则、宪法精神全面贯彻，坚持宪法实

---

〔1〕 习近平：《谱写新时代中国宪法实践新篇章——纪念现行宪法公布施行40周年》，载《人民日报》2022年12月20日，第1版。

施、宪法解释、宪法监督系统推进，大力加强合宪性审查制度和能力建设，积极稳妥推进合宪性审查工作，更好发挥宪法监督这一关键性制度的重要作用。

第二十四章　落实宪法解释的程序机制

宪法解释是全面贯彻实施宪法的重要途径之一。党的十八届四中全会提出："健全宪法解释程序机制。"党的十九届三中全会上明确，全国人大宪法和法律委员会承担"开展宪法解释"的职责。党的十九届四中全会进一步提出"落实宪法解释程序机制"，对健全宪法解释程序、加强宪法解释工作等提出了明确要求。

一、宪法解释概念与发展

宪法解释制度已经有200多年的历史，在不同国家的宪法实践中形成了多样化的宪法解释机制与解释程序。[1] 从世界范围宪法历史来看，不同国家宪法解释及其程序的设计体现了不同的历史传统和宪法体制。美国宪法的一个特点是原则性强，条文简单且修改较少，通过"马伯里诉麦迪逊案"，美国形成了由普通法院解释宪法的体制，无论是联邦与州的关系，还是个人权利与自由的问题，都可以通过宪法解释作出合理安排。德国在1949年制定基本法时，德国宪法学界主张宪法解释是"宪法规范具体化"的理念，强调通过联邦宪法法院进行宪法解释制约国会立

〔1〕 参见韩大元：《论当代宪法解释程序的价值》，载《吉林大学社会科学学报》2017年第4期。

法权的行使，但在实践中也频繁使用宪法修改手段调整社会关系。

宪法解释是宪法从文本到实施之间不可或缺的一个重要环节，与宪法修改一道构成了解决宪法规范与社会现实之间冲突的基本形式，是宪法实施的中心环节之一。宪法解释是解决宪法规范与社会现实之间冲突的最基本、最经常的手段。主要有以下功能：一是明确宪法的含义。将宪法原则性和概括性的内容具体化、确定化，保障宪法的实施。二是补充宪法的缺漏。宪法解释可以通过“创造”的方法，阐释出新的内容和意义，而这些未必完全包含在制宪者的意图和考量中。三是使宪法适应社会现实的变迁。同宪法修改相比，宪法解释并不直接变动宪法的文字，保证了宪法的稳定性，有助于维护宪法的权威，不损害宪法的规范性特征。四是维护法制的统一性，通过宪法解释来说明某项法律是否合乎宪法，保证法律规范与宪法规范的一致性。

此外，根据解释方法的不同，宪法解释还可以分为文义解释、历史解释、系统解释和学理解释等。

二、宪法关于宪法解释的规定

我国对于宪法解释的认识有一个逐步发展的过程。自一九五四年宪法制定以来，围绕宪法规范与社会发展相协调相适应，我国一直在关注思考如何发挥宪法解释的功能问题，并在一九八二年宪法实施之后多次提出使用宪法解释，保障宪法的稳定性与适应性。

（一）一九七八年宪法首次对宪法解释作出规定

早在一九五四年宪法制定过程中，曾对能否赋予全国人大常委会解释宪法的职权做了讨论研究，但当时宪法只规定全国人大常委会“解释法律”，并未对宪法解释作出规定。一九七五年宪法同样没有对宪法解释作出规定。1978 年 3 月 5 日，五届全国人大一次会议通过的宪法第二十五条以列举与概括相结合的形式规定了全国人大常委会的十三项职权，其中第三项赋予了“解释宪法和法律，制定法令”的职权。这是新中国宪法首次赋予全国人大常委会“解释宪法”的职权。

（二）一九八二年宪法实施后多次提出了宪法解释的要求

一九八二年宪法继续规定了全国人大常委会具有“解释宪法”的职权，并将“解释宪法”与“监督宪法的实施”规定在同一个条文之中，体现了宪法实施的动态性与宪法解释的实践性，突出了全国人大常委会作为中国宪法解释主体的地位。

从一九八二年宪法实施以来的历史实践看，如何发挥宪法解释功能的问题一直以来都十分受到关注。1987 年党的十三大以后对一九八二年宪法作第一次修改时，就确定了两条原则：一是改革要遵守法律，法律要为改革服务；二是修改宪法，仅限于不修改就会妨碍改革的条款，可改可不改的不改，有些问题采取宪法解释的办法去解决。[1] 1993 年 3 月中共中央在关于修改宪法部分内容的补充建议后附的说明中指出：在谈到社会主义市场经济的内容时，“考虑到社会主义市场经济正在发展中，目前还很难用法律语言对它作出具体规定。江泽民同志在党的十四大报告中对社会主义市场经济作了阐述。必要时可以据此对社会主义市场经济的具体内涵作出宪法解释”。同时，就在修改宪法征求意见过程中关于修改完善分配方式规定的建议，提出“必要时可作宪法解释”。[2] 此后，关于宪法修改“可改可不改的不改，有些问题可用宪法解释解决”的基本方针，在其后历次修宪中均被确认下来。

---

〔1〕 参见杨景宇：《回顾彭真与 1982 年宪法的诞生》，载《党的文献》2015 年第 5 期。

〔2〕 参见《中国共产党中央委员会关于修改宪法部分内容的补充建议》，载全国人大常委会法制工作委员会宪法室编：《中华人民共和国制宪修宪重要文献资料选编》，中国民主法制出版社 2021 年版，第 146 页。

三、我国宪法解释的实践情况

目前，我国没有正式的宪法解释。实践中，启动宪法解释的需求通过一些方式得到了妥善解决。一是宪法修改；二是法律的制定和修改；三是全国人大及其常委会的有关决定和法律解释；四是在议案说明、审议结果的报告和修改情况的汇报等正式法律文件中，对涉及宪法理解和适用问题进行了回应和说明等。其中一九八二年宪法实施以来，全国人大常委会通过有关决定和法律解释等方式，必要时对于宪法中的有关具体条文和规定，在考虑兼容性、调适性和情势变迁的基础上，作出合宪性解释，实现了宪法的稳定性和适应性的统一。

（一）关于国家安全机关、军队保卫部门是否可以行使由宪法规定的公安机关相关职权的合宪性解释

宪法第三十七条第二款规定："任何公民，非经人民检察院批准或者决定或者人民法院决定，并由公安机关执行，不受逮捕。"第四十条规定，"……除因国家安全或者追查刑事犯罪的需要，由公安机关或者检察机关依照法律规定的程序对通信进行检查外，任何组织或者个人不得以任何理由侵犯公民的通信自由和通信秘密"。现行宪法颁布实施以来，先后出现了国家安全机关、军队保卫部门是否可以行使由宪法规定的公安机关相关职权的情况，全国人大常委会先后作出决定，进行合宪性解释，解决了宪法在实践发展中出现的问题，维护了宪法权威。一是六届全国人大一次会议决定设立的国家安全机关，为了保卫国家安全和进行反间谍斗争，需要行使侦查、拘留、预审和执行逮捕的职权。按照我国宪法和法律的规定，这些职权是由公安机关行使的。为此，1983 年 9 月 2 日，六届全国人大常委会第二次会议通过《关于国家安全机关行使公安机关

的侦查、拘留、预审和执行逮捕的职权的决定》。该决定明确“国家安全机关，承担原由公安机关主管的间谍、特务案件的侦查工作，是国家公安机关的性质，因而国家安全机关可以行使宪法和法律规定的公安机关的侦查、拘留、预审和执行逮捕的职权”。二是1993 年12 月29 日，八届全国人大常委会第五次会议通过《关于中国人民解放军保卫部门对军队内部发生的刑事案件行使公安机关的侦查、拘留、预审和执行逮捕的职权的决定》，该决定明确：中国人民解放军保卫部门承担军队内部发生的刑事案件的侦查工作，同公安机关对刑事案件的侦查工作性质是相同的，因此，军队保卫部门对军队内部发生的刑事案件，可以行使宪法和法律规定的公安机关的侦查、拘留、预审和执行逮捕的职权。

（二）用法律解释对宪法规定的国家对外事务的范畴内涵作出规定

2011 年，我国香港特别行政区终审法院在审理一起与刚果民主共和国有关的案件时，涉及香港特别行政区是否应适用中央人民政府决定采取的国家豁免规则或政策的问题。根据宪法第八十九条第九项的规定，国务院行使管理国家对外事务的职权。为此，全国人大常委会根据香港特别行政区终审法院申请进行解释时要处理的第一个问题就是宪法规定的国家对外事务的范畴是否包括国家豁免规则或政策。2011 年 8 月 26 日，十一届全国人大常委会第二十二次会议通过《关于〈中华人民共和国香港特别行政区基本法〉第十三条第一款和第十九条的解释》。该解释指出：“依照《中华人民共和国宪法》第八十九条第（九）项的规定，国务院即中央人民政府行使管理国家对外事务的职权，国家豁免规则或政策属于国家对外事务中的外交事务范畴，中央人民政府有权决定中华人民共和国的国家豁免规则或政策，在中华人民共和国领域内统一实施。基于上述，根据《中华人民共和国香港特别行政区基本法》第十三条第一款关于‘中央人民政府负责管理与香港特别行政区有关的外交事务’

的规定，管理与香港特别行政区有关的外交事务属于中央人民政府的权力，中央人民政府有权决定在香港特别行政区适用的国家豁免规则或政策。”《关于〈全国人民代表大会常务委员会关于《中华人民共和国香港特别行政区基本法》第十三条第一款和第十九条的解释（草案）〉的说明》中明确指出：“决定适用于香港特别行政区的国家豁免规则或政策，是中央人民政府在《中华人民共和国宪法》赋予的职权范围内，履行《中华人民共和国香港特别行政区基本法》规定的管理与香港特别行政区有关的外交事务的权力的行为。”

四、新时代宪法解释的实践与发展

贯彻落实党的十八届四中全会关于健全宪法解释程序机制的部署，2017 年党中央转发了中共全国人大常委会党组关于健全宪法解释程序的意见，[1] 进一步明确了宪法解释的程序机制。2018 年 3 月，党的十九届三中全会上明确，全国人大宪法和法律委员会承担“开展宪法解释”的职责。2019 年 10 月，党的十九届四中全会进一步提出：“落实宪法解释程序机制”，对健全宪法解释程序、加强宪法解释工作等提出了明确要求。2021 年年初，中共中央印发的《法治中国建设规划（2020—2025 年）》中，明确提出“落实宪法解释程序机制，回应涉及宪法有关问题的关切”。2022 年 12 月，习近平总书记在《谱写新时代中国宪法实践新篇章——纪念现行宪法公布施行 40 周年》的署名文章中明确指出：“坚持宪法实施、宪法解释、宪法监督系统推进。”[2] 实践中，宪法解释与合宪性审查等宪法工作密切相关，在一定程度上宪法解释是合宪性审查能有效开展的必要前提。

---

〔1〕 参见习近平：《论坚持全面依法治国》，中央文献出版社 2020 年版，第 209 页。

〔2〕 习近平：《谱写新时代中国宪法实践新篇章——纪念现行宪法公布施行 40 周年》，载《人民日报》2022 年 12 月 20 日，第 1 版。

全国人大及其常委会贯彻落实党中央要求，采取务实管用方式方法积极回应涉及宪法有关问题的关切，积极稳妥探索在合宪性审查过程中对宪法规定作出必要说理阐释、说明有关情况、提出研究意见，保障党中央重大决策部署顺利落地实施，努力实现宪法的稳定性和适应性的统一。

一是在立法工作中深化合宪性问题研究。例如，2018 年，在全国人大及其常委会审议外商投资法（草案）过程中，有意见提出，该草案第二条中关于投资主体的表述是“外国的自然人、企业或者其他组织”，与宪法第十八条中“外国的企业和其他经济组织或者个人”是否一致，建议研究。全国人大常委会法制工作委员会研究认为，宪法第十八条是根据 1982 年的经济社会情况作出的，以此为基础，国家利用外资方针政策不断调整，相关法律法规日益完善，“经济组织”一词在相关法律规定中也已发生变化，不再单独使用，宪法这一规定的内涵随着实践发展已发生扩容性演进、拓展性延伸，并已经成为普遍适用的法治原则，在法律中以更专业、准确的用语取代“经济组织”是可行的、必要的。改革开放以来我国外商投资立法，是宪法全面实施的必然要求和重要体现，体现了宪法的适应性，符合立法规律，符合人民期待、发展规律和时代要求，符合宪法规定、宪法精神。

二是对宪法有关规定的含义提出解释性研究意见。2021 年 7 月，中央作出《关于优化生育政策促进人口长期均衡发展的决定》。在全国人大常委会审议修改《中华人民共和国人口与计划生育法》时，针对各方面提出的“从一孩、二孩到三孩政策后还是不是宪法规定的计划生育?”等问题，全国人大宪法和法律委员会在《关于〈中华人民共和国人口与计划生育法（修正草案）〉审议结果的报告》中就有关宪法问题专门作出说明；全国人大常委会法制工作委员会向会议提交了参阅文件，就修改人口与计划生育法涉及宪法规定的问题提出研究意见，对宪法关于计划生育规定的制度内涵作出阐述说明，提出“我国宪法有关计划生育的规定，具有相当的包容性和适应性，可以涵盖不同时期实行的生育政策、相关工作及配套措施。修改人口与计划生育法，落实优化生育政策、促进人口长期均衡发展的决策部署，是与时俱进理解和把握宪法规定和精神的具体体现，也是与时俱进通过立法推动和保证宪法实施的生动实践，符合宪法规定和精神”。[1] 这一参阅文件很好地回应了社会关切，进一步凝聚了共识，确保党中央重大决策部署顺利落地实施。

三是积极运用宪法精神凝聚立法共识。例如，“在制定英雄烈士保护法过程中，针对如何界定英雄烈士范围问题，有关方面进行了认真研究并提出意见。即：本法主要是根据宪法序言和人民英雄纪念碑碑文的精神对英雄烈士确定了一个基本范围，包括近代以来为国家、民族和人民作出重大牺牲和贡献的英烈先驱和革命先行者，重点是中国共产党、人民军队和人民共和国历史上涌现的无数英雄烈士，既包括个人也包括群体，既包括留有姓名的英雄烈士也包括无数未留下姓名的英雄烈士。据此，英雄烈士保护法对英雄烈士范围作出了相应规定。”[2]

四是对宪法规定的国家机构在实践中遇到的情况提出解释性意见。例如，2022 年《全国人民代表大会宪法和法律委员会对〈关于设立成渝金融法院的决定（草案）〉审议结果的报告》中，专门对宪法第一百二十九条第一款规定的“中华人民共和国设立最高人民法院、地方各级人民法院和军事法院等专门人民法院”中，“专门人民法院”的性质和设立标准进行阐释。指出，“专门人民法院是我国法院组织体系的重要组成部分，发挥着独特的审判职能作用。今后设立专门人民法院，应当根据宪法和有关法律的规定和精神，从我国法院组织体系的整体性、结构性、合理性出发，科学论证，统筹考虑，审慎研究。”

---

〔1〕 参见《全国人民代表大会常务委员会法制工作委员会关于修改人口与计划生育法涉及宪法规定问题的研究意见》，载《全国人民代表大会年鉴 2021 年》，中国民主法制出版社 2022 年版，第 629 页。

〔2〕 沈春耀：《健全保证宪法全面实施的体制机制》，载《中共中央关于坚持和完善中国特色社会主义制度、推进国家治理体系和治理能力现代化若干重大问题的决定辅导读本》，人民出版社 2019 年版，第 247 页。

第二十五章　加强宪法宣传教育

法治社会是构筑法治国家的基础。党的二十大报告强调，坚持依法治国、依法执政、依法行政共同推进，坚持法治国家、法治政府、法治社会一体建设，全面推进科学立法、严格执法、公正司法、全民守法。这一重要论述深刻阐释了法治中国建设的内在逻辑，强调了法治社会建设在建设社会主义法治国家中的重要地位。其中，深入开展宪法宣传教育，强化宪法意识，弘扬宪法精神，增强全社会法治观念，是加快建设法治社会的重要举措。党的十八大以来，以习近平同志为核心的党中央强调发挥宪法在法治社会建设的重要作用，设立国家宪法日，建立宪法宣誓制度，广泛开展宪法宣传教育，全社会宪法意识和法治观念显著增强。

第一节　设立国家宪法日，推进宪法宣传教育

国家宪法日是具有重要标识意义的宪法宣传教育载体。习近平总书记指出："要在全党全社会深入开展尊崇宪法、学习宪法、遵守宪法、维护宪法、运用宪法的宣传教育活动，大力弘扬宪法精神，大力弘扬社会

主义法治精神，不断增强人民群众宪法意识。”[1] 将现行宪法通过的日期设立为国家宪法日，是贯彻习近平法治思想的具体举措，是弘扬宪法精神、树立宪法权威、维护宪法尊严的需要。

一、以立法形式设立国家宪法日

党的十八届四中全会决定提出：“将每年十二月四日定为国家宪法日。”为贯彻落实这一重大部署，2014 年 11 月 1 日，十二届全国人大常委会第十一次会议审议通过《关于设立国家宪法日的决定》。该决定指出，“1982 年 12 月 4 日，第五届全国人民代表大会第五次会议通过了现行的《中华人民共和国宪法》。现行宪法是对 1954 年制定的新中国第一部宪法的继承和发展。宪法是国家的根本法，是治国安邦的总章程，具有最高的法律地位、法律权威、法律效力。全面贯彻实施宪法，是全面推进依法治国、建设社会主义法治国家的首要任务和基础性工作。全国各族人民、一切国家机关和武装力量、各政党和各社会团体、各企业事业组织，都必须以宪法为根本的活动准则，并且负有维护宪法尊严、保证宪法实施的职责。任何组织或者个人都不得有超越宪法和法律的特权，一切违反宪法和法律的行为都必须予以追究”。该决定明确，“为了增强全社会的宪法意识，弘扬宪法精神，加强宪法实施，全面推进依法治国，第十二届全国人民代表大会常务委员会第十一次会议决定：将 12 月 4 日设立为国家宪法日。国家通过多种形式开展宪法宣传教育活动”。

二、习近平总书记在国家宪法日到来之际多次作出重要指示

习近平总书记高度重视宪法宣传教育工作，在第一个、第三个、第

---

〔1〕 习近平：《切实尊崇宪法，严格实施宪法》，载习近平：《论坚持全面依法治国》，中央文献出版社 2020 年版，第 205 页。

五个国家宪法日到来之际作出重要指示；在第九个国家宪法日到来之际，发表重要署名文章，为新时代开展好宪法工作提供了根本遵循。

2014 年 12 月 4 日，在首个国家宪法日到来之际，习近平总书记指示："宪法是国家的根本法，是治国安邦的总章程，是党和人民意志的集中体现，具有最高的法律地位、法律权威、法律效力。我国宪法是符合国情、符合实际、符合时代发展要求的好宪法，是我们国家和人民经受住各种困难和风险考验、始终沿着中国特色社会主义道路前进的根本法制保证。坚持依法治国首先要坚持依宪治国，坚持依法执政首先要坚持依宪执政。要坚持党的领导、人民当家作主、依法治国有机统一，坚定不移走中国特色社会主义法治道路，坚决维护宪法法律权威。要以设立国家宪法日为契机，深入开展宪法宣传教育，大力弘扬宪法精神，切实增强宪法意识，推动全面贯彻实施宪法，更好发挥宪法在全面建成小康社会、全面深化改革、全面推进依法治国中的重大作用。"〔1〕

2016 年 12 月 4 日，在第三个国家宪法日到来之际，习近平总书记对"五四宪法"历史资料陈列馆作出重要指示："中国共产党领导人民制定了'五四宪法'。设立'五四宪法'历史资料陈列馆，对开展宪法宣传教育、增强社会主义民主法治意识、推动尊法学法守法用法具有重要意义。开展宪法宣传教育是全面依法治国的重要任务。'五四宪法'历史资料陈列馆要坚持党的领导、人民当家作主、依法治国有机统一，努力为普及宪法知识、增强宪法意识、弘扬宪法精神、推动宪法实施作出贡献。"〔2〕

2018 年 12 月 4 日，在第五个国家宪法日到来之际，习近平总书记作出重要指示强调："坚持依法治国首先要坚持依宪治国，坚持依法执政首先要坚持依宪执政。我国现行宪法是在党的领导下，在深刻总结我国社

---

〔1〕 参见习近平：《坚持依法治国首先要坚持依宪治国，坚持依法执政首先要坚持依宪执政》，载习近平：《论坚持全面依法治国》，中央文献出版社 2020 年版，第 126 ~ 127 页。

〔2〕 参见习近平：《坚持依法治国首先要坚持依宪治国，坚持依法执政首先要坚持依宪执政》，载习近平：《论坚持全面依法治国》，中央文献出版社 2020 年版，第 127 页。

会主义革命、建设、改革实践经验基础上制定和不断完善的，实现了党的主张和人民意志的高度统一，具有强大生命力，为改革开放和社会主义现代化建设提供了根本法治保障。党领导人民制定和完善宪法，就是要发挥宪法在治国理政中的重要作用。要用科学有效、系统完备的制度体系保证宪法实施，加强宪法监督，维护宪法尊严，把实施宪法提高到新水平。要在全党全社会深入开展尊崇宪法、学习宪法、遵守宪法、维护宪法、运用宪法的宣传教育活动，弘扬宪法精神，树立宪法权威，使全体人民都成为社会主义法治的忠实崇尚者、自觉遵守者、坚定捍卫者。"〔1〕

2022 年 12 月，在第九个国家宪法日到来之际，为纪念现行宪法公布施行 40 周年，习近平总书记发表《谱写新时代中国宪法实践新篇章——纪念现行宪法公布施行 40 周年》重要署名文章，要求以纪念现行宪法公布施行 40 周年为契机，贯彻党的二十大精神，强化宪法意识，弘扬宪法精神，推动宪法实施，更好发挥宪法在治国理政中的重要作用。文章对新时代 10 年我国宪法制度建设和宪法实施监督取得的重大成效作出系统回顾，对我国宪法制度建设的规律性认识作出深入总结，对谱写新时代宪法实践新篇章作出全面部署。特别是对加强宪法理论研究和宣传教育专门作出部署，强调"宪法的根基在于人民发自内心的拥护，宪法的伟力在于人民出自真诚的信仰。必须坚持宣传、教育、研究共同推进，坚持知识普及、理论阐释、观念引导全面发力，推动宪法深入人心，走进人民群众，推动宪法实施成为全体人民的自觉行动"〔2〕。具体来说，一要完善宪法宣传教育工作格局，深化宪法宣誓、宪法纪念、国家象征和标志等制度的教育功能，推动宪法宣传教育常态化长效化。二要抓住领导干部这个关键少数，抓住青少年、网民等重点群体，抓宪法纪念、宪法

〔1〕 参见习近平：《坚持依法治国首先要坚持依宪治国，坚持依法执政首先要坚持依宪执政》，载习近平：《论坚持全面依法治国》，中央文献出版社 2020 年版，第 127～128 页。

〔2〕 习近平：《谱写新时代中国宪法实践新篇章——纪念现行宪法公布施行 40 周年》，载《人民日报》2022 年 12 月 20 日，第 1 版。

宣誓、宪法教材建设等重点载体，抓学校、社区、媒体等重点阵地，持续深入开展宪法宣传教育。三要结合当代中国宪法制度和宪法实践，加强中国宪法理论研究。四要讲好中国宪法故事，同一切歪曲、抹黑、攻击中国宪法的错误言行作斗争。

三、在全社会开展宪法宣传教育

自2014年首个国家宪法日起，每年国家宪法日来临之际，中央宣传部、全国人大常委会办公厅、司法部等部门都共同举行座谈会、报告会等活动；中央宣传部、司法部、全国普法办公室多年来持续开展“宪法宣传周”等宪法宣传教育活动；教育部积极开展青少年学生“学宪法讲宪法”活动；各地各部门采取多种形式开展宪法宣传教育活动。通过设立国家宪法日，开展宪法宣传教育活动，在全社会普及宪法知识、弘扬宪法精神已蔚然成风。

（一）全国人大常委会在国家宪法日召开座谈会、报告会

2014年12月3日首个国家宪法日到来之际，中央宣传部、全国人大常委会办公厅、司法部举行“深入开展宪法宣传教育　大力弘扬宪法精神”座谈会，中共中央政治局常委、全国人大常委会委员长张德江出席会议并讲话，中央宣传部、全国人大常委会法制工作委员会、最高人民法院、最高人民检察院、教育部、司法部、国务院法制办公室等负责同志在座谈会上发言。

2015年12月4日是第二个国家宪法日，全国人大常委会办公厅、中央宣传部、中央直属机关工委、中央国家机关工委、司法部共同举办“弘扬宪法精神　加强宪法实施”报告会。中共中央政治局委员、全国人大常委会副委员长李建国主持报告会并讲话。全国人大常委会委员、全

国人大法律委员会主任委员乔晓阳作报告。

2016 年 12 月 4 日，全国人大常委会办公厅、中央宣传部、司法部、浙江省人大常委会在杭州共同举办第三个国家宪法日座谈会。全国人大常委会副委员长兼秘书长王晨出席并讲话，中央宣传部、司法部、浙江省人大常委会、全国人大常委会法工委、中央党史研究室、中央文献研究室、中央档案馆、教育部、中国法学会、杭州市人大常委会等单位负责人作了发言。

2017 年 12 月 4 日，全国人大常委会委员长张德江出席第四个国家宪法日座谈会并讲话。中央宣传部、教育部、司法部有关负责同志和大中小学生代表、全国法治宣传教育先进代表在座谈会上发言。

2018 年 12 月 4 日是第五个国家宪法日，全国人大常委会办公厅会同中央宣传部、司法部在北京举行“深入学习贯彻实施宪法　坚定不移推进改革开放”座谈会。中共中央政治局常委、全国人大常委会委员长栗战书出席座谈会并讲话。中央宣传部、全国人大宪法和法律委员会、司法部、教育部、国务院发展研究中心、中国法学会、中国社会科学院有关负责同志和 2018 年年度法治人物候选人代表在座谈会上发言。

2019 年 12 月 4 日是第六个国家宪法日。全国人大常委会办公厅会同中宣部、司法部在人民大会堂举行“弘扬宪法精神，推进国家治理体系和治理能力现代化”座谈会。中共中央政治局委员、全国人大常委会副委员长王晨出席会议并讲话。中宣部、全国人大常委会港澳基本法委、国家发展改革委、教育部、司法部、生态环境部等部门负责同志和有关专家学者作了发言。

2020 年 12 月 4 日是第七个国家宪法日。全国人大常委会办公厅会同中央宣传部、司法部在京召开“深入学习宣传贯彻习近平法治思想，完善以宪法为核心的中国特色社会主义法律体系”座谈会。中共中央政治局常委、全国人大常委会委员长栗战书出席座谈会并讲话。中央宣传部、全国人大宪法法律委、司法部、教育部、最高人民法院、最高人民检察院、中国法学会、中国社科院有关负责同志和全国人大代表在座谈会作了发言。

2021 年 12 月 3 日，在第八个国家宪法日来临之际，全国人大常委会办公厅会同中央宣传部、司法部在京召开“全面贯彻实施宪法，不断发展全过程人民民主”座谈会。中共中央政治局常委、全国人大常委会委员长栗战书出席并讲话。中央宣传部、全国人大常委会法工委、司法部、中央党史和文献研究院、最高人民法院、最高人民检察院、教育部、中国法学会有关负责同志和全国人大代表作了发言。

（二）中央宣传部、司法部、全国普法办公室开展“宪法宣传周”活动

根据中共中央、国务院批转的《中央宣传部、司法部关于在公民中开展法制宣传教育的第四个五年规划》确定，从 2001 年起，将我国现行宪法实施日即 12 月 4 日，作为每年一次的全国法制宣传日。自 2014 年起，中央宣传部、司法部、全国普法办公室组织开展“国家宪法日”暨“全国法制宣传日”系列宣传活动。自 2018 年以来，中央宣传部、司法部、全国普法办公室联合开展“宪法宣传周”活动。

2018 年，“宪法宣传周”活动启动仪式在内蒙古呼和浩特举行，主题为“尊崇宪法、学习宪法、遵守宪法、维护宪法、运用宪法”。2019 年，全国“宪法宣传周”主场活动在北京、上海两地同时启动，主题为“弘扬宪法精神，推进国家治理体系和治理能力现代化”。2020 年，全国“宪法宣传周”启动仪式在北京举行，主题为“深入学习宣传习近平法治思想，大力弘扬宪法精神”。2021 年，“习近平法治思想学习报告会”暨全国“宪法宣传周”启动仪式在北京举行，主题为“以习近平法治思想为指引　坚定不移走中国特色社会主义法治道路”。2022 年，全国“宪法宣传周”宣传活动主题为“学习宣传贯彻党的二十大精神，推动全面

贯彻实施宪法”。

“宪法宣传周”活动主要包括主场活动、专题活动、主题日等多种形式。主场活动一般有“宪法宣传周”活动启动仪式、国家宪法日座谈会等。专题活动包括2021年，依托西柏坡纪念馆、陕甘宁边区高等法院旧址、“五四宪法”历史资料陈列馆、中华苏维埃共和国司法人民委员部旧址等全国法治宣传教育基地，分别由河北、陕西、浙江、江西等省组织开展“一切为了人民——传承红色法治基因”活动。主题日活动结合宪法“七进”，即宪法进农村、宪法进社区、宪法进校园、宪法进机关、宪法进企业、宪法进军营、宪法进网络，由农业农村部、民政部、教育部、中央和国家机关工委、国务院国资委、全国工商联、全国总工会、中央军委政法委员会、中央网信办、国家广播电视总局等各相关部门牵头开展。此外，司法部、全国普法办、中央广播电视总台联合主办全国年度法治人物评选，并制作播放年度法治人物颁奖典礼专题节目。各主流媒体也积极开展宣传报道、刊发文章、进行公益宣传等，充分运用“报、网、端、微、屏”等媒体平台，在全社会营造浓厚的宪法宣传氛围。

（三）教育部组织开展青少年学生“学宪法　讲宪法”活动

开展宪法宣传教育活动是青少年学生牢固树立正确的国家观、历史观的重要途径和方式。自2016年开始，教育部每年举办全国学生“学宪法　讲宪法”活动。这一活动也作为在青少年学生中开展宪法宣传教育的重要形式，写入《法治社会建设实施纲要（2020—2025年）》。活动形式包括三种：一是全国学生在线学习宪法。据统计，2021年参与在线学习宪法知识、取得“宪法卫士”称号的大中小学生达1.45亿人。二是演讲比赛和知识竞赛。近年来，总决赛环节，全国31个省、自治区、直辖市，新疆生产建设兵团，香港、澳门2个特别行政区都派代表队参加，分小学组、初中组、高中组、大学组分别进行比赛。三是国家宪法日当天举办宪法晨读活动。比如，2018 年 12 月 4 日，教育部在北京大兴全国青少年学生法治教育实践示范基地举办宪法晨读活动。第三届全国“学宪法　讲宪法”活动全国总决赛的 50 余名获奖选手代表，以及来自北京大兴区的百余名学生高声齐诵宪法。在全国各省市分会场，21 万余所学校学生通过网络直播的方式，一同参与诵读。

青少年是祖国的未来，是开展宪法宣传教育的“关键人群”。加强宪法宣传教育，有助于青少年学生从宪法制度层面深化对党史、新中国史、改革开放史、社会主义发展史的理解和认识，增强对坚持党的领导、坚持中国特色社会主义道路的理解和认识，构筑对国家统一、民族团结的认识和认同，培养现代公民意识，增强道路自信、理论自信、制度自信、文化自信。

（四）其他国家机关、地方开展宪法宣传教育情况

最高人民法院自 2014 年起举办“12·4”公众开放日活动。社会公众走进最高人民法院办公区，见证宪法宣誓仪式、参观人民法院的信息化建设和执行工作成果、参加新闻发布会等，深入了解人民法院各项工作。2021 年，在第八个国家宪法日到来之际，最高人民法院与中央广播电视总台共同主办“新时代推动法治进程十大案件——2021 年度”宣传活动，40 个广受社会关注的热点案件将在网上进行展示，并接受社会公众网络投票，投票结果作为入选“新时代推动法治进程十大案件——2021 年度”的重要参考。最高人民检察院举办公众开放日活动，首都高校部分师生走进检察服务中心、司法鉴定中心，感受我国法治建设的巨大进步。

内蒙古自治区认真贯彻落实习近平总书记给乌兰牧骑队员回信的重要指示精神，创造性地把法治宣传与乌兰牧骑结合起来，以草原群众喜闻乐见的形式、艺术化的手法，把抽象的法律变成了生动活泼的艺术形象，受到了牧民的欢迎和喜爱，让宪法法律走进千家万户、走进广大农

牧民心坎里。2018 年全国“宪法宣传周”活动启动仪式上，与会领导向内蒙古自治区法治乌兰牧骑授旗，并向农牧民、社区居民、学生代表赠送蒙汉双语宪法文本。[1] 西藏自治区出入境边防检查总站于第八个国家宪法日来临之际，举行“法润雪域边关”法治宣传教育活动启动仪式，西藏各出入境边防检查站组织开展了形式多样的宪法宣传日主题活动。

（五）香港特别行政区、澳门特别行政区举办国家宪法日宣传教育活动

2017 年 12 月 4 日，庆祝中华人民共和国现行宪法公布施行 35 周年暨 2017 年国家宪法日座谈会在香港特别行政区举行，这是香港特别行政区首次举办国家宪法日宣传教育活动，特别行政区政府主要官员、中央驻港机构代表、法律界及其他各界人士参加。2018 年、2019 年、2020 年、2021 年，在香港举行的国家宪法日座谈会主题分别为“国家宪法与改革开放”“宪法与国家发展”“宪法与国家安全”“宪法与‘一国两制’”（其中，2020 年、2021 年座谈会为线上举办）。2022 年 12 月 4 日，香港特别行政区政府联同中央人民政府驻香港特别行政区联络办公室合办国家宪法日座谈会，主题为“宪法与新时代新征程”。

2021 年，澳门特别行政区举办多场专题活动，宣传推广宪法和澳门基本法。例如，澳门特别行政区政府法务局举办国家宪法日推广活动暨宪法系列宣传短片首播礼、“全澳网上宪法知识闯关比赛”；澳门特别行政区政府教育及青年发展局举办国家宪法日专题活动等。

四、各地设立宪法场馆、宪法主题公园情况

“五四宪法”历史资料陈列馆。浙江杭州是中华人民共和国第一部宪

[1] 参见吴勇：《2018 年“宪法宣传周”活动启动》，载《人民日报》2018 年 12 月 3 日，第 6 版。

法“五四宪法”起草地。1953 年 12 月 28 日至 1954 年 3 月 14 日，毛泽东主席率领宪法起草小组成员，在北山街 84 号大院 30 号楼用了 77 个日夜写就新中国第一部宪法草案（初稿），为一九五四年宪法的正式诞生奠定了重要基础。2016 年 12 月 4 日，在第三个国家宪法日来临之际，“五四宪法”历史资料陈列馆在杭州市正式建成开放。习近平总书记对“五四宪法”历史资料陈列馆作出重要指示。陈列馆现有北山街、栖霞岭两个馆区。其中，北山街馆区所在的北山街 84 号大院 30 号楼，是毛泽东主席当年在杭州起草宪法时的办公地，建筑面积共 756 平方米，展出了《西子湖畔制宪奠基》基本陈列，由序厅、复原陈列和主题陈列三个部分组成，主要讲述“五四宪法”从起草、讨论、通过到实施的全过程。栖霞岭馆区位于栖霞岭 54 号，建筑面积共 1204 平方米，以现行宪法宣传教育为主要展览内容，设置了《宪法就在我们身边》主题展览，主要讲述什么是宪法、宪法规定了什么、宪法如何实施等问题。

安顺宪法教育馆。安顺宪法教育馆坐落于贵州省安顺市经开区幺铺镇青源村的黄齐生故居，于 2018 年 12 月 4 日即第五个国家宪法日开馆。该馆将爱国主义教育与宪法教育融为一体，分为“宪法春秋厅”“宪法学习厅”“纪法安顺厅”“警示教育厅”“宪法宣誓厅”五个部分，面向公职人员、青少年进行宪法宣传教育，并向社会公众免费开放，充分发挥宪法宣传教育基地的作用，成为贵州省宪法宣传教育实践的亮丽名片。

南京宪法公园。南京宪法公园由南京市人大常委会主导推进建设，是融合习近平法治思想的宣传阵地、弘扬宪法精神的重要载体、全体市民礼敬宪法的庄严场所、法治文化的城市地标等功能为一体的综合性宪法主题公园。占地面积 6.45 万平方米，主体建筑面积 3.12 万平方米，于 2022 年年底投入使用。主体建筑采用“外儒内法、天圆地方、纯净纯粹”的设计理念，将宪法元素融入建筑符号。设宪法宣传教育展，全过程、全景式、全方位展示了中国共产党带领中国人民寻宪、制宪、修宪、奉宪的伟大历史进程。

此外，浙江省宁波市、江苏省苏州市、内蒙古自治区乌兰察布市、宁夏回族自治区中卫市、江苏省南通市海安县、广东省广州市从化区等地也设有宪法主题馆、宪法宣传教育馆、宪法教育馆、宪法馆等，有的宪法馆还通过微信、微博、App或扫描二维码等方式推行网上参观浏览，以人民群众喜闻乐见的形式积极开展宪法宣传教育，使宪法走进日常生活、走进人民群众，大力弘扬宪法精神。

山东省济南市、辽宁省大连市、宁夏回族自治区石嘴山市、上海市崇明区、山东省威海市荣成市、浙江省杭州市余杭区、海南省海口市美兰区、吉林省长春市农安县、浙江省温州市平阳县等一些地方还设立宪法主题公园。通过法治雕塑、宪法长廊、法治文化墙等艺术载体，阐述了宪法的重要意义和相关内容，将宪法精神和普法教育融入公园景观之内，让市民在休闲娱乐中领略法治文化、感受宪法精神。

第二节　实行宪法宣誓制度，牢固树立宪法意识

习近平总书记强调：“宪法的实施，同每一个国家工作人员的工作都密切相关。”“各级国家工作人员要增强宪法观念，依照宪法行使职权、履行职责、开展工作，恪尽职守，廉洁奉公，自觉接受人民监督，通过自己的努力为宪法法律实施作出贡献。各级干部特别是领导干部必须带头尊崇宪法、学习宪法、遵守宪法、维护宪法、运用宪法。”〔1〕建立和实行宪法宣誓制度，有利于激励和教育国家工作人员忠于宪法、遵守宪法、维护宪法，对于彰显宪法权威，加强宪法实施，具有重大意义。

---

〔1〕参见习近平：《切实尊崇宪法，严格实施宪法》，载习近平：《论坚持全面依法治国》，中央文献出版社2020年版，第207页。

一、宪法宣誓制度的确立

党的十八届四中全会决定提出：“建立宪法宣誓制度，凡经人大及其常委会选举或者决定任命的国家工作人员正式就职时公开向宪法宣誓。”为落实党的十八届四中全会决定提出的建立宪法宣誓制度要求，2015 年 7 月 1 日，十二届全国人大常委会第十五次会议通过《关于实行宪法宣誓制度的决定》，以立法方式确立了我国宪法宣誓制度。2018 年 2 月 24 日，十二届全国人大常委会第三十三次会议作出修订。2018 年 3 月 11 日，十三届全国人大一次会议通过宪法修正案，其中，在宪法第二十七条增加一款，作为第三款：“国家工作人员就职时应当依照法律规定公开进行宪法宣誓。”由此，宪法宣誓制度在宪法中确认下来。

二、《关于实行宪法宣誓制度的决定》的主要内容

（一）宪法宣誓制度的适用范围

《关于实行宪法宣誓制度的决定》贯彻落实党的十八届四中全会提出的“人大及其常委会选举或者决定任命的国家工作人员”正式就职时公开向宪法宣誓的要求，规定：“各级人民代表大会及县级以上各级人民代表大会常务委员会选举或者决定任命的国家工作人员，以及各级人民政府、监察委员会、人民法院、人民检察院任命的国家工作人员，在就职时应当公开进行宪法宣誓。”同时进一步规定，各级人民政府、人民法院、人民检察院任命的国家工作人员在就职时也应当公开进行宪法宣誓。[1] 这主要是考虑到：树立宪法意识、恪守宪法原则、弘扬宪法精神、

〔1〕 全国人大常委会 2018 年对《关于实行宪法宣誓制度的决定》作了修订，又增加了监察委员会任命的国家工作人员。

履行宪法使命，不仅是对各级人大及其常委会选举或者决定任命的国家工作人员的基本要求，也是对各级人民政府、人民法院、人民检察院任命的国家工作人员的基本要求。“一府两院”等任命的国家工作人员是依据宪法和有关组织法行使国家权力的人员，将这部分公务员纳入宪法宣誓制度的适用范围较为适宜，也符合党的十九届四中全会提出的全面依法治国精神。[1]

此外，《关于实行宪法宣誓制度的决定》规定的实行宪法宣誓的人员范围不包括党的机关、政协机关、民主党派和工商联等机关的工作人员。对此，全国人大常委会进行过专门研究，主要考虑是：这些机关的工作人员在工作性质、承担任务特别是履行职责等方面有显著差别，全部纳入或者部分纳入宪法宣誓制度的适用范围都有一些问题需要进一步研究，故暂未纳入。

（二）宪法宣誓誓词

《关于实行宪法宣誓制度的决定》规定了宣誓誓词，即“我宣誓：忠于中华人民共和国宪法，维护宪法权威，履行法定职责，忠于祖国、忠于人民，恪尽职守、廉洁奉公，接受人民监督，为建设富强民主文明和谐美丽的社会主义现代化强国努力奋斗！”誓词共 75 个字，适用于所有宣誓人员。不同宣誓人员，在级别、职务、工作任务等方面存在差异，但是在忠于宪法、遵守宪法、维护宪法、履行宪法职责的要求上是相同的。同时，采用统一、规范的誓词，也有利于保证宣誓的严肃性。

---

〔1〕 参见韩晓武：《全国人大常委会关于〈全国人民代表大会常务委员会关于实行宪法宣誓制度的决定（草案）〉的说明》，载北大法宝，https：//www. pkulaw. com/protocol/d4b3882d8348c5a0f8b5835901d2b082bdfb. thml？ way = textRightFblx。

（三）宪法宣誓活动的组织

根据《关于实行宪法宣誓制度的决定》的规定，国家工作人员宣誓的组织工作可以分为三种：第一，全国人大及其常委会选举或者决定任命的国家工作人员的宣誓仪式，根据不同情况，分别由全国人大会议主席团、全国人大常委会委员长会议、国家监察委员会、最高人民法院、最高人民检察院、外交部分别组织。第二，国务院及其各部门、国家监察委员会、最高人民法院、最高人民检察院任命的国家工作人员的宣誓仪式，由任命机关组织。第三，地方各级人大及其常委会选举或者决定任命的国家工作人员，以及地方各级人民政府、监察委员会、人民法院、人民检察院任命的国家工作人员，其宣誓的具体组织办法由省级人大常委会参照本决定制定，报全国人大常委会备案。

（四）宪法宣誓的基本规程

根据《关于实行宪法宣誓制度的决定》的规定，宪法宣誓仪式可以采取单独宣誓或者集体宣誓的形式。单独宣誓时，宣誓人应当左手抚按《中华人民共和国宪法》，右手举拳，诵读誓词。集体宣誓时，由一人领誓，领誓人左手抚按《中华人民共和国宪法》，右手举拳，领诵誓词；其他宣誓人整齐排列，右手举拳，跟诵誓词。宣誓场所应当庄重、严肃，悬挂中华人民共和国国旗或者国徽。宣誓仪式应当奏唱中华人民共和国国歌。

同时，由于宪法宣誓人员范围广泛、情况各异、差别很大，许多具体问题难以简单地作出统一规定，《关于实行宪法宣誓制度的决定》在对上述要素作出统一规范外，还规定，负责组织宣誓的机关可以结合实际情况，对宣誓的具体事项作出规定。

三、有关国家机构关于组织宪法宣誓具体办法的情况

（一）国务院关于宪法宣誓的组织办法

根据《关于实行宪法宣誓制度的决定》的规定，国务院办公厅于2016年7月21日印发《国务院及其各部门任命的国家工作人员宪法宣誓组织办法》。其中主要规定：（1）国务院任命的国务院副秘书长、国务院组成部门的副职，国务院直属特设机构、直属机构、办事机构、直属事业单位、部委管理的国家局的正、副职，中央人民政府驻香港特别行政区、澳门特别行政区联络办公室主任、副主任，国务院议事协调机构单设的办事机构的主任、副主任，以及有关部门的部长助理（主任助理、行长助理、局长助理、主席助理）等国家工作人员，在任命后进行宪法宣誓。由国务院任命的其他人员的就职宣誓，有关法律或国务院另有规定的，从其规定。（2）国务院任命的国家工作人员的宪法宣誓仪式，由国务院总理或受总理委托的副总理、国务委员监誓，由国务院秘书长或受秘书长委托的副秘书长主持。（3）已参加过宪法宣誓的国家工作人员交流担任同一级别职务时，不再参加宪法宣誓。（4）国务院各部门任命的司、处级国家工作人员，任命后进行宪法宣誓。宣誓人员范围由各部门按照干部管理权限确定，举行宪法宣誓仪式时由各部门主要负责同志或受主要负责同志委托的负责同志监誓，宣誓程序参照本办法执行。（5）国务院任命的国家工作人员的宪法宣誓，由国务院人事行政主管部门会同国务院办公厅具体组织。国务院各部门任命的国家工作人员的宪法宣誓，由各部门分别组织。

（二）最高人民法院关于宪法宣誓的组织办法

2018年12月18日，最高人民法院印发的《关于宪法宣誓的组织办

法》规定：(1) 最高人民法院副院长、审判委员会委员、庭长、副庭长、审判员和军事法院院长，在依照法定程序产生后，进行宪法宣誓。最高人民法院其他国家工作人员，在就职时进行宪法宣誓。(2) 宪法宣誓的领誓人、宣誓人统一着法袍或者其他制式服装、正装。(3) 组织宪法宣誓应当公开进行，可以邀请人大代表、政协委员、有关方面代表参加宣誓仪式。必要时，可以邀请宣誓人的家属观礼。(4) 已参加过宪法宣誓的人员交流担任同一级别职务时，可以不再参加宪法宣誓。(5) 最高人民法院直属单位组织宪法宣誓活动，参考本办法执行。

（三）各省、自治区、直辖市关于宪法宣誓制度的地方性法规

截至 2022 年 12 月，全国 31 个省、自治区、直辖市都根据 2018 年修订后的《关于实行宪法宣誓制度的决定》，制定了本地实行宪法宣誓制度的地方性法规。有的名称为“实施宪法宣誓制度办法”，如《江苏省实施宪法宣誓制度办法》；有的名称为“宪法宣誓实施办法”，如《重庆市宪法宣誓实施办法》；有的名称为“宪法宣誓办法”，如《黑龙江省国家工作人员宪法宣誓办法》；有的名称为“宪法宣誓组织办法”，如《湖北省国家工作人员宪法宣誓组织办法》。这些关于宪法宣誓制度的地方性法规，为当地规范实行宪法宣誓制度提供了遵循。

四、宪法宣誓制度的重大实践

2018 年 3 月 17 日上午 10 时 40 分，在北京人民大会堂，习近平总书记全票当选国家主席、中央军委主席。随后，十三届全国人大一次会议宪法宣誓仪式举行。“10 时 49 分，中国人民解放军军乐团号手奏响了宣誓仪式曲。12 名陆海空三军仪仗兵，一路正步，穿过会场行进至主席台

前。主席台上，3 名仪仗兵护送《中华人民共和国宪法》入场。”[1] 军乐团奏响《义勇军进行曲》。伴随着庄严高亢的旋律，全场代表齐声高唱中华人民共和国国歌。国家主席、中央军委主席习近平迈着自信而坚毅的步伐走向宣誓台。他左手抚按宪法，右手举拳，面向近 3000 名代表宣读誓词：“我宣誓：忠于中华人民共和国宪法，维护宪法权威，履行法定职责，忠于祖国、忠于人民，恪尽职守、廉洁奉公，接受人民监督，为建设富强民主文明和谐美丽的社会主义现代化强国努力奋斗！”[2] 这充分体现了习近平同志作为党、国家、军队最高领导人尊崇宪法、维护宪法、恪守宪法的高度政治自觉，充分彰显了习近平总书记作为全党拥护、人民爱戴的领袖身体力行、率先垂范的政治品格和领袖风范，深刻体现了以习近平同志为核心的党中央坚持依宪治国、依宪执政、维护宪法权威的坚定意志和坚强决心。[3] 共和国历史上国家领导人首次进行宪法宣誓，意义重大，影响深远。

同日，新当选的全国人大常委会委员长栗战书、国家副主席王岐山分别进行宪法宣誓。3 月 18 日，新当选的国务院总理李克强、国家监察委员会主任杨晓渡、最高人民法院院长周强、最高人民检察院检察长张军分别进行宪法宣誓。中央军委副主席、委员，全国人大常委会委员分别进行了集体宪法宣誓。3 月 19 日，国务院副总理、国务委员、秘书长，十三届全国人大专门委员会组成人员分别进行集体宪法宣誓。

2018 年 3 月 23 日，国家监察委员会举行揭牌和宪法宣誓仪式，新任国家监察委员会副主任、委员进行庄严宣誓。4 月 16 日，根据新修改的宪法和《国务院及其各部门任命的国家工作人员宪法宣誓组织办法》的规定，2017 年 6 月至 2018 年 3 月国务院任命的 42 个部门和单位的 92 名负责人在中南海依法进行宪法宣誓。这是新一届国务院举行的宪法宣誓

---

〔1〕 参见霍小光等：《人民的信赖 郑重的誓言——记习近平当选国家主席、中央军委主席并进行宪法宣誓》，载《人民日报》2018 年 3 月 18 日，第 5 版。

〔2〕 同上。

〔3〕 参见《尊崇宪法的庄严宣示》，载《人民日报》2018 年 3 月 18 日，第 5 版。

仪式，国务院总理李克强监督。[1]

实行宪法宣誓制度，是党的十八大以来推进宪法实施的重大举措。通过制定完备的法律规定和制度规范，通过国家领导人向宪法庄严宣誓的率先垂范，通过各部门各层级宪法宣誓仪式的举行，有力增强了国家工作人员模范遵守宪法法律，恪守立党为公、执政为民的初心使命以及依宪依法履职的使命感和责任感，同时，也有力培养了社会公众对宪法法律的崇高信仰，在全社会形成尊崇宪法、遵守宪法的氛围。

习近平总书记多次强调，“各级领导干部要做尊法学法守法用法的模范”，[2]“坚持抓住领导干部这个‘关键少数’”。[3] 领导干部掌握国家权力，具体行使立法、行政、监察、司法等各项国家权力，是全面依法治国的重要组织者、推动者、实践者。领导干部必须深入学习贯彻习近平法治思想，牢固树立宪法法律至上、法律面前人人平等、权由法定、权力依法行使等基本法治观念，带头尊崇宪法法律，带头敬畏宪法法律，遵纪守法、捍卫法治、厉行法治、依法办事，不断提高运用法治思维和法治方式深化改革、推动发展、化解矛盾、维护稳定、应对风险的能力，做法治建设的模范、制度执行的表率，以实际行动带动尊法学法守法用法在全社会蔚然成风。

---

〔1〕参见《新一届国务院举行宪法宣誓仪式》，载《人民日报》2018 年 4 月 17 日，第 1 版。

〔2〕习近平：《各级领导干部要做尊法学法守法用法的模范》，载习近平：《论坚持全面依法治国》，中央文献出版社 2020 年版，第 135 页。

〔3〕习近平：《在中央全面依法治国委员会第一次会议上的讲话》，载习近平：《论坚持全面依法治国》，中央文献出版社 2020 年版，第 231 页。

坚定宪法自信　加强宪法工作
为谱写新时代中国宪法实践新篇章不懈努力

党的二十大报告首次对依法治国单列部分作出全面系统论述，强调要更好发挥宪法在治国理政中的重要作用，更好发挥法治固根本、稳预期、利长远的保障作用，在法治轨道上全面建设社会主义现代化国家，对加强宪法工作作出重要部署。为纪念现行宪法公布施行40周年，2022年12月19日，习近平总书记发表署名文章《谱写新时代中国宪法实践新篇章——纪念现行宪法公布施行40周年》，深刻阐述党领导人民制定和实施具有鲜明社会主义性质的宪法、真正意义上的人民宪法的伟大意义，全面回顾新时代十年我国宪法制度建设和宪法实施监督取得的重大成效，科学总结我国宪法制度建设的规律性认识，对新征程上增强宪法自觉、履行宪法使命、全面贯彻实施宪法提出明确要求。这些重要论述、重要部署与党的十八大以来习近平总书记关于宪法的系列重要论述一脉相承、内在统一，丰富和发展了习近平法治思想，为推进新时代宪法制度建设和加强宪法实施工作提供了根本遵循。我们要全面学习、全面把握、全面落实党的二十大精神，深入贯彻习近平法治思想，深刻领悟“两个确立”的决定性意义，增强“四个意识”、坚定“四个自信”、做到“两个维护”，不断提高政治判断力、政治领悟力、政治执行力，全面贯彻实施宪法，推进全面依法治国，坚定不移走中国特色社会主义法治道路，以奋发有为、开拓进取的精神谱写新时代中国宪法实践新篇章。

深刻领会和全面把握习近平法治思想特别是习近平总书记关于宪法的重要论述作为做好宪法工作的根本遵循

在新时代坚持和发展中国特色社会主义的进程中，在新时代十年我国宪法制度建设和实施监督的工作中，在总结运用党领导中国人民长期奋斗重大成就和历史经验的基础上，我们党把马克思主义法治理论同中国法治建设具体实际相结合，同中华优秀传统法律文化相结合，不断推进宪法理论和宪法实践创新，对形成并正式提出习近平法治思想、推进马克思主义法治理论中国化时代化具有重要意义。党的十八大以来，习近平总书记就加强宪法制度建设、加强宪法工作，全面贯彻实施宪法、维护宪法权威和尊严作出一系列重要论述，有些是关于宪法的专门论述，有些是关于宪法日等相关工作的重要指示批示，有些体现在关于坚持和完善人民代表大会制度、全面依法治国等重要讲话之中。习近平总书记关于宪法的重要论述，包含了许多原创性重大思想观点方法，涵盖了宪法的发展历程、性质特点、地位作用等各方面和宪法的制度建设、实施监督、宣传研究等各环节，丰富发展了社会主义宪法理论和实践，是习近平法治思想的重要组成部分。

推进实践基础上的法治理论创新，是法治中国建设发展前进的不竭动力。习近平总书记署名文章是新时代我们党对宪法制度建设和实施监督规律性认识的集大成者，是新征程上加强宪法全面实施、发挥宪法在治国理政中的重要作用的法治宣言，是推进马克思主义法治理论中国化时代化的光辉宪法篇章。40 年来，我们党对制定和实施宪法的重要性和规律性认识不断深化提升。一直以来，我们党从改革发展稳定、内政外交国防、治党治国治军方面着眼，提出“宪法是国家的根本法，是治国安邦的总章程，是党和人民意志的集中体现”；新时代，我们党不断拓展世界眼光，洞察和把握人类发展进步潮流，提出“制定和实施宪法，是人类文明进步的标志，是人类社会走向现代化的重要支撑”，首次从人类社会现代化进程的高度来认识和看待宪法及其发展实施的重大意义，与党的二十大提出的中国式现代化相契合、相呼应、相衔接，为宪法工作明确更为崇高的使命任务，提出新的更高要求。

党的理论创新每前进一步，理论武装就要跟进一步。习近平法治思想这一科学理论是我们做好新时代宪法工作和立法工作、推进全面依法治国的强大思想武器，必须不断提高政治站位，持续提升理论思维能力、实践应用能力、守正创新能力，做到知其言更知其义、知其然更知其所以然，不断用马克思主义法治理论中国化时代化的最新成果武装头脑、指导实践、推动工作。

深刻领会和全面把握我国宪法是党领导人民长期奋斗重大成就和历史经验的最高法治体现

中国共产党自成立以来，始终把为中国人民谋幸福、为中华民族谋复兴作为初心使命，团结带领全国各族人民创造了新民主主义革命、社会主义革命和建设、改革开放和社会主义现代化建设、新时代中国特色社会主义的伟大成就，实现了中华民族从站起来、富起来到强起来的伟大飞跃。党和人民进行的艰苦奋斗和创造的辉煌成就，党和人民开辟的前进道路和积累的宝贵经验，都郑重写在《中华人民共和国宪法》之中，充分体现为宪法规定、宪法原则、宪法精神。我国现行宪法是党领导中国人民百年奋斗重大成就和历史经验在国家法治上的最高体现，是我们党领导人民长期奋斗历史逻辑、理论逻辑、实践逻辑的必然结果。只有深刻把握党领导人民制定和实施宪法的历史、根据实践需要与时俱进地完善宪法的历程，才能深刻理解我国现行宪法是一部符合国情、符合实际、符合时代发展要求的好宪法，才能准确把握我国宪法形成和发展的政治基础、社会条件、制度原理、重大原则和实践内涵，才能更好做到对我国宪法确立的国家指导思想、发展道路、奋斗目标，确认的中国共产党领导和我国社会主义制度，确认的我们党领导人民创造的社会主义先进文化和中华优秀传统文化充满自信。

习近平总书记在署名文章中深刻指出党领导人民制定宪法的开创性意义，是对“两个紧密相连”重要论断的深化和升华，不仅以深邃的历史眼光揭示了我国宪法在党史、新中国史、改革开放史、社会主义发展史、中华民族发展史上的深远影响，而且以胸怀天下的世界眼光揭示了我国宪法在世界宪法制度史、人类法治文明史上的重大意义，有利于从更高站位、在更高层次上认识和把握当代中国宪法制度，更加清醒认识和把握我国依宪治国、依宪执政同西方所谓“宪政”的本质区别，更有信心志气担负起以宪法力量推动全面建设社会主义现代化国家、全面推进中华民族伟大复兴的使命任务。

厚重的宪法发展历程和艰辛的探索实践是我们坚持宪法自信、坚定不移走中国特色社会主义法治道路的底气所在。我们要坚持把科学理论武装同常态化长效化的党史学习教育相结合，把我国宪法制度同近代以来、新中国成立以来特别是改革开放以来我国发生的历史巨变，同我们现在做的事情、同我们将要做的事情紧密联系起来，从党领导人民制定和实施宪法的发展史、奋斗史中明理增信、崇德力行，把社会主义宪法、真正人民宪法发展实施好、贯彻落实好，更好地为世界范围内宪法制度发展提供中国样本、中国经验，为人类法治文明进步贡献中国智慧、中国方案。

深刻领会和全面把握新时代十年宪法制度建设和宪法实施取得的历史性成就

党的十八大以来，以习近平同志为核心的党中央从关系党和国家长治久安的战略高度来定位法治、布局法治、厉行法治，把全面依法治国纳入“四个全面”战略布局中来谋划推进，把全面贯彻实施宪法作为全面依法治国、建设社会主义法治国家的首要任务和基础性工作，强调坚持依法治国首先要坚持依宪治国、坚持依法执政首先要坚持依宪执政，我国宪法制度建设和宪法实施监督取得重大成效，全党全社会宪法意识明显提升，社会主义法治建设成果丰硕。

党中央是我国宪法完善发展和全面实施的最根本的动力和最坚强的保证。2014 年 10 月，党的十八届四中全会通过的《中共中央关于全面推进依法治国若干重大问题的决定》将“完善以宪法为核心的中国特色社会主义法律体系，加强宪法实施”放在分论的第一部分专门阐述部署，对健全宪法实施和监督制度提出重要举措；2017 年 10 月，党的十九大提出“加强宪法实施和监督，推进合宪性审查工作，维护宪法权威”的重要任务，把全面贯彻实施宪法提高到一个新水平。2018 年 1 月，党的十九届二中全会专题研究宪法修改问题，提出修改宪法部分内容的建议，这在党的中央全会历史上是第一次；2018 年 3 月，十三届全国人大一次会议通过宪法修正案，全面体现了党和人民在实践中取得的重大理论创新、实践创新、制度创新成果。通过这次重大修改，国家根本法在保持连续性、稳定性、权威性的基础上实现了与时俱进、完善发展，符合中国实际，为实现“两个一百年”奋斗目标和中华民族伟大复兴的中国梦提供了有力宪法保障。

新时代十年来，我们始终坚持党的全面领导这一最高政治原则，完善党领导立法、保证执法、支持司法、带头守法制度，落实宪法关于党的领导的规定，推动坚持党的领导入法入规，党对立法工作的领导得到全面加强。通过制定修改全国人大组织法、监察法、国家勋章和国家荣誉称号法等法律不断完善宪法相关法律制度，编纂完成了新中国第一部以法典命名的重要法律——民法典，在国家和社会生活各方面、党和国家事业各领域制定修改一大批法律法规，进一步健全国家治理急需、满足人民日益增长的美好生活需要必备的法律制度，完善以宪法为核心的中国特色社会主义法律体系不断取得新成绩。设立国家宪法日，实行宪法宣誓制度，实施宪法规定的特赦制度，授予功勋模范人物国家勋章和国家荣誉称号，广泛开展宪法宣传教育。积极稳妥推进合宪性审查工作，加强规范性文件备案审查工作，加强合宪性审查、备案审查制度和能力建设。全国人大先后通过关于建立健全香港特别行政区维护国家安全的法律制度和执行机制的决定、关于完善香港特别行政区选举制度的决定，全国人大常委会先后制定香港特别行政区维护国家安全法，通过关于香港特别行政区第六届立法会继续履行职责的决定和关于香港特别行政区立法会议员资格问题的决定，修订香港特别行政区基本法附件一和附件二，维护香港特别行政区宪制秩序、法治秩序，推动香港局势实现由乱到治的重大转折。我们延续了每逢“十”周年纪念现行宪法公布施行的法治传统。2012 年 12 月，习近平总书记出席首都各界纪念现行宪法公布施行 30 周年大会，发表重要讲话；2022 年 12 月，习近平总书记发表署名文章。这些重要宪法实践和重大活动安排充分体现出以习近平同志为核心的党中央对宪法工作的高度重视和坚持依宪治国、依宪执政的坚定决心，展现出我国社会主义宪法、真正人民宪法发展实施的光明前景。

全面把握新时代十年宪法制度建设和宪法实施取得的历史性成就，是我们意气风发迈上全面建设社会主义现代化国家新征程、推进法治中国建设的信心所在。我们要清醒认识到全面依法治国依然任重道远、法治中国建设不会一蹴而就，必须深刻领会把握党的二十大对中国特色社会主义事业发展大势的重大判断、对未来我们必须担负的使命任务的重要部署，倍加珍惜党领导人民一道拼出来、干出来、奋斗出来的重大法治成就，以国家根本法的力量凝聚人民之力、汇聚人民之智，踔厉奋发、再创辉煌。

深刻领会和全面把握关于我国宪法制度建设的规律性认识

重视和善于总结经验是我们党的优良传统。毛泽东同志说过，“我是靠总结经验吃饭的”。[1] 邓小平同志指出：“历史上成功的经验是宝贵财富，错误的经验、失败的经验也是宝贵财富。”[2] 习近平总书记署名文章深刻阐明了关于我国宪法制度建设“七个必须坚持”的规律性认识，这是对我们党领导人民制定和实施宪法历史经验和探索实践的理论升华，是对现行宪法公布施行40年特别是新时代十年宪法制度建设和宪法实施监督实践经验的高度凝练，集中体现党的领导、人民当家作主、依法治国有机统一的深刻内涵，从宪法理论和实践相结合上深入回答关系党和国家事业发展的重大法治课题，对新时代新征程上加强宪法工作具有重大指导意义。

“七个必须坚持”，首要的就是“必须坚持中国共产党领导”，强调宪法确认中国共产党领导地位的最显著特征，明确了宪法工作的根本领导力量，牢牢把握正确的政治方向。“必须坚持人民当家作主”，强调坚持以人民为中心的发展思想，践行全过程人民民主重大理念，发挥法治为了人民、依靠人民、造福人民、保护人民的功能作用，牢牢站稳制定和实施宪法的根本立场。“必须坚持依宪治国、依宪执政”，突出我们党不断深化对共产党执政规律、社会主义建设规律、人类社会发展规律认识取得的重大法治创新成果，把党领导人民制定和实施宪法法律同党坚持在宪法法律范围内活动统一起来，牢牢把握我们党长期执政、治国理政的法治规律。“必须坚持宪法的国家根本法地位”，“必须坚持宪法实施与监督制度化法规化”，“必须坚持维护宪法权威和尊严”，强调宪法最高

[1] 张珊珍：《“我是靠总结经验吃饭的”——学习毛泽东的思想方法和工作方法》，载《学习时报》2017年2月27日A5版。

[2] 邓小平：《改革开放使中国真正活跃起来（一九八七年五月十二日）》，载《邓小平文选》（第3卷），人民出版社1993年版，第234～235页。

的法律地位、法律权威、法律效力，坚持全面贯彻实施宪法，坚持发挥宪法在法律体系中的核心地位功能，坚持用制度体系保证宪法全面实施，牢牢把握宪法制度建设和宪法实施的重点任务。“必须坚持与时俱进完善和发展宪法”，阐释宪法作为上层建筑要随着经济基础的变化而变化的马克思主义法治原理，及时把党和人民在实践中取得的重大理论创新、实践创新、制度创新成果上升为宪法规定，推动我国宪法紧随中国特色社会主义建设实践而不断完善发展，牢牢把握我国宪法守正创新、永葆生机活力的重要途径。

“七个必须坚持”是习近平法治思想发展的最新成果，是新时代新征程上加强宪法工作、推进宪法制度建设和宪法实施监督的行动指南。我们要以科学的态度对待科学、以真理的精神追求真理，坚持学思用贯通、知信行统一，系统学习掌握党领导人民制定和实施宪法的历史特别是党的十八大以来修宪行宪的重要实践，系统学习掌握长期以来我们党对宪法工作一脉相承的规律性认识特别是习近平法治思想中关于宪法的重要论述，从历史与现实、理论与实践相结合，更好地把握“七个必须坚持”规律性认识，满怀信心地推动我国宪法工作迈上新的大台阶。

深刻领会和全面把握新时代新征程上谱写中国宪法实践新篇章的使命任务

党的二十大报告和习近平总书记署名文章提出加强宪法工作、推动宪法全面贯彻实施的明确要求和重要举措，为我们指明了新时代新征程上的使命任务。我们深知责任重大、使命光荣，必须按照习近平总书记对人大提出的“四个机关”定位要求和“五句话”队伍建设要求,[1] 进一步把思想和行动统一到党的二十大精神上来，扎实推进各项工作部署，以新作为新成绩新贡献更好响应党中央的伟大号召，确保高质量完成党中央交办的重大政治任务和法治任务。

一是坚持和加强党对宪法工作的全面领导。宪法是国家根本法，是治国安邦的总章程。宪法工作是国家重要的政治工作，必须旗帜鲜明讲政治，确保我国宪法发展的正确政治方向。要坚持宪法确定的中国共产党领导地位不动摇，坚持宪法确定的人民民主专政的国体和人民代表大会制度的政体不动摇，更好发挥法治固根本、稳预期、利长远的保障作用。坚持完善和贯彻落实党的领导制度体系，把党的领导这一最高政治原则全面、系统、整体落实到宪法工作全过程各方面，深入贯彻党中央全面贯彻实施宪法的战略部署，坚定不移走中国特色社会主义法治道路，牢牢把握中国特色社会主义这个定性来完善法律体系、建设法治体系。严格执行重大涉宪问题和有关工作向党中央请示报告制度。

二是加快完善以宪法为核心的中国特色社会主义法律体系。要紧紧围绕党的二十大关于社会主义经济建设、政治建设、文化建设、社会建设、生态文明建设以及教育科技人才、依法治国、国家安全、国防和军队建设、港澳台工作等方面的重大部署来统筹规划立法项目，着力加强重点领域、新兴领域、涉外领域立法，积极推进国家安全、科技创新、公共卫生、生物安全、生态文明、防范风险等重要领域立法，加快数字经济、互联网金融、人工智能、大数据、云计算等新兴领域立法步伐。坚持统筹推进国内法治和涉外法治，完善反制裁、反干涉、反“长臂管

[1] 2021 年 10 月 13 日，习近平总书记在中央人大工作会议上指出：“各级人大及其常委会要增强‘四个意识’、坚定‘四个自信’、做到‘两个维护’，不断提高政治判断力、政治领悟力、政治执行力，全面加强自身建设，成为自觉坚持中国共产党领导的政治机关、保证人民当家作主的国家权力机关、全面担负宪法法律赋予的各项职责的工作机关、始终同人民群众保持密切联系的代表机关。要优化人大常委会、专门委员会组成人员结构，打造政治坚定、服务人民、尊崇法治、发扬民主、勤勉尽责的人大工作队伍。”参见习近平：《在中央人大工作会议上的讲话》，载《求是》2022 年第 5 期。

辖”相关法律法规，不断充实涉外法律“工具箱”。统筹好全面深化改革与立法修法工作，在法治下推进改革，在改革中完善法治，确保国家发展、重大改革于法有据。深入推进科学立法、民主立法、依法立法，进一步完善立法体制机制，完善党委领导、人大主导、政府依托、各方参与的立法工作格局，有效发挥人大及其常委会在立法工作中的主导作用。坚持以人民为中心，深入贯彻全过程人民民主重大理念，在立法工作中落实好党的群众路线，健全吸纳民意、汇集民智工作机制，建设好基层立法联系点，不断拓展人民有序参与立法途径。坚持立改废释纂并举，适时推动条件成熟的立法领域法典编纂工作，增强立法系统性、整体性、协同性、时效性。全面完善法律、行政法规、军事法规、监察法规、地方性法规体系，完善和加强备案审查制度，推动法律体系更加科学完备、统一权威，维护国家法治统一。

三是健全保证宪法全面实施的制度体系。要坚持宪法规定、宪法原则、宪法精神全面贯彻，坚持宪法实施、宪法解释、宪法监督系统推进，不断完善宪法相关法律制度，全面发挥宪法在立法中的核心地位功能，保证宪法确立的制度、原则、规则得到全面实施。健全中央依照宪法和特别行政区基本法对特别行政区行使全面管治权的法律制度，完善特别行政区同宪法和基本法实施相关的制度和机制，维护宪法和基本法确定的特别行政区宪制秩序和法治秩序。加强对宪法法律实施情况的监督检查，积极稳妥推进合宪性审查，加强备案审查中有关涉宪性问题研究处理，推进宪法监督的规范化、程序化建设，提高合宪性审查、备案审查能力和质量，坚决纠正违宪违法行为，落实宪法解释程序机制，积极回应社会各方面关切。

四是加强宪法理论研究和宣传教育。要坚持宪法宣传、教育、研究共同推进，坚持知识普及、理论阐释、观念引导全面发力，着力通过推进全过程人民民主建设、加快完善中国特色社会主义法律体系、拓展人民群众有序参与立法、加强立法宣传等重要途径，在全社会深入开展尊崇宪法、学习宪法、遵守宪法、维护宪法、运用宪法的学习宣传教育活动，普及宪法知识，弘扬宪法精神，树立宪法自信。坚持以习近平法治思想引领当代中国宪法制度发展，引领中国宪法实践创新，引领中国宪法学科体系、学术体系、话语体系建设，推动形成并发展标志性概念、原创性观点，把中国特色社会主义法治理论不断推向前进。讲好中国宪法故事，传播好中国宪法声音，加大法治文明交流互鉴力度，有自信、有志气宣传中国宪法制度、宪法理论的显著优势和强大生命力，有骨气、有底气同一切歪曲、抹黑、攻击中国宪法的错误言行作斗争，更好展现法治中国的良好形象。

附　　录

中华人民共和国宪法

（1982年12月4日第五届全国人民代表大会第五次会议通过　1982年12月4日全国人民代表大会公告公布施行

根据1988年4月12日第七届全国人民代表大会第一次会议通过的《中华人民共和国宪法修正案》、1993年3月29日第八届全国人民代表大会第一次会议通过的《中华人民共和国宪法修正案》、1999年3月15日第九届全国人民代表大会第二次会议通过的《中华人民共和国宪法修正案》、2004年3月14日第十届全国人民代表大会第二次会议通过的《中华人民共和国宪法修正案》和2018年3月11日第十三届全国人民代表大会第一次会议通过的《中华人民共和国宪法修正案》修正）

目　　录

序　言
第一章　总　　纲
第二章　公民的基本权利和义务
第三章　国家机构
　第一节　全国人民代表大会
　第二节　中华人民共和国主席
　第三节　国务院
　第四节　中央军事委员会
　第五节　地方各级人民代表大会和地方各级人民政府
　第六节　民族自治地方的自治机关
　第七节　监察委员会
　第八节　人民法院和人民检察院
第四章　国旗、国歌、国徽、首都

序　言

中国是世界上历史最悠久的国家之一。中国各族人民共同创造了光辉灿烂的文化，具有光荣的革命传统。

一八四〇年以后，封建的中国逐渐变成半殖民地、半封建的国家。中国人民为国家独立、民族解放和民主自由进行了前仆后继的英勇奋斗。

二十世纪，中国发生了翻天覆地的伟大历史变革。

一九一一年孙中山先生领导的辛亥革命，废除了封建帝制，创立了中华民国。但是，中国人民反对帝国主义和封建主义的历史任务还没有完成。

一九四九年，以毛泽东主席为领袖的中国共产党领导中国各族人民，在经历了长期的艰难曲折的武装斗争和其他形式的斗争以后，终于推翻了帝国主义、封建主义和官僚资本主义的统治，取得了新民主主义革命的伟大胜利，建立了中华人民共和国。从此，中国人民掌握了国家的权力，成为国家的主人。

中华人民共和国成立以后，我国社会逐步实现了由新民主主义到社会主义的过渡。生产资料私有制的社会主义改造已经完成，人剥削人的制度已经消灭，社会主义制度已经确立。工人阶级领导的、以工农联盟为基础的人民民主专政，实质上即无产阶级专政，得到巩固和发展。中国人民和中国人民解放军战胜了帝国主义、霸权主义的侵略、破坏和武装挑衅，维护了国家的独立和安全，增强了国防。经济建设取得了重大的成就，独立的、比较完整的社会主义工业体系已经基本形成，农业生产显著提高。教育、科学、文化等事业有了很大的发展，社会主义思想教育取得了明显的成效。广大人民的生活有了较大的改善。

中国新民主主义革命的胜利和社会主义事业的成就，是中国共产党领导中国各族人民，在马克思列宁主义、毛泽东思想的指引下，坚持真理，修正错误，战胜许多艰难险阻而取得的。我国将长期处于社会主义初级阶段。国家的根本任务是，沿着中国特色社会主义道路，集中力量进行社会主义现代化建设。中国各族人民将继续在中国共产党领导下，在马克思列宁主义、毛泽东思想、邓小平理论、“三个代表”重要思想、科学发展观、习近平新时代中国特色社会主义思想指引下，坚持人民民主专政，坚持社会主义道路，坚持改革开放，不断完善社会主义的各项制度，发展社会主义市场经济，发展社会主义民主，健全社会主义法治，贯彻新发展理念，自力更生，艰苦奋斗，逐步实现工业、农业、国防和科学技术的现代化，推动物质文明、政治文明、精神文明、社会文明、生态文明协调发展，把我国建设成为富强民主文明和谐美丽的社会主义现代化强国，实现中华民族伟大复兴。

在我国，剥削阶级作为阶级已经消灭，但是阶级斗争还将在一定范围内长期存在。中国人民对敌视和破坏我国社会主义制度的国内外的敌对势力和敌对分子，必须进行斗争。

台湾是中华人民共和国的神圣领土的一部分。完成统一祖国的大业是包括台湾同胞在内的全中国人民的神圣职责。

社会主义的建设事业必须依靠工人、农民和知识分子，团结一切可以团结的力量。在长期的革命、建设、改革过程中，已经结成由中国共产党领导的，有各民主党派和各人民团体参加的，包括全体社会主义劳动者、社会主义事业的建设者、拥护社会主义的爱国者、拥护祖国统一和致力于中华民族伟大复兴的爱国者的广泛的爱国统一战线，这个统一战线将继续巩固和发展。中国人民政治协商会议是有广泛代表性的统一战线组织，过去发挥了重要的历史作用，今后在国家政治生活、社会生活和对外友好活动中，在进行社会主义现代化建设、维护国家的统一和团结的斗争中，将进一步发挥它的重要作用。中国共产党领导的多党合作和政治协商制度将长期存在和发展。

中华人民共和国是全国各族人民共同缔造的统一的多民族国家。平等团结互助和谐的社会主义民族关系已经确立，并将继续加强。在维护民族团结的斗争中，要反对大民族主义，主要是大汉族主义，也要反对地方民族主义。国家尽一切努力，促进全国各民族的共同繁荣。

中国革命、建设、改革的成就是同世界人民的支持分不开的。中国的前途是同世界的前途紧密地联系在一起的。中国坚持独立自主的对外政策，坚持互相尊重主权和领土完整、互不侵犯、互不干涉内政、平等互利、和平共处的五项原则，坚持和平发展道路，坚持互利共赢开放战略，发展同各国的外交关系和经济、文化交流，推动构建人类命运共同体；坚持反对帝国主义、霸权主义、殖民主义，加强同世界各国人民的团结，支持被压迫民族和发展中国家争取和维护民族独立、发展民族经济的正义斗争，为维护世界和平和促进人类进步事业而努力。

本宪法以法律的形式确认了中国各族人民奋斗的成果，规定了国家的根本制度和根本任务，是国家的根本法，具有最高的法律效力。全国各族人民、一切国家机关和武装力量、各政党和各社会团体、各企业事业组织，都必须以宪法为根本的活动准则，并且负有维护宪法尊严、保证宪法实施的职责。

第一章　总　　纲

第一条　中华人民共和国是工人阶级领导的、以工农联盟为基础的人民民主专政的社会主义国家。

社会主义制度是中华人民共和国的根本制度。中国共产党领导是中国特色社会主义最本质的特征。禁止任何组织或者个人破坏社会主义制度。

第二条 中华人民共和国的一切权力属于人民。

人民行使国家权力的机关是全国人民代表大会和地方各级人民代表大会。

人民依照法律规定，通过各种途径和形式，管理国家事务，管理经济和文化事业，管理社会事务。

第三条 中华人民共和国的国家机构实行民主集中制的原则。

全国人民代表大会和地方各级人民代表大会都由民主选举产生，对人民负责，受人民监督。

国家行政机关、监察机关、审判机关、检察机关都由人民代表大会产生，对它负责，受它监督。

中央和地方的国家机构职权的划分，遵循在中央的统一领导下，充分发挥地方的主动性、积极性的原则。

第四条 中华人民共和国各民族一律平等。国家保障各少数民族的合法的权利和利益，维护和发展各民族的平等团结互助和谐关系。禁止对任何民族的歧视和压迫，禁止破坏民族团结和制造民族分裂的行为。

国家根据各少数民族的特点和需要，帮助各少数民族地区加速经济和文化的发展。

各少数民族聚居的地方实行区域自治，设立自治机关，行使自治权。各民族自治地方都是中华人民共和国不可分离的部分。

各民族都有使用和发展自己的语言文字的自由，都有保持或者改革自己的风俗习惯的自由。

第五条 中华人民共和国实行依法治国，建设社会主义法治国家。

国家维护社会主义法制的统一和尊严。

一切法律、行政法规和地方性法规都不得同宪法相抵触。

一切国家机关和武装力量、各政党和各社会团体、各企业事业组织都必须遵守宪法和法律。一切违反宪法和法律的行为，必须予以追究。

任何组织或者个人都不得有超越宪法和法律的特权。

第六条 中华人民共和国的社会主义经济制度的基础是生产资料的社会主义公有制，即全民所有制和劳动群众集体所有制。社会主义公有制消灭人剥削人的制度，实行各尽所能、按劳分配的原则。

国家在社会主义初级阶段，坚持公有制为主体、多种所有制经济共同发展的基本经济制度，坚持按劳分配为主体、多种分配方式并存的分配制度。

第七条 国有经济，即社会主义全民所有制经济，是国民经济中的主导力量。国家保障国有经济的巩固和发展。

第八条　农村集体经济组织实行家庭承包经营为基础、统分结合的双层经营体制。农村中的生产、供销、信用、消费等各种形式的合作经济，是社会主义劳动群众集体所有制经济。参加农村集体经济组织的劳动者，有权在法律规定的范围内经营自留地、自留山、家庭副业和饲养自留畜。

城镇中的手工业、工业、建筑业、运输业、商业、服务业等行业的各种形式的合作经济，都是社会主义劳动群众集体所有制经济。

国家保护城乡集体经济组织的合法的权利和利益，鼓励、指导和帮助集体经济的发展。

第九条　矿藏、水流、森林、山岭、草原、荒地、滩涂等自然资源，都属于国家所有，即全民所有；由法律规定属于集体所有的森林和山岭、草原、荒地、滩涂除外。

国家保障自然资源的合理利用，保护珍贵的动物和植物。禁止任何组织或者个人用任何手段侵占或者破坏自然资源。

第十条　城市的土地属于国家所有。

农村和城市郊区的土地，除由法律规定属于国家所有的以外,属于集体所有；宅基地和自留地、自留山，也属于集体所有。

国家为了公共利益的需要，可以依照法律规定对土地实行征收或者征用并给予补偿。

任何组织或者个人不得侵占、买卖或者以其他形式非法转让土地。土地的使用权可以依照法律的规定转让。

一切使用土地的组织和个人必须合理地利用土地。

第十一条　在法律规定范围内的个体经济、私营经济等非公有制经济，是社会主义市场经济的重要组成部分。

国家保护个体经济、私营经济等非公有制经济的合法的权利和利益。国家鼓励、支持和引导非公有制经济的发展，并对非公有制经济依法实行监督和管理。

第十二条　社会主义的公共财产神圣不可侵犯。

国家保护社会主义的公共财产。禁止任何组织或者个人用任何手段侵占或者破坏国家的和集体的财产。

第十三条　公民的合法的私有财产不受侵犯。

国家依照法律规定保护公民的私有财产权和继承权。

国家为了公共利益的需要，可以依照法律规定对公民的私有财产实行征收或者征用并给予补偿。

第十四条 国家通过提高劳动者的积极性和技术水平，推广先进的科学技术，完善经济管理体制和企业经营管理制度，实行各种形式的社会主义责任制，改进劳动组织，以不断提高劳动生产率和经济效益，发展社会生产力。

国家厉行节约，反对浪费。

国家合理安排积累和消费，兼顾国家、集体和个人的利益，在发展生产的基础上，逐步改善人民的物质生活和文化生活。

国家建立健全同经济发展水平相适应的社会保障制度。

第十五条 国家实行社会主义市场经济。

国家加强经济立法，完善宏观调控。

国家依法禁止任何组织或者个人扰乱社会经济秩序。

第十六条 国有企业在法律规定的范围内有权自主经营。

国有企业依照法律规定，通过职工代表大会和其他形式，实行民主管理。

第十七条 集体经济组织在遵守有关法律的前提下，有独立进行经济活动的自主权。

集体经济组织实行民主管理，依照法律规定选举和罢免管理人员，决定经营管理的重大问题。

第十八条 中华人民共和国允许外国的企业和其他经济组织或者个人依照中华人民共和国法律的规定在中国投资，同中国的企业或者其他经济组织进行各种形式的经济合作。

在中国境内的外国企业和其他外国经济组织以及中外合资经营的企业，都必须遵守中华人民共和国的法律。它们的合法的权利和利益受中华人民共和国法律的保护。

第十九条 国家发展社会主义的教育事业，提高全国人民的科学文化水平。

国家举办各种学校，普及初等义务教育，发展中等教育、职业教育和高等教育，并且发展学前教育。

国家发展各种教育设施，扫除文盲，对工人、农民、国家工作人员和其他劳动者进行政治、文化、科学、技术、业务的教育，鼓励自学成才。

国家鼓励集体经济组织、国家企业事业组织和其他社会力量依照法律规定举办各种教育事业。

国家推广全国通用的普通话。

第二十条 国家发展自然科学和社会科学事业，普及科学和技术知识，奖励科学研究成果和技术发明创造。

第二十一条 国家发展医疗卫生事业，发展现代医药和我国传统医药，鼓励和支持农村集体经济组织、国家企业事业组织和街道组织举办各种医疗卫生设施，开展群众性的卫生活动，保护人民健康。

国家发展体育事业，开展群众性的体育活动，增强人民体质。

第二十二条　国家发展为人民服务、为社会主义服务的文学艺术事业、新闻广播电视事业、出版发行事业、图书馆博物馆文化馆和其他文化事业，开展群众性的文化活动。

国家保护名胜古迹、珍贵文物和其他重要历史文化遗产。

第二十三条　国家培养为社会主义服务的各种专业人才，扩大知识分子的队伍，创造条件，充分发挥他们在社会主义现代化建设中的作用。

第二十四条　国家通过普及理想教育、道德教育、文化教育、纪律和法制教育，通过在城乡不同范围的群众中制定和执行各种守则、公约，加强社会主义精神文明的建设。

国家倡导社会主义核心价值观，提倡爱祖国、爱人民、爱劳动、爱科学、爱社会主义的公德，在人民中进行爱国主义、集体主义和国际主义、共产主义的教育，进行辩证唯物主义和历史唯物主义的教育，反对资本主义的、封建主义的和其他的腐朽思想。

第二十五条　国家推行计划生育，使人口的增长同经济和社会发展计划相适应。

第二十六条　国家保护和改善生活环境和生态环境，防治污染和其他公害。

国家组织和鼓励植树造林，保护林木。

第二十七条　一切国家机关实行精简的原则，实行工作责任制，实行工作人员的培训和考核制度，不断提高工作质量和工作效率，反对官僚主义。

一切国家机关和国家工作人员必须依靠人民的支持，经常保持同人民的密切联系，倾听人民的意见和建议，接受人民的监督，努力为人民服务。

国家工作人员就职时应当依照法律规定公开进行宪法宣誓。

第二十八条　国家维护社会秩序，镇压叛国和其他危害国家安全的犯罪活动，制裁危害社会治安、破坏社会主义经济和其他犯罪的活动，惩办和改造犯罪分子。

第二十九条　中华人民共和国的武装力量属于人民。它的任务是巩固国防，抵抗侵略，保卫祖国，保卫人民的和平劳动，参加国家建设事业，努力为人民服务。

国家加强武装力量的革命化、现代化、正规化的建设，增强国防力量。

第三十条　中华人民共和国的行政区域划分如下：

（一）全国分为省、自治区、直辖市；

（二）省、自治区分为自治州、县、自治县、市；

（三）县、自治县分为乡、民族乡、镇。

直辖市和较大的市分为区、县。自治州分为县、自治县、市。

自治区、自治州、自治县都是民族自治地方。

第三十一条　国家在必要时得设立特别行政区。在特别行政区内实行的制度按照具体情况由全国人民代表大会以法律规定。

第三十二条　中华人民共和国保护在中国境内的外国人的合法权利和利益，在中国境内的外国人必须遵守中华人民共和国的法律。

中华人民共和国对于因为政治原因要求避难的外国人，可以给予受庇护的权利。

第二章　公民的基本权利和义务

第三十三条　凡具有中华人民共和国国籍的人都是中华人民共和国公民。

中华人民共和国公民在法律面前一律平等。

国家尊重和保障人权。

任何公民享有宪法和法律规定的权利，同时必须履行宪法和法律规定的义务。

第三十四条　中华人民共和国年满十八周岁的公民，不分民族、种族、性别、职业、家庭出身、宗教信仰、教育程度、财产状况、居住期限，都有选举权和被选举权；但是依照法律被剥夺政治权利的人除外。

第三十五条　中华人民共和国公民有言论、出版、集会、结社、游行、示威的自由。

第三十六条　中华人民共和国公民有宗教信仰自由。

任何国家机关、社会团体和个人不得强制公民信仰宗教或者不信仰宗教，不得歧视信仰宗教的公民和不信仰宗教的公民。

国家保护正常的宗教活动。任何人不得利用宗教进行破坏社会秩序、损害公民身体健康、妨碍国家教育制度的活动。

宗教团体和宗教事务不受外国势力的支配。

第三十七条　中华人民共和国公民的人身自由不受侵犯。

任何公民，非经人民检察院批准或者决定或者人民法院决定，并由公安机关执行，不受逮捕。

禁止非法拘禁和以其他方法非法剥夺或者限制公民的人身自由，禁止非法搜查公民的身体。

第三十八条　中华人民共和国公民的人格尊严不受侵犯。禁止用任何方法对公民进行侮辱、诽谤和诬告陷害。

第三十九条　中华人民共和国公民的住宅不受侵犯。禁止非法搜查或者非法侵入公民的住宅。

第四十条　中华人民共和国公民的通信自由和通信秘密受法律的保护。除因国家安全或者追查刑事犯罪的需要，由公安机关或者检察机关依照法律规定的程序对通信进行检查外，任何组织或者个人不得以任何理由侵犯公民的通信自由和通信秘密。

第四十一条　中华人民共和国公民对于任何国家机关和国家工作人员，有提出批评和建议的权利；对于任何国家机关和国家工作人员的违法失职行为，有向有关国家机关提出申诉、控告或者检举的权利，但是不得捏造或者歪曲事实进行诬告陷害。

对于公民的申诉、控告或者检举，有关国家机关必须查清事实，负责处理。任何人不得压制和打击报复。

由于国家机关和国家工作人员侵犯公民权利而受到损失的人，有依照法律规定取得赔偿的权利。

第四十二条　中华人民共和国公民有劳动的权利和义务。

国家通过各种途径，创造劳动就业条件，加强劳动保护，改善劳动条件，并在发展生产的基础上，提高劳动报酬和福利待遇。

劳动是一切有劳动能力的公民的光荣职责。国有企业和城乡集体经济组织的劳动者都应当以国家主人翁的态度对待自己的劳动。国家提倡社会主义劳动竞赛，奖励劳动模范和先进工作者。国家提倡公民从事义务劳动。

国家对就业前的公民进行必要的劳动就业训练。

第四十三条　中华人民共和国劳动者有休息的权利。

国家发展劳动者休息和休养的设施，规定职工的工作时间和休假制度。

第四十四条　国家依照法律规定实行企业事业组织的职工和国家机关工作人员的退休制度。退休人员的生活受到国家和社会的保障。

第四十五条　中华人民共和国公民在年老、疾病或者丧失劳动能力的情况下，有从国家和社会获得物质帮助的权利。国家发展为公民享受这些权利所需要的社会保险、社会救济和医疗卫生事业。

国家和社会保障残废军人的生活，抚恤烈士家属，优待军人家属。

国家和社会帮助安排盲、聋、哑和其他有残疾的公民的劳动、生活和教育。

第四十六条　中华人民共和国公民有受教育的权利和义务。

国家培养青年、少年、儿童在品德、智力、体质等方面全面发展。

第四十七条 中华人民共和国公民有进行科学研究、文学艺术创作和其他文化活动的自由。国家对于从事教育、科学、技术、文学、艺术和其他文化事业的公民的有益于人民的创造性工作，给以鼓励和帮助。

第四十八条 中华人民共和国妇女在政治的、经济的、文化的、社会的和家庭的生活等各方面享有同男子平等的权利。

国家保护妇女的权利和利益，实行男女同工同酬，培养和选拔妇女干部。

第四十九条 婚姻、家庭、母亲和儿童受国家的保护。

夫妻双方有实行计划生育的义务。

父母有抚养教育未成年子女的义务，成年子女有赡养扶助父母的义务。

禁止破坏婚姻自由，禁止虐待老人、妇女和儿童。

第五十条 中华人民共和国保护华侨的正当的权利和利益，保护归侨和侨眷的合法的权利和利益。

第五十一条 中华人民共和国公民在行使自由和权利的时候，不得损害国家的、社会的、集体的利益和其他公民的合法的自由和权利。

第五十二条 中华人民共和国公民有维护国家统一和全国各民族团结的义务。

第五十三条 中华人民共和国公民必须遵守宪法和法律，保守国家秘密，爱护公共财产，遵守劳动纪律，遵守公共秩序，尊重社会公德。

第五十四条 中华人民共和国公民有维护祖国的安全、荣誉和利益的义务，不得有危害祖国的安全、荣誉和利益的行为。

第五十五条 保卫祖国、抵抗侵略是中华人民共和国每一个公民的神圣职责。

依照法律服兵役和参加民兵组织是中华人民共和国公民的光荣义务。

第五十六条 中华人民共和国公民有依照法律纳税的义务。

第三章 国家机构

第一节 全国人民代表大会

第五十七条 中华人民共和国全国人民代表大会是最高国家权力机关。它的常设机关是全国人民代表大会常务委员会。

第五十八条 全国人民代表大会和全国人民代表大会常务委员会行使国家立法权。

第五十九条 全国人民代表大会由省、自治区、直辖市、特别行政区和军队选出的代表组成。各少数民族都应当有适当名额的代表。

全国人民代表大会代表的选举由全国人民代表大会常务委员会主持。

全国人民代表大会代表名额和代表产生办法由法律规定。

第六十条　全国人民代表大会每届任期五年。

全国人民代表大会任期届满的两个月以前，全国人民代表大会常务委员会必须完成下届全国人民代表大会代表的选举。如果遇到不能进行选举的非常情况，由全国人民代表大会常务委员会以全体组成人员的三分之二以上的多数通过，可以推迟选举，延长本届全国人民代表大会的任期。在非常情况结束后一年内，必须完成下届全国人民代表大会代表的选举。

第六十一条　全国人民代表大会会议每年举行一次，由全国人民代表大会常务委员会召集。如果全国人民代表大会常务委员会认为必要，或者有五分之一以上的全国人民代表大会代表提议，可以临时召集全国人民代表大会会议。

全国人民代表大会举行会议的时候，选举主席团主持会议。

第六十二条　全国人民代表大会行使下列职权：

（一）修改宪法；

（二）监督宪法的实施；

（三）制定和修改刑事、民事、国家机构的和其他的基本法律；

（四）选举中华人民共和国主席、副主席；

（五）根据中华人民共和国主席的提名，决定国务院总理的人选；根据国务院总理的提名，决定国务院副总理、国务委员、各部部长、各委员会主任、审计长、秘书长的人选；

（六）选举中央军事委员会主席；根据中央军事委员会主席的提名，决定中央军事委员会其他组成人员的人选；

（七）选举国家监察委员会主任；

（八）选举最高人民法院院长；

（九）选举最高人民检察院检察长；

（十）审查和批准国民经济和社会发展计划和计划执行情况的报告；

（十一）审查和批准国家的预算和预算执行情况的报告；

（十二）改变或者撤销全国人民代表大会常务委员会不适当的决定；

（十三）批准省、自治区和直辖市的建置；

（十四）决定特别行政区的设立及其制度；

（十五）决定战争和和平的问题；

（十六）应当由最高国家权力机关行使的其他职权。

第六十三条　全国人民代表大会有权罢免下列人员：

（一）中华人民共和国主席、副主席；

（二）国务院总理、副总理、国务委员、各部部长、各委员会主任、审计长、秘书长；

（三）中央军事委员会主席和中央军事委员会其他组成人员；

（四）国家监察委员会主任；

（五）最高人民法院院长；

（六）最高人民检察院检察长。

第六十四条 宪法的修改，由全国人民代表大会常务委员会或者五分之一以上的全国人民代表大会代表提议，并由全国人民代表大会以全体代表的三分之二以上的多数通过。

法律和其他议案由全国人民代表大会以全体代表的过半数通过。

第六十五条 全国人民代表大会常务委员会由下列人员组成：

委员长，

副委员长若干人，

秘书长，

委员若干人。

全国人民代表大会常务委员会组成人员中，应当有适当名额的少数民族代表。

全国人民代表大会选举并有权罢免全国人民代表大会常务委员会的组成人员。

全国人民代表大会常务委员会的组成人员不得担任国家行政机关、监察机关、审判机关和检察机关的职务。

第六十六条 全国人民代表大会常务委员会每届任期同全国人民代表大会每届任期相同，它行使职权到下届全国人民代表大会选出新的常务委员会为止。

委员长、副委员长连续任职不得超过两届。

第六十七条 全国人民代表大会常务委员会行使下列职权：

（一）解释宪法，监督宪法的实施；

（二）制定和修改除应当由全国人民代表大会制定的法律以外的其他法律；

（三）在全国人民代表大会闭会期间，对全国人民代表大会制定的法律进行部分补充和修改，但是不得同该法律的基本原则相抵触；

（四）解释法律；

（五）在全国人民代表大会闭会期间，审查和批准国民经济和社会发展计划、国家预算在执行过程中所必须作的部分调整方案；

（六）监督国务院、中央军事委员会、国家监察委员会、最高人民法院和最高人民检察院的工作；

（七）撤销国务院制定的同宪法、法律相抵触的行政法规、决定和命令；

（八）撤销省、自治区、直辖市国家权力机关制定的同宪法、法律和行政法规相抵触的地方性法规和决议；

（九）在全国人民代表大会闭会期间，根据国务院总理的提名，决定部长、委员会主任、审计长、秘书长的人选；

（十）在全国人民代表大会闭会期间，根据中央军事委员会主席的提名，决定中央军事委员会其他组成人员的人选；

（十一）根据国家监察委员会主任的提请，任免国家监察委员会副主任、委员；

（十二）根据最高人民法院院长的提请，任免最高人民法院副院长、审判员、审判委员会委员和军事法院院长；

（十三）根据最高人民检察院检察长的提请，任免最高人民检察院副检察长、检察员、检察委员会委员和军事检察院检察长，并且批准省、自治区、直辖市的人民检察院检察长的任免；

（十四）决定驻外全权代表的任免；

（十五）决定同外国缔结的条约和重要协定的批准和废除；

（十六）规定军人和外交人员的衔级制度和其他专门衔级制度；

（十七）规定和决定授予国家的勋章和荣誉称号；

（十八）决定特赦；

（十九）在全国人民代表大会闭会期间，如果遇到国家遭受武装侵犯或者必须履行国际间共同防止侵略的条约的情况，决定战争状态的宣布；

（二十）决定全国总动员或者局部动员；

（二十一）决定全国或者个别省、自治区、直辖市进入紧急状态；

（二十二）全国人民代表大会授予的其他职权。

第六十八条 全国人民代表大会常务委员会委员长主持全国人民代表大会常务委员会的工作，召集全国人民代表大会常务委员会会议。副委员长、秘书长协助委员长工作。

委员长、副委员长、秘书长组成委员长会议，处理全国人民代表大会常务委员会的重要日常工作。

第六十九条 全国人民代表大会常务委员会对全国人民代表大会负责并报告工作。

第七十条　全国人民代表大会设立民族委员会、宪法和法律委员会、财政经济委员会、教育科学文化卫生委员会、外事委员会、华侨委员会和其他需要设立的专门委员会。在全国人民代表大会闭会期间，各专门委员会受全国人民代表大会常务委员会的领导。

各专门委员会在全国人民代表大会和全国人民代表大会常务委员会领导下，研究、审议和拟订有关议案。

第七十一条　全国人民代表大会和全国人民代表大会常务委员会认为必要的时候，可以组织关于特定问题的调查委员会，并且根据调查委员会的报告，作出相应的决议。

调查委员会进行调查的时候，一切有关的国家机关、社会团体和公民都有义务向它提供必要的材料。

第七十二条　全国人民代表大会代表和全国人民代表大会常务委员会组成人员，有权依照法律规定的程序分别提出属于全国人民代表大会和全国人民代表大会常务委员会职权范围内的议案。

第七十三条　全国人民代表大会代表在全国人民代表大会开会期间，全国人民代表大会常务委员会组成人员在常务委员会开会期间，有权依照法律规定的程序提出对国务院或者国务院各部、各委员会的质询案。受质询的机关必须负责答复。

第七十四条　全国人民代表大会代表，非经全国人民代表大会会议主席团许可，在全国人民代表大会闭会期间非经全国人民代表大会常务委员会许可，不受逮捕或者刑事审判。

第七十五条　全国人民代表大会代表在全国人民代表大会各种会议上的发言和表决，不受法律追究。

第七十六条　全国人民代表大会代表必须模范地遵守宪法和法律，保守国家秘密，并且在自己参加的生产、工作和社会活动中，协助宪法和法律的实施。

全国人民代表大会代表应当同原选举单位和人民保持密切的联系，听取和反映人民的意见和要求，努力为人民服务。

第七十七条　全国人民代表大会代表受原选举单位的监督。原选举单位有权依照法律规定的程序罢免本单位选出的代表。

第七十八条　全国人民代表大会和全国人民代表大会常务委员会的组织和工作程序由法律规定。

第二节　中华人民共和国主席

第七十九条　中华人民共和国主席、副主席由全国人民代表大会选举。

有选举权和被选举权的年满四十五周岁的中华人民共和国公民可以被选为中华人民共和国主席、副主席。

中华人民共和国主席、副主席每届任期同全国人民代表大会每届任期相同。

第八十条 中华人民共和国主席根据全国人民代表大会的决定和全国人民代表大会常务委员会的决定，公布法律，任免国务院总理、副总理、国务委员、各部部长、各委员会主任、审计长、秘书长，授予国家的勋章和荣誉称号，发布特赦令，宣布进入紧急状态，宣布战争状态，发布动员令。

第八十一条 中华人民共和国主席代表中华人民共和国，进行国事活动，接受外国使节；根据全国人民代表大会常务委员会的决定，派遣和召回驻外全权代表，批准和废除同外国缔结的条约和重要协定。

第八十二条 中华人民共和国副主席协助主席工作。

中华人民共和国副主席受主席的委托，可以代行主席的部分职权。

第八十三条 中华人民共和国主席、副主席行使职权到下届全国人民代表大会选出的主席、副主席就职为止。

第八十四条 中华人民共和国主席缺位的时候，由副主席继任主席的职位。

中华人民共和国副主席缺位的时候，由全国人民代表大会补选。

中华人民共和国主席、副主席都缺位的时候，由全国人民代表大会补选；在补选以前，由全国人民代表大会常务委员会委员长暂时代理主席职位。

第三节 国 务 院

第八十五条 中华人民共和国国务院，即中央人民政府，是最高国家权力机关的执行机关，是最高国家行政机关。

第八十六条 国务院由下列人员组成：

总理，

副总理若干人，

国务委员若干人，

各部部长，

各委员会主任，

审计长，

秘书长。

国务院实行总理负责制。各部、各委员会实行部长、主任负责制。

国务院的组织由法律规定。

第八十七条 国务院每届任期同全国人民代表大会每届任期相同。

总理、副总理、国务委员连续任职不得超过两届。

第八十八条 总理领导国务院的工作。副总理、国务委员协助总理工作。

总理、副总理、国务委员、秘书长组成国务院常务会议。

总理召集和主持国务院常务会议和国务院全体会议。

第八十九条 国务院行使下列职权：

（一）根据宪法和法律，规定行政措施，制定行政法规，发布决定和命令；

（二）向全国人民代表大会或者全国人民代表大会常务委员会提出议案；

（三）规定各部和各委员会的任务和职责，统一领导各部和各委员会的工作，并且领导不属于各部和各委员会的全国性的行政工作；

（四）统一领导全国地方各级国家行政机关的工作，规定中央和省、自治区、直辖市的国家行政机关的职权的具体划分；

（五）编制和执行国民经济和社会发展计划和国家预算；

（六）领导和管理经济工作和城乡建设、生态文明建设；

（七）领导和管理教育、科学、文化、卫生、体育和计划生育工作；

（八）领导和管理民政、公安、司法行政等工作；

（九）管理对外事务，同外国缔结条约和协定；

（十）领导和管理国防建设事业；

（十一）领导和管理民族事务，保障少数民族的平等权利和民族自治地方的自治权利；

（十二）保护华侨的正当的权利和利益，保护归侨和侨眷的合法的权利和利益；

（十三）改变或者撤销各部、各委员会发布的不适当的命令、指示和规章；

（十四）改变或者撤销地方各级国家行政机关的不适当的决定和命令；

（十五）批准省、自治区、直辖市的区域划分，批准自治州、县、自治县、市的建置和区域划分；

（十六）依照法律规定决定省、自治区、直辖市的范围内部分地区进入紧急状态；

（十七）审定行政机构的编制，依照法律规定任免、培训、考核和奖惩行政人员；

（十八）全国人民代表大会和全国人民代表大会常务委员会授予的其他职权。

第九十条 国务院各部部长、各委员会主任负责本部门的工作；召集和主持部务会议或者委员会会议、委务会议，讨论决定本部门工作的重大问题。

各部、各委员会根据法律和国务院的行政法规、决定、命令，在本部门的权限内，发布命令、指示和规章。

第九十一条 国务院设立审计机关，对国务院各部门和地方各级政府的财政收支，对国家的财政金融机构和企业事业组织的财务收支，进行审计监督。

审计机关在国务院总理领导下，依照法律规定独立行使审计监督权，不受其他行政机关、社会团体和个人的干涉。

第九十二条 国务院对全国人民代表大会负责并报告工作；在全国人民代表大会闭会期间，对全国人民代表大会常务委员会负责并报告工作。

第四节 中央军事委员会

第九十三条 中华人民共和国中央军事委员会领导全国武装力量。

中央军事委员会由下列人员组成：

主席，

副主席若干人，

委员若干人。

中央军事委员会实行主席负责制。

中央军事委员会每届任期同全国人民代表大会每届任期相同。

第九十四条 中央军事委员会主席对全国人民代表大会和全国人民代表大会常务委员会负责。

第五节 地方各级人民代表大会和地方各级人民政府

第九十五条 省、直辖市、县、市、市辖区、乡、民族乡、镇设立人民代表大会和人民政府。

地方各级人民代表大会和地方各级人民政府的组织由法律规定。

自治区、自治州、自治县设立自治机关。自治机关的组织和工作根据宪法第三章第五节、第六节规定的基本原则由法律规定。

第九十六条 地方各级人民代表大会是地方国家权力机关。

县级以上的地方各级人民代表大会设立常务委员会。

第九十七条 省、直辖市、设区的市的人民代表大会代表由下一级的人民代表大会选举；县、不设区的市、市辖区、乡、民族乡、镇的人民代表大会代表由选民直接选举。

地方各级人民代表大会代表名额和代表产生办法由法律规定。

第九十八条 地方各级人民代表大会每届任期五年。

第九十九条 地方各级人民代表大会在本行政区域内，保证宪法、法律、行政法规的遵守和执行；依照法律规定的权限，通过和发布决议，审查和决定地方的经济建设、文化建设和公共事业建设的计划。

县级以上的地方各级人民代表大会审查和批准本行政区域内的国民经济和社会发展计划、预算以及它们的执行情况的报告；有权改变或者撤销本级人民代表大会常务委员会不适当的决定。

民族乡的人民代表大会可以依照法律规定的权限采取适合民族特点的具体措施。

第一百条 省、直辖市的人民代表大会和它们的常务委员会，在不同宪法、法律、行政法规相抵触的前提下，可以制定地方性法规，报全国人民代表大会常务委员会备案。

设区的市的人民代表大会和它们的常务委员会，在不同宪法、法律、行政法规和本省、自治区的地方性法规相抵触的前提下，可以依照法律规定制定地方性法规，报本省、自治区人民代表大会常务委员会批准后施行。

第一百零一条 地方各级人民代表大会分别选举并且有权罢免本级人民政府的省长和副省长、市长和副市长、县长和副县长、区长和副区长、乡长和副乡长、镇长和副镇长。

县级以上的地方各级人民代表大会选举并且有权罢免本级监察委员会主任、本级人民法院院长和本级人民检察院检察长。选出或者罢免人民检察院检察长，须报上级人民检察院检察长提请该级人民代表大会常务委员会批准。

第一百零二条 省、直辖市、设区的市的人民代表大会代表受原选举单位的监督；县、不设区的市、市辖区、乡、民族乡、镇的人民代表大会代表受选民的监督。

地方各级人民代表大会代表的选举单位和选民有权依照法律规定的程序罢免由他们选出的代表。

第一百零三条 县级以上的地方各级人民代表大会常务委员会由主任、副主任若干人和委员若干人组成，对本级人民代表大会负责并报告工作。

县级以上的地方各级人民代表大会选举并有权罢免本级人民代表大会常务委员会的组成人员。

县级以上的地方各级人民代表大会常务委员会的组成人员不得担任国家行政机关、监察机关、审判机关和检察机关的职务。

第一百零四条 县级以上的地方各级人民代表大会常务委员会讨论、决定本行政区域内各方面工作的重大事项；监督本级人民政府、监察委员会、人民法院和人民检察院的工作；撤销本级人民政府的不适当的决定和命令；撤销下一级人民代表大会的不适当的决议；依照法律规定的权限决定国家机关工作人员的任免；在本级人民代表大会闭会期间，罢免和补选上一级人民代表大会的个别代表。

第一百零五条 地方各级人民政府是地方各级国家权力机关的执行机关，是地方各级国家行政机关。

地方各级人民政府实行省长、市长、县长、区长、乡长、镇长负责制。

第一百零六条 地方各级人民政府每届任期同本级人民代表大会每届任期相同。

第一百零七条 县级以上地方各级人民政府依照法律规定的权限，管理本行政区域内的经济、教育、科学、文化、卫生、体育事业、城乡建设事业和财政、民政、公安、民族事务、司法行政、计划生育等行政工作，发布决定和命令，任免、培训、考核和奖惩行政工作人员。

乡、民族乡、镇的人民政府执行本级人民代表大会的决议和上级国家行政机关的决定和命令，管理本行政区域内的行政工作。

省、直辖市的人民政府决定乡、民族乡、镇的建置和区域划分。

第一百零八条 县级以上的地方各级人民政府领导所属各工作部门和下级人民政府的工作，有权改变或者撤销所属各工作部门和下级人民政府的不适当的决定。

第一百零九条 县级以上的地方各级人民政府设立审计机关。地方各级审计机关依照法律规定独立行使审计监督权，对本级人民政府和上一级审计机关负责。

第一百一十条 地方各级人民政府对本级人民代表大会负责并报告工作。县级以上的地方各级人民政府在本级人民代表大会闭会期间，对本级人民代表大会常务委员会负责并报告工作。

地方各级人民政府对上一级国家行政机关负责并报告工作。全国地方各级人民政府都是国务院统一领导下的国家行政机关，都服从国务院。

第一百一十一条 城市和农村按居民居住地区设立的居民委员会或者村民委员会是基层群众性自治组织。居民委员会、村民委员会的主任、副主任和委员由居民选举。居民委员会、村民委员会同基层政权的相互关系由法律规定。

居民委员会、村民委员会设人民调解、治安保卫、公共卫生等委员会，办理本居住地区的公共事务和公益事业，调解民间纠纷，协助维护社会治安，并且向人民政府反映群众的意见、要求和提出建议。

第六节　民族自治地方的自治机关

第一百一十二条　民族自治地方的自治机关是自治区、自治州、自治县的人民代表大会和人民政府。

第一百一十三条　自治区、自治州、自治县的人民代表大会中，除实行区域自治的民族的代表外，其他居住在本行政区域内的民族也应当有适当名额的代表。

自治区、自治州、自治县的人民代表大会常务委员会中应当有实行区域自治的民族的公民担任主任或者副主任。

第一百一十四条　自治区主席、自治州州长、自治县县长由实行区域自治的民族的公民担任。

第一百一十五条　自治区、自治州、自治县的自治机关行使宪法第三章第五节规定的地方国家机关的职权，同时依照宪法、民族区域自治法和其他法律规定的权限行使自治权，根据本地方实际情况贯彻执行国家的法律、政策。

第一百一十六条　民族自治地方的人民代表大会有权依照当地民族的政治、经济和文化的特点，制定自治条例和单行条例。自治区的自治条例和单行条例，报全国人民代表大会常务委员会批准后生效。自治州、自治县的自治条例和单行条例，报省或者自治区的人民代表大会常务委员会批准后生效，并报全国人民代表大会常务委员会备案。

第一百一十七条　民族自治地方的自治机关有管理地方财政的自治权。凡是依照国家财政体制属于民族自治地方的财政收入，都应当由民族自治地方的自治机关自主地安排使用。

第一百一十八条　民族自治地方的自治机关在国家计划的指导下，自主地安排和管理地方性的经济建设事业。

国家在民族自治地方开发资源、建设企业的时候，应当照顾民族自治地方的利益。

第一百一十九条　民族自治地方的自治机关自主地管理本地方的教育、科学、文化、卫生、体育事业，保护和整理民族的文化遗产，发展和繁荣民族文化。

第一百二十条　民族自治地方的自治机关依照国家的军事制度和当地的实际需要，经国务院批准，可以组织本地方维护社会治安的公安部队。

第一百二十一条　民族自治地方的自治机关在执行职务的时候，依照本民族自治地方自治条例的规定，使用当地通用的一种或者几种语言文字。

第一百二十二条　国家从财政、物资、技术等方面帮助各少数民族加速发展经济建设和文化建设事业。

国家帮助民族自治地方从当地民族中大量培养各级干部、各种专业人才和技术工人。

第七节　监察委员会

第一百二十三条　中华人民共和国各级监察委员会是国家的监察机关。

第一百二十四条　中华人民共和国设立国家监察委员会和地方各级监察委员会。

监察委员会由下列人员组成：

主任，

副主任若干人，

委员若干人。

监察委员会主任每届任期同本级人民代表大会每届任期相同。国家监察委员会主任连续任职不得超过两届。

监察委员会的组织和职权由法律规定。

第一百二十五条　中华人民共和国国家监察委员会是最高监察机关。

国家监察委员会领导地方各级监察委员会的工作，上级监察委员会领导下级监察委员会的工作。

第一百二十六条　国家监察委员会对全国人民代表大会和全国人民代表大会常务委员会负责。地方各级监察委员会对产生它的国家权力机关和上一级监察委员会负责。

第一百二十七条　监察委员会依照法律规定独立行使监察权，不受行政机关、社会团体和个人的干涉。

监察机关办理职务违法和职务犯罪案件，应当与审判机关、检察机关、执法部门互相配合，互相制约。

第八节　人民法院和人民检察院

第一百二十八条　中华人民共和国人民法院是国家的审判机关。

第一百二十九条　中华人民共和国设立最高人民法院、地方各级人民法院和军事法院等专门人民法院。

最高人民法院院长每届任期同全国人民代表大会每届任期相同，连续任职不得超过两届。

人民法院的组织由法律规定。

第一百三十条　人民法院审理案件，除法律规定的特别情况外，一律公开进行。被告人有权获得辩护。

第一百三十一条 人民法院依照法律规定独立行使审判权，不受行政机关、社会团体和个人的干涉。

第一百三十二条 最高人民法院是最高审判机关。

最高人民法院监督地方各级人民法院和专门人民法院的审判工作，上级人民法院监督下级人民法院的审判工作。

第一百三十三条 最高人民法院对全国人民代表大会和全国人民代表大会常务委员会负责。地方各级人民法院对产生它的国家权力机关负责。

第一百三十四条 中华人民共和国人民检察院是国家的法律监督机关。

第一百三十五条 中华人民共和国设立最高人民检察院、地方各级人民检察院和军事检察院等专门人民检察院。

最高人民检察院检察长每届任期同全国人民代表大会每届任期相同，连续任职不得超过两届。

人民检察院的组织由法律规定。

第一百三十六条 人民检察院依照法律规定独立行使检察权，不受行政机关、社会团体和个人的干涉。

第一百三十七条 最高人民检察院是最高检察机关。

最高人民检察院领导地方各级人民检察院和专门人民检察院的工作，上级人民检察院领导下级人民检察院的工作。

第一百三十八条 最高人民检察院对全国人民代表大会和全国人民代表大会常务委员会负责。地方各级人民检察院对产生它的国家权力机关和上级人民检察院负责。

第一百三十九条 各民族公民都有用本民族语言文字进行诉讼的权利。人民法院和人民检察院对于不通晓当地通用的语言文字的诉讼参与人，应当为他们翻译。

在少数民族聚居或者多民族共同居住的地区，应当用当地通用的语言进行审理；起诉书、判决书、布告和其他文书应当根据实际需要使用当地通用的一种或者几种文字。

第一百四十条 人民法院、人民检察院和公安机关办理刑事案件，应当分工负责，互相配合，互相制约，以保证准确有效地执行法律。

第四章 国旗、国歌、国徽、首都

第一百四十一条 中华人民共和国国旗是五星红旗。

中华人民共和国国歌是《义勇军进行曲》。

第一百四十二条 中华人民共和国国徽，中间是五星照耀下的天安门，周围是谷穗和齿轮。

第一百四十三条 中华人民共和国首都是北京。

中华人民共和国宪法

（1982年12月4日第五届全国人民代表大会第五次会议通过
1982年12月4日全国人民代表大会公告公布施行）

目　　录

序　言
第一章　总　　纲
第二章　公民的基本权利和义务
第三章　国家机构
　第一节　全国人民代表大会
　第二节　中华人民共和国主席
　第三节　国务院
　第四节　中央军事委员会
　第五节　地方各级人民代表大会和地方各级人民政府
　第六节　民族自治地方的自治机关
　第七节　人民法院和人民检察院
第四章　国旗、国徽、首都

序　　言

中国是世界上历史最悠久的国家之一。中国各族人民共同创造了光辉灿烂的文化，具有光荣的革命传统。

一八四〇年以后，封建的中国逐渐变成半殖民地、半封建的国家。中国人民为国家独立、民族解放和民主自由进行了前仆后继的英勇奋斗。

二十世纪，中国发生了翻天覆地的伟大历史变革。

一九一一年孙中山先生领导的辛亥革命，废除了封建帝制，创立了中华民国。但是，中国人民反对帝国主义和封建主义的历史任务还没有完成。

一九四九年，以毛泽东主席为领袖的中国共产党领导中国各族人民，在经历了长期的艰难曲折的武装斗争和其他形式的斗争以后，终于推翻了帝国主义、封建主义和官僚资本主义的统治，取得了新民主主义革命的伟大胜利，建立了中华人民共和国。从此，中国人民掌握了国家的权力，成为国家的主人。

中华人民共和国成立以后，我国社会逐步实现了由新民主主义到社会主义的过渡。生产资料私有制的社会主义改造已经完成，人剥削人的制度已经消灭，社会主义制度已经确立。工人阶级领导的、以工农联盟为基础的人民民主专政，实质上即无产阶级专政，得到巩固和发展。中国人民和中国人民解放军战胜了帝国主义、霸权主义的侵略、破坏和武装挑衅，维护了国家的独立和安全，增强了国防。经济建设取得了重大的成就，独立的、比较完整的社会主义工业体系已经基本形成，农业生产显著提高。教育、科学、文化等事业有了很大的发展，社会主义思想教育取得了明显的成效。广大人民的生活有了较大的改善。

中国新民主主义革命的胜利和社会主义事业的成就，都是中国共产党领导中国各族人民，在马克思列宁主义、毛泽东思想的指引下，坚持真理，修正错误，战胜许多艰难险阻而取得的。今后国家的根本任务是集中力量进行社会主义现代化建设。中国各族人民将继续在中国共产党领导下，在马克思列宁主义、毛泽东思想指引下，坚持人民民主专政，坚持社会主义道路，不断完善社会主义的各项制度，发展社会主义民主，健全社会主义法制，自力更生，艰苦奋斗，逐步实现工业、农业、国防和科学技术的现代化，把我国建设成为高度文明、高度民主的社会主义国家。

在我国，剥削阶级作为阶级已经消灭，但是阶级斗争还将在一定范围内长期存在。中国人民对敌视和破坏我国社会主义制度的国内外的敌对势力和敌对分子，必须进行斗争。

台湾是中华人民共和国的神圣领土的一部分。完成统一祖国的大业是包括台湾同胞在内的全中国人民的神圣职责。

社会主义的建设事业必须依靠工人、农民和知识分子，团结一切可以团结的力量。在长期的革命和建设过程中，已经结成由中国共产党领导的，有各民主党派和各人民团体参加的，包括全体社会主义劳动者、拥护社会主义的爱国者和拥护祖国统一的爱国者的广泛的爱国统一战线，这个统一战线将继续巩固和发展。中国人民政治协商会议是有广泛代表性的统一战线组织，过去发挥了重要的历史作用，今后在国家政治生活、社会生活和对外友好活动中，在进行社会主义现代化建设、维护国家的统一和团结的斗争中，将进一步发挥它的重要作用。

中华人民共和国是全国各族人民共同缔造的统一的多民族国家。平等、团结、互助的社会主义民族关系已经确立，并将继续加强。在维护民族团结的斗争中，要反对大民族主义，主要是大汉族主义，也要反对地方民族主义。国家尽一切努力，促进全国各民族的共同繁荣。

中国革命和建设的成就是同世界人民的支持分不开的。中国的前途是同世界的前途紧密地联系在一起的。中国坚持独立自主的对外政策，坚持互相尊重主权和领土完整、互不侵犯、互不干涉内政、平等互利、和平共处的五项原则，发展同各国的外交关系和经济、文化的交流；坚持反对帝国主义、霸权主义、殖民主义，加强同世界各国人民的团结，支持被压迫民族和发展中国家争取和维护民族独立、发展民族经济的正义斗争，为维护世界和平和促进人类进步事业而努力。

本宪法以法律的形式确认了中国各族人民奋斗的成果，规定了国家的根本制度和根本任务，是国家的根本法，具有最高的法律效力。全国各族人民、一切国家机关和武装力量、各政党和各社会团体、各企业事业组织，都必须以宪法为根本的活动准则，并且负有维护宪法尊严、保证宪法实施的职责。

第一章　总　　纲

第一条　中华人民共和国是工人阶级领导的、以工农联盟为基础的人民民主专政的社会主义国家。

社会主义制度是中华人民共和国的根本制度。禁止任何组织或者个人破坏社会主义制度。

第二条　中华人民共和国的一切权力属于人民。

人民行使国家权力的机关是全国人民代表大会和地方各级人民代表大会。

人民依照法律规定，通过各种途径和形式，管理国家事务，管理经济和文化事业，管理社会事务。

第三条　中华人民共和国的国家机构实行民主集中制的原则。

全国人民代表大会和地方各级人民代表大会都由民主选举产生，对人民负责，受人民监督。

国家行政机关、审判机关、检察机关都由人民代表大会产生，对它负责，受它监督。

中央和地方的国家机构职权的划分，遵循在中央的统一领导下，充分发挥地方的主动性、积极性的原则。

第四条　中华人民共和国各民族一律平等。国家保障各少数民族的合法的权利和利益，维护和发展各民族的平等、团结、互助关系。禁止对任何民族的歧视和压迫，禁止破坏民族团结和制造民族分裂的行为。

国家根据各少数民族的特点和需要，帮助各少数民族地区加速经济和文化的发展。

各少数民族聚居的地方实行区域自治，设立自治机关，行使自治权。各民族自治地方都是中华人民共和国不可分离的部分。

各民族都有使用和发展自己的语言文字的自由，都有保持或者改革自己的风俗习惯的自由。

第五条 国家维护社会主义法制的统一和尊严。

一切法律、行政法规和地方性法规都不得同宪法相抵触。

一切国家机关和武装力量、各政党和各社会团体、各企业事业组织都必须遵守宪法和法律。一切违反宪法和法律的行为，必须予以追究。

任何组织或者个人都不得有超越宪法和法律的特权。

第六条 中华人民共和国的社会主义经济制度的基础是生产资料的社会主义公有制，即全民所有制和劳动群众集体所有制。

社会主义公有制消灭人剥削人的制度，实行各尽所能，按劳分配的原则。

第七条 国营经济是社会主义全民所有制经济，是国民经济中的主导力量。国家保障国营经济的巩固和发展。

第八条 农村人民公社、农业生产合作社和其他生产、供销、信用、消费等各种形式的合作经济，是社会主义劳动群众集体所有制经济。参加农村集体经济组织的劳动者，有权在法律规定的范围内经营自留地、自留山、家庭副业和饲养自留畜。

城镇中的手工业、工业、建筑业、运输业、商业、服务业等行业的各种形式的合作经济，都是社会主义劳动群众集体所有制经济。

国家保护城乡集体经济组织的合法的权利和利益，鼓励、指导和帮助集体经济的发展。

第九条 矿藏、水流、森林、山岭、草原、荒地、滩涂等自然资源，都属于国家所有，即全民所有；由法律规定属于集体所有的森林和山岭、草原、荒地、滩涂除外。

国家保障自然资源的合理利用，保护珍贵的动物和植物。禁止任何组织或者个人用任何手段侵占或者破坏自然资源。

第十条 城市的土地属于国家所有。

农村和城市郊区的土地，除由法律规定属于国家所有的以外，属于集体所有；宅基地和自留地、自留山，也属于集体所有。

国家为了公共利益的需要，可以依照法律规定对土地实行征用。

任何组织或者个人不得侵占、买卖、出租或者以其他形式非法转让土地。

一切使用土地的组织和个人必须合理地利用土地。

第十一条 在法律规定范围内的城乡劳动者个体经济，是社会主义公有制经济的补充。国家保护个体经济的合法的权利和利益。

国家通过行政管理，指导、帮助和监督个体经济。

第十二条 社会主义的公共财产神圣不可侵犯。

国家保护社会主义的公共财产。禁止任何组织或者个人用任何手段侵占或者破坏国家的和集体的财产。

第十三条 国家保护公民的合法的收入、储蓄、房屋和其他合法财产的所有权。

国家依照法律规定保护公民的私有财产的继承权。

第十四条 国家通过提高劳动者的积极性和技术水平，推广先进的科学技术，完善经济管理体制和企业经营管理制度，实行各种形式的社会主义责任制，改进劳动组织，以不断提高劳动生产率和经济效益，发展社会生产力。

国家厉行节约，反对浪费。

国家合理安排积累和消费，兼顾国家、集体和个人的利益，在发展生产的基础上，逐步改善人民的物质生活和文化生活。

第十五条 国家在社会主义公有制基础上实行计划经济。国家通过经济计划的综合平衡和市场调节的辅助作用，保证国民经济按比例地协调发展。

禁止任何组织或者个人扰乱社会经济秩序，破坏国家经济计划。

第十六条 国营企业在服从国家的统一领导和全面完成国家计划的前提下，在法律规定的范围内，有经营管理的自主权。

国营企业依照法律规定，通过职工代表大会和其他形式，实行民主管理。

第十七条 集体经济组织在接受国家计划指导和遵守有关法律的前提下，有独立进行经济活动的自主权。

集体经济组织依照法律规定实行民主管理，由它的全体劳动者选举和罢免管理人员，决定经营管理的重大问题。

第十八条 中华人民共和国允许外国的企业和其他经济组织或者个人依照中华人民共和国法律的规定在中国投资，同中国的企业或者其他经济组织进行各种形式的经济合作。

在中国境内的外国企业和其他外国经济组织以及中外合资经营的企业，都必须遵守中华人民共和国的法律。它们的合法的权利和利益受中华人民共和国法律的保护。

第十九条 国家发展社会主义的教育事业，提高全国人民的科学文化水平。

国家举办各种学校，普及初等义务教育，发展中等教育、职业教育和高等教育，并且发展学前教育。

国家发展各种教育设施，扫除文盲，对工人、农民、国家工作人员和其他劳动者进行政治、文化、科学、技术、业务的教育，鼓励自学成才。

国家鼓励集体经济组织、国家企业事业组织和其他社会力量依照法律规定举办各种教育事业。

国家推广全国通用的普通话。

第二十条　国家发展自然科学和社会科学事业，普及科学和技术知识，奖励科学研究成果和技术发明创造。

第二十一条　国家发展医疗卫生事业，发展现代医药和我国传统医药，鼓励和支持农村集体经济组织、国家企业事业组织和街道组织举办各种医疗卫生设施，开展群众性的卫生活动，保护人民健康。

国家发展体育事业，开展群众性的体育活动，增强人民体质。

第二十二条　国家发展为人民服务、为社会主义服务的文学艺术事业、新闻广播电视事业、出版发行事业、图书馆博物馆文化馆和其他文化事业，开展群众性的文化活动。

国家保护名胜古迹、珍贵文物和其他重要历史文化遗产。

第二十三条　国家培养为社会主义服务的各种专业人才，扩大知识分子的队伍，创造条件，充分发挥他们在社会主义现代化建设中的作用。

第二十四条　国家通过普及理想教育、道德教育、文化教育、纪律和法制教育，通过在城乡不同范围的群众中制定和执行各种守则、公约，加强社会主义精神文明的建设。

国家提倡爱祖国、爱人民、爱劳动、爱科学、爱社会主义的公德，在人民中进行爱国主义、集体主义和国际主义、共产主义的教育，进行辩证唯物主义和历史唯物主义的教育，反对资本主义的、封建主义的和其他的腐朽思想。

第二十五条　国家推行计划生育，使人口的增长同经济和社会发展计划相适应。

第二十六条　国家保护和改善生活环境和生态环境，防治污染和其他公害。

国家组织和鼓励植树造林，保护林木。

第二十七条　一切国家机关实行精简的原则，实行工作责任制，实行工作人员的培训和考核制度，不断提高工作质量和工作效率，反对官僚主义。

一切国家机关和国家工作人员必须依靠人民的支持，经常保持同人民的密切联系，倾听人民的意见和建议，接受人民的监督，努力为人民服务。

第二十八条 国家维护社会秩序，镇压叛国和其他反革命的活动，制裁危害社会治安、破坏社会主义经济和其他犯罪的活动，惩办和改造犯罪分子。

第二十九条 中华人民共和国的武装力量属于人民。它的任务是巩固国防，抵抗侵略，保卫祖国，保卫人民的和平劳动，参加国家建设事业，努力为人民服务。

国家加强武装力量的革命化、现代化、正规化的建设，增强国防力量。

第三十条 中华人民共和国的行政区域划分如下：

（一）全国分为省、自治区、直辖市；

（二）省、自治区分为自治州、县、自治县、市；

（三）县、自治县分为乡、民族乡、镇。

直辖市和较大的市分为区、县。自治州分为县、自治县、市。

自治区、自治州、自治县都是民族自治地方。

第三十一条 国家在必要时得设立特别行政区。在特别行政区内实行的制度按照具体情况由全国人民代表大会以法律规定。

第三十二条 中华人民共和国保护在中国境内的外国人的合法权利和利益，在中国境内的外国人必须遵守中华人民共和国的法律。

中华人民共和国对于因为政治原因要求避难的外国人，可以给予受庇护的权利。

第二章 公民的基本权利和义务

第三十三条 凡具有中华人民共和国国籍的人都是中华人民共和国公民。

中华人民共和国公民在法律面前一律平等。

任何公民享有宪法和法律规定的权利，同时必须履行宪法和法律规定的义务。

第三十四条 中华人民共和国年满十八周岁的公民，不分民族、种族、性别、职业、家庭出身、宗教信仰、教育程度、财产状况、居住期限，都有选举权和被选举权；但是依照法律被剥夺政治权利的人除外。

第三十五条 中华人民共和国公民有言论、出版、集会、结社、游行、示威的自由。

第三十六条 中华人民共和国公民有宗教信仰自由。

任何国家机关、社会团体和个人不得强制公民信仰宗教或者不信仰宗教，不得歧视信仰宗教的公民和不信仰宗教的公民。

国家保护正常的宗教活动。任何人不得利用宗教进行破坏社会秩序、损害公民身体健康、妨碍国家教育制度的活动。

宗教团体和宗教事务不受外国势力的支配。

第三十七条 中华人民共和国公民的人身自由不受侵犯。

任何公民，非经人民检察院批准或者决定或者人民法院决定，并由公安机关执行，不受逮捕。

禁止非法拘禁和以其他方法非法剥夺或者限制公民的人身自由，禁止非法搜查公民的身体。

第三十八条 中华人民共和国公民的人格尊严不受侵犯。禁止用任何方法对公民进行侮辱、诽谤和诬告陷害。

第三十九条 中华人民共和国公民的住宅不受侵犯。禁止非法搜查或者非法侵入公民的住宅。

第四十条 中华人民共和国公民的通信自由和通信秘密受法律的保护。除因国家安全或者追查刑事犯罪的需要，由公安机关或者检察机关依照法律规定的程序对通信进行检查外，任何组织或者个人不得以任何理由侵犯公民的通信自由和通信秘密。

第四十一条 中华人民共和国公民对于任何国家机关和国家工作人员，有提出批评和建议的权利；对于任何国家机关和国家工作人员的违法失职行为，有向有关国家机关提出申诉、控告或者检举的权利，但是不得捏造或者歪曲事实进行诬告陷害。

对于公民的申诉、控告或者检举，有关国家机关必须查清事实，负责处理。任何人不得压制和打击报复。

由于国家机关和国家工作人员侵犯公民权利而受到损失的人，有依照法律规定取得赔偿的权利。

第四十二条 中华人民共和国公民有劳动的权利和义务。

国家通过各种途径，创造劳动就业条件，加强劳动保护，改善劳动条件，并在发展生产的基础上，提高劳动报酬和福利待遇。

劳动是一切有劳动能力的公民的光荣职责。国营企业和城乡集体经济组织的劳动者都应当以国家主人翁的态度对待自己的劳动。国家提倡社会主义劳动竞赛，奖励劳动模范和先进工作者。国家提倡公民从事义务劳动。

国家对就业前的公民进行必要的劳动就业训练。

第四十三条 中华人民共和国劳动者有休息的权利。

国家发展劳动者休息和休养的设施，规定职工的工作时间和休假制度。

第四十四条 国家依照法律规定实行企业事业组织的职工和国家机关工作人员的退休制度。退休人员的生活受到国家和社会的保障。

第四十五条 中华人民共和国公民在年老、疾病或者丧失劳动能力的情况下，有从国家和社会获得物质帮助的权利。国家发展为公民享受这些权利所需要的社会保险、社会救济和医疗卫生事业。

国家和社会保障残废军人的生活，抚恤烈士家属，优待军人家属。

国家和社会帮助安排盲、聋、哑和其他有残疾的公民的劳动、生活和教育。

第四十六条　中华人民共和国公民有受教育的权利和义务。

国家培养青年、少年、儿童在品德、智力、体质等方面全面发展。

第四十七条　中华人民共和国公民有进行科学研究、文学艺术创作和其他文化活动的自由。国家对于从事教育、科学、技术、文学、艺术和其他文化事业的公民的有益于人民的创造性工作，给以鼓励和帮助。

第四十八条　中华人民共和国妇女在政治的、经济的、文化的、社会的和家庭的生活等各方面享有同男子平等的权利。

国家保护妇女的权利和利益，实行男女同工同酬，培养和选拔妇女干部。

第四十九条　婚姻、家庭、母亲和儿童受国家的保护。

夫妻双方有实行计划生育的义务。

父母有抚养教育未成年子女的义务，成年子女有赡养扶助父母的义务。

禁止破坏婚姻自由，禁止虐待老人、妇女和儿童。

第五十条　中华人民共和国保护华侨的正当的权利和利益，保护归侨和侨眷的合法的权利和利益。

第五十一条　中华人民共和国公民在行使自由和权利的时候，不得损害国家的、社会的、集体的利益和其他公民的合法的自由和权利。

第五十二条　中华人民共和国公民有维护国家统一和全国各民族团结的义务。

第五十三条　中华人民共和国公民必须遵守宪法和法律，保守国家秘密，爱护公共财产，遵守劳动纪律，遵守公共秩序，尊重社会公德。

第五十四条　中华人民共和国公民有维护祖国的安全、荣誉和利益的义务，不得有危害祖国的安全、荣誉和利益的行为。

第五十五条　保卫祖国、抵抗侵略是中华人民共和国每一个公民的神圣职责。

依照法律服兵役和参加民兵组织是中华人民共和国公民的光荣义务。

第五十六条　中华人民共和国公民有依照法律纳税的义务。

第三章　国家机构

第一节　全国人民代表大会

第五十七条　中华人民共和国全国人民代表大会是最高国家权力机关。

它的常设机关是全国人民代表大会常务委员会。

第五十八条　全国人民代表大会和全国人民代表大会常务委员会行使国家立法权。

第五十九条　全国人民代表大会由省、自治区、直辖市和军队选出的代表组成。各少数民族都应当有适当名额的代表。

全国人民代表大会代表的选举由全国人民代表大会常务委员会主持。

全国人民代表大会代表名额和代表产生办法由法律规定。

第六十条　全国人民代表大会每届任期五年。

全国人民代表大会任期届满的两个月以前，全国人民代表大会常务委员会必须完成下届全国人民代表大会代表的选举。如果遇到不能进行选举的非常情况，由全国人民代表大会常务委员会以全体组成人员的三分之二以上的多数通过，可以推迟选举，延长本届全国人民代表大会的任期。在非常情况结束后一年内，必须完成下届全国人民代表大会代表的选举。

第六十一条　全国人民代表大会会议每年举行一次，由全国人民代表大会常务委员会召集。如果全国人民代表大会常务委员会认为必要，或者有五分之一以上的全国人民代表大会代表提议，可以临时召集全国人民代表大会会议。

全国人民代表大会举行会议的时候，选举主席团主持会议。

第六十二条　全国人民代表大会行使下列职权：

（一）修改宪法；

（二）监督宪法的实施；

（三）制定和修改刑事、民事、国家机构的和其他的基本法律；

（四）选举中华人民共和国主席、副主席；

（五）根据中华人民共和国主席的提名，决定国务院总理的人选；根据国务院总理的提名，决定国务院副总理、国务委员、各部部长、各委员会主任、审计长、秘书长的人选；

（六）选举中央军事委员会主席；根据中央军事委员会主席的提名，决定中央军事委员会其他组成人员的人选；

（七）选举最高人民法院院长；

（八）选举最高人民检察院检察长；

（九）审查和批准国民经济和社会发展计划和计划执行情况的报告；

（十）审查和批准国家的预算和预算执行情况的报告；

（十一）改变或者撤销全国人民代表大会常务委员会不适当的决定；

（十二）批准省、自治区和直辖市的建置；

（十三）决定特别行政区的设立及其制度；

（十四）决定战争和和平的问题；

（十五）应当由最高国家权力机关行使的其他职权。

第六十三条 全国人民代表大会有权罢免下列人员：

（一）中华人民共和国主席、副主席；

（二）国务院总理、副总理、国务委员、各部部长、各委员会主任、审计长、秘书长；

（三）中央军事委员会主席和中央军事委员会其他组成人员；

（四）最高人民法院院长；

（五）最高人民检察院检察长。

第六十四条 宪法的修改，由全国人民代表大会常务委员会或者五分之一以上的全国人民代表大会代表提议，并由全国人民代表大会以全体代表的三分之二以上的多数通过。

法律和其他议案由全国人民代表大会以全体代表的过半数通过。

第六十五条 全国人民代表大会常务委员会由下列人员组成：

委员长，

副委员长若干人，

秘书长，

委员若干人。

全国人民代表大会常务委员会组成人员中，应当有适当名额的少数民族代表。

全国人民代表大会选举并有权罢免全国人民代表大会常务委员会的组成人员。

全国人民代表大会常务委员会的组成人员不得担任国家行政机关、审判机关和检察机关的职务。

第六十六条 全国人民代表大会常务委员会每届任期同全国人民代表大会每届任期相同，它行使职权到下届全国人民代表大会选出新的常务委员会为止。

委员长、副委员长连续任职不得超过两届。

第六十七条 全国人民代表大会常务委员会行使下列职权：

（一）解释宪法，监督宪法的实施；

（二）制定和修改除应当由全国人民代表大会制定的法律以外的其他法律；

（三）在全国人民代表大会闭会期间，对全国人民代表大会制定的法律进行部分补充和修改，但是不得同该法律的基本原则相抵触；

（四）解释法律；

（五）在全国人民代表大会闭会期间，审查和批准国民经济和社会发展计划、国家预算在执行过程中所必须作的部分调整方案；

（六）监督国务院、中央军事委员会、最高人民法院和最高人民检察院的工作；

（七）撤销国务院制定的同宪法、法律相抵触的行政法规、决定和命令；

（八）撤销省、自治区、直辖市国家权力机关制定的同宪法、法律和行政法规相抵触的地方性法规和决议；

（九）在全国人民代表大会闭会期间，根据国务院总理的提名，决定部长、委员会主任、审计长、秘书长的人选；

（十）在全国人民代表大会闭会期间，根据中央军事委员会主席的提名，决定中央军事委员会其他组成人员的人选；

（十一）根据最高人民法院院长的提请，任免最高人民法院副院长、审判员、审判委员会委员和军事法院院长；

（十二）根据最高人民检察院检察长的提请，任免最高人民检察院副检察长、检察员、检察委员会委员和军事检察院检察长，并且批准省、自治区、直辖市的人民检察院检察长的任免；

（十三）决定驻外全权代表的任免；

（十四）决定同外国缔结的条约和重要协定的批准和废除；

（十五）规定军人和外交人员的衔级制度和其他专门衔级制度；

（十六）规定和决定授予国家的勋章和荣誉称号；

（十七）决定特赦；

（十八）在全国人民代表大会闭会期间，如果遇到国家遭受武装侵犯或者必须履行国际间共同防止侵略的条约的情况，决定战争状态的宣布；

（十九）决定全国总动员或者局部动员；

（二十）决定全国或者个别省、自治区、直辖市的戒严；

（二十一）全国人民代表大会授予的其他职权。

第六十八条 全国人民代表大会常务委员会委员长主持全国人民代表大会常务委员会的工作，召集全国人民代表大会常务委员会会议。副委员长、秘书长协助委员长工作。

委员长、副委员长、秘书长组成委员长会议，处理全国人民代表大会常务委员会的重要日常工作。

第六十九条 全国人民代表大会常务委员会对全国人民代表大会负责并报告工作。

第七十条 全国人民代表大会设立民族委员会、法律委员会、财政经济委员会、教育科学文化卫生委员会、外事委员会、华侨委员会和其他需要设立的专门委员会。在全国人民代表大会闭会期间，各专门委员会受全国人民代表大会常务委员会的领导。

各专门委员会在全国人民代表大会和全国人民代表大会常务委员会领导下，研究、审议和拟订有关议案。

第七十一条 全国人民代表大会和全国人民代表大会常务委员会认为必要的时候，可以组织关于特定问题的调查委员会，并且根据调查委员会的报告，作出相应的决议。

调查委员会进行调查的时候，一切有关的国家机关、社会团体和公民都有义务向它提供必要的材料。

第七十二条 全国人民代表大会代表和全国人民代表大会常务委员会组成人员，有权依照法律规定的程序分别提出属于全国人民代表大会和全国人民代表大会常务委员会职权范围内的议案。

第七十三条 全国人民代表大会代表在全国人民代表大会开会期间，全国人民代表大会常务委员会组成人员在常务委员会开会期间，有权依照法律规定的程序提出对国务院或者国务院各部、各委员会的质询案。受质询的机关必须负责答复。

第七十四条 全国人民代表大会代表，非经全国人民代表大会会议主席团许可，在全国人民代表大会闭会期间非经全国人民代表大会常务委员会许可，不受逮捕或者刑事审判。

第七十五条 全国人民代表大会代表在全国人民代表大会各种会议上的发言和表决，不受法律追究。

第七十六条 全国人民代表大会代表必须模范地遵守宪法和法律，保守国家秘密，并且在自己参加的生产、工作和社会活动中，协助宪法和法律的实施。

全国人民代表大会代表应当同原选举单位和人民保持密切的联系，听取和反映人民的意见和要求，努力为人民服务。

第七十七条 全国人民代表大会代表受原选举单位的监督。原选举单位有权依照法律规定的程序罢免本单位选出的代表。

第七十八条 全国人民代表大会和全国人民代表大会常务委员会的组织和工作程序由法律规定。

第二节 中华人民共和国主席

第七十九条 中华人民共和国主席、副主席由全国人民代表大会选举。

有选举权和被选举权的年满四十五周岁的中华人民共和国公民可以被选为中华人民共和国主席、副主席。

中华人民共和国主席、副主席每届任期同全国人民代表大会每届任期相同，连续任职不得超过两届。

第八十条　中华人民共和国主席根据全国人民代表大会的决定和全国人民代表大会常务委员会的决定，公布法律，任免国务院总理、副总理、国务委员、各部部长、各委员会主任、审计长、秘书长，授予国家的勋章和荣誉称号，发布特赦令，发布戒严令，宣布战争状态，发布动员令。

第八十一条　中华人民共和国主席代表中华人民共和国，接受外国使节；根据全国人民代表大会常务委员会的决定，派遣和召回驻外全权代表，批准和废除同外国缔结的条约和重要协定。

第八十二条　中华人民共和国副主席协助主席工作。

中华人民共和国副主席受主席的委托，可以代行主席的部分职权。

第八十三条　中华人民共和国主席、副主席行使职权到下届全国人民代表大会选出的主席、副主席就职为止。

第八十四条　中华人民共和国主席缺位的时候，由副主席继任主席的职位。

中华人民共和国副主席缺位的时候，由全国人民代表大会补选。

中华人民共和国主席、副主席都缺位的时候，由全国人民代表大会补选；在补选以前，由全国人民代表大会常务委员会委员长暂时代理主席职位。

第三节　国　务　院

第八十五条　中华人民共和国国务院，即中央人民政府，是最高国家权力机关的执行机关，是最高国家行政机关。

第八十六条　国务院由下列人员组成：

总理，

副总理若干人，

国务委员若干人，

各部部长，

各委员会主任，

审计长，

秘书长。

国务院实行总理负责制。各部、各委员会实行部长、主任负责制。

国务院的组织由法律规定。

第八十七条 国务院每届任期同全国人民代表大会每届任期相同。

总理、副总理、国务委员连续任职不得超过两届。

第八十八条 总理领导国务院的工作。副总理、国务委员协助总理工作。

总理、副总理、国务委员、秘书长组成国务院常务会议。

总理召集和主持国务院常务会议和国务院全体会议。

第八十九条 国务院行使下列职权：

（一）根据宪法和法律，规定行政措施，制定行政法规，发布决定和命令；

（二）向全国人民代表大会或者全国人民代表大会常务委员会提出议案；

（三）规定各部和各委员会的任务和职责，统一领导各部和各委员会的工作，并且领导不属于各部和各委员会的全国性的行政工作；

（四）统一领导全国地方各级国家行政机关的工作，规定中央和省、自治区、直辖市的国家行政机关的职权的具体划分；

（五）编制和执行国民经济和社会发展计划和国家预算；

（六）领导和管理经济工作和城乡建设；

（七）领导和管理教育、科学、文化、卫生、体育和计划生育工作；

（八）领导和管理民政、公安、司法行政和监察等工作；

（九）管理对外事务，同外国缔结条约和协定；

（十）领导和管理国防建设事业；

（十一）领导和管理民族事务，保障少数民族的平等权利和民族自治地方的自治权利；

（十二）保护华侨的正当的权利和利益，保护归侨和侨眷的合法的权利和利益；

（十三）改变或者撤销各部、各委员会发布的不适当的命令、指示和规章；

（十四）改变或者撤销地方各级国家行政机关的不适当的决定和命令；

（十五）批准省、自治区、直辖市的区域划分，批准自治州、县、自治县、市的建置和区域划分；

（十六）决定省、自治区、直辖市的范围内部分地区的戒严；

（十七）审定行政机构的编制，依照法律规定任免、培训、考核和奖惩行政人员；

（十八）全国人民代表大会和全国人民代表大会常务委员会授予的其他职权。

第九十条 国务院各部部长、各委员会主任负责本部门的工作；召集和主持部务会议或者委员会会议、委务会议，讨论决定本部门工作的重大问题。

各部、各委员会根据法律和国务院的行政法规、决定、命令，在本部门的权限内，发布命令、指示和规章。

第九十一条 国务院设立审计机关，对国务院各部门和地方各级政府的财政收支，对国家的财政金融机构和企业事业组织的财务收支，进行审计监督。

审计机关在国务院总理领导下，依照法律规定独立行使审计监督权，不受其他行政机关、社会团体和个人的干涉。

第九十二条 国务院对全国人民代表大会负责并报告工作；在全国人民代表大会闭会期间，对全国人民代表大会常务委员会负责并报告工作。

第四节 中央军事委员会

第九十三条 中华人民共和国中央军事委员会领导全国武装力量。

中央军事委员会由下列人员组成：

主席，

副主席若干人，

委员若干人。

中央军事委员会实行主席负责制。

中央军事委员会每届任期同全国人民代表大会每届任期相同。

第九十四条 中央军事委员会主席对全国人民代表大会和全国人民代表大会常务委员会负责。

第五节 地方各级人民代表大会和地方各级人民政府

第九十五条 省、直辖市、县、市、市辖区、乡、民族乡、镇设立人民代表大会和人民政府。

地方各级人民代表大会和地方各级人民政府的组织由法律规定。

自治区、自治州、自治县设立自治机关。自治机关的组织和工作根据宪法第三章第五节、第六节规定的基本原则由法律规定。

第九十六条 地方各级人民代表大会是地方国家权力机关。

县级以上的地方各级人民代表大会设立常务委员会。

第九十七条 省、直辖市、设区的市的人民代表大会代表由下一级的人民代表大会选举；县、不设区的市、市辖区、乡、民族乡、镇的人民代表大会代表由选民直接选举。

地方各级人民代表大会代表名额和代表产生办法由法律规定。

第九十八条 省、直辖市、设区的市的人民代表大会每届任期五年。县、不设区的市、市辖区、乡、民族乡、镇的人民代表大会每届任期三年。

第九十九条 地方各级人民代表大会在本行政区域内，保证宪法、法律、行政法规的遵守和执行；依照法律规定的权限，通过和发布决议，审查和决定地方的经济建设、文化建设和公共事业建设的计划。

县级以上的地方各级人民代表大会审查和批准本行政区域内的国民经济和社会发展计划、预算以及它们的执行情况的报告；有权改变或者撤销本级人民代表大会常务委员会不适当的决定。

民族乡的人民代表大会可以依照法律规定的权限采取适合民族特点的具体措施。

第一百条 省、直辖市的人民代表大会和它们的常务委员会，在不同宪法、法律、行政法规相抵触的前提下，可以制定地方性法规，报全国人民代表大会常务委员会备案。

第一百零一条 地方各级人民代表大会分别选举并且有权罢免本级人民政府的省长和副省长、市长和副市长、县长和副县长、区长和副区长、乡长和副乡长、镇长和副镇长。

县级以上的地方各级人民代表大会选举并且有权罢免本级人民法院院长和本级人民检察院检察长。选出或者罢免人民检察院检察长，须报上级人民检察院检察长提请该级人民代表大会常务委员会批准。

第一百零二条 省、直辖市、设区的市的人民代表大会代表受原选举单位的监督；县、不设区的市、市辖区、乡、民族乡、镇的人民代表大会代表受选民的监督。

地方各级人民代表大会代表的选举单位和选民有权依照法律规定的程序罢免由他们选出的代表。

第一百零三条 县级以上的地方各级人民代表大会常务委员会由主任、副主任若干人和委员若干人组成，对本级人民代表大会负责并报告工作。

县级以上的地方各级人民代表大会选举并有权罢免本级人民代表大会常务委员会的组成人员。

县级以上的地方各级人民代表大会常务委员会的组成人员不得担任国家行政机关、审判机关和检察机关的职务。

第一百零四条 县级以上的地方各级人民代表大会常务委员会讨论、决定本行政区域内各方面工作的重大事项；监督本级人民政府、人民法院和人民检察院的工作；撤销本级人民政府的不适当的决定和命令；撤销下一级人民代表大会的不适当的决议；依照法律规定的权限决定国家机关工作人员的任免；在本级人民代表大会闭会期间，罢免和补选上一级人民代表大会的个别代表。

第一百零五条　地方各级人民政府是地方各级国家权力机关的执行机关，是地方各级国家行政机关。

地方各级人民政府实行省长、市长、县长、区长、乡长、镇长负责制。

第一百零六条　地方各级人民政府每届任期同本级人民代表大会每届任期相同。

第一百零七条　县级以上地方各级人民政府依照法律规定的权限，管理本行政区域内的经济、教育、科学、文化、卫生、体育事业、城乡建设事业和财政、民政、公安、民族事务、司法行政、监察、计划生育等行政工作，发布决定和命令，任免、培训、考核和奖惩行政工作人员。

乡、民族乡、镇的人民政府执行本级人民代表大会的决议和上级国家行政机关的决定和命令，管理本行政区域内的行政工作。

省、直辖市的人民政府决定乡、民族乡、镇的建置和区域划分。

第一百零八条　县级以上的地方各级人民政府领导所属各工作部门和下级人民政府的工作，有权改变或者撤销所属各工作部门和下级人民政府的不适当的决定。

第一百零九条　县级以上的地方各级人民政府设立审计机关。地方各级审计机关依照法律规定独立行使审计监督权，对本级人民政府和上一级审计机关负责。

第一百一十条　地方各级人民政府对本级人民代表大会负责并报告工作。县级以上的地方各级人民政府在本级人民代表大会闭会期间，对本级人民代表大会常务委员会负责并报告工作。

地方各级人民政府对上一级国家行政机关负责并报告工作。全国地方各级人民政府都是国务院统一领导下的国家行政机关，都服从国务院。

第一百一十一条　城市和农村按居民居住地区设立的居民委员会或者村民委员会是基层群众性自治组织。居民委员会、村民委员会的主任、副主任和委员由居民选举。居民委员会、村民委员会同基层政权的相互关系由法律规定。

居民委员会、村民委员会设人民调解、治安保卫、公共卫生等委员会，办理本居住地区的公共事务和公益事业，调解民间纠纷，协助维护社会治安，并且向人民政府反映群众的意见、要求和提出建议。

第六节　民族自治地方的自治机关

第一百一十二条　民族自治地方的自治机关是自治区、自治州、自治县的人民代表大会和人民政府。

第一百一十三条 自治区、自治州、自治县的人民代表大会中，除实行区域自治的民族的代表外，其他居住在本行政区域内的民族也应当有适当名额的代表。

自治区、自治州、自治县的人民代表大会常务委员会中应当有实行区域自治的民族的公民担任主任或者副主任。

第一百一十四条 自治区主席、自治州州长、自治县县长由实行区域自治的民族的公民担任。

第一百一十五条 自治区、自治州、自治县的自治机关行使宪法第三章第五节规定的地方国家机关的职权，同时依照宪法、民族区域自治法和其他法律规定的权限行使自治权，根据本地方实际情况贯彻执行国家的法律、政策。

第一百一十六条 民族自治地方的人民代表大会有权依照当地民族的政治、经济和文化的特点，制定自治条例和单行条例。自治区的自治条例和单行条例，报全国人民代表大会常务委员会批准后生效。自治州、自治县的自治条例和单行条例，报省或者自治区的人民代表大会常务委员会批准后生效，并报全国人民代表大会常务委员会备案。

第一百一十七条 民族自治地方的自治机关有管理地方财政的自治权。凡是依照国家财政体制属于民族自治地方的财政收入，都应当由民族自治地方的自治机关自主地安排使用。

第一百一十八条 民族自治地方的自治机关在国家计划的指导下，自主地安排和管理地方性的经济建设事业。

国家在民族自治地方开发资源、建设企业的时候，应当照顾民族自治地方的利益。

第一百一十九条 民族自治地方的自治机关自主地管理本地方的教育、科学、文化、卫生、体育事业，保护和整理民族的文化遗产，发展和繁荣民族文化。

第一百二十条 民族自治地方的自治机关依照国家的军事制度和当地的实际需要，经国务院批准，可以组织本地方维护社会治安的公安部队。

第一百二十一条 民族自治地方的自治机关在执行职务的时候，依照本民族自治地方自治条例的规定，使用当地通用的一种或者几种语言文字。

第一百二十二条 国家从财政、物资、技术等方面帮助各少数民族加速发展经济建设和文化建设事业。

国家帮助民族自治地方从当地民族中大量培养各级干部、各种专业人才和技术工人。

第七节　人民法院和人民检察院

第一百二十三条　中华人民共和国人民法院是国家的审判机关。

第一百二十四条　中华人民共和国设立最高人民法院、地方各级人民法院和军事法院等专门人民法院。

最高人民法院院长每届任期同全国人民代表大会每届任期相同，连续任职不得超过两届。

人民法院的组织由法律规定。

第一百二十五条　人民法院审理案件，除法律规定的特别情况外，一律公开进行。被告人有权获得辩护。

第一百二十六条　人民法院依照法律规定独立行使审判权，不受行政机关、社会团体和个人的干涉。

第一百二十七条　最高人民法院是最高审判机关。

最高人民法院监督地方各级人民法院和专门人民法院的审判工作，上级人民法院监督下级人民法院的审判工作。

第一百二十八条　最高人民法院对全国人民代表大会和全国人民代表大会常务委员会负责。地方各级人民法院对产生它的国家权力机关负责。

第一百二十九条　中华人民共和国人民检察院是国家的法律监督机关。

第一百三十条　中华人民共和国设立最高人民检察院、地方各级人民检察院和军事检察院等专门人民检察院。

最高人民检察院检察长每届任期同全国人民代表大会每届任期相同，连续任职不得超过两届。

人民检察院的组织由法律规定。

第一百三十一条　人民检察院依照法律规定独立行使检察权，不受行政机关、社会团体和个人的干涉。

第一百三十二条　最高人民检察院是最高检察机关。

最高人民检察院领导地方各级人民检察院和专门人民检察院的工作，上级人民检察院领导下级人民检察院的工作。

第一百三十三条　最高人民检察院对全国人民代表大会和全国人民代表大会常务委员会负责。地方各级人民检察院对产生它的国家权力机关和上级人民检察院负责。

第一百三十四条　各民族公民都有用本民族语言文字进行诉讼的权利。人民法院和人民检察院对于不通晓当地通用的语言文字的诉讼参与人，应当为他们翻译。

在少数民族聚居或者多民族共同居住的地区，应当用当地通用的语言进行审理；起诉书、判决书、布告和其他文书应当根据实际需要使用当地通用的一种或者几种文字。

第一百三十五条 人民法院、人民检察院和公安机关办理刑事案件，应当分工负责，互相配合，互相制约，以保证准确有效地执行法律。

第四章 国旗、国徽、首都

第一百三十六条 中华人民共和国国旗是五星红旗。

第一百三十七条 中华人民共和国国徽，中间是五星照耀下的天安门，周围是谷穗和齿轮。

第一百三十八条 中华人民共和国首都是北京。

中华人民共和国宪法修正案

（1988 年 4 月 12 日第七届全国人民代表大会
第一次会议通过）

第一条 宪法第十一条增加规定："国家允许私营经济在法律规定的范围内存在和发展。私营经济是社会主义公有制经济的补充。国家保护私营经济的合法的权利和利益，对私营经济实行引导、监督和管理。"

第二条 宪法第十条第四款"任何组织或者个人不得侵占、买卖、出租或者以其他形式非法转让土地。"修改为："任何组织或者个人不得侵占、买卖或者以其他形式非法转让土地。土地的使用权可以依照法律的规定转让。"

中华人民共和国宪法修正案

（1993 年 3 月 29 日第八届全国人民代表大会
第一次会议通过）

第三条 宪法序言第七自然段后两句：“今后国家的根本任务是集中力量进行社会主义现代化建设。中国各族人民将继续在中国共产党领导下，在马克思列宁主义、毛泽东思想指引下，坚持人民民主专政，坚持社会主义道路，不断完善社会主义的各项制度，发展社会主义民主，健全社会主义法制，自力更生，艰苦奋斗，逐步实现工业、农业、国防和科学技术的现代化，把我国建设成为高度文明、高度民主的社会主义国家。”修改为：“我国正处于社会主义初级阶段。国家的根本任务是，根据建设有中国特色社会主义的理论，集中力量进行社会主义现代化建设。中国各族人民将继续在中国共产党领导下，在马克思列宁主义、毛泽东思想指引下，坚持人民民主专政，坚持社会主义道路，坚持改革开放，不断完善社会主义的各项制度，发展社会主义民主，健全社会主义法制，自力更生，艰苦奋斗，逐步实现工业、农业、国防和科学技术的现代化，把我国建设成为富强、民主、文明的社会主义国家。”

第四条 宪法序言第十自然段末尾增加：“中国共产党领导的多党合作和政治协商制度将长期存在和发展。”

第五条 宪法第七条：“国营经济是社会主义全民所有制经济，是国民经济中的主导力量。国家保障国营经济的巩固和发展。”修改为：“国有经济，即社会主义全民所有制经济，是国民经济中的主导力量。国家保障国有经济的巩固和发展。”

第六条 宪法第八条第一款：“农村人民公社、农业生产合作社和其他生产、供销、信用、消费等各种形式的合作经济，是社会主义劳动群众集体所有制经济。参加农村集体经济组织的劳动者，有权在法律规定的范围内经营自留地、自留山、家庭副业和饲养自留畜。”修改为：“农村中的家庭联产承包为主的责任制和生产、供销、信用、消费等各种形式的合作经济，是社会主义劳动群众集体所有制经济。参加农村集体经济组织的劳动者，有权在法律规定的范围内经营自留地、自留山、家庭副业和饲养自留畜。”

第七条 宪法第十五条："国家在社会主义公有制基础上实行计划经济。国家通过经济计划的综合平衡和市场调节的辅助作用，保证国民经济按比例地协调发展。""禁止任何组织或者个人扰乱社会经济秩序，破坏国家经济计划。"修改为："国家实行社会主义市场经济。""国家加强经济立法，完善宏观调控。""国家依法禁止任何组织或者个人扰乱社会经济秩序。"

第八条 宪法第十六条："国营企业在服从国家的统一领导和全面完成国家计划的前提下，在法律规定的范围内，有经营管理的自主权。""国营企业依照法律规定，通过职工代表大会和其他形式，实行民主管理。"修改为："国有企业在法律规定的范围内有权自主经营。""国有企业依照法律规定，通过职工代表大会和其他形式，实行民主管理。"

第九条 宪法第十七条："集体经济组织在接受国家计划指导和遵守有关法律的前提下，有独立进行经济活动的自主权。""集体经济组织依照法律规定实行民主管理，由它的全体劳动者选举和罢免管理人员，决定经营管理的重大问题。"修改为："集体经济组织在遵守有关法律的前提下，有独立进行经济活动的自主权。""集体经济组织实行民主管理，依照法律规定选举和罢免管理人员，决定经营管理的重大问题。"

第十条 宪法第四十二条第三款："劳动是一切有劳动能力的公民的光荣职责。国营企业和城乡集体经济组织的劳动者都应当以国家主人翁的态度对待自己的劳动。国家提倡社会主义劳动竞赛，奖励劳动模范和先进工作者。国家提倡公民从事义务劳动。"修改为："劳动是一切有劳动能力的公民的光荣职责。国有企业和城乡集体经济组织的劳动者都应当以国家主人翁的态度对待自己的劳动。国家提倡社会主义劳动竞赛，奖励劳动模范和先进工作者。国家提倡公民从事义务劳动。"

第十一条 宪法第九十八条："省、直辖市、设区的市的人民代表大会每届任期五年。县、不设区的市、市辖区、乡、民族乡、镇的人民代表大会每届任期三年。"修改为："省、直辖市、县、市、市辖区的人民代表大会每届任期五年。乡、民族乡、镇的人民代表大会每届任期三年。"

中华人民共和国宪法修正案

（1999年3月15日第九届全国人民代表大会第二次会议通过）

第十二条 宪法序言第七自然段："中国新民主主义革命的胜利和社会主义事业的成就，都是中国共产党领导中国各族人民，在马克思列宁主义、毛泽东思想的指引下，坚持真理，修正错误，战胜许多艰难险阻而取得的。我国正处于社会主义初级阶段。国家的根本任务是，根据建设有中国特色社会主义的理论，集中力量进行社会主义现代化建设。中国各族人民将继续在中国共产党领导下，在马克思列宁主义、毛泽东思想指引下，坚持人民民主专政，坚持社会主义道路，坚持改革开放，不断完善社会主义的各项制度，发展社会主义民主，健全社会主义法制，自力更生，艰苦奋斗，逐步实现工业、农业、国防和科学技术的现代化，把我国建设成为富强、民主、文明的社会主义国家。"修改为："中国新民主主义革命的胜利和社会主义事业的成就，是中国共产党领导中国各族人民，在马克思列宁主义、毛泽东思想的指引下，坚持真理，修正错误，战胜许多艰难险阻而取得的。我国将长期处于社会主义初级阶段。国家的根本任务是，沿着建设有中国特色社会主义的道路，集中力量进行社会主义现代化建设。中国各族人民将继续在中国共产党领导下，在马克思列宁主义、毛泽东思想、邓小平理论指引下，坚持人民民主专政，坚持社会主义道路，坚持改革开放，不断完善社会主义的各项制度，发展社会主义市场经济，发展社会主义民主，健全社会主义法制，自力更生，艰苦奋斗，逐步实现工业、农业、国防和科学技术的现代化，把我国建设成为富强、民主、文明的社会主义国家。"

第十三条 宪法第五条增加一款，作为第一款，规定："中华人民共和国实行依法治国，建设社会主义法治国家。"

第十四条 宪法第六条："中华人民共和国的社会主义经济制度的基础是生产资料的社会主义公有制，即全民所有制和劳动群众集体所有制。""社会主义公有制消灭人剥削人的制度，实行各尽所能，按劳分配的原则。"修改为："中华人民共和国的社会主义经济制度的基础是生产资料的社会主义公有制，即全民所有制和劳动群众集体所有制。社会主义公有制消灭人剥削人的制度，实行各尽所能、按劳分配的原则。”“国家在社会主义初级阶段，坚持公有制为主体、多种所有制经济共同发展的基本经济制度，坚持按劳分配为主体、多种分配方式并存的分配制度。”

第十五条　宪法第八条第一款：“农村中的家庭联产承包为主的责任制和生产、供销、信用、消费等各种形式的合作经济，是社会主义劳动群众集体所有制经济。参加农村集体经济组织的劳动者，有权在法律规定的范围内经营自留地、自留山、家庭副业和饲养自留畜。”修改为：“农村集体经济组织实行家庭承包经营为基础、统分结合的双层经营体制。农村中的生产、供销、信用、消费等各种形式的合作经济，是社会主义劳动群众集体所有制经济。参加农村集体经济组织的劳动者，有权在法律规定的范围内经营自留地、自留山、家庭副业和饲养自留畜。”

第十六条　宪法第十一条：“在法律规定范围内的城乡劳动者个体经济，是社会主义公有制经济的补充。国家保护个体经济的合法的权利和利益。”“国家通过行政管理，指导、帮助和监督个体经济。”“国家允许私营经济在法律规定的范围内存在和发展。私营经济是社会主义公有制经济的补充。国家保护私营经济的合法的权利和利益，对私营经济实行引导、监督和管理。”修改为：“在法律规定范围内的个体经济、私营经济等非公有制经济，是社会主义市场经济的重要组成部分。”“国家保护个体经济、私营经济的合法的权利和利益。国家对个体经济、私营经济实行引导、监督和管理。”

第十七条　宪法第二十八条：“国家维护社会秩序，镇压叛国和其他反革命的活动，制裁危害社会治安、破坏社会主义经济和其他犯罪的活动，惩办和改造犯罪分子。”修改为：“国家维护社会秩序，镇压叛国和其他危害国家安全的犯罪活动，制裁危害社会治安、破坏社会主义经济和其他犯罪的活动，惩办和改造犯罪分子。”

中华人民共和国宪法修正案

（2004年3月14日第十届全国人民代表大会
第二次会议通过）

第十八条 宪法序言第七自然段中“在马克思列宁主义、毛泽东思想、邓小平理论指引下”修改为“在马克思列宁主义、毛泽东思想、邓小平理论和‘三个代表’重要思想指引下”，“沿着建设有中国特色社会主义的道路”修改为“沿着中国特色社会主义道路”，“逐步实现工业、农业、国防和科学技术的现代化”之后增加“推动物质文明、政治文明和精神文明协调发展”。这一自然段相应地修改为：“中国新民主主义革命的胜利和社会主义事业的成就，是中国共产党领导中国各族人民，在马克思列宁主义、毛泽东思想的指引下，坚持真理，修正错误，战胜许多艰难险阻而取得的。我国将长期处于社会主义初级阶段。国家的根本任务是，沿着中国特色社会主义道路，集中力量进行社会主义现代化建设。中国各族人民将继续在中国共产党领导下，在马克思列宁主义、毛泽东思想、邓小平理论和‘三个代表’重要思想指引下，坚持人民民主专政，坚持社会主义道路，坚持改革开放，不断完善社会主义的各项制度，发展社会主义市场经济，发展社会主义民主，健全社会主义法制，自力更生，艰苦奋斗，逐步实现工业、农业、国防和科学技术的现代化，推动物质文明、政治文明和精神文明协调发展，把我国建设成为富强、民主、文明的社会主义国家。”

第十九条 宪法序言第十自然段第二句“在长期的革命和建设过程中，已经结成由中国共产党领导的，有各民主党派和各人民团体参加的，包括全体社会主义劳动者、拥护社会主义的爱国者和拥护祖国统一的爱国者的广泛的爱国统一战线，这个统一战线将继续巩固和发展。”修改为：“在长期的革命和建设过程中，已经结成由中国共产党领导的，有各民主党派和各人民团体参加的，包括全体社会主义劳动者、社会主义事业的建设者、拥护社会主义的爱国者和拥护祖国统一的爱国者的广泛的爱国统一战线，这个统一战线将继续巩固和发展。”

第二十条 宪法第十条第三款“国家为了公共利益的需要，可以依照法律规定对土地实行征用。”修改为：“国家为了公共利益的需要，可以依照法律规定对土地实行征收或者征用并给予补偿。”

第二十一条　宪法第十一条第二款“国家保护个体经济、私营经济的合法的权利和利益。国家对个体经济、私营经济实行引导、监督和管理。”修改为：“国家保护个体经济、私营经济等非公有制经济的合法的权利和利益。国家鼓励、支持和引导非公有制经济的发展，并对非公有制经济依法实行监督和管理。”

第二十二条　宪法第十三条“国家保护公民的合法的收入、储蓄、房屋和其他合法财产的所有权。”“国家依照法律规定保护公民的私有财产的继承权。”修改为：“公民的合法的私有财产不受侵犯。”“国家依照法律规定保护公民的私有财产权和继承权。”“国家为了公共利益的需要，可以依照法律规定对公民的私有财产实行征收或者征用并给予补偿。”

第二十三条　宪法第十四条增加一款，作为第四款：“国家建立健全同经济发展水平相适应的社会保障制度。”

第二十四条　宪法第三十三条增加一款，作为第三款：“国家尊重和保障人权。”第三款相应地改为第四款。

第二十五条　宪法第五十九条第一款“全国人民代表大会由省、自治区、直辖市和军队选出的代表组成。各少数民族都应当有适当名额的代表。”修改为：“全国人民代表大会由省、自治区、直辖市、特别行政区和军队选出的代表组成。各少数民族都应当有适当名额的代表。”

第二十六条　宪法第六十七条全国人民代表大会常务委员会职权第二十项“（二十）决定全国或者个别省、自治区、直辖市的戒严”修改为“（二十）决定全国或者个别省、自治区、直辖市进入紧急状态”。

第二十七条　宪法第八十条“中华人民共和国主席根据全国人民代表大会的决定和全国人民代表大会常务委员会的决定，公布法律，任免国务院总理、副总理、国务委员、各部部长、各委员会主任、审计长、秘书长，授予国家的勋章和荣誉称号，发布特赦令，发布戒严令，宣布战争状态，发布动员令。”修改为：“中华人民共和国主席根据全国人民代表大会的决定和全国人民代表大会常务委员会的决定，公布法律，任免国务院总理、副总理、国务委员、各部部长、各委员会主任、审计长、秘书长，授予国家的勋章和荣誉称号，发布特赦令，宣布进入紧急状态，宣布战争状态，发布动员令。”

第二十八条　宪法第八十一条“中华人民共和国主席代表中华人民共和国，接受外国使节；根据全国人民代表大会常务委员会的决定，派遣和召回驻外全权代表，批准和废除同外国缔结的条约和重要协定。”修改为：“中华人民共和国主席代表中华人民共和国，进行国事活动，接受外国使节；根据全国人民代表大会常务委员会的决定，派遣和召回驻外全权代表，批准和废除同外国缔结的条约和重要协定。”

第二十九条 宪法第八十九条国务院职权第十六项“（十六）决定省、自治区、直辖市的范围内部分地区的戒严”修改为“（十六）依照法律规定决定省、自治区、直辖市的范围内部分地区进入紧急状态”。

第三十条 宪法第九十八条“省、直辖市、县、市、市辖区的人民代表大会每届任期五年。乡、民族乡、镇的人民代表大会每届任期三年。”修改为：“地方各级人民代表大会每届任期五年。”

第三十一条 宪法第四章章名“国旗、国徽、首都”修改为“国旗、国歌、国徽、首都”。宪法第一百三十六条增加一款，作为第二款：“中华人民共和国国歌是《义勇军进行曲》。”

中华人民共和国宪法修正案

（2018 年 3 月 11 日第十三届全国人民代表大会
第一次会议通过）

第三十二条 宪法序言第七自然段中“在马克思列宁主义、毛泽东思想、邓小平理论和‘三个代表’重要思想指引下”修改为“在马克思列宁主义、毛泽东思想、邓小平理论、‘三个代表’重要思想、科学发展观、习近平新时代中国特色社会主义思想指引下”；“健全社会主义法制”修改为“健全社会主义法治”；在“自力更生，艰苦奋斗”前增写“贯彻新发展理念”；“推动物质文明、政治文明和精神文明协调发展，把我国建设成为富强、民主、文明的社会主义国家”修改为“推动物质文明、政治文明、精神文明、社会文明、生态文明协调发展，把我国建设成为富强民主文明和谐美丽的社会主义现代化强国，实现中华民族伟大复兴”。这一自然段相应修改为：“中国新民主主义革命的胜利和社会主义事业的成就，是中国共产党领导中国各族人民，在马克思列宁主义、毛泽东思想的指引下，坚持真理，修正错误，战胜许多艰难险阻而取得的。我国将长期处于社会主义初级阶段。国家的根本任务是，沿着中国特色社会主义道路，集中力量进行社会主义现代化建设。中国各族人民将继续在中国共产党领导下，在马克思列宁主义、毛泽东思想、邓小平理论、‘三个代表’重要思想、科学发展观、习近平新时代中国特色社会主义思想指引下，坚持人民民主专政，坚持社会主义道路，坚持改革开放，不断完善社会主义的各项制度，发展社会主义市场经济，发展社会主义民主，健全社会主义法治，贯彻新发展理念，自力更生，艰苦奋斗，逐步实现工业、农业、国防和科学技术的现代化，推动物质文明、政治文明、精神文明、社会文明、生态文明协调发展，把我国建设成为富强民主文明和谐美丽的社会主义现代化强国，实现中华民族伟大复兴。”

第三十三条 宪法序言第十自然段中“在长期的革命和建设过程中”修改为“在长期的革命、建设、改革过程中”；“包括全体社会主义劳动者、社会主义事业的建设者、拥护社会主义的爱国者和拥护祖国统一的爱国者的广泛的爱国统一战线”修改为“包括全体社会主义劳动者、社会主义事业的建设者、拥护社会主义的爱国者、拥护祖国统一和致力于中华民族伟大复兴的爱国者的广泛的爱国统一战线”。这一自然段相应修改为：“社会主义的建设事业必须依靠工人、农民和知识分子，团结一切可以团结的力量。在长期的革命、建设、改革过程中，已经结成由中国共产党领导的，有各民主党派和各人民团体参加的，包括全体社会主义劳动者、社会主义事业的建设者、拥护社会主义的爱国者、拥护祖国统一和致力于中华民族伟大复兴的爱国者的广泛的爱国统一战线，这个统一战线将继续巩固和发展。中国人民政治协商会议是有广泛代表性的统一战线组织，过去发挥了重要的历史作用，今后在国家政治生活、社会生活和对外友好活动中，在进行社会主义现代化建设、维护国家的统一和团结的斗争中，将进一步发挥它的重要作用。中国共产党领导的多党合作和政治协商制度将长期存在和发展。”

第三十四条 宪法序言第十一自然段中“平等、团结、互助的社会主义民族关系已经确立，并将继续加强。”修改为：“平等团结互助和谐的社会主义民族关系已经确立，并将继续加强。”

第三十五条 宪法序言第十二自然段中“中国革命和建设的成就是同世界人民的支持分不开的”修改为“中国革命、建设、改革的成就是同世界人民的支持分不开的”；“中国坚持独立自主的对外政策，坚持互相尊重主权和领土完整、互不侵犯、互不干涉内政、平等互利、和平共处的五项原则”后增加“坚持和平发展道路，坚持互利共赢开放战略”；“发展同各国的外交关系和经济、文化的交流”修改为“发展同各国的外交关系和经济、文化交流，推动构建人类命运共同体”。这一自然段相应修改为：“中国革命、建设、改革的成就是同世界人民的支持分不开的。中国的前途是同世界的前途紧密地联系在一起的。中国坚持独立自主的对外政策，坚持互相尊重主权和领土完整、互不侵犯、互不干涉内政、平等互利、和平共处的五项原则，坚持和平发展道路，坚持互利共赢开放战略，发展同各国的外交关系和经济、文化交流，推动构建人类命运共同体；坚持反对帝国主义、霸权主义、殖民主义，加强同世界各国人民的团结，支持被压迫民族和发展中国家争取和维护民族独立、发展民族经济的正义斗争，为维护世界和平和促进人类进步事业而努力。”

第三十六条 宪法第一条第二款“社会主义制度是中华人民共和国的根本制度。”后增写一句，内容为：“中国共产党领导是中国特色社会主义最本质的特征。”

第三十七条 宪法第三条第三款“国家行政机关、审判机关、检察机关都由人民代表大会产生，对它负责，受它监督。”修改为：“国家行政机关、监察机关、审判机关、检察机关都由人民代表大会产生，对它负责，受它监督。”

第三十八条 宪法第四条第一款中“国家保障各少数民族的合法的权利和利益，维护和发展各民族的平等、团结、互助关系。”修改为：“国家保障各少数民族的合法的权利和利益，维护和发展各民族的平等团结互助和谐关系。”

第三十九条 宪法第二十四条第二款中“国家提倡爱祖国、爱人民、爱劳动、爱科学、爱社会主义的公德”修改为“国家倡导社会主义核心价值观，提倡爱祖国、爱人民、爱劳动、爱科学、爱社会主义的公德”。这一款相应修改为：“国家倡导社会主义核心价值观，提倡爱祖国、爱人民、爱劳动、爱科学、爱社会主义的公德，在人民中进行爱国主义、集体主义和国际主义、共产主义的教育，进行辩证唯物主义和历史唯物主义的教育，反对资本主义的、封建主义的和其他的腐朽思想。”

第四十条 宪法第二十七条增加一款，作为第三款：“国家工作人员就职时应当依照法律规定公开进行宪法宣誓。”

第四十一条 宪法第六十二条“全国人民代表大会行使下列职权”中增加一项，作为第七项“（七）选举国家监察委员会主任”，第七项至第十五项相应改为第八项至第十六项。

第四十二条 宪法第六十三条“全国人民代表大会有权罢免下列人员”中增加一项，作为第四项“（四）国家监察委员会主任”，第四项、第五项相应改为第五项、第六项。

第四十三条 宪法第六十五条第四款“全国人民代表大会常务委员会的组成人员不得担任国家行政机关、审判机关和检察机关的职务。”修改为：“全国人民代表大会常务委员会的组成人员不得担任国家行政机关、监察机关、审判机关和检察机关的职务。”

第四十四条 宪法第六十七条“全国人民代表大会常务委员会行使下列职权”中第六项“（六）监督国务院、中央军事委员会、最高人民法院和最高人民检察院的工作”修改为“（六）监督国务院、中央军事委员会、国家监察委员会、最高人民法院和最高人民检察院的工作”；增加一项，作为第十一项“（十一）根据国家监察委员会主任的提请，任免国家监察委员会副主任、委员”，第十一项至第二十一项相应改为第十二项至第二十二项。

宪法第七十条第一款中“全国人民代表大会设立民族委员会、法律委员会、财政经济委员会、教育科学文化卫生委员会、外事委员会、华侨委员会和其他需要设立的专门委员会。”修改为：“全国人民代表大会设立民族委员会、宪法和法律委员会、财政经济委员会、教育科学文化卫生委员会、外事委员会、华侨委员会和其他需要设立的专门委员会。”

第四十五条 宪法第七十九条第三款“中华人民共和国主席、副主席每届任期同全国人民代表大会每届任期相同，连续任职不得超过两届。”修改为：“中华人民共和国主席、副主席每届任期同全国人民代表大会每届任期相同。”

第四十六条 宪法第八十九条“国务院行使下列职权”中第六项“（六）领导和管理经济工作和城乡建设”修改为“（六）领导和管理经济工作和城乡建设、生态文明建设”；第八项“（八）领导和管理民政、公安、司法行政和监察等工作”修改为“（八）领导和管理民政、公安、司法行政等工作”。

第四十七条 宪法第一百条增加一款，作为第二款：“设区的市的人民代表大会和它们的常务委员会，在不同宪法、法律、行政法规和本省、自治区的地方性法规相抵触的前提下，可以依照法律规定制定地方性法规，报本省、自治区人民代表大会常务委员会批准后施行。”

第四十八条 宪法第一百零一条第二款中“县级以上的地方各级人民代表大会选举并且有权罢免本级人民法院院长和本级人民检察院检察长。”修改为：“县级以上的地方各级人民代表大会选举并且有权罢免本级监察委员会主任、本级人民法院院长和本级人民检察院检察长。”

第四十九条 宪法第一百零三条第三款“县级以上的地方各级人民代表大会常务委员会的组成人员不得担任国家行政机关、审判机关和检察机关的职务。”修改为：“县级以上的地方各级人民代表大会常务委员会的组成人员不得担任国家行政机关、监察机关、审判机关和检察机关的职务。”

第五十条 宪法第一百零四条中“监督本级人民政府、人民法院和人民检察院的工作”修改为“监督本级人民政府、监察委员会、人民法院和人民检察院的工作”。这一条相应修改为：“县级以上的地方各级人民代表大会常务委员会讨论、决定本行政区域内各方面工作的重大事项；监督本级人民政府、监察委员会、人民法院和人民检察院的工作；撤销本级人民政府的不适当的决定和命令；撤销下一级人民代表大会的不适当的决议；依照法律规定的权限决定国家机关工作人员的任免；在本级人民代表大会闭会期间，罢免和补选上一级人民代表大会的个别代表。”

第五十一条 宪法第一百零七条第一款“县级以上地方各级人民政府依照法律规定的权限，管理本行政区域内的经济、教育、科学、文化、卫生、体育事业、城乡建设事业和财政、民政、公安、民族事务、司法行政、监察、计划生育等行政工作，发布决定和命令，任免、培训、考核和奖惩行政工作人员。”修改为：“县级以上地方各级人民政府依照法律规定的权限，管理本行政区域内的经济、教育、科学、文化、卫生、体育事业、城乡建设事业和财政、民政、公安、民族事务、司法行政、计划生育等行政工作，发布决定和命令，任免、培训、考核和奖惩行政工作人员。”

第五十二条 宪法第三章“国家机构”中增加一节，作为第七节“监察委员会”；增加五条，分别作为第一百二十三条至第一百二十七条。内容如下：

第七节 监察委员会

第一百二十三条 中华人民共和国各级监察委员会是国家的监察机关。

第一百二十四条 中华人民共和国设立国家监察委员会和地方各级监察委员会。

监察委员会由下列人员组成：

主任，

副主任若干人，

委员若干人。

监察委员会主任每届任期同本级人民代表大会每届任期相同。国家监察委员会主任连续任职不得超过两届。

监察委员会的组织和职权由法律规定。

第一百二十五条 中华人民共和国国家监察委员会是最高监察机关。

国家监察委员会领导地方各级监察委员会的工作，上级监察委员会领导下级监察委员会的工作。

第一百二十六条 国家监察委员会对全国人民代表大会和全国人民代表大会常务委员会负责。地方各级监察委员会对产生它的国家权力机关和上一级监察委员会负责。

第一百二十七条 监察委员会依照法律规定独立行使监察权，不受行政机关、社会团体和个人的干涉。

监察机关办理职务违法和职务犯罪案件，应当与审判机关、检察机关、执法部门互相配合，互相制约。

第七节相应改为第八节，第一百二十三条至第一百三十八条相应改为第一百二十八条至第一百四十三条。